배드 걸
굿 걸

Enlightened Sexism: The Seductive Message that Feminism's Work Is Done
by Susan J. Douglas

성차별주의의 진화:
유능하면서도
아름다워야 한다는 주술

배드 걸
굿 걸

수전 J. 더글러스 지음

이은경 옮김

글항아리

*bad girl
good girl*

| 차례 |

1997년 봄. 오전 8시 12분. 토요일. 페미니스트인 엄마가 부스스한 몰골로 싸구려 샤르도네 와인의 숙취를 안고서, 간밤에 모여 파티를 벌인 여덟 살짜리 여자애들 넷에게 줄 팬케이크를 만드는 중이다. 엄마의 기분이 썩 유쾌하지만은 않다. 바로 그때, 저쪽 방에서 그해 봄 큰 인기를 끌었던 노래가 쿵쿵대며 들려온다.

"내가 원하는 것, 정말로 원하는 것을 알려줄 테니……"

슬쩍 들여다보니, 네 아이가 '걸 파워girl power'에 완전히 심취해 열정적으로 춤추며 노래하고 있다. 문득 엄마는 딸의 세대를 포위한 포스트페미니즘의 시대정신을 목격하고서 생각에 잠긴다. 애들이 토요일 아침 TV에서 바비 인형 광고를 보는 대신, 당당히 몸매를 드러낸 페미니즘 노래를 듣고 있으니 기뻐해야 하는 것일까? 아니면 당장 방으로 달려가 오디오에 걸린 CD를 뺏어 들고, 메리 채핀 카펜터▪나 아니 디프랑코▪▪를 들으라고 훈계해야 하는 것일까?

노래의 주인공은 바로 스파이스 걸스다. 이 알록달록하고 반짝이는 컵케이크 같은 소녀들이 진정 페미니즘의 매개체일까? 그리고 이제는 여성이 '모든 걸 다 가졌다고' 여겨지는 이 시점에서, 페미니즘 이전 시대로의 회귀를 우리가 어느 정도까지 받아들이고 기념해야 할까? 원더브라, 훤히 드러낸 허벅지, 도톰한 입술, 치켜묶은 머리 모양(「고인돌 가족 플린스톤The Flintstones」의 페블스가 좋아할 법한)에도 불구하고, 스파이스 걸스는 '걸 파워'를 내세웠다. 그들은 전 세계를 휩쓸며 어마어마한 인기를 끈 「Wannabe」라는 노래에서, 여자들에게 잘 보이지 않을 거라면 당장 꺼지라고 남자들에게 당차게 목소리를 높였다. 다소 거창하여 민망한 그들의 음반 해설지는 '미래는 여성이다The Future Is Female'라는 주장을 필두로, 스파이스 걸스와 그 팬들을 '자유의 전사Freedom Fighters'라고 칭했다. 그들은 마거릿 대처를 스파이스 걸스의 명예 회원으로 임명했다. 그들은 『가디언Guardian』과의 인터뷰에서 이렇게 말했다.

"우리는 1990년대를 위한 새로운 페미니즘을 제시할 거예요. 페미니즘은 이제 식상한 말이에요. 1990년대라면 '걸 파워'라는 말을 써야죠."

그들은 새로운 시대의 페미니즘이란 '네게는 생각할 머리가 있고, 목소리가 있고, 의견이 있다'를 의미한다고 말했다. 참, 그리고 핫팬츠도 있다.

■   미국의 컨트리 가수
■■   미국의 싱어송라이터

자, 이제 2008년으로 넘어와보자. 이 시기의 걸 파워는 어땠을까? 한 여성이 대통령 선거에, 또 한 여성이 부통령 선거에 출마했다. 그리고 수많은 남녀 유권자가 그들을 지지했다. 부통령 선거에 출마한 여성은 자녀가 다섯 명인데, 그중 하나는 4개월 신생아였다. 그러나 그녀에게 육아와 부통령직을 동시에 수행할 수 있는지 묻는 일조차 금기사항이었다.(그보다는 그녀가 정말로 신문을 읽기는 하는지, 혹은 그녀의 집 창문에서 실제로 블라디보스토크가 보이는지와 같은, 그 외의 의문들이 좀 더 시급해 보였다). 그 밖에 여성 국무장관도 있었고, 대통령 선거에 출마했던 여성은 선거에서 고배를 마신 뒤 이 여성 국무장관의 뒤를 이어 촉망받는 후임자가 되었다. 또 여성 CEO, 「CBS 이브닝 뉴스CBS Evening News」의 여성 진행자가 있었고, TV 드라마에서는 여성 변호사, 여성 외과 전문의, 여성 경찰국장, 여성 판사까지 등장했다. 게다가 「서바이버Survivor」와 같은 리얼리티 TV 쇼에서는 여성 참가자들이 남성 참가자들과 어깨를 나란히 하며 불개미, 이구아나와 사투를 벌였다. 1997년 엘런 드제너러스▪의 커밍아웃으로 온 나라가 떠들썩해지고 그녀의 시트콤 출연이 불발된 사건을 기억하는가? 그러나 2008년, 엘런 드제너러스와 레이철 매도▪▪는 각자 자신의 이름을 내건 토크 쇼를 진행하기에 이르렀다. 이쯤 되니 커밍아웃은 별 대수롭지 않은 일이 되었다. 실제로 수많은 사람이 그들을 좋아했고, 드제너러스와 그녀의 여자친구가 올린 결혼식은 여느 이성애자 유명인사

▪ 미국의 코미디언 겸 영화배우
▪▪ 미국의 방송 진행자로, 공중파 방송에서 커밍아웃했다.

의 결혼식과 마찬가지로 『피플People』의 표지 전면을 장식했다.

페미니즘? 이제 누가 더 이상 페미니즘을 필요로 할까? 이제 더는 필요 없다고 생각해도 될까? 좋다. 일부 여성만이, 유독 까다롭고 예민한 여성들만이 힐러리 클린턴에 대한 성차별적 보도에 대해 불평한다고 가정하자.

실제로 8년 전, 페미니즘에 반대하는 학자인 크리스티나 호프 소머스는 저서 『소년들을 향한 전쟁: 잘못된 페미니즘이 소년들에게 어떤 해를 가하나The War Against Boys: How Misguided Feminism Is Harming Our Young Men』에서, 여학생들이 지나칠 정도로 많은 관심을 받은 덕분에 더 많은 수가 대학에 들어가 사회에서 성공하는 경향이 있으며, 반면 상대적으로 방치된 남학생들은 유치장에 가거나 고등학교를 중퇴한 결과, 사회에 나가서 고작 판매원이 되는 경우가 많다고 지적했다. 결국 그렇게 패배의식에 사로잡힌 남학생들이 국가의 새로운 '제2의 성'이 된다는 것이다.[1] 『남성 권력의 신화The Myth of Male Power』와 『남성의 쇠락The Decline of Males』과 같은 책들 역시 동일한 입장을 따르면서 남학생들의 새로운 '위기'에 대해 경고한다. 그런데 걸 파워라니. 해도 해도 너무하는 얘기다.

그러나 잠깐. 소머스의 책이 발간되기 한 해 전인 1999년, 여성의 상위 다섯 가지 직업은 변호사, 의사, CEO 등이 아니었다. 순서대로 열거하면, 비서, 상점 판매원 및 개인 판매자(계산원 포함), 관리자 및 행정 담당자, 초등학교 교사, 간호사였다. 더 내려가 상위 20개 직업을 살펴보면, 회계장부 담당자, 안내 접수원, 요리사, 식당 종업원이 있었다. 그로부터 8년 후인 2007년, 소머스가 지적했듯이 남학생들에 비해 귀하게 자라나 특권을 누렸던 일부 여학생들이 노동시장에 진입했다. 그러나 여성의 상위 다섯 가지 직업은 여전히 비서, 간호사, 초등 및 중학교 교사, 계산원, 상점 판매원이었다. 더 하위로 내려가면 객실 청소원, 보육 교사, 사무직원, 미용사가 있었다. CEO나 헤지펀드 매니저는 찾아볼 수 없다. 하물며 대통령이나 부통령은 더더욱 찾아볼 수 없다. 그렇다면 남학생들을 제치고 대학에 들어가 창창한 앞날을 약속했던 여학생들은 다 어떻게 되었을까? 사실, 대학 졸업 1년 후 여성은 남성의 80퍼센트에 해당하는 소득을 번다. 그리고 졸업 10년 후에는 소득이 남성의 69퍼센트에 해당하는 수준으로 떨어진다.[2] 만약 남녀 간의 평등이 진정으로 실현되었다면, K마트에서는 왜 여성 속옷 브랜드 '프레더릭스 오브 할리우드'를 연상시키는 옷을 네 살짜리 여아용으로 파는 것일까? 그리고 2002년 미국여자프로골프협회는 왜 선수들의 성적인 매력을 위해 헤어스타일리스트와 메이크업 아티스트를 영입하려고 했을까? 그리고 왜 평론가들은 힐러리 클린턴의 가슴골에 대해서는 거리낌 없이 떠들어대면서 존 매케인의…… 더 이상 말하기 싫으니 여기까지만 하자.

이렇게 고질적인 여성 불평등의 현실과 대중매체 전반에서 드러나는 그와 상반된 여성 상위의 모습들을 어떻게 바라봐야 할까? 양손을 허리춤에 얹고서 "날 방해할 생각은 추호도 하지 마"라고 말하는 「그레이 아나토미Grey's Anatomy」의 닥터 베일리, 「로 앤드 오더Law & Order」의 냉철하고 철두철미한 부서장 애니타 밴뷰런, 「X파일The X-Files」의 스컬리 요원, 「클로저The Closer」의 '여성 부국장'

브렌다 리 존슨, 「실드The Shield」의 C. C. H. 파운더, 짧은 기간 방영되었던 「커맨더 인 치프Commander in Chief」에서 최초의 여성 대통령 역을 맡은 지나 데이비스까지, TV 화면 속 여성 상위의 모습은 매우 다양하다. 광고에서는 여성들에게 이제 많은 것을 실현했으니 본인의 오른손에 낄 다이아몬드 반지를 직접 사서 자축하라고 권유하고, 거세와 발기부전으로 무력해진, 가진 것 없고 축 처진 남편들에게는 비아그라나 시알리스를 복용하기를 권유한다. 실제로 「덤 앤드 더머Dumb and Dumber」(1994)에서 「슈퍼배드Superbad」(2007)에 이르기까지, 영화 속 남성들은 형편없는 패배자의 모습을 보였다. 낮에는 유능한 전문직 여성이었다가 밤에는 섹스의 달인이 되는 인물들이 등장하는 「섹스 앤드 더 시티Sex and the City」에는 이중 잣대라는 것이 없었다. 여성들은 남성들만큼이나 성적 자유를 누리고, 심지어 더 유별난 섹스를 즐기기도 했다. 『코즈모폴리턴Cosmopolitan』은 천생연분 신랑감이 나타나 자신을 데려가주기를 기다리는 소극적인 여자들을 위한 잡지가 아니다. 그보다는, '유쾌하고 당당한 여성', 심지어 이 잡지의 한 표지 기사에 나온 대로 이른바 '섹스의 달인'이 되기를 원하는 여자들을 위한 잡지다. 『O』는 또 어떤가? 이 잡지는 보기만 해도 가슴이 두근대는, 여성의 자기 충족을 위한 모든 것이 망라된 하나의 거대한 장이다. 그 안에서는 베개에서부터 청자 빛깔의 노트북까지, 모든 것이 여성들에게 힘을 실어주고(단, 적절히 구매·사용되었을 때만), 무엇이든 가능하다. 왜 안 그렇겠는가? 연예 산업계에서 큰 성공을 거둬 가장 큰 영향력을 미치는 거물 중 한 사람이 바로 오프라 윈프리 자신이니 말이다.

여기서 뭔가 잘못된 것이 있다. 지난 10~15년간의 대중매체를 유심히 살펴보면, 현실 속 대다수의 여성이 저마다 사는 방식과 그들이 강요받는 선택, 그리고 그들이 매체에서 보는 것(과 보지 못하는 것) 사이에 상당한 괴리가 있음을 알 수 있다. 모순적이게도 이러한 괴리는 1950~1960년대의 상황과는 정반대다. 당시에는 해변에서 와투시 춤(아프리카 와투시 족의 토속 춤)을 추는 관능적이지만 아둔한 여자들, 또는 온종일 집을 지키며 미스터 클린의 도움으로 바닥을 청소하는 전업주부들의 모습으로 인해, 그즈음 폭발적인 숫자의 여성들이 노동시장에 진입하고 평화봉사단Peace Corps에 가입하거나 정치에 참여했던 사실이 가려져버렸다. 당시 대중매체가 퍼뜨린 환상은 여성들의 포부와 열망이 실제로는 변화했음에도 전혀 변화하지 않았다는 것이었다.

반면, 오늘날의 대중매체의 환상은 남녀 평등이 실제와는 달리, 이미 실현된 엄연한 사실이라는 것이다. 달리 말해, 과거의 매체는 현실에 뒤처졌던 반면, 오늘날의 매체는 현실을 앞서 나간 셈이다. 1970년대 이후 여성들의 행보에 많은 발전이 있었을까? 물론이다. 한 예로, 내가 학생이었을 때만 해도 그 존재를 결코 상상할 수 없었던 대학 여자 농구 팀의 경기가 이제는 TV를 통해 국가 전역으로 방송된다. 게다가 선수들에 대해 저속하고 성차별적인 발언을 했다가는, 그로 인해 일시적이나마 방송가에서 퇴출당했던 라디오 진행자 돈 아이머스처럼 호되게 대가를 치를 수 있다. 그러나 지금 우리 모두가 TV에서 보이는 것처럼 지방 검사, 병원 레지던트, 경찰국장, 아니면 남부 캘리포니아의 금발 미녀 상속인일까? 그렇지는 않다.

1990년대 초반부터 대중매체의 상당수는 여성의 모습을 직업적인 성공을 거두고, 남성과 온전한 평등을 이루었으며, 값비싼 보석을 온몸에 걸친 캘리포니아 러구나 해변의 여성 부호가 누릴 법한 금전적 여유와 안락함을 즐기는 것으로 과장되게 묘사했다. 동시에 우리의 문화적 동맥을 막히게 하는 시대 역행적인 쓰레기가 다시금 고개를 들었다. 코미디 프로그램 「더 맨 쇼The Man Show」와 잡지 『맥심Maxim』 그리고 「걸스 곤 와일드Girls Gone Wild」가 그 예다.[3] 그러나 젊은 여자들이란 매춘부처럼 옷을 입어야 하고 지능은 들쥐 수준 정도가 적당하다고 주장하는 이러한 세태조차도 마치 여권의 신장인 것처럼 묘사되었다. 노출을 심하게 한 여자가 겉보기에는 물건 취급당하는 것 같지만, 실은 주도권을 쥐고 있다는 얘기다. 그들 스스로 성적인 대상이 되기로 선택했고, 남자들은 그저 그들에게 추파를 던지지 못해 안달 난 노예에 불과하기 때문이다.

대중매체가 지금까지 우리에게 보여준 것은 힘의 환상에 지나지 않는다. 매체는 여성의 해방이 기정사실이고, 여성이 실제보다 더 강하고 유능하며 성적으로 주도적일 뿐만 아니라, 실제보다 더 대담하고 존경을 받는다고 여성들에게 계속해서 강조한다. 물론 어떤 여성이든 CEO나 대통령이 될 수 있다. 여성이 이제는 경제적·직업적·정치적으로 남성과 어깨를 견준다고 생각할 수 있다. 일부 여성이 남성보다 적은 소득으로 생계를 이어간다는 보고

가 앞으로는 더 이상 현실이 아닐 수도 있다. 2008년 여성의 국민 중간소득■이 남성보다 23퍼센트 적은 3만6000달러였다. 그러나 TV, 영화, 광고 속 이미지들은 구매력과 성적인 능력이 정치적 능력이나 경제적 능력보다 훨씬 더 큰 만족감을 준다고 믿게 한다. 적당히 사든 많이 사든, 물건을 사는 행위는 우리가 스스로에게 힘을 부여하는 주요한 방법으로 등장했다.4 물론 허구의 TV 드라마에 등장하는 여성들은 정말로 최고의 권력을 지닌 자들일 수 있다. 그러나 현실 속 여성들이 모두 그런 건 아니다. 대신, 겉을 화려하게 꾸미는 일이야말로 가장 높은 형태의 권력이라는 달콤한 메시지가 젊은 여성들을 현혹한다. 만약 그게 사실이라면, 딕체니는 현란한 반짝이가 달린 발레용 치마를 입고 매일 일을 하러 갔어야 한다.

물론 이러한 환상 중 일부는 유쾌하기도 하다. 「제나: 워리어 프린세스Xena: Warrior Princess」의 제나는 수염이 덥수룩한 얼굴에 가죽 옷을 입고 살인과 강간을 일삼는 야만인 무리를 종종 혼자서 거뜬히 물리친다. 그런가 하면 「뱀파이어 해결사Buffy the Vampire Slayer」는 단 한 시간 동안이긴 하지만, 치어리더 출신인 10대 소녀가 날카로운 송곳니를 드러낸 악마로부터 이 세상을 유일하게 구할 수 있다고 믿게 만든다. 또 「금발이 너무해Legally Blonde」의 엘리는 같은 과 친구들로부터 외모만 신경 쓰는 한심한 여자애 취급을 받는 법대생이긴 하지만, 파마의 원리를 잘 안 덕분에 중요

■ 상위소득자와 하위소득자의 중간에 있는 소득

한 살인 사건 재판에서 승리를 거둔다. 혹은 직장에서 유독 실수를 많이 하고 집에 돌아와 풀이 죽은 채 소파에 앉아 베르무트를 탄 마티니를 마시며 TV를 보는데, TV 속 한 남자가 여자 상사에게 "당신이 일하는 방식은 우리가 공을 차는 방식과는 달라요"라고 말했을 때 여자 상사가 이렇게 통쾌하게 받아치는 장면이 나온다면 어떨까?

"내 일하는 방식이 마음에 들지 않으면 공을 갖고 당장 집으로 돌아가도 좋아요."(맞다. 「클로저」의 한 장면이다.)

그렇다면 여성의 힘에 대한 환상이 가진 문제는 무엇일까? 대중매체는 항상 현실 도피적인 환상을 제공하지 않았는가? 그것이 매체의 역할이 아니었나? 그리고 비록 뒤늦게이긴 하지만, 매체의 상당수가 여성의 성취와 주도권을 더 많이 묘사해달라는 여성들의 요구를 그대로 들어주고 있는 것이 아닌가? 물론 그렇다. 그러나 그로 인해 다소 의도하지 않은 결과가 발생했다. 즉, 현실 도피주의와 쾌락을 가정하여, 소녀와 여성들을 위해 여전히 행해져야 할 많은 일을 가리고 심지어 지워버리는 상상된 힘의 이미지들, 성차별을 허용되는 것, 심지어 재미있는 것으로 만들어버리며, 페미니즘이 이제는 완전히 무의미하고 급기야 해롭기까지 하다고 목소리를 높이는 이미지들이 생겨나고 있다. 그리고 이러한 환상 속에서 소녀와 여성들과 관련하여 종종 언급되는 내용, 즉 이들이 할 수 있는 일과 해야 하는 일, 그리고 이들이 될 수 있는 존재와 될 수 없는 존재에 대해 언급되는 내용을 들어보면, 힘이라는 빛나는 신기루 이면에 성차별주의라는 시커멓고 교활한 뱀이 똬리를 틀고 있는 것을 볼 수 있다.

이러한 환상이 제시되는 방식에는 얼마간의 세대 차이가 존재한다. 나와 같은 나이 든 여성들이 그러한 환상의 예로 봐온 것은 밤 10시대에 등장하는 철갑 옷을 입은 여성, 「로 앤드 오더」에 등장하는 변호사, 경찰관, 지방 검사, 「보스턴 리걸Boston Legal」의 법률회사 이사 셜리 슈밋, 다양한 「CSI」 시리즈에 등장하는 철두철미한, 그리고 가슴이 풍만한 법의학자들, TV 속 어디서나 쉽게 볼 수 있는 여성 판사들, 구불거리는 긴 머리가 인상적이며 미국 남부 특유의 느린 말투로 남성 우월주의적인 남자 동료들을 다그치는 「클로저」의 특수 강력반 부국장 브렌다 리 존슨이다.

그러나 우리 중 많은 수, 특히 자녀를 둔 어머니들은 어린 여학생과 젊은 여성들에게 주어진 환상에 그리 짜릿함을 느끼지 못한다. 반면, 1980년대 후반에서 1990년대에 태어난 여학생과 젊은 여성들, 즉 '밀레니엄 세대'는 광고주들에게 가장 매력적인 계층으로, 이들에게 제시되는 환상과 호소력은 더욱 상업적이고 시대 역행적이다. 이들은 '걸 파워' 세대이긴 하지만, 이들에게는 진정한 힘이란 쇼핑을 하고 적절한 상표가 박힌 상품을 가지며 '인기 있는' 여자가 되는 것에서 비롯된다는 거짓된 메시지가 계속해서 주입된다. 힘은 또한 다른 여자애들을 평가하고 폄하하며, 특히 남자애를 두고 이들과 경쟁하는 일에서도 비롯된다. 나는 내게 제시된 '본보기'라는 환상과 종종 반대되는 이러한 환상을 내 딸 주변에서도 목격했으며, 그리 유쾌하지는 않았다.

초능력을 가진 덕분에 수은 인간으로 변신하여 산업 첩보원 노릇을 하는 소녀가 등장하는 「알렉스 맥Alex Mack」이나 소녀 탐정이 등장하는 「셸비 우Shelby Wu」와 같은 프로그램을 내 딸이 보던 1990년대만 해도 상황이 괜찮았다. 하지만 딸은 바로 MTV로 갈아탔다. 그 무렵 MTV는 토킹 헤즈의 뮤직비디오를 방영하기를 중단하고, 대신 「소로리티 라이프Sorority Life」■ 같은 프로그램을 방영하기 시작했다. 시청자들은 여대생들이 '여학생 클럽'에 선발되는 과정을 지켜보면서, 어떤 특성, 행동, 머리 모양(예를 들면, 착하다, 예쁘다, 포니테일 스타일)이 클럽의 선발 기준이 되고 어떤 것(예를 들면, 잘난 체한다, 위선적이다, 선머슴 같은 머리 모양)이 탈락 기준이 되는지 알게 되었다. 그 프로그램은 명목상으로는 대학 생활을 주제로 한다고 했으나, 책이나 신문, 소설 또는 신의 존재에 관한 논쟁이나 최근 강의에 관한 토론은 전혀 이루어지지 않았다. 프로그램 속 여대생들은 책이나 신문 등에 대해 이야기하기에는 지식이 얕아 보였다. 이불을 뒤집어쓴 채 소파에 앉아 온갖 쓸데없는 말들로 가득 찬 이 세계에 푹 빠져 있는 10대 딸을 향한 내 동정 어린 반응은 한마디로 이러했다.

"그 쓰레기 같은 것 좀 꺼버려!"

그렇다면 물어보겠다. 어느 10대 소녀가 TV를 보고 있는 자기 옆에 서서 그 TV 프로그램이 소녀들을 대인관계에만 집착하는 자아도취적이고 어리석은 존재로 고정관념화한다는 점을 지적하는 페미니스트 엄마를 둔 것을 싫어하겠는가? 내 딸이 보여준 감사

■ '여학생 클럽'의 일원이 되기를 희망하는 여대생들이 참가하는 리얼리티 TV 쇼

함에 힘을 얻어, 나는 커버걸CoverGirl과 빅토리아 시크릿 광고 그리고 곧 선보일 MTV의 선정적인 프로그램에 대한 꽤 흥미로운 비판으로 내 임무를 옮겨 갔다. 감사한 마음을 전하고 싶어 안달이 났던 내 딸은 별똥별이라도 녹일 듯한 따가운 눈초리로 나를 쏘아보았다.

　내가 주기적으로 전자음악이 쿵쿵거리는 애버크롬비 앤드 피치 매장으로 끌려가던 때도 우리 모녀 사이는 앞서와 별반 다르지 않았다. 한때 남자들을 위한 낚싯대를 판매하고 시어도어 루스벨트 미국 전 대통령의 사파리 복장을 제공했던(그리고 지붕에 통나무집이 있는 12층짜리 매장이 맨해튼 한복판에 있었던) 애버크롬비 앤드 피치는 1990년대 초, 전략을 바꾸어 값비싼 남성용 민소매 셔츠와 반쯤 벗은 아리아인 남성들을 미국 젊은이들에게 팔기로 했다. 사각 팬티를 낮게 걸쳐 입은 근육질의 잘생긴 금발 청년들을 찍은 흑백의 확대된 사진들은 내 딸의 눈에는 매력적으로 비쳤을 수 있다. 하지만 내가 줄곧 생각한 것은 '히틀러유겐트'■와 '법정 강간'이었다. 귀가 먹먹해지도록 쿵쿵대며 매장 내에 울려 퍼지는 댄스 음악은 '이봐, 지금 우리는 세련된 곳에 와 있어'라는 메시지를 전하기 위한 것이지만, 나는 늘 고질라의 왼심실에 갇혀 있는 듯한 느낌을 받았다. 장시간에 걸친 순회가 다행히도 끝나고 나면, 내 딸은 걸어 다니는 애버크롬비 앤드 피치 광고판으로 변신이라도 할 심산으로 갖가지 상품을 산 후, 스스로를 성적인 상

■　독일 나치당이 만든 10대 청소년으로 구성된 선동 조직

품으로 만드는 일만이 가장 중요하다고 주장하는, 살을 훤히 드러 낸 몸통이 새겨진 쇼핑백들을 들고서 매장을 나서곤 했다.

상황은 더 나빠져만 갔다. 빅토리아 시크릿의 브래지어를 다룬 특별 프로그램, 또는 헐렁한 반바지 차림에 여드름투성이인 남자 가 요청할 때면 젊은 여자들이 종종 가슴을 드러내거나 트렉이라 는 이름의 청년과 그의 절친한 친구인 디젤이 여자의 허벅지에 묻 은 생크림을 핥아먹는 장면이 등장하는 MTV나 BET의 '봄 방학' 프로그램이 방영되었다. 뿐만 아니라, 수많은 랩 뮤직비디오에서 는 끈 팬티를 입은 여자가 자아도취에 빠져 거드름을 피우는 남자 위에 올라타 엉덩이를 흔들어댔다. 그런가 하면 44사이즈의 20대 여성들과 놀랍도록 몸매를 잘 유지한 44사이즈의 40대 여성들이 전혀 알려진 바가 없는 30세 테니스 선수의 애정을 얻기 위해 겨 루는 「에이지 오브 러브Age of Love」와 같은 구역질 나는 프로그램 이 활개를 쳤다.(누가 이겼을지 추측해보라.)

내 딸 앞에, 그리고 내 앞에 펼쳐진 힘의 환상에 대해 곰곰이 생각해보니, 가장 먼저 두 환상 간의 세대 차이, 그리고 그러한 격 차로 인해 우리 두 세대가 어떻게 대립하게 되는가의 문제에 직면 하게 되었다. 특히 힘과 주도권이 비롯된다고 여겨지는 성적인 과 시와 만연한 소비주의에 대한 관점에서 우리 두 세대가 어떻게 대 립하게 되는지를 생각하게 되었다. 하지만 더 숙고해보면, 힘의 환 상이 우리 두 세대에 각각 다가가는 방식은 모두 여성이 모든 것 을 이루었다는 그릇된 가정에 힘을 보태므로, 두 접근법은 방식만 다를 뿐 우리를 현혹하는 것은 마찬가지다. 아직도 여전히 페미니스트 정치의 시급성이 존재할까? 이런 질문은 농담이어야 할 것이다.

이 책은 1990년대 초부터 현재까지 대중매체가 만들어낸 환상의 등장과 진화, 그러한 환상의 기원, 징후, 모순적이며 엇갈리는 메시지, 결과에 관한 것이다. 이러한 환상은 부분적으로는 여학생과 여성들의 욕구에 의해 생겨난 것으로, 종종 상당한 대리만족을 제공했다. 하지만 다른 한편으로는 마케팅, 특히 틈새 및 표적 마케팅, 그리고 얼굴용 크림에서 운동화까지 우리에게 모든 것을 팔기 위한 아첨과 폄하의 자극적인 혼합에 의해 생겨난 것이다. 따라서 이제는 이러한 환상을 취조실로 데리고 들어가 그 위에 얼마간의 조명을 비춰볼 시간이다. 대중매체는 한 손으로 무언가를 주면서도(이는 우리가 대중매체를 그토록 좋아하는 이유다) 다른 한 손으로는 그것을 빼앗아가기 때문이다(이는 매체가 끊임없이 우리를 열 받게 하는 이유다). 그러므로 이를테면 『24』에 등장하는 잭 바워의 영원한 조력자이자 대담한 컴퓨터 천재 클로이와, 스토브를 켤 줄도 모르는 『신혼일기: 닉과 제시카Newlyweds: Nick and Jessica』의 제시카 심슨을 우리 앞에 동시에 보여주는 다양한 요인을 이해하고 조명해봐야 한다.

그 한 가지 요인은 기존에 뿌리를 내린 페미니즘이다. 여성의 성취 또는 성취를 향한 여성의 욕망은 그야말로 문화적 배경의 일부다. 페미니즘은 더 이상 1970년대처럼 대중매체의 '외부'에 있지 않다. 당시에는 여성들이 편견을 조장한다는 이유로 가정주부용 잡지 『레이디스 홈 저널Ladies Home Journal』에 항의해 연좌 농성을 벌이거나, 승무원이 "전 셰릴이에요. 절 타세요I'm Cheryl. Fly Me"
라고 속삭이는(그리고 승무원들에게 'Fly Me' 배지를 달도록 한) 내셔
널 에어라인의 광고와 같은, 가장 성차별적이고 불쾌한 광고에 상
을 수여했다. 반면, 오늘날 페미니즘의 성과, 태도, 성취는 우리의
문화적 구조를 함께 구성한다.[5] 한 가지 예를 들면, 「그레이 아나
토미」의 작가 숀다 라임즈가 만들어낸 여성 등장인물들은 남성의
전유물이었던 직업 분야에서 숙련된 여성 전문가를 보여주고자
하는 진정한 욕구를 나타낸다. 그런가 하면 「뱀파이어 해결사」의
각본가인 조스 휘던은 페미니즘을 받아들였고, 공포 영화에서 여
자들이 죄다 영웅이 아닌 희생양으로 등장하는 풍토에 지겨워진
탓에 「뱀파이어 해결사」를 만들었다. 그러나 여자들의 쿵후 실력
이 성룡보다 대단할까? 혹은 어느 누가 남자 동료(또는 상사)의 면
전에 대고 "당신은 고등학교 2학년생보다 발달이 덜 되었어요"라
고 쏘아붙일 수 있을까? 이는 사성장군들이나 가까스로 누릴 법
한 지휘 및 통제 체계다.

하지만 힘에 대한 매체의 환상은 1990년대 초중반 이래 상당한
힘을 얻었던 또 다른 요인인 '진화된 성차별enlightened sexism'의 산
물이기도 하다.[6] 진화된 성차별은 새로운 성별 체제가 가하는 위
협에 대한 의도적·비의도적 반응이다. 진화된 성차별은 여성들이
페미니즘을 통해 충분한 진보를 이룩했으니, 그리고 실제로 완전
한 평등이 실현되었으니 이제는 여성들에 대한 성적인 고정관념을
부활시켜도 무방하며, 심지어 그것이 즐거운 일이라고 주장한다.[7]
어쨌든 남녀의 평등이 이미 이루어진 시대이니 이러한 이미지(푸

시캣 돌스, 「배철러The Bachelor」「아 유 핫?Are you Hot?」「신부들의 전쟁Bride Wars」을 생각해보라)가 여성의 평등을 저해하지 않는다는 것이다. 더 핵심으로 들어가보면, 진화된 성차별은 여성들이 진정으로 힘을 얻고 이를 누리는 것은 전적으로 그들이 얼굴, 몸매, 의상, 섹슈얼리티를 계산적으로 이용한 결과라는 주장을 내세운다. 여기서 힘이란 재미있는 것, 남성들이 그에 대해 분노하지 않고 실제로 포용할 만한 종류의 것이다. 여기서의 진정한 힘은 경제적 독립이나 직업적 성취(이미 주어진 것이다)와는 아무런 관련이 없다. 그보다는 남자를 유혹하고 다른 여자들의 부러움을 사는 일과 관련이 있다. 진화된 성차별은 특히 소녀와 젊은 여성들을 겨냥하며, 이제는 여성들이 '모든 것을 이루었으니' 각자의 시간과 노력의 상당 부분을 외모를 가꾸고, 남자를 기분 좋게 하며, 섹시해지고, 다른 여자들과 경쟁하고, 쇼핑을 하는 데 할애해야 한다고 강조한다.

진화된 성차별은 대중매체에 의해 매주 쉴 새 없이 생산되는 제조 공정과 같다. 진화된 성차별을 구성하는 요소들, 즉 여성의 성취에 대한 우려, 젊은 여성의 얼굴과 몸매에 대한 더욱 새로워지고 풍부해진 대상화, 여성의 섹슈얼리티에 대한 착취와 처벌이라는 이중 잣대, 연령·인종·계급에 따른 여성의 분류, 만연하는 브랜드화와 소비 지상주의는 1990년대 초부터 급속히 확산되기 시작해 21세기 초에 접어들어 거대한 암흑성과 같은 존재가 되었다. 나를 비롯한 일부 사람들은 이러한 상태와 매체의 병합을 두고 '포스트페미니즘'이라고 불렀다.[8] 하지만 이제는 이 용어를 사용하기를 거부하겠다. 이 용어에 서로 모순되는 너무도 많은 정의

가 수반되었기 때문이다. 더욱이 포스트페미니즘이라는 용어는 사실은 그렇지 않은데도 그 뿌리에 페미니즘이 존재하는 것 같은 암시를 준다. 포스트페미니즘은 유서 깊고 전통적이며 가장 훌륭한 가부장제를 강화하는 유서 깊고 전통적이며 가장 훌륭한 성차별주의다. 다만 매혹적인 마놀로 블라닉 구두와 아이펙스 브라로 가장했을 뿐이다.

진화된 성차별은 겉으로는 페미니즘을 표방하지만(여성은 원하는 어떤 존재든 될 수 있고, 무엇이든 할 수 있다), 속으로는 성차별주의를 고수한다.(그러나 여성들이여, 당신들의 자아 성취는 단지 어느 지점까지만 허용되고, 남성들을 혼란에 빠뜨리거나 페미니즘의 목표를 한 단계 더 실현해서는 안 된다는 점을 명심하라.) 진화된 성차별은 여성 평등을 지지하는 듯 보이지만, 실은 페미니즘을 무효로 되돌리려는 의도를 갖고 있다.[9] 사실상 이러한 평등은 남녀 간의 '동일함'을 초래할 수 있으므로, 여성들은 자신이 근본적으로는 여전히 여성임을 상기할 필요가 있으며, 따라서 반드시 여성적이어야 한다. 그러므로 진화된 성차별은 여성운동의 성과를 기정사실로 간주하고, 이를 대가로 여전히 외모와 생물학적 운명으로 판단되는 성적 대상화, 아둔하지만 섹시한 여자라는 시대 역행적인 여성의 이미지를 부활시킨다. 그 결과, 진화된 성차별의 시대에서는 외모 변신makeover 쇼, 결혼 상대 찾기 쇼, 모델 선발 쇼, 여성의 가슴에 대한 새로운 강조(그리고 가슴 확대 수술 홍보의 대대적 증가), 셀러브리티 저널리즘의 아기와 모성에 대한 집착('임신으로 인해 불룩해진 여자 스타의 배를 감시하는 행태'의 등장), 직장을 그만두고 전업주부를 택하는 관행에 대한 찬사가 폭발적으로 늘어났다.

여기에는 여성이 남성과 근본적으로 다르며 결코 동등할 수 없다는 『화성에서 온 남자, 금성에서 온 여자Men Are From Mars, Women Are From Venus』의 법칙이 숨어 있다.(예를 들어, 「어프렌티스The Apprentice」■의 첫 두 시즌에서는 도널드 트럼프가 주는 상을 두고 젊은 전문직 여성들이 남성들과 경쟁했으나, 여성들이 겉으로는 친한 척하면서 뒤로는 험담을 하거나 지나치게 감정적이기 때문에 결코 이길 수 없다는 점이 확실해졌다.) 그리고 진화된 성차별은 결정적으로 연령 차별, 즉 나이 든 여성과 젊은 여성을 분리한다. 또한 이제 여성들이 '모든 것을 다 가졌다'(그 모든 것이 무엇이든)는 주장으로 인해, 중산층이나 상류층이 아닌 여성, 또는 대부분 백인이 아닌 부유하지 않은 여성은 배제된다. 진화된 성차별은 또한 이성애주의이자 동성애에 대한 차별주의다. 진화된 성차별은 오늘날 여성들이 어떤 존재가 될 수 있고 무슨 일을 할 수 있는지에 대한, 시대를 앞서가는 세련된 일반 상식이 되고자 한다.

이러한 식으로 진화된 성차별은 극심한 반발을 불러오기보다는 미묘하고 훨씬 더 서서히 확산되는 특징이 있다.[10] 수전 팔루디가 지적했듯이, 페미니즘에 대한 반발은 직접적이고 노골적인 반박을 수반한다. 그러나 진화된 성차별은 그보다 더 미묘하다. 남성 논평가들은 TV에서 대놓고 힐러리 클린턴을 '나쁜 년bitch'이라고 부르지 못하지만(그러나 약간 모자라는 TV 및 라디오 진행자인

■ 참가자들이 미국의 거물 기업가 도널드 트럼프로부터 그의 회사 하나를 운영하는 계약을 획득하기 위해 경쟁하는 리얼리티 프로그램

글렌 벡은 자신의 라디오 쇼에서 결국 그 말을 뱉고 말았다), 남성들은 그녀의 목소리를 들을 때 '쓰레기 좀 버리고 와'라는 환청이 들린 다고 말한다. 이것이 무엇을 의미하는지는 누구나 다 안다.

따라서 페미니즘은 반드시 금기어로 남아 있어야 하고, 페미니 스트(특히 나이 든 페미니스트)들은 남성을 혐오하고 아이를 꺼리 며 대하기 까다롭고 목소리가 날카로운 데다 유머가 없을 뿐만 아 니라 의도적으로 매력적인 모습을 피하는, 죽은 자들의 나라에서 온 닌자와 같은 존재로 정형화된다.[11](이에 따라 전미여성연맹의 전 회장인 엘리너 스밀을 국방장관보다 더 강력한 인물로 묘사한 케이트 오 베른의 『세상을 악화하는 여성들: 그들의 급진적인 페미니즘 공격이 우 리의 학교, 가족, 군대, 스포츠를 어떻게 망가뜨리는가?』 같은 책이 나오 게 되었다.) 더 핵심으로 들어가자면, 페미니즘은 여성들이 즐기는 일, 또는 롤링 스톤즈나 섀기의 음악을 듣는 일을 금하고, 화장품 매장 세포라에서 자동차 할부금에 해당하는 돈을 소비하고 하이 힐을 사거나 스판덱스로 된 골반 팬티를 입는 일을 비난하므로 거 부되어야 한다. 이 논리에 따르면 페미니즘은 매우 1970년대적이 기 때문에, 다시 말해 음울하고 촌스러우며 피해 의식으로 가득 하고 시대에 뒤처졌기 때문에, 이제는 여성의 행복과 성취에 방해 가 된다.[12] 따라서 여성운동, 그리고 그 원인이 되었던, 이제는 부 당한 처사가 된 차별에 대한 기억 상실이 필수적이다. 그래야 우 리는 페미니즘 정치가 중요하다는 사실을 잊을 것이다.

이제 여성들은 '평등하며' 투쟁 끝에 승리를 거두었으므로, 우 리는 과도한 여성스러움을 포함하여 과거에 성차별적이라 간주되던 것을 자유롭게 포용할 수 있다. 사실 이는 안도할 일이다. 덕분에 여성들은 궁지에 빠져 헤어나지 못하는 페미니즘에 등을 돌리고, 자신은 아무것도 모른다는 듯 끈 달린 비키니를 입고 남자들을 유혹할 수 있게 되었다. 이 이론대로라면, 이제는 여성들이 남성들과 동일한 성적 자유를 갖게 되었기 때문에, 여성들이 실제로 해방감을 느끼고 싶다는 이유로 스스로 성적 대상이 되기를 선호한다.[13] 진화된 성차별에 따르면, 오늘날 여성들은 페미니즘과 반反페미니즘 사이에서 선택권을 갖는데, 이들은 자연스럽게, 그리고 기꺼이 후자를 선택한다고 한다. 그 이유는 반페미니즘이 멋지고 심지어 세련된 것이 되었기 때문이다. 페미니즘을 거부하고 진화된 성차별 쪽으로 건너감으로써 특히 젊은 여성들은 '남성 무리 중 한 사람'이 될 수 있다.[14] 사실상 진화된 성차별주의에는 여성들이 가부장제를 기분 좋게 느끼도록 하려는 의도가 깔려 있다.[15]

진화된 성차별은 부분적으로는 기회가 확대되는 시대에 소녀들이 성인이 되었다는 사실로부터 등장했다. 진화된 성차별은 부시 정부하에서, 특히 9·11 사건 이후 완전히 꽃을 피웠다. 우연일까? 난 아니라고 생각한다. 부시 대통령과 그 측근이 경제를 폐허로 만들기 전, 부시 대통령은 완벽한 진화된 성차별주의를 주도했다. 그렇다면 힘의 환상에 대해 이야기해볼까? 당시 여성 성취의 본보기가 되는 대표적인 여성들이 존재했다. 콘돌리자 라이스 전 미 국무장관, 캐런 휴스 전 백악관 고문, 크리스틴 토드 휘트먼 전 미 환경보호청장이 그 예다. 하지만 그들은 늙은 수컷 고릴라인 부시, 체니, 럼즈펠드의 수염과 같은 존재였다. 부시, 체니, 럼즈펠드는 역사상 가장 남성적인 행정부를 이끌고 호언장담하면서 그 이면으로는 여성의 권리를 축소하는 작업을 했던 자들이다. 진정한 여성의 본보기는 과거 시대의 어머니상인 로라 부시였다. 이는 진화된 성차별에 긍정적인 자양분을 제공하는 정치적 환경이었고, 부시와 그 측근의 정치적 방향과 태도는 『맥심』의 '남자들이 다 그렇지 뭐'라는 원칙을 상기시켰다. 수전 팔루디가 저서 『두려운 꿈: 9·11 이후 미국의 공포와 환상The Terror Dream: Fear and Fantasy in Post-9/11 America』에서 상기시켰듯이, 페미니즘은 9·11 사건 이후 혹독한 비판의 대상이 되었다. 페미니즘이 국가를 온통 여성스럽고 나약하며 자기 보호에 실패하도록 만든 결과, 여성들이 제자리를 지키지 않았을 때 어떤 일이 벌어지는가를 알카에다가 미국에게 보여줄 크나큰 여지를 제공했다는 이유였다. 팔루디의 말처럼, 9·11 사건은 '최종적인 패배에 직면한' 페미니즘에 대한 타격이었다.[16] 보수적 논평가 모나 채런이 말한 대로, 이제는 "남성들 만세"를 외칠 때였다.[17]

따라서 진화된 성차별은 노골적인 성차별 역시 포함한다. 여기서는 1960년대와 1970년대에 페미니스트들을 격분하게 했던 여성들에 대한 태도가 새롭고 심지어 더 모멸적인 수준으로 치닫는다. 단, 이러한 비하가 겉보기에 여성들을 위하는 것처럼 이루어진다는 점은 예외다. 만약 몸매를 다 드러낸 젊은 여자들이 트램펄린에서 뛰는 동안 남자들이 여자의 출렁이는 가슴을 구경하는 「더 맨 쇼」가 1972년에 방영되었다면, 해당 방송이 이루어진 녹화장은 누군가가 놓은 불길에 의해 남김없이 타버렸을 것이다. 하지만 오늘날에는 그렇지 않다.

영국의 페미니즘 학자인 앤절라 맥로비는 페미니즘이란 시대에 뒤처지고 메말랐으며 유머가 없고 혐오스럽다는 이유로 젊은 여성들은 이를 기피하고 거부한다고 지적한다. 이를 위해 대중매체는 페미니즘을 겨냥하고 '고려하여', 페미니즘이 이제는 필요가 없고 더 이상 '영향력이 없는 존재'라고 주장한다.[18] 예를 들어, 「더 맨 쇼」에서는 비키니를 입은 여자를 트램펄린 위에서 뛰게 하는 일이 성차별적이고 웃기는 일이며, 여자들을 그 위에서 그렇게 뛰게 한 남자들이 어리석은 자들이라는 점이 사실로 인정된다. 이는 알면서도 속아주는 행위와 같다. 즉, 남자들이란 그만큼 단순하고 큰 가슴에 목을 매는 못 말리는 족속이며, 여성성의 과시는 결국 악의 없는 것이기 때문에 페미니즘적인 비판이 필요하지 않다는 것이다. 그러므로 여성의 대상화는 문제가 없다. 그 이유는 여성의 대상화가 실제로는 남성들에 대한 농담이기 때문이다. 성차별주의자가 되는 것은 어리석은 일이다. 따라서 성차별주의자가 되는 것은 우스운 일이다.[19] 이는 『맥심』과 『코즈모폴리턴』이 남성들에게 사용하는 것과 동일한 전략이다. 『맥심』이 보여주는 여성의 대상화는 상당히 과장된 것으로, 이는 대부분의 남성이 여성에 의해 좌지우지되며, 잡지에서 보여주는 성차별주의는 한심하고 애처로운 것이라는 입장을 지속적으로 고수한다. 실제로 페미니즘 학자 로절린드 길이 말한 대로, "극단적인 성차별주의는 성차별주의가 존재하지 않는다는 증거"다.[20] 만약 성차별주의가 더 이상 존재하지 않는다면, 성의 정치학이 더 이상 필요하지 않으며, 성의 정치학이 조롱과 공격의 대상이 될 수 있다.

진화된 성차별은 어린 여학생과 젊은 여성들을 공략하여, 여자들이 대부분 별 볼 일 없는 남자를 차지하기 위해 싸우고(「넥스트Next」 「배철러」 「백만장자 조Joe Millionaire」 「플레이버 오브 러브The Flavor of Love」), 서로 경쟁하거나(「도전! 슈퍼모델America's Next Top Model」), 대인관계와 지위에 집착하고(「러구나 비치Laguna Beach」 「힐스The Hills」), 성적으로 남자를 기분 좋게 하거나(『코즈모폴리턴』, 대부분의 뮤직비디오), 과시적 소비에 집착하는(「리치 걸스Rich Girls」 「마이 슈퍼 스위트 식스틴My Super Sweet Sixteen」 「러구나 비치」 「가십걸」) 매체를 빠르게 대량 생산해냈다. 그런데 미시간대학의 내 제자들, 즉 학문적으로 기량이 뛰어나고 똑똑하며 야심 가득한 여학생들이 이러한 쇼를 즐겨 본다. 그 이유는 무엇일까?

이것은 진화된 성차별의 핵심적인 마지막 요소, 즉 아이러니다. 설명하자면, 모든 걸 다 안다는 듯한 시청자들을 양산하고 아이러니한 성차별주의를 내세우는 것이다.[21] 아이러니는 다음과 같은 힘의 환상을 제공한다. 즉, TV 속 사람들은 부유한 집에서 모든 걸 누리며 응석받이로 자라났고 아름다울 수 있으나, 우월한 시청자인 당신은 그러한 화면 속 사람들을 판단하고 무시하거나 조롱하므로 그들보다 상위에 있다. 부잣집에서 제멋대로 버릇없이 자란 어린 딸에게 부모가 새 벤츠에서 갖가지 파티용 옷에 이르기까지 온갖 선물을 사 주고, 16살이 되는 날에 그 어디에서도 볼 수 없었던 어마어마하고 화려한 라스베이거스식의 파티를 열어주는

MTV의 「마이 슈퍼 스위트 식스틴」과 같은 프로그램을 보면서, 시청자들은 단순히 화면 속 16살 소녀를 부러워하지 않는다. 특정 장면에 덧붙여지는 별 그림과 쨍그랑거리는 음향 효과는 장면 자체가 지나치고 터무니없으며 과장되었다는 점과 소녀 역시 무척이나 피상적이고 자아도취에 빠져 있다는 점을 시청자들이 알도록 의도한다. 이 프로그램과 더불어 MTV의 많은 프로그램은 시청자의 옆구리를 쿡 찌르며 이렇게 말한다.

"프로그램이 저급하고 지나치다는 것 알아. 당신들도 이 프로그램을 보고 곧이곧대로 받아들여 정색할 만큼 어리석진 않잖아?"

일상 전반에서 온갖 마케팅 수단의 무차별 공격을 받는, 대중매체를 잘 아는 젊은이들의 경우, 아이러니가 의미하는 바는 자신이 대중매체에 전혀 현혹되지 않는 것처럼 보이면서도 동시에 의미심장한 미소를 띠고서 이에 현혹될 수 있다는 것이다. 시청자들은 자신이 교양 있으며 비겁한 자기 몰두를 간파할 수 있고, 그렇게 사소한 일에 완전히 사로잡힐 만큼 경솔하거나 어리석지 않다는 아첨을 듣는다. MTV는 이러한 아이러니를 방패로 제공한다. 시청자들은 인기와 과시적 소비만 생각하는, 파티에만 목을 매는 머리 빈 여자애들에 대한 조소 섞인 패러디를 보고 있다고 확신할 수 있다. 그리고 「마이 슈퍼 스위트 식스틴」은 인기와 과시적 소비만 생각하는, 파티에만 목을 매는 머리 빈 여자애들을 계속해서 보여준다. 이러한 아이러니는 성차별적인 메시지, 이를테면 대부분의 소녀, 특히 부유한 소녀는 자신밖에 모르는 예쁘지만 멍청한 여자애라는 메시지를 제공하도록 허용하는 동시에, 그것이 진짜

의도가 아니라 그저 재미를 위한 것이라는 점을 주장할 수 있게 한다.[22]

1990년대에 「베벌리힐스 아이들Beverly Hills 90210」이 방영되었을 때처럼, 여학생들은 종종 「마이 슈퍼 스위트 식스틴」이나 「러구나 비치」 또는 「리얼 월드The Real World」 같은 프로그램을 삼삼오오 모여서 시청하는데, 여기서 그들이 느끼는 한 가지 재미는 화면 속 소녀들이 얼마나 몰지각하고 물질 만능주의적인지에 대해 집단적으로 분노를 표출하면서도 여전히 드라마의 이야기에 몰입하는 데 있다. 이러한 집단적인 조롱을 통해 여학생들은 "우리는 한심한 애들이 아니야"라고 말한다. 이는 대중매체의 정교함을 보여주는 확실한 성과다. 이 과정은 대중매체, 그리고 피상적이고 경솔하게 표현된 소녀들에 대한 시청자의 힘을 강조한다. 즐거움은 이 형편없는 TV 프로그램을 곧이곧대로 받아들이지 않고 간파·해체하고 있다고 느끼는 데서 비롯된다. 하지만 여기에 수반되는 부작용은 여학생들이 서로를, 그리고 스스로를 감시함으로써 '착함'과 '섹시함'에 대한 기준이 강화된다는 사실이다. 그리고 이러한 힘으로서의 조롱을 통해 여학생들은 여학생에 대한 여학생의 유해한 폭력, 즉 여학생들끼리의 싸움을 기대하고, 여성 간의 경쟁과 소비주의가 궁극적인 특권과 즐거움으로 표현되는 프로그램을 보도록 허용된다.[23] 많은 젊은 여성이 이러한 사실을 모르는 것은 아니다. 그러나 젊은 여성을 겨냥한 많은 프로그램이 아이러니하고 자기 반영적인 비판을 포함하기 때문에 그 효과를 가려내는 것은 단순히 그 효과를 인지하는 것보다 훨씬 더 어렵다.

「배철러」가 어떻게 시즌 13까지 이어졌을까? 어떻게 후터스 Hooters■가 계속해서 영업을 하고 있을까? 진화된 성차별이 그럭저럭 성공적인 행진을 이어가고 있는데도, 대중매체 내에서는 진화된 성차별과 기존 페미니즘 간의 전쟁이 계속되고 있다. 그 결과, 서로 겹치고 종종 충돌하기도 하는 진보적인 이미지와 퇴행적인 이미지가 시청자들을 향해 무차별적으로 쏟아지는데, 이 두 이미지는 여성의 힘에 대한 매우 다른 환상을 우리에게 제공한다. 그러나 결국 진화된 성차별과 기존 페미니즘은 서로를 강화하는 결과를 낳는다. 즉, 이 둘은 모두 여성의 업적과 성취를 과장하며 페미니즘을 무용지물로 만든다. TV 리모컨을 한 번 누르면, 입이 험한 여성 경찰국장, 외과의, 변호사 또는 자신만만한 여성 케이블 뉴스 진행자나 전문가들이 화면 속에 나타난다. 그리고 리모컨을 또 한 번 누르면, 머릿속의 생각이라곤 다음번에 어떤 파티를 열까가 전부인, 욕조 안에 몸을 담근 한심한 여자가 나타난다. 실제로 전자의 확산은 후자에 대해 변명하거나 심지어 후자를 정당화하기 위한 의도가 있다. 따라서 진화된 성차별의 성공은 목표를 이루고 성적으로 자유롭게 해방된 여성을 얼마나 잘 나타내느냐에 따라 달라진다. 결국 여성들은 이 모든 것이 무모하게 성차별적일 경우(사실 그렇지는 않다) 이 모든 것을 읽거나 보지 않을 것이다. 사실 진화된 성차별과 기존의 페미니즘은 패션, 화장법, 아기, 대인관계 등 과거에 사소한 것으로 치부되던 여성 위주의 지식을

■ 여직원들이 노출이 심한 옷을 입고 근무하는 미국의 레스토랑 체인

종종 찬양하고 이러한 지식이 중요하다고 주장한다. 이로써, 진화된 성차별은 스파이스 걸스가 그러했듯이 매우 현혹적인 힘을 지닌다. 진화된 성차별은 독립과 힘과 존중, 남성의 사랑과 인정, 그리고 여성들 특유의 소비주의적인 탐닉을 어떠한 대가도 치르지 않고 한꺼번에 가질 수 있다고 주장한다. 그리고 더욱더 큰 힘을 지닌 위풍당당하며 독립적인 여성들의 이미지가 우린 아직도 날씬하지 않고 가슴도 풍만하지 않으며 아름답지 않고 여자들이 가장 부러워할 만한 상표가 박힌 상품을 갖지 못했다는 끊임없는 하소연과 함께 배회한다.

이렇듯 강력하게 상반된 경향들로 인해 여성들은 진지한 성공과 존중을 얻고자 하는 바람과, 허용과 인정과 사랑을 얻고자 하는 바람 사이에서, 그리고 힘을 갖고자 하는 바람과 힘을 두려워하는 상태 사이에서 갈팡질팡하게 된다. 우리 눈앞에 다양한 형태로 펼쳐진 환상들은 페미니즘과 여성성 사이에서 어떻게 하면 완벽한 타협을 할 수 있는지를 가르친다. 그러한 타협은 여성들이 거래를 할 것을 주장한다. 우리는 운동을 잘할 수 있고 학교에서 뛰어난 기량을 보일 수 있으며 대학에 갈 수 있을 뿐만 아니라, 과거에는 남성의 전유물이었던 분야에서 직업을 가질 수 있으며 일하는 엄마가 될 수도 있다. 그러나 그 대가로 우리는 반드시 외모, 체중, 가슴 크기, 옷 상표, 집 꾸미기, 완벽하게 계산된 철저한 육아에 집착해야 하고, 남성들을 즐겁게 하고 다른 여자들의 부러움의 대상이 되는 일에도 신경을 써야 한다. 게다가 우리는 직장 일과 가사 사이에서 저울질해야 할 때, 정부나 직장으로부터 도움을 기대해서는 안 된다. 그것은 우리가 내리는 지극히 '개인적인' 선택이므로 혼자서 감수해야 하는 부분이기 때문이다. 따라서 이러한 '모든 걸 할 수 있다' 페미니즘은 모든 여성을 도울 수 있는 변화의 추진에 대한 더욱 집단적인 감수성을 우리의 개인적인 노력과 성공하고자 하는 책임으로 대체한다.

대중매체(특히 광고)의 대다수는 여성이란 신체에 의해 규정되고, 여성의 정체성은 여성의 신체에 존재하며, 여성의 신체가 성적으로 매력적이고(데미 무어 덕분에 임신 중에도 신체가 성적으로 매력적이어야 한다는 강박이 생겨났다) 패션모델에게서나 볼 수 있는 미에 대한 매우 협소한 이상에 부응해야 한다고 강조한다.[24] 물론 전혀 새로울 것이 없는 말이다. 그러나 이는 과거 1970년대에 수많은 여성이 철폐하고자 했던 관행이다. 실제로 여성들이 더 이상 여성의 전통적인 성격상의 특징, 예를 들면 소극적이거나 유약하거나 유순하고 지나치게 감정적이며 남성에게 공손한 특징을 보일 필요가 없기 때문에, 이제는 매우 여성적인 신체적 특징, 이를테면 풍만한 가슴과 깊은 가슴골, 짧은 스커트, 두툼하고 섹시한 입술과 더불어, 이러한 여성성과 상류층이라는 계급을 이어주는 적절한 상표가 박힌 물건들을 내보여야 한다. 깊이 뿌리내린 기존의 페미니즘과 진화된 성차별 간의 전쟁은 한 손으로는 하나를 주면서 또 한 손으로는 그것을 다시 앗아간다. 이 전쟁은 숨을 조이는 강력한 속박으로, 여성들이 대담하게 모험과 도전을 하도록 하고 우리에게 힘, 주도권, 사랑에 대한 환상을 선사한 뒤, 다시금 우리를 끌어당겨 속박한다. 오늘날 여성이 이 모두를 감당할 수 있는 유일한 방법은 슈퍼우먼이 되는 것뿐이다.

커튼을 걷어내고, 이 환상들로 인해 우리가 현 상태, 즉 모든 것을 가졌다는 환상에 싸여 사회적 약자임을 직시하지 못하고 있다는 사실에 주목하는 것이 앞으로의 과제다. 나 같은 중년 여성은 대담해서는 안 되며, 대담할 자격도 없다. 나 같은 경우, 적어도 세 가지의 아주 나쁜 점을 갖고 있기 때문이다. 즉, 학자이고, 나이 든 여성이며, 비천한 사람 중에서도 가장 비천한 페미니스트이기 때문이다. 페미니스트는 영화, 텔레비전, 음악 또는 쇼핑을 즐기지 않고, 다른 모든 사람을 위해 그 모든 즐거움을 희생하려는 인물로 간주된다.(그래서 나는 스키용 마스크를 쓰고 맥 카운터로 간다. 내 이미지를 무너뜨릴 수 없기 때문이다.) 젊은 여성들은 나와 같은 사람들을 공통점이라고는 전혀 찾아볼 수 없는, 시대에 뒤떨어진 구닥다리로 간주한다. 러시 림보▪는 "페미니즘이란 매력적이지 않은 여성들이 주류 사회에 보다 쉽게 접근할 수 있게 하기 위해 확립되었다"라고 언급했다.(운 좋게도, 땅딸막하고 매력적이지 않은 남성들이 상류 사회에 접근하도록 하는 데는 특별한 사회적 운동이 필요하지 않았다.) 한편, 팻 로버트슨 목사는 페미니즘으로 인해 "여성들이 남편을 떠나고 자식들을 죽이고 해로운 마법을 부리게 되었다"라고 말했다.(이 사실을 훨씬 전에 알았으면 얼마나 좋았을까?) 또 제리 폴웰 목사는 세계무역센터WTC와 국방부 건물에 대한 9·11 테러와 관련하여 '이교도인, 게이와 레즈비언, 페미니스

▪ 미국의 방송인, 극보수주의 정치평론가

트들'을 비난했다. 그는 후에 게이와 레즈비언에게는 사과했으나, 딱한 이교도인은 물론이고 페미니스트에게는 사과하지 않았다.

이제 이해하겠는가? 진부하고 전통에 얽매인 풍보들이 수백만의 사람을 향해 이러한 어리석은 발언을 하는 반면, 여성들은 로렌조 라마스가 빨간색 레이저 빔으로 여성의 단점이 되는 신체 부위를 지적하는 「아 유 핫?」과 같은 프로그램이 어떻게 방송되는가에 대해 정곡을 찌르는 발언을 하지 못하는 것이 지금의 실정이다. 대중매체가 내 딸의 세대와 내 세대를 갈라놓고 나이 든 여성들의 목소리를 부당한 것으로 만들기 위해 할 수 있는 모든 일을 하고 있지만, 그럼에도 우리 모두는 한 배를 타고 있다. 미국의 젊은 여성들이 패리스 힐튼의 말이나 행동에 단 1초라도 관심을 기울이거나 '남자가 갈망하는 섹스'를 배우도록 강요되는 것을 볼 때, 나는 줄리아 차일드▪가 후터스에서 요리를 선보이도록 강요받는 것 같은 느낌을 받는다.

물론 할리우드의 백인 남성 여섯 명이 한데 모여 이렇게 말한 것은 아니다.

"여성들은 이제 너무 큰 힘을 갖게 되었다. 그들이 더 멀리 나아가기 전에 그들에게 환상을 선사함으로써 그들이 이미 모든 걸 가졌다고 생각하게 하고, 그들이 자신들을 가로막는 보이지 않는 장벽을 타파하는 대신, 쇼핑과 가슴 확대 수술에 관심을 갖도록 해야 할 것이다."(그러나 지금 와서 생각해보니 그들이 이러한 생각을

▪ 미국의 요리 연구가

한 것 같기도 하다.)

　반면, 우리가 대중매체로부터 보고 듣는 바는 여성들에게 강력한 역할 모델을 제시하려는 일부 작가와 제작자들의 숭고한 의도, 그리고 힘의 환상을 사용하여 우리에게 온갖 것을 판매하려는 무신경한 상업적 계산에서 비롯된다. 그리고 우리는 그 어느 때보다도 빈틈없이 대중매체에 포위되어 있다. 가계 소득 대비 연예·오락 부문에 대한 지출액은 1960년대 후반에서 2000년대 중반 사이에 일곱 배나 증가했다.[25] 내 제자들에게, 텔레비전 채널이 단세 개뿐이고 케이블과 인터넷, 휴대전화가 없는 가정은 중세 알바니아의 외딴집처럼 느껴질 것이다. 따라서 대중매체가 강력하고 이질적인 이미지와 메시지를 강제로 주입하여 우리가 수동적이고 의심 없는 태도로 그에 수긍하는 문화를 조성하는 것은 아니지만, 우리의 정체성, 꿈, 희망, 포부, 공포를 조성하는 데 중요한 역할을 하는 것은 분명하다.

　많은 제작자는 대중매체란 현실이 무엇이든 그것을 반영하여 대중에게 비추어주는 거울이라고 주장한다. 그러나 대중매체를 거울에 빗댄 그러한 비유를 들을 때마다 그 말을 무시해버리길 바란다. 그 거울은 요술의 집에서나 볼 수 있는 거울이다. 특히 엉덩이와 허벅지 같은 특정 신체 부위는 크게 보이고 무릎과 같은 나머지 부위는 거의 보이지 않는, 온몸이 왜곡되어 보이는 거울이다. 특정 종류의 이야기, 특정 부류의 사람들, 특정한 가치와 태도를 과장하는 반면, 그 외의 것들은 최소화하거나 눈에 보이지 않게 만드는 것이 바로 대중매체다.[26] 이러한 현실은 30년 전보다 지금이 더 심각하다. 그 이유는 특정 계층을 겨냥한 특정 매체들이 그 어느 때보다도 협소한 범위의 소재나 주제를 다루기 때문이다. 대중매체는 또한 우리가 무엇을 생각해야 하는지, 어떠한 부류의 사람들이 우리의 존경, 존중, 부러움을 받아 마땅한지, 그리고 어떤 사람들이 그러한 자격을 갖지 못하는지에 대해 설정한다. 한 예로, 대중매체가 깡마른 여성들이 화면 속을 무차별적으로 활보하도록 한 탓에 많은 여학생과 여성들의 자존감이 무너졌고, 본인의 신체에 불만족을 품게 되었으며, 국가 전역에 섭식장애가 확산되었다. 그렇다고 해서 우리가 타이라 뱅크스나 '보디 바이 빅토리아Body by Victoria' 광고를 향해 도넛을 던지며 비난하지 않는 것은 아니다. 이에 대한 거부와 대항적 반응은 물론 존재한다. 그러나 동시에 묵인이라는 반응도 존재한다.

힐러리 클린턴의 선거운동을 다룬 보도에 대해 쏟아진 분노, 또는 내 제자들이 대부분의 MTV 프로그램에 퍼붓는 조소에서 볼 수 있듯이, 여성들은 「리얼 월드」나 「스완The Swan」(참가자들이 최대 14차례의 성형수술을 한 뒤 미인대회를 벌이는 프로그램)의 성차별주의를 향해 단순히 아무 말이나 지껄이는 생각 없는 인간들이 아니다. 우리는 도피하기 위해, 또 다른 세상으로 이동하기 위해 TV 쇼, 영화, 잡지를 보거나 웹 사이트와 채팅방에 들어간다. 하지만 그중 어느 것에도 완전히 빠지기는 원치 않는다. 이는 복잡하고 모순적인 절충의 영역으로, 우리 대부분이 이 안에 속해 있다.[27]

이러한 절충은 스파이스 걸스를 보면 알 수 있다. 그들은 성적 대상화와 페미니즘 정치 사이에서, 여자들 간의 유대감 형성과 남성으로부터 인정받는 일 사이에서, 그리고 자아 존중과 자기 과시 사이에서 절충점을 찾는다. 그들은 바비 인형처럼 보이면서도 글로리아 스타이넘▪처럼 목소리를 높이려고 노력했다. 그들은 여성들이 둘 다 가질 수 있다고 주장했다. 즉, 젊은 여성의 외모와 복장에 대한 남성들의 환상에 부응하고 이를 포용하는 동시에, 원더브라에 반바지 차림이 대개 연상시키는 진지하고 독립적인 존재로서의 여성에 대한 비난에 반항하고 이를 극복했다. 그들은 걸파워를 기념하는 불꽃놀이와 같은 존재였으며, 페미니즘이 필요하고 재미있는 것이라는 그들의 메시지는 다 타버려 쉭 소리를 내며 꺼지기 전까지는 문화를 관통하며 반짝이는 빛을 냈다. 젊은 여성들은 어떻게 하면 존중과 사랑을 얻고 성취와 대인관계를 유지하며 일과 가족을 다 얻을 수 있을지 여전히 고군분투하고, 대중매체는 계속해서 그들에게 모순적인 답을 주고 있다.

따라서 여성들이 범죄를 해결하고 훌륭한 상사가 되며 대저택에 살 뿐만 아니라, 원하는 무엇이든 살 수 있고 생명을 살리는 수술을 해내며 자신의 사랑을 찾는 세상으로 도피하기를 내가 바람에도 불구하고, 나는 여기서 신중함과 경계심의 중요성을 누누이 강조하고자 한다. 대중매체는 여성 각료들이 등장하고, 가정폭력 문제에 대한 인식을 제고하고 이를 비판하며, 미국인들로 하여금 종전과는 전혀 다른 가족 구성을 포용할 수 있도록 할 뿐만 아

▪ 여권운동가 겸 작가

니라, 심지어 여성 대통령을 상상할 수 있게 하는 데 중요한 역할을 했다. 그러나 이러한 사실도 잊지 말자. 미국은 어떤 선진국보다도 어머니와 자녀를 위한 지원 체계가 미약하며, 약 190만 명의 여성이 매년 남편이나 애인으로부터 폭행을 당하고, 전체 여성의 약 18퍼센트가 강간 또는 강간 미수의 피해자다.[28] 또 남성이 1달러를 벌 때, 백인 여성은 75센트를 벌고, 아프리카계 미국인 여성은 62센트, 라틴계 여성은 53센트를 번다.[29] 그리고 자녀가 있는 빈곤한 가정의 대부분이 편모 가정이다. 게다가 아프리카계 미국인 여성 및 라틴계 여성은 여전히 대중매체에서 실제보다 훨씬 적은 수로 대표되거나 정형화된 모습으로 묘사되며, 백인 여성에 비해 더 극심한 빈곤, 잔혹 행위, 열악한 위생 환경으로 고통을 받는다.

하지만 이라크 및 아프가니스탄 전쟁과 휘청거리는 미국 경제를 둘러싼 재난들로 인해, 각종 여성 문제는 상대적으로 사소한 걱정거리가 되었다. 게다가 이 전쟁들로 인해, 부시 정부가 두 번의 임기에 걸쳐 여성의 권리, 특히 재생산권을 잠식하기 위해 부단히 노력했고, 빈곤층 여성과 자녀를 위한 의료 혜택의 예산을 삭감했으며, 여성 지원 활동을 담당하는 백악관 부서를 폐쇄했다는 사실이 우리의 관심에서 벗어나게 되었다. 더욱이 노동부 웹사이트에서는 임금 평등 및 보육과 같은 사안에 관한 정보가 삭제되었는데, 노동부 산하 여성 사무국 사이트에서만 25개의 간행물이 지워졌다. 대신 낙태와 유방암의 상관관계와 같은 신빙성 없는 새로운 정보가 국립암연구소 웹사이트에 등장했다. 그리고 2005년

부시 행정부는 양성평등법 준수에 대한 기준을 완화하여, 학교에서 남학생과 여학생에게 동등한 체육 활동 참여의 기회가 주어지지 못하게 했다.[30] 「클로저」, 「그레이 아나토미」의 외과의들, 「하우스House M.D」의 여성 병원장 그리고 「CSI」 시리즈의 유능한 여성 법의학자들이 활약하는 시대이니만큼, 우리는 그러한 정치적 퇴행이 우리와는 무관하며, 실제로 우리에게 아무런 영향을 미치지 못할 것이라 생각하게 될까? 아니면 반대로, 여성들이 외모 변신에 병적으로 집착하고 누군가의 청혼을 받는 유일한 여자가 되기 위해 안간힘을 쓰는 모습이 화면에 등장하는 가운데, 결국 여성이란 주방과 침실에 한정된 존재라고 생각하게 될까? 2009년에 실시된 여론 조사에 따르면, 남성의 60퍼센트, 여성의 50퍼센트가 "직장 내에 여성의 성취를 가로막는 장애물이 더 이상 존재하지 않는다"라고 응답했다.[31] 대중매체는 이 사실을 보도할 수 있지만, 대부분의 여성이 실질적으로 종사하고 있는 직업에 관한 데이터와 여성에 대한 고질적인 차별 관행을 생각한다면, 이 행복한 환상이 착각임을 알 수 있다.

그렇다면 어떻게 대중매체가 여성의 성취를 과장하는 동시에 과거의 여성혐오적인 편견을 부활시키는 모순적인 상황에 이른 것일까? 그 답을 찾기 위해서는 라이엇 걸Riot Grrrl,■『새시Sassy』, 재닛 리노, 힐러리 클린턴, 「뱀파이어 해결사」가 성 평등의 새로운 시대를 열 것으로 여겨졌던 1990년대 초중반으로 가봐야 한다. 실

■ 1990년대 중반 생겨난 페미니스트 펑크 록 장르

제로 그 시대로 거슬러 올라가 페미니즘운동의 열기가 얼마나 뜨거웠는지 살펴봐야 한다.

여성운동이 폭발적으로 시작되었고, 여성에게 충분한 권리가 부여되지 못하는 행태에 대한 공격이 이루어진 1970년대를 대개 페미니즘의 절정기라고 본다. 당시에는 대통령 후보는 물론이고 의사나 경찰관이 되기에도 지나치게 아둔하고 신경질적이거나 변덕스러운 여성의 이미지에 대한 비판도 이루어졌다. 상황이 이렇게 되자 대중매체 역시 얼마간의 정정 조치를 취할 수밖에 없었다. 물론 할리우드가 젖은 티셔츠와 비키니(「미녀 삼총사」), 속옷 상의 같은 슈퍼 히어로 복장(「원더우먼」), 영향력 있고 뛰어난 여자를 지옥에서 온 탐욕스러운 악녀로 묘사하는 관행을 쉽사리 포기하지는 못했지만, 여성의 이미지에 대한 얼마간의 진전은 있었다.

하지만 실질적인 생활의 측면에서, 그리고 여성 이미지의 측면에서 더 중요한 변화가 생겨난 때는 1990년대 초중반이었다. 언론에서는 1992년을 '여성의 해'로 지정했다. 그해에 수많은 여성이 공직에 출마했기 때문이다. 이러한 현상이 나타난 이유는 1991년 클래런스 토머스의 대법원 판사 인준 청문회에서 미 상원 사법위원회의 늙은이들에 의해 애니타 힐이 어떤 취급을 받았는지를 많은 여성이 목격하고 분노했기 때문이다. 하지만 1990년대 초반, 소녀들은 성차별에 의해 여전히 희생되고 있는 집단인 동시에, 그들의 어머니 세대보다 더 큰 하나의 시장으로 인식되었다. 그들은 급성장하는 계층이 되었다. 실제로 2005년의 경우, 10대 인구가 다른 어떤 연령층보다 많았으며, 2010년에는 10대 시장이 3400만

명 규모에 달할 것으로 예상되었다. 미국의 시장은 경제적으로나 문화적으로나(정치적으로는 아니더라도) 중요하다. 따라서 소녀들, 다시 말해 중산층의 백인 소녀들, 부유한 백인 소녀들이 대중매체에 집착하게 되어, 문화적 공포, 연방 고양 프로그램, 베스트셀러 도서, 일련의 새로운 잡지, TV 프로그램, 여성용 영화chick flick, 여성용 소설chick lit, 웹 사이트, 팝 스타, 그리고 린지 로언, 패리스 힐턴, 브리트니 스피어스를 따라다니는 파파라치라는 완전히 새로운 세력이 등장하는 데 영감을 주었다. 특히 1990년대 초중반의 소녀들은 자신의 목소리를 냈고, 잡지, 웹 사이트, 독립 영화, 비디오, 음악 등을 스스로 만드는 '두 잇 유어셀프Do It Yourself'라는 하위문화를 조성했다.[32]

여성의 이미지가 우리의 자존감을 갉아먹고 우리를 제자리에 있게 하는 대가로 우리에게 어떤 권한을 부여했는지를 알기 위해서는 오로지 이러한 여성의 힘에 대한 이미지의 기원을 추적하는 방법밖에 없다. 왜냐하면 모든 것에도 불구하고, 우리의 문화를 관통하는 것은 여성이 일단 힘을 가지면 「101 달마시안101 Dalmatians」의 마녀 크루엘라 드빌이나 「악마는 프라다를 입는다The Devil Wears Prada」의 미란다와 같은 악랄하고 독재적인 인물 내지는 미움과 증오의 대상이 된다는 믿음 혹은 두려움이기 때문이다. 그리고 가장 큰 모순은 대중매체에서 여성들의 모습을 현실보다 더 진보적으로 묘사할 경우, 대중매체가 실현하고자 하는 여성들의 그러한 성취가 좌절된다는 점이다.

그러나 우리는 여전히 지켜보는 중이다. 이 세상에는 좋아할 것이 충분히 많고, 대항하여 맞서거나 비웃을 거리는 더더욱 많기 때문이다. 지금은 시작에 불과할지 모르나, 시작이야말로 가장 힘을 북돋울 수 있는 행동일지도 모른다. 이는 현재 진행 중이며, 영원히 끝나지 않을 인식 제고 과정의 일부다. 어떤 곤경에 처했는지를 바로 알고 나서야 우리는 본 임무를 시작할 수 있을 것이다.

제1장

소녀 문화의
부상

sexual discrimination

1990년 10월, 미국 대부분의 국민이 「로잔느 아줌마Roseanne」 「코치Coach」 「엘에이 로L.A. Law」 「아메리카 퍼니스트 홈 비디오America's Funniest Home Videos」, CNN의 '사막의 폭풍 작전Operation Desert Storm'■ 보도를 시청하는 가운데, 여전히 신생 방송사에 속했던 폭스 방송이 당시 미국에서 시청률 1위를 달리던 프로그램인 「치어스Cheers」가 방영되는 매주 목요일 밤 시간대에 새로운 프로그램을 선보였다. 12월에 그 새로운 프로그램은 전체 89개 프로그램 중 87위를 차지했다. 평가 역시 호의적이지 않았다. 『워싱턴포스트Washington Post』에서 톰 셰일즈는 이 새 프로그램을 "혼수상태에 빠져 있는 텔레비전의 새로운 실험"이라 칭하면서 "자신이 죽지 않았음을 확인하려면 매번 맥박을 재봐야 할 것이다"라고 말했다.[1]

■ 걸프 전쟁 때의 미군의 작전명

또 『USA 투데이USA Today』에서 맷 라우시는 '지루한'과 '전형적 인물'이라는 표현을 쓰면서 "이 프로그램 때문에 「치어스」를 포기하는 시청자는 거의 없을 것이다"라고 내다봤다.[2] 그런가 하면 AP 통신사의 제이 샤벗은 "너무도 형편없는 프로그램이라 학교였다면 곧바로 F학점을 받았을 것이다"라고 혹평했다.[3]

그러나 이 세 명의 남성은 10대 소녀가 아니었다. 6개월도 지나지 않아 이 프로그램, 「베벌리힐스 아이들」은 목요일 밤 9시 시간대에 10대들 사이에서 시청률 1위를 기록했고, 시청한 10대들 중 60퍼센트가 여학생이었다. 1991년 여름, 폭스 방송은 재방송을 내보내는 대신 새로운 회들을 방영했고, 덕분에 시청자층이 더욱 확대되었다. 그해 8월, 의도적으로 제임스 딘처럼 올백 머리를 한, 당시 소녀들의 선망의 대상이었던 루크 페리가 드라마를 홍보하기 위해 플로리다의 한 쇼핑몰을 찾았다. 그의 등장에 만 명 가까운 소녀 팬이 소리를 지르면서 그를 향해 달려들었고, 그 바람에 21명이 부상을 당하고 쇼핑몰은 세 시간 동안 문을 닫아야 했다.[4]

가을이 되자 「베벌리힐스 아이들」은 미국 10대들, 특히 10대 소녀들 사이에서 최고의 드라마임을 다시 한번 입증했다.[5] 이 드라마는 첫선을 보인 지 1년 만에 10대 소녀의 무려 69퍼센트가 시청했다고 한다. 이어서 1993년에는 드라마가 30개국에서 방영되었다.[6] 「베벌리힐스 아이들」을 소재로 한 달력, 티셔츠, 도시락통, 배낭, 베개, 바비 인형이 판매되었다. 대부분의 팬은 그야말로 헌신적이었다. 특히 방영 초기에 팬들은 숙제를 다 해놓고 샤워를 한

다음 친구들과의 약속까지 다 미루고, 친구들에게는 드라마가 방송되는 동안 절대로 전화를 걸지 말 것을 신신당부했다.(여자아이들은 전화기를 붙들고 통화하면서 함께 드라마를 시청하기도 했다.)**7**「베벌리힐스 아이들」은 10년간 계속되었다.

21세기 진화된 성차별의 우세한 입지, 진화된 성차별과 기존 페미니즘 간의 초기의 난투, 그리고 진화된 성차별이 힘과 변화에 대한 소녀들의 욕구를 소비주의와 이윤으로 탈바꿈시킨 과정을 이해하려면, 갈등이 있었던 1990년대 초반으로 거슬러 올라가야 한다. 사실 1990년대 초반은 여학생과 젊은 여성들 사이에서 상당한 페미니즘의 소요가 발생했던 시기였다.「베벌리힐스 아이들」에서는 낡아 보이게 특수 처리한 멋진 청바지를 어디서 살 수 있을지가(그리고 헝클어진 금발 머리의 섹시한 남자친구를 어디서 구할 수 있을지가) 10대 소녀들의 주된 관심사인 것처럼 그려졌지만, 현실의 많은 소녀와 어머니들은 훗날 걸 파워라고 불리게 된 그 어떤 것에 대한 욕구를 표출하고 있었다.

1990년대 초반의 여성들은 1970년처럼 거리로 나서지는 않았을지 모르나, 이들에게는 상당히 열띤 페미니즘의 동력과 열망이 존재했다. 특히 1991년 수전 팔루디의 베스트셀러인 『역풍Backlash』이 발간되면서 반향은 더더욱 거세졌다. 반면, 당시 영부인이었던 바버라 부시는 여성들에게 이렇게 경고했다.

"삶의 끝자락에서 여러분은 또 한 번의 시험에 통과하지 못한 일, 또 한 번의 사건에서 승소하지 못한 일, 또 한 번의 거래를 성사시키지 못한 일에 대해 후회하지 않을 것이다. 그보다는 남편,

벗, 자녀, 부모와 함께 지내지 못한 시간에 대해 후회할 것이다."

그리고 『스포츠 일러스트레이티드Sports Illustrated』의 수영복 특집호가 그 어느 때보다도 많이 팔렸다. 그러나 또 한편으로는 라이엇 걸 밴드인 비키니 킬이 「Don't Need You」에서 남자들에게 다음과 같이 충고했다.

"너의 그런 빌어먹을 태도 따윈 필요하지 않아. 우린 너희가 필요하지 않아. 우리가 너희를 필요로 하지 않는다는 게 두렵지 않아?"

또 브랫모바일은 「Brat Girl」에서 "이 칼을 당장 네 가슴에 꽂아버릴 거야"라며 가부장제를 신랄하게 공격했다.

1990년대 초반에는 여성들이 격분할 만한 일이 넘쳐났다. 미국 최초의 아프리카계 미국인 연방대법관이자 학교의 인종 차별 폐지를 선구적으로 주도했던 서굿 마셜이 1991년에 은퇴하기로 결정하자, 조지 H. W. 부시 대통령은 그 자리에 클래런스 토머스를 임명했다. 그는 '소수 집단 우대 정책'에 반대하는 매우 보수적인 아프리카계 미국인 관료로, 연방법원 판사로 겨우 2년밖에 재직하지 않은 상태였다. 따라서 많은 시민단체와 여성단체가 그의 임명을 비난했고, 투표 결과 이 임명 건은 7 대 7로 상원 사법위원회를 간신히 통과했다. 그리고 10월, 오클라호마대학의 법학 교수인 애니타 힐이 FBI가 실시한 토머스에 대한 배경 조사에서 그에게 성희롱당했다고 발언한 사실이 언론에 공개되면서 미국이 발칵 뒤집혔다. 힐은 TV 앞에 모여든 국민 앞에서, 토머스가 직장에서 자신에게 '여성과 동물이 관계를 하는 포르노 영화나, 집단 섹스나 윤간이 등장하는 영화 속 장면들을 이야기했음'을 증언해야 했다. 힐은 계속된 거절에도 토머스가 데이트 신청을 하고, 자신의 옷과 외모에 대해 이야기했다고 말했다. 또 그가 '본인의 성기가 보통 이상으로 크다'는 발언을 비롯하여 성적 능력을 과시했다고 증언했다. 게다가 그는 직장 내에서의 발언으로서는 매우 부적절하게도 '누가 내 콜라에 치모를 넣었지?'라는 질문을 힐에게 했다고 한다.[8] 이 발언은 대부분의 여성으로서는 지어내기가 매우 힘든 내용이었다. 그러나 98퍼센트가 남성인 상원 내에서도 전원 남성으로 구성된 사법위원회의 백인 남성들은 힐을 경멸적으로 취급하면서 그녀가 망상을 하고 있을지도 모른다는 태도를 보였다. 성희롱이란 여성의 상상력이 만들어낸 허구라고 생각하는 듯한 오만한 태도의 부유한 백인 남성들에 둘러싸여 홀로 증언대에 앉은 흑인 여성의 모습은 여성들의 피를 끓게 만들었다.

여성들의 분노는 1992년 봄에 불거진 테일훅Tailhook 사건으로 더욱 거세게 타올랐다. 당시 뉴스 보도에 따르면, 1991년 9월 라스베이거스 힐튼 호텔에서 열린 테일훅 협회 모임에서 해군 조종사들이 호텔 3층에 여성들을 가둬놓고 옷을 벗기고 성희롱 및 성폭행한 사건을 해군 측에서 은폐하려 했다. 눈가림용이었던 최초의 보도는 약 5000명의 모임 참석자들 중에서 단 두 명의 용의자를 지목했다. 그러나 14명의 여군을 포함하여 26명의 여성이 성적 학대를 당했다고 주장했기 때문에 최초의 보도는 쉽게 수긍이 가지 않는다. 6월이 되자 해군 장관인 H. 로런스 개릿은 최종 보고서에서 자신 역시 최소 한 곳의 테일훅 모임 장소에 있었다고 언급한 내용을 비롯해 55쪽에 달하는 면담 내용이 생략되었다는 사실과 더불어 사건 자체를 은폐한 혐의로 대대적인 비난에 휘말렸다. 그는 헬리콥터 조종사이자 해군 장성의 보좌관이었던 폴라 코글린이 「ABC 뉴스」에 출연하여 다른 여성들과 함께 겪었던 참담한 사건을 고백한 직후 곧바로 사임했다. 이렇게 군대에 복무하는 여성들조차도 성적 학대를 당할 수 있다는 사실에 대중의 분노는 더욱 커졌다.

애니타 힐 사건, 테일훅 사건, 수전 팔루디의 『역풍』에 힘입어 1992년에는 여성이 정치 세력으로 등장했고, 언론은 그해를 '여성의 해'라고 명명했다. 11월에는 미국 역사상 최초로 네 명의 여성이 남성만의 영역이었던 미국 상원에 선출되었다. 전 샌프란시스코 시장인 다이앤 파인스타인, 캘리포니아 연방 상원의원인 바버라 복서, 본인을 '테니스 신발을 신은 엄마'라고 설명한 워싱턴 주상원의원인 패티 머리, 상원의원으로 선출된 최초의 흑인 여성인 일리노이의 캐럴 모즐리브론이 그 주인공들이다. 알렌 스펙터는 그가 토머스 청문회에서 애니타 힐에게 질문하는 모습에 분개하여 처음으로 선거에 출마한 린 예켈에게 상원의원직을 거의 빼앗길 뻔했다.[9] 뿐만 아니라 기록적으로 많은 수의 여성(108명)이 국회의원 선거에 출마했고, 단일 선거에서는 가장 많은 수에 속하는 24명의 여성이 하원의원으로 선출되었다.[10] 빌 클린턴의 대통령 선출 역시 변화를 가져왔다. 그는 여성의 평등한 권리를 지지하기로 약속했고, 바버라 부시와 달리 실제로 전문적인 직업 경력을 쌓은, 명석하고 지적인 본인의 아내 힐러리 외에, 세 명의 여성을 자신의 최초 내각에 임명했다. 그중 한 명은 미 환경보건청을 이끌었고, 또 다른 한 명은 아프리카계 미국인 여성 최초로 미 공중위생국장이 되었다.

따라서 1990년대 초반은 여성들이 사실상 정치적 힘을 얻기 시작한 전환점으로 생각할 수도 있다. 그러나 교실에서 여전히 이루어지는 차별 때문에 잠재력을 십분 펼치지 못하는 여학생에 대한 우려와 더불어 성희롱, 데이트 강간, 가정폭력과 같은 문제들이 더욱더 널리 주목을 받게 되었다. 나오미 울프의 베스트셀러 『미의 신화The Beauty Myth』(1991)는 우리 모두에게 강요된 신체적 완벽함에 대한 불가능한 기준을 비판했으며, 내 딸이 키우던 대다수의 햄스터가 산 기간보다 더 오래 베스트셀러 목록에 머물렀던 메리 파이퍼의 저서 『내 딸이 여자가 될 때Reviving Ophelia』는 소녀들을 향한 대중매체의 적대적인 환경과 그로 인한 소녀들의 자존감 붕괴에 대해 개탄했다. 이렇듯 조지 H. W. 부시 대통령 시대의 휴면기 이후, 1990년대 초반에 접어들어 소녀와 여성들은 새로운 정치적·사회적 가시성을 요구하게 되었다. 그와 동시에, 특히 어린 여학생들이 매우 중요한 틈새시장으로 부상했다.

이로써 진화된 성차별과 기존 페미니즘 간의 전쟁이 시작되었다. 「베벌리힐스 아이들」이 첫선을 보여 선풍적인 인기를 끌고, 그와는 완전히 반대되는 성격의 드라마 「머피 브라운Murphy Brown」, 그리고 브랫모바일과 같은 밴드의 음악이 인기를 끌었던 것은 여성의 권리에 대한 요구가 새로이 대두되고, 그러한 노력에 맞선 반발이 생겨나며, 소녀들에 대한 문화적·정치적·상업적 관심이 커졌던, 모순이 소용돌이치는 환경 속에서였다.

그렇다면 「베벌리힐스 아이들」과 같은 심심풀이용 오락물이 왜 중요할까? 그리고 이 드라마가 왜 청소년들 사이에서 하나의 현상이 되었을까? 그것은 바로 이 드라마가 10대를 중요한 존재로 묘사했기 때문이다. 「베벌리힐스 아이들」은 남녀 시청자 모두에게 좋은 볼거리를 제공했을 뿐만 아니라(비록 아주 특별할 건 없었지만), 10대와 그들의 딜레마를 진지하게 다루었다. 이 드라마는 진화된 성차별의 중요한 초기 구성요소였다. 이 드라마는 「기젯Gidget」과 「패티 듀크 쇼The Patty Duke Show」 같은 1960년대의 프로그램과는 비교도 안 될 정도로 적극적으로 10대 소녀들을 겨냥했다. 「베벌리힐스 아이들」은 일각에서 미국 대중문화의 '걷잡을 수 없는 유년화'라고 진단한 현상의 시작을 알렸으며, 이는 10대용 영화, 10대 소녀용 잡지, 보이 밴드의 증가로 이어졌다.[11] 업계 전문가들은 3대 방송사의 시청자 점유율이 1977년의 92퍼센트에서 1991년에 62퍼센트로 하락했다고 해도, 신생 방송사인 폭스가 이들 방송사를 상대로 경쟁할 수 있을지에 의문을 품은 바 있었다. 그러자 폭스사는 아이들을 겨냥하기로 선택한 것이다. 이 전략은 효과를 발휘했고, 널리 모방되었다. 실제로 「베벌리힐스 아이들」 이후 「멜로즈 플레이스Melrose Place」, MTV의 「리얼 월드」 「파티 오브 파이브Party of Five」 「도슨의 청춘일기Dawson's Creek」가 뒤를 이었고, '여성용 영화'와 '여성용 소설', 보이 밴드, 브리트니 스피어스 그리고 『코즈모 걸Cosmo Girl』 『틴 보그Teen Vogue』 『틴 엘르Teen Elle』와 같은 10대 소녀를 위한 새로운 잡지가 등장했다. 이 거대한 마케팅 조직의 기초가 되는 기둥은 바로 '성sex'과 '상품화 계획'이었다.

이로써 섹슈얼리티와 소비주의의 측면에서 대중매체에 의해 많은 엄마와 딸이 갈라지는 현상이 시작되었다. 「베벌리힐스 아이들」은 강하고 고정관념에 반대되거나 자기주장이 강한 여성들을 점차 내세웠던 「머피 브라운」「후즈 더 보스?Who's the Boss?」「엘에이 로」「알래스카의 빛Northern Exposure」「로 앤드 오더」「심슨네 가족들The Simpsons」「로잔느 아줌마」와 같은 1990년대 초의 다른 드라마들과 대립되었다. 이 드라마들은 분명 페미니즘의 영향을 받아 페미니즘의 목표와 가치에 호소했다. 그러나 「베벌리힐스 아이들」은 아니었다. 따라서 화려한 빛깔의 즐거움을 추구하고 성에 대한 이중 잣대를 대부분 던져버렸음에도 불구하고, 아니 실은 그러한 이유 때문에 「베벌리힐스 아이들」은 진화된 성차별이 야기한 결과를 탐구하는 데 중요한 첫 단계가 된다.

「베벌리힐스 아이들」의 어색한 전제는 「월턴네 사람들The Waltons」과 같은 도덕적으로 청렴한 미국 중서부의 한 화목한 가정이 세속성, 해체, 상업주의가 도사린 소굴인 베벌리힐스로 이사 와 그동안 미니애폴리스에서 누렸던 소박한 생활과 사고방식이 매주 도전을 받게 되는 현실에 처한다는 것이다. 시청자들은 거의 완벽에 가까운 엄마인 신디 월시가 타락하지 않을 것임을 안다. 그녀의 청 주름치마와 촌스러운 격자무늬 또는 페이즐리 무늬의 셔츠가 "나는 고지식하며 매우 심지가 곧은 사람이다"라고 외치기 때문이다. 하지만 그녀의 멋진 쌍둥이 자녀, 구불거리는 부드러운 머리칼을 왼쪽 눈가에 드리운 브랜던과 브레다에게는 현실이 더욱 가혹하다. 특히 브레다는 소녀이기에 더더욱.

경쾌한 전자 기타와 둥둥거리는 드럼 소리와 함께 드라마 시작 화면에 등장하는 카르티에, 아르마니, 폴로 매장은 '10대'와 '과시적 소비'를 완벽한 아이스크림 샌드위치처럼 그럴싸하게 버무려낸다. 베벌리힐스 고등학교는 우리가 다니던 생기 없는 고등학교와는 전혀 딴판인 곳이다. 대리 주차가 있고, 아이들의 컨버터블 자동차에는 서핑 보드가 실려 있으며, 모든 학생이 벤츠나 포르셰나 BMW를 몰고 다닌다. 또 수업 중에 학생의 자동차 경보기가 울리면 선생님은 학생에게 밖에 나가 자동차를 확인해보도록 기꺼이 허락한다. 게다가 수업 중에 학생이 꽃이 배달되는 일도 허용된다. 마치 대저택 단지를 연상시키는 학교 건물은 어느 지중해 국가의 대통령궁과 같으며, 대부분의 시청자가 어쩔 수 없이 들어가야 했던 감옥 같은 교실과는 완전히 다르다. 언제나 따사로운 햇빛이 비추고, 모든 것이 화사하고 밝게 빛난다. 그리고 월시 집안의 순진한 쌍둥이를 제외한 모든 아이에게 통금 시간이 없고, 또 역시나 월시 집안의 순진한 쌍둥이를 제외한 모든 아이가 골드·플래티넘 신용카드가 빼곡한 지갑을 갖고 있다. 뿐만 아니라, 흰 상의를 입은 웨이터들이 춤추며 즐기는 10대들에게 서빙을 하는 수영장 파티가 열리고, 대형 욕조가 있으며, 월시 집안의 순진한 쌍둥이를 제외하고 어느 아이의 부모도 결코 집에 있지 않는다. 극 중에서 딜런은 원하면 언제든지 룸서비스가 제공되는 별 다섯 개짜리 호텔에서 혼자 살 수 있다. 그러나 1990~1991년에 걸쳐 미국이 심각한 실업 문제로 불황을 겪었다는 사실을 잊지 말자. 많은 아이와 부모는 한 시간이나마 자신들이 「베벌리힐스 아이들」의 세상에 있는 것 같은 착각을 하면서 즐거워했다.

물론 이렇듯 무한한 부와 끊임없는 사치의 번지르르한 허식 이면에는 어둡고 절망적인 면이 도사리고 있다. 부유하고 태만하며 이기적이고 흥청거리는 부모들은 아이를 등한시하고, 아이들은 모든 것을 가졌으나 사랑과 자존감이 부재하며, 엄격한 사회적 계급에 맞춰 살아야 하는 고된 규범이 존재하고, 반드시 떨쳐내야 할 타락의 유혹이 도처에 깔려 있다. 시즌 1에서만 해도 10대 아이들이 알코올 중독자 부모, 데이트 강간, 시험 부정행위, 마약을 하는 부모, 음주 운전, 절도, 섭식장애, 10대 임신, 부모의 기소, 유방암, 처녀성 상실과 같은 문제와 더불어, 허락받지 않은 파티를 열어 집을 엉망으로 해놓은 상태에서 부모가 집에 들이닥치는 상황을 경험했다. 처녀성의 상실을 제외하고, 이 모든 문제는 매우 잘못된 것이다.(극 중에서 브레다는 졸업 파티가 있던 날 밤 딜런과 처음으로 관계를 갖는데, 그녀는 후회로 고통스러워하는 대신 뿌듯한 반응을 보인다. 이에 격분한 부모들의 항의 전화가 빗발치는 바람에 방송사가 이를 수습하느라 애를 먹는 사태가 벌어지기도 했다.)

이러한 공식, 즉 원하는 것은 무엇이든 살 수 있다는 환상을 선사하면서도, 그러한 맹목적인 소비주의에 빠지면 부패와 공허함만이 야기된다고 시청자들에게 아첨하는 공식은 「댈러스Dallas」와 「다이너스티Dynasty」에서도 효과를 발휘했다. 이 공식은 10대들을 위해 맞춤화되었고, 이후 젊은 여성들을 위해 제작된 프로그램

(「마이 슈퍼 스위트 식스틴」 「러구나 비치」 「가십걸」)의 경우, 과시적 소비의 수준과 속도가 더 심해졌다. 대부분의 시트콤 속 10대들과 달리, 「베벌리힐스 아이들」의 10대들은 성관계를 맺었으며, 콘돔을 갖고 있는지를 서로에게 분명히 물었다. 실제로 극 중에서 '안전한 섹스를 하게 돼서 정말 다행이야'라는 대사가 등장한 바 있다.(등장인물들의 고등학교 시절이 끝난 후, 이 시리즈가 일반 통속극으로 바뀐 무렵에는 모든 등장인물이 각자의 가족을 제외한 극 중의 누군가와 어김없이 잠자리를 했다.) 초기에 이 드라마는 유한계급의 사치와 쾌락에 대한 대리만족을 느끼게 해주는 동시에(물론 중간 광고 시간이 돌아오면 문득 남루한 현실을 자각하게 되지만), 베벌리힐스 로데오 거리의 공허한 시민들보다는 자신이 더 우월하고, 심지어 정서적으로 더 풍족하다고 느끼게 함으로써 달콤한 짜릿함을 선사했다.

여성운동은 베벌리힐스라는 동네, 또는 적어도 이 동네에 사는 여성 주민들은 비껴간 것처럼 보인다. 극 중에서 앞치마를 두르고 냄비 장갑을 낀 채 언제나 그 자리에서 이야기를 들어주고 충고해주고 이해해주며, 자기 일에 몹시 바쁜 나머지 요리할 시간이 없는 엄마를 둔 다른 10대 아이들을 위해 밥을 먹이는 신디는 전업주부 엄마가 되는 일이 얼마나 중요한지를 보여주는 살아 있는 교과서 같은 존재다.(극 중에서 전업주부가 아닌 엄마들은 주로 비난과 더불어 다음과 같은 대사로 처리된다. "우리 엄마가 청소도구를 들고 있는 모습은 한 번도 보지 못할걸." "넌 우리 엄마를 아예 보지 못할 거야.") 여기서 메시지는 확실하다. 즉, 확고한 남성 가장이 있는 핵

가족이 10대가 성장의 우여곡절을 견디는 데 도움이 되는 유일한 가족 형태라는 것이다. 그리고 (극 중 최고의 악녀가 되기 전) 브레다는 자신보다 더 이성적이고 흔들리지 않는 쌍둥이 오빠 브랜던보다 베벌리힐스의 유혹에 더 잘 휘둘리는 취약한 모습을 보인다. 브랜던은 학교 신문사에서 일하며 일자리를 구한다. 반면, 브레다는 머리를 염색하고 쇼핑을 한다. 브랜던은 브레다를 태우고 운전해 등교하는데, 그 이유는 여자인 브레다가 운전면허 시험에 합격할 수 없기 때문이다. 극 초반 브랜던과 관련된 줄거리는 윤리학에 대한 고군분투, 농구 팀에 들어가려는 노력, 식당에서 일하는 이주민 노동자의 착취에 대한 폭로, 소년들을 위한 코치 활동 등이었다. 반면, 극 초반 브레다와 관련된 줄거리는 상점에서 옷 훔치기, 밤샘 파티, 가슴의 혹을 발견하는 일 등이었다. 그녀와 관련된 줄거리에서는 학교 신문이나 축구를 찾아볼 수 없었다. 그나마 학구적인 유일한 소녀인 앤드리아는 유대인에 안경을 쓰고 가난하기까지 했다.

이 드라마의 제작자인 에런 스펠링(「미녀 삼총사」 「사랑의 유람선 The Love Boat」 「다이너스티」)은, 본인의 말을 빌리자면, '마인드 캔디 mind candy'(즉, 가벼운 오락물)를 계속해서 선보였다. 그러나 그를 비판하는 많은 사람은 그의 작품을 두고 '마인드리스 캔디 mindless candy'라고 불렀다. 그렇다면 '마인드 캔디'란 무엇이고, 「베벌리힐스 아이들」과 같은 사탕이 그토록 맛있었던 이유는 무엇일까? 「베벌리힐스 아이들」이라는 드라마의 겉모습, 배경, 10대 등장인물을 통해 소녀들은 자신의 삶을 뒤로하고 본인과는 상당히 다른 정체성을 시도해볼 수 있는, 금전적으로 아무런 어려움이 없는 세상으로 이동할 수 있었다. 그러한 정체성 중 하나인 '악녀' 또는 '버릇 없이 제멋대로 자란 부유한 소녀'는 현실 속 대부분의 소녀들에게는 금지된 것이거나 불가능한 것이다. 소녀들은 이 드라마와 등장인물들에 대한 감정적 유대감이 매우 강했는데, 특히 여럿이서 드라마를 시청할 때면 극 중 인물이 실제 친구나 지인인 것처럼 화면을 향해 말을 건넸다고 한다. 이는 이 드라마의 환상적인 세계가 소녀들의 시선을 얼마나 사로잡았는지를 보여준다.[12]

하지만 이 극을 말리부 해변의 의자에 앉아 있는 것만큼 흥미롭게 만드는 관음증적인 즐거움은 여성성에 대한 가부장적인 기준을 묵인하는 행위에서 비롯된다. 따라서 「베벌리힐스 아이들」은 진화된 성차별의 중요한 초기 구성요소라 할 수 있다. 이는 소녀들의 진정한 기쁨과 즐거움 그리고 그들의 힘이 소비주의, 소녀다움, 남자에게 인정을 받는 일에서 비롯된다고 주장하기 때문이다. 느긋하게 앉아 변화무쌍하게 바뀌는 의상, 장신구, 머리 모양과 노출이 심한 옷을 걸친 섹시한 몸을 감상하고 인물들 간의 관계를 관찰한 다음, 매주 그에 대해 의견을 나누며 도나의 새 모자가 정말로 최악인지, 또는 브레다가 정말로 악녀가 된 것인지에 대해 전문가가 된 양 느끼는 것은 얼마나 구미가 당기는 일인가?(결국 '나는 브레다를 싫어해'라는 팬클럽이 전국적으로 생겨났고, 브레다역 새넌 도허티는 끝내 극에서 퇴출당했다.) 「베벌리힐스 아이들」은 시청자가 전문가가 되어 직접 극에 참여하는 것처럼 느끼도록 유도했지만, 그것은 전적으로 '여성과 관련된' 부분에 국한되었다.[13]

가르침을 필요로 했던 아프리카계 미국인 운동선수들(그리고 앤드리아의 라틴계 남편)을 제외하면 유색인종이 극 중에 없었다는 사실은 차치하고, 「베벌리힐스 아이들」이 정말로 시대 역행적이었던 이유는 10대 소녀의 행복에서 마른 몸매, 아름다움, 패션, 성적 대상화, 남자친구의 절대적인 중요성을 확대했기 때문이다. 칭찬받을 만하고 진정으로 선망의 대상이 되는 소녀들은 '아름답기까지' 했다. 이러한 사실은 이야기가 진행되면서 더욱 심해졌다. 소녀들은 미의 측면에서 『코즈모폴리턴』이 제시하는 매우 협소한 기준에 부합했고, 등장인물들이 대학생이 된 시즌 7의 경우, 현실의 여대생들은 종종 청바지에 티셔츠 차림으로 수업에 들어옴에도, 극 중 여대생들은 짧은 치마, 끈을 목뒤로 매는 민소매 상의, 비키니를 입고 수업에 나타났다.[14] 줄거리가 무엇이든, 이 젊은 여성들은 물건을 구매함으로써 매력을 유지하는 성적 대상이었다. 그들의 임무는 외모를 아름답게 가꾸고 유지하는 일이었다. 또한 그들은 남자를 두고 경쟁했으며, 극이 진행됨에 따라 이성 관계의 중요성이 더욱더 강조되었다. 심지어 열혈 시청자인 여대생들조차 극 중 인물들이 수업을 듣거나 공부하는 모습이 등장하지 않는다는 사실에 불만을 표현했으며, 노출이 심한 옷과 인물들의 비현실적인 몸매에 대해 불평했다.[15]

물론 「베벌리힐스 아이들」에서 페미니즘이 약간 다뤄진 적도 있었다. 그러나 그 내용으로 인해 페미니즘이 위선적이며 남자들을 위협한다고 비난받을 소지가 있었다. 시즌 4(1993~1994)에서 극 중 인물들이 다니는 캘리포니아대학이라는 허구의 학교에 '그날 밤을 되찾자'Take Back the Night'라는 행사가 열린다. 여성을 대상으로 한 성폭력에 대한 인식을 제고하기 위해 이 행사에서 한 여학생이 극 중 인물인 스티브로부터 데이트 강간을 당했다고 주장한다. 그러나 결국 여학생이 사건을 꾸며낸 것이라는 사실이 밝혀졌고, 케이티 로이페가 1994년 저서 『다음 날 아침The Morning After』에서 주장하여 유명해진, 데이트 강간을 당했다는 폭로는 과장되거나 착각인 경우가 많다는 견해를 확고히 하는 결과만 낳았다.(로이페의 주요 논지는 본인은 물론이고, 본인의 아이비리그 친구들도 데이트 강간을 당한 적이 없으므로 데이트 강간에 대한 통계가 분명 잘못되었다는 것이다. 정말 말도 안 되는 얘기다.)**16** 그런가 하면 극 중 인류학 교수인 루신다는 수업 중 페미니즘과 관련된 수사를 장황하게 늘어놓지만, 그녀가 말하는 해방이란 남편 몰래 바람을 피우고, 남학생(브랜던과 딜런)들을 유혹해 그들의 여자친구로부터 **빼앗으려는** 것으로 드러난다.

소녀들은 자신들을 계속해서 깎아내리는 드라마를 받아들이지 않는다. 이 드라마가 특히 거부할 수 없을 정도로 매력적인 이유는 페미니즘이 소녀들을 비껴갔을지라도, 보기만 해도 가슴이 두근거리는 소년들, 특히 브랜던을 매우 진지하게 다루었기 때문이다. 극 중에서 성질이 고약하거나 운동을 좋아하는 남학생들은 약자를 괴롭히고 데이트 강간을 일삼는 망나니 같은 부류다. 그러나 본능적으로 성기의 지배를 받는 여느 남자들과 달리, 브랜던과 딜런은 주변의 여자들을 결코 성적으로 대상화하지 않는다. 한 예로, 브랜던은 부잣집 딸인 메리 앤이라는 여자애를 만나게 되고,

얼마 지나지 않아 그들은 함께 욕조에 들어가 샴페인을 마신다. 김이 자욱한 가운데 한 차례 열정적인 키스를 나눈 뒤, 그녀가 옷을 모두 벗자고 제안하자 브랜던은 "잠깐만"이라고 반응한다. 그는 그 일이 자신이 원하는 전부가 아니며, 서두르지 말고, 우선 서로에 대해 잘 알아가야 한다고 그녀를 설득한다.(그는 또한 그녀가 성적인 공격자가 되는, 이른바 '역할 반전' 역시 좋아하지 않는다.) 게다가 브랜던은 그리 잘생기지도 않았고, 크게 부풀린 머리 스타일은 마치 다이애나 왕세자비를 연상케 한다.

반면, 루크 페리가 연기한 딜런은 바이런Byron 경의 은밀한 팬이다.(비록 시청자들은 그가 왜 청 멜빵바지의 한쪽 끈을 내려 입는지 궁금해했지만 말이다.) 딜런은 브레다에게 사랑을 고백한 후에야 그녀와 잠자리를 한다. 브랜던이 자신의 여동생을 이용하지 말라고 경고하자 딜런은 "도대체 날 얼마나 형편없는 놈으로 생각하는 거야?"라고 받아친다. 그런가 하면 이 청년들은 취약하다. 아버지와 최악의 대면을 한 후, 반항아의 상징인 딜런은 브레다 앞에서 무너진 채 "아버지는 나를 괴롭혀. 언제나 나를 괴롭혀"라고 말하며 흐느끼고, 브레다는 그를 위로한다. 한 시청자가 말한 것처럼, "딜런은 자신을 보살펴줄 누군가를 필요로 한다."[17] 보통의 남자들보다 감수성이 더 풍부하고 개방적인 딜런과 브랜던은 소녀들과 여성스러움의 가치에 의해 인간다워지는 10대 세계의 환상을 제공한다. 이 세계는 세심함으로 소녀들을 대하고 보살피는 일이 중요하고 보상을 받는 곳이다. 10대 남학생들이 이와 같다면 그 누가 더 이상 페미니즘을 필요로 하겠는가?

「베벌리힐스 아이들」로 그야말로 대박을 터뜨린 후 에런 스펠링은 작가 겸 제작자인 대런 스타와 의기투합하여 「멜로즈 플레이스」라는 드라마를 내놓았다. 1992년에 첫 방영된 「멜로즈 플레이스」는 매주 수요일 밤 9시에 방송되어 「베벌리힐스 아이들」 직후 시청자들에게 장장 두 시간 동안 캘리포니아 드림을 선사했다.[18] 이 드라마에서는 우리가 힘을 지닌 젊은 여성이 되었다고 상상하는 일이 정말로 허용되었다.(물론 그러한 힘이 부패한다는 사실을 다시 확인시켜주지만.) 드라마가 방영된 7년간의 남녀 관계, 헤어짐, 질병, 자살 시도, 자동차 사고, 살인 미수, 살인, 납치, 폭탄 폭발, 뇌종양, 사내 정치, 무자비한 음모와 그 대항책을 요약하려면, 체계적인 조직도와 더불어 이 책에 할애된 페이지보다 더 많은 공간이 필요하다. 하지만 드라마의 목적은 폭스사가 이미 확보한 10대 시청자층을 X세대, 대학생, 20대 및 그 이상의 연령층으로 확대하는 것이었다.

1990년대에 대학생을 가르쳤던 사람으로서, 학생들 중 다수가 대중매체를 상당히 즐기고 페미니스트이며 반체제적인 점을 감안할 때, 나는 이 드라마가 방영되는 밤 시간에 수업 일정을 잡을 정도로 꽉 막힌 사람은 아니었다. 「멜로즈 플레이스」는 사람들이 함께 모여서 보곤 했던 또 하나의 드라마였다. 따라서 시청자들은 그러한 유치한 드라마에 저항하면서도 그 강렬한 호소력에 이끌리고 만다는 사실을 몸소 증명한 셈이었다. 과장된 악행과 비현실적인 줄거리를 가진 이 드라마 자체가 그러한 모순적인 시청 행태를 유발했다. 즉, 등장인물과 줄거리에 대해 다 알고 있으면서도 그걸 보면서 즐긴다는 얘기다. 그러나 결말이 너무 우스워지는 바람에 통속극의 패러디처럼 되어버리고 말았다. 하지만 전성기 때는 「베벌리힐스 아이들」의 시청률을 넘어서는 날도 있었으며, 두 시간 방영되었던 1994년 시즌 마지막 회에서는 대대적으로 예고된 게이들의 키스 장면 덕분에 그날 밤 시간대에 폭스사가 시청률 1위를 기록했다. 그리고 그해 말이 되자 18세에서 49세에 이르는 폭스사의 시청자층이 10퍼센트 확대되었다.[19]

「멜로즈 플레이스」에 등장하는 아파트는 여러 동이 마주 보고 있는 한가운데에 덩굴식물과 꽃이 만개한 뜰과 수영장이 있는, 「베벌리힐스 아이들」에서 보았던 것과 비슷한 대저택 단지였다. 이곳에는 몸매가 그리스 조각상 같은 20대의 사람들만이 살았다. 남자들은 누구나 극 중에서 벗은 상반신을 여러 차례 드러냈다. 이를테면 건물 수압 때문에 민원을 제기하러 아파트 뜰을 가로질러 갈 때도 알몸에 수건만을 허리에 두른 채였고, 집 안을 돌아다니거나 집을 방문한 누군가에게 문을 열어주러 나갈 때도 상반신을 드러낸 채였다. 그런 그들의 몸은 어김없이 근육질이거나 근육질에 가까웠다. 여자들은 모두 미인에 44사이즈였다.

1992년 여름 이 드라마가 처음 방영될 당시 조지 H. W. 부시는 여전히 대통령이었고, 국가는 경제 불황의 늪에서 허우적대는 중이었으며, 대학을 갓 졸업한 청년들은 과연 버거킹이 아닌 곳에서 일자리를 찾을 수 있을지 의문이었다. 그런 탓에, 드라마 초반에는 부분적으로 등장인물들이 일자리를 구하고 집세를 내기 위해 애쓰는 등 금전적으로 고군분투하는 모습이 그려졌다. 앨리슨은 직장에서 성희롱을 당했고, 10대 임시보호소에서 일하는 맷은 게이라는 이유로 해고당했다. 제인과 마이클은 병원 레지던트인 남편의 근무가 바쁜 탓에 함께할 시간이 없어서 어려움을 겪었다.

가을이 되자 시청률이 하락했다. 제인이 마이클의 엄지발가락에 키스해 그의 잠을 깨우며 몸을 살며시 더듬어 올라가거나 등장인물들이 몸매를 훤히 드러낸 채 수영장에서 물을 튀기며 즐기는 장면들이 있었음에도, 제작자들은 이야기를 '지나치게 진중해 보이도록' 만들었다. 그러나 음모를 꾸미길 좋아하고 권력에 굶주린, 백금색 머리칼의 섹시한 여자 어맨다가 등장하면서 힘의 환상이 시작되었다. 그리고 극 중 인물들은 마치 핀볼 게임과 같은 속도로 서로에게 반해 사랑을 나누었다. 1994년, 드라마는 그야말로 돌풍을 일으켰고, 'X세대 전성시대'가 시작되었다.[20] 내용은 직장과 침실에서의 섹스와 여성의 권력에 관한 것이 전부였다.

매우 길고 복잡한 줄거리를 짧게 요약하자면 이렇다. 앨리슨은 D&D 광고회사에서 더 높은 직책을 맡길 꿈꾸며 접수 담당자로 일한다. 그녀의 문제는 지나치게 착하고 나약하며 낭만적인 사랑을 꿈꾼다는 것이다. 그러나 어맨다는 아니다. 어맨다는 처음에 앨리슨과 정신적인 사랑을 나누었던 룸메이트인 빌리를 원한다. 그래서 빌리와 가까워지기 위해 멜로즈 플레이스 아파트를 구입하여 그곳으로 이사한다. 그러나 어맨다는 이내 자신만큼 악랄한 남자인 피터 번스와 잠자리를 하게 되는데, 그는 그녀가 D&D를 인수하여 사장직에 오르는 데 도움을 준다.(어맨다의 전 남자 상사는 자살했는데, 이는 금발 머리 여자의 야망이 초래한 결과가 어떠한지를 시청자들에게 상기시켜주었다.) 그 외에 제이크, 리드, 바비, 카일 등 다른 남자들도 있지만, 가장 중요한 것은 고객을 얻는 일이었다. D&D의 사장직 수행에 어려움을 준 호지킨병을 호되게 앓고서 어맨다는 회사로 돌아와 사장직을 간신히 되찾게 된다. 이러한 상황에서 앨리슨은 마음을 다잡고 강해져야 했으나, 동시에 알코올 중독자가 된다. 여기까지가 「멜로즈 플레이스」의 줄거리인데, 이는 서로 얽혀 있는 뫼비우스의 띠 같은 줄거리들을 수박 겉핥기 식으로 이야기한 것에 불과하다.

　「멜로즈 플레이스」는 1992년 4월 로스앤젤레스 폭동이 일어난 지 몇 달 안 되어 첫 방영되었다. 로스앤젤레스 폭동은 수천 명의 아프리카계 미국인이 거리로 나와, 백인이 대부분이었던 배심원단이 로드니 킹이라는 흑인 운전사를 폭행한 장면이 비디오테이프에 찍힌 네 명의 경찰관에게 무죄를 판결한 것에 항의한 사건이었다. 그러다 보니 로스앤젤레스가 배경인 「멜로즈 플레이스」에 흑인 등장인물인 론다가 포함된 것이 처음에는 사회를 의식한 조치로 비쳤다. 그러나 유감스럽게도, 흑인 여성에 대한 이 드라마의 묘사는 완전히 엉망이었다. 극 중에서 에어로빅 강사였던 론다는 리듬 감각이 있고 춤을 출 줄은 알았지만, '그 남자 정말 매력 있어' 내지는 '어이, 여기 봐'라는 대사를 읊은 것 외에는 한 일이 없었다. 그녀의 수업을 듣는 흑인 남학생 중 한 명은 그녀의 수건을 빌린 뒤 냄새를 맡으며 이렇게 말한다.

　"이걸 집에 가져가서 절대 빨지 않을 거야."

아파트 단지 내에서 그녀와 가장 친한 친구는 백인 이성애자들 사이에서 또 다른 이방인인 맷이다. 당시의 뉴스 보도에서 알 수 있듯이, 로스앤젤레스에서 흑인 공동체가 어느 정도 형성되고 있었음에도, 몇 명의 데이트 상대와 약혼자를 제외하면 론다 주변에는 흑인 공동체의 일원들이 없었다. 따라서 론다라는 인물은 극에 얼마간의 색깔을 부여하는 세련된 여피족 여성으로서 정형화된 동시에, 게이라는 이유로 두들겨 맞은 맷과는 달리 그녀의 삶에 영향을 줄 수도 있는 인종 차별주의로부터 격리되었다. 그리고 론다라는 인물은 시즌 1 이후 극에서 사라졌다. 이는 드라마에서 잠자리 상대가 숱하게 바뀌는 상황이 연출되면서, 서로 다른 인종 간의 관계를 어떻게 그려낼지의 문제를 교묘히 회피해버린 것이었다.

『플레이보이Playboy』와의 인터뷰 중 이 드라마가 여성들에게 인기 있는 요인을 설명하면서 헤더 로클리어는 "드라마 속에서 여성들이 모든 힘을 쥐고 있고 남성들은 아무런 선택권이 없다는 점 때문에 여성들이 이 드라마를 좋아하죠"라고 말했다. 그녀는 어맨다가 '똑똑하고 적극적인 30대의 전문직 여성'이 되기를 원했고, 제작자들은 여기에 '사생활의 복잡함'까지 더했다.[21] (게다가 극악무도하고 위협적이며 앙심을 품은 모습까지.) 이 드라마는 여성이 자기가 원하는 섹시한 남자와 섹스를 할 수 있는 환상의 세계로 시청자들을 데려가는 동시에, 현실에서는 여전히 금기시되는 일인, 여성들이 직장과 대인관계에서 무자비한 힘을 휘두르는 대목에서 대리만족을 느끼게 했다. 많은 명장면 중 하나에서, 제인의 전남편인 마이클과 결혼한 의사 킴벌리 쇼는 거품이 이는 욕조 안에서 어맨다와 애정 행각을 벌이는 남편에게 다가간다. 그러고는 날아가는 화살과 같은 빠르기로, 전원이 연결된 램프를 집어 들어 그것을 욕조 안으로 던지겠다고 위협한다.(이 얼마나 민첩한 대처인가!) 마이클이 이 모든 상황이 오해라고 해명하자(당연히 오해는 아니다) 어맨다는 욕조에서 뛰쳐나와 그를 향해 '줏대 없는 사기꾼'이라고 욕한다. 킴벌리는 램프를 바닥에 내동댕이쳐 박살 낸 뒤 마이클을 향해 조롱 섞인 웃음을 짓는다.

"꼴좋군. 이기적이고 바람이나 피우는, 이 물에 빠진 쥐새끼 같은 배신자야."

아내 몰래 바람을 피운 의사가 단 몇 초 만에 입이 험한 두 명의 성질 더러운 여자에게 당하는 꼴이 어떤가? 어떤 젊은 여자들이 이런 광경을 보기를 마다할까? 그 외에 더한 일도 많았다.

극 중 여성 인물들은 세포라 매장에 진열된 화장품만큼 다양했지만, 경험 삼아 시도해볼 만한 특성과 성격이 몇 가지 있었다. 많은 시청자는 앨리슨을 보고 동질감을 느꼈다. 앨리슨은 '착하고' 포부가 있을 뿐만 아니라 약점인 알코올 중독 때문에 스스로와의 힘겨운 싸움을 벌였기 때문이다. 그렇다면 여성의 행동이 어떠해야 한다는 규범을 정면으로 위배하며 '착해야 한다는' 압박감을 좀처럼 느끼지 않는 어맨다가 되어보는 건 얼마나 짜릿할까? 어맨다는 착해야 한다는 강요에 단호하게 "싫어"라고 말한다. 이 드라마는 규범을 깨는 것이 얼마나 통쾌한지 시청자들이 상상하게 하면서 한편으로는 어맨다와 상반되는 여성, 즉 현실 속의 여성을 사람들이 정말로 좋아하고 존경한다는 사실을 재확인시킨다.

여성의 힘이 이렇게 남용되면 그 대가에 대한 주의보가 불가피하게 따른다. 거짓말을 일삼고 속임수를 쓰며 뒤통수를 칠 뿐만 아니라 성생활이 문란한 어맨다는 미쳐 날뛰는 페미니즘을 희화한 묘사이며, 여성이 이반 보스키▪나 마이클 밀컨▪▪을 뛰어넘는 인물이 될 경우 어떤 일이 벌어질지에 대한 환상이자 경고였다. 어맨다는 무슨 수를 써서라도 일과 경력을 지키는, 우리가 대개 손가락질하기 좋아하는 여성이다. 그런 그녀의 탐욕을 그나마 지켜볼 수 있는 것은 그녀가 날씬하고 아름다운 금발의 여자라는 사실 때문이다. 그러므로 그녀는 적어도 행동의 측면에서는 아니더라도 외모의 측면에서는 여성스러움의 본보기인 셈이다. 그녀가 성공을 위해 무자비한 짓을 하더라도 남자들은 여전히 그녀를 유혹한다. 그녀보다 주름이 더 많거나 몸무게가 10여 킬로그램 더 나가는 다른 여자 배우에게 어맨다 역을 맡겼다고 해보자. 그녀는 적절한 성 역할이 제시하는 요구에 응하기 위해 아무런 노력을 기울이지 않았다는 이유로 격렬한 비난의 대상이 되었을 것이다.

「멜로즈 플레이스」는 힘의 환상을 매주 선사하는 매력을 지닌 동시에, 힘으로 인해 여성이 마르키 드 사드 같은 존재가 된다는 점을 확고히 한다. 여성은 '모든 걸 가질 수' 없다. 한 주 한 주 지날수록 어맨다라는 인물은 성공을 이루고 자기 일에만 매달리는 여성은 진정한 사랑을 찾을 수 없음을 확실히 보여주었다. 그녀가

▪ 월가에서 내부 정보를 이용한 거래로 막대한 부를 축적했던 악명 높은 인물
▪▪ 미국 정크본드 시장의 대부

올백 머리를 한 남자애들과 쇼핑에 미친 여자애들이 등장하는 「베벌리힐스 아이들」은 비평가들에게서 '시청자들을 멍청하게 만든다'는 혹평을 받았음에도 10대 소녀들의 마음을 사로잡았다. 1990년대 초반 10대 소녀의 69퍼센트가 이 드라마를 시청했다고 한다.(© Roberts Mikel/Corbis Sygma)

「베벌리힐스 아이들」의 여세를 몰아 「멜로즈 플레이스」 역시 인기를 끌었다. 이 드라마에는 매끈한 몸매의 20대들이 등장하며, 그들 사이의 얽히고설킨 복잡한 관계가 이어진다. 이 드라마의 특별한 재미는 악녀 어맨다(헤더 로클리어, 맨 왼쪽)가 성적인 매력과 회사 내에서의 권위를 이용하여 남자들을 희생시키는 것을 보는 일이다.(Associated Press)

실제로 낭만적 사랑보다 힘에 의한 섹스를 더 선호한다는 사실이 이러한 점을 더욱 강조한다. 극 중 두 악녀라 할 수 있는 어맨다와 킴벌리가 상당한 부의 소유자라는 점은 우연이 아니다. '성공'과 '악녀'는 함께 가다시피 하는 것처럼 보인다.[22] 전자를 가진다면 누구나 자동적으로 후자가 된다. 이 경고를 젊은 여성들이 놓쳤을 리 없다.

이렇게 한쪽에서 진화된 성차별이 주먹을 날리고 있었다면, 다른 한쪽에서는 기존 페미니즘이 남성 특권에 대항해 반격할 태세를 갖추고 있었다. 더 높은 연령층을 겨냥한, 「베벌리힐스 아이들」과 「멜로즈 플레이스」에서는 찾아볼 수 없는 페미니즘의 감성(그리고 훌륭한 각본)으로 예나 지금이나 호평을 받고 있는 드라마에는 페미니즘에 대한 매우 확고한 인식이 포함되어 있었다. 이러한 드라마들, 특히 밤 10시대의 드라마들은 과시적 소비주의와는 아무런 연관이 없었으며, 간혹 선정적인 정사신이 있었을 뿐이다.(「뉴욕경찰 24시NYPD Blue」에서 샤워 중 엉덩이를 드러낸 경찰관들이 떠오른다.) 이 드라마들은 대중매체의 완전히 다른 세계이며, 논란의 중심이었던 페미니즘이 1990년대 초반의 TV에서 어떻게 표현되었는지를 잘 보여준다. 당시 가장 인기 있고 평가가 좋았던 두 드라마인 「머피 브라운」과 「알래스카의 빛」은 진화된 성차별 이전에 무엇이 존재했는지를 상기시켜준다.

「머피 브라운」은 1988년에 CBS에서 처음 방영되어 10년간 장수했다. 당시 동 시간대의 경쟁 방송은 「먼데이 나이트 풋볼Monday Night Football」이었다. 1990년이 되자 「머피 브라운」은 방송사 내에서 최고 시청률을 기록한 오락물 시리즈가 되었다. 저돌적이고 직설적이며 신랄한 발언을 일삼는 데다가 특히 남자 동료들의 두려움을 사며 성공적인 전문직 여성으로서의 삶을 사는 머피 브라운이라는 인물은 '몸만 여자인 남자'로 묘사되었다.[23] 훌륭한 각본에 의해 표현된 극의 유머는 직업적으로 성공을 거둔 여성일지라도 지켜야 하는 여성의 행동 규범, 그리고 그 규범을 말 그대로 위배하며 때로는 그에 전면적인 적대감을 드러내는 머피의 모습 사이의 대조에서 찾아볼 수 있다. 머피는 모성이라고는 전혀 찾아볼 수 없는 인물로, 비행기 안의 모든 아이는 화물칸으로 옮겨야 한다고 주장하기까지 한다. 게다가 요리는 전혀 할 줄 모른다. '육아'의 반의어가 있다면 바로 '머피'일 것이다. 그녀 밑에서 일하는 많은 불운한 비서 중 한 명을 해고하는 장면에서 그녀는 딱 한마디로 모든 걸 끝낸다.

"이 책상에 있는 당신 물건 다 차에 싣고 곧바로 집으로 가세요."

머피가 방송에서 보도하려 했던 이야기를 전직 미인대회 우승자인 코키가 가로채 보도하자, 머피는 코키에게 이렇게 경고한다.

"또 한 번 이런 짓을 하면 죽을 줄 알아."

코키가 이 말을 은유적으로 받아들일까 봐 머피는 이렇게 덧붙인다.

"말뿐인 위협이나 원색적인 과장으로 오해하지 마. 난 한다면 하는 사람이야. 쥐도 새도 모르게 죽거나 고통스럽게 질질 끌면서 죽어갈 수 있어. 물과 시멘트만 있으면 흔적도 없이 사라질 거야.

아니면 하나하나 떼어서 죽일 수도 있지. 다 내 선택이야."

아무리 잔인하고 악랄한 남자 CEO라도 함께 일하는 동료에게 이렇게 마피아식으로 살해 협박을 하지는 않을 것이다. 머피의 과격한 면모는 그녀의 사무실에 들어가야 할 때면 항상 주눅 들어 움츠리곤 하는 제작자 마일스 같은 나약하고 불평 많은 남자들과 있을 때 더욱 두드러진다. 그러면서도 머피 브라운 역을 연기한 캔디스 버건은 결국 완벽한 헤어스타일에 유행에 걸맞은 옷(1990년대 초반 기준)을 걸친 아름다운 여성이었다.

「머피 브라운」은 여성 해방의 결과와 즐거움을 동시에 묘사해 여성들에게 보여주었고, 시청자들이 빠져든 것은 바로 이러한 양면성이었다. 머피는 자신의 분야에서 최고의 자리에 오르기 위해 앞만 보고 달렸지만, 사생활과 동성 친구들이 없었고, 이르게는 시즌 1에서 볼 수 있듯이, 아이를 갖지 않은 일을 후회했다.[24] 극중 농담과 때로는 각 회의 갈등 해소 지점이 과도한 페미니즘을 우스꽝스럽게 나타내는 데 중점을 두었기 때문에, 머피는 종종 어떠한 방식으로든 대가를 치렀으며 심지어는 남자들과 달리, 경쟁과 이기심에 지나치게 몰두한 일에 잠시나마 회한을 표하기도 했다. 따라서 여성이 진정으로 독립을 이루고 진지하게 경쟁에 임하는 일은 조롱의 대상이자 웃음거리로 전락했다.

이렇듯 이 시트콤에는 페미니스트란 자기주장이 강하고 거칠며 성공을 대가로 사생활을 희생해야 하는 사람이라는 언외의 의미가 깔려 있지만, 그 이면에는 다른 사람이 자신에 대해 어떻게 생각하든지 신경 쓰지 않고 주관이 확실하며 독립적인 여성이 되면 엄청난 해방감을 느낄 수 있다는 암시 역시 깔려 있다. 특히 머피는 당시 다른 곳에서는 찾아볼 수 없었던, 30대 이상 여성들의 경험과 관심사를 드러냈다. 시청자들이 보낸 편지를 보면, 많은 여성이 머피를 본보기로 삼았음을 알 수 있다. 여성 시청자들은 여성에 대한 정형화된 묘사에 신물을 느꼈고, 자기 일에 대해서만 고민하고 남자와의 관계에는 별다른 신경을 쓰지 않는 성공적인 전문직 여성을 환영했다. 요리를 할 줄 몰라도 되고, 혼자서 꽤 넉넉한 삶을 꾸려가며 TV에서 정계 및 재계의 부패를 폭로하는 여성의 모습은 그 얼마나 통쾌한가?

여성 시청자들은 머피가 자신의 목소리를 드러내는 일을 두려워하지 않는다는 점에 유독 열광했다. 그녀는 유명한 흑인 음악 노래를 정말로 큰 목소리로, 그것도 맞지 않는 음정으로 부르면서도 부끄러워하지 않았고, 개인적으로든 정치적으로든 자신이 목격한 바를 있는 그대로 솔직히 말하는 데 거리낌이 없었다. 여성운동이 시작된 지 20년이 지난 후에도 여성들이 여전히 상냥한 말씨를 사용하고 스스로를 검열해야 했던 문화 속에서, 머피는 말로 되받아치고 언어적으로 관습에 도전하며 자기 침묵에 대항하는 일이 얼마나 즐거운지를 온전히 보여주었다. 시청자들은 편지에서 다음과 같이 소감을 전했다.

"머피가 점점 자기 목소리를 내는 것이 즐거워요. 우리도 누군가에게 또는 누군가에 대해 뭔가를 항상 말하고 싶은데, 머피가 그걸 대신 해줘요."

"전 39살의 여성인데요, 누군가에게 말로 응수할 때 머피 같은 대사가 몇 개 필요해요."

1992년 '어릿광대를 보내주오' 편에서는 미국 의회가 클래런스 토머스−애니타 힐 청문회에서 어떤 행태를 보였는지를 신랄하게 풍자한 덕분에 무수한 감사 편지가 날아들었다. 시청자들의 반응은 다음과 같았다.

"모든 여성의 목소리를 들어주고 우리의 뜻을 대변해줘서 감사합니다."

"이 시트콤의 조롱 섞인 풍자는 딱한 남성들을 겨냥한 가장 좋은 무기였습니다."

시청자들은 여성인 머피가 권력을 지닌 백인 남성들의 '완벽한 적'이라는 사실에 즐거워했다.[25]

이 작품이 더 넓은 문화권에 가장 큰 영향을 준 것은 1991 ~1992년 시즌이었다. 극 중 머피는 전남편과 즉흥적으로 관계를 가진 뒤 아이를 출산해 혼자 기르기로 결심한다. 1992년 5월, 머피가 출산한 장면이 전파를 탄 다음 날, 미국 부통령 댄 퀘일은 이 시트콤이 '아버지의 중요성을 축소시키고' '위법 행위를 미화하며' '아이를 혼자 기르겠다는 결정을 또 다른 생활방식의 하나로 만들었다고' 비난했다. 퀘일이 허구 인물의 행위를 비판한 것이 널리 웃음거리가 된 가운데, 사회적 보수주의자가 아닌 일반인들 사이에서도 극 중에서 머피가 엄마가 된 점에 대해 논란이 일었다. 일부 자녀를 둔 여성을 비롯하여 많은 여성은 머피가 여느 여성과 마찬가지로 자신의 '생물학적 시계'에 굴복하기를 원치 않았다. 이들은 시트콤의 제작진인 다이앤 잉글리시에게 다음과 같이 한탄하는 편지를 보냈다.

"임신을 하고 아기를 돌봄으로써 머피가 온전한 '여성성'을 증명해야 한다면 정말 실망스러울 겁니다. 머피가 자기 정체성을 완성하기 위해 아기를 갖지는 않아도 되는, 자녀가 없는 전문직 여성이 되었으면 좋겠어요."26

하지만 시트콤은 이러한 기대를 저버렸고, 3800만 명의 국민이 시청한 회에서 머피는 출산한 후, 갓 태어난 아이에게 "네 덕분에 내가 진짜 여자가 된 것 같아"라며 노래를 불러주었다. 이는 그녀가 과거에는 진정한 여성이 아니었음을 암시한다. 페미니즘 매체 학자인 보니 도는 이러한 조건부 항복을 극에서의 '궁극적인 포스트페미니즘의 순간'이라 칭하면서, 이는 "아이가 없는 전문직 여성은 공허함을 느끼며 여성의 '진정한' 운명은 어머니가 되는 것이라는 주장에 힘을 실어준다"라고 지적했다.27

이 극에서 미혼모의 모성애에 대한 묘사는 페미니즘에 대한 묘사 때와 동일한 환상과 경고를 제공했다. 웃음거리가 된 퀘일의 발언 덕분에 「머피 브라운」의 1992년 시즌이 '반드시 봐야 할 TV 프로그램'이 된 상황에서, 머피는 부통령 댄 퀘일에게 반응을 보임으로써 일종의 응징을 가했다. 극 중에서 머피와 그녀의 동료 프랭크는 퀘일의 발언 장면을 TV로 본다. 머피는 샤워를 하려다 말고 놀라 프랭크를 향해 이렇게 말한다.

"미혼모의 모성애를 미화한다고? 부통령이란 사람은 도대체 어느 별에서 온 거야? 날 봐, 프랭크. 내가 미화된 것처럼 보여?"

그러자 프랭크가 대답한다.

"물론 아니지. 넌 끔찍해 보여."

그러자 머피는 그 회에서 유명해진 독백을 읊는다.

"또 다른 생활방식의 하나라는 게 대체 무슨 소리야? 그 결정을 내리느라 내가 얼마나 고민했는데. 난 내가 혼자서 아이를 기를 거라곤 생각지도 못했어. 어느 날 아침 벌떡 일어나 '아이를 가져야겠어'라고 생각한 게 아니라고."

이 회는 미혼모의 모성애를 호소력 있게 변호하는 동시에, 그것이 얼마나 힘겨운 일인지를 묘사했다. 그리고 머피는 출산 당시에는 '진정한' 여성이었지만 「비버는 해결사Leave It To Beaver」의 준 클리버 같은 모범 주부가 되지는 않았다. 그런 탓에 프랭크가 그녀에게 아기 안는 법을 가르쳐줘야 했다. 극 중에서는 엄마의 자질이 전혀 없는 그녀와 관련하여 많은 농담이 등장했고, 그녀는 본격적이고 완벽한 양육을 위해 점점 많은 시간을 할애해야 한다는 현실에 굴복하지 않았다. 이 점은 미국 여성들에게 선물과 같았다. 이는 계속해서 자신의 일을 할 수 있고, 육아 기술이 뛰어나지 않아도 좋은 엄마가 될 수 있다는 점을 인정한 것이다. 물론 머피만큼 월급을 많이 받는다면 더 도움이 되겠지만 말이다.

그러나 시트콤 작가라면 누구나 알 수 있듯이, 아기와 관련된 유머는 일시적으로만 유쾌하며, 갓난아이나 막 걸음마를 뗀 아이를 돌보는 일의 가혹함을 묘사하다 보면 재미있기보다는 우울해진다. 따라서 얼마 지나지 않아 머피의 아들 에이버리는 그녀의 삶에서 별다른 차이를 만들지 못하게 되었고, 시청자들은 화면속에서 에이버리를 자주 보지 못했다. 머피가 부유했기 때문에,

현실 속 엄마들이 직면하곤 하는 열악한 국가의 보육 체계, 의료 보험 체계, 짧은 육아 휴직, 최소한의 자유근무 시간제와 같은 구조적인 문제는 등장하지 않았다. 따라서 한편으로 이 시트콤은 직장 여성의 육아를 실제보다 훨씬 더 수월한 일로 그려냈고, 그 결과 모성의 포기를 여성운동의 해결되지 않은 숙제처럼 보이게 만들었다.

1990년대 초반 CBS의 월요 드라마 중 또 다른 간판 프로그램은 「알래스카의 빛」이었다. 이 작품의 배경은 섹시한 여자, 근육질의 남자, 악녀들이 등장하는 햇살 따사로운 남쪽 캘리포니아와는 전혀 딴판이다. 이 드라마는 알래스카에 있는 가상의 도시 시슬리를 무대로 한다. 이미 짐작하다시피 평범한 환경과는 상당히 거리가 먼 이곳에서는 북미산 큰 사슴들이 거리를 활보하고, 저마다 다른 세계관을 지닌 다양한 민족의 사람들이 쉽게 어우러진다. 「베벌리힐스 아이들」과는 완전히 상반되는 배경이다. 여기서는 과시적 소비주의가 불가능할 뿐만 아니라 어울리지도 않는다. 중요한 것은 이곳 시슬리에서는 여성들이 남성의 특권에 의해 위협받지 않으며, 실제로 큰 힘을 지닌다는 점이다. 이곳 여성들 중에는 비행기를 직접 수리하고 사냥할 줄도 아는 오지 전문 비행 조종사도 있고, 잡화점을 운영하는 70대 노인도 있다. 또 이곳에서는 체격 좋고 뚱한 아메리카 토착민 여성일지라도 사랑스러운 존재가 될 수 있다.

이 드라마에는 역시나 어울리지 않는 인물들이 있는데, 그중 하나가 신경증에 걸리다시피 한 뉴욕 출신의 유대인 의사 요엘 플라이슈먼이다. 그는 알래스카 내륙에 틀어박혀 살면서 자바스,■ 세컨드 애비뉴 델리■■ 그리고 카프카를 읽는 누군가를 몹시 그리워한다. 4년이라는 방영 기간 내내 이 드라마는 별나고 때로는 비현실적인 줄거리를 선보였다. 한 예로 모든 것에 알레르기 반응을 보이는 마이크 먼로라는 인물이 시슬리로 이사를 와 커다란 비눗방울처럼 생긴 집에 산다는 줄거리가 등장하기도 했다. 그러나 종종 전면에 내세워진 것은 남녀라는 두 성 간의 충돌이었다.

시슬리의 초기 역사를 보여주는 회를 보면, 레즈비언이자 연인 사이인 로절린드와 시슬리라는 두 여성이 이 마을의 진짜 설립자라는 걸 알 수 있다. 아름다운 여성 로절린드는 술집에서 다치기 싫으면 앉으라는 한 무뢰한의 협박에 그를 때려눕히고는, 힘을 남용하는 인간은 경멸 그 자체라고 한마디를 날려준다. 여성 비행 조종사인 매기는 남자를 유혹할 줄 모르며, 그들이 무엇을 원하는지 모르겠다고 로절린드에게 털어놓는다. 그러자 로절린드는 남자들이란 자기와 지적 수준이 동등한 여자를 원하면서도 또 한편으로는 그러한 여자를 두려워하고, 자신이 지배할 수 있는 여자를 원하면서도 또 한편으로는 그러한 여자의 약한 면을 싫어하기 때문에 혼란스러운 존재라고 대답한다. 로절린드는 매기에게 정말로 남자를 원하느냐고 물으며, 다행스럽게도 그 대안이 있다고 매기를 위로한다. 또 다른 회에서는 매우 용맹한 사슴 사냥꾼인 전

■　뉴욕의 식료품 전문점
■■　뉴욕의 유대인 식품 전문점

직 우주 비행사 모리스가 그만큼이나 거칠고 남성적인 여자 바버라와 사랑에 빠진다. 그녀는 뛰어난 사격 실력 덕분에 미국 주 경찰관으로 근무한다. 모리스는 "당신이 총을 다루는 모습을 보면 미쳐버릴 것 같아"라고 말하며 거친 숨을 몰아쉬며 바버라에게 열정적으로 입맞춤을 퍼붓는다. 이렇듯 오직 시슬리라는 대안적인 세계에서만 여성의 전통적인 성 역할이 폐기되고, 레즈비언 간의 사랑이 자연스러운 사랑으로 간주될 수 있다.

많은 회에서 「베벌리힐스 아이들」의 브랜던보다 더 짧은 머리로 등장했던, 적극적이고 심지어 대립을 일삼기까지 하는 매기는 플라이슈먼과 애증의 관계를 보이는데, 그녀는 그의 집 지붕을 고쳐주고 그를 곰으로부터 보호하는 등 계속해서 그를 겁쟁이처럼 보이게 만든다. 하지만 시슬리에서조차 이와 같은 여성은 사랑에서 불행하다. 그녀와 같은 여자를 사랑하면 신의 응징을 받게 되기라도 하는 양, 그녀의 전 남자친구였던 다섯 남자는 전부 사고로 목숨을 잃는다. 머피 브라운과 마찬가지로 매기는 페미니즘을 희화하여 나타낸 인물로, 실제 여성들이 느끼는 감정 역시 표현한다. 매기는 순진하고 섹스에 관심 없는 에드에게, 남자들이란 겉으로는 듣는 척해도 속으로는 좀처럼 듣지를 않는데, 그 이유는 단 한 가지에만 관심이 있기 때문이라고 불평한다. 그 한 가지란 바로 '조이스틱, 그것이 얼마나 큰가, 그리고 어디다 쓸 수 있는가'다. 매기는 말을 이어간다.

"에드, 남자를 볼 때 내가 어떤 느낌인지 알아? 불쌍하고 혐오스러워. 정말로 역겹다고."

에드는 자기 역시 남자지만 그녀가 말하는 부류의 남자는 아니라고 강조한다.

"남자들은 수천 년 동안 일을 벌여왔어. 그 결과가 뭐냐고? 전쟁, 오염, 저축대부조합 사태 등이지. 하물며 볼일을 보고 나서 변기 뚜껑을 내리긴 하나? 전혀 아니지. 그러니 남자들이 무슨 필요가 있겠어?"

그녀는 물론 섹스를 할 때는 남자들이 필요하다고 인정한다. 하지만 그걸로 끝이다. 또 다른 회에서 매기는 70대의 잡화점 주인 루스 앤에게 "왜 모든 남자는 골칫덩이인 거죠?"라고 묻는다. 루스 앤은 "모두 그렇지는 않아. 대부분의 남자가 그렇지"라고 대답한다.

"문제는 그들이 우리를 모르고, 우리도 그들을 모른다는 점이야."

이는 1993년의 베스트셀러였던 『화성에서 온 남자, 금성에서 온 여자』의 주제를 연상시킨다.

지금까지 「로잔느 아줌마」 「디자이닝 위민Designing Women」 「머피 브라운」 「제시카의 추리극장Murder, She Wrote」 「그레이스 언더 파이어Grace Under Fire」와 같이, 강력한 여주인공들이 등장하고 저마다 다른 정도로 페미니즘의 영향을 받은 여러 드라마가 종종 시청률 5위 안에 들기도 했던 1990년대 초반 TV 부문의 모순적인 상황을 살펴보았다. 이 드라마들의 주인공은 모두 젊고 아름답거나 날씬한 것은 아니었다. 하지만 폭스사가 젊은 층을 공략하면서 악녀, 착한 여자, 섹시한 여자와 같은 전형적인 여성상으로의 회귀가 시작되었고, 외모의 중요성이 강조되었다. 그렇다면 젊은 여성들은 이러한 풍토를 어떻게 받아들였을까?

「베벌리힐스 아이들」이 인기가 있긴 했지만, 1990년대 초반의 모든 젊은 여성이 이 프로를 시청하지는 않았다. 만약 그랬다면 더 거센 역풍이 일어났을 것이다. 그중 수백만의 여성은 잡지 『새시』를 읽거나 직접 잡지를 만들었다. 그리고 그 수는 적지만 매우 큰 영향력을 발휘했던 집단이 급진적인 여성 반反문화와 '라이엇 걸'이라고 알려진 일종의 음악을 시작했다. 에런 스펠링이 선사한 베벌리힐스의 세계와는 전혀 다른 이 인디문화는 대표적인 주류 잡지 『세븐틴』의 '어디서 남자를 염탐해야 하나?'와 '10일 만에 예쁜 엉덩이 만드는 법'에 맞서는 하나의 움직임이었다. 라이엇 걸은 두 가지 근본적인 욕구에서 비롯되었다. 이 운동의 선구자였던 앨리슨 울프는 다음과 같이 말했다.

"하나는 페미니즘에 새로운 펑크의 면모를 부여하자는 욕구였고, 또 하나는 페미니즘을 펑크로 되돌리자는 욕구였다. 따분하고 지루한 페미니즘을 어떻게 하면 우리, 특히 젊은 세대에게 호소력을 발휘하도록 신선하게 만들 수 있을까? 동시에 어떻게 하면 덜 남성적이고 덜 폭력적인 펑크를 할 수 있을까?"**28**(페미니즘에 신선한 면모를 부여한다는 개념은 몇 년 후에 스파이스 걸스에게서 다시 찾아볼 수 있다.)

가장 중요한 점으로, 라이엇 걸은 소녀들을 위한 덜 순응적이고 더욱 반항적인 정서적 정체성을 내세우고 이를 정당화하고자

했다.[29]

나 같은 나이 든 여성으로서는 1994년 당시 라이엇 걸 음악을 들으면서 차를 몰고 슈퍼마켓에 가고 싶지는 않았다. 심장을 고동치게 하는 날것 그대로의 음악 소리와 내지르는 목소리를 듣기에는 내 나이가 너무 많았다. 하지만 라이엇 걸은 나를 위한 것이 아니었다. 그보다는 머틀리 크루와 화이트스네이크의 뮤직비디오와 『틴』 잡지가 판을 치는 문화에 신물을 느끼고, 성적 학대, 성희롱, 성폭력을 겪은 경험에 대해 침묵했던 10대, 20대, 30대 초반 여성들을 위한 것이었다. 라이엇 걸의 가사와 공연 방식과 그 페미니즘적 감성은 40대 페미니스트마저도 박수를 보낼 만했다.

라이엇 걸은 1991년 여름 워싱턴 D.C.에서 탄생했다. 당시 워싱턴 올림피아에 본거지를 둔 두 밴드인 비키니 킬과 브랫모바일의 구성원들이 워싱턴 D.C. 펑크 집단의 대중매체 프로듀서들과 순회공연을 시작했다. 브랫모바일의 에린 스미스는 인종 폭동이 일어난 당시 상황에서 남성 중심의 펑크 집단이 '소녀 폭동'을 이용할 수 있을 것이라고 말했다.[30] 이 밴드의 다른 구성원 두 명은 『라이엇 걸Riot Grrrl』이라는 잡지를 창간했다.(40세 이상의 연령층에게 잡지란 개인 또는 소집단이 가정에서 손으로 직접 만드는 것을 의미한다.) 이들은 특히 '분노를 표출할 수 있는', 세 개의 r이 주는 으르렁거림을 좋아했다.[31]

이들은 또한 '소녀'라는 용어에 긍정적인 의미를 부여하고 이를 정치 이슈화하고자 했다.[32] 이들은 '이제는 혁명적인 소녀 스타일 Revolution Girl Style Now'이라는 표어를 내세웠고, 얼마 안 있어 그와 비슷한 생각을 지닌 젊은 여성들이 한자리에 모여 1990년대 방식의 의식 제고를 위한 회의를 열기 시작했다. 주류 언론은 브랫모바일의 잡지에 대해 알게 되었을 때 이 운동에 라이엇 걸이라는 명칭을 부여했고, 그 명칭이 그대로 굳어졌다. 1991년 8월 올림피아에서는 비키니 킬과 브랫모바일이 다양한 라이엇 걸 밴드들과 한자리에 모여 '소녀들의 밤Grrrl Night'이라는 합동 공연을 선보였다. 대담하고 거친 이 젊은 여성들의 가사는 성폭력, 가정 학대, 동성애혐오증, 여성혐오증, HIV/AIDS, 소녀들에게 강요된 협소한 외모 기준, 남성들의 음악계 지배, 젊은 여성들에게 가해지는 전반적인 통제에 대해 다루었다. 이들은 소녀들에게 스스로를 지지하고 정치적·문화적으로 더 적극적으로 행동하도록 촉구했다. 1992년에는 워싱턴 D.C.에서 대대적으로 열린 라이엇 걸 행사에 200명이 참석했다.[33]

매우 반상업적이며 주류 언론이 젊은 여성을 다루고 묘사하는 방식에 특히 적대적인 라이엇 걸은 소녀들에게 잡지, 음악, 비디오, 웹 사이트 등 본인 나름의 매체를 직접 만들어보도록 권유했다. 그리고 『사탄은 브라를 입는다Satan Wears a Bra』 『그만 징징거려 Quit Whining』 『난 네 여자가 아냐Not Your Bitch』 『레킹 볼Wrecking Ball』 『소녀들의 세균Girl Germs』과 같은 기발한 제목의 매체들을 만들었다. 라이엇 걸은 이 모든 매체의 어쩔 수 없는, 때로는 의도적인 아마추어 같은 모습을 좋아했다. 그래야 더 많은 소녀가 자신 역시 단순히 매체의 소비자가 아니라 매체의 생산자가 될 수 있다고 느끼기 때문이다.

그러나 인습을 타파하고 분노를 표출하는 소녀들의 하위문화로서 라이엇 걸은 수많은 청년운동이 앞서 직면했던 역설적인 상황에 처했다. 즉, 운동이 주류 언론에 큰 위협을 가하게 되자 '또 다른 새로움'의 출처로서 언론에 매력적으로 비치게 된 것이다. 언론은 1960년대 말과 1970년대 초에 급진적인 페미니즘이 등장했을 때와 마찬가지로 큰 반응을 보였다. 이 운동의 정치적 본질을 공격·무시·과소평가하고, 이 운동의 겉모습이나 스타일을 그 본질로부터 괴리시켰으며, 이 새로운 스타일을 이용하여 운동 자체를 하찮은 것으로 전락시키고 팔 수 있는 새로운 무언가를 만들어냈다. 라이엇 걸에 대한 언론의 즉각적인 반응은 적대적이었으나, 이 운동의 힘과 새로운 여권 신장을 요구하는 구성원들의 주장은 묵살되지 않았다. 그 결과, 몇 년이 채 안 되어 '걸 파워' 립스틱이 등장했고, 미 보건복지부 장관인 도나 샬레일라가 주도하는 '걸 파워'라 명명된 연방 차원의 프로그램이 실시되었다.

라이엇 걸 회의가 개최되기 몇 주 전인 1992년 여름, 주류 언론이 라이엇 걸을 발견했고 그 모습을 탐탁지 않아 했다. 『L.A. 위클리L.A. Weekly』가 이 운동에 관해 기사를 썼고, 그 내용이 여러 신문으로 재발행되어 국가 전역으로 퍼져나갔다. 그 결과 회의 장소에 기자들이 들이닥쳤고, 한 참가자는 이렇게 회상했다.

"반응이 그렇게 빨리 올지, 그리고 그렇게 부정적일지 몰랐어요. 게다가 언론, 특히 남자 기자들이 라이엇 걸 정신의 진정성을 훼손하려 드는 모습이 매우 충격적이었어요."[34]

라이엇 걸은 20년 전의 여성운동과 거의 동일한 운명에 처했다.

주류 언론은 라이엇 걸 운동에 관한 소식을 전파하는 데 일조했다. 그러나 동시에 라이엇 걸을 경솔하고 방종하며 보편적인 여성들과는 관련이 없는 운동으로 치부했고 남성을 증오하고 위협하는 움직임으로 묘사했다.

『USA 투데이』의 한 기자는 기자 신분을 숨긴 채 강간에 관한 워크숍이 열리는 장소에 잠입해 그곳에서 소개된 여성들의 경험을 오해의 소지가 있는 방식으로 보도하고, 이를 사소한 문제로 치부했다. 「페미니스트 라이엇 걸들, 그저 재미를 위해 모인 게 아니다」라는 비꼬는 듯한 제목의 기사는 이 운동이 마치 소녀들을 위한 운동이 아니라 소년들을 위협하기 위한 운동인 것처럼 "소년들이여, 조심하는 게 신상에 좋을 것이다"라는 경고로 첫 줄을 시작했다. 기자는 라이엇 걸들이 '공격적이고' '자기중심적이며' 대부분은 '반남성적'이라고 전했다.[35] 「저항 패션에 관한 선언」이라는 옆 기사에는 다음과 같은 글이 실렸다.

"면도를 하지 않은 겨드랑이와 다리, 무거운 검은색 닥터 마틴 부츠, 그물망 스타킹, 가터벨트, 헐렁한 군복 반바지로 대표되는 라이엇 걸의 페미니스트 펑크 룩은 순수하고 대담한 패션이다. 생각만 해도 고통스러운 입술·볼·코의 피어싱, 열 개도 넘게 달린 귀걸이, 발목·등·팔의 전면을 장식한 대담한 문신도 빼놓을 수 없다."

그렇다면 이들의 정치에 관한 언급은 어땠을까? 거기에 대해서는 잊자. 이 기사는 라이엇 걸들이 바비 인형에 의해 형상화된 외모의 기준이 해롭다고 생각하면서도 소녀들의 자기혐오와 심각한

수준의 폭식증과 식욕부진증을 떨쳐내기 위해 노력하고 있다고 조롱했다.[36]

『뉴스위크Newsweek』는 소녀들의 '분노'에 주로 집중하면서, 그들이 "적을 향해 일종의 언어적 겨루기를 행하고 있으며, 옷을 멋지게 차려입긴 했지만 싸울 태세가 되어 있다"라고 강조했다. 게다가 "의로운 체하지만 스케이트를 타는 귀여운 소년과 같이 지나치게 감상적이고 따뜻한 면이 있다"라고 희화했다. 또 가수 코트니 러브에 대해서는 "라이엇 걸의 수호성인"이라고 들먹이며, "엉덩이가 다 드러날 것만 같은 어린아이용 드레스를 입었다"면서 "차라리 강간과 착취에 관한 노래를 부르는 것이 낫겠다"라고 조롱했다. 따라서 라이엇 걸들은 위선자이며 진정한 페미니스트가 아니라는 것이다. 『뉴스위크』는 다음과 같이 결론지었다.

"라이엇 걸은 '나'라는 글자를 찍은, 요란하고 행복한 얼굴을 한 페미니즘이다. 보다 위엄 있는 형태의 페미니즘에 익숙해 있는 사람에게는 라이엇 걸이 다소 비현실적으로 보일 수 있다."[37]

이러한 내용의 언론 보도가 나가자, 라이엇 걸의 많은 구성원은 언론을 향해 발언하기를 거부했다. 하지만 라이엇 걸은 계속해서 진화를 거듭했고, 여성의 분노와 성년에 관한 노래가 가득 담긴 앨라니스 모리셋의 첫 앨범 「Jagged Little Pill」이 큰 성공을 거두는 발판을 마련했다. 전 남자친구의 배신을 다룬 「You Oughta Know」는 젊은 여성들의 분노를 표출한 대표적인 노래가 되었다. 「Jagged Little Pill」은 당시 10년 동안 두 번째로 많이 팔린 앨범이었으며, 여성 가수 가운데 가장 많이 팔린 데뷔 앨범이었다.[38] 모리셋은 특히 젊은 여성들이 느끼는 모순적인 감정을 잘 포착했다.

"난 냉정해. 하지만 친근하기도 해. (…) 난 대담해. 하지만 소심하기도 해."

이는 세상에서 힘과 주도권을 열렬히 갈망하는 마음과 그 갈망을 실현했을 때의 결과에 대한 두려움일 것이다.

라이엇 걸은 순응적이고 수동적이며 남자친구와 쇼핑에 주로 몰두하는 전통적인 소녀상에 대한 도전이었다. 라이엇 걸은 또한 많은 젊은 여성에게는 지나치게 급진적이고 반항적이었다. 더욱이 언론은 10대 소녀의 여성성으로부터의 일탈을 신속하게 악의적으로 보도했다. 결국 무의식적인, 혹은 인지되지 않은 진화된 성차별이 1990년대 초의 라이엇 걸을 비롯한 페미니즘운동이 가한 위협에 맞선 직접적인 반응으로 응집되어 나타나기 시작했다. 그 임무는 명백했다. 바로 소녀들의 반항과 힘을 향한 갈망을 어떻게 하면 좀 더 안전하고 이윤이 남는 무언가로 길들일 수 있는가였다.

때로는 잡지가 그 시대의 정신을 고스란히 담고 잠시 밝게 타올랐다가 영영 사라지곤 한다. 1990년대 초의 10대 소녀와 젊은 여성들에게 이러한 잡지는 바로 『새시』였다. 팬들의 말을 빌리자면 이 잡지는 '전 시대를 통틀어 유일무이한 10대 최고의 잡지'였다.[39] 소녀들이란 자고로 외모 꾸미기에 힘쓰고 남자친구를 얻기 위해 애써야 하며 결혼을 꿈꾸는 백치가 되어야 한다고 말하는 모든 매체에 맞서 문화비평가 알렉스 로스의 말을 빌리자면,[40] 이른바 반란 사태가 일어난 것이다. 『새시』는 1988년 2월 편집장 제인 프랫, 그리고 독자들에게는 주로 성을 뺀 이름으로만 알려졌으며 곧 바로 우상과 같은 존재가 된 캐런 캐치폴, 크리스티나 켈리, 캐서린 기신으로 구성된 주요 필진에 의해 첫선을 보였다. 이 여성들은 이성교제와 체중 감량에 관한 충고를 끊임없이 제공하며 북유럽 인종과 같은 모델들을 전면에 내세워 소녀들을 자괴감에 빠뜨린 뒤 자신들이야말로 소녀들의 외모 가꾸기에 도움을 줄 수 있다고 주장하는 잡지 『세븐틴』에 대한 혐오로 한데 뭉쳤다.[41] 『새시』의 주요 집필진과 초대 발행인 샌드라 예이츠는 "스스로 외부인이라고 느끼긴 하나 그럼에도 고등학교 기준에서 여전히 정상 범주에 속하는" 수백만의 소녀들에게 말을 건네고자 했다. 달리 말하면, 이들은 '주류 문화를 완전히 거부하고 싶지는 않으나 이를 기꺼이 수용하고 싶지도 않은 소녀들'이다.[42] 『새시』의 편집진은 『세

팬들 사이에서 '전 시대를 통틀어 유일무이한 10대 최고의 잡지'로 칭송되는 『새시』는 「페미니스트가 되려면 겨드랑이 털이 필요한가?」와 같은 기사를 통해 당차고 저항적인 감수성을 새로운 세대에 제공했다. 답은 '아니다!'이다.(저자 소장)

븐틴』의 세련되지만 가식적이고 거들먹거리는 말투가 아닌, 실제 10대 소녀들이 말하는 것과 같은 친근하고 수다스러운 어조로 말하고자 했다. 『새시』는 창간 6개월 만에 발행 부수가 25만 부에서 50만 부로 껑충 뛰었다. 몇 년 지나자 『새시』의 발행 부수는 80만 부에 이르렀고, 『뉴스위크』는 이 잡지의 독자 수가 300만 명에 달한다고 전했다.43 그리고 미국 전역에서 소녀들이 감사한 마음으로 보낸 편지들이 쇄도했다.

여타 10대 소녀 잡지와 마찬가지로 『새시』에도 패션과 외모 가꾸기에 관한 기사가 있었다. 그러나 10대 게이, 10대 자살, 근친상간, 섭식장애, 인종 차별, 그리고 이 잡지의 대표적 전공 분야인 미모와 마른 몸매를 강요하는 불가능한 잣대가 어떻게 해서 주류 매체에 의해 소녀들에게 팔리고 있는지에 대한 폭로 역시 다루었다. 집필진은 신랄하고 저항적인 성격의 기사를 통해 그로 인한 희열을 독자들에게도 전했다. 캐서린 기신이 쓴 「미스 아메리카의 무대 뒤」라는 초기 기사에서는 심사위원들이 참가자들의 신체를 평가할 때 사용한 약자에 대해 설명했다. 이를테면 WC(weak chin)는 뭉툭한 턱, H(heavy)는 육중함, BB(big butt)는 커다란 엉덩이를 뜻한다고 한다. 심사위원들의 지혜란 정말 대단하지 않은가?44 한편, 표지 기사인 「우리가 우리 몸을 좋아하지 않는 이유」에서는 소녀들이 마른 몸매를 이상으로 생각하는 세태에 대해 개탄하고, 갈수록 깡마른 몸매가 이상적인 몸매로 간주되는 현상에 대해 추적하면서 이를 '세뇌'라고 규정하고 여기에는 인종 차별적 측면 역시 존재한다고 지적했다.45 캐런 캐치폴은 체중을 줄여주고 가슴을 크게 해주며 머리칼을 더 풍성하게 해준다는 갖가지 제품을 우편으로 주문하여 사용해본 뒤, 선전된 효능에 대해 제품별로 통쾌하게 비판했다. 그녀는 검사를 위해 실험실로 보낸 가슴 확대 제품 하나가 분쇄된 소의 뇌로 만들어졌으며, 이러한 제품은 절대로 소비해서는 안 된다는 사실을 전했다.[46] 이것만 봐도 『새시』는 결코 재미만을 위한 잡지가 아니었다.

『새시』의 외모를 위한 조언란은 그야말로 솔직했다. 「11살 때의 나를 더 좋아하는 이유」라는 기사에서 크리스티나 켈리는 소녀들이 사춘기를 겪으면서 자존감을 잃는 현상을 설명한 캐럴 길리건과 린 미켈 브라운의 연구를 인용했다.[47] 또 「이번엔 또 뭐야?」라는 기사에서는 유명 여자 연예인의 운동 비디오를 '사람들을 좌절에 빠뜨리는 또 하나의 방식'이라고 지적하면서 다음과 같이 썼다.

"바로 이러한 비디오를 통해 유명인에 대한 흠모와 신체에 대한 집착이라는 악마 같은 쌍둥이가 결합하여 더욱 강력한 힘을 지니게 된다. 미국인들은 유명인들의 운동 일과를 따라 하는 어리석은 짓을 이제 그만둘 필요가 있다. 우리 독자 중 일부가 이런 형편없는 비디오에 돈을 쓰면서 신디의 체조를 따라 하며 시간을 허비할 생각을 하니 슬프다. 진심으로 하는 말이다."[48]

1989년 기사인 「스프링 브레이크Spring Break■에 관한 더럽고 불편한 진실」에서 크리스티나는 여자들을 위한 짜릿한 축제라는 이 행사를 혹독하게 비판하면서 '맛 좋은 음식을 조금씩 맛보기 위

■ 각국 해변에서 매년 대규모로 열리는 축제

해' 축제가 열린 데이토나에 왔다는, 술에 취해 토를 해대는 남자들의 행렬을 취재했다. 그녀는 이렇게 덧붙였다.

"난 비키니 경연대회 같은 건 전혀 이해할 수 없다. 내 몸매가 아주 훌륭하다 할지라도, 땀에 절고 술에 취한 수많은 남자 앞에 서 있는 내 모습을 상상할 수가 없다. 무대에 선 내 존재만으로도 그들이 광분할 것을 생각하면 참을 수가 없다. 그러나 어떤 여자들은 그런 상황에서 즐거움을 찾는다."

그녀는 데이토나로의 여행을 '지옥 같았다'고 결론지었다.**49** 한편 1993년 기사 「그를 완전히 유혹하는 방법」에서는 『코즈모폴리턴』과 『YM』에 실렸던 조언들을 풍자했다. 그중에는 "엘리베이터나 식당이나 거리에서 그의 몸을 스쳐라"(『코즈모폴리턴』), "신발을 벗어 사랑스러운 발을 그 남자에게 보여라. 많은 남자가 발에 페티시를 갖고 있다" 등 꽤나 오싹한 조언들도 있었다. 『새시』의 집필진인 마지와 메리 앤은 남자와의 데이트 장소에 나가 그 조언들을 직접 실행해본 뒤 그 경험담을 유쾌하게 털어놓았다.(역시나 기사에서 다정하게 이름만을 밝힌 채.) 남자들은 그들로부터 부리나케 도망가거나 그들이 섹스를 하려고 남자를 만나러 나온 것이라 생각했다고 한다.**50**

순응과 인기를 권유하는 대신 『새시』는 「노력 없이도 시간을 내는 방법」 「어떻게 해서든 피해야 할 남자 유형 다섯 가지」 「그 남자를 언제 어디서 어떻게 왜 차야 하는가?: 영양가 없는 관계에서 벗어나라」 「우리로 하여금 소리를 지르고 물건을 내던지게 하는 미국의 아홉 가지 진실」 등의 기사를 실었다. 여기에는 "여성이 서기에는 미국 땅이 너무 열악하다"라는 내용도 포함되었다. 그리고 「당신이 인기를 누리고 싶지 않은 여섯 가지 이유」라는 기사의 일부를 옮기면 이렇다.

"인기가 있다는 것은 과대평가되었음을 뜻한다. 인기가 있는 사람들은 실은 당신과 마찬가지로 불안정하며 순응해야 하고 할 말을 제대로 하지 못하며, 자신의 지위를 상징하는 쓸모없는 물건들을 사야 한다. 나중에 멋진 사람이 될 수 있는 기회는 고등학교에서 누린 본인의 인기 수준과 반비례한다."[51]

또 휴일 파티 특별호에서 『새시』는 "남자친구가 줄곧 던진 멍청한 금발 미녀에 관한 농담에 대해 어떻게 생각하는지 이야기하라. 그리고 그를 차버린 뒤 가장 친한 친구와 함께 파티에 가라"라고 조언했다.[52] 게다가 별점 평가 역시 대담했다. 영화에 주어진 별 다섯 개는 '이 영화는 죽어도 봐라'를 의미했고, 별 한 개는 '별을 더 보려면 머리를 한 대 치는 게 낫겠다'를 의미했다. 또 음반 평가에서 별 다섯 개는 '내가 신을 봤다면 바로 이 음반일 것이다'라는 뜻이고, 별 한 개는 '차라리 클래런스 토머스를 위해 일하겠다'는 뜻이다.[53]

『새시』에서는 소녀 문화에 대한 인정 및 지지와 페미니즘에 대한 깊은 헌신이 완벽에 가깝다시피 조화되었다. 50살의 중년 여성이 우스꽝스럽게 '소녀'로 지칭되고 여성성의 덫이 여성 차별을 정당화하는 데 이용되는 모습을 목격한 베이비 붐 세대의 페미니스트들은 소녀답다고 여겨지는 대부분의 것을 오래전부터 사소한 것으로 치부하며 이를 거부했다. 그러나 1990년대 초에 들어서자 많은 소녀가 소녀 문화를 소년 문화만큼이나 정당한 문화로 재주장하고자 했다. 왜 발톱에 매니큐어를 바르는 일이 역기를 드는 일보다 멍청한 짓일까? 『새시』는 이 땅이 여성이 서기에는 여전히 열악함에도, 소녀라는 사실은 굉장히 멋진 일이며, 소녀들은 스스로를 사랑해야 한다고 주장했다. 1년에 한 번씩은 독자들이 직접 만든 잡지가 나왔으며, 매년 '미국에서 가장 당당하고 멋진sassy 소녀' 경연대회를 열어 큰 성공을 거둔 백인 및 유색인종의 학생이나 음악가, 사회 활동가를 선발하고, 'LA에서 가장 마른 소녀'와 반대되는 소녀를 선발하기도 했다.**54**

「성차별에 맞서 싸우는 법」과 「페미니스트가 되려면 겨드랑이 털이 필요한가?」와 같은 기사에서 『새시』는 페미니즘의 중요성을 소녀들에게 알리고, 페미니즘이 1970년대부터 어떤 변천 과정을 거쳤으며 페미니스트에 대한 편견에 어떻게 맞서왔는지 설명했다. 기사의 일부를 옮기면 이렇다.

"요즈음에는 페미니스트라는 것을 인정하기보다 '꺼져버려'라고 말하는 편이 더 낫다. 쳇! 그러나 우리는 모두가 페미니스트라는 사실을 지면상으로 인정하는 데 부끄러움이 없다. 그 이유는 공정성의 측면에서 미국에서 여성으로 살아간다는 것이 여전히 매우 불리하며 갖은 노력을 필요로 한다는 보도들이 최근 등장하기 때문이다. 여성은 경제적으로도 불리하다. 예를 들어, 1955년의 경우 남성이 1달러를 벌 때 여성은 64센트를 벌었고, 1987년에는…… 놀라지 말길, 무려 65센트나 벌었다. 그리고 평균적인 대졸 여성은 평균적인 백인 고졸 남성보다 더 적은 돈을 벌었다."**55**

한편, 1991년에 조디 하거스가 쓴 기사의 일부를 옮기면 이렇다.

"좋다. 물론 어느 누구도 당신의 면전에 대고 당신이 여성이기 때문에 열등하다고 말하지는 않을 것이다. 하지만 그러한 메시지는 미묘한 방식으로 지속적으로 암시가 되어 더욱더 강력해졌다. 그렇다면 당신은 어떻게 하겠는가? 낙담하여 남자들을 향해 불평하겠는가? 아니면 세상을 바꾸기 위한 행동에 착수하겠는가? 나라면 후자를 선택하겠다."[56]

「나는 여자야. 내 부르짖음을 들어봐」라는 기사에서 크리스티나는 이렇게 썼다.

"여름은 길거리 어디서나 일부 몰지각한 남자들이 여자 몸매에 대해 무례한 말을 늘어놓는 걸 들을 수 있는, 1년 중 가장 좋은 때다. 나는 거리의 불량배들을 볼 때마다 그들이 나를 해칠까 봐 겁을 집어먹곤 했다. 하지만 이 놀라운 호신술 수업을 듣고 나니, 오히려 그들이 나를 겁내지 않을까 하는 상황이 되었다."

이 기사는 여성운동이 시작된 지 20년이 지난 시점에서도 일상에서 무수한 여성이 여전히 불쾌하게 추파를 던지는 남성들 때문에 곤욕을 치른다는 사실을 지적한 공로로 숱한 감사 편지를 받았다.[57] 『새시』는 완전히 새로운 세대의 젊은 여성들에게 페미니즘을 적절하게, 그리고 세련되게 제시했다. 이는 '나는 페미니스트가 아니다. 하지만……'의 시대에서는 상당한 공적이라 할 수 있다.

『새시』는 독자들이 지적이라는 가정하에 이들을 대했다. 1992년 9월에 게재된 기사 「약물과의 전쟁은 어떻게 진행되고 있을까? 정부의 약물 퇴치 전략이 왜 우리 돈의 심각한 낭비일까?」는 어조를 조금만 달리한다면 『빌리지 보이스Village Voice』나 『마더 존스Mother Jones』에 실릴 법하다.(아마도 실렸을 것이다.) 또 1991년 2월의 기사 「이라크 이야기」는 "난 요즘 상황이 싫다. 따분하고 우울하기까지 하다"라는 말로 첫 줄을 시작한다. 그러나 다음과 같은 내용이 따른다.

"하지만 지난여름 미군이 이라크에 파병되자 미국은 곧바로 위험한 전쟁 태세가 되었고, 난 앞으로 어떤 사태가 벌어질지 종잡을 수가 없었다. 그래서 그에 관한 정보를 찾아보았는데, 여러분도 알아두면 좋을 것 같다. 인용된 대통령 자문관의 발언을 읽다 보면, 축구 코치가 상대편 팀을 어떻게 물리칠지에 대해 이야기하는 걸 듣는 듯한 느낌이 든다. 다들 베트남의 교훈을 잊었는가?"

기사 작성자는 발생할지도 모르는 전쟁 그리고 전쟁의 정당화에 대해 반대 의사를 확고히 밝혔다.

"나는 조지 부시 대통령이 병사들과 추수감사절 저녁 만찬을 하면서 그들이 자유를 위해 싸우고 있다고 격려하는 광경을 보고 거의 토할 뻔했다."

자유를 위한 싸움이라고 주장하는 이 전쟁의 오만함에 대해 이야기하면서 그녀는 쿠웨이트의 지도자들은 독재자이며, 그곳의 여성들은 투표권이 없다는 사실도 지적했다.[58] 이 기사는 잡지 창간 이래 가장 많은 독자의 편지를 받았다.[59]

여느 여성 및 여학생들과 마찬가지로, 『새시』 역시 미국의 대중문화, 특히 「베벌리힐스 아이들」과 애증의 관계에 있었다. 기고가들은 「베벌리힐스 아이들」을 비꼬는 글을 쓰길 좋아했으며, 단 한 편의 방송분도 놓치지 않았다. 한 기사에서 그들은 연기 지도자에게 방송 몇 회분을 보게 한 뒤 배우들의 연기에 대해 평하게 했다. 그 평가 내용은 그다지 호의적이지 않았는데, 특히 섀넌 도허티에 대한 평이 그러했다. 그런가 하면 크리스티나 켈리는 '베벌리힐스 아이들 대해부'라는 종이 인형 도안을 만들었다.

"이들은 매우 전형적인 10대들이다. 그렇지 않은가? 패션에 철두철미한 브렌다와 켈리는 언제나 몸에 꽉 끼는 상의와 손바닥만한 짧은 치마에 머리카락 한 올 빠져나오지 않은 모습이다. 여러분이 다니는 고등학교에도 「베벌리힐스 아이들」 속 인물과 똑같은 친구들이 수두룩하다. 그렇지 않은가?"

각 종이 인형 옆에는 '취미' '친구' 등과 같은 항목들로 구성된 소개란이 있었다. 켈리 인형의 '직업' 난에는 '농담하는 거겠지'라고, '취미' 난에는 '쇼핑과 화장하기'라고 적혀 있었다. 딜런 인형 옆에는 '주요 특징: 진실하고 섹시해 보이려 하나 위선적이고 지나치게 친한 척함'과 '도덕성: 하하하(웃음소리)' '직업: 없음' '취미: 서핑, 독서, 고급 컨버터블 자동차 몰기, 그것 하기'가 적혀 있었다. 브렌다의 취미는 '켈리, 도나와 놀기, 딜런과 사랑 나누기'였다.[60] 이 종이 인형 도안은 「베벌리힐스 아이들」을 보는 것보다 훨씬 더 재미있었다.

매년 독자들을 대상으로 실시하는 연예 부문의 투표 내용을 담은 1993년 1월 『새시』의 표지 기사에는 「섀넌 도허티, 애처로운 패배자」라는 제목이 붙었다. 이 기사에서 「베벌리힐스 아이들」은 「못

말리는 번디 가족Married with Children」 다음으로 여성을 가장 자주 모욕적으로 묘사한 프로그램으로 선정되었다.⁶¹ 「알래스카의 빛」은 10대가 목표 시청자층이 아니었음에도 『새시』 독자들이 두 번째로 좋아한 프로그램이었고, 「머피 브라운」은 '여성을 가장 발전적으로 묘사한' TV 프로그램으로 선정되었다.

뿐만 아니라 『새시』는 인디 및 언더그라운드 문화에도 특별한 친밀감을 보였고, 주류에서 벗어난 밴드와 배우들을 자주 소개했다. 또 '이 달의 잡지'라는 난을 시작하여, 독자들이 직접 만든 잡지와 그들의 반항적인 감성을 더 많은 독자에게 소개했다. 브랫모바일의 에린 스미스는 1991년에 『새시』의 수습사원이 되었고, 얼마 지나지 않아 『새시』는 라이엇 걸 밴드와 잡지들을 취재하기 시작했다.

그렇다면 15년이 지난 후에도 팬들이 그리워하며 지금도 나와 주기를 바라는 이 굉장한 잡지가 어떤 연유로 독자들 곁을 떠나게 되었을까? 당연하게도, 그 비극을 초래한 첫 번째 당사자는 바로 종교적 보수파였다. 그들은 여성들의 열망을 무참히 짓밟아버린 숱한 이야기의 주인공이기도 하다. 그들의 관점에서 볼 때, 『새시』는 정말로 바람직하지 못한 두 가지 일을 했다. 즉, 10대들에게 섹스에 관해 솔직하게 이야기했고, 10대 게이들에 관한 동정심을 불러일으키는 기사를 썼다. 이러한 점 때문에, 인디애나 주 위배시 지역에 거주하며 시간이 남아도는 게 분명한, 위민 어글로Women Aglow라는 우파 단체의 회원 잔 도스라는 여성이 분개했다. 그녀는 1988년에 『새시』의 광고주들을 상대로 청원운동을 벌였고,

현지의 K마트와 훅스 드러그스토어에 『새시』를 판매하지 말라고 설득했다. 그러자 제임스 돕슨의 포커스 온 더 패밀리Focus on the Family, 도널드 윌드몬의 미국가족협회, 제리 폴웰의 모럴 머조리티 Moral Majority가 가세하여 레브론, 커버 걸, 메이블린, 탐팩스 등의 광고주들에게 『새시』에 광고를 실으면 제품 불매운동을 벌이겠다고 압박을 넣었다. 『새시』의 발행인과 편집자는 대대적인 역공을 펼쳐야 했으며, 그 결과 광고주들도 서서히 돌아오기 시작했다. 이는 『새시』의 견고한 발행 부수 덕분이었다. 하지만 『새시』는 섹스에 관한 기사와 조언란의 규모를 줄여야 했다. 그리고 일부 광고주들은 광고를 중단하는 것이 최선이라는 결정을 내렸다.

1989년 『새시』는 상대적으로 소규모이며 경영이 제대로 이루어지지 않았던 기업인 랭 커뮤니케이션스에 인수되었다. 이 기업은 자금원이 없었고, 우선적인 신문 가판대 배치, 우편 광고, 홍보 순회와 같은 전략을 통해 발행 부수를 늘릴 의사가 전혀 없었다.[62] 그로부터 5년이 지난 1994년 10월, 랭 커뮤니케이션스는 『새시』를 로스앤젤레스의 피터슨 출판사로 팔아넘겼다. 이 출판사는 『틴』을 출판하는, 제 잇속만 차리는 악당들의 소굴과 같은 곳이었다. 뉴욕의 직원들이 해고되고, 그 즉각 새로운 가짜 10대의 전문 용어들이 등장하기 시작했다. 1996년 『새시』에는 「데이트에 나가서 해도 되는 일과 해서는 안 될 일」 「유명인들의 일이 잘 안 풀리는 날」 같은 기사가 실렸다. 이에 이성을 잃은 독자들은 새 잡지를 불태우거나 갈기갈기 찢어버렸다는 내용의 편지를 보냈다. 결국 그해에 잡지는 폐간되었다.

미국의 청소년들은 대개 성인의 사회와 체제에 불안감을 드러내고 반항하며 도전한다. 하지만 소녀들은 미와 행동에 대한 기존의 규범(대부분 남성들이 제시한)에 순응하고 복종해야 한다고 간주된다. 따라서 소녀들이 진짜 사춘기 청소년처럼 행동하면 여성이 될 수 없고, 소녀들이 여성성의 사고방식을 받아들이면 진짜 사춘기 청소년이 아니다.[63] 이 얼마나 양립하기 어려운 조건인가? 1990년대 초반에 빛을 발하던 페미니즘은 소녀들이 대담한 자아를 내세우도록 격려하는 분위기를 조성했다. 그와 동시에, 라이엇 걸에 대한 언론의 맹비난, 『새시』의 폐간, 「베벌리힐스 아이들」과 「멜로즈 플레이스」의 성공 속에서, 소녀들은 어떤 부류의 여성들이 보상을 받고 어떤 부류의 여성들이 그렇지 못한지를 목격하게 되었다. 그러는 동안, TV 및 영화의 제작자들은 여학생과 젊은 여성들이 오락 프로그램에 등장하는 힘 있는 여성들을 보며 환호하고, 광고주들은 그러한 프로그램을 통해 마스카라, 오일 오브 올레이, 울트라 슬림-패스트,▪ 푸시업 브라 등을 팔면서 만족해한다는 사실을 깨달았다. 하지만 10대 소녀의 섹슈얼리티가 짜릿함을 준다는 점이나 힘을 향한 여성의 갈망을 길들여야 할 필요성을 깨달은 것은 오락 매체뿐만이 아니었다. 거대하고 위엄 있는 조직, 뉴스 역시 그러했다.

▪ 체중감량 보조식품

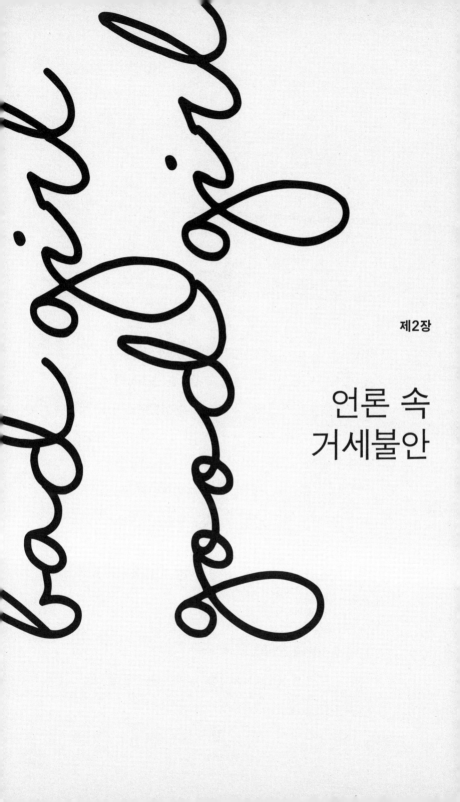

제2장

언론 속
거세불안

1993년 6월 24일, 아침 신문을 읽던 미국의 남성들은 본능적으로 가랑이 사이로 손을 갖다 대 중요 부위를 보호하려 했다. 그날 신문에는 남편에 의해 강제적인 성관계를 당했다고 하는 버지니아의 한 여성이 남편이 잠든 사이 부엌에서 30센티미터가량의 생선 손질용 칼을 들고 나와 잠든 남편의 성기를 절단했다는 기사가 실려 있었다. 존 웨인 보빗이라고 신원이 밝혀진 여성의 남편은 처참한 곤경이라고밖에는 표현할 수 없는 상태로 새벽 5시경 프린스 윌리엄 병원으로 실려 갔다.

　"경찰관들은 근처에 위치한 그의 자택으로 출동하여 잘려나간 성기를 찾으려 했으나 찾을 수 없었다."

　『워싱턴포스트』는 애써 태연한 말투로 보도했다.

　이후 알려진 바에 의하면, 그의 아내 로레나 보빗은 절단된 성기를 자신도 모르게 들고 나와 차를 몰고 가다가 올드 센터빌 로드의 메이플우드 드라이브에서 창밖으로 던졌다고 한다. 존 웨인에게는 다행스럽게도, 로레나가 10센트 동전을 떨어뜨린 덕분에 경찰관들이 절단된 성기가 떨어져 있는 위치를 파악할 수 있었다. 그들은 현장으로 급히 출동하여 덩그러니 버려져 있는 성기를 얼음 상자에 담아 병원으로 신속히 운반했다. 그리고 장장 아홉 시간 반의 봉합 수술 끝에 성기를 다시 부착할 수 있었다.[1] (적어도 백인 남성의) 음경 봉합 수술에 대해 한 의사는 "성기를 제자리에 봉합한 뒤 성기가 검게 변하지 않으면 수술이 성공한 것이다"라고 전했다.[2] 심지어 소식을 접한 여성들도 괄약근이 왠지 오므라드는 기분에 두 다리를 있는 힘껏 꼬았다. 그러나 몇몇 여성은 속으로 "잘했어!"라고 외쳤다.

이러한 여성의 공격성은 뉴스에 보도되었던 또 다른 두 사건에서도 찾아볼 수 있다. 이로부터 1년 전인 1992년 5월 어느 봄날 아침, 10대 소녀가 롱아일랜드 메릭에 있는 한 교외 가정집의 초인종을 누르더니, 집주인 여자가 문을 열어주자 가지고 있던 25구경 타이탄 반자동 권총을 메리 조라고 하는 그 여자의 얼굴에 쏜 뒤 빨간색 선더버드 자동차를 타고 달아났다.[3] 에이미 피셔라는 그 소녀는 16살 때부터 집주인 여자의 남편과 부적절한 관계를 맺어왔다고 밝혔다. 집주인 여자의 남편은 조이라는 36살의 건장한 자동차 정비공으로, 뱀가죽 부츠를 좋아했다고 한다. 크림으로 속을 꽉 채운 이탈리안 디저트와 야생 염소들 사이에서 벌어지는 거친 정사라는 불경한 조합을 연상케 하는, 이 부부의 성姓인 부타푸오코Buttafuoco는 권총을 든 「롱아일랜드의 롤리타」라는 타블로이드 신문의 보도에 재미를 더했다.

그리고 보빗 사건이 있은 지 반년이 좀 더 지난 1994년 1월, 덩치가 산만 한 괴한이 당시 연습을 막 마친 올림픽 피겨 스케이트 선수 낸시 케리건에게 다가가 금속 몽둥이로 그녀의 무릎을 내리쳤다. 며칠이 지나, 케리건의 경쟁 선수였던 토냐 하딩의 경호원이자 체중이 160킬로그램에 달하는 숀 에릭 에카트가 또 다른 남자와 함께 체포되었다.[4] 『뉴욕타임스』가 "소형 트럭을 몰고 담배를 입에 문 채 당구를 치며 자신을 농구계의 악동인 찰스 바클리에 비교했다"라고 묘사한 하딩은 곧 용의 선상에 오르게 되었다. 이는 특히 숀 에릭 에카트와 함께 체포된 하딩의 전남편이자 '실직 상태에 있던 전직 창고 노동자' 제프 길룰리가 유죄답변거래■를 하려 했기 때문이다.[5] 2월 초, 길룰리는 하딩이 처음부터 범죄 계획에 가담했다고 주장했고, 3월에 하딩은 유죄를 인정했다. 단, 그녀는 범죄를 계획하지는 않았으나 수사를 방해한 일에 대해서 유죄를 인정한 것이었다. 그러나 대부분의 사람은 그녀가 모든 일을 꾸미고 조종했다고 생각했다. 케리건은 공주같이 여성스러웠으며 완전히 미국적인 소녀였던 반면, 하딩은 냉철하고 거칠며 노동계층에 속한 무자비한 여성이었다. 이 사건에 관한 뉴스는 「낫츠 랜딩Knots Landing」「엘에이 로」「멜로즈 플레이스」보다 더 흥미진진해졌다.

마지막으로 우리는 이 굵직한 사건들의 조합에 재닛 리노라는

■ 피고가 유죄를 인정하거나 다른 사람에 대해 증언하는 대가로 검찰이 형을 낮추기로 거래하는 것

혁명적인 여성을 추가할 필요가 있다. 그녀는 신장이 185센티미터인 플로리다 출신의 '범죄 척결자'로, 언론의 표현을 빌리자면, 그녀는 남는 시간에 악어들과 씨름을 한다고 한다. 빌 클린턴 대통령의 법무장관으로 임명된 지 한 달 만에 그녀는 텍사스 와코에 위치한 종교집단인 다윗파의 본거지에 급습을 허가했고, 이 사건으로 80명 이상이 사망했다.

그렇다면 도대체 무슨 일이 일어난 것일까? 여성들이 진짜 미치기라도 한 것일까? 여성들이 대체 얼마만큼의 힘을 원한 것일까? '더티 해리Dirty Harry'■만큼? '여성의 해'도 한몫했다. 그러나 이 모습이 정말로 페미니즘이 초래한 결과일까? 여성들이 남성만큼 폭력적으로 변하고, 복수나 정의라는 미명하에, 혹은 설상가상으로 섹스라는 것을 위해 아무런 죄책감 없이 무기를 휘두르는 모습이 정말로 페미니즘이 초래한 결과일까? 힘을 장악한 여성들의 이미지와 총, 생선 손질용 칼, 납관, 탱크를 다루는 여성들의 인상적인 행동은 한데 어우러져 뉴스를 오싹하게 하는 동시에, 대중매체 측에 선동할 거리와 팔 거리를 충분히 제공했다. 되돌아 생각해보면, 그러한 여성들의 모습이 국가적으로 대대적인 거세불안 현상을 초래·심화했기 때문이다. 여기에는 여성의 성취와 관습 타파로 인해 성 역할, 여성의 힘이 지닌 위험성, 무력해진 남성의 애처로움에 대해 항상 존재해왔던 불안을 더욱 고조시키는, 성과 관련된 문화적 배경이 존재했다. 에이미 피셔, 로레나 보빗, 재닛 리노

■ 동명의 영화에 등장하는 거칠고 독불장군인 경찰

의 일화를 한자리에서 떠올린다는 것이 뜬금없어 보일 수도 있으나, 지금 생각해보면 그들에 대한 문화적 반응이 동일했음을 알 수 있다. 게다가 그 반응을 들여다보면, 근래 들어 뉴스 매체가 어떻게 여성의 힘에 대한 초조하고 신경과민적인 말들을 표현하는 핵심적인 장소가 되었는지 알 수 있다. 뉴스는 또한 "남성들이여, 조심하라. 여성들이 반격을 가할 테니"라고 경고했다. 남성들에게 힘에 대한 여성들의 환상은 그대로 내버려둘 경우 힘의 악몽이 될 터였다.

뉴스 매체는 외부와 단절되지 않았다. 1992년에 많은 수익을 거두어들인 영화에는 남성으로만 구성되었던 「리설 웨펀Lethal Weapon」 팀에 합류한 강철 같은 여성 경찰관, 「어 퓨 굿 맨A Few Good Men」에서 견장을 단 해군 소령 데미 무어, 섹스 후 얼음송곳으로 남성을 찔러 죽였던 「원초적 본능Basic Instinct」의 샤론 스톤이 등장했다. 또 「위험한 독신녀Single White Female」에서는 제니퍼 제이슨 리가 룸메이트의 강아지를 창밖으로 던져버리고 남자친구를 살해한 사이코패스로 등장했다. 과거 할리우드 영화에서는 비키니 차림으로 해변을 걷거나 피아노 옆에 서서 허스키한 목소리로 노래를 부르는 여자를 향해 남자들이 유혹의 시선을 보내곤 했다. 그러나 「리설 웨펀 3」(조 페시를 118분 동안 빽빽거리는 인형으로 전락시켜버린 최악의 영화)에서 릭스(멜 깁슨)는 로나 콜(르네 루소)이 여자의 몸으로 혼자서 여덟 명의 불량배를 때려눕히는 광경을 목격한다. 이후 경찰의 심문을 받아야 하는 더 많은 수의 불량배들과 맞닥뜨리자, 로나는 직접 처리하겠다며 그들에게 다가간다. 머터프(대니 글로버)가 자신이 같이 가야 하지 않겠느냐고 묻자 릭스는 "아니요"라고 자랑스럽게 대답한다.

"괜찮아요. 다만 굉장한 걸 보게 될 거예요. 그녀는 소질이 있거든요. 지켜보세요."

로나가 여덟 명이 넘는 불량배를 향해 주먹을 날리고 발길질을 하는 동안 릭스는 그녀를 사랑스럽게 바라본다. 그녀가 그들을 모두 해치우자 그는 "정말 잘했어"라는 칭찬과 함께 박수를 치며 으쓱해한다. 이제는 몇몇 영화에 가라데 검은 띠를 맨 여성이 등장하면 섹시해 보이기도 한다.(혹은 적어도 제정신이 아닌 릭스에게만.) 그러나 동시에 그녀들은 두려움의 대상이다.

물론 날카로운 흉기를 휘두르거나 손으로 내리치는 가라데 동작을 하는 여성들이 대중매체라는 유령의 집에서 페미니즘 또는 여성성을 나타내는 유일한 상징은 아니었다. 왜곡된 하나의 거울은 우리에게 여성 포식자의 모습을, 또 다른 왜곡된 거울은 희생자로서의 여성의 모습을 제공했다. 그리고 또 다른 왜곡된 거울은 힘을 지닌 전문직 여성의 모습을 제공했다. 소녀와 여성들은 한편으로는 페미니즘 덕분에 수많은 것이 가능해졌다고 느끼면서도, 또 한편으로는 그에 대해 대가를 치러야 한다고 느꼈다.

따라서 진화된 성차별의 등장을 뒷받침하기 시작한 또 다른 줄기는 바로 남성 지배에 가해진 위협에 대한 인식이었다. 하지만 클래런스 토머스-애니타 힐 청문회와 팔루디의 『역풍』의 대성공에서 볼 수 있듯이, 여성의 자기주장에 대한 전면적인 공격이 항상 효과적인 전략인 건 아니었다. 반면, 소녀와 여성들이 항상 성적 매력(내지는 성적 매력의 부족)과 성적 행동에 의해 규정될 것임을 상기시키는 선정주의, 기분 좋은 자극, 조롱은 효과적인 형태의 사회 통제다. 진화된 성차별은 여성의 섹슈얼리티에 대한 모순적이고 항상 변하는 잣대에 의존한다. 즉, 여성의 섹슈얼리티는 활용되고 더욱 조장되어야 하나(특히 상품을 팔기 위해), 동시에 감시·처벌되어야 한다.(여성들을 제자리에 있게 하기 위해.) 이것이야말로 뉴스 매체가 하는 일이다.

냉전이 막을 내리고 사막의 폭풍 작전이 종결되어 뉴스 기관들이 특히 국제 뉴스의 예산을 대폭 삭감하자, 미국인들은 새로운 차원의 대혼란과 섹스 스캔들의 세상으로 인도되었다. 폭스 TV에서 방영된, 검은색 레이스와 가터벨트의 TV 버전이라 할 수 있는 루퍼트 머독의 「커런트 어페어A Current Affair」(1986~1996), 「하드 카피Hard Copy」(1989~1999), 1995년까지 빌 오라일리가 진행을 맡았던 「인사이드 에디션Inside Edition」(1989~)과 같은 프로그램들이 서로 경쟁했고, 방송사 뉴스와도 경쟁했다. 그리고 선정주의와 셀러브리티 저널리즘을 텔레비전이라는 더욱 고루한 영역으로 도입하는 데 도움을 주었다. 이러한 오염 과정의 한 예로, 피터 제닝스가 진행하는 ABC의 「월드 뉴스 투나이트World News Tonight」에서는 재닛 리노의 법무장관 임명을 발표하면서 마이클 잭슨의 피부색에 관한 이야기로 끝을 맺었다.[6]

적어도 「하드 카피」와 「인사이드 에디션」이 제공하는 저녁 뉴스는 살인(잔인하면 더 좋다), 폭언이 오가는 별거수당 소송, 뜨거운 공방이 펼쳐지는 유명인의 이혼(유명인에 관한 기타 흥미로운 소문거리) 그리고 섹스에 관한 불필요한 이야기로 구성되어 30분을 충분히 채웠다. 그리고 텔레비전 뉴스와 선정적 뉴스를 다루는 TV 프로그램은 성에 관한 멜로드라마에 깊이 관여하고 의존하게 되었다. 1990년대 초의 소녀 스캔들은 선정적인 TV 프로그램의 주요 소재가 되었다.(그리고 후에는 클린턴-르윈스키 스캔들이 저녁 뉴스의 주요 소재가 되었다.) 대중매체는 또한 이러한 스캔들의 보도를 통해 페미니즘이 어느 선까지 치달을 수 있는지, 그리고 어느 선에서 멈춰야 하는지를 제시했다. 여성, 특히 젊은 여성의 섹슈얼리티는 위험하며, 힘을 가진 여성은 위협 그 자체이거나 진정한 여성이 아님을 끊임없이 상기시키는 것들이 도처에 존재했다. 소녀, 때로는 남성들의 성적인 멜로드라마 내지는 도덕성과 관련된 이야기가 위험 수위를 넘어 통제 불가능 상태에 다다름에 따라, 점점 스캔들에 중독되어가는 뉴스 매체에 의해 페미니즘에 대한 불안이 고조되고 새로운 모습으로 변질되어갔다. 수위를 넘어버린 남성(O. J. 심슨 같은)들은 여성의 육욕이 선사한 약속 내지는 위협에 의해 그렇게 궁지로 내몰렸다는 것이었다.

모순적이게도, 당시 현실에서는 여성들이 그 어느 때보다도 많은 성취를 이루고 있었다. 이는 전혀 선정적인 사실이 아니었으므로 뉴스거리가 되지 못했다. 당시 남학생들보다 더 많은 수의 여학생이 대학에 재학 중이거나 대학을 졸업했고, 수치로 보자면 1991년 여자 고등학교 졸업생 중 67퍼센트가, 남자 고등학교 졸업생 중 57퍼센트가 대학에 진학했다. 또 1993년의 한 조사에 따르면, 남학생 100명당 여학생 123명이 대학에 진학했다.[7] 뿐만 아니라 1990년에는 여성 의사의 비율이 17퍼센트로 증가했는데, 이는 10년 전 11.6퍼센트에서 상당히 증가한 수치다. 그리고 1992년 로 스쿨 졸업생 중 43퍼센트가 여학생이었다.[8] 하지만 젊은 여성들이 뉴스를 볼 때면, 이따금 전해지는 여자 스포츠에 관한 소식을 제 외하고는, 그러한 여성들의 승승장구하는 모습을 찾아볼 수 없었 다. 대신 보도에 등장하는 젊은 여성들은 희생자이거나, 일종의 비행이나 범죄를 저지른 자였다. 소녀를 노린 성범죄, 강간, 살인, 성희롱, 섭식장애, 10대 임신, 소녀 범죄조직, 여학생들의 수학 및 과학 낙제가 뉴스의 주된 내용이었다. 그들을 보도 가치가 있는 것으로 만드는 것은 주로 그들의 섹슈얼리티였다. 그들의 섹슈얼 리티는 위험으로 가득했으나, 시청률을 올리는 데는 매우 효과적 이었다.

에이미 피셔는 그러한 젊은 여성의 완벽한 전형이었다. 악인이 면서 동시에 희생자로 비칠 수 있기 때문이다. 피셔와 부타푸오코 의 이야기는 1년 동안이나 대대적으로 보도되었는데, 이는 『뉴욕 포스트New York Post』나 『데일리뉴스Daily News』에만 해당된 이야기 가 아니었다. 그들의 이야기는 「커런트 어페어」와 「인사이드 에디 션」을 위한 날고기 같은 먹잇감이 되었다. 또 그들의 이야기를 소 재로 TV 영화 세 편(갈수록 최악이었다), 책 두 권(그녀가 팬티를 입 지 않았다고 직접 밝힌 『에이미 피셔: 나의 이야기』 포함), 에이미 피셔– 조이 부타푸오코 만화책(초판 6만 부가 일주일 만에 다 팔렸다), 그리 니치빌리지에서 어마어마한 인기를 끈 「에이미 피셔: 더 뮤지컬Amy

Fisher: The Musical」이 만들어졌다.**9**

최초에 「17살의 소녀, 한 여성에 대한 총기 상해죄로 소환되다」라는 고루한 제목으로 보도되어 『뉴욕타임스』의 메트로 섹션 40페이지에 묻혀버린 기사에 따르면 이야기는 이렇다.**10** 존 F. 케네디 고등학교 3학년인 피셔는 컴플리트 오토 보디 앤드 펜더 컴퍼니의 사장인 부타푸오코와 관계를 맺어왔다. 그 관계는 피셔가 16살이었을 때 피셔의 부모가 그곳에 자동차 수리를 맡기면서 시작되었다. 알려진 바에 따르면, 부타푸오코가 관계를 끝내려 했으나 피셔가 질투심에 격분하여 1992년 5월 19일 그의 아내 메리 조의 안면에 총을 쏘았고, 그녀를 그대로 문가에 내버려둔 채 도주했다. 그러나 혼수상태에서 깨어난 메리 조가 피셔의 인상착의를 설명했고, 며칠 후 피셔는 체포되었다. 이를 '최근 몇 년간 가장 엽기적인 사건'이라 칭했던 한 살인 사건 형사는 이 사건을 모든 페미니스트가 혐오했던 1987년의 영화 「위험한 정사Fatal Attraction」에 빗댔다.**11** 판사는 피셔의 보석금을 무려 200만 달러로 책정했다. 그리고 용감한 부타푸오코는 피셔와의 관계를 완강하게 부인했다.

10대 소녀가 등장한다는 점만 제외하고, 이 뉴스 기사 겸 섹스 스릴러를 현실에서의 「위험한 정사」라 할 수 있을까? 「커런트 어페어」와 『피플』의 사무실에서 사람들이 환호성을 지를지도 모르겠다. 1991년과 1992년에 각각 큰 이목을 끌었던 윌리엄 케네디 스미스■와 마이크 타이슨의 강간 재판, 그리고 현실 속의 또 다른 「위험한 정사」이자 금발의 여교사 캐럴린 워머스가 기혼인 내연남

의 아내를 살해한 사건이 전반적으로 어수선한 분위기를 조성했
다. 그리고 피셔의 사건이 터지자 뉴욕의 타블로이드 신문들이 마
구 몰려들었다. 게다가 이러한 스캔들에 의존한 것은 선정적 TV
프로그램뿐만이 아니었다. 높은 원고료를 요구하는 작가와 유명
배우를 쓰지 않고 돈을 아껴보려는 방송국들이 '실제의 유명 사건'
을 토대로 만든 텔레비전용 영화로 점차 눈을 돌렸다. 텔레비전용
영화는 제작비가 300~500만 달러밖에 들지 않아 극장용 영화나
시리즈물보다 훨씬 저렴할 뿐만 아니라 인기가 많아서 수익성이
높다.[12] 이러한 영화에 대한 관심은 뉴스에 의해 이미 불이 붙은
상태이므로(업계 표현으로, 관객들에게 사전 선전이 이루어진 상태이므
로) 조이 부타푸오코와 같은 배역에 A급 배우를 기용할 필요가 없
었으며, 영화 줄거리 역시 이미 짜인 것이나 다름없었다.

피셔 사건은 발생한 지 며칠 지나지 않아 눈덩이처럼 부풀려져
1년 가까이 사람들 입에 오르내렸다. 이 사건은 뉴욕 『데일리뉴스』
의 제1면을 열흘 이상 연속으로 장식했고, 해당 신문의 발행인은
이 사건 자체로만 신문 매출액이 2~3퍼센트 늘어났다고 전했다.[13]
『뉴스데이Newsday』는 피셔가 남는 시간에 '성매매'를 했다고 폭로했
다.[14] 6월 초, 「커런트 어페어」는 피셔가 한 '고객'과 성관계를 맺는
것으로 보이는 가정용 비디오를 방송했다. 「하드 카피」 역시 「커런
트 어페어」의 위성 방송에서 이 장면을 빌려와 방송으로 내보냈

■ 존 F. 케네디 전 대통령의 형제 중 유일한 생존자인 진 케네디 스미스의 둘째 아들.
플로리다의 한 클럽에서 만난 여성을 성폭행한 혐의로 재판에 회부됐으나 무죄 판결을 받
았다

다. 비디오에서 피셔는 이렇게 말했다.

"난 거칠어요. 아무것도 신경 쓰지 않아요. 난 섹스를 좋아해요."[15]

이로써 피셔가 학교에 무선 호출기를 갖고 다니며 숱한 남자로부터 연락을 받으며, 낮에는 고등학생이었다가 밤이 되면 매춘부로 돌변한다는 사실이 온 세상에 드러났다. 뮤직비디오 속 마돈나가 아니라 교외 지역의 중산층 자녀인 10대 백인 여학생이 매춘부일 수 있다는 생각은 처음에는 대단히 흥미로우면서도 위협적이었다. 이 사실이 알려지자마자 『피플』의 기자인 마리아 에프티미아데스가 페이퍼백 소설 작업에 착수해 1992년 10월 『치명적인 롤리타Lethal Lolita』라는 제목의 소설이 발간되었다. 메리 조와의 독점 인터뷰를 실은 『뉴욕포스트』의 기자는 인터뷰 내용이 세상에 알려지자마자 그 내용을 소설화하거나 영화화하자는 제의가 빗발쳤다고 했다. 에이미 피셔의 변호사인 에릭 나이버그는 피셔의 이야기를 소설화하거나 영화화하자는 제의를 찾고 있으며, 제안이 성사된다면 스티치 앤드 소우 원단 할인점의 주인인 그녀의 부모가 딸의 보석금을 마련하지 않아도 될 것이라고 6월 초에 알렸다. 전직 진동 침대 판매원이었던 그는 그로부터 48시간도 채 지나지 않아 구미가 당기는 20건의 제안을 받았으며, 그 후보를 10건으로 좁혔다고 말했다. 이는 곧바로 '보석금을 위해 날조된 이야기'로 알려졌다.(부타푸오코의 변호사는 그러한 거래 덕분에 피셔가 하룻밤 180달러인 매춘부에서 200만 달러인 매춘부가 될 것이라며 비아냥거렸다.)[16] 영화사와 출판사들은 영화 및 책의 계약을 성사시키기 위해 부타푸오코 부부, 관여한 모든 변호사, 피셔 이야기를 취재한 기자들, 심지어 지방검사실의 직원들에게까지 다방면으로 접촉을 시도했다.

욕설과 비난과 반격이 줄을 이었다. 나이버그는 부타푸오코가 피셔를 성매매에 몸담게 했다면서, 그를 호색한에 포주라고 부르며 그가 미성년자 강간을 저질렀다고 비난했다. 이에 부타푸오코의 변호사들은 명예훼손으로 소송을 제기하겠다고 맞섰는데, 이는 누가 봐도 무리한 처사였다. 나이버그는 피셔가 피해자처럼 비치게 하려 애썼고 그녀가 부타푸오코에게 반복적으로 강간당했다고 주장했는데, 이는 「하드 카피」에서 그녀가 성매매한 장면을 본 사람이라면 좀처럼 믿기 힘든 주장이었다. 소문에 따르면, 피셔는 원래 친구에게 성관계를 해주는 대가로 메리 조를 살해해달라고 부탁했다고 한다. 『뉴욕포스트』는 그를 '피셔의 발정 난 청부 살인업자'라고 불렀다.[17] 그러나 어딘가 모르게 이야기가 싱겁다고 느낀 『데일리뉴스』는 조이 부타푸오코에게 약물 관련 문제가 있다는 암시를 넌지시 비쳤다.[18](코카인을 판매하는 그의 별명이 'Joey Coco Pops'로 통했다고 한다.)[19] 이에 지지 않으려고 『뉴욕포스트』는 피셔와 부타푸오코 중 누구에게 진짜 책임이 있는지 독자들에게 묻는 투표를 실시했다.[20] 그해 여름 내내 라디오 토크쇼에서는 누가 진짜 가해자이고 누가 진짜 피해자인지를 가르는 논쟁이 끊이지 않았다.

일전에 큰소리친 만큼 피셔의 이야기를 팔러 다니는 데 행운이 따르지 않았던 피셔의 변호사가 마침내 보석금을 내기까지, 피셔는 두 달간 교도소 생활을 했다. 소규모 독립영화사인 KLM 프로덕션스가 피셔의 이야기에 8만 달러를 제시했고, 덕분에 나이버 그는 보석금을 마련하는 데 도움을 얻을 수 있었다.(KLM 프로덕션스는 후에 그 권리를 NBC에 팔았다.) 뿐만 아니라 메리 조에게도 영화 제의가 들어왔다. 9월에 피셔는 무차별 폭행이라는 좀 더 가벼운 죄에 대해 유죄를 인정했고, 이로써 언론은 희대의 재판에 대해 보도할 거리를 잃게 되었다. 그러나 얼마 안 있어 또 다른 타블로이드의 폭탄이 터졌다. '섹스의 요정' 피셔에게 폴 메이클리라는 30세의 새 남자친구가 있었다는 것이다. 그는 체육관을 운영했고, 숨겨진 비디오카메라가 있었다는 사실 또한 드러났다. 피셔가 죄를 인정하기 전날 밤, 카메라가 돌아가는 상황에서 그녀는 메이클리와 애정 행각을 벌이는 사이에 자신과 결혼해서 배우자 면회를 와주면 어떻겠냐는 제안을 했다. 그녀는 '많은 돈을 벌 수 있기 때문에' 지금 이렇게 유명세를 얻게 된 상황이 만족스럽다고 말했다. 또 "지금 이 시련을 이겨내면 페라리를 갖게 될 것"이라고 말했다.[21] 그러나 메이클리가 비디오테이프를 「하드 카피」측에 팔자 그녀는 자살 시도를 두 차례나 했다. 이제 그녀는 쾌락만이 아니라 언론의 조명을 좇는 매춘부나 다름없었다.[22] 12월에 그녀는 최대 15년의 징역형을 선고받았다.

피셔와 부타푸오코는 흥행의 돌풍을 일으켰다. 「하드 카피」의 프로듀서들은 피셔의 비디오테이프를 방영하자 시청률이 세 배나 치솟았다고 전했다.[23] 또 피셔와의 인터뷰를 내보낸 「데이트라인 NBCDateline NBC」 역시 프로그램 사상 최고의 시청률을 기록했다.

실제로 그 인터뷰 덕분에 해당 프로그램은 닐슨 주간 시청률 순위 45위에서 7위로 껑충 뛰었다.[24] 그리고 각 방송사에서 영화를 내보냈다. NBC의 「에이미 피셔: 나의 이야기」(피셔의 입장에서 본 이야기)는 12월 28일에 방영되어 19.1퍼센트라는 시청률을 기록함으로써 연말연시 TV용 영화로서는 최고의 시청률을 냈다.[25](당시 방송 프로그램의 평균 시청률은 12퍼센트였다.) 그리고 엿새 후 일요일 밤에 CBS에서 「사랑의 희생자: 롱아일랜드의 롤리타 이야기」(메리 조의 입장에서 본 이야기)가 방영되어 같은 날 같은 시간에 방영된 ABC의 「에이미 피셔 이야기」(다양한 관점에서 본 이야기. 드루 배리모어가 에이미 피셔 역을 맡았다)와 경합했다.[26] 배리모어가 출연한 영화의 짧은 한 대목을 옮기면 이렇다. 부타푸오코가 피셔에게 자기 셔츠를 입으라고 건네며 말한다.

"너무 클지도 몰라."

그러자 피셔가 대답한다.

"당신 사이즈 정도는 감당할 수 있어."

그러자 부타푸오코가 또 말한다.

"엑스트라 라지인데도?"[27]

어쩌면 이 절묘한 대화 덕분에, 그리고 최고의 섹스 장면 덕분에 ABC의 영화는 19.4퍼센트라는 시청률을 기록했다. 반면, CBS의 영화는 15.8퍼센트의 시청률을 기록했다. 이는 미국의 1800만 가구가 ABC의 영화를 시청했고, 최소 1620만 가구가 나머지 두 영화 중 하나를 시청했다는 이야기다.[28] 후에 조사자들은 전체 미국인 중 40퍼센트가 세 영화 중 적어도 하나를 시청했다고 밝혔다.**29** 방송사 고위 간부들은 정반대의 입장에서 이야기를 풀어간 두 영화를 포함해 거의 동일한 스캔들을 다룬 세 가지의 TV용 영화가 만족스러운 시청률을 냈다는 데 흡족해했다.

이어 관심이 부타푸오코에게로 옮겨 갔다. 그가 미성년자 강간으로 유죄를 받을 수 있을까? 그는 대대적인 질타의 표적이 된 것일까? 그의 사무실에서, 지저분한 여관에서, 그리고 '더블 트러블'이라는 그의 모터보트 위에서 두 사람이 거의 매일 섹스를 했다는 피셔의 주장은 과연 사실일까? 1993년 4월에 출간된 그녀의 베스트셀러 『에이미 피셔: 나의 이야기』는 그 이상의 내용까지 언급했다. 같은 달, 대배심은 부타푸오코가 19차례의 미성년자 강간, 항문 및 구강성교, 아동 복지 훼손 행위를 했다고 기소했다. 메리 조는 『데일리뉴스』측에 (남편의 성기를 자른 로레나 보빗을 떠올리며) "조이 부타푸오코가 에이미 피셔와 정말로 부적절한 관계였다고 믿었다면 내가 그의 고환을 잘라냈을 것이다"라고 말하며 계속해서 남편의 편을 들었다.**30** 그러나 피셔와 한 번도 성적인 관계를 가진 적이 없다고 약 18개월에 걸쳐 주장하던 부타푸오코는 태도를 바꿔 한 차례의 미성년자 강간에 대해 유죄를 인정하고 6개월의 징역형을 살았다. 그리고 그로써 전 국민의 웃음거리가 되었다. 데이비드 레터맨은 이렇게 말했다.

"지난 몇 달간 우리 입에 오르내린 농담은 죄다 조이 부타푸오코에 관한 것이었다."**31**

그렇다면 이 사건이 왜 그렇게 대단했을까? 뉴스 매체가 쉴 새 없이 보도를 해댄 통에 매일 산더미 같은 뉴스가 쌓였다는 사실은 차치하고, 이 사건은 모든 것에 의문을 제기했다. 다시 말해, 교외 지역의 정상적인 삶에 대한 신화, 성인 남자가 미성년자 소녀와 섹스를 하면 안 된다는 금기, 10대 소녀가 성적으로 적극적이고 분노에 차 물리적인 폭력을 휘두르면 안 된다는 금기, 남자란 특히 자기 여자에 대해서는 이성적으로 제어할 줄 알아야 한다는 이해, 이 모든 것에 의문을 제기한 것이다. 여기서 모든 것은 불안정하다. 하지만 가장 중요한 것은 10대 소녀와 그들의 힘, 특히 그들의 성적인 힘, 그리고 그들이 얼마만큼의 성적인 힘을 갖고 있으며 가져야 하는지, 그 힘을 어떻게 해야 하는지에 제기된 질문들이었다. 과연 어린 소녀와 여성들이 항상 그보다 나이가 많거나 더 많은 힘을 지닌 남자의 희생자였을까? 선정적이고 음모를 꾸며 살인을 저지른 에이미 피셔가 그 반대를 보여주는 산증인 1호는 아닐까? 소녀들은 이제 모든 것을 할 수 있다. 심지어 가해자가 될 수도 있다. 그러나 부타푸오코는 어떠한가? 그는 아내 몰래 바람을 피우고, 아직 어려서 외부의 영향을 받기 쉬운 10대 소녀를 취하고, 심지어 그녀를 매춘부로 만든 게 아닌가? 그건 여느 남자들과 마찬가지 아닌가? 일단은 여자를 유혹한 다음, 필요가 없어지자 외면한 게 아닌가?

이 사건의 보도는 우리가 도덕적으로 우월한 재판관이 되어 각자의 편을 들도록 부추기는 한편, 이 모든 난잡한 사건이 지켜보기에 지나치게 저속하며 수준 이하라는 점을 확실히 했다.[32] 그런가 하면 다른 즐거움도 있었다. 시청자들은 음흉한 관음증 환자가 되어 비디오테이프를 보며 흥분하다가, 어느새 도덕적으로 고결한 성인군자가 된 양 부타푸오코나 피셔, 또는 둘 모두를 비난하기도 했다. 부타푸오코가 웃음거리가 된 반면, 여자이기에 더 위험한 존재가 된 편은 피셔였다. 그녀는 언론의 시선에 의해 계속해서 비하되어야 했고, 실제로도 그러했다. 이것이 바로 10대 소녀의 힘이 촉발되었을 때 나타나는 결과였다. 미국이여, 경계하라.

피셔와 부타푸오코의 훔쳐보기 쇼는 로레나 보빗이 그에 견줄 만한 핵폭탄 급의 이야기를 언론에 터뜨리면서 가치가 급락하기 시작했다. 이 이야기 역시 『워싱턴포스트』의 메트로 섹션에서 시작되어 순식간에 국가적인 화젯거리가 되었다. 기사 작성자들은 온갖 수사로 흥미를 돋우면서 '삶의 한 조각' '가장 무자비한 절단' '고통스러운 분리' '퇴직금'과 같은 표제를 내걸었다. 심지어는 로레나 보빗이 성기 절단에 사용한 '긴수 사의 칼'에 관한 농담까지 나돌았다.[33] 양 당사자 모두 범죄로 기소되었고, 1993년 7월 로레나는 이혼 소송을 제기했다. 그해 가을, 존 웨인 보빗이 먼저 배우자에 대한 성폭력 혐의로 법정에 섰고, 무죄 판결을 받았다. 버지니아 법원 밖에서는 행상인들이 '매너서스▪ ─최강의 거시기'라는 문구가 적힌 티셔츠를 팔았다.[34] 11월에는 로스앤젤레스의 한 라디오 방송국이 '로레나 보빗의 고추 던지기'라는 행사를 개최했다. 이는 자동차 운전자들이 표적에 핫도그를 던지는 행사였다. 데이

▪ 미국 버지니아 주의 도시

비드 레터맨은 로레나 보빗의 변명 목록 1~10위를 소개했다. 옮기자면 이렇다. 7위: 그 사건은 그가 리모컨을 독차지한 대가였다. 5위: 나는 그의 새 잠옷에 붙은 가격표를 떼려 했고, 순간 그가 재채기를 했다.[35]

이어 로레나가 법정에 섰다. 그녀의 남편의 재판은 전파를 타지 않았으나, 그녀의 재판은 그야말로 언론의 요란한 잔치였다. 16대의 위성 중계 트럭과 200명 이상의 기자가 매너서스로 몰려왔다. 이번에도 역시 사건의 주범이 가히 충격적인 범죄를 저질렀기 때문에 언론의 주목을 받기에 충분했다. 법원 밖에서는 행상인들이 부부의 입장을 각각 대변하는 '복수, 그 얼마나 달콤한가'라든가 '사랑이 아프다' 등의 문구가 적힌 티셔츠를 팔았다. 후자의 티셔츠에는 존 웨인의 서명까지 찍혀 있었다. 법정 방송인 코트 TV와 더불어 CNN이 재판을 생중계했고, 덕분에 시청률이 두 배로 뛰었다.[36](법정에서 제시된 잘려나간 성기의 사진을 AP 통신사가 보도했는데, 그중 하나는 지금 위키피디아에서 볼 수 있다. 에이미 피셔의 섹스 비디오테이프와 달리, 이 사진은 별다른 반응을 얻지 못했다.)[37]『뉴스위크』여론 조사에 따르면, 미국 국민의 60퍼센트가 이 재판 과정을 지켜봤고 그 비율은 남녀가 동일했다고 한다.[38] 로레나가 결혼 생활 중 수년 동안 신체적·성적 학대를 당한 결과 외상 후 스트레스 장애를 겪었다는 전문가의 증언이 있은 후, 1994년 1월에 그녀는 잔인한 상해 행위에 대해 무죄를 인정받았다. 로레나는 17살의 나이에 에콰도르에서 미국으로 이주해 왔고, 유일한 연애 상대였던 보빗과 20살의 나이에 결혼했다. 방송인 러시 림보는 당시 미국 전역에 폭력 피해 여성을 위한 쉼터보다 동물 보호소가 세 배더 많다는 사실을 알지 못한 채, 그녀가 왜 그런 얼간이에게서 떠나지 않았는지 의문을 제기했다.[39]

이 사건을 책이나 영화로 만들자는 제의가 빗발쳤다고 두 보빗의 변호사들이 몇 번이나 주장했지만, 이를 소재로 한 '범죄 실화' 텔레비전 영화는 등장하지 않았다. 그 이유는 여전히 확실치 않으나, 한 여성이 남편에게서 계속적으로 학대와 강간을 당하는 장면을 미국의 여성들이 두 시간이나 앉아서 지켜보리라고 상상하기는 어렵다. 더욱이 보빗의 성기가 잘려나가는 장면을 미국의 남성들이 보고 싶어하리라 상상하기도 어렵다. 후에 존 웨인은 「존 웨인 보빗…… 언커트John Wayne Bobbitt…… Uncut」와 아마도 최고의 영화 제목이라 할 수 있을 「프랑켄페니스Prankenpenis」(맞다. 성교 도중 그의 성기가 떨어져 나간다)를 포함해 여러 포르노 영화에 출연했다.

보빗 사건은 전 국민의 웃음거리가 되었다. 한 남자는 불구가 될 뻔했고, 이야기는 섬뜩한 것 그 이상이다. 그렇다면 사람들은 왜 웃었을까? 수십 년간 숱한 영화와 TV에서는 기관총, 바주카포, 대포, 잠수함, 긴 칼, 날이 튀어나오는 칼, 곤봉, 도끼를 든 남자들이 등장했고, 이는 이러한 무기를 갖지 못한 상태에 대한 무의식적인 두려움과 관련하여 남성 시청자들을 안심시켰다. 그러나 보빗 사건은 이러한 은유적인 남근의 안도감을 단숨에 날려버리고, 현실, 즉 거세에 대해 전 국가적인 의식이 생겨나게 했다. 뭔가 두려운 존재가 있을 때는 두려움을 쫓아내기 위해 그것을 반드시 웃음거리로 만들어야 한다.(특히 남성의 경우.) 웃음이란 또한 극심한 위협이 있음에도 자신이 힘을 지니고 있음을 주장하는 것이기도 하다. 더욱이 물리적·은유적 거세는 여성이 가할 수 있는 가장 궁극적인 위협이다.

보빗에 관한 농담은 대개 행위 자체, 그리고 술에 취해 곯아떨어진 딱한 존 웨인 보빗이 자초한 일에 관한 내용이었다. 방송인 제이 리노, 데이비드 레터맨, 기사 작성자, 라디오 토크쇼의 진행자들은 본인과 더불어 미국 전역의 나머지 남자들이 보빗보다 우월하고, 따라서 그와 같은 운명을 결코 겪지 않는다는 점을 명확히 하기 위해 보빗에게 굴욕감을 안겨야 했다. 이러한 농담은 물론 카타르시스, 즉 거세의 고통을 웃음과 해방의 즐거움으로 승화하기 위한 것이었다. 하지만 동시에 농담은 모욕적이었고, 보빗은 거세를 상징하는 우습고 무력한 존재이며 그렇게 힘을 잃는다는 두려움에 맞서 남성들이 적극적으로 공격해야 한다는 사실이 강조되어야 했다. 여성운동으로 인해 남성들이 아무리 많은 것을 포기하거나 타협했다고 해도, 적어도 그들은 보빗 같지는 않았다. 보빗은 여자를 함부로 가지고 놀다가 영영 대가를 치르게 된 진정으로 딱한 자였다.

이 사건은 또한 페미니즘 투쟁의 도덕성에 관한 이야기가 되었다. 언론은 보빗 사건을 두 성이 현재 벌이고 있는 싸움에서의 극적 순간으로 과장되게 포장하려 했다. 더욱이 언론은 로레나가 여성에 대한 남성의 학대에 맞서 반격했다는 이유로 그녀를 모든 페미니스트의 영웅으로 추대하려 했다. 여성 인문학자 캐밀 파야는 여느 때와 다름없는 극적인 수사를 써서 로레나의 칼자루를 쥔 손을 두고 '경종' '혁명적 행위', 페미니즘을 위한 '보스턴 차 사건'이라고 칭했다. 전미여성연맹 버지니아 지부는 로레나 보빗 성금 전화를 개설했다. 대부분의 여성, 특히 페미니스트들이 거세당하다시피 한 존 웨인의 처지를 진정 축하했다면, 그것이야말로 페미니스트들이 복수심에 불타 남성을 혐오하는 메두사이며, 힘을 향한 여성들의 여정이 과도하게 멀리 갔음을 보여주는 증거가 아니겠는가?

많은 여성이 높이 산 점은 로레나의 재판, 그리고 강요된 항문 성교와 낙태를 비롯하여 자신이 당한 학대에 대한 그녀의 처참하고도 생생한 증언을 통해 가정폭력에 대한 인식이 제고되었다는 사실이다. 전미여성연맹의 부회장인 킴 갠디와 같은 페미니스트들은 일상에서 여성들이 연인이나 배우자에 의해 폭력을 당하거나 불구가 되거나 살해를 당함에도 그러한 사건이 뉴스가 되지 않던 반면, 한 남자가 성기를 잃자 온 나라가 떠들썩해졌다고 강조했다.[40] 일반 여성을 대상으로 실시한 조사에서 알 수 있듯이, 보빗 사건을 처음 접했을 때 적지 않은 여성이 "잘했다!"라는 반응을 보였다고 한다. 하지만 대부분의 페미니스트들은 거세 자체를 축하하지는 않았다. 그들은 학대당한 여성에게 공감하는 일과 그녀가 학대에 대응한 방식을 지지하는 일을 확실히 구분 지었다. 바버라 에런라이크는 『타임』에서 이렇게 말했다.

"나는 남성의 신체에 찬사를 보낸다. 그리고 비닐봉지를 들고 바닥에 나뒹굴고 있는 성기 조각을 찾으러 공터를 헤매고 다니기보다는 제자리에 붙어 있는 남성의 성기를 보기를 선호한다."**41**

그럼에도 언론이 에이미 피셔와 로레나 보빗을 조명한 방식을 되돌아보면, 두 사람 모두 페미니즘과 연관되었음을 알 수 있다. 피셔는 영화 「위험한 정사」에서 글렌 클로스가 연기한, 준準페미니즘적이며 악녀인 전문직 여성에 비유되었고, 보빗은 성희롱과 가정폭력에 대한 새로운 인식을 통해 조명되었다. 그러나 이 둘 중 어느 누구도 페미니즘적인 주장을 한 적이 없다. 두 사건 모두 충격적일 뿐만 아니라, 남성이 항상 우위에 있던 기존의 위계질서를 유지하는 일에 대해 근본적인 불안을 야기했기 때문에 어마어마한 관심을 받게 되었다.**42** 종전에는 남성들이 장악했던 여러 영역에 여성들이 계속해서 빠르게 진입하면서, 여성의 역할, 특히 여성의 섹슈얼리티에 대한 모순은 더욱 심화되었다. 이 두 멜로드라마로 인해 산출된 결론은 무엇이었을까? 바로 페미니즘이 통제 불가능할 정도로 과도해졌다는 것이다.

그렇기 때문에 피셔와 로레나를 전 국민의 비난의 눈초리 아래에 묶어두는 것만큼이나 조이 부타푸오코와 존 웨인 보빗을 조롱하는 것이 중요하다. 두 남성은 자기 여자는 다스리지 못하면서 몸과 외모를 꾸미는 데만 집착하는 남성의 상징이었기 때문이다.(보빗은 실제로 액션 배우 장 클로드 반 담의 이름으로 체육관에 등록했다.) 한 작가가 말했듯이, "보빗은 불운한 처지로 추락한 북미의 남성성의 상징이 되었다."**43** 보빗과 부타푸오코는 모두 여성의 폭력으로 인한 피해자이나, 그러한 폭력을 초래한 어리석은 짐승이기도 하다. 사람들은 무력해진 그들의 처지와 또 한편으로는 그러한 불운을 초래한 그들의 어리석은 남성성을 조롱함으로써, 정상적인 남성성이 여전히 여성 위에 군림할 수 있도록 이를 굳건히 해야 했다. 떠들썩했던 언론의 소동은 결국 여성의 섹슈얼리티, 여성의 분노 그리고 남성의 권위와 특권에 대한 여성의 위협을 절대적으로 다스려야 한다는, 도덕성에 관한 이야기였다. 소녀와 여성들이 어떠한 힘의 환상을 갖든, 그것은 몰아내서 울타리에 가두고 길들여야 할 대상이었다.

이러한 사건들과 교차하는 것은 빌 클린턴의 대통령 취임이었다.(나중에 가서야 우리는 이 사실의 역사적 아이러니를 깨닫게 된다.) 공무에서 현저한 두각을 나타내는 아내와 대통령이 직접 임명한 전례 없이 많은 수의 여성 내각 일원(대법원에 임명한 두 번째 여성 포함) 사이에서, 클린턴은 페미니즘이 연방 정부 내에 더 깊게 뿌리내리게 하려 했다. 그리고 어떤 여성도 남녀를 구별하는 일반적인 잣대를 재닛 리노에게도 적용해야 할지 말아야 할지에 대한 국가의 양면적인 태도를 알아채지 못했다. 빌 클린턴이 처음에 법무장관으로 임명해 망신거리가 되었던, 둘 다 불법으로 유모를 고용해 물의를 일으킨 바 있는 조 베어드나 킴바 우드와 달리, 자녀가 없었던 재닛 리노는 안심이었다. 마약 밀매범 및 기타 범죄자에게 엄격한 형을 내리기로 유명했던 마이애미의 주 검사 출신 리노를 두고 언론은 계속해서 '거침없이 말하는' '직설적인' '거친' '범죄 척결자'와 같은, 주로 남성에게 쓰는 수식을 붙였다.[44] 1993년 링컨의 생일 전날 임명된 리노는 "185센티미터의 키로 (…) 로즈 가든에서 대통령과 똑같은 눈높이로 섰다." 그녀는 부모가 맨손으로 지은 방갈로에서 여전히 살았다. 중앙 냉방시설도, 뜰 안의 공작도, 현관문 앞의 흔들의자도 없는 집이었다.[45] 그녀는 양심적이고 정직했으며 의문을 제기할 것이 전혀 없는 청렴한 공무원이자,[46] 에버글레이즈 습지에서 노를 젓고 다니는 '열정적인 야생의 여성'이었다.[47] 그녀는 링컨, 아니 '정직한 에이브Honest Abe■'처럼 보였다. 리노는 "저는 남자에게 무척이나 관심이 많은 그저 그런 노처녀예요"라는 말로 자신이 레즈비언이라는 항간의 의심을 떨쳐내야 했다.[48]

열흘도 되지 않아 『뉴스위크』는 리노가 사는 에버글레이즈의 집이 "『타바코 로드Tobacco Road』에서 갓 튀어나온 집 같다"면서, 그녀의 어머니가 "미카수키 인디언의 명예 공주 출신으로 악어 씨름꾼이었다"라고 보도했다. 또 『이코노미스트The Economist』는 "그녀는 나이 54살에 신장 185센티미터인, 파이프를 피우는 노처녀로, 악어 씨름꾼으로 유명하며 역시나 용맹한 여성인 그녀의 어머니가 통나무와 돌로 만든 집에 산다"라고 설명하면서, 그녀를 '치마 입은 포파이' 같은 존재로 만들었다.

게다가 『피플』에서는 리노를 도그패치에 사는 릴 애브너Li'l Abner■■ 라 설명했다. 기사에 따르면, 리노의 어린 조카가 돼지에게 먹이를 주려 했는데, 돼지가 조카의 옷자락을 잡았다. 그러자 리노가 달려 나와 돼지의 두 눈 사이를 주먹으로 가격했다고 한다.

■ 에이브러햄 링컨 대통령의 애칭
■■ 미국 시골을 배경으로 한 동명의 연재만화의 등장인물

또 그녀는 미카수키 인디언들과 함께 악어 씨름을 벌이고 가족 모임인 '동 에버글레이즈 야생돼지 사냥 및 극 협회'를 관장했다고 알려졌다.**49** 6월 말, 내셔널프레스클럽National Press Club을 대상으로 한 연설에서 그녀는 이렇듯 언론이 자신을 '습지에서 온 여성'으로 신화화하는 행태에 대해 한탄했다.**50**

리노는 1993년 3월 11일에 상원의 비준을 받았다. 그리고 한 달 만에, 텍사스 와코에 위치한 종교집단인 다윗파의 본거지에 대한 급습을 허가했다. 본인을 구세주라 칭한 33살의 데이비드 코레시는 19명의 아내를 포함한 자신의 추종자들과 함께 은둔해 있었다. 그는 와코의 본거지에서 들려오는 총소리 때문에 인근 주민의 항의가 있은 후, 무기 소지죄로 수배가 내려진 상태였다.**51** 심지어 리노가 비준을 받기 전인 2월 28일에는 알코올·담배·총기국ATF: Bureau of Alcohol, Tobacco, and Firearms 대원 100명 이상이 현장을 불시에 급습했다. 그러나 급습은 전혀 소용이 없었다. 누군가가 예정된 급습을 다윗파에 은밀히 알렸고, 총기로 중무장한 다윗파 일원이 반격을 가해 네 명의 대원을 사살하고 나머지 일원을 다치게 했다. 45분 뒤 ATF 대원들이 현장에서 철수하면서 대치 상태가 시작되었다. 이어 협상이 이루어졌다. 코레시는 아이들 일부를 풀어주었고, 항복하기로 했지만 약속을 지키지 않았다. 연방 대원들은 본거지의 전기 공급을 차단했으나, 교착 상태는 계속되었다. 3월 말, 연방 대원들은 다윗파 일원에게 치과용 드릴 소리와 토끼 도살 소리로 공격을 퍼부었다.**52**(그런 음향 효과는 도대체 어디서 구했을까?) 그러나 그마저 효과가 없자 낸시 시나트라의 노래 「These

Boots are Made for Walking」, 티베트 수도승들이 읊조리는 성가, 미치 밀러의 「Sing-Along-with-Mitch-Miller Christmas」 음반을 귀가 찢어지도록 틀었다. 그중 단연 최고는 미치 밀러의 음반으로, 이 음반이라면 아무리 단호한 집단이라도 대부분 굴복시켰을 것이다.(그러나 앨버커키 경찰서의 심리학자 피터 디 바스토는 『뉴욕타임스』에서 "배리 매닐로의 음악을 틀었다면, 과도한 폭력 행사에 해당했을 것"이라고 말했다.)[53]

그러자 열렬한 아동 옹호론자인 리노가 나섰다. 그녀는 ATF와 FBI로부터 17명의 아이가 의지와는 상관없이 안전하지 않은 장소에 갇혀 있거나 학대당하고 있다는 사실을 전해 들었다. FBI는 본거지 건물 벽에 구멍을 뚫어 최루가스를 투입해 다윗파 일원이 밖으로 나오게 하자고 제안했다. 리노는 계획을 승인했다. 그러나 4월 19일, 공격이 있은 지 얼마 안 있어 다윗파의 본거지가 불길에 휩싸여 무너졌다. FBI의 주장대로라면 그것은 대규모 자살 사태였다. 이 사건으로 20명 이상의 아이들을 비롯해 86명이 사망했다. 엄청난 재난이었다.

99.7퍼센트의 미국 정치인들과 달리, 리노는 현장 급습 작전이 '명백한 잘못'이었음을 즉각 시인했다. 뿐만 아니라 "제게 책임이 있습니다. 모든 책임을 지겠습니다"라고 덧붙였다. 충격을 받은 것이 역력했던 그녀는 언론을 피하거나 아무도 모르는 곳으로 숨어들지 않았다. 그녀는 CNN과 「나이트라인Nightline」에 출연해 테드 코펠에게 "그 사건은 현 시대의 최악의 비극 중 하나"라고 말했다. 그리고 전국 방송에서 사임하겠다는 뜻을 밝혔다. 로라 블루멘펠

드는 『워싱턴포스트』에 다음과 같이 썼다.

"지금까지 전혀 보지 못했던 새로운 새가 사법부에 둥지를 틀었음이 확실하다. 상황이 잘못되었을 때 눈 가리고 아웅 하기 바쁜 정치인들을 익히 봐온 사람들에게는 법무장관의 공정성이 신선함으로 다가올 수 있다."[54]

재닛 리노는 곧바로 국가적인 영웅이 되었다. 『USA 투데이』에 의하면, 다윗파 본거지에 대한 공격이 있었던 바로 다음 날, 2000명 이상의 사람이 법무부에 전화를 걸었고 걸려온 전화의 80퍼센트가 법무장관을 지지하는 내용이었다고 한다.[55] 국민 대상 여론조사 역시 이러한 보고를 뒷받침했다. 이틀 후 리노가 국회에 모습을 드러내자 사우스캐롤라이나의 상원의원 프리츠 홀링스는 그녀를 향해 "당신의 행동은 훌륭했습니다. 그 점에 대해서 인정합니다"라고 말했다. 이러한 반응은 양당 모두에서 나왔다. 심지어 공화당원들조차 그녀를 추궁하려 들지 않았다.[56] 몇 달 후, 리노의 지지율은 대통령의 지지율을 넘어섰고, 그녀는 『타임』의 표지를 장식하고 『배너티 페어Vanity Fair』에 기사가 실렸을 뿐만 아니라, 『글래머Glamour』에서 '올해의 여성'으로, 『피플』의 '가장 흥미로운 25인' 중 한 사람으로 선정되었다. 그녀는 또한 빌 클린턴 대통령의 두 번의 임기 내내 내각의 자리를 지킨 몇 안 되는 사람 중 하나이기도 했다.

그런데도 밤 시간대의 토크쇼에서는 그녀에 관한 농담이 어김없이 등장했다. 「데이비드 레터맨 쇼The Late Show With David Latterman」의 시사 퀴즈 코너에서는 시청자들에게 거대한 크리스마스트리 사진을 보여주면서 '높이가 560센티미터이고 현재 백악관에서 볼 수 있는 것은?'이라는 질문을 냈다. 정답은 무엇일까? 바로 재닛 리노다. 혹은 레터맨이 꼽은 가장 위험한 어린이용 장난감 10위 중 높은 순위를 차지한 것은 무엇일까? 그건 바로 '로켐 소켐 재닛 리노Rock'em Sock'em Janet Reno■'다. 또 다른 농담에서는 선거 자금 조성을 수사하기 위한 특별검사를 임명하지 않은 리노의 결정에 대해 언급하려다가 '리노가 무엇을 하지 않기로 결정했을 때 클린턴이 안심했을까?'라는 질문을 던졌다. 답은 '겨우살이나무 아래로 그를 끌고 가는 것■■'이었다.

또 코미디언 제이 레노는 뉴욕에서 클린턴 가족이 크리스마스 쇼핑을 한 일화를 이야기하면서 클린턴이 풋 락커Foot Locker에서 치수 13EE의 운동화를 샀음을 지적했다. 그는 "이번 크리스마스에 재닛 리노가 뭘 선물로 받을지 알겠네요"라고 빈정거리며 덧붙였다. 또 특별검사를 임명하지 않은 리노의 결정에 대한 농담에서 그는 "이번 결정이야말로 삼각팬티냐 사각팬티냐 이래 재닛 리노가 내린 가장 힘든 결정이었다"라고 말했다. 농담은 끊임없이 이어졌다. 「새터데이 나이트 라이브Saturday Night Live」의 '재닛 리노의 댄스파티'라는 코너에서 윌 페렐은 미국 최초의 여성 법무장관을 남자에게 몸을 내던지고 합성 헤로인을 먹고 로봇처럼 춤을 추는, 애정 결핍에 걸린 애처로운 괴짜로 묘사했다. 거인 같은 덩치에 남

■ 1990년대에 완구회사 마텔이 만들었던 '로켐 소켐 로보츠Rock'em Sock'em Robots'라는 로봇 싸움 게임이 있다.
■■ 크리스마스에는 겨우살이나무 장식 아래 서 있는 이성에게 키스를 해도 된다는 관습이 있다.

자 같고 사랑받지 못하는 괴짜로.

심지어 뉴스 매체 역시 개그에 동참했다. 『위클리 월드뉴스 Weekly World News』에서 처음 시작된 이야기에 기초하여 CNN, 『타임』『보스턴글로브The Boston Globe』와 그 밖의 매체들은 한 조사에서 일본인 남성의 78퍼센트가 조난 사고로 무인도에 갇히게 된다면 다른 어떤 여자보다도 재닛 리노와 함께이기를 희망했다고 보도했다. 이것이 의미하는 바는 무엇일까? 미국인들의 눈에 일본 남성들은 진짜 남자가 아니다. 즉, 리노만큼이나 괴짜이고 섹스에 관심이 없다. 이들은 패션 사진작가 가즈타카 이토스가 『위클리 월드뉴스』에서 재닛 리노를 두고 '아름다움의 비전이며 이 세상에서 가장 섹시한 여성'이라고 칭한 것만큼이나 '괴짜'인 것이다.

내 발언은 위험할 수도 있다. 하지만 내 추측에 이번 일 이전에는 뉴스 기관들이 흑백의 타블로이드를 출처로 인용한 적이 한 번도 없었다. 그러나 로스 페로가 외계인과 악수하고 있는 사진과 같은, 유명인에 관한 『위클리 월드뉴스』의 다른 보도들과 달리, 주류 언론은 이 괴상한 자료를 묵살하지 않았다. 이 기사가 실린 웹사이트에서는 끈이 없는 검은색 가죽 수영복을 입고 골반 춤을 추는 여성의 몸에 리노의 얼굴이 합성되어 있었다. 관련된 이야기에서는 클린턴의 직원들이 리노를 '화성인'이라고 불렀다는 『뉴요커New Yorker』의 1998년 기사가 언급되었다.

그렇다면 리노는 왜 이 모든 농담의 대상이 되었을까? 특히 중년 남성이 진행하는 토크쇼에서 왜 유독 농담거리가 되었을까? 리노에 대한 조롱이 왜 그렇게 규칙적이고 의례적이며 카타르시스적인 성격을 띠게 되었을까?

재닛 리노는 여성들이 써야 하는 여성성의 가면을 거부했다. 그 이유는 빌 클린턴이 그의 대표적 구호인 '저는 당신의 고통을 함께 느낍니다I feel your pain'라는 말로써 그녀보다 여성성의 가면을 더 잘 썼기 때문이다. 이는 매우 위협적이었다. 리노는 도자기 같은 피부, 풍성한 머리칼, 매끈한 엉덩이, 풍만한 가슴, 두툼한 입술로 대표되는 에스티로더의 전형적인 미와는 거리가 멀었다. 반면 미국 최초의 여성 국무장관이었던 매들린 올브라이트는 그러한 미의 기준에 부합했고, 따라서 「데이비드 레터맨 쇼」의 단골 농담거리가 되지 않았다. 소문에 의하면, 올브라이트는 제시 헬름스▪를 다스리는 방법을 알았다고 한다.(이를 위해서는 다량의 위장약과 신경안정제가 필요했을 것이다.)

그러나 리노가 진정으로 동요를 일으킨 지점은 그녀가 특히 미국의 소비자 문화에서 여성들이 여성성을 발현하기 위해 행해야 하는 모든 행동을 거부했다는 점이다. 이 비겁한 미국의 소비자 문화에서는 여성들이 여성성 발현을 위해 온갖 제품에 수십억 달러를 소비한다. 몇몇 경우를 제외하고, 1990년대 초 미국의 여성 유명인들은 배우, 모델, TV 프로그램 진행자, 미용 관련 보도를 일부 다루는 뉴스 진행자 등 대부분 연예 산업에 속해 있었다. 이들은 똑똑하고 재능이 있을지도 모른다. 하지만 이들이 속한 업계는 여성을 바라봐야 하는 어떤 대상으로 계속해서 지칭한다. 여

▪ 미국 의회 내 대표적 보수 강경파

성은 또한 공감대를 형성할 줄 알아야 하고, 사람들을 편안하게 해줄 줄 알아야 한다. 심지어 적당히 웃음과 공감대를 형성하면서도 곤란한 질문으로 사람들을 곤혹스럽게 하는 오프라 윈프리나 케이티 커릭 같은 여성들도 '여성적인' 인물로 간주된다. 하지만 리노는 아니다.

리노는 타인이 자신의 외모에 대해 어떻게 생각할지를 신경 쓸 필요가 없다고 생각했음이 분명하다. 적절한 옷을 입고 적절한 머리 모양을 하고 사람들을 편안하게 해줌으로써 손쉽게 얻을 수 있는 일종의 승인은 그녀와는 무관한 것처럼 보였다. 그리고 그 점이야말로 사람들을 극도로 불편하게 만들었다. 그녀가 여성이며 그것도 이성애자 여성임에도 외모에 신경을 쓰지 않았다는 사실은 더욱 우려를 낳았다. 복장과 머리 모양에 신경을 쓰지 않는 남성은 괜찮다. 빌 클린턴의 첫 번째 국무장관이자 늘 뚱한 표정의 워런 크리스토퍼는 여자들에게 호감형인 남자가 국가적인 농담거리가 되지 않았다.

1992년이 '여성의 해'로 선포되었음에도, 혹은 아마도 그렇기 때문에, 각 성의 역할 실행, 즉 미국 문화 속에 깊이 뿌리내린, 일상에서 우리가 스스로를 남성 또는 여성이라고 나타내기 위해 단호하게 의무적으로 행해야 하는 것들이 폭력적인 여성들과 재닛 리노의 등장 이후 위협에 처한 것처럼 보였다. 아주 사소한 것, 이를테면 여자들이 서로에게 어떻게 인사해야 하는지, 남자에게는 어떻게 인사해야 하는지, 그리고 우리 몸을 어떻게 가누고 손을 어떻게 사용해야 하는지, 어떻게 말해야 하는지, 어떤 옷과 장신구를 착용하고 어떤 머리 모양과 화장을 해야 하는지 등에서부터, 이성애자 남성 및 여성이 자신은 하나의 성에 속하고 그 나머지 성에는 속하지 않는다는 사실을 계속해서 인식시키는 일이 매우 익숙한 습관처럼 되었다. 우리가 말하고 행동하는 모든 것이 우리의 성을 알리고 또 알린다는 주장은 매우 확고하다. 이 일련의 말과 행동들은 시시각각 축적되어 전체를 완성한다.[57]

이러한 잣대에 비추어볼 때, 리노는 명료성의 위기를 초래했다.[58] 그녀가 섹스에 관심이 없을까? 그녀가 정말로 여자일까? 그렇다. 그녀는 치마를 입고 입술에 립스틱까지 발랐다. 하지만 그것은 최소한의 의무에 의한 것이었다. 그녀는 좀처럼 미소를 짓는 법이 없었고, 심지어 빌 클린턴이 상대방과 더 가까워지려는 의도로 머리를 숙일 때도 그녀는 결코 머리를 숙이지 않았다. 사실상 그녀는 일상에서 여성들이 스스로를 타인에게 나타내기 위해 습득하는 몸짓 언어를 전혀 갖고 있지 않았다. 그녀의 목소리는 저음에 종종 단조로운 어조였고, 여성들이 흥미, 놀라움, 취약성을 전달하기 위해 대개 사용하는 더 높은 음색을 사용하지 않았다. 그녀는 여러 가지 죄를 지었다. 중성적인 모습을 하고 자신의 성을 표현하는 데 전혀 신경 쓰지 않았으며, 공적인 자리에서의 처세에 관한 모든 규칙을 따르기를 거부했다. 또 누군가의 환심을 사려 하지 않았고, 타인과 어울려야 한다는 압박을 느끼지 못하는 것처럼 보였다. 『워싱턴포스트』의 리자 먼디는 "리노는 대화의 측면에서 남에게 도움을 줘야 할 필요를 느끼지 않는다"라고 말했다. 어떻게 그녀는 우리와 달리, 남과 잘 어울려야 성공한다는 사실에 대한 심적 불안을 떨쳐낼 수 있었을까?

리노에 관한 농담은 대개 정치적 유머를 가장했다. 하지만 농담은 정치에 관한 내용이 전혀 아니었다. 농담은 대부분의 여성이 어느 날 부스스한 모습으로 잠자리에서 일어나자마자 거울에 얼굴을 비춰 보고는 "괜찮아, 이 정도면 됐어"라고 만족해할 경우 어떠한 상황이 벌어질지를 단적으로 보여주는, 한 여성에 대한 상당한 불편함과 불안의 분출이었다. 리노가 레브론, 잡지 『글래머』, 오일 오브 올레이,■ 빅토리아 시크릿을 거부하고 남성에게 공손하거나 잘 보이려는 태도를 거부하고도 직업적으로 성공을 거둘 수 있었는데도 다른 여성들은 왜 그녀의 선례를 따르지 않는 것일까? 리노는 성별이 생물학에 기초한 것이 아니라 임의적인 문화적 구성물이라고 지속적으로 상기시키는 존재였다. 여성이 계속해서 여성성을 실천해야 한다는 강경한 주장은 우리 모두가 남녀로 구분되는 각자의 성별을 나타내고 알리기를 멈춘다면 현재 우리가 알고 있는 모습의 이 세상이 붕괴될 것임을 시사한다.[59] 고의적이거나 반항적인 의도에서가 아니라 단지 사람 자체의 특성으로 인해 가부장제와 소비 지상주의의 토대에 도전을 가한 이 여성은 특히 남성들을 불안 초조한 상태에 빠뜨렸다. 어깨에 패드를 넣은 정장을 입고 미스터 마구Mr. Magoo■■ 안경을 쓴 리노의 모습에서 보듯, 서로 상반되는 남녀라는 성별 중 어느 것에도 속하지 않는 존재가 가능하기나 했을까? 그녀는 길들여질 필요가 있었다.

■ 화장품 브랜드 이름. 현재는 올레이Olay로 바뀌었다.
■■ 두꺼운 안경을 쓴 만화 캐릭터

그리하여 미디어 속 농담들은 그녀를 세 가지 기본적인 방식으로 길들이려 했다. 물론 첫 번째는 그녀가 여느 남자보다도 더 남성스럽고 보통 여자와는 완전히 거리가 멀기 때문에 웃음과 조롱의 대상이 된다고 암시하는 것이었다. 두 번째는 속옷 같은 상의를 입은 그녀의 웹 이미지를 만들거나 「투나이트 쇼The Tonigt Show」에서 볼 수 있듯이 그녀의 얼굴에 TV에 나오는 여전사 제나의 몸을 합성하는 등 그녀를 비하하고 성적 대상화함으로써 그녀가 지닌 힘을 약화하는 것이었다. 그러한 이미지들은 그녀가 섹시하지 않다는 사실을 조롱하는 동시에, 그녀의 부정에도 불구하고 그녀가 사실은 레즈비언이라는 암시를 주었다. 그리고 어떤 여성이든지 그녀의 몸으로 전락하여 비하되고 대상화될 수 있다는 점을 여성들에게 상기시켰다.[60] 그리고 세 번째는 윌 페렐의 방식인데, 그녀가 단순히 여성성을 거부한 결과, 비참하리만치 외롭고 사랑과 섹스에 목말라 있다는 환상을 심어주는 것이었다. 우리 문화속에서 복장, 머리 모양, 목소리 높낮이 등을 통해 성별의 차이를 나타내는 관행이 상당히 반복되기 때문에 성별의 차이가 간과될수 없는 것처럼, 리노에 관한 농담을 반복적으로 함으로써 그녀가 성별의 경계에 가한 도전을 계속적으로 묵살하는 것 역시 중요해 보였다.

재닛 리노를 1990년대 여성의 성공을 보여주는 한 예로 두고 슈퍼모델 신디 크로퍼드를 그와는 거의 정반대의 영역에서 여성의 성공을 보여주는 다른 예로 볼 때, 대중매체가 이 둘 중 어느 여성이 선망의 대상이 되고 어느 여성이 그렇지 못한지를 미국인들에게 어떻게 상기시켰는지 알 수 있다. 그렇다. 리노는 8년간 재직했다. 그리고 그녀의 결정과 행동에 상당한 비판도 있었지만, 많은 사람이 그녀를 존경했다. 하지만 대중매체는 누가 거액의 계약, 텔레비전 쇼 출연, 남성들의 흠모에 찬 시선, 여성들의 부러움으로써 보상을 받게 되고 누가 그렇지 못한지를 확실하게 보여주었다. 대중매체는 누가 웃음거리가 되고 누가 웃음거리가 되지 않는지를 확실하게 보여주었다. 동시대의 여성성의 가면을 쓰지 않으려는 여성은 그에 대한 대가를 치러야 했다. 그 대가는 외면이었다. 이는 우리 대부분에게도 적용되는 교훈이다.[61]

1990년대 초는 우리가 훗날 진화된 성차별이라고 이름 붙인 새로운 상식이 간헐적으로 모습을 드러낸 시기였다. 에이미 피셔의 존재에도 불구하고, 당시 소녀들은 오늘날과 같은 방식으로 성적 대상이 되지 않았다. 페미니즘을 내세운 TV 쇼와 서적이 여전히 팔려나갔고, 심지어 페미니즘은 정계에도 영향을 미쳤다. 『맥심』은 존재하지 않았고, 섹시하지만 아둔한 여자들이 남자 하나를 두고 싸움을 벌이는 리얼리티 TV 프로그램도 아직 등장하지 않았다. 그럼에도 새로운 이데올로기적 이해가 강력한 힘을 갖기 위해서는 해당 이데올로기가 대처해야 하는 위협을 종종 식별하고 그로부터 보호와 도피를 제공할 필요가 있었다. 우연적으로 또한 무의식적으로, 대중매체가 이 일을 하기 시작했다. 이들은 10대 일탈 소녀에게 강박적으로 집착하고 재닛 리노를 하찮은 인물로 전락시켰다. 진화된 성차별이 대부분의 여성, 특히 여학생과 젊은

'롱아일랜드의 롤리타'라는 별명이 붙은 10대 소녀 에이미 피셔는 36세인 애인의 아내를 살해하려고 시도해 온 나라를 충격에 빠뜨렸다. 그녀는 「커런트 어페어」에 모습을 드러내 이렇게 말했다.
"난 거칠어요. 아무것도 신경 쓰지 않아요. 난 섹스를 좋아해요."
이것이 바로 걸 파워인 걸까? 소녀들이 정말로 미쳐버린 걸까?(Associated Press/Mike Albans)

재닛 리노는 미국 문화의 여성성의 가식을 거부했다. 그로 인해 많은 사람, 특히 늦은 밤에 코미디 쇼를 진행하는 자들이 그녀를 주제로 한 농담을 끊임없이 만들어냈다.(Associated Press/Joe Marquette)

여성들에게 페미니즘이 불필요하고 그들과 무관하며 지독한 것임을 확신시키기 위해, 대중매체는 페미니즘의 발흥이 멈추지 않을 경우 어떤 일이 벌어질지를 확실하게 보여주어야 했다. 대중매체는 페미니즘이 더 멀리 갈 경우, 소녀와 젊은 여성들이 괴물, 조롱거리, 사랑받지 못하는 괴짜가 될 것임을 확실히 각인시켰다. 이러한 종류의 페미니즘, 다시 말해 여성성을 무조건 거부하는 페미니즘은 배척할 필요가 있었다. 진화된 성차별이라는 발판 위에 선 이 중요한 메시지는 최근 들어 널리 확산되었다.

이에 따라 대중매체는 재닛 리노, 매들린 올브라이트, 도나 샐레일라, 샌드라 데이 오코너, 루스 베이더 긴즈버그, 힐러리 클린턴 등과 같은 몇몇 여성은 힘을 가질 수 있으나, 이는 여성성을 드러내고 실천하는 기존의 질서를 위협하지 않는 선에서만 허용된다는 강령을 널리 전했다. 이에 더해 대중매체는 10대 소녀의 섹슈얼리티를 이용하는 동시에 그에 대해 훈계하는 데 그 어느 때보다도 많은 관심을 보였다.(이를 위선적인 착취라 부를 생각은 전혀 없다.) 그렇다면 우리가 여성의 힘과 섹슈얼리티에 관한 이러한 모순적인 포고령들을 성실히 받아들인다면 어떻게 될까? 그것은 대중문화가 해결해야 할 또 다른 과제였다.

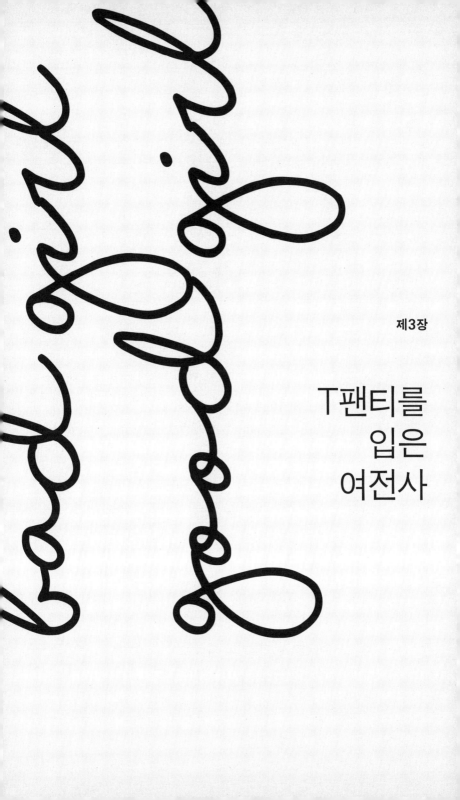

제3장

T팬티를
입은
여전사

그렇다면 신장 185센티미터에 몸을 사리지 않으며 악어와 씨름을 벌이고 입가에 미소가 전혀 없는 범죄 척결자 재닛 리노와 마치 조각상처럼 아름다우며 풍성한 머리칼을 가진 슈퍼모델 신디 크로퍼드를 합치면 과연 어떤 모습일까? 한 가지 떠오르는 이상적인 모습은 바로 「제나」다. 그리고 좀 더 어린 부잣집 딸 같은 모습을 원한다면 「뱀파이어 해결사」가 있다. 『뉴욕타임스』는 "악당을 무찔러줘서 고마워요, 숙녀분"이라고 감사했고, 『TV 가이드』는 "용맹한 여성들이 대중문화를 습격했다"라고 선언했다. 라라 크로프트, 버피, 파워퍼프걸, 미녀 삼총사 등 능숙하게 주먹을 날리고 발길질을 해대는 여주인공들을 언급하면서 기사는 다음과 같이 이어졌다.

"그들은 신체적으로 민첩하고 감정적으로도 회복력이 뛰어날 뿐만 아니라, 외모를 꾸미는 데도 능하다."[1]

이들은 여리고 감상적인 신데렐라 유형이 아니다. 이 아리따운 여성들은 남자를 황홀경에 빠지게 할 뿐만 아니라, 함부로 대하는 남자들의 엉덩이를 걷어찰 수도 있다.

「제나」와 「뱀파이어 해결사」는 1990년대 중후반에 큰 인기를 끌었다. 부분적으로 그 이유는 여성의 성공을 상징하면서도 서로 양극단에 있는 리노와 크로퍼드라는 두 인물 사이를 방황하던 많은 소녀와 여성들에게 호소력을 발휘했기 때문이다. 리노는 강단을 갖고 성취를 이루는 것이 중요하며 여성스러움은 빌어먹을 것이라고 단언했고, 크로퍼드는 날씬하고 아름다우며 가슴이 풍만한 것이 더 중요하다고 단언했다. 두 인물은 여성의 성취를 위한 답안이 변화하고 있지만, 그 본질은 과거와 여전히 동일하다는 점을 보여주었다. 그렇다면 이러한 긴장의 해결책은 무엇일까? 해결책은 아마도 가장 만족스럽겠지만 비현실적인 힘의 환상일 것이다. 즉, 무술을 하는 젊고 아리따운 영웅, 끈 팬티를 입은 여전사다. 이러한 인물들은 자신이 목적한 바를 이루고 강한 힘을 지녔으나, 늘 날씬하고 아름다웠다. 진화된 성차별의 좀 더 시대 역행적인 덩굴이 「베벌리힐스 아이들」(소녀들이 쇼핑과 남자애들에 의해 규정됨), 「멜로즈 플레이스」(권력을 추구하는 여성은 치명적인 악녀임), 또는 타블로이드 신문의 섹스 스캔들(젊고 섹시한 매춘부 여성은 특히 남성에게 심각한 문제를 초래함)에서 싹트기 시작했다면, 그보다 더 진보적인 반응, 즉 소녀들의 힘을 완벽하게 은유적으로 표현한 반응이 바로 여전사였다.

당시보다 더 과거의 할리우드 영화와 TV 프로그램에서 여성들이 주로 시선의 대상이었던 반면, 남성들은 행위를 통해 서사를 이끌어나갔다. 하지만 1995년에 「제나」가 첫 방영된 후 10년 동안, 새로운 유형의 여주인공, 예를 들면 섹시하고 자기주장이 강하며 무력을 쓸 줄 알 뿐만 아니라 악으로부터 세상을 구하는 임무를 부여받은 여성들이 등장하게 되었다. 오직 그녀, 여성만이 그 임무를 수행할 수 있었다. 「제나」와 「뱀파이어 해결사」 외에도 「니키타La Femme Nikita」 「다크 에인절Dark Angel」 「에일리어스Alias」가 TV에서 방영되었고, 영화 「와호장룡Crouching Tiger, Hidden Dragon」 「매트릭스The Matrix」 「미녀 삼총사」가 크게 흥행했으며, 「툼 레이더Lara Croft: Tomb Raider」 영화 및 비디오 게임 역시 큰 인기를 끌었다. 이 모든 영화와 게임에서는 곡예를 하듯 몸을 날려 남자들의 이를 날려버리는 멋진 여성들이 등장했다. 대부분의 여주인공은 어떤 남성으로부터도 도움을 필요로 하지 않았고, 남성에 의해 규정되지도 않았다. 이들은 희생자가 아니었을 뿐만 아니라, 남성을 비롯한 타인을 구해야 하는 운명이었다. 달리 말하면, 과거의 성별 위계질서가 완전히 뒤집어졌다는 얘기다. 이들은 여성이라면 온순하고 수동적이며 타인에게 공손해야 한다는 고정관념을 깨고, 그 대신 한때 제임스 본드, 람보, 성룡, 척 노리스Chuck Norris 같은 인물들의 전유물이었던 남성의 특권을 갖게 되었다.2 백병전과 같이 과거에는 여성들에게 금기시되었던 능력과 기술을 통해 아리따운 여전사들은 즉각 영웅이 되었다.

이 여성들 대부분은 신체적으로만 가공할 만한 힘을 지닌 것이 아니었다. 언어적으로도 거칠어, 빈정대는 투로 받아치거나 남을 깔아뭉개는 언행에 능했다. 이는 단순히 볼썽사나운 말싸움이 아니라 거친 언어적 겨루기였다. 게다가 기세등등한 자신감과 틀림없는 정확함으로, 과거 남성의 전유물이었던 칼, 몽둥이, 창, 총과 같은 다양한 남근의 상징을 휘둘렀다. 특히 여성과 어린이를 먹잇감으로 삼는 남성들을 겨냥하여, 여성이 전형적으로 희생되는 형세를 역전시켰다. "테스토스테론은 훌륭한 동점골을 내주지. 모든 남자를 바보 천치로 만들거든"이라는 버피의 남자 '후견인'의 대사처럼, 남성에 대한 비난 역시 종종 필요했다. 시대에 뒤떨어진 성 역할에 사로잡힌 건 여성들만이 아니었다. 남성들 역시 마찬가지였다.

또 이 여성들은 단순히 남성을 능가하는 것이 아니라, 가장 우세한 형태의 남성성을 지녔다. 이를테면 극도로 공격적인 모습을 보였고, 총, 헬리콥터, 탱크, 또는 살인이나 인명 구조를 가능하게 하는 기타 도구를 능숙하게 다루었으며, 사람을 손쉽게 죽이고 고문을 거뜬히 견뎌냈다. 게다가 와일 E. 코요테나 브루스 윌리스처럼, 무차별적인 공격을 받은 후에도 몸이 거의 즉각적으로 회복되었다. 개중에는 맥스, 알렉스, 니키타, 시드니와 같이 중성적이거나 남성적인 이름을 가진 여성도 있었다. 이들은 또 단순히 강한 힘으로 싸우는 것을 넘어서서, 언제 어떤 동작을 사용할지를 순식간에 간파하여 똑똑하게 싸울 줄 알았다. 어떤 남성보다도 거칠고 위험하며 어떤 여성보다도 아름답고 과감한 노출을 한, T 팬티를 입은 여전사들은 라이엇 걸의 분노와 『코즈모폴리턴』의 몸의 정치학 사이의 환상적인 조화 속에서 페미니즘과 여성성을 융

합했다. 이는 소녀들의 힘이 아니라 소녀들의 우월성이었다. 그러나 동시에, 대부분의 여전사들에게 이 우월성은 부담이었다. 몇몇 여전사는 의지와는 무관하게 영웅이 되어야 했다. 특히 여자의 몸으로 우두머리가 되려면 상당히 현실적인 대가를 개인적으로 치러야 했다.3 덧붙여 한두 경우를 제외하고, 우두머리는 모두 백인이었다.

한편, 여전사들의 등장과 거의 동시에, 이 강한 인물들이 페미니즘의 본보기인가 아니면 훤히 드러난 살갗을 내보이면서 패션 잡지가 규정하는 매우 협소한 미의 기준에 부합하므로 시대 역행적인가라는 논쟁이 시작되었다. T팬티를 입은 여전사들에게 페미니즘적인 요소와 반페미니즘적인 요소가 모두 있다는 점은 분명했다. 그러나 그보다 더 흥미로운 질문은 왜 이 밀레니엄의 시기에 우리 문화 속에서 강하고 괴물 같은 남성을 물리쳐야 하는 운명을 짊어진, 짧은 치마 차림으로 힘겨루기를 하는 무수한 여전사들이 탄생했는가다. 더구나 그러한 TV 프로그램과 영화는 무척이나 폭력적이었다. 여성들은 갈등 해결의 방법으로서 폭력을 어떻게 생각했을까? 잔인한 폭력이라도 아름다운 여성에 의해 행사되면 반대할 여지가 덜한 것일까?

우리가 아는 한, 어떤 방송국의 간부도 "자, 재닛 리노와 신디 크로퍼드를 하나로 엮어서 어떤 결과물이 나올지 한번 보자. 그리고 그 결과물이 상품이 될지 확인해보자"라고 말하지 않았다.(하지만 업계 관계자들이 마티니 몇 잔을 마시고 어떤 결과물을 만들어낼지는 아무도 모를 일이다. 낮에는 뉴욕대학의 동물행동학 교수인 한 남자가 밤에는 사나운 고양이 또는 멧돼지로 변신해 범죄를 소탕하는 내용의 시리즈물 「매니멀Manimal」을 떠올려보자.) 또 텔레비전 프로그램의 남성 제작자들이 『내 딸이 여자가 될 때』(사춘기 소녀들의 자존감 상실과 그들에 대한 대중매체의 적대적인 환경에 관한 책으로, 무려 154주 동안 『뉴욕타임스』 베스트셀러 목록에 있었음)의 대대적인 매출이나 '그날 밤을 되찾자' 행진의 확산을 목격하고서 바에 둘러앉아 "자신들이 희생자가 되는 현실에 격분하는 여자들을 위한 프로그램을 만들어보자"라고 의기투합하지는 않는다.

하지만 부분적으로 그러한 경우도 있다. 「뱀파이어 해결사」의 남성 각본가이자 본인이 페미니스트라고 밝힌 조스 휘던은 잔인한 공포 영화에서 어김없이 희생자가 되는 여성들에게 미안한 마음이 들기 시작했다고 말했다.

"여성 희생자들에게 안타까운 마음이 들었죠. 그래서 이제 여성들이 반격을 가할 때가 되었다고 생각했어요."4

그리고 WB 방송국의 경영진이자 두 딸의 아버지이며 본래 영화였던 「뱀파이어 해결사」를 TV 드라마화하는 데 일조한 조던 레빈은 실제로 『내 딸이 여자가 될 때』를 읽고 기필코 '강한 힘을 지닌 똑똑한' 여성을 황금시간대에 등장시키리라 다짐했다고 한다.5 실제로 TV 프로그램 제작자들은 여성과 관련된 이러한 우려와 욕구를 활용하여, 이들 사안에 직면하고 해결책을 모색하는 방식으로 프로그램을 포장하여 성공을 거두었다. 그리고 1990년대의 많은 여성과 페미니스트의 관심사는 1970년대와는 달랐다. 1970년대 당시 여성들은 여성을 사회적 약자로 만드는 교육, 일자리, 법 체계에서의 명백한 차별에 맞서 싸웠다. 그리고 그렇게 투쟁한 결과, 불완전하긴 하지만 직업을 가질 권리, 출산 여부를 선택할 권리, 평등한 직장에서 평등한 봉급을 받을 권리 등을 얻었다.

이렇게 어느 정도의 성과를 이룬 상태에서, 1990년대 초중반에 들어서면서 여성들은 성의 정치학, 미묘한 문화적 관행, 여성에 대한 폭력으로 인해 여성들이 제자리에 묶여 있는 상태에 더욱 관심을 가졌다.**6** 낙태를 하려던 여성들은 현지 병원에 들어설 때마다 수술 구조대Operation Rescue▪의 거센 협박을 견뎌야 했다. 1989년에 유명했던 센트럴 파크 조깅 사건,▪▪ 1991년 윌리엄 케네디 스미스의 데이트 강간 사건(다른 여성들이 유사한 혐의를 주장했음에도 그는 무죄 판결을 받았음), 1991~1992년 마이크 타이슨의 강간 사건(무죄를 선고받지 못함) 그리고 가장 악명 높았던 1994년 6월 니콜 브라운 심슨 사건▪▪▪이 모두 누적적인 영향을 발휘했다. 어떤 여성이든 운동선수처럼 빨리 달릴 수 있고, 멋지다고 생각되는 남자와 데이트할 수 있으며, 누군가와 결혼해서 가정을 꾸릴 수 있다. 그러나 어디서든 안전하지 않다. 실제로 극도의 위험에 노출되어 있는 것이다. 이러한 상황에서 평등한 직장에서의 평등한 봉급, 로스쿨 또는 의대 입학과 같은 문제는 전혀 중요치 않다. 1992~1996년 사이에 고용기회균등위원회Equal Employment Op-

▪ 임신 중절 수술을 반대하는 조직
▪▪ 다섯 명의 청소년이 센트럴 파크에서 조깅하던 한 여성을 폭행·강간한 사건
▪▪▪ 전직 미식축구 선수인 O. J. 심슨이 전처 니콜 브라운 심슨을 살해한 혐의로 기소된 사건

portunity Commission에 제기된 성희롱 사건의 수는 50퍼센트나 증가했다. 이는 해당 기간에 성희롱 사건이 실제로 급증한 것이 아니라, 성희롱에 관한 불만이 제기될 수 있으며, 반드시 그래야 한다는 새로운 인식이 생겨난 결과였다.[7] 강간 발생률은 7년 동안 하락세를 보이다가 1991년과 1992년 사이에 다시 증가하여 1984년 이래 최고 수치를 기록했다.[8] 그리고 여성들은 그러한 상황에 매우 염증을 느꼈다.

당당하고 공격적인 여전사들이 등장하기 시작한 것은 바로 이러한 환경에서였다. 그들의 힘은 정당했고, 사실상 필요했다. 그들이 사는 세상은 특히 여성들에게 위험했기 때문이다.[9] 그곳에는 지옥문이 있고, 야만인들이 들끓었으며, 테러범들이 위협을 가했다. 여전사 이야기에서는 여주인공에게 해를 가하기 위해 뒤에서 음흉하게 다가오는 발소리와 그러한 장면이 반복적으로 등장했다. 그러나 무수한 범죄 및 공포 영화에서와 달리, 이러한 장면은 여주인공의 죽음을 뜻하는 신호가 아니다. 오히려 그 반대다. 사냥감을 향해 살며시 다가간 포식자는 무엇에 의해 가격당할지 알아채기도 전에 유혈이 낭자한 채로 바닥에 나뒹굴었다. 그리고 이 드라마와 영화들은 수십 년간 계속되어온, 여성 희생자가 겁에 질려 비명을 지르거나 정신을 잃고 쓰러지는 상황을 의도적으로 역전시켰음에도, 남녀의 변화하는 성 역할에 대한 매우 현실적인 문화적 우려 역시 활용했다.[10]

특히 종전과 다른 어떤 요소는 이들 드라마가 여성들 사이에서 성공을 거두게 만들었다. 이들 드라마는 TV와 영화의 새로운 혼합 장르였다. 몇 가지 경우를 제외하고, 과거의 TV 프로그램은 액션이 없는 시트콤, 코미디가 별로 없는 경찰 드라마, 공상과학이 없는 통속 연속극과 같이 정형화된 장르로 구분되었다. 대부분의 영화도 마찬가지였다. 영화 「스크림Scream」이 나오기 전까지, 흡혈귀와 괴물이 등장하던 공포 영화는 의도적인 재미를 추구하지 않았다. 그러나 텔레비전 학자인 어맨다 로츠가 지적했듯이, 1990년대의 드라마들은 남성 중심의 액션 모험 장르에 시리즈 드라마, 로맨스 소설, 코미디, 공상과학의 요소들을 접목함으로써 틀을 깼다.[11] 각 회의 끝에서는 대개 직면한 위험이 해결되지만, 줄거리가 한 회에서 그다음 회로 종종 이어지기도 하고, 통속 연속극처럼 등장인물의 과거에 대한 사연이 점진적으로 밝혀지기도 했다. 따라서 시청자들은 액션의 경우와 마찬가지로, 여주인공의 과거와 관련하여 어떤 비밀이 밝혀질지 또는 인물들의 감정이나 관계가 어떻게 변화할지에 관심을 갖게 되었다. 또 남성과 여성, 청년층과 노년층 등 각 시청자층이 진입할 만한 지점이 풍부했고, 작가와 감독들이 드라마의 각 시점에서 다양한 요소를 투입할 수 있는 더욱 창의적인 기회들이 존재했다. 이와 같은 덜 구속적인 접근법은 특히 만화적 소재를 다룰 때 더 성과가 있었다.

이러한 드라마 중 첫 번째인 「제나」는 조악하지만 상당한 인기를 끌었던 신디케이티드 프로그램syndicated program■ 「헤라클레스: 전설의 여정Hercules: The Legendary Journeys」에서 탄생했다. 「헤라클레스」에서 제나(루시 롤리스)는 본래 악인이었으나 워낙 인기가 있었던 덕에 드라마 각본가인 롭 테이퍼트, 존 슐리언, 샘 레이미가 그녀의 모험을 바탕으로 한 파생 프로그램을 만들자고 제안했다. 처음에 TV 방송국 간부들은 어느 누구도 여자 영웅을 보지 않을 것이라고 생각했다.[12] 하지만 테이퍼트, 슐리언, 레이미는 제나를 지난 과오를 반성하고 이제는 악과 부당함에 맞서 싸우는 바람직한 전사로 만들었다. 역시나 신디케이티드 프로그램이었던 「제나」는 1995년 9월에 첫 방영된 후 넉 달 만에 196개 시장에서 방송되었고, 「헤라클레스」의 시청률을 넘어섰다.

12월 말이 되자 「제나」는 미국 최고의 신디케이티드 드라마가 되었다.[13] 그로부터 1년이 조금 지난 1997년 2월에 이 드라마의 시청률은 전년보다 36퍼센트 증가했고, 뉴욕과 로스앤젤레스 같은 도시에서는 「닥터 퀸Dr. Quinn, Medicine Woman」을 비롯한 모든 방송사의 프로그램을 제치고 시청률 1위를 기록했다.[14] 1997년 봄, 한 주 한 주 지날 때마다 「제나」의 시청자는 늘어났고 특히 10대 아동, 여성들 사이에서 인기가 많았으나 남성 시청자들도 꽤 있었다.[15] 열혈 레즈비언 팬들도 있었고, 게이 바에서는 '제나의 밤'이라는 행사도 열었다. 또 캐릭터 인형, 포스터, 티셔츠, 맥주잔, 명함, 장난감 무기, 장신구도 판매되었다. 미 국무장관 매들린 올브라이트는 CNN에서 제나가 자신의 영웅이라고 소개했다.[16] 「제나」는 전 세계적으로도 성공을 거두어 이를 열렬히 추종하는 다양한 웹 사이트가 생겨났다. 이에 더해 루시 롤리스의 팬을 지칭하

■ 방송국을 거치지 않고 프로그램 제작사에서 전국의 개별 독립 방송국으로 직접 판매하는 프로그램

는 '제나이트Xenite', 그녀의 세계를 지칭하는 '제나버스Xenaverse'라는 용어도 만들어졌다. 1997년에는 최초로 「제나」를 주제로 한 행사가 개최되어 2500명의 팬이 모였고, 개중에는 제나와 똑같은 복장을 입고 온 팬들도 많았다.17 웹 사이트 후시!Whoosh!에서는 『국제 제나 연구 협회 저널Journal of the International Association of Xena Studies』을 발행했다. 드라마는 시즌 6까지 방영되었다.

기본 줄거리는 이렇다. 「제나」는 기원전 700년경에서 서기 1200년경 사이의 불확실한 어느 시점의 그리스를 배경으로 여주인공이 악하고 파괴적인 과거 자신의 모습을 뉘우치고 새로운 모습을 찾아가는 과정을 그린다. 줄거리가 진행되면서 후에 바뀌기는 하나, 그녀는 집이나 가족이 없다. 제나에게 남자친구가 있다는 것은 아널드 슈워제네거가 크리놀린▪을 입은 셈이나 다름없다. 중무장한 팔로미노 말을 타고 강렬한 연청록빛 눈으로 광활한 들판을 누비며 해결해야 할 문제를 찾아가던 중, 그녀는 개브리엘(르네 오코너)이라는, 처음에는 못 견딜 만큼 활기차고 아담한 금발 미녀를 만난다. 그녀는 형편없는 얼간이 같은 남자와의 정략결혼을 피해 도망쳐온 길이었다. "난 부모 뜻대로 하는 어린애가 아니야"라고 말하며 그녀는 자기가 살던 마을은 체질에 맞지 않아 살 수가 없었다고 덧붙인다. 개브리엘은 결혼과 아이가 아닌 모험을 원했다. 처음에 제나는 개브리엘이 자신과 합류하지 않았으면 하고 간절히 바라지만, 개브리엘은 끈질기게 졸라댄다. 개브

▪ 스커트를 크고 둥글게 부풀리기 위해 철사 등으로 만든 버팀대

리엘은 처음에는 성가신 존재였지만 결국 둘은 깊은 우정을 쌓고, 그 우정이 드라마의 핵심이 된다.

그렇다면 「제나」가 그토록 성공을 거둔 비결은 무엇이었을까? 우선 이 드라마는 매 웨스트▪의 히죽거림처럼 부자연스러운 과장됨을 과시했다. 백파이프 연주 소리로 우리가 신화적 장소에 왔음을 알리는 드라마 도입부의 소개 영상에서는 제나가 거대한 포세이돈과 대화하는 장면을 배경으로 우렁찬 남성의 목소리가 이렇게 외친다.

"신, 군부, 왕들이 있던 고대에, 혼란에 빠진 땅이 그토록 영웅을 원했다. 그가 바로 제나다. 전쟁이라는 불구덩이에서 단련된 용맹한 공주, 제나다."

남성의 목소리가 더욱 극적으로 이어진다.

"힘, 열정, 위험. 그녀의 용기가 세상을 바꾸었다."

그러고서 제나가 해결해야 할 강도나 수탈 장면들이 시작된다. 배경음악은 순수하며 의도적으로 조악하다. 전투 장면에서는 웅장한 음악이나 오보에 또는 바순 솔로가 사용되고, 재미를 유발하는 장면에서는 바이올린 현을 튕기는 듯한 음향이 깔렸다.

드라마의 또 다른 인기 비결은 장관을 이룬 전투 장면이었다. 매회 3회 이상 등장하는 전투 장면은 소녀가 남자친구의 뺨을 때리는 정도가 아니라, 이소룡과 올림픽 체조 금메달리스트를 합쳐 놓은 듯한 모습이었다.(실제로 롭 테이퍼트는 홍콩 쿵후 영화의 여성

▪ 미국의 영화배우 겸 작가로, 도발적 육체파 금발 미녀라는 상징을 얻었다.

액션 스타들에게서 많은 영향을 받았다.)**18** 제나는 주먹을 날리고 발차기를 하거나 검을 능숙하게 휘둘렀다. 악당들 하나하나는 물론 무리 전체가 몇 미터나 날아가 땅바닥에 처박히곤 했다. 뿐만 아니라 제나는 나무를 딛고 도약해 뒤로 공중제비를 돌아 말에 탄 다음 한 치의 흐트러짐도 없이 정확하게 적의 가슴을 향해 창을 던질 줄 알았으며 심지어는 날아오는 화살을 중간에 잡기도 했다. 그녀는 맹렬함 그 자체였고, 말을 타고 적을 향해 돌진할 때면 영화 「알제리 전투The Battle of Algiers」의 여성들처럼 길게 울부짖었다. 검을 휘두르거나 주먹을 날리는 등의 모든 동작에는 '쉭' '탁' '퍽' '툭' 등의 과장된 음향 효과가 동반되었다. 제1화 「과거의 죄」에서 손꼽히는 전투 장면 중 하나에서는, 창 하나가 날아와 땅바닥에 꼿꼿이 박히고 적들이 창 주변에 있는 여주인공 곁으로 몰려와 그녀를 둘러싼다. 그러자 그녀는 뛰어올라 박혀 있는 창 중간쯤을 붙잡아 마치 인간 풍차처럼 자신의 몸을 땅과 평행이 되게 만든 다음, 맹렬하게 회전하면서 발차기를 해 적을 다 쓰러뜨렸다. 말 그대로 게임 끝이었다. 또 제나는 적이 원하는 대답을 털어놓지 않을 경우, 경동맥을 끊어 뇌로 가는 피를 차단해 30초 만에 적을 죽여버리기도 했다. 그런가 하면 자고 있는 동안 적이 인기척도 없이 다가오면, 즉각 프라이팬을 집어 들어 그를 향해 던지며 "난 싸울 때 창의적인 게 좋아. 그래야 더 짜릿하거든"이라고 말했다. 실제로 제나는 싸움하기를 좋아했다. 불결한 녀석들을 완패시키는 것만큼 그녀를 즐겁게 하는 것은 없어 보였다. 무엇보다도 그녀는 '차크라chakra'라고 하는, 무엇이든지 누구든지 산산조각낼 수 있는 치명적인 원반형 무기를 갖고 있었다. 그러므로 그녀를 섣불리 건드려서는 안 된다.

물론 겉모습도 한몫했다. 제나는 180센티미터가량의 키에 아름다웠고, 어느 정도 살집이 있는 건강한 몸매였다. 그녀는 무대를 활보하는 깡마른 모델 유형이 아니었다. 그녀가 입은 '갑옷'은 무릎까지 오는 가죽 부츠, 가죽으로 된 짧은 치마, 소용돌이치는 모양의 금속 장식이 그녀의 인상적인 뉴질랜드산 가슴을 돋보이게 하는 D컵의 가죽 뷔스티에로 이루어졌다. 이러한 복장이 그녀의 가슴을 강조하지 못한다고 글을 쓴 한 비평가는 녹내장에 걸렸음에 틀림없다. 잡지 『버스트Bust』의 데비 스톨러가 말한 대로(누가 그보다 더 잘 알겠는가?), 그 뷔스티에에는 "마돈나도 군침을 흘리게 할 정도의 가슴 틀 장치"였기 때문이다.**19** 따라서 시청자들은 제나의 행동은 물론 제나와 그녀의 적들이 입은 복장을 보면서도 즐거움을 느낄 수 있었다. 극에 자주 등장하는 제나의 숙적 중에 칼리스토라는 가슴이 풍만한 금발 미녀가 있는데, 그녀는 마치 SM 잡지에서 막 튀어나온 것처럼 금속 장식이 박히고 몸에 딱 달라붙는 검은색 가죽 옷을 입었다. 배꼽과 허벅지를 드러낸 짧은 치마와 검은색 가죽 끈이 아치 모양으로 덧대진 뷔스티에로 이루어진 의상이었다. 그리고 제나와 개브리엘이 아마존에 간 이야기에서는 그곳 여인들에게서 가장 돋보이는 부분이 가슴골이었다.

이러한 의상은 거의 모두를 즐겁게 했다. 남성들은 「로 앤드 오더」에서보다 더 풍만한 가슴과 훤히 드러낸 허벅지를 감상할 수 있었다. 레즈비언도 마찬가지였다. 또 페미니스트들은 섹시한 여자가 몸매를 과시하는 행위에 대해 비난이나 처벌을 받기보다는, 짧은 치마를 입은 채로 누군가의 엉덩이를 강하게 걷어차는 모습에 짜릿함을 느꼈다. 만약 제나가 과감한 복장으로 시청자들의 관심을 조금이라도 얻길 원했다고 생각한다면, 그건 큰 오산이다. 단한 시간 동안이라도 이 세상이 화면 속과 같았으면, 하고 상상하지 않을 여성이 어디 있었겠는가?

제나는 터미네이터보다 강하고 바이오닉 우먼Bionic Woman보다더 과감하게 몸매를 드러낸 것만이 아니었다. 그녀는 입도 거칠었다. 개브리엘도 마찬가지였다. 말이 험하고 빈정대길 잘하는 제나는 영화 「다이하드Die Hard」에서 브루스 윌리스가 연기한 존 매클레인을 고스란히 본보기로 삼은 것 같았다.(롭 테이퍼트는 한 인터뷰에서 드라마 작가들이 실제로 영화 「내일을 향해 쏴라」의 대화를 참고했다고 말했다.)[20] 눈이 멀었으나 그럼에도 위협적인 존재인 사이클롭스가 큰 망치로 제나를 해치려 하자, 제나는 재빨리 몸을 피하며이렇게 빈정댄다.

"지난번보다 살이 빠졌군."

그녀는 그를 향해 차크라를 던지고, 그 바람에 바지가 벗겨져발목까지 내려오자 그는 비틀거리다 넘어져 울음을 터뜨린다. 적을 해치우기 전 제나는 그를 향해 "우리가 아직 재미를 못 봤지?"라고 비꼬는 말을 던진다. 또 제나와 개브리엘이 아마존 사람들과 머물고 있을 때, 어떤 여자가 "자, 이리 와"라며 개브리엘을 훈련에 불러내자, 그녀는 "날 애완동물로 착각했군"이라고 쏘아붙인다. 이런 식의 대화는 드라마에 재미를 더했다. 한 시청자는 부러움에 이렇게 말했다.

"제나는 모든 사람이 하고 싶어하는 말을 한다. 그녀는 거칠고 재치 있으며 누군가의 엉덩이를 걷어찰 줄 안다. 누구나 때로는 그런 행동을 하고 싶어한다."[21]

더욱이 제나는 크게 미소 짓는 법이 없다. 제나가 술집에 들어 갔을 때 어떤 남자는 "어이, 좀 웃어봐"라고 말했다가 곧바로 피를 흘리며 나뒹굴게 되었다.

그렇다면 「제나」 속 남자들의 모습은 어떠했을까? 면도를 하지 않아 덥수룩하게 자란 수염과 엉겨 붙은 머리칼에 누런 이빨을 드러낸 야만인 같은 남자들은 무리를 지어 돌아다니며 발에 걸리는 것은 무엇이든 불을 질러댔다. 제나가 페미니즘의 상징이었다면, 그녀는 절정에 달해 미쳐 날뛰는 폭력적인 가부장제와 매일 사투를 벌였을 것이다. 헤라클레스 같은 일부 인물을 제외하고, 극 중 대부분의 남자는 그야말로 최악이었다. 그들의 특징은 여성, 어린이, 가족을 상대로 야만적인 폭력을 행사하는 것이었다. 무방비로 노출된 마을을 대상으로 이들이 일삼는 무차별적인 공격은 윤간을 상징하는 듯했고, 제나는 언제나 이를 제지했다. 군부들 역시 조화롭게 어울리지 못했으며, 제나가 종종 협력과 타협에 관한 페미니즘적인 메시지를 전달해야 했다. 그리고 그 반대편에는 심지어 개브리엘조차도 마구 때려눕힐 수 있는, 군 지도자가 되고 싶어하는 조서라는 아둔한 인물이 있었다. 그는 실패하여 맥없이 축늘어진 남성성의 상징이었다.

서사의 측면에서는 두 가지가 극을 이끌었다. 하나는 자신의 과

거 그리고 자기 내면에 있는 어둡고 복수심에 가득 찬 악마에 맞
선 제나의 투쟁이었고, 다른 하나는 제나와 개브리엘 간의 깊어가
는 관계였다. 극이 진행될수록, 개브리엘은 점점 사랑스러운 존재
가 되었고, 도덕적이고 기질적인 측면에서 제나와 대조를 보였으
며, 그러면서 둘의 다툼이 더 잦아졌다. 본인이 레즈비언임을 공개
한 리즈 프리드먼이 제작한 이 드라마는 이 두 인물이 실제 연인
인지에 대해 '묻지도 말고 대답하지도 말라'라는 입장을 취했다.22
『새시』에 대해 못마땅한 입장을 보였고, 후에 「텔레토비」와 「스펀지
밥」이 게이의 상징이라는 망상에 빠지게 될 복음주의자들은 언제
나 행동을 취할 태세가 되어 있었고 일부 지역에서는 드라마가 온
가족이 모이는 저녁 8시에 방영된 탓에, 작가들은 두 인물이 연인
인지 여부에 관해 입을 다물 수밖에 없었다. 따라서 이성애자 남
성과 여성들은 둘의 관계를 깊은 우정과 유대의 관계로 생각할 수
있었다. 특히 제나가 헤라클레스와 육체적인 관계를 갖는 장면이
종종 등장했으므로 더더욱 그렇게 생각할 수 있었다.(이 장면이 나
올 때면 게이 바의 여자들은 합심하여 "안 돼, 제나! 그러지 마!"라고 외
쳤다.) 반면, 레즈비언 시청자들은 헤라클레스를 그저 '즐기는 상
대'로, 개브리엘을 제나의 진정한 연인으로 생각하기도 했다. 이는
둘이 껴안거나 입맞춤을 하는 장면, 그리고 '넌 내게 선물 같은 존
재야' 내지는 '사랑해'와 같은 대사로 입증되었다.23

시즌 2에서 시청자들이 좋아했던 '삶의 하루'라는 회에서 두 사
람은 무리 없이 연인 사이로 보였다. 제나가 하나밖에 없는 프라
이팬을 망가뜨린 것을 두고 두 사람은 마치 오랫동안 결혼 생활을

한 부부처럼 옥신각신 다툰다. 그들은 장난스럽게 엉덩이를 걷어 차기도 하는데, 이러한 분위기는 촛불을 밝힌 욕조 장면에서 절정에 달한다. 욕조에서 자욱한 김이 피어오르는 가운데, 개브리엘이 제나의 등과 머리를 씻겨주고, 제나 역시 개브리엘의 등과 머리를 씻겨준다. 이후 대화는 이러하다.

제나: 비누를 깔고 앉아 있는 거야?

개브리엘: 안 그래도 뭔가 했네.

이후 서로 물을 튀기는 장난이 이어진다. 후에 다른 장면에서 개브리엘은 뒤에서 몸을 날려 제나를 덮치려다 넘어지자 제나를 붙잡고 몸을 일으키는데, 이때 한 손으로는 제나의 왼쪽 가슴을 마치 손잡이인 것처럼 움켜잡는다. 둘이 화해를 하고 나란히 누워 개브리엘이 제나에게 입맞춤하는 것으로 이 회는 마무리된다. 물론 입맞춤은 점잖게 뺨에 했다.

한편, 이 드라마는 일상에서 보통의 여성들이 매일 써야 하는 여성성의 가면을 드러내고 이를 희화하기도 했다. '미스 암피폴리스'라는 회에서 제나는 군부들 사이에 형성된 미약하지만 새로운 평화를 축하하는 의미에서 개최되는 미인 선발대회에 첩보원이 되어 참가해달라는 긴급한 요청을 받는다. 개브리엘이 그런 선발 대회를 두고 '식육 시장'이니 '남자들이 여자들을 착취하고 비하하려는 미미한 변명'이니 하는 말을 하는 동안 제나는 이렇게 대꾸한다.

"지금 다 벗다시피 하고 미인대회에 나온 멍청한 여자들을 구경하라고 우리에게 긴급한 요청을 하는 겁니까?"

하지만 전쟁을 막기 위해 그들을 돕고 싶었던 제나는 결국 미인 대회에 참가하기로 마음을 먹는다. '미스 암피폴리스'로 분장하고 나타난 제나는 그야말로 과장된 여성스러움 자체였다. 부풀린 금발 가발, 금실로 짠 터질 듯한 뷔스티에, 가장자리에 술 장식과 동전이 달린 금빛 시폰 가운 차림의 제나는 관중 앞에서 엉덩이와 어깨를 흔들며 춤을 추다가 수줍은 듯 무릎을 구부려 입맞춤을 날린다. 시청자들은 남자들이 원하는 여자의 모습을 제나가 희화하여 나타냈음을 안다. 제나는 우스꽝스러워 보였으며(스스로도 그렇게 느꼈다), 이는 여성성을 의례적으로 실천하는 방식이 이상하고 말 그대로 임의적인 것임을 드러냈다. 이 회의 끝부분에서는 모든 참가자가 실은 미인대회를 '쓸모없는 것'이라 여긴다는 사실이 드러난다. 한 참가자는 제나에게 남자친구가 원하기 때문에 대회에 참가했으며, 그의 감정을 상하게 하고 싶지 않았다고 털어놓는다. 제나는 "당신의 감정은요? 당신 감정은 중요하지 않나요?"라고 묻는다. 그러자 그녀는 이렇게 말한다.

"제 감정은 한 번도 중요했던 적이 없었어요. 그는 저를 사랑해요. 하지만 제 외모에 너무 집착해요. 그로서는 사람의 내면을 들여다보는 일이 어렵나 봐요. 제 생각에 많은 사람이 그런 실수를 하는 것 같아요."

제나는 그녀에게 본인의 감정을 남자친구에게 전하라고 권유한다. 결국 모든 참가자가 하나둘씩 자존심을 버리기보다는 대회를 포기하기 시작한다. 그리고 완벽한 마무리로서, 유일한 여장 남자 참가자였던 미스 아티피스가 수상의 영예를 안는다. 여장을 한 그야말로 진정한 자아를 찾은 것처럼 보였다.

「제나」가 첫 방영된 지 18개월 만에 또 다른 용맹한 여성이 등장했다. 첫 방송의 소개 영상에서부터 시청자들은 극의 배경이 더 이상 「천사 조나단Highway to Heaven」이나 「시티 레인저Walker, Texas Ranger」와 같지 않음을 알아챘다. 짙은 머리칼에 가죽 재킷을 입은 귀여운 외모의 소년이 역시나 어리고 귀여운 소녀와 함께 밤에 자신이 다니는 고등학교에 침입하여 '체육관 지붕 위'에서 섹스를 하자고 유혹한다. 소녀는 여느 10대 공포 영화에서 흔히 볼 수 있는, 겁에 질려 초조하는 전형적인 금발 소녀다. 소녀는 조그만 소리에도 화들짝 놀라며, 체육관에 누가, 또 무엇이 있는지 모른다면서, 괜히 갔다가 문제에 휘말리게 될 것이라며 거부한다. 하지만 정말로 섹스가 간절했던 소년은 "여긴 아무도 없어"라고 말하며 소녀를 안심시킨다. 여전히 무슨 소리가 들린다고 생각하는 소녀는 불안한 목소리로 "정말이야?"라고 묻는다. 소년은 그렇다고 대답한다. 그러자 소녀는 마지못해 포기하고 입맞춤을 하려는 듯 소년을 향해 돌아서는데, 순간 원숭이 같은 이마에 송곳니가 난 흡혈귀로 돌변하여 굶주렸다는 듯 소년의 목을 물어뜯는다. 이렇게 소개 영상이 끝난다. 흐르는 록 음악은 이 드라마가 「제시카의 추리극장」 류가 아닐 수도 있음을 암시한다.

지금 소개한 영상은 바로 「뱀파이어 해결사」의 한 장면이다. 『TV 가이드』의 평론가들은 이 드라마를 가장 훌륭한 50대 드라마 중 하나로 선정했고,24 실제로 '버피 학자'로 알려진 교수들과 지성인 집단이 등장했다. 사람들은 「뱀파이어 해결사」로부터 포스트모던 정치학을 배울 수 있었고, 「뱀파이어 해결사」를 동성애적 측면에서 혹은 탈식민주의적으로 해석하는가 하면, 작품의 지나친 모방(이에 대해서는 묻지 말 것)을 고려하거나 「뱀파이어 해결사」와 플라톤 간의 연관성을 생각해볼 수 있었다. 저널 『슬레이지 Slayage』는 '버피학' 온라인 국제 저널의 역할을 했다. 시즌 2에서는 주인공 버피의 애정 상대인 에인절이 버피와 잠자리를 한 뒤 과거의 모습을 되찾아 매우 사악한 흡혈귀로 변한다.('나쁜 섹스'에 새로운 의미를 부여함.) 그의 이러한 변모는 '바람직한 어머니와 바람직하지 않은 어머니 간의 확연한 분리를 반영하고 (…) 유아기의 젖떼기로 인한 정신적 외상을 상기시킨다는 것'을 알 수 있다.[25] 잠시만, 내가 갖고 있는 심리분석학 책을 모두 꺼내봐야겠다.

「뱀파이어 해결사」는 1997년 3월 WB 방송사에서 처음 방영되었고, 「제나」, 그리고 다양한 초자연적 현상을 사실적으로 다룬 「엑스파일」의 성공을 기반으로 했다. 「뱀파이어 해결사」의 원작자 조스 휘던은 '여성이 지닌 힘의 즐거움: 그 힘을 갖고 사용하고 공유하라'를 드라마의 슬로건으로 내세웠다.[26] WB 방송사는 폭스사의 경험을 참고로 삼아 10대 시장, 특히 10대 소녀 시장을 공략했다. 「베벌리힐스 아이들」과 마찬가지로 「뱀파이어 해결사」의 초기 시청률은 암담했으나, 1998년 겨울(당시 WB의 또 다른 인기 드라마인 「도슨의 청춘일기」 바로 앞 시간대에 방영됨)이 되자 특히 10대들 사이에서 인기를 끌기 시작했다. 「뱀파이어 해결사」에는 서스펜스, 위험, 초자연적 현상, 유머, 로맨스 등 모든 것이 있었다.

전직 치어리더이자 전에 다니던 고등학교에서 체육관에 불을

수염이 덥수룩한 야만인 무리를 거뜬히 소탕하는 제나(루시 롤리스)는 종종 온몸을 날려 악당들을 향해 발길질을 하곤 한다. 어느 누구도 함부로 제나를 건드려서는 안 된다.(홍보용 사진, 저자 소장)

공포 영화에서 여자들이 죄다 희생양으로 등장하는 풍토에 지겨워진 조스 휘던은 「뱀파이어 해결사」를 만들었다. 이 드라마에서는 10대 소녀(세라 미셸 겔러)만이 송곳니를 드러낸 악의 무리로부터 세상을 구할 수 있었다.(홍보용 사진, 저자 소장)

내는 바람에 전학을 해야 했던 16살 소녀 버피는 두 가지 불길한 사실을 알게 된다. 하나는 그녀가 새로 전학 온 학교인 서니데일 고등학교가 사람 시체를 먹는 흡혈귀들이 들끓는 '죽은 자들의 나라'로 통하는 직접적인 관문인 지옥문 위에 지어졌다는 점이고, 또 하나는 자신이 '선택받은 한 사람'으로서 '지하세계의 흡혈귀들로부터 이 세상을 구할 수 있는 유일한 자'로 미리 운명 지어져 있었다는 점이다. 버피는 후견인인 자일스, 친구인 젠더 그리고 역시나 친구이자 TV에서 최초로 등장하는 여성 컴퓨터 천재인 윌로의 도움을 받는다. 처음에 버피는 집시의 저주를 받아 영혼을 갖게 되면서 더 이상 악해질 수 없게 된 섹시하고 음울한 흡혈귀인 에인절의 도움 역시 받는다.

조스 휘던은 이 드라마에서 실제로 한 사람에게 평생 상처를 줄 수 있는 교내의 각종 문제를 은유했다는 점을 분명히 했다. 그래서 고등학교 아이들과 이 세상을 게걸스럽게 먹어치우려는 흡혈귀들은 물론, 히틀러 같은 교장, 융통성 없는 교사, 데이트 사건, 사랑으로 인한 가슴앓이, 어느 학교에나 어김없이 존재하는 사악한 여자애들 패거리(버피는 이들을 날개 달린 원숭이라 칭했다)를 등장시켰다. 매체에서 볼 수 있는 대부분의 고등학생이 그렇듯이, 밖에서 일하는 버피의 엄마 조이스 역시 처음에는 딸에 대해 전혀 아는 바가 없었다. 그녀는 딸 버피의 은밀한 정체성, 딸의 운명, 특별한 능력, 그리고 왜 자기 딸이 모자 달린 옷 안에 말뚝을 넣고서 밤새 거리를 활보하는지에 대해 전혀 영문을 몰랐다. 버피의 남자 '후견인' 자일스와 달리, 버피의 엄마는 딸을 교육하거나 충고를 해줄 줄을 전혀 몰랐다. 버피는 오히려 엄마를 보호해야 했다. 워낙 남을 잘 믿고 잘 속는 이 어머니가 한 번은 버피가 죽여야 할 사이보그 연쇄살인범과 친하게 어울려 다니기도 했기 때문이다.[27]

제나와 마찬가지로, 버피 역시 신체적으로 가공할 만한 힘을 지녔다.(버피 역의 겔러는 여덟 살 때부터 태권도를 배웠기 때문에 액션에 많은 도움이 되었다고 한다.) 게다가 버피도 싸움하기를 즐겼다. 거대한 몸집, 날카로운 송곳니, 불거져 나온 이마와 같은 위협적인 모습을 한 흡혈귀들도 버피의 발차기, 주먹질, 석궁 실력 앞에서는 별다른 힘을 쓸 수가 없었다. 한 격투 장면에서 버피는 막대기 위에서 물구나무서기를 한 다음, 그녀 아래로 걸어오는 흡혈귀를 발로 차 날려버렸다. 버피는 또 주먹질 하고 몸을 날려 벽에 부딪힌 다음, 재빨리 튕겨 나와 적의 가슴에 나무 말뚝을 박기도 했다. 버피는 남자가 차가운 바닥에 꼼짝 못 하게 잡아놓아도 그를 내동댕이칠 수 있었다. 그럼에도 버피는 여전히 자일스와 훈련해야 했고, 둘의 겨루기 장면은 마치 「로키Rocky」를 연상시켰으나, 그 장소는 도서관이었다. 제나와 마찬가지로 버피 역시 기저귀만큼 짧은 치마, 무릎까지 오는 부츠, 몸에 딱 달라붙는 카디건, 가슴이 터질 듯한 상의 등, 바지나 무릎길이의 치마를 입고 다니는 다른 여학생들과는 차별되는 과감한 옷차림을 선보였다.

감정적으로 버피는 제나만큼 위협적이거나 단호하지는 못하지만, 언어적인 허세와 똑 부러지는 발언이 상징이었다. 윌로를 공격하려는 두 명의 흡혈귀와 맞닥뜨렸을 때 버피는 그중 한 명에게 그의 옷이 너무 구식이어서 마치 가수 드바지 같다고 지적하면서(구글 이미지를 검색해서 그들의 앨범 표지를 보면 왜 이 말이 모욕적인지 알 수 있다) 그들에게 앞으로 매우 힘겨워질 것이라고 경고했다. 그리고 또 다른 흡혈귀가 버피에게 오직 그녀의 피만을 원한다고 말하자, 버피는 비꼬는 말로 응수하면서 그를 발로 차 바닥에 뒹굴게 한 뒤 심벌즈를 원반처럼 던져 다른 흡혈귀의 목을 베어버렸다. 그리고 또 다른 흡혈귀가 버피를 죽이겠다고 협박하자, 그녀는 "네가 날 죽일래? 아니면 말장난이나 할까?"라고 비웃듯 받아쳤다. 시즌 1에서 에인절은 곧 닥칠 여러 위험을 알리기 위해 자주 버피 앞에 모습을 드러냈으나, 그녀는 그를 양치기 소년과 같은 존재 내지는 자신을 겁주려는 인물로 오해했다. 그래서 그가 새로 나타난 짐승이 정말로 위험한 존재이며 그녀의 목을 따버릴 것이라고 경고했을 때, 그녀는 이렇게 받아쳤다.

"좋아. 좋은 점수를 주지. 목을 따버린다니, 막연하지 않고 시각적으로 강렬한 경고군."

버피와 자일스는 트레이시와 헵번처럼 옥신각신 말다툼을 벌였고, 버피는 욕을 먹는 만큼 욕을 해주는 데도 능했다. 자일스가 뭔가를 너무 장황하게 설명하면 버피는 "이러다 늙어 죽겠네"라고 말을 끊었었다. 그리고 또 다른 대화에서 버피는 자일스에게 "당신은 빈정댐을 너무 남용한다"라고 지적했다. 수십 년간 젊은 여성들에게 온화하게 말하고 언제나 요령 있게 행동하며 남자에게 공손하고 본인의 감정이나 욕구를 자기 검열하도록 요구한 문화 속에서, 강한 힘을 지닌 남성에게 사춘기 소녀가 그러한 식으로 말하는 광경은 해방감을 느끼게 했다.

여전사가 등장하는 많은 드라마가 그러하듯이, 우리의 여주인공에 대한 협박 역시 갈수록 도전적이고 위협적이며 감당하기 어려워져만 갔다. 버피와 친구들('스쿠비 갱')은 살아남기 위해 매주, 매 시즌 각각 다른 연구와 계획을 하고 전략을 짜야 했다. 그리고 마침내 윌로가 지옥문에서 쏟아져 나오는 악의 무리를 소탕하는 데 도움이 되는 마법의 기술을 알아냈다. 따라서 다른 드라마와 마찬가지로 이 드라마에서는 성공적인 여주인공이 되려면 현재 취하고 있는 접근법, 현재 진행 중인 과정을 발전·변형시킬 수 있는 능력이 있어야 한다고 설정함으로써, 이 여성들이 신체적으로 뿐만 아니라 정신적·전략적으로도 계속해서 적극적임을 보여주었다.[28] 이는 소녀와 여성에 대한 새롭고 대안적인 관점이기도 했다.

이 드라마는 또한 인기 있는 여자애들을 얄팍하고 허영심에 가득 찬 존재, 사악하고 이기적이며 옷과 미용의 맹목적인 노예로 묘사하는 특별한 재미를 보여줬다. 코델리아라는 인물이 특히 그러했다. 이러한 인물 묘사는 그 자체로도 만족감을 주었지만, 부유하고 버릇없이 자란 10대 악녀라는 새로운 인물 유형을 첨가했다. 코델리아는 본래 사악한 소녀 무리 중 하나였다. 그녀는 윌로의 옷차림을 놀리면서, 자신은 쇼핑을 가면 일단 가장 비싼 물건을 산다고 자랑을 해댄다. '5월의 여왕'으로 선발된 코델리아는 수락 연설에서 "올바른 결정을 내려주고 내게 많은 사랑을 주어서 감사하다. 이렇게 인기가 있는 것은 내 권리가 아니라 내 책임이기도 하다"라고 말한다. 어느 날 참수된 교사의 시체가 식당 냉장고에서 발견되자(서니데일 고등학교에서는 늘 있는 일이다), 그 광경을 목격한 모든 사람이 전문가와 상담을 받게 된다. 코델리아는 그 광경을 본 이후로 아무것도 먹지 못해 이틀 만에 체중이 200여 그램 빠졌는데, 이는 그녀의 '돌팔이 의사'가 처방해준 다이어트 프로그램보다 훨씬 더 큰 효과였다. 전문가와 상담하면서 코델리아는 매일 선생님이 살해된다면 꾸준히 살이 빠질 수 있겠다는 뜻은 아니지만, "비극이 일어났을 때는 그 밝은 면을 바라봐야 한다"라고 이야기한다. 이렇듯 남의 시선을 아랑곳하지 않는 대화는 인기 있는 여자애들이 실은 경우가 없고 막무가내라는 사실을 시청자들에게 상기시키는 기능을 했다. 또 다른 방법은 버피가 그들을 향해 공격적인 말을 하도록 하는 것이었다. 버피가 유독 강한 흡혈귀를 죽여야 해서 평소보다 다소 예민한 모습을 보이자 코델리아는 이렇게 말한다.

"'올해의 악녀 상'을 타려고 아주 작정을 했구나."

그러자 버피는 이렇게 되받아친다.

"네가 작년 수상자라서 불안한 거니?"

「뱀파이어 해결사」에서도 「제나」의 미인 선발대회와 같은 일화가 있다. 버피는 페미니즘 이전 시대의 여성성의 가면을 쓰고 이 가면이 얼마나 우습고 불편한지를 보여주었다. 시즌 2의 「핼러윈」이라는 방영분에서 버피는 당시 생명을 얻은 상태였던 에인절에게 잘 보이기 위해 18세기 숙녀처럼 옷을 차려입는다. 그러나 마법사가 버피를 비롯한 모든 사람에게 저주를 내려 각자 차려입은 옷에 걸맞은 인물로 변하게 한다. 그 바람에 버피는 무수한 흡혈귀와 악당들이 판을 치는 가운데, 전혀 힘을 쓸 수 없으며 오히려 도움을 받아야 하는 전형적인 처녀로 변한다. 도움을 요청하러 가면서 윌로는 젠더, 코델리아, 버피에게 누가 문가에 오면 해치워 버리라고 지시한다. 그러자 버피는 화들짝 놀란다.

"여긴 우리가 싸울 장소가 아니에요. 분명 남자들이 와서 우릴 보호해줄 거예요."

그러면서 그녀는 젠더에게 이렇게 말한다.

"여자의 명령을 따를 셈이에요? 그렇게 약한 남자예요?"

그러고는 덧붙인다.

"전 정숙한 숙녀로 자랐어요. 복잡한 생각은 하기 싫어요. 전 그저 아름답게 보이기만 하면 돼요. 그러면 누군가가 나와 결혼을 해주겠죠."

그러자 윌로가 받아친다.

"누가 버피한테 제나 옷을 입히지 그랬어?"

버피의 입에서 나온 이러한 발언은 남성에 의존하는 여성성이 시대에 뒤떨어졌으며 우스꽝스럽고 인위적임을 분명히 보여준다. 이러한 버피는 본인에게도 위험이며, 그곳 사람들이 스스로를 보호하려는 노력에 방해만 될 뿐이다. 드라마는 페미니즘에 의한 여권 신장이 여성을 해방시키고 그들의 복지는 물론 타인의 복지를 위해서도 필요하다는 사실을 강조한다. 이는 심지어 남성들에게도 호소력을 발휘한다. 에인절은 자신이 18세기에는 여자들을 혐오했다고 버피에게 털어놓는데, 그 이유는 그들이 정말로 멍청하고 미련했기 때문이라고 했다. 그래서 그는 버피와 같이 흥미진진하고 짜릿한 여자를 항상 만나고 싶어했다고 고백한다. 버피와 같이 강력한 힘을 지닌 인물이 수동적이고 어리석은 역할을 하게 함으로써, 이 드라마는 전통적인 성 역할을 조롱하고, 대부분의 소녀와 마찬가지로 버피 역시 거칠고 독립적인 사람임을 강조했다. 한편, 에인절을 통해 버피가 바람직한 사람임을 확인시킴으로써 이 드라마는 페미니즘에도 불구하고 남성의 인정이 여전히 중요하다는 사실 역시 강조했다.29

같은 이유로, 지나친 남성성 역시 시대에 뒤떨어지고 위험한 것이었다. 여러 회에서, 남학생 사교클럽 회원, 운동에 집착하는 남학생 그리고 세상을 지배하려는 힘에 굶주린 흡혈귀는 모두 악한 자였다. 아버지 격인 자일스는 주로 신체적인 힘이 아닌 연구와 지식을 통해 힘을 얻었으나, 그 역시 '살인마'라는 어둡고 폭력적인 과거를 지녔다. 그리고 특히 드라마 초기에는 감수성 풍부한 뉴에이지 남자인 젠더가 거친 남자의 남성성의 역할을 맡는 것이 얼마나 불가능하고 부적절한지에 관한 농담이 자주 등장했다.30 그러나 처녀를 유혹한 다음 차버리는 남자가 가장 위험하고 상처를 주며 신뢰할 수 없는 남자라는 것보다 더 납득이 가는 이야기는 없다. 에인절이 버피에게 이 같은 행동을 했다. 에인절은 버피를 진정으로 사랑했지만, 둘의 섹스로 인해 그에게 걸려 있던 저주가 풀렸고 그 결과 그는 다시 괴물이 되었다. 잠에서 깨어나 빈 침대를 발견한 버피는 에인절을 찾아 설명을 요구하지만, 그는 이렇게 빈정거린다.

"그 일 이후 내가 계속 머무를 줄 알았나 보지? 넌 남자에 대해 많은 걸 배워야 해. 물론 나도 지난밤 그 사실을 알게 되었지만 말이야."

버피는 애원하며 묻는다.

"나한테 왜 그래? 날 좋아하지 않았어?"

그는 웃으며 가소롭다는 듯이 대답한다.

"난 네가 프로라고 생각했어."

이 대답은 그녀의 순수함에 대한 비방이었다. 이 회와 이후 여러 방영분에서(특히 버피가 빌리 아이돌처럼 생긴 흡혈귀 스파이크와 가깝게 어울릴 때), 남성의 섹슈얼리티는 여성에게 위협이 되었다. 하지만 역시나 중요한 사실은 여성의 성적 욕망도 여성 자신과 타인에게 위협이 된다는 점이었다. 여성 역시 성적 욕망으로 인해 당장 눈앞에 놓인 임무로부터 주의가 분산되고, 친구들이 공격에 취약해지며, 결국 자신을 차버리거나 집요하게 따라다닐 나쁜 남자와 어울리게 된다.

「제나」와 「뱀파이어 해결사」는 각기 독립된 현상이 아니었다. 이들 드라마의 어마어마한 성공과 열혈 팬의 형성은 여전사 영화와 드라마가 대거 등장하는 데 한몫했다. 힘을 가진 여성을 다소 과장되게 만화처럼 표현하는 방식은 「미녀 삼총사」 리메이크와 큰 인기를 끈 「툼 레이더」 비디오 게임 및 영화에서 찾아볼 수 있다. 최초의 「미녀 삼총사」는 2000년 11월에 개봉하여 큰 흥행을 거두어 첫 주에 무려 4050만 달러를 벌어들였는데, 이는 당시 여름이 아닌 계절의 개봉 영화로는 최대 수익이었다.31 캐머런 디아즈, 루시

류, 드루 배리모어가 연기한 새롭지만 여전히 과감한 옷차림의 미녀 삼총사는 컴퓨터 해킹부터 활쏘기, 경주를 방불케 하는 자동차 운전, 무술에 의한 날아오르기, 발차기까지 모든 것에 능했고, 이들의 공중부양 동작이 슬로 모션으로 촬영되어 관객들은 중력을 거스르는 공중곡예 장면을 즐길 수 있었다.(고마워, 「매트릭스」!) 프로디지의 노래 「Smack My Bitch Up」이 흘러나오는 가운데, 미녀 삼총사는 마치 "이봐, 누가 누굴 때려? 누가 지금 네 여자라는 거야?"라고 말하듯 폭력배들을 때려눕혔다. 그리고 딜런(드루 배리모어)은 다섯 명의 괴한에게 강간당할 위기에 처했는데, 홀로 그들을 모두 해치웠다. 게이샤 복장, 레더호젠lederhosen,■ 초미니스커트 등 그녀들이 계속해서 선보이는 여성스러운 옷차림은 여성들이 착용해야 하는 과도하게 여성화된 의복 및 장신구와 더불어, 여성의 취약한 이미지와 여성이 가진 힘의 현실 간의 대조를 조롱하는 의도였다.[32]

하지만 적을 꾀거나 습격하거나 속이기 위해 섹슈얼리티를 무기로 사용하지 않았던 제나, 버피와 달리, 이후 등장한 여성들은 과감히 드러낸 몸을 무기로 삼아 악당들을 덫에 빠뜨림으로써, 진정한 살인의 힘이란 과도한 여성성에서 비롯된다는 메시지를 여전사의 개념에 첨가했다. 후속작 「미녀 삼총사 2」(2003)는 40세의 데미 무어가 비키니를 입어도 여전히 멋지다는 사실을 작정하고 보여주는 듯했으며, 역시나 개봉 첫 주에 흥행 1위를 기록했다. 그러

■ 스위스 전통 의상

나 이후 인기가 금세 수그러들었다.[33] 이 영화는 야만적이고 불결한 불한당들이 고함을 지르고 술을 마시며 싸움질을 하는 북부 몽고의 한 술집에서 시작된다. 술집 지하에서는 남자들이 미국 연방법원 집행관을 고문하는 중이다. 알렉스(루시 류)가 연방법원 집행관의 탈출을 돕는 사이 몽고인들의 주의를 분산시키기 위해, 내털리(캐머런 디아즈)는 흰색 짧은 치마에 허벅지까지 오는 흰색 스타킹, 그리고 흰색 털 재킷을 입은 차림으로 난잡한 잔치가 벌어지고 있는 술집 안으로 들어가 꾸며낸 스웨덴인의 억양으로 "여기가 여관이죠?"라는 이중적인 의미의 질문을 한다. 그러자 혼음을 기대한 것이 분명한 몽고인들이 그녀에게 어서 들어오라고 환호를 하며, 축하하는 의미로 서로 맥주를 따라준다.(이 장면이 인종 차별적이라는 지적이 나왔음은 물론이다.)

내털리는 걸어 들어와 술집 한가운데에 있는 거대한 몽고 소 모형 위에 올라타 재미있다고 소리를 지르며 킬킬거리다가 뒤로 누워 다리를 들어 올리면서 소녀 같기도 하고 매춘부 같기도 한 자세를 취한다. 그러한 여자의 섹시한 모습에 침을 줄줄 흘리는 짐승으로 돌변한 남자들은 알렉스가 포획자들을 쓰러뜨린 뒤 연방법원 집행관을 구출한 사실을 알아채지 못한다. 알렉스는 집행관에게 술집에 두 '여자친구'가 있다고 안심시킨다. 그러자 그는 몽고인들 중에 무장을 한 자들이 50명이나 된다고 걱정한다.

"알아요. 그 정도로는 공평하지 않죠."

알렉스가 미소를 띠며 대답한다. 이들은 심지어 제임스 본드도 해내지 못할, 트럭을 타고 가다가 다리 아래로 뛰어내리고 헬리콥터로 뛰어드는 묘기를 선보이면서 탈출한다. 이는 아름답고 섹시한 여성은 역시나 힘이 없고 취약하다고 생각한 남자들에게 또 한 번 놀라운 장면이 되었다. 여성성을 가장하여 남자를 유혹하고 장악할 줄 아는 여자들에게 특히 잘 넘어가는 남자는 바로 이러한 부류다.

단숨에 높은 건물을 뛰어오르고 수박만 한 가슴을 자랑하는 「툼 레이더」가 비디오 게임 시장을 정복했는데, 이를 영화로 제작하지 않을 이유가 있었을까? 더욱이 앤젤리나 졸리가 있는데 말이다. 「미녀 삼총사」 제1편 이후 7개월 만인 2001년 5월에 개봉한 「툼 레이더」는 역시나 흥행을 거두어 개봉 첫 주에 4820만 달러를 벌어들였다.[34] 이때 '세계 정복 이야기와 거친 성적 매력'을 담은 동명의 컴퓨터 게임은 2600만 개가 팔려나갔다고 한다. 「툼 레이더」의 제작자가 "라라의 모든 면은 그녀의 여성성을 과장하기 위한 것"이라고 말했음에도, 그녀의 몸에 딱 달라붙는 검은색 반바지와 양 허벅지에 찬 거대한 남근 같은 상징물은 더욱 복잡 미묘한 매력을 발산했다.[35] 벌레 같은 거대한 금속 로봇을 때려눕히고 총으로 쏴버리는 것 외에도, 라라는 악당들을 피해 두꺼운 검은색 줄, 번지점프용 줄, 덩굴 등을 이용하여 고대 사원과 폐허 속을 휘젓고 날아다니면서 악당들보다 앞서 유물을 손에 넣기 위해 고군분투한다. 영화는 그녀가 요리를 못하며, 커다란 검은색 오토바이를 비롯해 거대한 기계를 손쉽게 만지고 웬만한 남자보다 더 강하고 똑똑하다는 사실을 분명히 보여준다. 휴대용 대포에서 벽을 부수는 용도의 거대한 망치까지, 라라가 능숙하게 다루지 못하는 거대한 원통형의 물건은 없었다.

버피와 제나보다는 덜 신화적인 영역에 속하는 다른 여전사들은 테러범이나 범죄자들을 소탕하며, 그것도 마지못해 하는 경우가 종종 있었다. 더 어둡고 치명적인 이 여전사 장르에는 가공할 힘을 지닌 흡혈귀 떼나 공공기물 파괴자가 등장하지 않지만, 그 대신 사고방식과 세계관이 여주인공과 정반대이며 위험한 냉혈한의 아버지 같은 인물이 등장했다. 1997년부터 2001년까지 미국에서 방영된 드라마 「니키타」에는 키가 커서 흐느적거리듯 움직이는 백금색 머리의 여배우 페타 윌슨이 '눈을 뗄 수 없는 치명적인 여자'로 출연했다.

코걸이를 하고 헝클어진 머리칼에 단정하지 않은 차림새로 거리에서 살던 때에 억울하게 살인 누명을 썼던 니키타는 무자비한 조직 오퍼레이션즈가 운영하는 비밀 반테러 단체인 섹션 원에 강제로 합류하게 된다. 니키타는 자신의 운명을 책임지지 못해 죄책감을 느낀다고 한탄하면서, 인생을 스스로 책임지지 않으면 타인(남자)에 의해 매우 달갑지 않은 방식으로 운명이 좌지우지됨을 여성들에게 상기시켰다. 니키타는 버피, 제나와 달리 격투에서 즐거움을 느끼지 않았고, 그들만큼 엄청난 힘을 갖지도 않았다. 그녀는 힘을 갖길 원하지 않았고, 가진 힘을 즐기지도 않았다. 그것은 그저 저주였다. 게다가 버피, 제나와 달리 니키타는 상황을 스스로 지배하지 않았다. 대신 오퍼레이션즈가 그 역할을 했다. 섹션 원은 그녀에게 총을 쏘고 쿵후를 하도록 훈련했고, 검은색 스타킹을 신고 검은색 가죽으로 된 하이힐을 신고 걷는 법은 물론, 유혹적으로 다리를 꼬는 법까지 교육했다. 그들은 그녀에게 이렇게 말했다.

"넌 총 쏘고 싸우는 법을 배울 수 있어. 하지만 네 여성성만큼 강력한 무기는 없어."

여성성만큼 강력한 무기는 없다니. 상황이 더욱 나빠질 기미다.

제임스 캐머런이 폭스에 합류해 만든 작품인 「다크 에인절」 (2000~2002)은 소녀와 힘에 관한 더욱 복잡한 메시지를 보여준다. 여주인공은 초인적인 힘을 지녔지만, 이는 본래부터 내재된 것이 아니라 타인에 의해 이식된 것이며, 남성 애정 상대와의 관계와 더불어 여성의 주체할 수 없는 성적 욕구가 주기적으로 등장한다. 이 드라마의 주인공인 섹시한 입술의 맥스(제시카 알바)는 와이오밍(딕 체니의 영역)에 있는 맨티코어라는 군 비밀기관에서 유전자 조작으로 만들어진 인간 병기인데, 그곳에서 탈출한 뒤 맨티코어의 책임자로부터 쫓기는 신세가 되었다. 맨티코어에서는 우월한 인간, 전사, 인간 병기를 만들기 위해 유전자 조작으로 여성들을 임신시켰다. 맥스는 그곳에서 탈출했고, 10년 뒤 종말 이후의 시애틀에서 살고 있었다. 다 무너져 폐허가 된, 쓰레기가 나뒹구는 불결한 그 도시에서 사람들은 쓰레기통에 불을 피워 옹기종기 모여 추위를 피하곤 했다. 그녀는 잼 포니라는 곳에서 자전거 배달부 일을 했다.

「제나」와 「뱀파이어 해결사」처럼 「다크 에인절」 역시 흥미진진한 환상이었다. 특히 맥스의 특별한 힘, 여성들에 대한 그녀의 깊은 배려와 우정, 그녀의 재치 있는 입담이 주를 이루었기 때문이다. 맥스는 전화기의 빠른 다이얼 소리를 듣고 전화번호를 정확히 맞혔고, 망원경처럼 시력이 좋았을 뿐만 아니라, 몸에 딱 달라붙는 검은색 보디슈트를 입은 채 줄을 타고 고층 건물 사이를 뛰어넘는가 하면, 옆으로 재주를 돌아 높은 울타리를 넘기도 하고, 어디서든 악당들을 때려눕히고 오토바이를 탈 줄 알았다. 게다가 언어적인 공격성도 만만치 않았다. 악당의 경호원인 브루노에게 그녀는 이렇게 빈정댔다.

"네가 너무 멍청해서 특별하다는 말이 떠오르는데."

그가 그녀를 쏘려고 하자 그녀는 총알을 피한 뒤 그를 바닥에 넘어뜨리고 이렇게 말했다.

"그것 봐. 넌 시도도 못 하잖아."

처음에 맥스는 본인, 그리고 극 중 아프리카계 미국인 레즈비언이자 가장 재미있는 여성 등장인물 중 하나인 오리지널 신디를 비롯한 친한 친구들을 위해 싸웠다. 그러나 이후 맥스는 '아이즈 온리Eyes Only'라는 가명으로 알려진 감수성 풍부하고 섹시한 로건 케일을 만나게 된다. 그는 방송사를 해킹하여 기업 범죄와 정부 부패에 관한 '스트리밍 프리덤 비디오Streaming Freedom Video'라는 제목의 방송을 내보낸 장본인이었다. 로건은 악과 벌이는 싸움에 동참해달라고 맥스를 설득했고, 둘 사이의 애정 관계도 시작되었다. 로건을 제외한 극 중 대부분의 남자는 잔인하고 교활한 포식자이거나 욕망에 조종당하는 신뢰할 수 없는 짐승 같은 놈들이다. 따라서 페미니즘적인 감성이 드라마를 종종 지배했다. 맥스의 직장 동료이자 친구인 스케치가 여자친구 내털리 몰래 바람을 피웠고, 사실은 바람피운 여자를 좋아하지도 않았다고 털어놓자 맥스는 이렇게 쏘아붙였다.

"너희 남자들은 자기 잇속만 차리는 그런 구차한 변명이 정말 통할 거라고 믿는 거니? 아니면 우리가 너희 같은 애인을 둔 것이 하도 고마워서 너희 잘못을 못 본 척할 거라 생각하는 거니? 자뻑도 심하다."

맥스가 오리지널 신디에게 남자들이란 유전자의 포로라고 말하자 그녀는 이렇게 대꾸했다.

"개도 그렇지."

그런가 하면 어느 날 밤 맥스가 집에 데려온 한 남자는 섹스를 하기도 전에 곯아떨어졌으나, 머리가 모자란지 그는 다음 날 아침 일어나 섹스가 정말 굉장했다고 말했다.

그러나 「다크 에인절」은 여성의 성적 욕망이 통제되지 못하고 분출될 때도 위험하다는 점을 분명히 했다. 사실 맨티코어는 과거 인간 병기 프로젝트 당시 아이들이 멀리 뛰게 하기 위해 이들에게 고양이 DNA를 이식했었다. 문제는 그 때문에 맥스가 1년에 한두 번씩 발정 난 고양이처럼 군다는 것이었다. 그러다 보니 그녀는 노멀이라는 잼 포니의 역겨운 상사를 비롯하여 모든 남자에게 끌렸다. 신디는 맥스에게 "너, 보통 남자들처럼 설치며 다니는구나"라고 말했다. 맥스는 보는 거의 모든 남자에게서 강한 욕정을 느꼈지만, 그것이 제정신이 아닌 짓임을 알았고, 욕정에 끌려 행동하기를 원치 않았다. 그것은 적어도 여성에게는 지나친 욕구였기 때문이다. 이러한 수준과 강도의 성욕은 심지어 여전사에게도 두려움의 대상이었다.

여전사 범주에 속하는 마지막 한 사람은 9·11 사건이 발생한 지 몇 주 후에 첫 방영된 드라마 「에일리어스」(2001~2006)에서 CIA 소속 이중간첩 시드니 브리스토를 연기한 제니퍼 가너다. 「에일리어스」는 무술과 숱한 변장으로 가득한 가족 멜로 드라마였다. 시드니는 아버지이자 역시나 이중간첩인 잭 브리스토, 그리고 자상한 성격의 소유자인 마이클 본과 함께 일했다. 그녀의 임무는 CIA 행세를 하면서 간첩 행위, 강탈, 무기 거래를 일삼는 비밀 조직 SD-6에 침투해 그 조직을 파괴하는 것이다. 따라서 그녀는 SD-6의 우두머리이자 위험한 인물인 아빈 슬론과도 일해야 했다. 이후 시리즈에서는 다른 테러 조직들과도 싸운다.

각 회의 기본 줄거리는 시드니가 종종 기이하고 섹시한 변장을 하고 대개는 바르셀로나, 타이베이, 라바트, 시베리아와 같은 이국적인 곳에서 첩보 활동을 하는 것이었다. 변장을 한 그녀의 모습을 담기 위해 카메라는 늘 그녀의 발에서부터 시작해 몸을 훑고 올라갔고, 마지막으로 전자음악이 배경에 깔리는 가운데 다리를 훤히 드러내고 가슴이 부각된 복장으로 마치 패션쇼 무대 위의 모델처럼 활보하는 그녀의 모습이 드러났다. 다양한 모양과 색상의 가발 역시 중요했다. 그녀는 검은 망사 상의, 검은색 푸시업 브라, 검은색 에나멜가죽 바지, 가랑이 부분이 트여 있는 이브닝 가운, 어깨와 가슴 윗부분을 과감히 드러낸 얼룩말 무늬 칵테일 드레스를 입었다. 이런 옷차림을 하고도 그녀는 악당들에게 주먹을 날리고 발차기를 하거나 손으로 내리치는 가라데 동작을 하고, 이들을 단번에 바닥에 내동댕이칠 수 있었다. 게다가 상당한 신체적 고통도 견뎌낼 수 있었다. 예를 들어, 그녀의 어머니(다른 편의 교활한 스파이였던)가 의자에 수갑이 채워진 상태의 그녀에게 총을 쐈는데, 그녀는 총상을 입은 상태임에도 의자를 부수고 빠져나올 수 있었다. 힘 있고 나이 든 여성인 그녀의 어머니는 부패했고 딸로부터도 등을 돌린 매정한 자였다.

여성의 힘을 제대로 발휘하기 위해서 여성들 간의 우정과 집단적 협력이 중요하다고 강조한 것은 「제나」 「뱀파이어 해결사」 「미녀 삼총사」와 같은 초기의 다소 과장된 여전사 드라마였다.[36] 반면, 「니키타」 「다크 에인절」 「에일리어스」의 여주인공들은 남자들과 손을 잡았고, 「다크 에인절」을 제외하고, 그들은 찔러도 피 한 방울 나올 것 같지 않은 냉혹하고 뛰어난 남성 상사로부터 때로는 내키지 않는 임무를 부여받아 수행해야 하는, 남성 중심 조직의 일부였다. 하지만 이 모든 이야기에서 가부장제는 붉은 눈과 창백한 피부의 흡혈귀에 의해 표현되든, 흉갑을 입고 약탈을 일삼는 훈족에 의해 표현되든, 그도 아니면 피도 눈물도 없는 비밀 조직의 상사에 의해 표현되든 파괴적이고 비인간적이며 비정한 것이었다. 반면 페미니즘의 영향을 받고 새롭게 더 나아진 남성성에 대한 희망을 제시한 자들은 젠더, 아이즈 온리, 헤라클레스 같은 감수성 풍부한 뉴에이지 남성들이었다. 여전사들이 남성적인 특성을 가진 것처럼, 이 남성들은 일부 거친 남성성에 의해 규정되는 '전형적인 남성'의 틀에서 벗어나, 타인을 배려하는 등의 여성적 특성을 지녔다.

모든 것을 종합해볼 때, 여주인공들의 리더십은 그만한 대가를 치렀다. 대부분의 여주인공은 종종 친한 친구를 비롯한 주변인들로부터 자신의 진정한 정체성과 힘을 숨겨야 했다. 리더라는 자리와 자신에게 부여된 임무로 인해, 이 여성들은 사랑하는 사람들을 적의 표적이 되게 했고 위험한 상황에 빠뜨렸다. 그들은 '모든 걸 가질 수 없었고', 연애를 하거나 가정을 꾸리거나 대인관계를 맺는 등의 '평범한' 여성의 삶을 살 수 없었다. 이러한 보통의 삶은 여성의 힘과는 양립할 수 없기 때문이다. 어디서 많이 들어본 소리 같지 않은가? 그들의 운명은 대개 스스로 선택한 것이 아니라, 종종 본인의 의지와는 반대로 강제로 부여된 것이다. 그들은 아무런 선택권이 없었고, 자신이 가진 비범한 능력을 사용해야만 했다. 제나, 미녀 삼총사, 라라 크로프트는 가진 힘을 즐겼을지 모르나, 니키타와 맥스는 그렇지 않았다. 적어도 그걸 완전히 즐기지는 않았다. 따라서 여성이 힘을 갖고 있다 해도 그걸 온전히 원하거나 즐기지는 않았다고 할 수 있다. 장르가 진화함에 따라, 여성이 가진 힘은 가장 환영받지 못할 부담이 되었고, 그에 대한 대가는 무척 컸다.

여기서의 환상은 이렇다. 즉, 여성은 더 이상 희생자가 아니라 승리자이고, 더 이상 말을 아끼지 않고 자기주장을 분명히 하며, 한 남자가 아닌 다른 여성들이나 집단에 소속될 뿐만 아니라, 가부장제의 덫에 걸리지 않고 오히려 이에 도전한다는 것이다. 이러한 환상 중 일부는 적어도 여성을 먹잇감으로 여기는 언론의 편견을 전도시키고 힘의 이미지와 본보기를 제시하고자 하는 진정한 욕구에서 비롯되었다. T팬티를 입은 여전사들은 여성들이야말로 힘과 공격성을 여성성 및 섹슈얼리티와 결합할 수 있으며, 그래야 한다고 주장했다. 우리 문화 속에서 여성의 섹슈얼리티가 위험하고 수치스러운 것이라는 점이 자주 강조된다는 사실을 생각할 때, 한편으로 이는 환영할 만한 일이었다. 그러나 다른 한편으로 여전사들은 여성의 성적 대상화를 다시 한 번 굳건히 했고, 여성이란 도자기 같은 피부에 가슴이 풍만하고 날씬해야만 여느 남성만큼 강해질 수 있다는 점을 시사했다. 얼마나 강하든지 간에 여성에게는 날씬하고 아름다우며, 여성성을 어떻게 무기로 사용하는지 아는 것이 더 중요했다. 게다가 대부분의 여전사는 섹슈얼리티로 인해 잘못된 남자들과의 문제에 휘말리거나 가까운 지인들을 위험에 빠뜨렸다.

마지막으로 분명한 사실은, 이 여성 영웅들이 신화적 과거, 지옥문이 있는 곳이나 지하세계 혹은 간첩의 가상 세계와 같이 환상적인 어떤 세계에서만 강한 힘을 지닌다는 점이다. 현실에서 소녀들이 타인에게 물리적 폭력을 행사하여 자신에게 힘이 있다고 느끼는 것이 가능할지는 의문이다. 여전사 이야기가 1990년대 내지는 그 이후의 성 역할의 심화된 가변성과 불확실성을 탐구할 수 있는 이상적이고 은유적인 영역을 제공할 수 있었던 이유는 이들 이야기가 신화적인 장소를 배경으로 했기 때문이다.

여전사들은 관습을 거스르면서도 순응적이었다. 그들은 성룡처럼 싸우면서도, 사랑의 배신이나 타인이 입은 상처를 보고 눈물을 흘렸다. 또 신체적으로 힘이 우세하면서도 남을 배려할 줄 알았다. 그들은 한편으로 태권도를 열심히 배우면 여성들이 남녀 간의 차이를 줄일 수 있다고 암시한 반면, 몸에 딱 달라붙는 과감한 옷차림은 여전히 성별의 차이가 존재함을 극명히 보여주었다. 그러나 세기 말의 변화하는 성 역할에 대한 문화적 우려를 다소 과장되게 표현하는 과정에서, T팬티를 입은 여전사들은 힘을 행사하기 위해서는 여성들이 상당 부분 남성과 같아야 하며(1970년대의 페미니즘과 달리), 동시에 남성과는 전혀 다른 사회화된 여성적 자아에도 충실해야 한다고 주장했다. 그들은 여성들이 복잡하고 감당하기 어려운 갖가지 역할, 기술, 감정을 갖고 있으며, 그럴 수 있다고 주장했다. 이러한 역할, 기술, 감정은 과거 성 역할의 양 측면에서 비롯된 것이다. 특히 반항적이고 거친 언어에 견줄 만한 증강된 신체적 힘은 여성에게 필요할지 모르나, 무관심과 둔감함이라는 남성의 전형적인 정서적 특징은 필요하지 않았다. 이는 「멜러스」 「서티섬싱thirtysomething」 「천사의 손길Touched by an Angel」에서는 볼 수 없었던, 기존과는 전혀 다르고 더욱 복잡하며 모호한 종류의 여성의 모습이었다. 따라서 여성 시청자들 일부는 이 여전사 장르가 인구 중 0.0035퍼센트에만 해당하는 아름다움의 기준을 무분별하게 강화하지 않았으면 하고 바라면서도, 영웅적인 구조자이며 때로는 희생자이기도 한 여성들을 환영했다. 여전사들은 전통적인 남성의 특징과 여성의 특징이 교차하는 지점에 서 있었으며, 이들 특징이 처음에 왜 교차하게 되었는지, 누구에 의해 그렇게 되었는지 의문을 제기했다. 이들은 남성은 강하고 여성은 약하다는 과거의 이분법이 어리석고 시대에 뒤떨어진 구분법이라고 이야기했다.[37] 그 점에서, 여성들은 제나와 함께 긴 소리를 내지르며 동의의 뜻을 표했다.

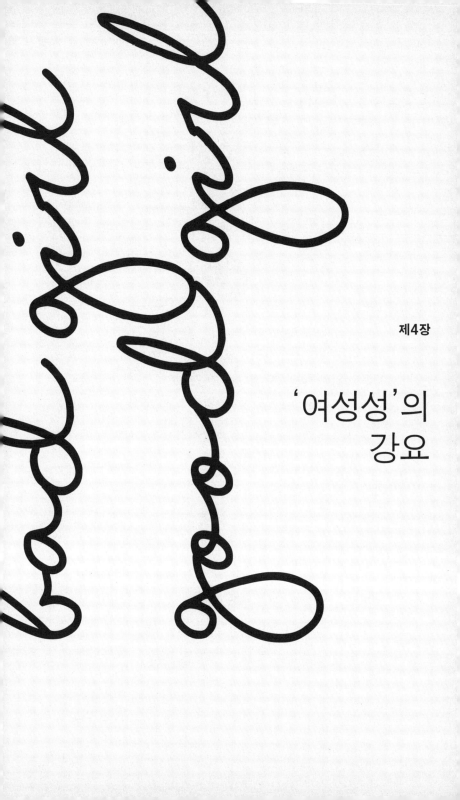

제4장

'여성성'의
강요

여자들은 남자들이 좋아하는 영화를 보러 가지만, 남자들은 여자들을 위해 만들어진 영화를 절대로 보러 가지 않는다는 것은 오래전부터 할리우드의 법칙이었다. 1995년 여름, 「스피시즈Species」 「저지 드레드Judge Dredd」(실베스터 스탤론의 이두박근이 등장하는), 「퍼스트 나이트First Night」(숀 코너리가 아서왕으로 출연한)와 같은 남성 호르몬이 뿜어져 나오는 영화들이 흥행 참패를 보이고 있을 때, 남성을 비롯한 관객들은 '노그제마Noxzema▪ 광고인 줄 아셨죠?'라는 대사로 시작하는 영화를 보러 극장으로 몰려갔다.

로스앤젤레스의 부유하고 버릇없는 10대 소녀를 주인공으로 한 에이미 헤컬링 감독의 영화 「클루리스Clueless」는 그해 여름 모두의 예상을 깨고 대흥행을 거두었다. 헤컬링 감독은 처음에 이 영화

▪ 미국 화장품 브랜드

를 20세기 폭스사에 제안했으나, 폭스사는 영화가 지나치게 '여성 위주'라는 반응을 보이면서 남성의 이야기를 좀 더 넣을 것을 제안했다. 그러나 셰리 랜싱이 이끄는 파라마운트사는 헤컬링이 원하는 대로 영화를 만들 수 있게 해주었고, 영화사는 은행으로 가는 내내 웃음을 참지 못했다.[1] 1300만 달러의 저렴한 비용으로 제작된 영화 「클루리스」는 총 5660만 달러를 벌어들였고, 개봉 첫주에만 2000만 달러의 수익을 올렸다. 덕분에 '여성용 영화'가 대규모 사업이 되었고, 과거의 할리우드 법칙은 온데간데없이 사라졌다.

사랑하지 않을 수 없는 영화 「클루리스」는 'whatever'(뭐든지)를 일상적으로 사용하는 시작이 되었을 뿐만 아니라, 영화와 TV에서 여성들을 묘사하는 새로운 전환점이 되었다. 짧은 치마를 입고 분홍색 깃털 목도리를 두른 걸 파워, 즉 '새로운 여성성'은 미국의 여성들에게 재발견된 즐거움이자 받아들이고 싶은 모습으로서 매력적으로 다가왔다. 여기서 진정한 힘은 적절한 물건을 구매하고 적절한 제품을 사용하여 더할 나위 없이 매력적으로 보이는 데서 비롯되었다. 여성성은 찬양받는 동시에 조롱거리가 되었고, 따라서 그 수위를 매우 신중하게 조절해야 했다. 이는 여성성을 다룬, 후에 흥행한 영화 「금발이 너무해」와 「미스 에이전트Miss Congeniality」를 보면 확실히 알 수 있다. 이 세계에는 페미니즘의 영향을 받지 않은 돌대가리에 짐승 같은 남자(「클루리스」의 주인공 셰르에게 고등학교 남학생들은 '무작정 달려들어 침을 질질 흘리는 개들'과 같은 존재였다)와 모든 것을 완전히 헤아리는 남자, 일반적으로 이렇게 두 부류가 있었다. 페미니즘은 이 새로운 여성성에 방해가 되고 불필요한, 고대 유물 같은 존재가 되었다. 이제는 평등이 완전히 실현되었기 때문이다.

가장 중요한 점은 「클루리스」가 여성의 목소리 해설을 사용한 것이었다. 영화 줄거리는 셰르의 관점에서 이야기되었다. 셰르는 관객들을 향해 직접 말을 걸면서, 자신이 세상을 어떻게 바라보는지 그리고 주요 관심사가 무엇인지 털어놓았다. 이에 따라 TV 쇼와 영화에서 여성의 목소리 해설을 사용하는 추세가 시작되었다. 여성이 혼잣말하거나 우리에게 말을 거는 내용은 남성이 여성을 어떻게 바라보는가가 아니라, 궁극적으로 여성이 스스로 어떻게 느끼는지를 표현하려는 의도였다. 페미니스트들이 TV, 영화, 심지어 책과 음악에서조차 여성의 1인칭 목소리가 사라진 현상을 지적한 지 수년 만에, 이제는 여성의 마음속 깊은 곳까지 들여다보는 시대가 온 것이었다. 과거에는 여자들을 주로 외부에서 바라보는 대상으로 간주했다. 그러나 이제는 그들 내부로부터 목소리를 듣고 그들의 주관성 내부로 진입하게 되었다. 이 기법은 「앨리 맥빌Ally McBeal」 「브리짓 존스의 일기」 「다크 에인절」 「왓 어 걸 원츠」 「섹스 앤드 더 시티」 「그레이 아나토미」 「가십걸」, 심지어 멜 깁슨이 여성 내부의 두려움과 욕구의 목소리를 듣는 「왓 위민 원트What Women Want」와 같은 영화에서 사용되었다. 이러한 내부 독백은 진짜 여성을 드러내기 위한 것으로, 이들이 정말로 무엇을 생각하고 무엇을 기대하고 원하는지를 보여주었다. 그렇다면 그들의 목소리는 무엇을 말했을까?

사랑하지 않을 수 없는 영화 「클루리스」에서는 셰르(얼리샤 실버스톤, 중앙), 다이온(스테이시 대시, 오른쪽), 테이(브리트니 머피, 왼쪽)가 대중문화에서 새로운 소녀다움의 등장을 예고했다.(© Corbis Sygma)

　그들은 여성들이 체중 감량, 쇼핑, 남자, 아기 갖는 일에 집착한다고 말했다. 그렇다면 과연 이것들이 밖으로 드러내길 원하는 내부의 목소리였을까? 여성의 목소리 해설은 여권 신장을 약속하는 듯 보였으나, 결국 우리가 얻은 것은 진화된 성차별에 대한 강력한 정당화였다. 그것도 여성들에게서 직접 얻은 진화된 성차별에 따르면, 동등한 기회가 실현되고 여성운동이 성공을 거둔 상태에서, 여성이라는 종족은 이제 자신이 가장 중요시하는 일, 이를테면 본인을 위한 일과 적당한 신랑감을 찾는 일에 몰두할 수 있게 되었다. 『역풍』에서 수전 팔루디는 "미혼 여성이 결혼할 가능성보다 테러범에 의해 살해될 가능성이 더 높다"는 1986년 『뉴스위크』의 「노처녀 열풍」이라는 기사가 타당치 않다고 지적했다. 『뉴스위크』는 결국 해당 기사를 철회해야 했다.[2] 하지만 1997년 앨리 맥빌, 브리짓 존스를 비롯한 많은 여주인공은 결혼을 못 해 안달이 났고, 그들의 세상에서 괜찮은 남자를 찾기란 정말로, 정말로 어려웠다.

이러한 상황에서 여성들은 법적으로 동등해질 수 있었으나, 시각적으로 더 여성스러워질 필요가 있었다.[3] 페미니즘은 여전히 한물 간 50~60대, 즉 유머 감각이 없는 과거 세대의 전유물로 인식되었다. 실제로 이 모든 것을 가능하게 한 페미니즘은 이제 더 이상 쓸모없는 구식이고, 사실상 여성의 행복에 위협적이라는 것이다. 페미니즘의 실질적인 성과는 젊은 여성들에게 본인이 원하는 바를 선택할 수 있는 권리를 준 것인데, 그들이 언제나 그리고 진정으로 원한 것은 여성스러워지고 남성에게 사랑받는 것인 듯 보였다. 여성스러워지고자 하는 이러한 새로운 자유는 '포스트페미니즘의 승리'로, 1990년대의 젊은 여성들을 그들과는 무관한 따분하고 고루한 정치에 지나치게 얽매이는 늙은 페미니스트들과 분리시켰다.[4] 젊은 여성들은 스스로를 페미니스트로부터 적극적으로 탈동일시해야 했다.

1997년과 1998년에는 새로운 여성성이 위세를 떨쳤다. 여자들이 두 가지 방식으로 새로운 여성성을 얻을 수 있다는 일시적인 환상이 제공되었다. 달리 말해, 여성은 아찔한 하이힐에 짧은 치마를 입고 성적인 대상이 되는 동시에, 젊은 여성을 바라보고 생각하는 가부장적인 방식을 비판하는 일이 모두 가능했다. 스파이스 걸스는 엑조세 미사일과 같은 속도로 전 세계의 팝 차트를 석권했다. 그들의 가장 열렬한 팬은 8~14세의 소녀들이었고, 첫 번째 싱글 「Wannabe」는 1997년 1월 미국에서 처음 발매된 지 단 14분 만에 빌보드 톱 텐 차트 2위에 올라 금세 1위 자리까지 차지했다. 5개월간 그들은 전 세계적으로 1000만 장의 앨범을 팔아치워, 버진 레코드사는 약 1억6500만 달러의 수익을 거둬들였다. 그들의 앨범 해설지에는 '누가 그녀를 이기겠는가?'와 '침묵은 금이지만, 소리 높여 외치는 것은 재미있다'라는 문구가 실렸다. 그들은 소녀들에게 "네 섹슈얼리티에 의존하지 마라. 그러나 그걸 두려워하지도 마라" "그가 전화하기를 기다리지 마라. 너 자신을 믿어라"라고 충고했다.

원더브라와 손바닥만 한 짧은 치마를 입은 스파이스 걸스는 1990년대를 위한 새로운 페미니즘을 제시하고 걸 파워를 기념하는 불꽃놀이 같은 존재가 되었다.(Associated Press/Fiona Hanson)

이러한 대중문화의 조합 속에서, 소녀들에 대한 찬양은 젊은 남성 공연자들의 시대를 거스르는 과도한 남성성을 맹비난하는 움직임과 공존했다. 백스트리트 보이스, 새비지 가든, 엔 싱크와 같은 보이 밴드는 '소녀여. 난 널 위해 진심으로 노래를 부르고 있어'라는 어조로 공연을 선보이면서 소녀 시장을 겨냥했다. 백스트리트 보이스의 앨범 「Millennium」(1999)은 전 세계적으로 7500만 장이 팔렸고, 엔 싱크의 「No Strings Attached」(2000)는 단 한 주만에 240만 장이 팔려나갔다. 영화 「타이태닉Titanic」(1997)이 그렇게 대대적인 흥행을 거둔 이유는 10대 소녀들이 여러 번 계속해서 영화를 보러 갔기 때문이다. 이들은 재난 장면을 보기 위해서가 아니라, 매끈하고 고운 얼굴의 리어나도 디캐프리오가 아름답고 독립적인 여성 케이트 윈슬렛에게, 여자에게 군림하려 드는 권위적인 약혼자를 버리고 꿈을 실현하라고 설득하는 장면을 보기 위해 극장으로 갔다. 그리고 텔레비전에서는 여성성을 법률회사로 끌어들인 「앨리 맥빌」이 방영되었다. '걸 파워'는 소녀들에게 힘을 실어주기 위해 미 보건복지부 장관 도나 섈레일라와 걸스카우트가 주관한 1997년 국가 프로그램의 명칭이 되었다. 그리고 '걸 파워'라는 이름을 내걸고 티셔츠, 보디 글리터, 립글로스, T팬티 등을 판매하는 대대적인 마케팅 역시 이루어졌다.

당시의 모순은 그 어느 때보다도 심했다. 새로운 여성성은 악당들을 물리치는 여전사들과 동시에(심지어 동일한 방송사에 의해) 등장했다. 더욱이 대중문화에서는 여자들이 목소리를 내기 시작하는 것을 환영했던 반면, 널리 알려진 일련의 고등학교 총기 사건에서 10대 남학생들이 가장 자주 살해한 대상은 바로 전 여자친구 내지는 일반 여성이었다. 1997년 10월 미시시피 주 펄에서는 전 여자친구 총기 살해가 발생했고, 그로부터 두 달 뒤 켄터키 주 웨스트 퍼듀카에서는 마이클 카닐이 세 명의 소녀를 살해하고 나머지 세 명에게 상해를 가했다. 또 1998년 3월 아칸소 주 존즈버러에서는 총기를 소지한 12살과 14살의 소년이 네 명의 여중생과 한 명의 여교사를 살해했고, 부상을 당한 열한 명 중 아홉 명 역시 여성이었다. 언론은 종종 이를 학생이 학생을 살해한 사건으로 보도했지만, 이것은 남성이 여성을 살해한 사건이었다. 그래서 소녀들은 보이 밴드의 다정한 하모니에서 위안을 찾거나, 자기희생적인 디캐프리오가 윈즐릿에게 스스로 운명을 책임지라고 당부하는 장면을 보고 싶었는지도 모른다.

이 정도로는 소녀들로 하여금 자신들이 세상에서 진정으로 힘을 부여받았는지, 혹은 여전히 대상화된 취약한 희생자에 불과한지 생각하도록 하는 데 충분치 않다는 듯이, 미국 대통령실이 가세했다. 1998년 1월, 미국은 다음과 같은 질문에 직면했다.

"미 대통령에게 주저 없이 T팬티를 보여주었던 24살의 인턴 모니카 르윈스키는 성적 결정권을 가진 성인인가, 아니면 성희롱의 희생자인가?"

양성의 특징과 소년·소녀 간의 상상의 공감대를 성공적으로 판매했던 보이 밴드는 존재했지만, 남녀 사이에는 뚜렷이 구별되고 바뀔 수 없는 근본적이고 본질적인 특성이 있다는 인식은 점차 확산되었다.[5] 즉, 남성은 변할 수도 없고 변하지도 않을 것이므로 여성이 이를 받아들이고 적응해야 한다는 이야기다. 이는 진화된 성차별의 또 다른 구성요소였다. 이러한 시대 역행적 개념은 천왕성에서 온 존 그레이의 1992년 작 『화성에서 온 남자, 금성에서 온 여자』를 통해 가장 효과적으로 널리 알려졌다.

빙하기보다 더 오랫동안 베스트셀러 목록에 올라 있는 바람에 추위에 얼얼해질 정도였던 이 책은 남녀가 본질적으로 완전히 다르다고 주장했다. 남성, 즉 화성인은 '힘, 역량, 효율성, 성과'를 중시하고, '야외 활동'에 관심이 많으며, '사람과 감정'에는 그보다 관심이 덜하다고 한다. 반면에 여성, 즉 금성인은 '사랑, 의사소통, 아름다움, 관계'를 중시하고, '목표와 성공을 실현하는 것보다 사적인 감정을 공유하는 것이 훨씬 중요하다고' 생각한다고 한다.

"여성은 목표 중심적이 아니라 관계 중심적이다."

기분이 상한 여성이 '완전히 이치에 맞는 행동'을 하기를 기대하거나 여성의 감정이 언제나 남성처럼 '합리적이고 이성적이리라' 기대하는 것은 큰 잘못이다.(다음번에 또 다른 남자가 손에 총을 들고 분노를 표출한 이야기를 듣게 된다면 기억하겠다.) 남성은 '딱딱하고', 여성은 '부드럽다'. 여기까지가 이 책의 요지다.[6]

그리고서 1995년에 『룰즈The Rules』라는 '1등 신랑감의 마음을 사로잡는 법'에 관한 지침서가 등장했다. 이 책에서도 남성과 여성이 다르다는 내용이 나온다. 여성은 남성을 낚아채기 위해 스스로를 '상품'으로 만들려고 노력해야 한다. 이를 위해 『코즈모폴리턴』『보그』『글래머』 같은 잡지가 유용할 것이라고 저자들은 충고한다. 한편, 남성은 단정하고 청결한 여성을 좋아하며(남자의 기숙사 방을 본 적이 있는지?), 이렇게 단정한 여성이야말로 "더 좋은 어머니가 될 수 있다." 저자들은 여자들에게 남자처럼 행동하지 말라고 말한다. "그가 문을 열게 하고, 여성스럽게 행동하라. 비꼬는 농담을 하지 마라."(젠장, 그렇다면 난 결혼을 어떻게 한 거지?) '무엇을 해야 할지 그에게 말하지 마라'라는 장에서는 "본인의 관심사를 그에게 강요하지 마라" "그가 주도권을 잡도록 놔두어라"라고 가르치고, "그가 영화나 식당, 공연장 등 데이트 장소를 주로 선택하도록 놔두어라"라고도 가르친다.[7] 내가 아마존에서 배송비 포함 1센트를 주고 산 이 책의 중고본을 보면, 이전 주인이 책 여백에 "뭔 헛소리야?"라고 적어놓았다. 지당한 말씀이다.

셰르가 쇼핑하는 데 온 시간을 쏟아붓고 소개팅을 주선하는 「클루리스」는 외모 꾸미기에만 관심 많은 전형적인 응석받이 부잣집 딸이 나오는 코미디 영화였다면, 「앨리 맥빌」은 달랐다. 앨리 맥빌은 베이비 붐 세대가 아닌 최초의 여주인공이었다. 따라서 머피 브라운이나 로잔느와는 달랐다.[8] 그리고 「앨리 맥빌」의 제작자이자 주요 작가이기도 했던 데이비드 E. 켈리가 존 그레이의 팬인지의 여부는 불분명하지만, 화성인과 금성인의 구분이 극 중 여기저기에 만연해 있었다.(제2화에서는 앨리의 전 남자친구가 자신의 사타구니를 가리키며 말한다. "이것 때문에 남자가 멍청해져." 그리고 가슴을 가리키면서 말한다. "이것 때문에 여자가 멍청해져.") 극을 주도하고 이끌어간 것은 변덕 심한 여주인공이 추구해가는 완벽한 관계에 대한 탐색이었다.

「앨리 맥빌」은 1997년 9월에 첫 방영되었다. 이 드라마는 월요일 밤 「멜로즈 플레이스」가 끝난 직후에 방송했는데, 폭스사가 여전히 젊은 여성층을 공략하려 한다는 의미였다. 「앨리 맥빌」은 즉각 인기를 끌었고, 「먼데이 나이트 풋볼」이 끝나자 더욱 인기를 끌었다. 이 드라마의 시청률은 특히 대학 졸업자와 가계소득 7만5천 달러 이상의 가정에서 높았다. 그리고 모든 연령의 여성이 이 드라마를 시청했으나, 특히 젊은 여성들 사이에서 인기가 높았고, 『버라이어티Variety』의 보도에 따르면 미식축구 시즌이 끝나자 남성들 역시 이 드라마의 시청에 대거 합류했다고 한다.[9] 1998년 1월, 사상 최고 시청률을 기록한 골든 글로브 시상식에서 「앨리 맥빌」은 베스트 코미디 시리즈 부문에서 수상했고, 베스트 코미디 여배우 부문에서 주연 캘리스타 플록하트가 수상했다. 그해 가을, 「앨리 맥빌」은 실제로 18~49세의 성인 시청자층에서 「먼데이 나이트 풋볼」의 시청률을 제쳤다.

드라마의 배경은 무신경하고 탐욕스러운 리처드 피시와 신경증에 걸렸으며 개구리를 애완동물로 기르는 그의 동업자 존 케이지가 운영하는 보스턴의 완전히 비현실적인 법률회사다. 또 다른 남자 변호사인 빌리는 앨리의 전 남자친구였는데, 동료인 조지아와 결혼한 상태였다. 앨리는 이전에 다니던 법률회사에서 바다코끼리 같은 선배 변호사가 상습적으로 엉덩이를 만져대자 회사를 그만두고, 이 회사에 다니게 된다. 이 회사에는 야심 많고 참견하기 좋아하며 뭐든 다 아는 체하는 앨리의 비서 일레인과, 두 명의 또 다른 여성 변호사인 넬과 링이 있다. 앨리의 아프리카계 미국인 룸메이트 르니는 국선 변호사다. 이 회사는 남녀 간의 싸움, 특히 다양한 종류의 성희롱에 관한 소송을 주로 맡는다. 이 드라마의 특징 중 하나는 공과 사의 불분명한 경계인데, 남녀가 나란히 볼 일을 보며 서로 위로하는 남녀 공용 화장실이 대표적 예다.[10] 여기서 남성과 여성은 동등하며, 사적인 문제와 직업적인 문제를 구분하는 것이 불가능함이 확실하게 드러난다. 이는 여성이 고군분투하는 주된 이유이기도 하다.

「앨리 맥빌」을 보는 것은 마치 롤러코스터를 타는 것 같았다. 혁신적인 서사, 여성의 자신감에 대한 묘사, 가부장제의 우둔함에 대한 공격으로 시청자들을 잔뜩 고양시켰다가, 순식간에 하강하여 시청자들을 여성의 무능력, 불안함, 취약함의 나락으로 빠뜨렸다. 드라마는 즉각 논란을 불러일으켰고, 이 드라마가 클래런스 토머스와 하워드 스턴 사건 이래 여성들에게 일어난 최악의 사건인지, 아니면 직업적인 문제와 사적인 문제를 조화시키려는 여성의 고군분투가 마침내 솔직하게 인식된 페미니즘의 새로운 부활인지를 따지는 대대적인 논쟁이 벌어졌다. 대중매체 학자 어맨다 로츠가 지적했듯이, 이 드라마가 충격적인 이유 중 하나는 앨리, 그리고 앨리 이전에 등장했던 「디자이닝 위민」과 「머피 브라운」 속의 더 강하고 자신만만한 여성들이 확연히 구분된다는 사실이었다.[11] 교육 현장 및 일터에서 성차별에 맞선 싸움이 얼마나 힘겨웠는지를 직접 목도했던 많은 나이 든 여성은 겁 많은 실험용 쥐 같은 앨리로 인해, 여성이 전문직에 적절하지 않다는, 1970년부터 그들이 들어온 갖가지 성차별적이고 쓸데없는 말들이 하나씩 되살아날 것이라 생각했다. 게다가 주연배우 플록하트가 가는 면발처럼 깡마른 여자라는 사실 역시 도움이 되지 않았다. 그녀가 거식증에 걸렸으며, 드라마가 깡마른 몸매를 선호하는 시대 역행적인 미의 기준을 부추긴다는 비난이 생겨났기 때문이다.

페미니즘에서 반페미니즘으로의 급선회는 시청자들에게 극을 어떻게 볼지에 대한 선택권을 부여했다. 즉, 진보적으로 볼 것인가, 아니면 퇴보적으로 볼 것인가, 아니면 둘 다로 볼 것인가? 앨리가 법정에서 승리하도록 응원하고 싶다면, 그녀에게 그만 울고 그만 투덜대라고 다그치고 싶을 것이다. 여성들이 「앨리 맥빌」을 포용하기도 하고 혹평하기도 했던 이유는 이 드라마가 여성의 권한 신장과 자기 거부 사이에서 거의 항상 양극단을 오갔기 때문이다. 드라마는 페미니즘적이지도 않고 반페미니즘적이지도 않았다. 둘 다였다. 여성, 특히 젊은 여성들은 이 점을 높이 평가했다. 페미니즘의 성취와 여성성의 요구 사이에서 오가는 것이 그들 삶의 이야기였기 때문이다. 또한 직업적인 야심과 낭만적인 사랑을 모두 성취하고, 사랑을 찾으면서도 독립적이고 성공적인 삶 역시 유지하고 싶은 욕구도 그들 삶의 이야기였다.[12] 따라서 「앨리 맥빌」은 이미 실현되었으나 아직은 불안정하며 양가감정과 모순으로 가득한 새로운 포스트페미니즘적 주관성을 시도해보도록 여성들에게 권유했다고 할 수 있다. 사실 드라마는 이러한 긴장 속에서 불안에 떨지 않는 듯 보이는 여성, 그리고 겉보기에 대부분의 남자뿐만 아니라 직업적인 업무까지 능숙하게 다루는 여성을 공격했다. 어려움 앞에서도 동요하지 않는 변호사 넬이 회사에 새로이 합류하자 앨리는 즉각 그녀를 탐탁지 않아 했다.

"그녀는 (법정에서) 훌륭해. 무엇에든 준비가 되어 있지. 머리를 쥐어뜯을 일이 없을 거야. 그녀는 자기가 원치 않는 말을 절대로 입에 담지 않아. 결코 과장된 짓을 하지 않지. (…) 나쁜 년."

물론 좋아할 만한 요소도 많다. 극 중에서 여성들은 꿈을 실현한 성공적인 변호사가 되어 소송에서 자주 승리를 거두었다. 게다가 끔찍한 흰색 보타이 블라우스와 함께 1980년대 '관리직 여성들'이 입었던 암울해 보이는 남색 파워 슈트를 입지 않아도 되었다. 제1화에서 앨리는 수정헌법 제1조를 강하게 주장하여 소송에서 승리를 거둔다. 이후 그녀는 이혼 소송에서 매우 거친 협상을 벌이고, 고객들을 확보하기도 하며, 열정적이고 똑 부러진 최종 변론으로 소송을 성공으로 이끌기도 한다. 동시에, 때로는 전적으로 외모라는 잣대에 의해 평가되는, 여성을 대상으로 한 성희롱이라는 문제가 극 중에서 (때로는 과도하게) 조명되었다. 또 깊고 복잡한 여성들 간의 우정을 보여주었고, 다양한 여성 인물이 동일한 법적 문제 또는 대인적 문제에 대해 각기 다른 입장을 보여주었다.[13] 따라서 강인한 전문직 여성이 언제나 반대 입장의 상대방과 대치했던 「머피 브라운」과 달리, 「앨리 맥빌」에서는 다양한 여성이 등장해 여성의 입지에 대해 더욱 미묘하고 다채로운 태도와 견해를 보여주었다. 데이비드 켈리는 또한 코미디와 드라마 사이를 교묘하고도 능수능란하게 오고 갔고, 비평가들은 이를 '드라메디dramedy'라는 새로운 장르의 전형이라고 극찬했다.

시각적으로나 개념적으로나 이 드라마는 앨리가 주변 사람들과 상황을 어떻게 바라보는지를 직접 드러내보임으로써 새로운 지평을 열었다. 즉 드라마는 그녀가 입 밖으로 내지 않은, 그리고 때로는 그녀의 잠재의식적인 욕구와 두려움을 직접 보여주었다. 이는 시청자들이 그녀에게 감정 이입하도록 돕는 기법 중 하나였다. 뭐든 다 아는 체하는 비서 일레인이 여느 때보다도 더 거들먹거리며 앨리에게 충고하자, 앨리가 속으로 "또 시작이야. 왜 또 나야? 나야? 나야?"라고 되뇌는 동안 일레인의 머리가 풍선처럼 부푸는 것을 앨리의 눈을 통해 볼 수 있다. 또 앨리가 남자친구에게 차였을 때, 시청자들은 그녀의 몸이 말 그대로 커다란 쓰레기통으로 던져지는 장면을 볼 수 있었다. 여기에는 「Hooked on a Feeling」이라는 노래의 '우가차카 우가우가'라는 소절에 맞추어 춤을 추는 아기의 모습이 추가되었는데, 이는 직업적인 성공을 추구하느라 가족을 갖지 못하게 되지는 않을까 하는 그녀의 두려움을 시각적으로 표현한 것이었다. 이러한 만화 같은 그래픽 기법은 여성만이 아닌 모든 사람이 남 앞에 내세우는 공개적인 자신과 속마음 사이에서 어떻게 갈등하며 오가는지를 보여주었다. 이러한 이미지는 앨리와 관계를 맺는 타인을 희생해서 표현되기도 했으나, 대개 희생되는 건 앨리였다. 앨리가 소녀의 모습으로 커다란 증언용 의자에 앉아 있거나 화살이 그녀의 가슴을 관통하는 모습, 또는 그녀가 어떤 남자에게 부적절하게 몸을 던지는 모습 등이 대표적이다. 앨리의 머릿속을 지배한 여성의 불안과 성욕은 시청자들 눈앞에 시각화되어 드러났다.

하지만 드라마는 여성의 관심사를 다룬 동시에, 남성의 맹목적인 우월주의 역시 가혹하게 다루었다. 한 회에서 앨리와 조지아는 방송국 경영진이 생각하기에 나이가 많다는 이유로 해고당한 여성 뉴스 진행자의 변호를 맡는다. 방송국 측 변호인은 과거에 앨리를 성희롱한 바 있는 그 바다코끼리 같은 변호사였다. 여성 뉴스 진행자의 기능이란 "신체적으로 시선을 *끄는 것*"이라고 그가 말하자, 앨리는 혼잣말로 이렇게 중얼거린다.

"이 남자를 설명할 길은 단 하나밖에 없어."

그리고는 화면이 바뀌면서 말 엉덩이가 등장하고, 말이 법정 바닥에서 똥을 누는 장면이 삽입되었다. 얼마나 많은 여성이 후에 미개한 직장 동료를 보고 이 장면을 떠올리면서 통쾌해했겠는가?

또 다른 회에서 판사는 앨리가 법정에서 지나치게 짧은 옷을 입었다고 비난한다. 그러자 넬은 편견이라고 받아치면서, 모든 광고에서 여성이 모델 같아야 한다고 목소리를 높이는데, 여성이 그 요구에 부응하면 "여자가 예쁘면 머리가 나쁠 거야"라는 편견에 직면하게 된다고 주장한다. 또 앨리가 변호사 일을 하기에는 지나치게 감정적이라는 이유로 소환된 다소 민망한 자리에서, 60대의 판사 휘퍼는 여성에 대한 이중 잣대를 다음과 같이 공격했다.

"남성이 격정적으로 행동하면 열정적이라고 말하는데, 여성이 격정적으로 행동하면 감정적이라고 말합니다. 저 분은 여성이며 젊고 매력적이라는 중대한 죄로 여기에 섰는데, 어떻게 감히 적극적이기까지 할 수 있겠습니까?"

극 중에는 원하는 바를 실현한 전문직 여성이라도 성차별주의와 성적 대상화라는 문제에 노출되는 이러한 순간이 상당히 많이 등장했다.

그러나 불쾌한 요소도 많았다. 데이비드 켈리는 극 중 인물에게 항상 친절하지는 않았다. 이를테면, 앨리가 슈퍼마켓에서 마지막 남은 프링글스를 사기 위해 여자 손님을 일부러 넘어뜨린다든가 거리의 행인을 때린다든가 엘리베이터 문에 부딪혀 넘어진다든가 하는 등 터무니없거나 분통 터지는 장면이 자주 등장했다. 또 앨리는 금전적으로 부족함이 없고 좋은 직업과 절친한 친구들이 있는데도, 그녀가 퇴근 후 본다 셰퍼드가 노래를 부르는 바에 가면, 싱글이라는 것은 사형 선고나 다름없다는 내용의 노래가 흘러나왔다. 게다가 앨리는 자주 애처로운 모습을 보였다. 그녀는 자기 짝을 찾느라 절박한 나머지 룸메이트 르니가 책을 던져버릴 때까지 『룰즈』를 읽었다. 그런가 하면 그녀가 밤늦게 혼자 울면서 또는 거의 울음을 터뜨리기 직전의 상태로 집으로 향하는 장면이 자주 등장했는데, 그럴 때마다 여가수(대개는 셰퍼드)가 잃어버린 사랑에 대해 읊조리는 노래가 흘러나왔다. 그리고 틀에 박힌 고정관념도 존재했다. 백인이 절대 다수를 이루는 드라마에서 왜 꼭 아시아인 변호사 링이 사악하고 악랄한 역할을 맡아야 했을까? 그리고 르니는 왜 성적 특색이 지나치게 부여된 적극적인 흑인 여성이 되어야 했을까?[14]

한편, 엉뚱한 환상의 삽입, 춤추는 아기, 손수건만 한 치마 등 많은 요소가 드라마의 시각적 측면을 구성한 탓에, 앨리의 목소리의 중요성이 축소되었다. 하지만 성공과 낭만적인 사랑에 대해 여성이 가진 양면적인 감정을 포착한 것, 그리고 시청자들을 움찔 놀라게 하거나 그들이 채널을 돌리기 위해 리모컨을 찾게 만든 것은 모두 단호하다가도 어느 순간 멈칫거리는 그녀의 목소리였다. '그리고, 그리고, 그리고, 그리고' '하지만, 하지만, 하지만, 하지만' '무무무무무뭐라고요?'와 같은 그녀의 말더듬증은 그녀가 직장에서 종종 매우 긴장하는 탓에 자기 일을 제대로 처리하지 못함을 보여주었다. 그리고 시청자와의 연대감을 형성하기 위한 장치인, 그녀의 목소리로 나오는 속마음에 관한 해설은 거의 전적으로 남자, 대인관계, 데이트, 실적 걱정과 관련된 것이었다. 물론 그녀는 변호사로서 맡은 소송의 본질이나 전략에 대해서도 생각했을 것이다. 그러나 그녀는 "내 선택의 희생자로서 나는 여기 서 있다"라고 말하면서 거울을 들여다보며 가슴이 더 커졌으면 좋겠다고 이야기한다. 여기서 암시하는 바는 하버드를 졸업한 여성이라도 생각하기를 즐기지 않는다는 점이다. 혹은 일부러 생각하지 않는다는 점이다. 그들은 소녀들이 생각할 법한 일이나 실패에 대해 생각한다.

데이비드 켈리가 『타임』의 기자 지나 벨라판테에게 말했듯이, 앨리는 '1960~1970년대에서 튀어나온 강경하고 단호한 페미니스트'가 아니었다. 실제로 극 중에서 나이 든 페미니스트들은 지나치게 원칙에 얽매이고 웃음이 전혀 없으며 시대에 비해 유연성이 대단히 떨어지는 사람들로 묘사되었다. 이 점은 앨리와 법률회사가 『라 팜La Femme』 잡지의 남성 편집자를 변호하는 방영분에서 극명하게 표현되었다. 그는 침례교도라는 이유로 잡지사의 여성 책임 편집자에 의해 해고당했다. 여성 책임 편집자 측의 변호사는 법정에서 다음과 같이 물었다.

"페미니즘 잡지사에서 여성의 본분이 가정을 지키는 것이라 믿는 자를 어떻게 편집자로 둘 수 있습니까?"

그러자 50대 후반인 여성 책임 편집자는 성경에 기초했다 해도 '남성은 지배하고 여성은 복종해야 한다'는 주장은 말도 안 된다고 거들었다. 그러면서 이렇게 말했다.

"그건 종교적 교리가 아니라, 남성 우월적 관점일 뿐입니다. 여성이 남성보다 약하다고 말하면서 신 뒤에 숨어 그것이 '신의 말씀'이라고는 할 수 없는 겁니다."

여기서 문제는 시청자들이 남성 편집자 조지를 이미 알고 있으며, 그는 여성이 복종적이어야 한다고 말한 적이 없다는 것이다. 게다가 그는 앨리에게 무척 친절했다. 이와 달리 시청자들은 여성 페미니스트 편집자의 법정 밖 모습은 모른다. 그녀도 조지와 마찬가지로 법정 밖에서는 더 인간적인 모습으로 그려지고 덜 희화화될 수 있었다. 판사는 심한 편견에 사로잡힌 여성 편집자의 손을 들어주지 않았다. 이는 앨리가 상의 밑단에도 닿지 않을 정도로 짧은 치마를 법정에서 입을 권리를 위해 싸운 회와 동일한 회였다. 건조한 중년의 페미니스트는 더 이상 논의를 제기할 권리를 가질 수 없었고, 젊은 여성이 실제로 얻은 것은 자신을 노출할 권리였다.

1998년 1월 18일 일요일, 성희롱, 데이트 강간, 적대적인 근무 환경, 소송으로 얽힌 관계, 성차별을 주로 다룬 이 드라메디는 골든 글로브 시상식에서 '베스트 코미디 상'을 수상했다. 그리고 3일

후 전대미문의 정치적 폭탄이 터졌다. 빌 클린턴 대통령이 백악관 인턴인 모니카 르윈스키와 관계를 맺고서 그녀에게 그에 대해 거짓말하게 했다는 것이었다. 이 이야기는 클린턴 대통령이 아칸소주 주지사였던 시절 주 정부 공무원이었던 폴라 존스가 당시 있었던 성희롱 사건으로 제기한 소송으로 그가 탄핵 위기에 몰린 지 이틀 만에 불거진 것이었다. 그러한 상황에서 「앨리 맥빌」의 줄거리는 더 이상 시의적절할 수 없었다. 그렇다면 이 드라마가 국가의 시급한 논의에 어떤 기여를 했을까?

극 중 법률회사 피시 앤드 케이지가 맡은 대부분의 추행 소송은 점점 황당하거나 과장되거나 하찮거나 심지어는 비현실적인 모습을 보였다. 유혹, 협박, 추파를 던지거나 더듬는 행위, 욕과 폭행으로 얼룩진 현실의 추행 소송과는 닮은 점이 별로 없었다.[15] 즉, 드라마는 성희롱 문제에 대한 인식을 더욱 제고하면서도 그 문제를 가볍게 다루었다. 시즌 1에서 일레인은 남자 변호사들이 매력적인 한 여성 직원에게 눈길을 준다는 이유로 피시 앤드 케이지를 고소하겠다고 협박한다. 그런데 소송을 제기하려는 일레인의 진짜 의도는 더 많은 관심을 끌려는 것이었다. 결국 다른 여직원들 중 어느 누구도 그녀의 소송에 합류하지 않았다. 시즌 2에서 링은 넬을 통해 하워드 스턴과 같은 유형의 라디오 진행자 해럴드 윅을 성희롱으로 고소한다. 그가 방송에서 여성을 노골적으로 성적 대상화하기 때문에 그녀의 고객의 공장 내에 적대적인 근무 분위기가 조성된다는 이유에서였다. 그러나 관심을 끌기 위해 일부러 도발적인 말을 하는 라디오 진행자의 발언이 수정헌법 제1조에 의해 보호되며, 소송이 완전히 무리라는 점은 대부분의 중학생도 알 만한 것이었다. 또 다른 회에서는 직원들이 수영복을 입고 출근해도 되는 '해변의 날'을 고용주가 제정했다가 성희롱으로 고소를 당한다. 또 어떤 회에서는 파라 포셋이 잡지사 편집자로 우정 출연했는데, 그녀는 직원들이 모두 고의로 병가를 내는 바람에 잡지가 출간되지 못해 해고당했고, 자신의 권위에 해를 입힌 남자 직원들을 성희롱죄로 고소한다. 소송에서 진 후 그녀는 사무실에서 빌리를 유혹함으로써, 법정에서 성을 무기로 내세우는 여성이 얼마나 위선적인지를 보여주었다. 빌리가 말했듯이, 성희롱법은 이치에 맞지 않는다. 그는 이렇게 말했다.

"어떤 여자가 언제 어디서든 조금이라도 과민한 반응을 보인다면, 그녀가 그걸 난데없이 성적인 것과 연관시킬 수도 있다고 가정해야 한다. 그녀는 소송 사유를 가진다."[16]

「앨리 맥빌」은 그 자체로는 그리 논란이 되지 않았으나, 1998년 6월 『타임』의 악명 높은 표지 기사 이후 더욱 논란이 되었다. 표지는 칠흑 같은 검은색 배경에 수전 B. 앤서니, 베티 프리단, 글로리아 스타이넘의 흑백 얼굴 사진이 마치 크리스마스의 유령처럼 나열되어 있었고, 마지막에는 앨리 맥빌이라는 이름과 함께 캘리스타 플록하트의 컬러 얼굴 사진이 있었다. 그리고 그 밑에는 '페미니즘은 죽었는가?'라는 문구가 빨간색으로 적혀 있었다. (실제 페미니즘 운동가와는 대조되는) 「앨리 맥빌」이 페미니즘이 종결된 지점이었다면, 독자들은 그 답을 아는 셈이나 마찬가지다. 정확한 숫자는 저마다 다르겠지만, 내 추측에 페미니즘이 죽었다고 대중매체가 요란하게 공언한 것은 이번이 117번째인 것 같다. 앤서니, 프리단, 스타이넘의 흑백 이미지는 그들의 시대가 이미 한참 지났음을 뜻했다. 이와 대조적으로, 앨리 맥빌의 컬러 이미지는 그녀가 미국 여성의 새롭고 신선한 전형임을 희미했다. 이러한 전형을 현실의 일상이 아닌, 남성이 만든 허구의 인물에서 찾았다는 사실은 차치하고서 말이다.

「내가 제일 중요해」라는 제목의 표지 기사에서는 "오늘날의 페미니즘은 유명인사와 자기 집착이라는 문화와 엮여 있으며, 동시대 페미니즘의 변덕스러움이 문제"라고 지적했다. 그러나 기사 작성자인 지나 벨라판테는 현실 속의 변덕스러운 젊은 페미니스트들 내지는 그들의 어머니에 의해 현재 진행 중인 장애물의 붕괴에 대해서는 전혀 언급하지 않았다. 기사 초반에서는 벨라판테가 소

뉴스 매체에서는 페미니즘이 죽었다고 의례적으로 보도되었지만, 이 『타임』 표지는 페미니즘이 미니스커트를 입고 말을 더듬거리며 아기를 몹시 원하고 사랑에 속 태우는 앨리 맥빌로 환생했음을 의미한다는 이유로 즉각 유명세를 탔다.(『타임』의 편집자에 의해 재인쇄되었음. © 2009 Time Inc.)

생시키고자 했던 페미니즘 자체('파파라치로 가득 찬 행사' '섹스에 관한 별다른 생각 없는 대화')를 사소한 것으로 치부했다. 이는 페미니스트들이 진정으로 사회 변화를 도모한 것이 아니라, 그저 즐거운 파티와 유명세를 원했음을 암시했다. 따라서 벨라판테가 「앨리 맥빌」이 의도한 바를 정말로 싫어했고, 임금 평등과 보편적인 육아 서비스와 같은 문제에 다시 관심을 가져야 한다고 주장했다 하더라도, 선정적인 표지라는 주된 이유로 인해 이 기사는 진화된 성차별이 페미니즘을 집어삼켰음을 공언하는 매체의 요란한 선전의 일부가 되었다. 그리고 더 넓은 의미에서, 이는 변화하는 매체 풍토를 정확하게 그려냈다. 지나고 보니 의문점은 「앨리 맥빌」이 페미니즘의 다음 단계인가 아닌가의 여부가 아니었다. 그보다는 실제로 「앨리 맥빌」과 「배철러」 사이의 거리가 얼마나 되느냐가 의문이었다.

"휴, 일 나갈 생각은 하기도 싫어. 한 가지 위안은 대니얼을 다시 볼 수 있다는 사실이지. 하지만 이것도 그리 좋은 생각은 아냐. 난 뚱뚱하고 턱에는 뾰루지까지 난 데다 머릿속엔 그저 쿠션을 깔고 앉아 초콜릿을 먹으며 크리스마스 특집 방송을 볼 생각뿐이니까."

이건 바로 뉴욕의 『데일리뉴스』가 영국식 억양의 또 다른 '앨리 맥빌'이라 칭한 전문직 미혼 여성의 내면세계에서 들려오는 목소리다. 헬렌 필딩의 1996년 소설과 이를 원작으로 한 두 편의 영화의 여주인공 브리짓 존스는 본인이 가진 직업의 본질, 신의 존재,

또는 세계 평화에 대해 숙고하지 않는다. 앨리 맥빌의 목소리 해설과 유사한 브리짓 존스의 고백체는 브리짓의 취약성을 공개적으로 드러내고, 관객들이 그녀에게 공감하고 스스로를 그녀와 동일시하도록 만들었다. 동시에 진화된 성차별의 버팀목을 더욱 단단히 했다. 「브리짓 존스의 일기」는 남자로부터 인정받는 일과 얼마만큼의 칼로리를 소비하는지에 따라 자존감이 전적으로 좌우되는 또 다른 여주인공을 우리 앞에 선보였다. 그녀는 쉴 새 없이 스스로를 감시했다.

원작 소설은 『코즈모폴리턴』 같은 잡지가 끊임없이 지껄여대는 허튼소리에 여성의 자존감이 얼마나 무너지는가를 과장되고 익살스럽게 표현할 의도였지만, 많은 매체는 이를 두고 여성의 마음 속에 어떤 생각들이 자리 잡고 있는지에 대한 숨겨진 진실을 나타내는 작품이라고 말했다. 『글래머』의 기사를 발췌하면 이렇다.

"필딩은 모든 여성의 침실, 옷장, 마음, 정신을 훤히 들여다보며 헤집고 돌아다닌다."

『엘르Elle』의 기사는 이러했다.

"브리짓 존스는 보편적이고 소름 끼칠 정도로 친숙한 무언가를 전달하기 때문에 독자들은 집단적인 즐거움에 킬킬거리고 한숨을 쉬기도 한다."

브리짓은 솔직히 말하면 엉망인 여자다. 그녀는 스스로에 대해 '난 아무것도 잘하는 게 없다'라고 평가를 내린다. 사실인 것 같기도 하다. 그녀는 음식이 담긴 쟁반을 바닥에 두었다가 거기에 걸려 넘어지고, 중요한 음식 재료를 잊기도 하며, 가게에 쇼핑백 여러 개를 두고 오는 등 친구들을 위한 저녁 파티조차도 순탄히 치러내지 못한다. 게다가 직장에서도 당혹스러운 실수를 한다. 믿을 수 없을 만큼 집착이 심하다. 그녀는 "무려 이틀 동안이나 사이코패스처럼 전화기를 노려본 채 뭔가를 먹어댄다. 그 사람이 왜 전화를 안 하지? 왜지? 내가 뭐 잘못했나?"**17** 그렇게 목 빠지게 기다리던 그녀에게 마침내 걸려온 전화는 상사 대니얼로부터 온 것이다. 그는 직장에서 근무 중에 "옷에 비치는 당신 젖꼭지가 좋아요"라고 쓴 이메일을 그녀에게 보낸 바 있다. 여보세요. 피시 앤드 케이지 성희롱 부서죠?

여성들은 몸무게나 대인관계에 신경 쓰지 않으며, 고디바 초콜릿 상자와 커다란 상그리아 병을 들고 TV 앞에서 온종일 뒹굴지 않는다는 말은 이제 새빨간 거짓말이다. 그러나 소설이 베스트셀러가 되었기 때문에(왜 안 그렇겠는가? 쉽게 읽을 수 있는 데다 때때로 재밌기까지 하니 말이다) 브리짓은 새로운 포스트페미니스트 여성, 새로운 1990년대 여주인공의 또 다른 상징이 되었다. 이렇게 측은하고 가여우며 자신에게만 몰두해 있고 결혼에 집착하는 브리짓 존스를 새천년의 여성의 전형이라고 묘사하자, 저돌적인 페미니스트들은 물론 많은 여성이 분개했다. 물론 여성들은 각자 불안정한 면이 있다. 하지만 그와 더불어 성취, 자신감, 성공, 재능, 자기 통제, 침착함, 심지어 하이힐을 감자와 함께 갈아 넣지 않고 저녁 식사를 준비할 수 있는 능력도 갖고 있다. 20~30대 여성 홍보 담당자(브리짓의 초기 직업)와 일해본 사람이라면 누구나 그들의 직업이 다른 사람의 일을 이해하고 널리 알리는 것임을 안다. 따라서 여성 홍보 담당자들은 남자와 팬티스타킹에 대해서는 물론, 정치적·문화적 경향, 소설, 예술, 테러리즘, 환경, 종교에 대해서도 이야기하고 생각한다.

BBC의 한 라디오 진행자는 영화 평론가 조엘 시겔에게 다음과 같은 이메일을 보냈다.

"난 브리짓 존스가 정말 싫어요. 칼로리에 아랑곳하지 않고 매일 담배 피우고 술 마시는 여자, 희생자같이 굴고 어리석고 형편없는 여자를 보면 내 피가 끓어요. 적어도 50년 전 여자를 보는 것 같아요."[18]

시겔은 캐서린 헵번이나 베티 데이비스 같은 배우들이 이러한 모욕적인 역할을 제안받고 격분할 모습을 상상해보려 노력했다고 한다. 잡지 『비치Bitch』에서 앤디 자이슬러는 이렇게 썼다.

"이 책은 혐오할 수밖에 없다. 줄거리는 시대에 걸맞지 않고, 미혼 여성을 보편적으로 그려내려는 시도가 여성 전체를 희화화한 결과를 낳았다."

그녀가 정확히 지적한 대로, 특히 불쾌한 것은 매체가 계속해서 다양한 모습의 불안정함과 무능력을 새로운 1990년대 젊은 여성의 상징으로 포착하여, 이를 여성의 내적 삶과 정체성의 진솔한 표현이라고 칭송하는 것이었다.[19]

성별에 따른 고정관념은 1950년대 내지는 『화성에서 온 남자, 금성에서 온 여자』에서 비롯된 것이다. 이는 「브리짓 존스의 일기」의 주를 이루는 내용이다. 모든 남자는 거짓말이나 속임수를 일삼는 비열한 놈이거나 책임지기를 극도로 싫어하는 인간이다. 그리고 런던은 '남자가 없는 30세 이상의 미혼 여성들'로 가득 차 있다.[20] 더욱이 낭만적인 이성 간의 사랑에서 페미니즘은 개미들에게 살충제 같은 존재다. 브리짓의 페미니스트 친구 샤론은 친구들이 그녀의 입을 막을 때까지 쉴 새 없이, 그리고 대놓고 남자들에 대해 씩씩대며 불평을 늘어놓는다. '결국 저돌적인 페미니즘만큼 남자들에게 매력적이지 않은 것은 없어.' 브리짓은 생각한다. 그 생각은 사실일 수 있으나, 모든 남자가 당하고도 가만히 있는 여자를 원하는 건 아니다.[21] 샤론을 통해 우리는 페미니즘으로 인해 여성이 유머가 없고 남자를 혐오하는 사람이 된다는 사실을 확인한다. 그리고 페미니즘 학자인 앤절라 맥로비가 날카롭게 지적했듯이, 페미니스트들이 생각하거나 신경 쓰지 말라고 할 법한 것들을 브리짓으로 하여금 생각하고 신경 쓰게 함으로써, 이 책(영화)을 페미니즘을 불평 많고 검열적이며 현실과 동떨어진 이데올로기로 비치게 한다. 브리짓은 여성들이 더 이상 집착하지 말아야 하는 남자와 결혼에 대한, 페미니즘 이전 시대의 집착에 사로잡혀 있다. 그러나 일기의 방식은 현실의 여성들이 속으로는 페미니즘적인 사고방식에 지배되지 않는다는 점을 '드러낸다.' 그들은 자연스럽게, 심지어 본능적으로 페미니즘을 거스르며 남자와 결혼에 대한 욕구에 얽매인 가엾은 노예들이라는 것이다. 우리는 브리짓의 가련한 처지를 보며 웃으면서도 한편으로는 이렇게 생각한다.

'맞아, 좀 과장되긴 했지만, 이건 내 이야기야.'

그러므로 일기 속에서 브리짓과 우리는 여성들이 실제로 무엇을 원하는지 전혀 모른 채 우리를 그저 외롭고 불행한 자들로 만

든 페미니스트 검열관으로부터 달아난다.²²

　여성들의 마음속 독백은 2000년에 흥행한 영화 「왓 위민 원트」에서도 핵심 소재로 사용되었다. 이 영화의 주인공 닉 마셜(멜 깁슨)은 남성 우월주의자로 등장하는데, 어느 날 욕조에서 헤어드라이어에 감전되는 사고를 겪는 바람에 뜻밖에도 여자들의 속마음을 읽는 능력을 갖게 된다. 그렇다면 출근길에 공원을 가로질러 가는 도중에 그는 여자들에게서 어떤 소리를 듣게 될까?

　"내가 커피메이커 전원을 껐나?"

　"키스 한 번으로 레즈비언이 되진 않겠지?"(그렇다. 하지만 닉과 강제로 접촉하게 된다면 그렇게 될 것이다.)

　그런가 하면 그는 한 여자가 지금까지 먹은 음식의 칼로리를 계산하는 소리를 듣기도 하고, 또 다른 여자가 에스트로겐의 효능에 대해 의심하는 소리를 듣기도 한다. 이후 백화점에서 한 여자가 립스틱을 더 살까 속으로 고민하는 동안, 또 다른 여자는 '신께 맹세하건대, 전화벨이 두 번 더 울릴 때까지 그가 전화를 안 받으면……'이라고 속으로 되뇐다. 또 조깅하는 한 여자는 앨리 맥빌처럼 '난 34살인데 아이를 갖고 싶어'라고 생각한다. 한편, 닉이 예전에 진찰받았던 정신과 의사를 찾아갔을 때, 그 여의사는 '이베이에서 램프를 사려는 참이었는데 왜 지금 문을 열어줬을까?'라고 생각한다. 이렇게 거리의 여자들 중 어느 누구도 자기 일에 대해서나 사회 정치적인 문제, 금융 문제 내지는 심지어 '그'가 선택하게끔 하라는 『룰즈』의 공연에 대해서 생각하지 않는다. 뭐, 물론 나도 안다. 이것이 코미디 영화라는 걸. 하지만 이렇게 함으로써 이 모든 코미디의 내적 독백이 고정관념적인 잔여물을 생성한다.

영화에서 닉은 자기 주변의 여자들이 속으로 자기를 얼마나 남성 우월주의자로 생각하는지 엿듣게 된다. 그는 여성들이 모든 것을 어떻게 해내야 할지 걱정한다는 사실을 알게 되며, 자신의 성차별주의가 초래한 결과를 이해하게 된다. 줄거리의 핵심은 여성들이 페미니즘에 의해 재구조화된 남성을 원한다는 점이다. 하지만 여기서 드러난 또 다른 사실은 브리짓 존스와 마찬가지로 여자들이 실제로, 그리고 오로지 생각하는 것이 체중 감량, 쇼핑, 남자, 대인관계, 아기라는 점이다. 닉과 같은 비열한 남자가 자신의 사고방식의 오류를 깨달을 수 있다면, 페미니즘은 더 이상 필요 없다. 남자들은 깨달아야 하고, 그렇지 않은 자들은 대가를 치러야 한다. 그렇지 않은가?

젊은 여성이 페미니즘을 받아들이는 것이 강렬한 향의 림버거 치즈를 향수로 쓰는 것만큼이나 독특한 일이 된 상황에서, 다른 로맨틱 코미디 영화들은 영화 「클루리스」에서 처음 시작된 '새로운 여성성'의 즐거움 역시 극화했다. 그리고 이 영화들도 페미니즘이 얼마나 낡은 유물인가를 보여주었다. 내가 각각 적어도 17번씩은 열심히 본 영화 「미스 에이전트」와 「금발이 너무해」는 여자들을 말 그대로 반여성적 영역과 여성적 영역의 양극단에 놓고, 그 둘 사이에서 완벽하고 행복한 중간을 찾는 일이 얼마나 중요한지를 보여주었다. 「미스 에이전트」(2000)에서 샌드라 불럭은 섹시함과는 거리가 먼 FBI 요원 그레이시 하트로 등장하는데, 그녀는 트럭 운전사 같은 행색에 비스티 보이스의 일원처럼 옷을 입고 다닌다. 그녀의 모든 면이 '반여성성'을 외친다. 얼굴 위로 늘어뜨린 지저분하게 헝클어진 머리칼, 다듬지 않은 눈썹, 침대도 정돈되지 않은 지저분한 아파트, 그리고 대미를 장식하는 것은 거실에 걸려 있는 에버라스트 샌드백이다. 그녀는 주기적으로 샌드백을 쳐댄다. 게다가 웃을 때는 킁킁 콧소리를 내며, 더 최악인 것은 숙녀처럼 샐러드를 먹는 대신, 큼지막한 햄버거를 사내처럼 입을 크게 벌린 채 쩝쩝대며 먹는다는 점이다. 그녀는 일밖에 모르고, 전혀 사생활이 없다. 동료들은 그녀를 그레이시가 아니라 하트라 부른다. 영화의 논리적인 결론을 따르자면, 이는 페미니즘의 어쩔 수 없는 결과물이다. 즉, 남자들을 몰아내는, 의도적으로 매력적이지 않게 제시되는 여성상인 것이다.

미스 USA 대회에 폭파 사건을 일으키겠다는 협박이 날아든 바람에, 하트는 이 대회에 위장 출전하기로 한다. 그러기 위해서는 미인대회에 대한 하트의 태도뿐만 아니라 아주 대대적인 외모 변신이 필요했다. 하트는 대회 출전자들을 향해 '비키니 속을 채운 여자들'이라고 비난하면서, '섹시하지만 멍청한 여자'처럼 행진하면서 세계 평화를 외쳐야 한다는 것에 반발한다. 하트는 동료인 에릭 매슈스에게 이렇게 말한다.

"도대체 미인대회에 왜 참가하는지 모르겠어. 마치 페미니즘이 존재한 적도 없었던 것 같아. 어떤 여자든 이 짓을 할 수 있다고 생각하는 건 여성혐오에 걸린 구석기시대 사람의 정신에나 부합하는 거라고."

달리 말해, 하트는 미스 USA 대회를 폐지하기 위해 1968년에
열렸던 시위의 선봉에 섰을 인물이다. 당시 페미니스트들은 여성
의 역할을 상징하는 물건들인 고데기, 속기사용 수첩, 브라를 '자
유의 쓰레기통'에 던져 넣었다.

빅터 멜링은 하트를 숙녀로 변신시켜야 하는 임무를 맡게 된 비
운의 인물이다. 하트를 보자마자 그는 이렇게 말한다.

"당신이 그레이시 하트라면 전 여기서 그만두겠어요. 이 여성을
이틀 만에 변신시킨다는 건 절대로 불가능해요."

그러나 결국 그녀를 미인대회에 출전시키기 위한 교육을 시작
한다. "미스 USA는 언제나 겸손하고 언변에 능해야 합니다." "숙녀
들은 걷는 게 아니라 미끄러지듯 활보하죠."(빅터는 길거리에서 성큼
성큼 걷는 하트를 보고 "세상에, 저런 걸음은 쥐라기 공원 이후 처음이
야"라면서 한탄한다.) FBI 그리고 변신을 담당할 전문가들로 구성된
SWAT 팀과 함께 미인대회 출전을 준비할 장소인 공항 격납고로
날아간 하트는 이전 대회 출전자들의 영상을 보면서 미스 USA로
뽑혔을 때의 과장된 울음을 흉내 낸다. 그녀는 빅터에게 말한다.

"좀 보세요. 저 여자는 또 울려고 하는군요. 멍청하지만 않았어
도."

얼굴과 머릿결을 수차례 관리하고 몸의 거의 모든 부위의 털을
제거하는 대대적인 밤샘 작업 끝에 하트는 격납고에서 모습을 드
러낸다. 「Mustang Sally」가 배경음악으로 울려 퍼지고 카메라가
다소 느리게 돌아가는 가운데, 하트가 몸에 딱 붙는 옅은 파란색

미니드레스를 입고 거의 걷지도 못할 만큼 높은 하이힐을 신은 채, 팬틴 광고에 내놔도 손색이 없을 정도의 찰랑거리는 머리칼을 드리우고 모습을 드러낸다. 비록 그녀의 변신 장면은 여성들이 아름다워지기 위해 거쳐야 하는 긴긴 과정들을 우스꽝스럽게 표현했지만, 변신한 그녀의 모습, 그리고 그 모습에 에릭이 놀라고 감탄하는 장면은 그녀가 정말로 아름다워졌음을 확실히 증명한다. 어떤 수고를 들였든 그건 가치가 있었다.

빅터가 계속해서 미인대회 교육을 진행하자, 하트, 아니 좀 더 여성스럽게 그레이시 루라고 이름을 다시 지은 그녀가 반박하고 나선다.

"전 FBI 요원이에요. 동물원 원숭이가 아니란 말이에요."

하지만 빅터는 그녀의 삶에 대해 비판한다.

"당신은 불완전한 인간이에요. 친구나 가족 대신, 총과 그 잘난 입밖에 없군요."

빅터는 확실히 그녀의 아픈 곳을 건드렸다. 그레이시는 변명하 듯 대답한다.

"난 원치 않기 때문에 사람들을 안 사귀는 거고, 하루 24시간 내내 일하기 때문에 친구가 없는 거라고요. 지금 내 모습이 왜 이 런지 당신은 모르잖아요."

그녀는 후에 에릭에게 말한다.

"난 일 그 자체야."

그러면서 그녀는 10년 동안 데이트를 단 두 번 했다는 사실을 털어놓는다.

그럼에도 이 영화의 가장 큰 즐거움 중 하나는 그레이시 루가 미인대회에서 보여주는 전혀 여자답지 않은 면들이다. 그레이시와 완전한 대조를 보이는 인물은 높은 목소리 톤에 웃음이 헤픈 전형적인 멍청한 금발 미녀 미스 로드아일랜드다. 그녀는 완벽한 데이트date가 무엇이냐는 질문에 이렇게 대답한다.

"4월 25일입니다."

한편, 우리 사회에서 가장 필요하고 중요한 것이 세계 평화라고 답한 다른 모든 참가자와 달리, 그레이시는 가장 중요한 것이 "가석방 범법자에 대한 더 엄중한 처벌"이라고 답한다.(당혹감을 감추지 못한 관객들의 침묵에 그녀는 "그리고 세계 평화도요"라고 급히 덧붙인다.) 또 그녀는 미인대회의 굶는 분위기 속에서 이를 무시하고 여자들이 피자와 맥주에 빠져들게끔 한다. 아마도 영화의 가장 중요한 부분이겠지만, 그녀의 재능은 여성들이 공격자에 대항해 사용할 수 있는 호신술 기술을 선보일 때 가장 빛났다. 그레이시가 단순히 발차기를 하고 소리를 지르며 여성다움의 영역으로 끌려온 것이 아니라, 여성다움의 세계가 페미니즘 역시 받아들인 것이었다.

결국 이 역시 할리우드 영화이므로, 영화는 미인 선발대회가 여성을 시대 역행적으로 대상화하는 행사라는 비판을 포기한다. 게다가 페미니즘 역시 포기하고 부인한다. 미인대회 인터뷰에서 대회의 설립자인 미스 모닝사이드는 그레이시에게 묻는다.

"많은 사람이 미스 USA 대회를 두고 시대에 뒤떨어지고 페미니즘을 거스른다고 말하죠. 이에 대해 어떻게 생각하시나요?"

그러자 그레이시는 대답한다.

"저도 그런 생각을 하던 사람 중 하나였어요. 그러다 여기에 왔고, 이 사람들이 실은 똑똑하고 좀 더 나은 세상을 만들기 위해 노력하는 훌륭한 사람들이란 걸 알게 되었어요. 그리고 우린 정말 좋은 친구가 되었죠. 제게 이 경험은 인생에서 가장 뜻 깊고 잊지 못할 추억이 될 거예요."

그런데 여기서 의아한 점은 관객들이 이미 일부 참가자들 사이에서 악의에 찬 경쟁적인 발언을 들었고, 그레이시가 술집에서 참가자들과 즐거운 시간을 보내는 장면을 목격했다는 것이다. 그들 중 어느 누구도 세상을 어떻게 바꾸고 싶다거나 화장 외의 관심사를 이야기한 적이 없다.

영화 끝부분에서 그레이시는 '대회에서 가장 친근하고 사랑스럽고 멋진 미인'에게 수여하는 우정상을 수상한다. 그녀는 벅찬 수상 소감을 전하며 다음과 같이 덧붙인다.

"그리고 전 정말로 세계 평화를 원합니다."

이로써 '세계 평화'는 극도로 여성스러운 여자들이 입에 올리곤 하는 안전한 사회적 목표 중 하나인 포장되고 계산된 진부한 말이 아니라, 미인대회 참가자들이 진정으로 공유하는 숭고한 이상이 되었다. 그레이시는 과거에 심한 편견과 협소한 페미니즘적 사고방식에 사로잡혀 미인 선발대회를 정육점 시장이라 비난하고, 대회 참가자들을 멍청한 여자들이라고 싸잡았던 일이 잘못되었음을 깨닫는다. 결국 페미니즘 자체가 성차별주의라는 이야기다. 특정 여성을 정형화하고 그들이 폭넓은 선택권을 갖는 걸 부정하기 때문이다. 게다가 여성스러움은 이성 간의 사랑에서 역시나 필수적이다. FBI 요원이면서도 팬틴 광고 모델 같은 머릿결을 갖게 된 그레이시는 에릭을 남자친구로 얻는다.

　FBI 요원 그레이시 하트와 극단을 이루는 인물로는 2001년 흥행작 「금발이 너무해」에서 델타 누라는 여학생 클럽의 회장을 맡은 여성스러움의 극치, 엘리 우즈(리스 위더스푼)가 있다. 영화에는 극도의 여성스러움을 나타내는 징표들이 도처에 깔려 있다. 분홍색으로 온통 도배된 방, 각종 화장품과 헤어 제품, 수북이 쌓인 잡지 『코스모폴리턴』, 발가락 부분에 반짝이는 하트가 박힌 통굽 신발 등 그 종류도 무수하다. 엘리와 여학생 클럽 일원들이 소통하는 방식은 꺅 소리를 지르고 깔깔거리며 방방 뛰는 것뿐이다. 이들의 인생 목표는 결혼이다. 그런데 하버드 법대에 다니는 엘리의 남자친구 워너(매슈 데이비스)가 엘리를 차버린다. 그녀가 지나치게 여성스럽다는 이유에서였다. 그는 '매릴린'이 아니라 '재키'가 필요하다고 말한다.

　워너의 마음을 되돌리기 위해 엘리는 법대 시험LSAT을 보기 위해 벼락치기 공부를 한다.(여학생 클럽 친구들은 시험 이름을 듣고 성병 이름인 줄 안다.) 그리고 갖가지 비키니를 입고 찍은 영상 자기소개서 테이프를 제출해 우여곡절 끝에 하버드 법대에 입학하게 된다. 물론 영화이므로, 정상적인 방법으로 입학한 건 아니다. 엘리는 인조 모피가 달린 강렬한 핑크색 새틴 정장을 입고 핑크색 선글라스를 낀 채 하버드 교정에 모습을 드러낸다. 회색 셔츠에 갈색 스웨터를 입은 다른 학생들은 놀랍다는 눈초리로 그녀를 바라보며 그녀를 '말리부 바비'라고 부른다. 첫 수업에서 다른 학생들은 모두 노트북을 꺼내는데, 엘리는 하트 모양의 공책과 끝에 핑크색 깃털이 달린 펜을 꺼내 든다. 50대쯤 된 페미니스트 여교수 스트롬웰은 놀라움을 감추지 않은 채 엘리를 바라보며 수업 준비가 되지 않았다는 이유로 그녀를 내쫓는다. 과도한 여성성은 지적이지 않고 피상적이며, 누군가가 진지한 고려의 대상이 되지 못함을 보여주는 결정적 증거다.

하지만 페미니즘은 더 최악이다. 이 영화에서 페미니즘을 대표하는 인물은 또 다른 1학년 학생이자 버클리에서 여성학 박사 학위를 딴 공개적인 레즈비언인 이니드 웩슬러다. 이니드는 처음부터 엘리에게 고정관념을 갖고 그녀를 가소롭게 여긴다. 엘리가 워너의 스터디 그룹에 들어가려다 실패하자 이니드는 그녀에게 "이봐, 네가 들어갈 만한 여학생 클럽이 있을 거야"라면서 비아냥거린다. 엘리는 이니드가 클럽 회원 모집 파티에 오기만 한다면 적어도 친절하게 대할 것이라고 받아친다. 그러자 이니드는 엘리가 자신에게 반대표를 던지면서 등 뒤에서 레즈비언이라고 욕할 것이라고 맞받아친다. 엘리는 자신은 그런 말을 쓰지 않는다고 항변한다. 관객들도 그녀를 믿는다. 전형적인 페미니스트인 이니드는 실제로 일어나지도 않은 비방과 중상을 예상한다. 후에 파티에서 이니드는 워너에게 영어에 내재된 성차별주의에 대해 설명한다. 그녀가 예로 든 단어는 '학기semester'였다. 그녀 말대로라면 이 단어는 '난소ovary'보다 '정액semen'을 선호하는 가부장적인 편견에서 비롯되었다는 것이다.(실제로는 아니다). 그래서 이니드는 'ovester'라는 단어를 새로 만들어야 한다고 주장한다. 여기서 또 한 번, 페미니스트는 우습고 유머가 없으며, 사소하고 말 그대로 상징적인 문제, 정치적 정당성과 관련된 문제에만 사로잡힌 존재로 비친다.

한편, 엘리는 워너에게 어울리는 사람이 되려면, 또 법대에서 살아남으려면 실제로 공부를 열심히 해야겠다는 결심을 한다. 핑크색 옷은 좀 더 어두운 색의 옷으로 바뀌었고, 지나치게 구불거렸던 머리칼도 좀 더 생머리로 바뀌었다. 그녀는 법률회사에 수습사원으로 취직하는데, 그 회사는 엉덩이 체조 비디오테이프를 만든 브룩 윈덤을 변호하고 있었다. 그녀는 남편을 살해했다는 혐의를 받은 상태였다. 엘리는 소송에 대해 생각하면서 법이 아닌 소녀의 논리에 의존한다. 엘리는 델타 누의 선배이기도 한 브룩이 무죄라고 생각한다. 그 이유는 '운동을 하면 엔돌핀이 생성되고, 그 결과 기분이 좋아지고 행복해지기 때문에 남편을 총으로 쏠 일 따위는 없다는 것'이었다. 이어서 엘리는 그녀와 내연 관계를 맺었다고 진술하여 그녀에게 누명을 뒤집어씌운, 그녀의 집 수영장을 청소하던 청년이 실은 게이라는 사실을 추측해낸다. 그가 명품 신발 브랜드를 알고 있었기 때문이다. 엘리의 추측은 옳았다. 그러나 법률회사의 수장인 캘러핸은 엘리에게 성희롱을 시도하고, 이에 엘리는 수습사원 일을 그만두려고 한다. 그녀는 마음의 안식처인 미용실로 가서 친한 손톱 관리사 폴렛에게 이렇게 털어놓는다.

"사람들은 나를 볼 때 금발 머리와 큰 가슴만 봐요."

그리고 아무도 자신을 진지하게 생각하지 않는다고 하소연한다. 그녀는 자신 같은 여자도 변호사가 될 수 있을 거라고 스스로를 속였다고 말하며 "내 자체가 웃음거리"라고 한탄한다. 그러나 우연히 같은 미용실에 있다가 페미니즘적인 격려와 충고를 해준 사람은 다름 아닌 스트롬웰 교수였다.

"어떤 멍청한 놈 때문에 네 인생을 망칠 생각이라면, 넌 내가 생각했던 여자애가 아니다."

여기서 중요한 것은 스트롬웰 교수가 엘리를 여자가 아니라 여자애라고 불렀다는 점이다.

한편, 브룩은 성희롱 사건에 대해 알게 되고, 캘러핸을 해고한다. 그리고 카메라가 다시금 새로워진 엘리의 모습을 비춘다. 빨간색 끈과 인조 다이아몬드 버클이 달린 에나멜가죽 하이힐을 신은 발부터 시작하여 핑크색 드레스와 다시 풍성해진 구불거리는 머리칼을 비춘다. 엘리는 여성스러움을 되찾은 모습이다. 판사, 캘러핸, 지방 검사는 엘리를 웃음거리로 생각하고, 엘리는 실제로 증인을 심문하는 방법을 몰라 처음에 쩔쩔맨다. 그녀는 머뭇거리며 브룩의 의붓딸인 처트니 윈덤에게 질문을 시작한다. 처트니는 브룩이 '피에 흠뻑 젖은 채' 아버지의 시체 옆에 서 있었다고 증언한 바 있었다. 그녀는 총격이 일어났을 때 샤워 중이었다고 재차 증언한다. 그 말에 엘리 역시 그녀가 샤워 중이었다는 사실을 반복하고, 법정 내 사람들은 웃음을 참지 못한다. 그러나 그때, 처트니는 샤워 중에 머리를 감았고, 그날 아침 일찍 파마를 했다고 덧붙인다.

그러자 엘리의 머리에서 전깃불이 번쩍한다. 그녀는 파마에 관한 모든 걸 알고 있었다. 자신감이 샘솟기 시작한 그녀는 법정 내 사람들에게 파마를 하고 곧바로 젖은 티셔츠 대회에 참가해 물벼락을 맞았다가 구불거리는 파마기가 사라져버린 친구의 이야기를 들려준다. 그러고서 치명타를 날릴 기회를 노린다.

"파마를 한 지 적어도 24시간 내에는 절대로 머리를 적셔서는 안 된다는 게 파마의 기본 원칙 아닌가요? 암모늄치오글라이콜레이트가 비활성화될 위험이 있으니 말이에요."

엘리는 처트니의 머리칼이 여전히 구불거리는 걸로 보아 그녀는 그날 머리를 감지 않았다고 지적한다. 그러면서 자기 아버지를 총으로 쏜 다음 총을 숨길 시간이 있었다고 주장한다. 이에 처트니는 갑자기 무너지며 살인에 대해 자백하고, 법정은 순간 놀라움에 휩싸인다. 브룩은 무죄 판결을 받는다. 이후 수많은 기자가 엘리를 향해 달려오지만, 그녀는 침착하다.

"코즈모 걸이라면 누구나 파마의 규칙 정도는 알죠."

여기서 환상은 소녀들의 지식이 중요하다는 점이다. 여학생 클럽 안에서만 중요한 것이 아니라는 이야기다. 여성들은 여전히 또래들 사이에서 패션, 헤어, 화장 등에 관한 상세한 정보가 중요하다고 인식하게 되지만, 이러한 정보가 하찮고 쓸모없는 지식이라고 비하되는 광경을 보기도 한다. 그러나 법정이라는 남성 지식의 성역에서 의구심과 조롱에 둘러싸인 엘리는 파마의 화학적 원리를 안 덕분에 소송에서 승리를 거둔다. 우리 대부분은 이러한 정보를 '1992년 슈퍼볼의 승자는 누구인가' 정도의 정보로밖에 생각하지 않는다. 영화 끝에서 졸업식의 학생 연사로 선 엘리는(그리고 그녀는 유명한 보스턴 법률회사에서 일자리 제의를 받는다) 청중을 향해 첫인상은 항상 옳지 않을 수 있으며, 언제나 자기 자신을 믿어야 한다고 충고한다. 이 영화에서 지나친 여성스러움은 아둔함으로 정형화되지 않았다. 심지어 페미니스트인 이니드 역시 그녀에게 박수갈채를 보낸다. 그러나 「미스 에이전트」의 그레이시 하트가 여성스러움을 거부하는 극단적인 상태에서 절충적인 중간 지점으로 옮겨 와 직업적 목표와 제모를 받는 일 사이에서 균형을 이루어야 했던 것처럼, 엘리 역시 과거에 남성이 지배하던 직업 세계에서 소녀다움을 직업적 성취로써 희석시켜야 했다.

두 영화에서 모두 페미니즘은 의도적으로 매력적이지 않고, 현실과 동떨어졌으며, 다른 여성들에게 적대적인 모습으로 표현되었다. 이는 여성스러움에 대한 적대감이다.(스트롬웰 교수가 미용실에서 엘리에게 격려의 말을 한 사실은 눈여겨볼 만하다. 교수는 전문가이지만 그러면서도 여성스러운 인물이기에 엘리는 그녀의 충고를 받아들일 수 있었다.) 「금발이 너무해」는 페미니즘을 오직 레즈비언들이 옹호하거나 지지하는 것으로 전락시켰다. 따라서 지나친 여성성이 아무리 우스꽝스럽다 해도, 여성스러움은 여전히 여성이 사랑을 찾고 진지한 사람으로 간주되는 데 필수적이다.

특히 치명적인 것은 「다운 위드 러브Down with Love」(2003)라는 영화다. 이 영화는 관객들을 여성운동이 처음 일어났던 시대로 데려간다. 1950년대 말, 1960년대 초의 록 허드슨과 도리스 데이의 로맨틱 코미디에 대한 오마주인 이 영화는 페미니스트들이 어떤 동기를 가졌든 간에, 페미니스트들의 언행 불일치에 짜증이 난다고 이야기한다. 러네이 젤위거는 『다운 위드 러브』라는 세계적인 베스트셀러를 쓴 1962년의 매우 여성스러운 미혼 여성 바버라 노백을 연기했다. 책에서 그녀는 여성들이 낭만적인 사랑을 해야 한다는 강박관념에 사로잡혀 있으며, 이를 떨쳐내야 한다고 주장한다. 따라서 여성들도 남성들처럼 섹스를 사랑과 별개인 신체적 쾌락으로 여겨야 한다고 목소리를 높인다. 또 여성에게는 남성은 물론 결혼도 필요치 않으며, 필요한 것은 남성과 동등한 권리와 기회뿐이라고 주장한다.

한편, 노백의 책 내용을 믿지 않는 바람둥이 기자 캐처 블록은 그녀를 반드시 유혹하리라 결심한다. 영화 중반부에서 캐처는 결국 성공을 거두고, 바버라는 자신이 실은 '사랑을 타도하려는' 여성이 아님을 인정해야 했다. 페미니스트인 편집자 비키 역시 실은 결혼을 하고 싶다고 고백한다. 따라서 이 영화의 가장 큰 메시지는 미국에서 성차별이 극에 달했던 과거에도, 그리고 현재에도 페미니즘은 가식이자 허세에 불과하다는 것이다. 즉, 페미니즘적인 입장을 내세우는 여성들의 진심은 그들의 말과 다르다는 이야기다. 단지 페미니즘을 부르짖는 책을 팔아서 여자들의 돈을 챙기고, 다른 여자들에게는 남자, 결혼, 가족을 포기하라고 해 그들을 불행하게 만드는 동시에, 속으로는 은밀하게 남자, 결혼, 가족을 갈망한다는 이야기다.

"당신은 나만 속인 게 아니야. 전 세계를 속였어."

캐처는 바버라의 위선을 알게 되고 매우 놀란다.

이로써 바버라가 다른 여성들에게 심어주었던 포부와 열망은 웃음거리가 되었다. 영화 속 한 장면에서는 패션모델처럼 멋진 비행기 승무원이 바버라의 책을 읽고 비행기 조종사가 되기 위해 교육을 받는 중이라고 말한다. 관객들은 이 장면을 보고 실소를 금치 못했을 것이다.

영화 끝에서 캐처는 사랑에 빠져 '새로운 남자'가 된다. 그리고 아름다운 가짜 페미니스트는 바람둥이를 길들여, 과거에는 여자를 이용하기만 하던 개조 불가능의 남자를 자신의 감정을 제대로 알고 더 이상 여자에게 상처를 주지 않는 남자, 그리고 여자처럼 결혼과 가정생활을 꿈꾸는 남자로 탈바꿈시킨다. 영화 배경이 1962년임을 고려할 때, 당시 여성운동의 영향으로 많은 남성에게서 이러한 추세가 나타났을 것이다. 따라서 남성들 역시 페미니즘에 의해 개혁되었으며, 이는 우리가 페미니즘을 더 이상 필요로 하지 않는 또 다른 이유가 되었다.

새천년의 시작은 진화된 성차별의 분수령이 된 시기였다. 모든 TV 프로그램, 영화, 책에서 여성의 성취, 소녀다움, 반페미니즘을 시선을 뗄 수 없게 조합해 보여주었다. 실제로 과거 페미니즘의 망령이 떠올라, 페미니즘이 여성의 내밀한 욕구를 대변하기보다는 여성을 신경질적이고 어리석으며 너그럽지 못한 존재로 만들고 남성을 접근하지 못하게 쫓아버리는, 퀴퀴한 냄새가 나는 화석 같은 이데올로기로 비치게 했다. 화면 속 여성들은 하버드를 졸업한 변호사이거나 홍보 전문가 또는 FBI 요원이었으나, 그들의 직업은 남자로부터 받는 사랑과 비교할 때, 상대적으로 작은 만족감이나 성취감만을 안겨주었다. 이러한 관점을 취한 것은 일부 성차별주의자 남성이나 보수적인 우익 여성이 아니었다. 오히려 이는 무서운 페미니스트들이 발견하지 못해 다행히도 검열당하지 않은, 이른바 여성 내면의 솔직한 목소리처럼 보였다. 1990년대 중반에 '걸 파워'가 등장해 여성들의 자존감을 강화하고 소녀 문화를 확립한 이래(그리고 음반과 화장품과 브래지어를 판매한 이래), 이제 '파워'는 시들해지고 '걸'이라는 부분만 확대되어 새로운 여성성으로 자리 잡았다. 행복해지기 위해 여성들은 슈퍼 걸이 되어, 서로 극단을 이루는 재닛 리노와 신디 크로퍼드 사이에서 완벽하게 균형적인 좌표를 찾아 사랑과 성공을 모두 손에 넣어야 했다. 이 균형을 위해서는 리노에게서 멀어지고 크로퍼드에게 가까워져야 한다는 것을 이제 모두가 알게 되었다.

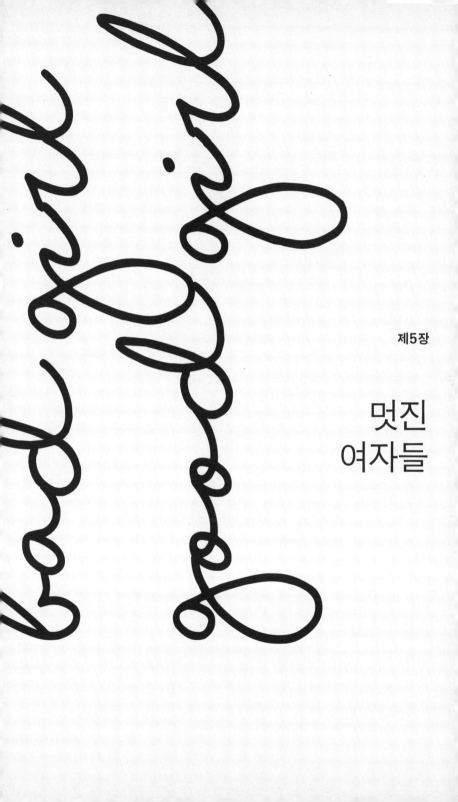

제5장

멋진
여자들

나는 지금 완다 사이크스[■]의 2006년 콘서트 영상 「식 앤드 타이어드Sick and Tired」를 보면서 배꼽 빠지게 웃는 중이다. 걸걸하고 새된 목소리에 자신만만하고 당당한 태도로 무대 위를 활보하는 사이크스는 싫은 소리도 마다않는 강단 있는 흑인 여성의 전형을 최대한 활용한다. 사이크스의 주제는 인종 프로파일링[■■]에서 낙태, 남녀 간의 투쟁까지 매우 다양하다.

　"전 여자들이 남자를 개에 비유하는 게 맘에 안 들어요."

　그녀가 청중을 향해 말한다.

　"'남자들은 개와 같아. 남자들은 개와 같아.' 여자들은 이제 이렇게 말해선 안 돼요. 남자들은 개가 아니에요. 개는 충성심이라도 있죠."

[■]　미국의 작가, 코미디언, 배우, 성우
[■■]　인종에 기초하여 용의자를 추적하는 수사 기법

환호성을 지르는 여성 청중을 향해 그녀는 결정타를 날린다.

"개는 절대로 주인을 배신하지 않아요. 게다가 자기 불알을 핥을 줄도 알죠."

이어서 그녀는 여성들이 아름다워져야 한다는 심한 압박에 처해 있으며 계속해서 물건 취급을 받는데, 그로 인해 분노를 품은 여성들이 남성을 맹렬히 비난하려 한다고 강조한다.

"여성은 외모를 비롯하여 모든 측면에서 지나치게 가혹한 평가를 받고 있어요. 그래서 한순간 폭발하고 말죠. 우리 여자들은 남자를 죽이고 싶다는 생각을 하루에도 두세 번씩 해요. 남자가 특히 끔찍한 소리를 해대면 여자는 속으로 '두 눈알을 당장 뽑아 엉덩이에 박아주고 싶다. 똥구멍이 얼마나 큰지 보게' 하고 생각하죠."

사이크스는 신께서 여자에게 강한 근육을 주지 않은 이유가 있다고 말한다.

"자, 여러분, 우리가 신체적으로 더 강해지면, 우린 매일 그 망할 놈들을 두들겨 패고 말 거예요."

특히 유튜브에서 유명해진 그녀의 농담 중 일부를 옮기면 이렇다. 여성이 남성과 육체적 관계를 맺어야 하는 모든 압박에서 벗어나면서도 자기 자신과 명예를 지킬 수 있는 한 가지 방법은 탈부착이 가능한 질膣을 갖는 것이라는 얘기다.(그녀는 물론 더 상스러운 단어를 썼다.) 가끔 질을 집에 놔두고 나오면 얼마나 편리할까?

"그 자유에 대해 생각해보세요. 밤에도 아무런 두려움 없이 조깅을 나갈 수 있죠. 강간범이 다가오면 이렇게 말하면 그만이에요. '죄송해요. 제 건 집에 두고 왔어요.'"

완다 사이크스는 백인의 표준 영어와 흑인 영어를 자유자재로 오가며 독특하고 대담한 어법으로 백인 가부장제의 어리석은 면을 비판한다.(Associated Press/Paul Drinkwater/NBCU Photo Bank via AP Images)

이것은 사이크스가 신일 때 가능한 이야기다.

사이크스는 대개 백인의 표준 영어로 말하지만, 자주 g를 생략하고 흑인 영어의 말투와 'ain't nobody' 'I need me some' 'girl' 같은 어구를 중간중간 사용한다.[1] 우리는 흑인 영어를 들었을 때 어떤 느낌인지 즉각 안다. 즉, 내부자들의 은밀한 대화라는 얘기다. 흑인 영어는 듣는 사람들로부터 절대적인 '수긍'을 필요로 하는 진실, 그리고 지나치게 공식적이고 딱 부러지며 확립되어 있는 표준화된 백인의 정통 영어가 전달하지 못하는 진실이 언급되고 있다는 사실을 즉각 나타낸다.[2] 이러한 두 가지 말하기 방식 사이를 오감으로써, 사이크스는 상황과 자신의 의도를 규정한다. 그녀는 내부에 있기도 하고 외부에 있기도 한 존재다. 즉, 흑인 여성이자 관찰자로서 백인 사회의 모든 면, 특히 남성 사회를 더욱 정확하고 냉정한 시각으로 들여다볼 수 있는 위치에 있다.

나는 이러한 시각을 원한다. 이는 내가 그녀와 공유하고픈 비밀스러운 작은 틈새와 같다. 이 시각은 그 확실함과 대담함으로 힘을 지닌다. 무대 위를 활보할 때면 사이크스는 그 공간과 청중을 휘어잡는다. 그래서 내가 그녀를 보며 함께 웃을 때면, 나 역시 그 두려움 없는 힘을 갖고 있으며, 그로 인해 내가 응징을 당하거나 증오의 대상이 되는 대신 오히려 박수갈채와 존경을 받는 상상을 해볼 수 있다. 여기서 여성의 언어적 힘은 실로 대단하다!

그렇다면 많은 여성이 왜 호전적인 흑인 여성을 그토록 좋아할까? 그리고 그녀는 왜 대중문화에서 없어서는 안 될 존재가 되었을까? 그녀가 우리를 위해 하는 일은 무엇일까? 완다 사이크스가 홀로 무대를 누비며 열변을 토하고, 퀸 라티파가 「시카고Chicago」에서 감초 역할을 하며, 「그레이 아나토미」에서 닥터 베일리가 인턴들에게 질책하는 장면을 볼 때, 여성들은 미묘한 쾌감을 느낀다. 아프리카계 미국인 여성들은 주류 문화에서 어렵사리 제 목소리를 내게 된 성과에 대해 어느 정도 인정을 받는다. 그러나 중류층 및 중상류층 백인 여성의 경우 상황은 좀 다르다. 이들은 여전히 가정에서나 일터에서나 외교적이고 회유적이며 배려심이 깊어야 한다. 또 지나치게 거칠거나 신랄한 발언을 하거나 성차별주의에 대해 지적하거나 분노를 표출해서도 안 된다. 이런 실수를 했다간 어떤 일이 벌어질지 뻔하다. 바버라 부시의 말을 빌리자면, '마녀' 같은 존재가 될 것이다. 나는 완다 사이크스의 자세, 태도, 자신감, 언어, 발음, 그 모든 것을 훔치고 싶다.

1990년대 초반 시트콤 「리빙 싱글Living Single」의 첫 방영과 성공에서부터 완다 사이크스의 등장, 그리고 현재도 성공가도를 달리고 있는 오프라 윈프리까지, 아프리카계 미국인 여성들은 화법 전환을 하는 여성의 즐거운 모습을 보여주었다. 쉽게 말해, 한 순간에는 직업적인 규범 내지는 중산층의 규범에 완전히 동화된 모습을 보이다가 어느 순간에는 흑인 영어를 사용하면서, 그러한 규범이 특히 여성들에게 얼마나 가식적이고 위선적인지를 폭로했다. 화법 전환은 모든 여성이 매일 밀고 통과해야 하는 회전문에 대해 매우 즐겁고 만족스러운 언어적 공연을 제공한다. 이는 남성이 여전히 지배하는 세상에서 순응적이고 협력적인 가면을 썼다가 어느 순간 가부장제의 대가에 대해 진실을 이야기한다. 흑인 영어는 페미니즘을 세련되고 멋지며 재미있게 만든다.

나는 완다 사이크스가 성차별주의와 부당함에 대해 흑인 여성들의 분노만 표현한다고 생각하지 않는다. 그녀는 모든 여성의 분노를 표출한다. 하지만 그녀는 저 밖에 서 있고, 우리는 그녀 뒤에 숨어 있다. 그녀는 우리를 대변하는 자신만만한 여성이다. 우리 역시 그녀처럼 되고 싶지만, 그랬다간 심각한 문제에 처할 수 있다. 그래서 흑인 여성이 내 분노를 대신 표출해주기에, 그것도 신명 나게 표출해주기에 우리는 통쾌한 것일까? 나는 저널리스트 조앤 모건이 말한 이른바 '요란하게 말을 해대는 슈퍼우먼'이 재치 있는 말투로 삶의 고통스러운 본질을 가려버리는, 매체가 만들어낸 또 다른 상투적이고 전형적인 인물이라는 사실을 안다. 하지만

사이크스는 관습에 대한 도전과 힘이라는 환상을 제공한다.[3]

이러한 환상은 꽤 기분이 좋다. (양손으로 허리를 짚은 채 눈을 부릅뜨며) 성차별주의에 대한 있는 그대로의 진실, 여성에 대한 정복, 퉁명스러운 남성들의 행동을 폭로하고 그에 대해 멋지다는 평가를 받는다는 건 얼마나 기분 좋은 일인가? 사이크스의 언어적 공격성은 현실에서 나에게는 아무런 도움이 되지 않겠지만, 잠시나마 소파에 앉아 그러한 장면을 보는 건 굉장한 일이다.(흑인 여성의 경우에도 현실에서는 별다른 도움이 되진 않겠지만, TV에서의 메시지는 그만큼 나를 얕보지 말라는 것이다. 남들이 나를 얕보지 않는다는 것은 얼마나 멋진 일인가?) 대리적인 방식이기 하지만, 수십 년간 백인들은 재즈, 로큰롤, 힙합, 그리고 많은 백인이 갈구하는, 중산층의 제약으로부터의 해방을 낭만적으로 묘사한 개념들을 수용함으로써 흑인 문화의 입장에 서보았다. 호전적인 말투의 아프리카계 미국인 여성은 그러한 도피처를 나타내며, 그녀는 해방의 즐거움, 단아한 여성성으로부터의 일탈을 제공하는 환상이었다. 하지만 그녀는 흑인 여성들과 관련하여 위험 역시 안고 있다. 호전적인 태도는 멋질 수는 있지만 언제나 길들여져야 하는 대상이기 때문이다.

사이크스가 짧은 기간 TV에서 본인의 코미디 쇼를 펼쳤던 그해에, 또 다른 아프리카계 미국인 여성이 TV 화면을 점령했다. 바로 「그레이 아나토미」에서 닥터 미란다 베일리 역을 맡은 챈드라 윌슨이다. 크리스티나(샌드라 오)와 함께 닥터 베일리는 즉각 내가 좋아하는 인물이 되었다. 닥터 베일리는 남에게 상냥하거나 남의 시선을 의식하는 일에 전혀 관심이 없고, 일적으로 꼭 필요하다면 진실을 말하거나 사람들의 감정에 상처를 주는 일도 서슴지 않는 전문직 여성이었다. '나치'라는 별명이 붙은 엄격한 그녀는 인턴들 사이에서 즉각 두려움의 대상이 되었다.

"내겐 다섯 가지 규칙이 있어. 외우도록 해."

그녀는 명령조로 읊어 내렸다.

"첫째, 비위 맞추려 하지 마. 난 이미 너희가 싫고, 그건 바뀌지 않을 거야. 너희 인턴들은 졸병이야. 외과 먹이 사슬의 최하위에 있는 아무것도 아닌 존재들이지. (…) 셋째, 내가 자고 있을 때, 환자가 죽어가는 경우가 아니면 절대 깨우지 마. 넷째, 내가 갔을 때, 환자가 살아 있는 게 좋을 거야. 아니면 너희가 누굴 죽인 데다가 내 잠까지 깨운 거니 말야. 알아들었나?"

인턴 중 한 명인 이지가 셋째 규칙을 지키지 못했을 때, 베일리는 "차라리 다음부터는 환자가 죽어가도 깨우지 마" 하고 쏘아붙였다. 그리고 인턴들이 수술에 참여하고 싶다고 말하자 그녀는 이렇게 대꾸했다.

"인턴의 의무는 레지던트를 기분 좋게 해주는 거야. 내 기분이 지금 좋아 보여? 절대 아니야. 왜인 줄 알아? 내 인턴들은 투덜이거든. (…) 내 기분이 좋아지기 전까지 수술은 꿈도 꾸지 마. 난 뭐든 할 수 있으니까. (…) 왜 거기 그러고 서 있어? 어서 움직여!"

그녀는 인턴들에게 "만약 레지던트의 기분을 상하게 하면, 엄마를 찾으며 울고불고 할 때까지 괴롭힐 거야"라고 경고한다. 그녀가 구사하는 표준 영어와 흑인 영어가 즐거운 긴장감을 조성하며,

여성의 힘을 위협적이면서도 친숙하게 만들었다.

베일리는 선배들을 대할 때도 당찼다. 그녀는 선배인 닥터 버크에게 이렇게 말했다.

"당신은 건방지고 오만하고 우두머리 행세를 하려 들 뿐만 아니라 강압적이에요. 게다가 우월감에 젖어 있죠. 당신은 자기 생각만 하지, 남 생각은 전혀 안 해요."

나도 남자들과 일하면서 닥터 베일리처럼 말하고 싶은 적이 한두 번이 아니었지만, 그럴 배짱은 전혀 없었다. 내가 학부생에게 C학점(그것도 관대한 편이었다)을 주었을 때 그 놀랍도록 건방진 학생의 월가 변호사가 학장실로 항의 전화를 한 적이 있었다. 그때 나는 친구를 거의 죽일 뻔한 무모한 오토바이족에게 닥터 베일리가 했던 말을 그대로 해주고 싶었다.

"이 아무짝에도 쓸모없는 콧물 닦는 손수건 같은 놈!"

하지만 나는 그런 말을 할 수 없었고, 내 바람에도 불구하고 이 내부자 집단의 일원이 될 수 없었다. 하지만 나는 베일리가 나를 대신해 그런 말을 해주는 걸 좋아한다.

자, 이제 미국 역사상 가장 많은 억압과 탄압을 받은 집단 중하나인 흑인 여성들이 수백만의 사람 앞에서 권력을 가진 자를 향해 진실을 이야기할 수 있다면, 그것이야말로 오늘날 페미니즘이 필요 없다는 사실을 극적으로 나타내는 것 아닐까? 흑인 여성들이 이렇게 거침없이 자유로운 발언을 하고 해방을 누린다면, 게다가 외과 전문의가 되기까지 한다면, 모든 여성이 그 그늘 아래서 성공을 거둔 것 아닐까? 그러나 소파에 앉아 그들을 보며 환호할 때, 우리는 헤어 나오기 힘든 함정에 빠져들 수 있다. 재치 있는 발언에 능한 흑인 여성이 우리 중 많은 수에게 대리 만족을 제공하고 여성들의 공분을 불러일으키는 성차별주의에 관한 중대한 진실을 알려줄 때, 그녀의 존재 자체는 여성 평등이 실현되었다는 절대적인 증거로 작용한다. 또한 그녀의 존재로 인해 매체에서 유색인종 여성들의 더욱 현실적인 상황이 가려질 수 있다. 특히 외과 전문의나 성공적인 엔터테이너가 아닌 유색인종 여성들의 존재가 가려질 수 있다.

그렇다면 이제 TV나 영화 속 인물이 아닌, 미국에 있는 수백만의 실제 아프리카계 미국인 여성이 어떤 상황에 처해 있는지 살펴보자. 물론 그 어느 때보다도 많은 아프리카계 미국인 여성이 대학에 진학했고, 대학 교수, 언론인, 변호사, 사업가 등 전문직에 종사하고 있다. 그럼에도 흑인 여성들은 백인 및 아시아계 미국인 여성들보다 소득 수준이 현저히 떨어지며, 백인 남성 한 명이 1달러를 벌 때 흑인 여성은 겨우 62.5센트를 번다.(루이지애나의 경우, 백인 남성 한 명이 1달러를 벌 때 흑인 여성은 48.9센트를 번다.) 또 흑인 여성은 미국 전역에서 빈곤층 비율이 가장 높고, 특히 루이지애나, 미시시피, 아칸소 주에서 그러하다. 뿐만 아니라 여성정책연구소에 따르면 이들은 "고용과 승진에서 지속적으로 차별을 받고 있고, 인종과 성별에 따른 직업적 분리를 겪고 있으며, 고등교육 역시 차등적으로 이루어지고 있다."[4] 또 흑인 여성들은 40세 이전 유방암 발병률이 높고, 그로 인한 사망률도 높다. 그 밖에 결장암, 췌장암, 폐암 등 기타 암에 걸릴 위험 역시 더 높고, 타 인종 및 민족 집단보다 질병으로 인한 사망률이 가장 높다. 게다가 심장질환의 발병 및 그로 인한 사망률 역시 더 높다. 한편 젊은 아프리카계 미국인 여성 및 소녀들의 경우, 백인 소녀들에 비해 성교육과 산아 제한이 제대로 이루어지지 않고 있다. HIV/AIDS가 흑인 여성들 사이에서 치솟고 있으며, AIDS의 경우 백인 여성보다 흑인 여성들 발병률이 25배나 높다. 그리고 이 여성들 중 많은 수는 태아가 있는 상태에서 그에 대한 치료나 관리를 제때 받지 못하거나 전혀 받지 못해 신생아 사망률이 백인에 비해 2.4배 높다. 또 흑인 신생아는 신생아 돌연사 증후군으로 사망할 확률이 백인보다 2~3배 높다. 이 얼마나 많은 눈물을 흘려야 하는 일인가?[5] 더욱이 아프리카계 미국인 여성들은 강간과 폭행의 피해자가 되는 일이 놀랄 만큼 많다.(이러한 상황은 백인 여성들에 비해 전혀 관심을 받지 못한다.) 흑인 여성들이 마약 소지, 절도, 음주 운전 등으로 징역형에 처해지는 경우도 백인 여성들보다 4.5배 더 많다.[6]

가시성과 비가시성 사이의 모순은 아프리카계 미국인 여성들 사이에서 매우 심하다. 우리 사회의 거울이라 할 수 있는 대중매체를 보면 몇몇 경우를 제외하고, 성공을 이룬 중산층 흑인 여성이나 중산층 이하, 또는 고군분투하는 저소득층 흑인 여성을 볼 수 없다. 사이크스와 닥터 베일리는 아직까지도 백인이 절대 다수를 이루는 매체 환경에서 여전히 눈에 띄는 인물들이다. 「위기의 주부들Desperate Housewives」 「립스틱 정글Lipstick Jungle」 「캐시미어 마피아Cashmere Mafia」 「가십걸」같이 여성들이 대거 등장하는 드라마를 보면, 아프리카계 미국인 여성이 섭외된 경우가 없다. 「CSI 마이애미CSI: Miami「ER」과 같은 드라마에서는 형식적으로 흑인 여성 법의학자나 의사가 나올 뿐이다. 이를 만회하려는 의도로 모든 법정 드라마에는 '다양성' 요건을 충족시키기 위해 익명의 수많은 흑인 여성 판사가 등장하는데, 이들은 몇 줄의 대사도 없으면서 흑인 여성들이 형사 사법 체계를 비롯한 사회에서 성공을 거두었다는 인식을 강화한다.

어느 오후에 BET를 틀어보면, 음반 사상 가장 여성을 혐오하는 노래 가사에 맞추어 노출이 심한 옷을 입은 흑인 여성들이 엉덩이를 흔들어대는 장면을 볼 수 있다. 그러고서 한 시간 반 후에 채널을 돌리면, 연예 산업계에서 가장 부유하고 영향력 있는 여성, 오프라 윈프리가 등장한다. 유명세가 어찌나 대단한지 이제는 그녀를 언급할 때 성姓까지 입에 올릴 필요가 없다. 이렇듯 노골적인 성적 대상화와 어마어마한 성공의 이미지가 병존하는 건 도대체 어떤 현상일까? 진화된 성차별은 아프리카계 미국인 여성들에게 더욱 복잡하고 종종 더욱 치명적이다. 왜냐하면 이는 새롭고 미묘한 인종 차별주의, 그리고 일부 흑인 사회의 여성혐오와 교차되어 있기 때문이다. 흑인 여성들이 관장하는 모계사회에서 예로부터 흑인 남성들을 원치 않는 존재 내지는 쓸모없는 존재로 인식한 관행은 한편으로는 강하고 무시무시한 괴물 석상과 같은 존재로서 여성의 이미지를 강화한다. 흑인 여성이 이미 이렇게 모든 걸 관장하고 있는데 페미니즘이 왜 필요하겠는가? 그런가 하면 다른 한편으로는 진화된 성차별의 추세가 흑인 여성들은 실제로 섹스와 돈에만 관심이 있기 때문에 성적 대상이 되고 힘없는 존재로 간주되어야 한다고 주장한다. 달리 말해, 기존의 페미니즘은 흑인 여성을 암벽처럼 매우 강인한 여성으로 간주하고, 진화된 성차별은 흑인 여성을 물질주의에 빠졌으며 성적으로 부정한 여자로 간주한다. 두 경우 모두, 그들이 갖고 있는 힘은 신화에 불과하다.

나는 (a) 백인 여성, (b) 나이 든 백인 여성, (c) 베이비 붐 세대의 백인 여성 페미니스트로서 이제 위험한 영역에 들어서려 한다. 내가 무슨 권리로 이러한 이미지에 토를 달겠는가? 어쨌든 1970년대의 백인 페미니스트들은 유색인종 여성들의 문제를 무시하거나 최소화하고 외견상 엘리트주의적이고 배타적인 태도를 취함으로써 그들을 격분케 했다. 조앤 모건과 기타 흑인 페미니스트들이 분명히 밝혔듯이, 그로 인해 아프리카계 미국인 여성들이 페미니즘을 받아들이는 것이 쉽지 않았다. 내가 성차별주의에 대해 한두 가지(혹은 세 가지) 정도를 직접 알 수는 있겠지만, 흑인 사회 내에서의 성차별주의는 고사하고 인종주의에 대해 진정 뼛속으로 무엇을 얼마나 알겠는가? 나는 그저 간접적으로 알 뿐이다. 하지만 흑인 여성들이 본능적으로 문란하다든가 대개 요란하고 저돌적이거나 게으르고 무책임한 부모라고 여기는 매체의 이미지는 아프리카계 미국인 여성들에게만 한정되지 않는다. 백인 여성들은 그들을 분명하게 바라봐야 한다. 왜냐하면 그러한 이미지가 흑인 여성들을 낮추고, 그들의 희생을 대가로 나 같은 누군가의 위치가 올라가기 때문이다.

매체에서 볼 수 있는 배짱 좋고 말을 똑 부러지게 하는 의지하고픈 흑인 여성의 이미지는 내가 닮고 싶고 함께 웃고 싶은 모습이지만, 내가 TV나 극장에서 나와 백인 여성으로서 백인 세계에 들어가면, 그러한 이미지는 내게 별다른 영향을 미치지 않는다. 백인 여성들은 상당한 특권을 누리고 있다는 사실을 인정해야 한다. 예를 들어, 옷가게에 들어갈 때 보안 요원이 따라오지 않는다든가, 대개 의사들이 더 잘해주고, 구직 활동 시 면접 기회가 더 많으며, 대출 기회 역시 더 많다는 사실을 알아야 한다. 이러한 특권은 매체의 이미지에 의해 강화된다. 물론 나는 아프리카계 미국인 여성들을 대변할 수 없다. 하지만 그들의 동포가 되고는 싶다.[7] 백인 여성과 흑인 여성의 서로 상충하는 이미지들은 따로 또 같이, 때때로 우리 모두를 위해 더 많은 일을 가능하게 하지만, 또 한편으로는 진화된 성차별에 힘을 실어주고 백인 여성과 흑인 여성을 서로 대치시킨다.

그렇다면 어떻게 TV 드라마에 흑인 외과 전문의가 등장하게 되었을까? 매우 호전적인 여성이긴 하지만 말이다. 물론 지금도 모든 매체에서 유색인종 여성들이 존재감을 드러내진 못하고 있지만, 1990년대 초반부터 아프리카계 미국인들이 텔레비전, 영화, 음악 산업에서 점점 눈에 띄기 시작했다. 레이건 행정부가 '복지의 여왕'■을 공격하면서 아프리카계 미국인 남성들을 게으른 폭력배로 묘사하고, '코카인 중독자에게서 태어나는 신생아'에 대한 우

■ 정부의 복지 혜택을 받아 고급 승용차 캐딜락을 몰고 다니는 여성을 지칭하는 말

려를 조장하며, '약물과의 전쟁'을 앞세워 도시의 흑인들을 암묵적 표적으로 삼자, 다양한 흑인 예술가들 사이에서 큰 반발이 일어났다. 흑인들이 만든 영화, TV 프로그램, 잡지, 특히 랩 음악은 이러한 고정관념을 비판하면서, 흑인과 백인 모두가 환영하는 대중 문화를 양산해냈다.[8] 연예 산업계 역시 '빈민가'(게토)의 이미지가 팔린다는 걸 알게 되었다.[9] 랩 음악과 비디오는 대부분의 백인이 알아듣지 못하는 비밀스러운 언어(diss, phat, frontin', homie와 같은 말)로 도심에 생명력을 불어넣었다. 게다가 그들은 라임, 비트, 브레이크댄스, 그라피티, 배기 바지, 끈을 묶지 않은 운동화, 화려한 장신구를 선보였다. 이는 흑인들이 스스로 노력하고 적절한 스웨터만 갖춰 입으면 본인이 원하는 무엇이라도 될 수 있다는 「코스비 가족The Cosby Show」의 영역이 아니었다.[10]

이러한 분위기 속에서 「요! MTV 랩스Yo! MTV Raps」라는 프로그램이 1988년에 처음 선보였다. 당시는 MTV가 황당무계한 데이트 게임과 잔인한 리얼리티 쇼 대신 뮤직비디오를 방영하던 시절이었다. 하지만 마이클 잭슨과 이따금 방영되는 허비 행콕이나 프린스(아, 「Little Red Corvette」)의 뮤직비디오를 제외하면, MTV는 여전히 미국 백인들의 세상이었고, 랩 음악이 점점 인기를 끌면서 그러한 행태가 비난을 받게 되었다. 덕분에, 내 기억이 맞는다면, 방과 후 늦은 오후에 30분간 랩 뮤직비디오를 방영하는 「요! MTV 랩스」라는 프로그램이 생겨나 즉각 인기를 끌게 되었다.

「요! MTV 랩스」는 힙합 문화, 즉 음악, 춤, 속어, 의상, 거리 문화, 스타일, 그리고 지배적인 권력 구조에 대한 적대적이고 반항적인 태도를 더욱 폭넓은 백인 계층에 선보였다. 닥터 드레와 에드 러버와 같은 DJ들과 상당수의 스타가 남성이며 도시 빈민가 중심의 분위기가 주로 남성적인 상황에서, 여성들 역시 초기 힙합에서 중요한 역할을 담당했고, 오늘날과 달리 하찮은 존재로 치부되지 않았다.[11] 요즈음 방송되는, 정치에는 전혀 관심 없는 쓰레기 같은 파티 장면이 나오는 뮤직비디오를 보면, N.W.A의 노래 「Express Yourself」가 언제 있었는지도 기억에서 가물가물해진다. 이 노래의 뮤직비디오는 흑인 노예들의 억압 장면으로 시작하여 현대의 경찰들이 휘두르는 잔인한 폭력과 아파르트헤이트Apartheid■의 장면으로 이어진다. 그런가 하면 퍼블릭 에너미Public Enemy의 「Fight the Power」 같은 노래도 기억에서 가물가물해진다.(MTV의 「Yo! MTV」 웹 사이트에 들어가서 여자들이 남자를 차지하기 위해 경쟁을 벌이는 릴 웨인의 「Lollipop」 뮤직비디오를 한번 보자.)

이러한 뮤직비디오에서 여성들은 춤을 추거나(엠씨 해머의 「U can't Touch This」), 관객이 되어 배경을 이루거나(디지털 언더그라운드의 「Humpty Dance」), 감탄의 대상이 되었다(LL 쿨제이의 「Around the Way Girl」). 남성들은 심지어 여성의 대상화를 희화화했고, 톤 로크의 댄스 싱글 「Wild Thing」은 로버트 파머의 「Addicted to Love」 뮤직비디오를 패러디해 입술이 빨간 마네킹 같은 여성들을 세웠는데, 그들은 그저 장식물의 역할을 했다. 그리고 1992년에 팝 싱글 1위를 했던 '서 믹스 어 랏Sir Mix-a-Lot'의 「Baby Got

■ 과거 남아프리카공화국의 인종 차별 정책

Back」 뮤직비디오에서는 콧대 높아 보이는 도도한 백인 여성 두 명이 등장해 한 흑인 여성의 엉덩이를 보고 놀라는 반응을 보였다. 서 믹스 어 랏은 흑인 여성들의 엉덩이에 대한 찬가를 부르고 바비 인형과 『코즈모폴리턴』이 제시하는 백인들의 전통적인 미의 기준을 조롱하면서, 여성들에게 '건강한 엉덩이'를 흔들도록 권유했다.

동시에 뮤직비디오는 여성 댄서들을 단지 엉덩이를 흔드는 무대장치와 같은 요소로 전락시켰다. 힙합학자 S. 크레이그 왓킨스가 지적한 대로, "여체를 흠모하는 것과 완전히 파괴하는 것 사이에는 미묘한 경계가 존재하며, 그 경계가 점점 부정적인 방향으로 옮겨 가고 있다."[12] 초기 랩에서 볼 수 있는 정부, 경찰의 잔인성, 인종 프로파일링, 매체에서 표현된 흑인의 이미지에 대한 통렬한 사회적 비판은 여성을 정복해야 할(혹은 여성 스스로 정복되기를 원하는) 성적 대상으로 간주하는 매우 성차별적인 시선과 섞였다.[13] 이후 랩이 갱스터 단계로 흘러가자 노골적인 여성혐오와 성적 폭력의 특징이 나타나기 시작했다. 한 예로 넬리의 뮤직비디오에는 여성의 엉덩이에 신용카드를 긁는 장면이 등장했다.(2004년 스펠먼 칼리지의 여학생들은 넬리가 그의 뮤직비디오의 성차별적인 장면에 대한 대화에 응하지 않을 경우 그가 캠퍼스에 오는 걸 막겠다는 뜻을 밝혔다. 물론 넬리는 대화에 응하지 않았다.)[14]

한편, 몇몇 여성 래퍼가 두각을 나타냈다. 그들은 짧은 치마, 비키니, 또는 가터벨트를 착용하도록 강요받지 않았다. 많은 흑인 여성 래퍼들은 흑인 형제들과 음악 팬들을 여성의 섹슈얼리티와 위상에 관한 대화에 참여시키고자 했다.[15] 그들은 흑인 남성들과의 결속을 표현하면서도 그들의 성차별주의를 비판했다.[16] 퀸 라티파, 엠씨 라이트, 솔트 엔 페파의 음악이 MTV에 방영되었고, 백인 라이엇 걸과 마찬가지로 성 정치학에 대해 항변했다. 퀸 라티파는 노래 「Dance for Me」에서 버뮤다 반바지에 훈장이 박힌 군대 장교의 제복을 입고 네페르티티Nefertiti▪ 같은 모자 겸 왕관을 쓰고서 여자도 남자처럼 랩을 할 수 있다고 목소리를 높였다.

"전투에 나를 참여시켜줘. 난 이길 테니까."

그녀는 자신만만했다. 이보다 더 중요한 것은 그녀의 대표곡 「U.N.I.T.Y.」다. 이 노래에서 그녀는 여성을 '나쁜 년' '창녀'로 부르는 흑인 남성들을 공격했다. 그녀는 거리에서 한 남자에게 붙잡히자 그의 눈에 주먹을 한 방 날리며 이렇게 묻는다.

"네가 뭔데 나쁜 년이라 불러?"

솔트 엔 페파는 「Independent」라는 노래에서 차례로 남성용 가는 세로줄 무늬 정장에 페도라를 쓰거나(담배도 물었다), 축구복이나 군복을 입고(총도 들었다) 여전히 여성스럽지만 100킬로그램의 벤치 프레스를 할 수 있다고 주장한다. 그들은 '난 스스로 돈을 벌 수 있어. 그러니 내가 돈 쓰는 것에 관여하지 마'와 같은 가사로 남자들에게 그들이 필요 없음을 단언했다. 그리고 요요는 「Girl Don't Be No Fool」에서 바람피우는 남자와 가정폭력에 대해 노래했다. "남자들은 그저 하찮은 존재야. 짧은 치마만 걸치

▪ 고대 이집트 제18왕조 아크나톤 왕의 비

면 아무하고나 놀아나지." 그리고 다음 절 가사는 "친구여, 어쩌다 눈에 멍이 들었니? (⋯) 네 남자는 네게 해로울 뿐이야"로 이어진다.[17]

이 여성들은 자신들의 목소리가 정당하고 중요하다고 주장했다. 또한 여성이 정숙해야 한다는 백인 중산층의 지배적인 규범에 굴복하지 않고 성적으로 자신을 표현할 권리를 내세웠다. 그런데 문제는 거의 어김없이 논쟁을 모면하는 마돈나를 제외하고, 이것이 모든 여성에게 덫으로 작용한다는 사실이었다. 스스로를 남성만큼이나 성적 욕구가 강하고 자기 몸에 자부심을 갖는 여성으로 표현하면, 본래 의도가 무엇이든 성적으로 대상화되고 난잡한 여자로 낙인찍히는 일을 허락하는 셈이 된다. 그리고 이 모든 것을 숨겨버린다면, 여성이 성적으로 부적절하고 위험하다는 가부장제의 터무니없는 이중 잣대에 순응하는 셈이 된다. 이는 흑인 여성이 본래부터 성적으로 문란하다는, 수 세기 전부터 내려온 고정관념으로 인해 아프리카계 미국인 여성들에게 더욱 큰 지뢰가 되었다. 힙합학자 트리샤 로즈는 솔트 엔 페파의 뮤직비디오 「Shake Your Thang」과 「Shoop」에 대한 일부 반응에서 알 수 있듯이, "여성들의 성적 자유가 스스로 자초한 착취로 간주될 위험이 있다"라고 지적했다.[18] 실제로 솔트 엔 페파는 그들의 작사가 겸 프로듀서에 의해 전적으로 통제되다시피 했다. 그는 이렇게 떠벌리듯 이야기했다.

"나는 남성의 관점에서 여성을 위한 노래, 즉 여성이 부르는 노래를 만든다. 그 이유는 여자가 무엇을 원하는지를 남자가 잘 알기 때문이다."**19**

1980년대 후반과 1990년대 초의 힙합은 복잡하게 얽혀 있었다. 즉, 남성들이 장악하고는 있었으나 여성혐오보다는 정치적 비판과 백인의 인종주의에 더 치중해 있었고, 일부 여성들이 성차별주의에 대해 목소리를 낼 여지가 있었다. 그러면서도 비트를 통한 남녀 간의 투쟁이 시작되었다. 하지만 또 다른 더욱 거친 걸 파워의 표명으로서 솔트 엔 페파의 「Ain't Nuthin' but a She Thing」이 등장했다. 이 노래에서 그들은 여성이 남성과 똑같은 일을 하고도 돈을 더 적게 벌며, 남성들이 여성을 성적 노리개로 취급한다고 지적했다. 게다가 솔트 엔 페파를 '미치고 돌게 한 것은' 여자들을 악녀 내지는 나쁜 년으로 부르면서도 약한 존재라고 여기는 행태였다.

랩 음악과 힙합 문화 전반이 백인 세계를 침투해가는 동안, 업계의 거물들은 마치 숨겨진 트로이의 유적을 찾듯 또 한 번 아프리카계 미국인이라는 관객을 '발견'했다. 그 결과, 흑인이 등장하는 시트콤의 수가 폭발적으로 늘어났다. 1986년에 토성에 버금가는 대중매체 제국을 세우기 위한 끝없는 정복의 일환으로 루퍼트 머독은 새로운 TV 방송국인 폭스를 세웠다.(당시에는 'netlet'이라 불렸으며, 금세 사라질 것으로 예상되었다.) 그렇다면 폭스사가 어떻게 「코스비 가족」 「디퍼런트 월드A Different World」는 물론이고 「매틀록Matlock」 「아메리카 퍼니스트 홈 비디오」와 같은 대형 프로그램을 거느린 기존의 세 개의 거대 방송국 및 그 자회사들과 어깨를 나란히 하게 되었을까?

전략은 간단했다. 폭스사는 이미 「베벌리힐스 아이들」과 「멜로즈 플레이스」로 젊은 시청자층을 공략한 바 있었다. 하지만 폭스사의 간부들은 아프리카계 미국인이 백인보다 TV를 평균적으로 50퍼센트가량 더 시청한다는 사실을 알고 있었다. 즉, 흑인들은 일주일에 73.6시간, 백인들은 일주일에 50.2시간 TV를 시청했다.[20] 게다가 폭스사는 가장 바람직한 시청자층인, 자유롭게 쓸 수 있는 돈을 가진 도시의 젊은 백인들이 힙합의 점진적인 성공 덕분에 흑인 문화를 멋지고 혁신적이며 진보적인 것으로 간주한다는 사실 또한 알고 있었다. 마지막으로 이들은 「코스비 가족」과 「디퍼런트 월드」의 성공을 통해, 특히 인종주의 문제만 제거된다면 백인 시청자들이 흑인들이 등장하는 프로를 시청한다는 사실을 알고 있었다. 따라서 그들은 광고주들이 겨냥할 수 있는 매우 구체적인 틈새시장을 제공하는 새로운 방송국을 광고주들에게 판매하면 어떨까 하는 생각을 하게 되었다. 폭스사의 엔터테인먼트 부문 사장인 샌디 그루쇼는 다음과 같이 인정했다.

"맞다. 우리는 신세대 백인 시청자층을 공략하기 위해 흑인 프로그램을 이용했다. 그것이 우리가 최첨단 방송국이 될 수 있었던 한 가지 비결이었다."[21]

1993년 폭스사는 흑인들이 제작한, TV 역사상 가장 많은 수의 프로그램을 방영했고, 얼마 지나지 않아 아프리카계 미국인들이 폭스사 전체 시청자의 4분의 1을 차지했다. 그리고 또 다른 현상이 빠르게 뒤따랐다. TV 시청이 인종적으로 분리된 것이다.

1990년대 중후반이 되자, 아프리카계 미국인 가정에서 가장 많이 보는 열 개의 프로그램과 백인 가정에서 가장 많이 보는 열 개의 프로그램이 완전히 달랐다. 겹치는 프로그램은 「먼데이 나이트 풋볼」 딱 하나였다.[22] 흑인 가정에서 가장 많이 본 세 개의 TV 프로그램은 「리빙 싱글」「뉴욕 언더커버New York Undercover」「마틴 Martin」이었다. 그러나 폭스사는 교차 시청자층을 목표한 수치까지 달성했다. 즉, 410만의 흑인 가정이 「리빙 싱글」을 시청했지만, 약 450만의 백인 가정 역시 「리빙 싱글」을 시청한 것이다.[23] 이 전략이 얼마나 교묘했냐 하면, 4위의 주요 방송국으로 자리매김하자 폭스사는 흑인 배우들이 섭외된 시트콤들을 하나둘 없애기 시작했다. 1994년에만 폭스사는 여섯 개의 흑인 프로그램 중 네 개를 폐지했다.[24] 또다시 흑인들은 수고 끝에 내쳐졌다.

흑인 여성들은 백인 문화에 순응하고 그 안에서 성공해야 한다는 압박과 있는 그대로 진실하게 행동하고자 하는 바람을 어떻게 조화시켰을까? 이 질문은 이벳 리 바우저가 만든 폭스사의 간판 프로그램 「리빙 싱글」을 보면 그 해답을 알 수 있다. 그녀는 TV 방송국의 황금시간대에서 성공을 거둔 시리즈를 제작한 최초의 아프리카계 미국인 여성이었다. 1993년에 첫 방영된 「리빙 싱글」은 「로잔느 아줌마」「머피 브라운」「알래스카의 빛」 등 많은 드라마에서 페미니즘이 버팀목 역할을 했던 1990년대 초중반의 시기에 속했다. 「리빙 싱글」은 금세 아프리카계 미국인 가정에서 가장 인기가 많은 프로그램이 되었고, 백인 시청자들 역시 끌어냈다.[25] 이 드라마는 흑인 여성을 지지하고 페미니즘적인 대화로 가득했지만,

「마틴」바로 직후에 방영되었다. 「마틴」은 코미디언 마틴 로런스가 제작한 프로그램으로, 남자다움을 내세우는 측면이 상당히 강했다.[26] 「리빙 싱글」이 흑인 여성을 위한 기존 페미니즘이었던 반면, 「마틴」은 진화된(혹은 덜 진화된) 성차별의 전형이 되었다. 따로 또 같이, 이 두 프로그램은 매체 내에서의 두 추세 간의 투쟁, 그리고 흑인 남성과 흑인 여성 간의 성별 전쟁을 야기했다. 두 프로그램 모두 호평과 혹평이 엇갈렸지만, 「리빙 싱글」이 대부분의 흑인 비평가와 팬들 사이에서 그 단점까지 모두 포용할 수 있을 정도로 잘 만든 프로그램이라는 평을 받은 반면, 「마틴」은 빌 코스비와 스파이크 리로부터 시대 역행적이라는 비판을 받았으며, 일각에서는 민스트럴 쇼minstrel show■가 TV에 부활했다는 비판까지 받았다.[27]

「리빙 싱글」에서는 카디자, 레진, 맥신, 싱클레어, 이렇게 네 여자가 브루클린의 한 집에서 함께 사는데, 같은 건물에 오버턴과 카일이라는 두 남자를 친구로 두었다. 드라마 시작 영상에서는 랩 주제가가 흐르는 가운데 주인공들이 춤을 추며 립스틱과 화려한 구두가 등장한다. 이는 여주인공들이 역시나 여성스러우며, 사회적 상향 이동이 가능한 계층임을 보여준다. 극 중에서 카디자는 『플레이버Flavor』라는 잡지를 창간하여 운영하며, 맥신은 일절 타협이 없는 변호사다. 그리고 레진은 의류 매장의 구매 담당자로 일하며 지쳐 쓰러질 때까지 쇼핑을 하고, 싱클레어는 카디자의 순진

■ 19세기 중후반 미국에서 유행했던 코미디 뮤지컬 쇼. 백인이 흑인 분장을 하고 나와 흑인풍의 노래와 춤을 선보였다.

하고 이해가 더딘 비서이자 그녀의 사촌이다. 이 드라마에서 중산층, 심지어 중상류층으로서 흑인 여성의 성공은 당연시되었고, 흑인 여성들은 투쟁에서 이미 승리한 것으로 묘사되었다.[28]

두 줄기의 주요한 갈등이 드라마를 관통했다. 하나는 페미니즘과 남성을 둘러싼 갈등이었다. 달리 말해, 자아실현과 독립을 이루는 일이 더 중요한가, 아니면 미래의 신랑감을 찾는 일이 더 중요한가?(아프리카계 미국인 여성이 적절한 신랑감을 찾을 확률이 거의 불가능에 가깝다는 현실로 인해 테리 맥밀런의 소설 『사랑을 기다리며 Waiting to Exhale』가 1992년에 29주간 베스트셀러 목록에 올랐다.) 그리고 나머지 하나는 앞서 말한 갈등보다 더 암시적인 성격을 띠는데, 바로 흡수될 것인가, 아니면 진실함을 유지할 것인가를 둘러싼 갈등이었다. 흑인 여성이 온몸에 흰 칠을 하고 있는 그대로의 자기 자신과 다르게 행동하지 않고서 백인 주류 사회에서 성공할 수 있을까? 이벳 리 바우저가 흑인 여자친구들의 삶의 한 단면을 묘사한 드라마를 만들고자 했을 때, 폭스사의 간부들은 더욱 '남성 중심적인' 주제를 추가하라고 압박했다. 그럼에도 드라마에서는 페미니즘적인 측면이 많이 묘사되었다.[29]

제1화에서 우리는 엘리트주의자이자 물질주의자에 쇼핑 중독자이며, 프랑스 것은 무엇이든 사랑하고 티나 터너보다 더 많은 가발을 가진 레진이 남자의 딱 두 가지, 즉 튼실한 엉덩이와 꽉 찬 지갑만을 중요시한다는 것을 알게 된다. 크게 부풀린 치마, 목이 깊게 파인 상의, 머리의 리본, 그리고 헤어질 때면 키스하는 습관을 통해 레진은 아프리카계 미국인 여성 역시 백인 여성만큼 여성스러울 수 있다는 반고정관념적인 인식과, 흑인 여성은 재력이 풍부하지 않으면 흑인 남성을 거들떠보지 않는다는 고정관념 모두를 증명했다. 세련된 정장을 입고 승소한 소송에 대해 떠벌리는 맥신은 직업 세계에서는 확실하게 성공했지만, 집에서는 카디자를 손으로 때리거나 흘겨보며 건방진 말과 행동을 하기도 한다. 그녀가 무척 사랑했던 남자친구는 그녀가 변호사로서 성공하자 그녀를 떠나버리는데, 이는 여성의 성공과 사랑의 지속 사이에 존재하는 치명적인 상관관계를 보여준다.

극 중 여성들이 각자의 정체성을 아슬아슬하게 곡예하듯 보여주기 위해 사용한 전략은 언어의 전환이었다. 싱클레어를 제외한 모든 여성은 표준 백인 영어와 흑인 영어 및 속어를 아무런 노력을 들이지 않고 손쉽게 구사한다. 이는 이 여성들이 두 세계 모두에서 진지하게 간주된다는 사실을 언어적으로 증명한다. 이는 드라마의 큰 즐거움 중 하나였다. 흑인 시청자들은 물론 백인 시청자들 역시 대리적이긴 하지만 진실을 이야기하는 세상에 접근할 수 있었기 때문이다. 실제로 극 중 여성들이 백인 세계에서 성공을 실현한 동시에 여전히 흑인 문화에 충실한 상태로 남아 있음을 나타내는 것이 바로 이 언어였다. 더 중요한 점은 이 여성들이 바로 이 흑인 영어 내지는 당당한 태도를 통해 남성들의 자만심으로부터 허식을 걷어냈다는 사실이다. 레진은 영어를 하다가 순식간에 불어를 구사하는 것은 물론, 곧바로 흑인 영어를 구사하기도 했다. 「리빙 싱글」은 아프리카계 미국인 여성들이 그들만의 풍부하고 생생한 언어를 갖고 있으며, 이 언어가 백인 여성들의 언어보다 더 멋지고 진실성이 있다고 주장했다. 이 드라마는 차별, 부당함, 그리고 물밀듯이 밀려오는 백인 문화의 균질화에도 불구하고 끈질기게 살아남아온, 심지어 더욱 풍부해진 흑인 문화의 언어적 생명력과 풍성함을 찬양했다. 극 중 흑인 여성들은 백인 여성(로잔느와 머피 브라운은 제외)들이 꿈꾸기만 하던 방식으로 남성들의 부당한 성차별주의에 맞섰다. 특히 카디자와 맥신은 남자에게서 원하는 것을 얻기 위해 속눈썹을 깜박거리거나 아무것도 모르는 척 백치처럼 행동할 인물이 절대로 아니었다. 그들은 주류의 백인 영어를 말하는 데 상당히 능숙했지만, 백인 여성들의 영어, 이를테면 때로는 아이 같기도 하고 자주 얼버무리거나 모호하게 말하는가 하면 지나치게 협조적이며 예의 바른 영어를 사용하지 않겠다는 의사를 보였다.[30]

금세 오버턴과 사랑에 빠져 결국 그와 결혼한 우둔한 싱클레어를 제외하고, 극 중 여성들은 성적으로 독립적이고 본인의 쾌락에 관심이 있었으며 이중 잣대에 연연하지 않았다. 이들은 자주 남자들을 위아래로 훑어보며 그들을 시각적 즐거움의 대상으로 여겼다. 진실 게임을 한 화에서 맥스는 카드를 뽑아 카디자에게 이런 질문을 했다.

"사랑 없는 섹스가 죄라고 생각해?"

그러자 카디자가 이렇게 쏘아붙였다.

"만약 그렇다면 너와 난 지옥에서 만나겠군."

이 대사는 스튜디오 관객들로부터 동감한다는 뜻의 웃음을 끌어냈다. 특히 맥스는 성적 욕구와 자유에 거리낌이 없었는데, 이

흑인과 백인 시청자들 사이에서 큰 인기를 얻은 「리빙 싱글」에는 직업 세계에서 성공을 거두었으며 백인 문화와 흑인 문화를 자유롭게 오가는 아프리카계 미국인 여성들이 출연한다.(© Deborah Feingold/Corbis)

는 직업 세계에서의 그녀의 지위에 전혀 지장을 주지 않았다.[31]

남성에 대한 맹비난은 남녀 간의 애증의 관계에 즐겁게 녹아들어 있었다. 톡 쏘아붙이며 공격적인 말을 잘하는 맥스는 자만심에 가득 찬 이웃인 카일과 늘 말싸움을 벌였다. 그런데 그들의 말싸움 속에는 애정이 숨겨져 있었다. 극 중에서는 남자와 관련된 다음과 같은 속담이 여러 차례 등장했다.

"신은 개를 만들고 나서 실수로 남자를 또다시 만들었다."

"모든 남자는 좋은 와인과 같다. 처음에는 포도에 불과한 그들을 우리가 짓밟아줘야 하기 때문이다."

"남자란 행복으로 향하는 길에 존재하는 과속방지턱에 지나지 않는다."

레진은 남자를 값싼 팬티스타킹에 비유하며 "가장 최악의 경우에 올이 풀리곤 하지"라고 말했다. 그 와중에 싱클레어는 "남자가 없는 세상은 어떨까?"라고 질문했다. 그러자 카디자가 대답했다.

"뚱뚱하고 행복한 여자들로 넘쳐나고 범죄가 없어지겠지."

이 말이 끝나자 극 중 여성들은 모두 하이파이브를 했고, 스튜디오의 관객들 역시 환호를 하며 박수를 쳤다.

드라마는 한편으로는 성적 즐거움과 감정적 자양분을 위해 남성을 추구하는 동시에 또 한편으로는 여성의 독립과 자아 존중을 추구했다. 이는 기존의 페미니즘이 작용한 결과로, 단지 흑인 여성만을 위한 것이 아니었다. 첫 회에서부터 맥스는 여성의 권리의 중요성에 대해 이야기했다. 그녀와 카디자는 레진에게 원하는 것을 얻는 데 남자가 필요 없다고 말했다.

"넌 무엇이든 할 수 있어. 넌 여자니까."

마지막 시즌에서 맥스와 카일은 서로 애정을 확인하는데, 카일이 런던으로 발령이 나자 맥스에게 함께 가자고 제의했다. 맥스는 그를 사랑하지만 그렇게 할 수는 없었다. 그녀는 카디자에게 이렇게 말했다.

"내가 1950년대의 가정주부처럼 그를 무작정 따라가야 하는 걸까? 내 모든 일을 포기하고?"

시즌 1의 그보다 유명한 방영분에서, 극 중 여성들은 카일이 주최하고 남자들이 전부 장악한 포커 게임판을 망치기로 계획하고 결국 성공했다. 카디자가 카일의 상사인 로런스를 보기 좋게 이기자, 그는 돌아서서 한 남자에게 이렇게 말했다.

"난 이 암캐bitch들에게 당하려고 여기 온 게 아니야."

이는 물론 당시 랩 음악에서 이 단어가 자주 쓰인 추세를 반영한 것이었고, 스튜디오 방청객들은 분노에 차 야유를 보냈다. 카일이 여자를 비하하지 말라고 지적하자 로런스는 그 말이 "그저 표현일 뿐"이라고 대꾸했고, 그러자 카일은 그를 집에서 내쫓았다. 이 방영분은 퀸 라티파가 본인의 페미니즘 노래인 「U.N.I.T.Y」를 부르는 것으로 끝이 났다. 거실에 있던 여성들, 특히 흑인 여성들은 "잘했어! 잘했어!"라고 외쳤다.[32] 이렇듯 페미니즘에 관한 이야기는 이 드라마의 DNA의 일부였다.

「리빙 싱글」 앞 시간대에 방송된, 매우 인기 있었으나 상당히 성차별적이었던 프로그램 「마틴」에서 아프리카계 미국인 여성들은 훨씬 더 너그럽지 못한 대우를 받았다. 이 프로그램의 제작자이자 스타인 코미디언 마틴 로런스는 남자다움을 과시하는 디트로이트 라디오 토크쇼의 진행자 역할을 맡았는데, 실제로 아내가 되는 그의 여자친구 지나는 그의 강한 소유욕을 견뎌야 했고, 그의 연약한 자존심을 북돋워줘야 했다. 남녀 간의 관계는 대개 언성을 높인 언어적 다툼, 때로는 물리적 다툼으로 이루어졌다. 지나의 가장 친한 친구이자 독설가인 팸은 마틴을 무척 싫어하며 그와 숱하게 모욕적인 말을 주고받았다. 마틴에게는 콜과 타미라는 두

친구가 있었고, 그 외의 다른 주요 두 인물인 마틴의 엄마와 이웃 세네네는 마틴이 분장을 해 연기했다. 이는 흑인 여성, 특히 가난하고 교육받지 못한 흑인 여성을 조롱하는 수단으로 사용되었다. 「마틴」은 「리빙 싱글」보다 포괄적인 신체적 유머, 그리고 인종적 편견에 기초한 과장된 몸짓에 크게 의존했다.

로런스는 드라마에서 두 마리 토끼를 모두 잡고자 했다 즉, 흑인 남성의 남자다움과 성차별주의를 앞세우면서, 대부분의 흑인 여성이 군림하려 들고 공격적이며 성적으로 문란할 뿐만 아니라 돈을 위해 남자에게 접근하는 경향이 있다고 주장하려 했다. 그는 스스로 인정했듯이, 여성과 확실히 '애증'의 관계에 있었다.[33] 전반적인 줄거리는 마틴이 마케팅 부서 고위 간부인 여자친구 지나가 자신에게 완전히 순종적이라고 라디오 쇼에서 떠벌리다가 나중에 그녀에게 크게 혼이 나거나, 그녀가 자신보다 돈을 더 많이 번다는 사실을 알고 나서 크게 충격을 받는 바람에 그녀가 그를 달래고 힘을 북돋워주는 것이었다. 이 드라마를 지지하는 사람들은 이러한 내용이 오직 서로하고만 잠자리를 갖는 젊은 아프리카계 미국인 연인의 애정 어린 관계를 보여주는 몇 가지 중 하나라고 주장했다.[34] 하지만 이러한 로맨스의 강조와 늘 남성답게 보여야 하는 마틴의 애처로운 처지가 드라마의 여성혐오를 가려버렸다.[35] 드라마를 특히 논쟁거리로 만든 것은 여성에 대한 지나치게 인종 차별적인 이미지였다.[36]

드라마가 거듭될수록 격자무늬 정장을 입고 다니는 늙고 추잡한 마틴의 상사 스탠을 비롯하여 다양한 남성 인물이 여자란 무엇보다도 추파를 던지고 탐해야 할 성적 대상이라는 점을 분명히 했다. 마틴은 1년 내내 성적으로 흥분해 있었다. 거칠고 적대적인 팸은 마틴의 친구 콜을 레슬링으로 쉽게 제압할 수 있었다. 그녀는 돈이 없는 남자는 별 소용이 없다고 여겼다.(체중이 20킬로그램이나 더 나가는 남자와 데이트할 수 있겠느냐는 질문에 그녀는 이렇게 대답했다. "물론이지. 그중 10킬로그램이 지갑 무게라면 말이야.") 심지어 성공한 전문직 여성인 지나마저도 특히 마틴 앞에서는 또 다른 여자와 물리적으로 싸우기를 자제하는 모습을 보였다. 로런스의 수염 때문에 더없이 괴기해 보이는 마마 페인은 다른 사람을 험담하기를 좋아하고, 아들을 변호하기 위해서라면 버럭 성질까지 부리는 기가 센 엄마였다.**37**

하지만 이 드라마의 성정치학과 관련하여, 로런스의 또 다른 진정한 자아로 보이는 인물은 그가 연기한 빈민가의 '고향 친구' 격인 세네네였다. 그녀는 몸통을 훤히 드러낸 형광 주황색 내지는 풍선껌 같은 형광 분홍색 배꼽티와 요란한 주황색, 파란색, 노란색, 보라색 줄무늬 반바지를 입고서, 엉덩이에 과한 보형물을 집어넣고 황금색 장신구를 걸치고 길게 머리카락을 드리운 채 긴 손톱을 내보이는데, 로런스가 연기한 이러한 세네네의 모습은 여성의 호전성과 성적 난잡함을 나타낸다. 그녀는 과하게 엉덩이를 흔들고 돌리면서 목과 머리를 끄덕여대며 불명료하게 말했다. 시청자들 앞에 처음 등장한 장면에서 세네네는 팸과 지나를 '작은 비즈니스 우먼'이라고 비꼬면서, 지나에게 마틴을 자신의 방식으로 대할 것을 요구했다. 그 이유는 자신이 그를 길들일 방법을 알기 때문이라면서, "안 그러면 네 엉덩이를 차버릴 거야"라고 협박했다. 그러자 결국 팸이 그녀를 공격하려 했다. 셰네네는 늘 섹스 아니면 주먹다짐을 하고 싶어 안달이었다. 아프리카계 미국인 여성들은 정말로 서로 잘 지내지 못할까? 그들은 실제로 폭력적일까? 그들은 태생적으로 음탕할까? 그들은 천성이 요란하고 위협적이며 군림하려 드는 것일까? 그들은 괴물일까? 셰네네를 한번 보자. 셰네네는 수백만의 아프리카계 미국인 여성들이 매일 겪었던 성차별주의와 인종주의, 그리고 이 둘의 교차 지점을 명확히 보여주었다.

흑인 여성을 거칠고 남성을 무력화하는 존재로 나타내기 위해 로런스가 불쾌한 분장을 하고 연기한 셰네네와 빅마마가 여성에 대한 그의 실제 태도를 나타내는 거울이라는 사실은 실생활에서 그가 일으킨 논란을 통해 더욱 분명해졌다. 1994년 2월 19일, 로런스는 「새터데이 나이트 라이브」에 초대되었는데, 그는 여성의 불쾌한 질 냄새와 그가 적절하다고 생각하는 여성의 청결 관행이 제대로 이루어지지 않는 현실이 정말로 혐오스럽다며 여성을 증오하는 투의 독백을 했다. 이에 프로그램이 웨스트 코스트 전역에 방송되기 전에 그의 독백을 지워야 한다고 수백 명의 사람이 NBC 측에 민원을 제기했다. 이 사건으로 로런스는 「새터데이 나이트 라이브」에 영영 출연하지 못하게 되었다.[38] 그리고 1996년에는 로런스의 아내 티샤 캠벨이 그를 떠나자 그가 그녀를 살해하겠다고 협박했다. 그녀는 남편이 접근하지 못하도록 접근 금지 명령을 신청해야 했고, 결국 그들은 이혼했다. 그리고 그해 가을, 그녀는 로런스를 상대로 '계속 심해지는 성희롱, 성폭력, 언어적 학대, 신체적 안전에 대한 위협'을 근거로 소송을 제기했고 그는 「마틴」에서 하차했다.[39]

1995년 상위 10위에 드는 시트콤 중 네 개인 「로잔느 아줌마」 「그레이스 언더 파이어」 「엘렌Ellen」 「머피 브라운」이 모두 여성들이 이끄는 극이었다. 하지만 「마틴」과 「리빙 싱글」 이후 등장한 흑인 시트콤 대부분을 이끈 것은 남성들의 코미디였다. 두 개의 예외가 「모샤Moesha」와 「시스터 시스터Sister, Sister」였는데, 모두 10대 코미디였다. 「모샤」가 가족들 간의 고군분투를 다룬 반면, 태어나자마자 헤어진 쌍둥이가 14살 때 만난다는 「시스터 시스터」는 「페어런트 트랩The Parent Trap」 내지는 「패티 듀크 쇼」를 표방했다. 즉, 이 백인들의 드라마를 흑인 배우들을 기용하여 재탄생시킨 격이었다.[40] 이 극에서 엄마라는 인물은 또 다른 요란하고 건방지며 뻔뻔한 흑인 여성이었다.

인종에 대한 텔레비전의 또 다른 답은 도시를 배경으로 한 각종 드라마를 보면 알 수 있다. 그 예로는 「뉴욕경찰 24시」 「ER」 「로 앤드 오더」 「프랙티스The Practice」 「CSI: 마이애미」가 있다. 여기에 경찰관이나 의사 역할을 하는 한두 명의 아프리카계 미국인 여성을 추가하면, 인종에 대한 고정관념에 사로잡혔다는 비난을 모면할 수 있다. 이 면죄부를 얻고 나면 「뉴욕경찰 24시」 같은 드라마는 흑인 창녀, 흑인 코카인 중독자, 양육에 게으른 흑인 어머니를 줄줄이 내보낼 수 있게 된다. 1994년 「ER」이 처음 방영되었을 때, 나는 특히 수간호사 역할을 맡았던 아프리카계 미국인 여성을 좋아했다. 그녀는 양심적인 인물로 드라마에서 꼭 필요한 훈련 담당 간호사였다. 출연료가 높은 주연 배우가 아니었을 뿐만 아니라 초기 방영분에서는 이름이 언급된 적이 거의 없었기 때문에 그녀가 이벳 프리먼이 연기한 간호사 핼레 애덤스라는 것을 시청자들이 알기까지는 다소 시간이 걸렸다. 시즌 7까지는 극 중에 흑인 여성 의사(마이클 미셸이 연기한 닥터 클레오 핀치)가 전혀 등장하지 않았다. 그리고 극 중 아프리카계 미국인 여성 중 한 명인 의료 보조원 지니 불릿은 전도유망하고 동정심 많은 인물이었으나 에이즈에 걸렸고, 칼라 리스는 닥터 벤턴과의 사이에서 낳은 아들을 빼앗으려고 하면서 악인이 되었다. 게다가 후에 그녀가 그에게 거짓말을 한 사실이 드러났다. 닥터 벤턴의 아이가 아니었던 것이다. 이렇듯 주요 인물에 적어도 한 명의 흑인 여성이 형식적으로 포함되어야 할 경우에도, 해당 인물은 화면에 비치는 시간이 짧거나 일탈적이고 기만적인 역할인 경우가 많았다. 그리고 목표한 바를 성취한 흑인 여성은 끊임없이 그에 대한 대가를 치르거나 진정한 여성이 될 수 없었다. 한 예로, 「ER」 마지막 시즌에서 의사로 등장했던 앤절라 바셋은 불임으로 아기를 가질 수 없었다.

「사랑을 기다리며」(1995), 「솔 푸드Soul Food」(1997)와 같은 영화에서는 아름답고 종종 직업적으로도 성공한 흑인 여성들을 볼 수 있었다. 셰네네와 완전히 반대되는 흑인 여성을 보는 것은 물론 환영할 만한 일이었지만, 이 영화들은 여전히 흑인 여성에 대한 진화된 성차별을 강화했다. 화면 속 흑인 여성은 연인에게 의지할 수 없었고, 흑인 여성과 흑인 남성은 언제나 대립 상태였으며, 가장 숭고한 흑인 여성은 강하고 자기를 희생하며 그 어떤 것보다도 가족과 남편을 최우선으로 생각하는 아내이자 어머니였다. 두 영화 모두 이미 격해질 대로 격해진 남녀 간의 전쟁에 기름을 쏟아부었고, 『화성에서 온 남자, 금성에서 온 여자』가 주장하는 남녀의 차이를 더욱 굳혔다.

영화 「사랑을 기다리며」는 흑인 여성들을 위한 『여자들의 방The Women's Room』▪과 같다. 이 영화에 제대로 된 남자는 한 명도 나오지 않는다. 대부분이 거짓말과 속임수를 일삼고 바람을 피우는 비열한 인간이거나 존재감 없는 아버지 내지는 코카인에 중독된 한심한 실업자다. 이들은 십중팔구 여자에게 달려들어 욕구만을 채운 다음 나가떨어지는 형편없는 인간이다. 서배너는 다음과 같은 독백을 한다.

"남자는 양심의 가책도 없이 거짓말을 한다."

"남자가 가장 잘하는 일은 여자에게 절망을 안기는 것이다."

그런가 하면 버니의 남편은 11년의 결혼생활 끝에 아내를 버리고 금발의 백인 여성을 택한 것도 모자라, 적절한 이혼 합의를 위해 아내에게 사기를 치려고 한다.

"남자가 내 삶을 맘대로 하도록 내버려두면 정말 놀라운 일이 벌어질 수 있어."

그녀는 친구들에게 한탄한다.

▪ 메릴린 프렌치의 1977년작 베스트셀러 소설

술 취한 트로이는 여자친구 로빈과의 데이트 장소에 두 시간이나 늦게 나타나 흑인 남자의 대책 없는 이기심을 과시하듯 이런 독백을 한다.

"너희 흑인 년들은 다 똑같아. 아무도 자기를 원하지 않는다고, 아무도 자기를 대할 줄 모른다고 불평을 해대. 그러다 누군가가 관심을 보이면 금세 단순하게 행동해. 그러고는 우리가 왜 백인 여자와 데이트하는지 궁금해하지."

그러면서 로빈에게 '더러운 년'이라고 말한다. 이후 네 친구는 함께 취해 흑인 남자들의 잘못된 점을 하나씩 꼽았다. 이를테면, 철창신세를 지고 있으며 헌신하기를 두려워하고 추잡하고 신용 불량자인 데다가 그것이 작아서 관계를 못 갖거나 그것이 큼에도 불구하고 관계를 못 갖는다. 또 여자의 엉덩이를 때리길 원하거나 백인 여자와 데이트하고 싶어하고, 소유욕이 너무 강하거나 속이 뻔히 들여다보일듯 단순하고 어리석다.

「사랑을 기다리며」가 흑인 남성에게 가혹했다면, 「솔 푸드」는 일하는 흑인 여성에게 가혹했다. 세 명의 성인 자매가 각자 남편과 아이들을 데리고서 정겨운 음식을 해주는 어머니의 보살핌 아래 함께 사는데, 어머니가 병에 걸려 혼수상태에 빠지고 결국 세상을 떠나자 다툼에 휘말린다. 남편이 도박으로 집까지 거의 잃다시피 했을 때, '엎드려 무릎으로 기면서' 백인들의 집을 청소하고 빨래를 걷고, '가족을 쓰러지지 않게 지탱하기 위해 할 수 있는 모든 일을 한' 사람은 바로 강인하고 이타적인 어머니였다. 어머니가 세상을 떠나자, 서로 어울리지 못하는 자매들의 사이는 더욱 나빠졌다. 진정으로 존경받아야 할 딸은 바로 세 아이를 두고 남편에게 헌신적인 가정주부 맥신이라는 점을 영화는 분명히 한다.

이 영화에서 악인은 테리다. 그녀는 변호사로서 성공은 했지만 아이가 없는 불안정한 여자다. 영화의 각본은 그녀에게 한결같이 혹독하다. 그녀가 나오는 장면이면 어김없이 누군가가 지적이나 비판을 받는데, 그 대상은 대부분 그녀의 남편이나 여동생 맥신이다.

"난 큰언니야. 난 책임이 있어. 난 법대를 졸업했지만, 넌 열아홉 살 때 중퇴했지."

그녀는 쏘아붙인다. 그런가 하면 집에서 그녀의 남편이 다정하게 다가가 춤을 추자고 권하면, 그녀는 단번에 거절하며 자신은 일에 치여 눈코 뜰 새 없이 바쁘니 그의 공연을 보러 가지 않겠다고 덧붙인다. 둘은 결국 이혼한다. 한편, 자매 중 셋째인 로빈은 남편의 일자리를 구해주기 위해 뒷바라지를 하지만, 그로 인해 남편이 무기력해지면서 결국 역효과를 낳는다. 이 영화의 메시지는 찬사를 받을 만하고 진정으로 사랑받을 가치가 있는 아프리카계 미국인 여성이란 바로 남편을 가장 먼저 생각하고 어떤 상황이 오든 남편에게 힘을 북돋워주는 여성이라는 것이다. 이로써 또 하나의 진화된 성차별의 산물이 탄생한 셈이다.

이 시대 전체를 통틀어 가장 영향력 있는 인물이며, 힘, 여권 신장, 성공을 몸소 보여주는 이는 바로 오프라 윈프리일 것이다. 그녀야말로 '멋진 여자' 그 자체다. 언론계의 어느 누구도 오프라 윈프리만큼 여성의 열망과 포부에 힘을 실어주고 응원을 보내는 이는 없을 것이다. 그녀의 이름을 내건 토크쇼가 처음 시작되었던 1986년부터 그녀의 토크쇼가 시청률 순위를 휩쓸던 1990년대 초중반까지, 그리고 즉각 베스트셀러들을 양산해냈던 북 클럽 시절과 자선을 주제로 한 리얼리티 프로그램인 '오프라의 빅 기브 Oprah's Big Give' 시기까지, 오프라는 우상이자 재력 그 자체였다. 그리고 거의 모든 국민이 다 알듯이, 그녀는 남쪽 지방에서 학대를 받으며 가난하게 자라나 미국이라는 땅에서 상당히 이례적인 성공을 거둔 인물이 되었다. 그녀는 인종을 초월한 듯했다. '오프라'라는 이름을 말하면, 사람들의 머릿속에 가장 먼저 떠오르는 것은 분명 '성공한 여성 토크쇼 진행자' 내지는 '유명인사'다. 아프리카계 미국인이라는 것은 그다음이다. 1996년 조사에 따르면, 미국인의 78퍼센트가 그녀에게 호감을 보였고, 2007년 조사에서 그 수치는 74퍼센트로 기록되었다. 1997년 「ABC 뉴스」와 「월스트리트저널Wall Street Journal」 여론조사에서는 클린턴 대통령이나 레이건 전 대통령을 존경하는 미국인보다 오프라 윈프리를 존경하는 미국인이 더 많은 것으로 집계되었다.[41]

오프라는 멋지고 재치 넘치며 호탕한 흑인 여성에 대한 백인 여성들의 선망을 잘 이해했고, 백인 시청자들을 위해 스스로를 안전한 존재로 만들었다. 따라서 많은 흑인 여성이 그녀를 존경하며 지켜본 반면, 그녀가 있는 곳으로 대거 몰려가 그녀를 슈퍼스타로 만든 것은 백인 여성들이라는 사실은 어쩌면 당연하다. 무대에 선 오프라는 시청자들의 똑똑하고 재기발랄하며 인기 있는 친구였다. 그녀의 프로그램은 수년간 아동 학대, 국가 재난, 외모 변신 쇼, 인종 차별주의, 모성애, 약물 중독, 유명인사, 동물 학대 행위, 대중문화, 도서, 자기 계발 등 수없이 많은 주제를 다루었다. 오프라와 관객들은 백인 여성들과 흑인 여성들이 동맹자이자 벗으로 한데 어우러지는 이상향, 환상을 만들어냈다. 그렇다면 오프라 외에, 자기 이름을 내걸고 잡지를 창간하여 백인 여성들 사이에서 인기를 끈 흑인 여성이 또 있었을까? 그런 예는 하나도 없었다.

상황이 이렇다 보니 『타임』은 미국 정치의 '완전한 오프라화'에 대해 한탄했고, 다른 일각에서는 그녀의 책 선택, 그녀가 별 볼 일 없는 '필 박사'를 유명인으로 탈바꿈시킨 점,■ 정치적 행위보다는 개인의 변화를 강조한 그녀의 태도에 대해 불평했다. 그렇다면 이 아프리카계 미국인 여성이 무엇을 능숙하게 해냈고, 어떤 어려움과 곤란에 여전히 처해 있는지 살펴보자. 오프라의 기술은 본인과 방청객들, 그리고 본인과 대부분이 백인인, 그보다 수적으로 훨씬 많은 시청자들 사이에 단단한 결속을 형성했다. 초기의 토크 쇼 진행자였던 필 도나휴와 마찬가지로, 오프라는 여성을 시민으로서 그리고 소비자로서 중요성을 가진 계층으로 대했다. 그리고 도나휴와 마찬가지로, 그녀 역시 마이크를 들고 청중 사이를 활보하면서 그들을 대화에 참여시키고 그들로부터 의견과 경험을 끌어냈다. 여기서 오프라는 한발 더 나아가, 그들이 말할 때면 도덕

■ 오프라가 자신을 소송 위기에서 구해준 데 대한 답례로 그를 상담가로 초빙하고 그의 단독 토크쇼를 마련해주었다.

적 혹은 정서적 격려를 주듯이 그들의 손을 꼭 잡아주곤 했다. 그녀는 스튜디오 방청객은 물론 카메라를 향해 가정에 있는 시청자들에게도 직접 말을 건넸다. 그녀는 분명 공감대를 형성할 줄 알았다. 그리고 어려웠던 과거사와 체중과의 전쟁에 대해서도 솔직히 털어놓았다.(일부 흑인 여성은 백인에 대한 공감과 오프라의 체중 강조가 흑인 어머니상에 대한 고정관념을 굳힐 뿐이라고 했다.) 이미지를 위해 어느 정도의 거리감과 신비감에 의존하는 특급 영화배우와 달리, TV 진행자들은 그야말로 시청자들에게 친숙해야 한다. 그들은 진실해 보이지 않으면 진정성이 없다고 간주된다.[42] 예를 들어, 그녀가 흑인 아내와 어머니가 허리케인 카트리나 이후 집을 다시 짓기 위해 고군분투하는 모습을 보여주거나 강아지 농장의 잔인한 실태를 폭로할 때면 시청자들은 화면에서 눈을 떼지 못하고 감동하며 공감할 것이다.

　하지만 오프라는 또 다른 강력한 무기, 즉 본인이 신뢰성과 진정성을 모두 갖춘 여성임을 증명하는 강력한 무기를 갖고 있다. 그것은 바로 언어 전환이다.[43] 오프라는 두 가지 표현 방식을 완전히 능숙하게 다룰 줄 알며, 어려움 없이 이 두 방식을 오간다. 그녀는 백인의 표준 영어를 사용하다가 'ain't' 'sistah' 'child' 'girlfriend' 'an lemme tell ya (…) da force was definitely wit' him, honey'와 같이 의도적으로 흑인 영어를 사용하는 것처럼 보인다. 그녀가 별다른 노력 없이 미끄러지듯 흑인 영어로 옮겨 가는 모습은 친밀감을 느끼게 하며, 거의 언제나 웃음을 자아낸다. 이는 백인 시청자들에게 오프라가 흑인 여성으로서 백인이 지배하는 미국에서 독특하고 유리한 입지에 서 있으며, 백인들이 속하지 못한 특별한 집단의 일원임을 상기시킨다. 그러나 그녀는 백인들 역시 그 안으로 끌어들인다. 낮 시간의 토크쇼 진행자로서 오프라는 보통 사람들 또는 소외된 사람들, 엘리트가 아닌 자들을 대변하며, 그녀의 전략적인 흑인 영어 구사는 그녀의 상표나 마찬가지인 포퓰리즘을 더욱 강조한다. 오프라는 유명인사이면서도 '보통 사람'인 셈이다.**44** 하지만 매체를 통해 그 의미가 새어나가기 전까지, 이 흑인 영어의 어법에 '특별하고 비밀스러운 암호'의 특징을 부여하는 것은 바로 이러한 내집단 대화ingroup talk다. 내집단 대화란 문화적 역사를 공유하는 사람들 사이에서 서로 이해되는 속어나 언어를 뜻한다.

여기서 흥미로운 점은 다수가 백인 여성인 청중 앞에서 흑인 영어를 구사하고 또 그러한 어법으로 직접 말을 건넴으로써 오프라는 스스로를 멋지고 진정성 있는 인물로 나타낼 뿐만 아니라 백인 청중까지 세련된 집단으로 끌어들인다는 것이다.**45** 오프라는 백인 여성들도 클럽에 들어오게 하고, 활기차고 때로는 주류 문화를 전복시키는 움직임에 그들을 합류하게 한다. 그리고 백인 여성들은 그녀의 그러한 점을 좋아한다. 한 예로, 50대 및 60대 초반 여성을 대상으로 했던 1997년의 쇼 「50대에도 멋진 당신50 and Fabulous」에서 오프라는 52살의 아프리카계 미국인 여성 캐럴을 소개했다. 백인 표준 영어로 소개를 마친 오프라는 이내 캐럴의 나이를 믿을 수 없다는 반응을 보이며 언어를 전환하여 "정말 젊어 보이네요Ya look gooood, girrrl"라고 말했다. 그런 다음 청중을 향해 다시 표준 영어로 "50세가 이럴 수가 있군요. 정말 젊어 보이지 않나요?"라고 말하면서 다시 언어를 전환한다. "Fi'ty lookin' gooooood (⋯) um hmmmm!" 『보그』와 같은 잡지에서는 찾아볼 수 없는 이러한 흑인 영어의 진실은 나이 든 여성, 나이 든 흑인 여성도 실제로 매력적일 수 있다는 점을 시사한다.[46] 당연히 청중은 환호하고 웃음을 보낸다. 여성들은 여자가 서른 살이 넘으면 생기를 잃고 한물간다는 말에 코웃음 칠 수 있기를 원한다. 흑인 영어는 미에 대한 백인들의 성차별주의적이고 인종 차별주의적이며 연령 차별적인 기준에 맞서기 위한 이상적인 외부의 목소리다.

많은 백인 여성은 오프라라는 흑인 여성을 존경하고, 그녀같이 되고자 하며, 그녀에 대해 알고자 한다. 그녀는 흑인 영어를 통해 인종적 특징을 부여받으면서도(흑인 문화라는 내부 집단의 멋진 일원) 인종을 초월한다(매우 부유하고 성공을 거둔 여성의 전형).[47] 토크쇼 진행자이자 잡지의 창간인으로서 매우 이례적인 성공을 거둔 아프리카계 미국인 여성으로서, 오프라는 모든 여성을 위한 권력 신장의 전형적인 예가 되고자 한다. 이러한 대의는 실제로 오프라의 열정적인 운동으로 이어졌다. 그녀는 '당신의 인생을 바꿔라 Change Your Life TV' 코너를 통해 '자기 나름의 성공을 위해 행동하라'라는 메시지를 제시했다. 그녀는 행동상의 조언에 정신적인 면을 상당수 추가함으로써, 여성들이 잡지 『O』를 통해 '40살 이후에 살을 뺄 수 있는 방법'(답: 없다)에 대해 정보를 얻으면서도 '삶의 영적인 측면에 대한 실질적인 지침' 역시 얻을 수 있게 했다.[48] 오프라의 세계에서는 개인적인 '힐링'과 자아실현이 힘을 얻을 수 있는 진정한 길이 되었다.

　많은 사람의 삶의 정신적 공허함을 채워주려는 오프라의 노력은 비판 역시 면치 못했는데, 일각에서는 그녀를 '디팩 오프라'■라고도 조롱했다.49 하지만 오프라 제국에 대한 가장 주된 비판은 개인주의, 자기 계발 그리고 공적인 문제에 대해 개인적 해결을 지나치게 강조한다는 점이었다. 미 식품의약국FDA과 미 환경보호국 EPA은 물론 소수집단 우대정책과 빈곤 퇴치 프로그램까지, 가능한 한 모든 부서와 프로그램을 해체하려는 조지 W. 부시 행정부의 노력에 제동을 걸려는 공적 행동주의가 전혀 없던 상태에서, 오프라의 기부 행위와 그녀가 타인들에게 장려했던 지원 및 자선 노력은 시기적절했다. 한 예로, 2003년 2월에 오프라는 죽은 여동생의 세 아이를 마치 자기 자식처럼 키워온 파니라는 아프리카계 미국인 여성을 '그날의 공주'로 임명하여 그녀에게 매우 필요했던 새 차를 사주고 1년간 청소 서비스를 제공했다. 또 2008년 4월, 뉴올리언스에 있는 파니의 집이 허리케인 카트리나로 큰 피해를 입어 여태 복구가 되지 못했다는 사실을 알게 된 오프라는 민간 건설업체에 그녀의 집을 재건하도록 의뢰했고, 공사가 진행되는 동안 그녀와 가족을 힐튼 호텔에 묵게 했다. 부시 행정부가 카트리나 피해 당시 복구 작업을 얼마나 졸속으로 처리했는지를 국민 모두가 아는 가운데, 오프라는 적어도 뉴올리언스가 여전히 재난

■　디팩 초프라Deepak Chopra는 인도 태생의 의학박사로, 동양철학과 서양의학을 접목하여 '심신의학'이라는 독특한 분야를 창안해 미국과 유럽에 심신의학 열풍을 불러일으켰다.

상태에서 헤어 나오지 못하고 있음을 국민들에게 알렸고, 그 사실을 '잊지 말 것'을 상기시켰다. 실제로 일부 학자들은 가족과 아동 복지를 종종 중점적으로 다루는 「오프라 윈프리 쇼」 같은 쇼를 시청할 경우, 국가 육아 서비스, 교육 기금, 전반적인 보건 관리와 같은 정부 프로그램을 국민들이 더 적극적으로 지지하는 데 도움이 된다고 말한 바 있다.[50] 하지만 국민들이 정확히 무슨 일을 해야 할까? 그리고 다른 가난한 흑인 가정, 여전히 집이 복구되지 않은 파니의 이웃들은 어떻게 되는 것일까? 게다가 파니를 '그날의 공주'로 만든 결과, 그녀는 백인 여성들의 연민의 대상이 되고, 우리는 그보다 더 체계적인 해결책을 모색하는 일에서 빠져버린 셈이 아닐까?

어떤 재빠른 상업적 계산이 숨어 있든지 간에, 오프라가 여성들의 삶을 개선하기 위해 누구보다 팔을 걷어붙이고 나섰다는 점은 명백한 사실이다. 하지만 개인의 권력 신장이 페미니즘과 관련된 정치적 안건과 같다고 할 수 없다.[51] '당신의 인생을 바꿔라' 코너는 정치적 문제는 축소하고, 오프라 개인의 관대함과 사람들의 '내적 혁명'을 강조한다. '무언가를 하고' 꿈을 실현하라고 권고하기 위해서는 본인의 꿈을 적어 내려갈 가죽 표지로 된 멋진 일기장, 가장 편안한 독서를 위한 의자 내지는 셔닐실로 짠 담요, 힘을 불어넣어줄 음식, 옷, 화장품이 필요하다.[52] 그러나 형편없는 일자리, 열악한 주거지, 비위생적인 환경 등 수백만의 여성, 특히 아프리카계 미국인 여성들이 여전히 직면해 있는 영구적이고 구조적인 불평등 문제는 단순히 혼자서 발 벗고 나선다거나 정신적으로 의

지할 곳을 찾는다고 해서 해결되지 않는다. 그리고 언제나 개인의 부단한 노력과 재능의 결과라고 여겨지는, 매우 누추했던 처지에서 부유한 유명인사로 거듭난 오프라의 인생사는 개인의 의지만 있으면 누구나 성공할 수 있다는 말, 달리 말해 우리 모두가 언제나 진실로 받아들이지는 않는 말을 더욱 극적으로 드러낸다.[53]

오프라는 매체가 여성들을 묘사하는 방식에 가득한 엄청난 모순 내지는 환상을 몸소 보여준다. 한편으로 그녀는 연예 산업계에서 가장 부유한 거물로서 기존의 페미니즘을 보여주면서, 여성의 성공을 기정사실로 만들고 자신이 이룬 바를 토대로 다른 여성들

미국 연예 산업계에서 가장 성공한 거물 중 하나인 오프라 윈프리 역시 백인 영어와 흑인 영어를 조화롭게 사용하여, 모든 인종의 여성들이 서로 친구이자 동맹 관계가 될 수 있는 상상의 공간을 만든다.(Associated Press/Charles Bennet)

에게 본보기를 제시하려고 한다. 그리고 또 한편으로는, 그녀는 연예인으로서 자신이 만들어낸 쇼와 잡지를 통해 반드시 상품을 판매해야 하고, 그러지 않으면 실패하고 만다. 그러므로 여성들 앞에 제시된 권력 신장의 환상은 개인적인 것이지 집단적인 것이 아니며, 그 모두는 모든 여성을 위해 세상을 더 낫게 만드는 것이 아니라, '나'에 관한 것이다. 실제로 스스로가 정말 힘을 갖게 되었다고 느끼고 싶다면, 요가를 한 다음 허브 차를 마시면서 일기를 쓰면 평화롭고 충만한 기분을 느낄 것이다. 현재에 만족하면서 세상에서 가장 완벽한 행복을 느낄 것이다.[54] 이 모두는 지속적인 페미니즘 정치학의 필요성을 제거한다. 오프라의 왕국은 여성이 외부로 향하여 장벽을 부수는 대신, 내부로 향하여 스스로를 개선할 것을 지지·요구한다. 이때 여성의 성취는 집단적이고 협력적인 과정이 아니라 단독적이고 자아도취적인 과정이다.

따라서 매체가 그려낸 아프리카계 미국인 여성들의 이미지를 볼 수 있는 다양한 곳에는 모순과 엇갈리는 메시지가 도처에 존재한다. 여성, 특히 흑인 여성이 무엇이든 성취할 수 있다는 오프라의 주장과 흑인 여성들을 포르노 영화에 나오는 발정 난 창녀들로 전락시킨 넬리의 노래 「Tip Drill」 사이에는 안드로메다은하만큼 어마어마하며 건너기 어려운 간극이 존재한다. 한편, 극소수의 예를 제외하고, 성공을 이룬 흑인 여성은 TV 드라마나 영화에서 보이지 않거나 형식적인 인물로 등장하며, 노동계층에 속한 빈곤한 모든 유색인종 및 민족의 여성들은 아예 찾아볼 수 없다.

이제 「그레이 아나토미」의 닥터 베일리에게로 돌아와 당당하고 건방진 태도의 통쾌함과 위험을 생각해보자. 시즌 4에서 베일리는 아이 엄마가 되는데, 그녀의 남편 터커는 아내가 오랜 시간 힘겹게 근무하는 동안 집안일을 하며 아이를 돌본다. 터커는 화가 나기 시작한다. 그는 아침에 집에서 빨래를 개거나 무력한 모습을 보이는 것이 대부분이다. 어느 날 부부는 드디어 점심 약속을 하고 서로 대화할 기회를 얻게 된다. 그러나 때마침 베일리에게 응급 수술이 생긴다. 더욱이 수술할 대상은 배에 만자 무늬를 문신한 백인 우월주의자다. 그는 백인 남자가 자기 곁에서 베일리가 '자신을 죽이지 않는다는 것'을 지켜본다는 조건하에 수술을 받겠다고 한다. 여러 복잡한 사건 끝에, 베일리는 아주 늦게 점심 약속 장소에 도착한다. 그러나 지친 그녀의 남편은 이미 떠난 상태다. 그렇다면 어떤 선택을 해야 했을까? 신新나치주의자의 생명을 구할 것인가(흑인 여성이 이러한 일을 함으로써 인종 차별주의를 초월할 수 있음을 보여줄 것인가), 아니면 자신의 결혼생활을 구할 것인가(정말로 중요한 것은 흑인 남성이라는 것을 보여줄 것인가)?

이들의 아들이 베일리의 서재로 들어갔다가 책꽂이가 무너지는 바람에 여러 대의 갈비뼈가 부러지고 내부 장기가 파열되는 사고를 당하여 터커가 아들을 병원으로 급히 데려갔던 그다음 회에서는 상황이 더욱 악화된다. 터커는 아들이 다친 건 '그 모든 의학 서적' 때문이라고 이야기하고, 서재로 통하는 아이용 문을 그대로 열어둔 것도 베일리라고 암시한다. 한술 더 떠 터커는 아이가 '엄마를 찾기 위해' 그곳에 들어가는 바람에 결국 병원 신세를 지게 되었다고 비난한다. 엄마가 밖에서 일하느라 아이를 방치한 대가로 아이가 죽거나 다치거나 엄마에게 배은망덕한 태도를 갖게 된다는 이야기는 1940~1950년대의 멜로드라마에서나 나올 법하다. 그 회의 끝부분에서 아이는 무사히 회복하지만, 터커는 거처를 옮긴다.

한편으로 베일리가 헌신적인 엄마로서 더욱 인간적인 면모를 보이게 된 건 다행한 일이었다. 그러나 또 한편으로는 그녀를 여성화하기 위해 왜 그녀의 아이를 거의 죽다시피 하는 비극으로 몰고 가야 했을까? 왜 극 중에서 섹시하지 않고 남성의 구애를 받지 못하는 유일한 여성은 베일리여야만 했을까? 왜 그녀의 남편은 많은 것을 성취한 강인한 아내에 의해 거세당한 채로 사라져야 했을까? 왜 그녀는 벌을 받고 사랑을 빼앗겨야 했을까? 강하고 '당당한' 여성은 반드시 외롭게 혼자여야 하는 것일까? 나 같은 백인 여성들은 언제나 완다 사이크스 같은 여성을 보고 열광하고 그렇게 되기를 꿈꾸지만, 그녀의 '당당함'이 무엇을 주지 않는지를 알아야 한다. 사이크스는 잡지 『Ms.』에서 이렇게 말했다.

"날 그저 대담하다고 말하지 마세요. 그런 말을 들을 때면 신경이 쓰여요. 핵심도 할 말도 없는 것처럼 들려요. 전 뭔가를 말하려고 앞에 나선 거예요. 제 말 이해하죠?"[55]

싫은 소리도 마다하지 않고 진실을 이야기하는 인물은 많은 사람에게 놀랍도록 해방감을 줄 수 있겠지만, 이는 흑인 여성을 희화하고 그녀의 존재감을 한정시키는 고정관념이 될 수 있다. 더욱이 지나치게 자기주장이 강하거나 자신만만한 여성상은 그녀를 제재해야 할 필요성을 느끼게 한다.

실제로 몸무게가 많이 나가고 허튼소리도 잘하며 입이 거친 흑인 여성은 사람들이 그녀와 함께 웃기보다는, 그녀를 보고 웃는 경우가 많다. 그녀의 힘은 무시무시하고 터무니없으며 남자들에게서 웃음을 유발할 수 있다. 영화 「빅마마 하우스Big Momma's House」(1편은 2000년, 2편은 2006년, 3편은 2011년에 개봉)에서 마틴 로런스는 FBI 요원으로 등장하는데, 몸집이 산만 하고 입이 거친 '빅마마'로 위장하여 임무를 수행한다. 그는 백인 남자들의 중요 부위를 발로 차버리고 그들을 거꾸로 집어던진다. 그런가 하면 그의 뚱뚱한 몸, 어색함, 섹시함과는 거리가 먼 모습으로 인해 온갖 난처한 실수를 한다. 「빅마마 하우스」는 타일러 페리의 「마디아」 영화 시리즈인 「마디아의 동창회Madea's Class Reunion」(2003), 「미친 흑인 여자의 일기Diary of a Mad Black Woman」(2005), 「마디아 가족의 재결합Madea's Family Reunion」(2006), 「마디아, 감옥 가다Madea Goes To Jail」(2009)와 경쟁했는데, 마지막 영화는 총 7500만 달러 이상을 벌어들였다.**56** 마디아 역시 툭하면 경고와 욕설을 일삼으며, 짜증 날 때면 총을 꺼내 쏘는 등 '분노를 조절하지 못하는 문제'를 보인다. 마디아는 내게 사이크스나 베일리 같은 환상이 아니다. 그녀는 어릿광대이자 농담거리이며, 특히 힘을 지닌 나이 든 흑인 여성에 대한 경고다.

따라서 완다 사이크스, 퀸 라티파, 오프라 윈프리의 성공은 더이상 페미니스트들이 정치적으로 고군분투할 필요가 없다는 듯한 인상을 주지만, 빅마마와 마디아 같은 인물은 실제로는 흑인 여성이 얼마나 적은 힘을 갖고 있는지를 상기시키는 현실이다. 게다가 그들은 흑인 남성들에 의해 표현될 가능성이 더 많다. 이는 어둠 속에서 여전히 얽히고설키는 힘의 대립과 같다.

제6장

섹스에
빠진 나라

"맨 위 단추를 끌러서 바지 내려볼 수 있겠어요?"

카메라 뒤에 모습을 감춘 성도착자가 흥분한 채 지시한다. TV 광고 속 불안해 보이는 여성은 지시에 따르려는 자세를 취한다. 동반된 또 한 편의 광고에서는 젊은 여자가 매우 야한 성인용 영화의 오디션을 치르려는 중이다. 그녀가 천천히 옷을 벗기 시작하자, 카메라에 보이지 않는 남자가 음흉한 목소리로 불안해하지 말라고 일러준다. 또 다른 광고에서는 퇴폐적인 목소리가 올백 머리를 한 금발 남자에게 셔츠를 찢어보라고 하면서 이렇게 말한다.

"정말 멋지군요. 몇 살이죠? 힘이 센가요? 셔츠를 찢을 수 있겠어요? 정말 훌륭한 몸매군요. 운동을 하나요? 그럴 것 같은데요."[1]

한 기자는 대다수의 국민을 대변하여, 이 광고들이 마치 "버스 정류장에서 나쁜 어른들이 가출 청소년을 구슬려 착취하는 것 같다"고 비유했다.[2]

우익 보수 종교 단체들과 자유주의 페미니스트들은 이데올로기적으로 한 가지 문제와 관련하여 입장을 같이한다는 사실을 발견했다. 그건 바로 성에 관한 것이었다. 1980년에 15살의 브룩 실즈가 나른한 목소리로 "나와 캘빈 사이엔 아무것도 없어요"라고 속삭인 광고를 선보였던 캘빈클라인은 1995년 8월에 아동 포르노나 다름없다는 비난을 받은 일련의 지면 및 TV 광고를 냈다. 『YM』 『마드모아젤Mademoiselle』과 같은 잡지에 실린 덜 노골적인 광고에서는, 날씬하고 백인에 대개는 금발인 사춘기 모델들이 다양한 수위로 몸을 노출한 채, 청바지 주머니에 손을 넣거나 청바지 허리춤에 손을 걸고서 바지를 아래로 더 내리려는 자세를 취하고 있었다. 모델들은 도발적인 눈빛으로 카메라를 정면으로 응시했다. 앞서 언급한 TV 광고들은 MTV에 방송되었는데, 특히 1960년대의 남성용 D등급 영화를 연상시킨다는 이유로 사람들을 격분시켰다.(궁금한 사람은 유튜브를 찾아보길.)

보수적인 미국가족협회에서 가톨릭연맹Catholic League, 그리고 강간위기센터Rape Crisis Center를 운영하는 여성들에 이르기까지 분노 어린 반응이 들끓었고, 비평가들은 아무리 미국의 광고도 이러한 소아성애적인 광고 전략은 지나치게 천박하다는 뜻을 내비쳤다. 캘빈클라인은 재빨리 광고를 철수했고, 2주도 지나지 않아 미국 사법부는 캘빈클라인의 미성년자 모델 기용이 아동포르노법 위반인지 여부를 조사하는 과정에 착수했다. 그럼에도 캘빈클라인은 굴하지 않고 이번에는 20대 초반의 젊은 남성들이 머리에 젤을 바른 채 툭 불거진 삼각팬티만 입은 모습을 담은 거대한 사진을 타임스스퀘어 광고판에 게시했다. 또 1999년 아동용 캘빈클라인 속옷을 홍보하기 위해(공룡이 그려진 카터스의 아동용 팬티는 다 어디로 간 것일까?) 캘빈클라인은 네 살가량의 소년들과 네 살에서 일곱 살가량의 소녀들이 캘빈클라인 속옷만을 입은 채 소파에서 뛰는 모습을 고해상도의 흑백 사진으로 담은 또 다른 광고를 선보였다. 이 광고는 24시간 내에 철수되었다.

논란에도 불구하고 캘빈클라인 광고는 1990년대 후반에 상당한 열기를 불러일으킨 두 가지 추세의 시초가 되었다. 바로 여성을 비하하여 성적 대상화하는 회귀적 현상과 점점 심해지는 아동, 특히 소녀의 성적 대상화였다. 『스트립쇼 문화Striptease Culture』 『포르노화Pornified』 『소 섹시 소 순So Sexy So Soon』 『롤리타 효과The Lolita Effect』와 같은 책들은 포르노그래피의 주류화와 그것이 여성에게 미친 부정적 영향을 다루었다.[3] 점점 포르노화되어가는 대중매체는 소녀와 젊은 여성들에게 "매춘부처럼 옷을 입되 안 된다고 거절하라" "캐리 브래드쇼처럼 옷을 입되 된다고 허락하라"라고 이야기한다. 과거부터 미국에 전해 내려온 (섹스와 관련된) 정숙한 태도는 여성들을 제자리에 있게 하기 위해 늘 중요한 요소였다. 포르노그래피도 마찬가지다. 정숙함을 요구하면서도 포르노적인 문화, 이 모순 속에서 어떻게 방향을 잡아야 할까?[4]

포르노화는 지속적으로 확대되어 점점 낮은 연령층으로 내려갔다. 2001년에 처음 출시된 할리우드 유흥가의 매춘부 옷을 입은 브라츠 인형은 바비 인형을 요조숙녀처럼 보이게 만들었다. 뿐만 아니라 '아이 캔디'라 쓰여 있는 일곱 살짜리 아동용 T팬티가 판매되었고, 10대 팝 스타 브리트니 스피어스는 가슴 확대 수술을 하고 상반신을 훤히 드러낸 풍만한 여자가 되었다. 그런가 하면 봉춤이 여성을 위한 새롭고 획기적인 운동이라 홍보되었고, 최소 다섯 살의 소녀를 위한 '리틀 디바' 메이크오버 파티▪까지 생겨났다. 상황이 이렇다 보니, 심지어 섹스가 건강하고 정상적이며 즐거운 생활의 일부이며, 그래야 한다고 생각하는 사람들마저도 매우 불편한 심기를 감추지 못했다.

그 결과, 새로운 여성의 상징이 등장하여 주목을 받게 되었다. 그건 바로 섹스 전문가sexpert였다. 『코즈모폴리턴』, 캐리 브래드쇼, 모니카 르윈스키를 떠올려보자. 섹스 전문가는 섹스에 관해 많은 것을 알고, 섹스에 관해 편안해하며, 남성과 동일한 입장에서 섹스를 하고 즐기며, 동성 친구들과 섹스에 관해 많은 이야기를 한다. 여기서 환상은 페미니즘과 걸 파워 덕분에 여성들을 위한 '섹스와 관련하여 긍정적인' 새로운 분위기가 조성되었고, 이중 잣대가 완전히 사라졌다는 것이다. 물론 현실은 달랐다. 이러한 해방은 대가를 필요로 했다. 이 자유를 대가로, 그리고 실제로 이 자유로 인해 젊은 여성들은 매춘부처럼 옷을 입어야 했고 더 어린 나이부터 이런 옷을 입는 법을 배워야 했다. 섹스 전문가라는 것은 부분적으로는 젊은 여성들이 성적 자유와 평등을 바라고, 비난을 받지 않고 섹스를 즐기고자 하며, 자신의 섹슈얼리티가 건강하고 정상적인 것처럼 보이길 바라는 욕구에서 비롯되었다. 하

▪ 최소 5세에서 10대까지 각종 몸치장을 해주고 파티를 열어주는 서비스

지만 여기는 미국이다. 웬만한 것은 무엇이든 이윤을 위해 재포장하여 되팔 수 있는 곳이다.

여기서 예상 밖의 상황이 전개되었다. 일부 젊은 여성은 남성과 동등한 성적 지위를 원했다. 이는 동등한 힘에 대한 요구였다. 여성들은 단순히 성적 대상이 되고 싶지 않았고, 적극적으로 성적 주도권을 쥐고자 했다. 남녀 간의 진정하고 완전한 성적 평등은 여전히 남성들에게 위협적이지만, 여성들에게 그러한 평등이 실현되었다고 아첨하는 것은 꽤 수지가 맞는 일로 증명되었다. 따라서 대중매체는 그러한 메시지를 강조하기 시작했다. 즉, 여성이 원하는 바를 손에 넣을 수 있는 힘을 진정으로 얻을 수 있는 길은 섹스와 성적 과시를 통해서라는 메시지가 강조되었다. 그리고 힘을 얻을 수 있는 진정한 길은 욕구의 대상이 되는 것에서 비롯되므로, 여성들은 이제 적극적으로 성적 대상이 되기를 선택하고, 심지어 이를 축하·포용해야 했다. 이것이야말로 진정으로 자신감 넘치고 무엇이든 할 수 있는 소녀의 모습이다. 대상화는 밖에서 비롯되지 않고 안에서 비롯된다.[5] 이는 매우 번지르르한 모순이다.

이러한 종류의 힘을 얻기 위한 가장 좋은 방법은 남성이 원하는 바를 충족시키는 것이다. 이는 남성적·가부장적인 성적 요건을 묵인한다는 이야기가 아니다. 복종함으로써 주도권을 잡는 것이다. 따라서 이를테면 『코즈모폴리턴』을 즐겨 읽는 섹스 전문가는 (필요하다면 여자가 대가를 치르거나 불편을 감수하더라도) 그를 기쁘게 하고 그의 능력에 대해 격려하며 섹시하게 보이고 그가 원하고 필요로 하는 것을 할 수 있는 능력을 끊임없이 기르기 위한 궁극적 요건을 중시한다. 이러한 섹스 전문가의 상은 거의 언제나 젊은 백인에 이성애자이며 날씬하고 가슴이 풍만하며 아름다운, 중산층 혹은 중상류층(즉, 대중매체의 표적 수용자)에 속하는 여성이다.[6] 그녀는 진화된 성차별의 시대에서 이상적인 존재다. 권력 신장과 대상화의 조합이기 때문이다. 이러한 식으로, 성 평등을 향한 여성의 희망이 화려하고 번지르르한 이미지로 포장되어 청바지, 속옷, 잡지, 뮤직비디오, TV 쇼를 팔았고, 빅토리아 시크릿이 미국의 쇼핑몰들을 점령하도록 만들었다. 그리고 섹스 전문가의 이미지가 더 널리 확산되어 매체를 점령하고 더욱더 젊은 여성층을 끌어들임에 따라, 그 이미지는 특히 세대의 경계를 따라 여성과 남성을 양극화했다.

내 이야기를 잠깐 하겠다. 내가 20대이자 미혼이던 1970년대에는 영화 「부기 나이트Boogie Nights」가 시대에 엄청난 활기를 불어넣었다. 당시 나는 성 평등이 정치적 평등 및 경제적 평등과 함께 실현될 것이라 믿었다. 그래서 나는 딸이 생기면 성년이 되었을 때 이중 잣대에 직면하거나, 섹시하게 보이면서도 "안 돼"라고 거절할 줄 알아야 한다는 말을 듣게 되리라고는 생각하지 않았다. 나는 내 딸이 14살의 나이에 라디오에서 흘러나오는 이몬의 2004년 대표곡 「Fuck It(I Don't Want You Back)」이나 섀기의 「It Wasn't Me」 내지는 50센트와 릴 킴의 「Magic Stick」 같은 노래를 따라 부르게 되리라고는 생각하지 않았다. 비틀스의 「Why Don't We Do It in the Road」는 마치 오즈먼드 형제들의 노래처럼 들렸다.

이 나라에서 어린 소녀들을 대상으로 벌어진 상황이 그다지 역겹게 느껴지지 않는다면, TLC 방송사의 「토들러스 앤드 티아라스 Toddlers and Tiaras」를 볼 것을 권유한다. 이는 이제 막 기저귀를 뗀 (또는 여전히 기저귀를 찬) 아이들을 대상으로 예쁜 어린이 선발대회를 벌이는 리얼리티 프로그램이다. 분사식 태닝을 받고 아직 어려서 자라지 않은 치아의 빈 공간을 가리기 위해 가짜 치아를 넣고 가짜 속눈썹을 붙이고 노출이 심한 상의를 입은 채로, 아이들은 머리가 벗겨진 나이가 지긋한 남자들을 포함한 심사위원들 앞에서 엉덩이를 흔들고 가슴을 내민 채 뽐내며 걷는 법을 배운다.

대중매체, 특히 텔레비전의 위선적인 정숙함은 성 혁명의 열기 속에서 주춤하기 시작해 1970년대 후반과 1980년대에는 「댈러스」와 「다이너스티」 같은 성적으로 더욱 위태로운 드라마가 만들어졌으나, 섹스가 더 적극적으로 대중매체 내로 침투한 것은 1990년대에 접어들어 광고주들이 점차 늘어나는 10대 인구에 관심을 쏟기 시작하면서부터였다. 그건 단순한 상업적 계산이었다. 이 확고하고 개성 강하며 반항적인 젊은 세대에게 상표에 대한 충성심을 각인시키려는 노력의 과정에서, 광고주들은 섹스가 특히 사춘기 청소년들에게 팔린다는 사실을 발견했다. 그에 더해, 광고주들은 당시 유행하던 '걸 파워'를 판촉에 이용했다. 따라서 우리에게 문제는 젊은 여성들이 스스로 성적 주체가 되고자 한다는 사실이 아니었다. 문제는 점점 많은 기업이 이러한 욕구를 이용하여 이윤을 추구하려 한다는 사실이었다.

뉴스 대중매체, 특히 남이 버린 걸 주워 먹고 사는 격인 타블로이드 신문이 이러한 추세에 대해 분노를 표출했다. 그러나 아니나 다를까 이를 이용해 잡지와 TV 쇼를 팔았다. 어린 소녀들을 구슬려 "웃어봐"라고 하거나 "청바지가 딱 맞는 느낌이 좋아"라고 속삭이게 했던 캘빈클라인의 훔쳐보기식 광고가 등장한 지 불과 1년 반이 지나, 크리스마스 다음 날 일어난 끔찍한 범죄에 온 나라가 들썩였다. 1995년 콜로라도 주 어린이 미인대회에서 우승하고 1996년 아메리칸 로열 미인 선발대회에서 우승한 여섯 살 존베넷 램지가 성폭행당하고 목 졸려 살해된 채 발견되었다. 아이의 부모는 크리스마스 날 아이와 함께 선물을 풀어본 뒤 아이를 방 침대에 재웠고, 다음 날인 1996년 12월 26일 아이가 사라지고 11만 8000달러의 몸값을 요구하는 쪽지를 발견했다고 한다. 몇 시간 뒤 그들은 아이의 시체를 집 지하에서 발견했다. 그 즉시 부모는 의심을 받았지만, 기소당하지는 않았다. 그렇게 그 범죄는 미결 사건으로 남았다.

　텔레비전, 케이블 방송국, 잡지, 타블로이드 신문은 모두 존베넷 사건을 앞다투어 보도했다. 그리고 온 국민의 시선이 고정된 것은 그 어린 소녀가 각종 예쁜 어린이 선발대회에서 매우 성숙한 성인용 옷을 입고 등장한 화면들이었다. 소녀는 라스베이거스의 쇼걸이 입을 법한, 금색 별이 새겨진 흰색 새틴으로 된 타이츠에 다리를 돋보이게 하는 깃털 자락을 걸치고 흑백의 줄무늬가 새겨진 새틴 칵테일 드레스를 입고 깃털이 달린 모자를 쓴 채 당당하게 양손을 엉덩이에 짚은 모습이었다. 그러고는 무척 매력적인 모습으로 노래를 하고 춤을 추었다. 또 다른 화면에서 소녀는 세일 러복을 입고 음악에 맞춰 춤을 추면서 겉옷 상의를 벗어 등이 훤히 드러난 드레스를 보여주었다.**7** 소녀는 완전히 성적으로 대상화된 모습이었다. 소녀의 금발 머리는 돌리 파턴의 가발처럼 꾸며져 있었고, 두껍게 화장한 소녀의 얼굴에는 채 밝은 빨간색의 립스틱이 칠해져 있었다. 그리고 소녀는 분홍색 카우걸 복장을 하고서 엉덩이를 앞뒤로 흔들어댔다. 또 소녀는 심사위원들 앞에서 검은색이나 은색 하이힐을 신고 다리를 꼰 채 치맛자락을 잡고 도발적인 자세를 취하기도 했다. 이런 사진들이 타블로이드 신문 전면에 실렸다. 이러한 성인 여성 섹슈얼리티의 모방은 광대극이자 비극이 되어버렸다.

이 사건으로 어린이 미인대회라는 하위문화가 폭로되었고, 이토록 작은 몸을 가진 딸을 경연대회 무대에 내보내는 부모의 판단력과 동기에 대해 의문이 제기되었다. 『뉴스위크』는 "부모가 여섯 살 난 아이에게 강제로 립스틱을 바른 건 아니잖아요"라는 모델 에이전시 간부들의 뻔뻔한 발언과 함께, 보기 좋은 외모와 남을 기쁘게 하는 일을 강조하는 것은 어린이들에게 바람직하지 않다는 아동심리학자의 의견을 인용했다. 『뉴스위크』는 어린이 참가자들을 "깃털 목도리를 두르고 하이힐을 신은 애어른"이라고 비유하면서, 어린이 미인대회는 "여학생과 여성들을 청소년 야구선수권대회, 군사 학교, 대법원에 진출하게 한 페미니즘의 발전을 전혀 의식하지 못하는 듯 보이며", 그 대신 '남자들의 시선을 사로잡는 기술'을 강조한다고 지적했다.**8** 어린 소녀에게 '동화' 같은 삶, 즉 부모의 보살핌 속에서 극진한 대접을 받으며 예쁜 외모로 부러움의 대상이 되는 삶은 순식간에 왜곡되었다. 그러나 만연한 어린이 미인대회의 행태에 대한 분노는 그리 오래가지 않았다. 얼마 안 있어 더 많은 끈 팬티와 깊게 파인 홀터 톱이 K마트의 선반을 가득 채우게 되었다.

한편, 애버크롬비 앤드 피치는 캘빈클라인에 지지 않고, 사진작가들과 손을 잡고 1997년에 『A&F 계간지A&F Quarterly』라는 고급 잡지 겸 제품 책자를 발간했다. 여기에는 백인의 생활방식으로서 집단 섹스, 영화관에서 구강성교하는 방법, '뇌출혈'이라는 이름의 칵테일 만드는 방법 등이 실렸다. 곧바로 잡지에 대한 비난이 잇따랐는데, 특히 이 잡지가 성인 남녀는 물론 18세 미만의 청소년까지 대상으로 공략했기 때문이다. 이 잡지를 반대한 기관과 인물로는 미국 음주운전 방지 어머니회Mothers Against Drunk Driving, 미시간 주 법무장관, 일리노이 주의 부지사, 전미여성연맹, 미국기독교인협회가 있었다. 우파에서는 이 모든 섹스가 '가족의 가치'를 훼손한다고 지적했고, 페미니스트들은 이를 여성들의 대상화와 소녀들에 대한 착취라고 주장했다. 당시 미국에서는 에이즈와 더불어 성 전염성 질환이 널리 확산되고 있었고, 어떤 선진 공업국가보다도 10대 임신율이 높은 상황이었다.

많은 여성, 특히 걸 파워의 시대에서 젊은 여성들은 본인의 섹슈얼리티가 위험하거나 수치스러운 측면 내지는 부정하거나 검열해야 하는 측면으로 비치는 상황에 염증이 나 있었다. 여성 신체의 새로운 포르노화에 우려를 나타내는 페미니스트들은 섹스를 증오한다고 치부되었지만, 그들의 진짜 우려는 여성이 성적 대상으로 전락할 경우 진정한 평등이 실현되는 데 걸림돌이 된다는 점이었다. 그렇다면 여성들이 1950년대로 돌아가 남성들이 힘의 고삐를 쥐고 흔드는 가운데 제인 맨스필드처럼 보이고 말하기 위해 노력해야 하는 것일까? 아니면 여성들이 마돈나의 뮤직비디오로부터 영감을 얻어 섹스에 긍정적인 태도를 포용해야 하는 것일까?

캐리 브래드쇼가 노트북 앞에서 타자를 치면서 자문했을 법한 질문을 해보자면, 이렇게 대중매체에서 새롭게 강조된 섹슈얼리티가 과연 여성에게 긍정적이었을까, 부정적이었을까? 논란에 더욱 불을 붙인 것은 이러한 추세가 얼마나 낮은 연령층까지 내려갈 것인가였다. 우리는 정말로 다섯 살짜리 어린애가 섹시하길 바랐을까? 아이들은 누구를 위해 섹시해지려 했을까? 그 답이 ⓐ 밥 삼촌, ⓑ 길 건너에 사는 12살짜리 소년, ⓒ 성직자 중 하나라면, 사람들, 특히 부모가 왜 히스테리적인 반응을 일으키는지 알 수 있을 것이다. 그러나 히스테리는 중요하지 않았다. 전혀.

「지금까지 알려지지 않은 섹스에 관한 진실 99가지」「남자의 흥분에 감춰진 비밀: 그의 가장 내밀한 성적 욕구를 일깨울 수 있는 놀라운 방법」「섹스의 달인이 되자!」「약간의 입술 움직임만으로도 더 뜨거운 섹스를 할 수 있다」「무한대의 오르가즘」「그의 그곳을 건드려!」

자, 이쯤이면 우리가 어디까지 왔는지 짐작이 갈 것이다. 우리는 '유쾌하고 당당한 여성'을 표방하는 잡지 『코즈모폴리턴』의 새 빨간색 내지는 눈부신 형광 분홍색의 속지로 꾸며진 난에 도달해 있다. 본래 문화 및 문학 잡지에 가깝던 『코즈모폴리턴』을 1965년에 헬렌 걸리 브라운이 자궁벽을 꾸미는 방법까지도 배울 수 있는 잡지로 탈바꿈시키면서(1972년의 잡지 『하버드 램푼Harvard Lampoon』의 비유를 빌리자면), 『코즈모폴리턴』은 젊은 여성들을 당찬 섹스 전문가로 양성하는 데 앞장서왔다. 1970년대에 여대생들은 『글래머』나 『마드모아젤』을 더 많이 읽었는데, 두 잡지, 특히 『글래머』는 「빠른 시일 내에 예쁜 엉덩이 만드는 법」과 「페디큐어의 기술」과 같은 기사와 더불어 직업 경력을 쌓는 법, 자동차 타이어를 갈아 끼우는 법, 혹은 여성과 관련된 국회 법안에 관한 최신 소식을 함께 실었다.(사실이다.) 많은 여대생은 몹시도 여성스럽고 남자를 즐겁게 하는 데 온 관심을 쏟는 '코즈모 걸'을 지나치게 진부하고 천박한 이미지라 여겼다.

그러나 진화된 성차별이 대두하면서 상황이 바뀌었다. 1997년 새로운 편집장인 보니 풀러가 브라운으로부터 잡지를 인수하여, '코즈모 걸'이라는 명칭에 '유쾌하고 당당한 여성'이라는 새로운 의미를 부여했다. 풀러는 여행, 음식, 애완동물을 다룬 기사를 대폭 줄이거나 아예 없애고, 뷰티와 패션을 본격적으로 다루며 섹스 관련 내용에 불을 붙였다. 그녀는 목이 깊게 파인 옷을 입은 기존의 무명 표지 모델들을 그와 똑같은 옷을 입은 유명인사들로 교체했다. 1년도 채 되지 않아, 광고 수입이 20퍼센트 이상 치솟았고, 가판대 판매 역시 16.5퍼센트나 증가했으며, 월별 판매 부수

『코즈모폴리턴』은 여성의 가장 중요한 자산이 '섹시함'과, 모든 카마수트라 자세를 통달할 수 있는 능력이라는 메시지를 그 누구보다도 앞장서서 전파한다. 요즘에는 모델 대신, 제시카 비엘 같은 유명인사가 표지를 장식한다.(Associated Press/Marion Curtis, Cosmopolitan)

도 270만 부로 크게 늘어났다.9 『코즈모폴리턴』으로 옮긴 지 18개월 만에 풀러는 『글래머』로 옮겨 이를 코즈모폴리턴화했고, 『글래머』의 오랜 편집장이었던 루스 휘트니가 수십 년 동안 브라 광고와 운동법 페이지 사이에 끼워 넣었던 페미니스트의 공감 코너를 사실상 폐지해버렸다. 『코즈모폴리턴』에서 풀러의 뒤를 이은 후임자 케이트 화이트는 한술 더 떠 풀러를 요조숙녀로 만들었다.

여성의 해였던 1992년부터 현재까지 『코즈모폴리턴』의 표지를 살펴보면, 심지어 성지로 여겨지는 언론의 영역에서조차 섹스가 갈수록 얼마나 노골적으로 다루어졌는지를 알 수 있다. 1992년에 청소년에 비교적 무해한 등급인 PG 등급을 받은 표지 제목의 예를 몇 가지 나열해보면 이렇다.

「내가 그를 좋아하는 만큼 그도 나를 좋아하게 하는 방법」「끔찍했던 연애에서 헤어 나오는 법」「실연을 극복하는 방법」「피곤할 때 원기를 회복할 수 있는 열 가지 방법」[10]

오늘날의 기준으로 보면 마치 걸 스카우트의 지침서처럼 보인다. 그 외의 기사들은 심지어 정치나 직장 문제도 다루었다. 다음과 같다.

「코즈모 걸이 전하는 데이트 강간의 충격적 실체」「정치계의 유명 여성들이 밝히는 승리의 비결」「직장 동료들과 잘 지낼 수 있는 열 가지 방법」, 오늘날의 『코즈모폴리턴』에서는 전혀 찾아볼 수 없는 「자원봉사―베풂으로써 얻을 수 있는 것」, 그리고 오페라의 즐거움을 다룬 「누가 베르디와 푸치니를 두려워하지? 당신은 아니야!」[11]

5년 후 풀러가 잡지를 인수한 뒤에는 변화가 보이기 시작했다.(그리고 밑줄에 대한 집착도 나타났다.) 예를 들면 다음과 같다. 「더 많은 전희를 부탁해! 남자가 여자에게 하고 싶어하는 것들」「남자를 안달 나게 만들어라! 잠자리에서 그의 욕구에 불을 지피는 방법」「어떤 여자와 자고 싶을까? 남자가 알려주는 자고 싶은 여자의 유형」(남자를 녹이는 마성의 매력이 과연 본인에게 있는지 확인할 수 있다.)

그러나 1997년에는 요즈음 볼 수 있는 섹스 지침을 담은 삽화는 실리지 않았다. 그리고 잡지에는 남자를 즐겁게 하는 방법과 정치적·경제적인 여권 신장에 관한 기사가 모순적으로 뒤섞여 있었다. 예를 들면, 「너무 열 받아서 국회에 편지를 보내고 싶은가?

여기 방법이 있다」 내지는 「신입사원일 때 당당하게 행동하는 법. 새로운 사무실 내 정치의 미로를 통달하라」와 같은 기사가 「거대한 엉덩이는 사라져라—가장 신속하고 효과적인 방법」과 「그의 생각: 왜 남자들은 다정한 여자를 정말로 좋아할까?」와 같은 기사와 맞붙어 있었다. 또 「남자는 여자와 어떻게 다른가?」라는 기사에서는 '전혀 다르지 않다'는 답이 제시되었다.[12] 이는 오늘날 이 잡지의 입장과는 상당히 다르다.

2002년이 되자 다음과 같은 표지 기사가 쏟아지기 시작했다.

「그를 흥분시켜라! 문을 잠그고 실내를 어둡게 한 다음, 이 외설적인 '음악'을 시도해보라」「그를 흥분시킬 수 있는 비결: 그가 하루 종일 당신을 애타게 그리게 하는 방법」「그의 쾌감: 남자의 쾌감의 4단계」「당신이 잠자리에서 해줬으면 하고 그가 바라는 다른 말들」「섹스 조사: 그들이 원하는 특별한 키스, 상대가 찾아주기를 바라는 쾌감 지대, 당장 버려야 할 자세」「여성들이 전하는 섹스에 관한 40가지 비밀」[13]

10년이 채 지나지 않아 『코즈모폴리턴』은 「이제 지쳐버렸나? 다시 나가 남자를 만나고픈 의지를 되찾는 방법」에서 「음탕하고 섹시한 섹스」와 「그를 미쳐버리게 만들 혀 돌리기를 비롯한 67가지의 새로운 섹스 기술」로 수위를 높여갔다. 과거에 직장이나 정치를 다루었던 코너나 기사들은 '남자 설명서' '사랑과 욕망' '당신, 당신, 당신'과 같은 코너로 바뀌었다.

대부분의 여성 잡지와 마찬가지로 『코즈모폴리턴』 역시 "자, 거기 여자들!" 같은 직접 화법을 사용했다. 잡지는 이렇듯 당찬 여성을 향해 첫인사를 보냈다.[14] 그녀는 남자를 성적 대상으로 보는 매우 훌륭한 섹스 전문가로, 갖고 있는 주요 자산은 멋진 몸매와 여성스럽게 차려입은 패션, 성 지식과 섹스 기술이다.[15] 그러나 그녀는 남자를 너무 위협하지 않는 방식으로 이 모든 것을 효과적으로 사용해야 한다. 「벗어날 수 없을 정도로 섹시한 여자가 되는 방법」에서 권고한 대로, 통통 튀는 매력이 있는 여자도 좋지만, 남자가 빠져드는 것은 여자의 좀 더 부드러운 면이다.[16] 『코즈모폴리턴』에는 두 가지 목소리가 있다. 하나는 남자를 즐겁게 할 수 있는 모든 방법을 훤히 아는 능숙한 여성의 목소리이고, 다른 하나는 남자의 진정한 속내와 여자가 어떻게 행동해야 하는지를 알려주는 '실제 남자들'의 목소리다.

그렇다면 이러한 목소리들이 말하는 섹스 전문가의 주요 의무는 무엇일까? 섹스 전문가는 어떤 모습이며, 어떤 모습이어야 할까? 분명 「당신의 오르가즘은 보장되어야 한다」와 같은 제목으로 여성은 실제로 이기적이어야 하고, 남자의 쾌락에 집착해서는 안 된다는 내용의 카마수트라 기사들이 매달 수록될 것이다. 그러나 세 페이지만 넘기면, 「그의 흥분 지점」이, 또 두 페이지를 넘기면 「침대에서 절대 잊지 말아야 하는 것」이 나오는데, 모두 '남자의 욕구'에 초점을 맞춘 것이다.[17] 독자들은 '그가 사랑하는 란제리룩' '그가 갈망하는 섹스' '그의 그곳을 건드리는 방법' '그의 숨겨진 쾌감 지대' '그를 위한 짜릿한 섹스 방법'을 통해 '그를 흥분시킬 수 있는 방법'을 배운다.

여기서 잡지가 충고하는 것은 무엇일까? 하나는 섹스가 겉으로는 우발적인 행위처럼 보이면서도 언제나 계산된 자세 및 행위여야 한다는 내용이다. 충고는 종종 모순적이었다. 한 호에서는 "그가 집에 왔을 때 덮쳐라"라고 조언하지만, '실제 남자들'의 의견을 수록한 코너에서는 "여자들이 도를 넘어서 섹시해 보이려 할 때 정말 싫다"라는 내용을 볼 수 있다. 또 한 칼럼에서는 "섹시하게 웃어라"라고 조언하지만 '실제 남자들'에 따르면 "데이트 중에 너무 키득거리면 거슬린다"라는 의견을 들을 수 있다.(가장 이상했던 섹스 조언은 개 자세로 섹스를 할 때 본인의 어깨 너머로 그를 바라보라는 것이다. 내 생각에 그러려면 「엑소시스트」처럼 목이 돌아가야 할 것이다.) 섹스 조언 코너에서 내가 가장 좋아하는 부분은 체위를 보여주는 삽화가 아니라, 대개 『매춘부처럼 입고 천사처럼 섹스하는 방법』과 같은 책을 쓴 아무개 '박사'의 조언이다. 『코즈모폴리턴』에는 이러한 박사들이 잔뜩 있다. 나는 『외설적인 기술과 섹시한 팁』을 쓴 팸 스퍼 박사나 『내 그곳을 만져줘』를 쓴 이본느 K. 풀브라이트 박사를 만나본 적이 없기 때문에 엉뚱한 학계에 몸담고 있는 게 분명하다.

그러나 그 외에, 그다지 대담할 것 없는 코너들은 계속 책장을 넘기게 만든다. 여성들은 늘 성가신 잔소리꾼으로 간주된다. 「그가 입을 굳게 다문 네 가지 이유」에서 첫 번째 항목은 이렇게 묻는다.

"당신의 행동으로 인한 것인가?"

즉각적인 대답은 이렇다.

"그럴지도."

그렇다면 어떤 행동을 했는고 하니, "다른 사람들 앞에서 그에게 농담을 해 남자로서의 자존심에 상처를 주었다" 내지는 "남자가 전혀 관심 없어하는 '하찮은 일'에 대해 곱씹거나 지껄여대는 등 말을 너무 많이 했다."**18**

『코즈모폴리턴』은 남자에 대한 반사 작용을 제어하는 법을 가르치면서 '성가신 잔소리'의 영역에 들어가지 말 것을 경고한다. 그가 한 일에 열 받았다고? 그럼 "그가 잘못한 일을 지적하기 전에 그가 잘한 일을 먼저 생각하라."**19** 그렇다면 남자들이 제시한 충고는 무엇일까? 다음과 같다.

"내게 뭔가 부탁을 하고 내가 남자임을 상기시켜달라. 만약 그러지 않고 이래라 저래라 나를 가르치려 든다면, 그건 엄마나 다름없다."**20**

남자를 짜증 나게 만드는 또 다른 행동은 무엇일까?

"그녀는 내게 몸에 좋은 음식을 먹으라고 잔소리를 한다."**21**

여자들이여, 조심하고 또 조심하자.

남성들은 여전히 상사의 위치에 있고 기쁘게 하고 달래야 할 존재지만, 그들의 자존심은 눈송이만큼이나 연약하다. 한 예로, 2007년 7월 호에는 다음과 같은 내용이 실렸다.

"남성은 자신이 필요하고 가치 있는 존재임을 느끼고 싶어하고, 고난을 이겨낸 여성은 자신을 보호하려는 본능을 발휘한다."

그리고 이를 잊었을 경우를 대비해 10여 페이지 뒤의 '남자들 마음 엿보기Guy Spy'라는 코너에 다음과 같은 글이 재차 실렸다.

"남성은 누군가에게 필요한 존재라는 느낌을 절실히 원한다."

그리고 "남성의 신체적 장점 역시 인정해주어 그가 스스로 강한 남자임을 느끼도록 해야 한다."[22]

이 세계에서 남자는 나무토막만큼이나 단순하다.

"맥주, 아찔하게 몸매를 드러낸 아가씨들, 커다란 화면의 TV. 남자의 놀라운 점 중 하나는 꽤나 단순한 동물이라는 점이다."

그러나 두 단락을 지나면, 여자와의 관계에서 남자는 매우 불가해하기 때문에 『코즈모폴리턴』만이 남자의 마음을 이해하는 데 도움을 줄 수 있다고 말한다.[23]

한편, 바비 인형 같은 미적 기준에 부응하고 섹시함과 난잡함 사이의 실낱같이 가는 경계선을 따라 걷는 일 또한 필수다. 「여자가 알았으면 하고 남자가 바라는 50가지」는 완벽한 교과서다.

레슨 34 "바싹 자른 머리. 팔 근육. 다리털. 모든 여자가 그런 건 아니지만, 간혹 그런 모습의 여자를 보면 남자의 몸이 떠오른다. 그래서 그런 여자를 볼 때마다 마음이 내키지 않는다."

레슨 37 "내 친구들과 외출할 때 내 여자친구가 다소 노출이 있는 옷을 입는 게 좋다. 하지만 노출은 딱 친구들이 부러워할 만큼만. 쉬운 여자로 보일 만큼 과하면 안 된다."

레슨 46 "여자친구와 함께 있을 때 간혹 다른 여자를 쳐다본다고 해서 내 여자친구를 사랑하지 않는다거나 그녀가 별로라는 의미가 아니다. 그저 누군가가 더 노출이 심한 옷을 입었기에 쳐다보는 것뿐."[24]

「당신의 남자를 위한 코즈모폴리턴」을 보면 남자가 여자를 침대에 내던진 뒤 그녀 위에 올라타 그녀의 두 팔을 꼼짝 못 하게 잡으라는 내용이 나온다. 이거 데이트 강간 아닌가?

　그렇다면 잠깐, 젊은 미혼 여성을 위한 가장 인기 있는 잡지가 있다고 하자. 그리고 그 잡지에 노출이 심한 옷을 입은 여자들(그리고 남자들)과 더불어 섹스에 관한 조언이 가득하다면? 그 잡지를 남자들 역시 좋아하지 않을까?『코즈모폴리턴』편집자들이 알게 된 바로는, 남자(애인이나 남편)들이『코즈모폴리턴』을 슬쩍 훔쳐보는 경우가 많다고 한다. 그래서 새로운 장르의 간행물, 즉 '남성용 잡지'가 영국에서 처음 만들어져 인기리에 판매되었다. 본래 1995년 영국에서 탄생한 남성용 잡지『맥심』은 1997년 4월에 대서양을 건너와 '여자 다음으로 남자에게 생겨난 가장 좋은 것'이라는 자랑스러운 홍보 문구를 앞세웠다. 맥심은 곧 진화된 성차별의 모선母船이 되었다.(창간호는 맥주, 섹시한 여자들, 스포츠라는 '남자들의 라이프스타일'을 떠받들면서 "화장실 변기 뚜껑을 과감히 올려두라!"라고 외쳤다.)**25** 잡지 표지와 내부에는 과감히 노출한 신인 여배우와 유명 연예인들이『플레이보이』의 포즈(다리를 벌리고 카메라를 향해 가슴골을 내민)를 취한 사진이 담겼고, '우리의 가슴을 마구 뛰게 하는 그녀들' '수영복 모델 같은 그녀의 몸매를 우리는 결코 잊을 수가 없다'와 같은 침을 질질 흘리게 하는 문구가 실렸다. 1999년부터『맥심』은 매년 '핫 100'과 '세계에서 가장 아름다운 여성'을 선발했다. 2002년 맥심의 판매 부수는 250만 부 이상으로 치솟았고, 2006년에는『글래머』『세븐틴』『레드북Redbook』을 넘어섰다.(『코즈모폴리턴』은 넘어서지 못했다.)

그렇다면 『맥심』을 자세히 들여다보자. 이 잡지는 뻔뻔하게도 여성을 대상화하며 여성을 신체 부위별로 전락시켰고(특히 가슴), 그 결과, 상당한 비난과 비판의 대상이 되었다.(『뉴스위크』는 맥심을 향해 "내 안의 난봉꾼 찾기"라고 하면서 "마치 페미니즘운동이 전혀 일어나지 않았던 세상 같다"라고 덧붙였다.)**26** 『맥심』은 여성들이 어느 정도 옷을 걸치고 있었기 때문에 포르노 잡지는 아니었다.(창간 때부터 『맥심』은 '모델의 유두를 보이지 않는다는 규칙'을 세웠다.)**27** 그리고는 모순된 말로 입장을 변호했다. 『맥심』 최초의 여성 편집장은 이렇게 말했다.

"『맥심』은 단순히 여자들의 사진을 담은 잡지가 아니다. 이것은 입장에 관한 잡지다."**28**

'악의 없는 재미'를 추구하는 남자들의 불손한 태도는 남자들이 생식샘의 노예이기 때문이며, 남자들이 끈 비키니를 입은 여자를 보고 유혹하지 못해 안달하는 이유는 그들이 성차별주의자여서가 아니라 어쩔 수 없는 본능 때문이라고 주장한다. 어쨌든 모든 힘을 쥐고 있는 것은 여성, 특히 젊고 날씬하며 가슴이 풍만한 대부분의 멋진 백인 여자들이기 때문이다. 이곳은 멍청한 나라다. 남자들은 제임스 본드처럼 천하무적이 아니며, 그들은 새로운 성별 체제가 존재한다는 사실을 안다.**29** 이로써 『맥심』과 기타 남성용 잡지들은 성차별적이라는 비난을 모면한다. 그들은 성차별주의가 어리석고 시대 역행적이라는 점을 안다. 그러니 그들이 무엇 때문에 성차별주의자가 되겠는가? 오로지 표지만 보고 농담을 농담으로 받아들이지 못하는 일부 고지식한 늙은 여자들만이 그러

한 생각을 할 것이다.[30]

『맥심』은 아름다운 여성을 숭배하고 독자들은 종종 그러한 여성들보다 열등하다는 '입장'을 취한다. 보다 세련되지 못하고 게으르며 그리 똑똑하지 않을 뿐만 아니라, 어리석고 대개는 잠자리에서도 그리 능숙하지 못하다. 예를 들어, 한 여성 표지 모델을 다룬 기사에는 '섹시하고 유쾌하며 우리보다 똑똑하다'라는 제목이 붙었다. 2000년 4월 호의 기사 「여자와 유쾌하게 즐기기」를 보면, 데이트 상대와 스키트 사격을 즐길 것을 제안하면서 다음과 같이 경고했다.

"이 게임은 힘이 아니라 손과 눈의 조합이 중요하므로, 여자친구가 당신보다 높은 점수를 딸 수도 있다."

동시에 여자들은 '남자들 같으면 하품 나도록 지겨워할 만한 취미, 이를테면 골동품 감상, 와인 시음, 귀네스 펠트로와 막연하게 관련된 모든 일을 즐긴다'고 정형화했다. 그리고 『코즈모폴리턴』과 달리, 맥심에는 새로운 기계 장치, 자동차, 스포츠, 여행 등 '남성' 고유의 주제가 수록되었다.[31] 잡지에서 나이 든 여성은 기피 대상이었다. 예술작품 경매장에서의 데이트를 다룬 기사에서는 이렇게 조언했다.

"경매 참여자용 팻말을 사용하여 옆에 앉은 중년 여인의 향수 냄새를 날려버릴 수 있다."

또 자동차 극장에 관한 기사에서는 벳 미들러가 나온 극장 화면 옆에 '자동차 멀미의 주원인'이라는 문구가 달리기도 했다.[32]

『맥심』은 젊은이들이 열광하는 잡지다. 그래서 때로는 매우 재미있다. 2000년에 실린 '전 시대를 통틀어 최악인 30대 앨범' 코너에서는 바닐라 아이스의 「Hard to Swallow」가 선정되었는데, '이만큼 제목을 잘 지은 앨범도 드물 것이다'와 같은 문구가 함께 실렸다. 그리고 야니와 존 테시의 앨범 「The Endless Dream」에 대해서는 다음과 같은 글이 실렸다.

"우리는 '히틀러보다 최악'이라는 말을 함부로 하지는 않는다. (…) 하지만 어쩌다 야니와 존 테시라는 두 악성 전염병이 한 앨범을 동시에 전염시키게 되었을까?"**33**

『맥심』은 또한 새로운 상품을 소개하는 코너에 '여러 가지 물건들Stuff'이라는 제목을 붙이고 '허전한 마음을 물질로 채워라'라고 썼다.**34**

하지만 진화된 성차별에 보호막을 제공한 것은 바로 이러한, '그건 모두 농담이야'라는 태도다. 필라델피아에 관한 기사에서 편집자들은 다음과 같이 썼다.

"필라델피아를 가치 있게 만드는 유일한 것은 치즈 스테이크와 술에 찌든 여자들이다."**35**(데이트 강간 아니냐고!)

한편, 직장 동료와의 섹스를 다룬 2008년의 한 기사에는 검은색 뷔스티에, 가터벨트, 스타킹 차림의 모델이 같이 실렸다. 이 모습이 남자들이 상상하는 여자 직장 동료의 모습이란 말인가? 이 기사에는 아무런 관련 데이터 없이 다음과 같은 글이 실렸다.

"경계하고 조심하는 남자 상사는 공격적인 경우가 드물다. (…) 요즈음에는 더 많은 여성이 주도권을 잡는다."

실제로 "여자 상사들은 직장 부하와 관계를 맺는 것을 두려워하지 않는다. 31세의 인사 담당자인 마고가 이렇게 털어놓는다. '난 수습사원 중 한 명과 잠자리를 했어요. 그가 나 때문에 겁먹는 게 좋아요. 내가 침대에서 주도권을 잡고 있는 듯한 느낌이니까요.'"[36]

여기서 성희롱의 방향은 전도되며, 성희롱이 여성들에게 지속적으로 미치는 부정적 영향이 간과된다.

『맥심』에는 수년 동안 여성 인력이 대거 포진해 있었고(일부는 『코즈모폴리턴』에서 옮겨 옴), 이들은 섹스와 대인관계에 대한 조언을 통해 "맥심이 남자친구와 남편을 더 낫게 만들어준다"라고 주장했다.[37] 그럴 수도 있다. 그러나 맥주와 성욕에 사로잡힌 불변의 남성성을 적극적으로 주장하고, 여성이란 '섹시한 여자'와 '쓸모없는 여자', 이렇게 단 두 부류로 나뉜다는 입장으로 인해, 맥심은 약 40여 년 전에 페미니스트들이 맹렬히 공격했던 고정관념을 부활시켰다. 그것은 바로 여성의 유일한 가치는 섹시한 면모에서 비롯되고, 여성이란 완전히 발달한 개체라기보다는 남자가 성적 쾌감을 위해 이용하는 물건과 같은 존재이며, 허리 23인치에 D컵의 신인 여배우라는, 섹시함에 대한 매우 협소한 한 가지 기준만이 존재한다는 것이다.

TV에서도 성적 암시를 하거나 노골적인 묘사를 하는 데 혁명적 변화가 일어났다. 그러다 보니 섹스 전문가가 등장할 수 있는 자연스러운 분위기가 조성되었다. 1975년에는 텔레비전 황금 시간대에 범죄, 폭력, 섹스와 관련된 장면이 과도하게 많이 나온다는 우려에 대한 반응으로, 방송사들이 저녁 8시에서 9시까지를 '가족 시청 시간대'로 지정하는 데 동의했다. 이 시간대에는 아동을 비롯하여 모든 가족 구성원이 시청할 수 있는 프로그램들만 방영되었다. 그러나 오래가지는 못했다. 창의적인 집단인 할리우드는 '가족 시청 시간대'가 미국 수정헌법 제1조에 위반된다는 이유로 소송을 제기했다. 일부 프로그램은 늦은 시간대로 옮겨 가면서 시청률 부진을 면치 못하던 차였다. 1976년에 법원은 미 연방통신위원회FCC가 정책 시행 과정에서 적절한 절차를 따르지 않았다는 판결을 내려 할리우드의 손을 들어주었다. 그럼에도 방송사들은 1970년대 후반과 1980년대까지도 관행을 지속하여, 저녁 8시부터 9시 사이에 「코스비 가족」「후즈 더 보스?」「천사 조나단」과 같은 프로그램을 방영했다. 대부분의 프로그램에서 섹스는 비유적으로 처리되었다.[38]

이후 경쟁이 시작되었다. 처음에는 폭스사, 후에는 다른 방송사들, 그리고 케이블의 모든 영화 및 홈 비디오와 DVD 시장까지 경쟁에 합세했다. 방송사가 시청자들, 특히 10대 시청자들을 황금 시간대인 8시에 텔레비전 앞으로 오게 하려면, 그리고 「베벌리힐스 아이들」「멜로즈 플레이스」「마틴」과 같은 프로그램으로 시청자들을 폭스사에 묶어두려면 조정이 필요했다. 한 예로, 1995년 9월, 내가 좋아하는 드라마 중 하나이자 냉소적인 여주인공 메리 앤이 보리스 옐친만큼이나 술을 많이 마시고 쇼핑을 하고 젊은 남자들에게 추파를 던지는 데 온 시간을 보내며 부유한 전남편 닥터 딕에게 복수하기 위해 산다는 내용의 「시빌Cybill」의 방송 시간

대가 9시 30분에서 8시로 바뀌었다. 그래서 시청을 포기해야 했다. 게다가 최고의 시트콤 중 하나인 「프렌즈Friends」를 초기에는 볼수 없었을뿐더러 「결혼 이야기Mad About You」가 1993년 7월부터 9시 30분에서 8시 시간대가 바뀌면서 이 역시 볼 수 없었다. 난 점잔을 빼거나 고상한 체하는 부류가 아니다. 하지만 이 모든 프로그램 시청을 단념할 수밖에 없었다. 당시 여섯 살이었던 내 딸이 창녀니 마스터베이션이니 성교니 하는 말 따위를 들을 준비가 되었다고 생각하지 않았고, 나 역시도 1학년인 내 딸에게 이 모든 말의 의미를 가르쳐줄 준비가 되지 않았기 때문이다. 나는 R등급 프로그램의 맹습에 불안해했고, 그러한 프로그램들이 소녀들에게 미칠 부정적인 영향에 대해서도 우려했다.

불안감을 나타낸 것은 나뿐만이 아니었다. 1995년 「할리우드 리포터The Hollywood Reporter」는 "프로그램 편성자들이 18~49세의 인구층을 겨냥한 동안, 부모와 아이들이 무슨 프로를 봐야 할지 몰라 당황해하고 있다"라고 보도했다.[39] 학자들이 지적한 것처럼, 공중파 및 케이블 방송사가 방송을 통해 내보내는 섹스 콘텐츠가 폭발적으로 늘어남에 따라 일상생활 속에서 섹스가 매우 큰 비중을 차지하는 것처럼 과장되기 시작했다.[40](드라마를 많이 보는 사람들은 사람들이 섹스를 실제보다 더 자주 한다고 생각하는 경향이 있다.)[41] 황금시간대에 화면에 비치는 성적인 내용은 그에 관한 언급이나 실제 장면을 모두 포함하여, 1976년 43퍼센트에서 1996년에는 75퍼센트로 증가했다.[42] 그리고 2005년에는 황금시간대의 방송 중 77퍼센트가 성적인 내용이었다.(독자들의 집안 분위기는 어떨지 모르나, 우리 집의 '콘텐츠' 중 77퍼센트는 누가 개밥을 주었는지 내지는 전기세를 냈는지 등이다.) 이 중 대다수는 단순히 섹스에 관한 이야기지만, 시트콤에서 생크림이 언급될 때 그 단어가 남자가 아내의 몸에 생크림을 바르고 그걸 핥아먹는 의미라고 여덟 살 난 아이가 이해하는 것을 볼 때, 부모들의 우려가 괜한 걱정이 아님을 알게 된다.[43]

1999~2000년이 되자, 등장인물의 절반가량이 만나자마자 성관계를 맺거나(「멜로즈 플레이스」), 서로 사랑을 느끼지 않는데도 성관계를 맺었다.[44] 즉, 말뿐만이 아닌 것이다. 시간당 섹스 장면의 수는 1998년에서 2005년 사이에 거의 두 배로 증가했다. 그리고 10대 시청자층과 섹스 이야기의 결합을 더욱 굳힌 것은 「도슨의 청춘일기」 같은 드라마였다. 지역만 매사추세츠로 바뀌고 「베벌리힐스 아이들」과 배경이 비슷한 이 드라마의 경우, 첫 회에서만 해도 부모가 거실의 응접용 탁자에서 섹스를 벌이고, 고등학생이 자기보다 나이가 두 배나 많은 여자 교사와 키스를 하는 장면이 등장했다. 카이저가족재단에 따르면, 2005년에 10대들이 가장 많이 시청한 20개의 프로그램 중 70퍼센트에 일종의 성적인 내용이, 45퍼센트에 성적인 행위가 포함되어 있었다고 한다. 10대들이 가장 자주 보는 프로그램들의 시간당 섹스 장면의 수는 6.7이었는데, 이는 시간당 5.9를 기록한 황금시간대 프로그램들의 경우보다 높은 수치였다. 많은 청소년은 이러한 프로그램 시청을 손꼽아 기다렸지만, 부모들은 V칩■을 원했다. 그러나 V칩은 오로지 10대들만이 조작할 줄 알았기 때문에 사실상 아무런 소용이 없는 것이

나 마찬가지였다. 부모들은 자기 아이들이 교정기를 빼기도 전에 섹스를 한다고는 생각지도 못했을 것이다.

하지만 섹스가 중요해질 때 우려되는 바는 소녀와 여성들이 묘사되는 방식이다. 이는 당연한 사실이다. 이러한 드라마를 볼 경우, 섹스에 대해 성차별적인 편견이 조장된다는 증거가 존재한다.[45] 그러한 편견이 시트콤의 농담, 모욕적이거나 은유적인 대사 혹은 밤 시간 대 연속극의 무작위적인 잠자리와 궁극에는 깨져버리는 인간관계, 그 어느 것에 의해 조장되든지 간에, TV는 특히 오로지 '금욕'만을 내세우는 성교육의 환상의 세계에서 섹스에 관한 청소년들의 이해를 형성하는 데 중요한 역할을 한다. 이는 점진적이고 축적적인 과정이다. 페이스북과 휴대전화에도 불구하고 청소년들이 다른 어떤 매체보다도 TV에 가장 많은 시간을 소비하기 때문이다. 따라서 TV가 소녀, 여성, 섹스에 관해 전달하는 내용은 매우 중요하다.[46]

그렇다면 주된 시나리오는 무엇이었을까? 1990년대 초반 사춘기 청소년들에게 가장 인기 있었던 TV 프로그램 속 소년과 성인 남성들은 섹스에 온 관심을 쏟고, 언제 어디서든 섹스를 기꺼이 할 준비가 되어 있었다. 이는 어린 3학년이든 영감이든, 모든 남성이 여성의 신체를 평가하는 성적인 발언을 끊임없이 한다는 사실을 의미한다. 이는 전적으로 정상이며, 심지어 재미있는 일로 비치기까지 했다. 한 예로 「블로섬Blossom」의 한 회에서는 사춘기 소년

■ 유해한 프로를 차단하기 위해 텔레비전 내부에 장착하는 반도체 칩

이 선생님에 대해 이렇게 말했다.

"내 수학 과외 선생님은 정말 끝내주는 미인 같아."

그리고 이어진 다이어트 펩시콜라 광고에서는 여섯 살짜리 소년들이 축구를 하다가 신디 크로퍼드를 보고는 숨이 멎은 듯 멈춰 서서 펩시의 '새로운 캔'에 대해 감탄한다. 몇 년 후의 광고에서는 산부인과 병동의 남자 신생아가 펩시를 든 신디 크로퍼드를 보고는 역시나 눈을 반짝이며 감탄한다. 이렇듯 여성의 신체에 대해 평가를 내리는 일은 시대 역행적이지도 편견에 해당하지도 않는다. 한편, 「베벌리힐스 아이들」의 남자 등장인물 중 한 명은 젊은 여자들을 만날 기대에 부풀어 이렇게 말했다.

"우리가 만나본 중 가장 멋진 여자들이 나올 거야. 다리 길이가 거의 목까지 쭉쭉 뻗은 미인들 말야!"(미안한 이야기지만 살바도르 달리의 그림이 떠오르는 건 왜일까?)

섹스는 기분 전환 및 여가를 위한 활동이었고, 종종 경쟁이 되기도 했으며, 남자들은 점수를 매기듯이 여자를 평가했다.[47] 또 다른 조사에 따르면, 「도슨의 청춘일기」나 「파티 오브 파이브」같이 젊은 계층을 겨냥한 드라마에서 여성들 역시 남성만큼이나 성적으로 적극적이었음에도, 성적으로 주도권을 잡았을 때 거절을 당하거나 모욕감이나 절망, 죄책감을 느끼는 등 결말이 안 좋게 끝나는 쪽은 남성보다는 여성 쪽이었다.[48] 하지만 이후 걸 파워가 최고점에 다다른 시점에서 한 프리미엄 케이블 드라마가 이러한 시나리오를 비틀기 시작했다.

그렇다면 홍보 담당자의 꿈으로 이건 어떨까? 「섹스 앤드 더 시티」라는 아주 확실한 제목의 세련된 새 드라마를 이제 막 선보이려고 한다. 이 드라마는 뉴욕에 살면서 성공을 거둔 아름다운 백인 중상류층 이성애자 미혼 여성 네 명의 사랑 이야기를 기본으로 하는데, 이들은 아무런 제약 없이 적극적으로 섹스를 즐긴다. 초기 방영은 부분적으로 구강성교와 셋이 하는 성행위에 초점을 맞춘다. 이 드라마는 「메리 타일러 무어 쇼The Mary Tyler Moore Show」가 아니다. 1998년 1월 말, 이 드라마가 첫 방영되기 불과 다섯 달 전, 전대미문의 섹스 스캔들이 터졌다. 미국 대통령이 24살의 백악관 인턴 모니카 르윈스키와 대통령 집무실에서 별난 성적 행위를 감행했던 것이다. 빌 클린턴은 그녀와의 성관계를 부인했다. 들려오는 바에 의하면, 두 사람은 성관계를 하지 않고, 주로 그녀가 그에게 구강성교를 해주었다는 것이다. 그리고 그는 담배로써 그에 화답했다.(심지어 「섹스 앤드 더 시티」조차 그 정도 수위까지는 가지 않았다.) 우리는 성에 적극적인 젊은 여성이 자신의 끈 팬티를 보여주면서 남자를 먼저 도발했다는 사실을 알게 되었다. 그녀는 수동적인 피해자가 아니라 『코즈모폴리턴』의 페이지에서 막 튀어나온 듯한 '유쾌하고 당당한 여성'이었다.

우리는 클린턴-르윈스키 스캔들의 영향을 과소평가해서는 안 된다. 그로 인해 구강성교라는 말이 저녁 뉴스에 오르내리고, 언론에서는 '다음 보고서에는 성적으로 노골적인 언어가 포함되어 있습니다'라는 경고가 담긴 특별 기소판사의 보고서를 발간해야 했다.(이는 특별 기소판사의 보고서 중 가장 많이 팔렸을 것이다.)

1998년 겨울, 봄, 여름 내내 여러 차례의 구강성교(그것도 그가 전화상으로 협상을 하는 도중에), 추잡한 전화 섹스, 정액이 묻은 감색 드레스와 같은 말들이 여기저기서 들렸다. 더욱이 관련 소식이 온 가족이 시청하는 저녁 뉴스에서 보도되고, 신문과 잡지의 제1면과 표지에 실렸다. 뿐만 아니라 각종 라디오, 테드 코펠이 진행하는 「나이트라인」, 일요일 아침의 「페이스 더 네이션Face the Nation」, 그리고 토크쇼와 심야 시간대의 코미디 쇼 등 어디서나 관련된 말들이 오르내렸다. 이와 함께 구강성교가 '실제' 섹스인지에 관한 토론이 전 국가적으로 이루어졌다.(클린턴은 하필 『성경』을 인용하며 구강성교는 섹스가 아니라고 주장했고, 이에 미국 전역의 15세 소년들은 그에게 감사했다.) 부모들은 「투데이 쇼」나 「굿모닝 아메리카」를 보면서 또는 「모닝 에디션Morning Edition」을 들으면서 아침 식사를 하고 점심 도시락을 싸는 동안, 3학년짜리 아이에게 그 모든 야단법석에 대해 설명해주는 데 익숙해졌다.

CBS 기자 밥 시퍼는 직장 동료 여성들이 그때까지만 해도 화장실이나 후미진 곳에서 수군거리던 말들을 언젠가부터 갑자기 대놓고 하기 시작했으며, 과거에는 직장에서 전혀 듣지 못했던 성행위에 관한 속어를 공개적으로 사용하기 시작했다고 말했다. 『뉴욕타임스』 역시 클린턴에 관한 뉴스와 농담으로 인해 직장에서 '솔직한 성 대화'가 갑자기 허용되었다고 지적했다.49 캐나다의 신문 『토론토스타Toronto Star』는 이런 기사를 실었다.

"빌 클린턴 대통령과 전 백악관 인턴 모니카 르윈스키의 성 스캔들 혐의를 반복하여 보도하기에는 세부적인 사항이 몹시 지저분하고, 형용사들이 지나치게 선정적이며, 떠도는 소문 역시 충격적이다. 온 나라가 섹스에 관해 이야기하고 섹스에 관해 듣고 섹스에 관해 글을 읽거나 쓰며, 추측건대 온 국민이 항상 섹스에 관해 생각하는 것 같다."**50**(클린턴의 곧게 선 성기가 일상 대화의 일부가 될 수 있다면, 미 상원의원 밥 돌의 축 처진 성기는 왜 안 되겠는가? 1년 후인 1999년 밥 돌은 TV 광고에서 비아그라를 팔기 시작했다.)

따라서 1998년 6월 6일 「섹스 앤드 더 시티」가 첫 방영될 당시에는 드라마가 무리 없이 방송될 사회적 분위기가 조성되어 있었다고 할 수 있다. 첫 회에서 캐리가 옛 애인으로부터 구강성교를 받는 장면이 나왔을 때, 격렬한 반응이나 항의가 과연 있었을까? 1997년이면 몰라도 말이다.

「섹스 앤드 더 시티」가 그토록 혁명적이었던 이유는 여성의 관점에서 섹스에 대해 긍정적 태도를 보였기 때문이다. 그리고 「멜로즈 플레이스」와 달리, 이 드라마에서 이 침대에서 저 침대로 옮겨 다니는 여성들은 저질 쓰레기가 아니라 고급스럽고 세련된 이들이었다. 서맨사를 비롯하여 이 드라마 속 어떤 주요 인물에게도 '난잡하게 노는 년'이라고 함부로 말할 수 없었다. 실제로 섹스는 부유한 미혼 여성의 삶에서 과거 연인이나 다른 여자에게 복수하기 위한 수단 혹은 직장에서의 승진을 위한 수단이 아니라, 중요하고 당연시되는 부분이었다. 덕분에 적어도 HBO를 시청하는 수많은 여성이 탄식하듯 감사의 뜻을 표했다.

드라마는 캐리의 목소리로 진행되었고, 그녀가 매주 신문 칼럼을 쓰기 위해 노트북 화면에 작성하는 내용이 시청자들에게 비쳤다. 그녀는 세 명의 가장 친한 동성친구를 매일 만나다시피 했다. 세 명의 친구는 여자 난봉꾼 서맨사, '요조숙녀'이긴 하지만 성에 관해서는 적극적이고 캐리가 '파크 애비뉴의 폴리애나'라고 별명을 붙인 샬럿, 섹스 그 자체를 즐기며 캐리가 말한 대로 '남자들은 다 병신'이라고 결론을 내린, 냉소적이고 독립적인 변호사 미란다였다. 드라마에서는 쇼핑, 파티, 요가 수업, 섹스, 남자, 인간관계에 관한 솔직한 대화로 가득한 즐거운 외식으로 이루어진 여성 친화적인 세계가 펼쳐졌다. 시청자들이 동일시하도록 의도된 인물은 캐리였지만(그녀에게는 최고의 남자친구들이 있었고, 친구들 사이에서 가장 신뢰를 받았으며, 줄거리가 그녀의 관점으로 진행되었다), 시청자들은 미란다, 서맨사, 샬럿을 동일시하거나 그들 사이에 상상의 공간을 만들어 그 안에 껴볼 수도 있었다. 그리고 시청자들은 여성의 환상 속에 존재하는 맨해튼을 볼 수 있었다. 아름다운 조명이 반짝이고 범죄가 없으며 새벽 3시에 여자 혼자 어두운 밤거리로 나가 택시를 잡으려 해도 아무런 위험이 없는 곳, 성병과 빈곤이 없고 후줄근한 운동복 차림의 사람들이 없는 곳, 여성들이 원하는 것은 무엇이든 살 수 있고, 멋진 아파트에 살며 매일 외식을 하고 도시에 사는 그 누구보다 술을 많이 마셔도 결코 살이 찌지 않는 곳 말이다. 뿐만 아니라, 남자 때문에 불평하거나 남자가 없다고 불평함에도 불구하고, 공동묘지, 엘리베이터 안, 체육관, 미술관 개관 행사, 술집 등 예기치 못한 곳에서 게이가 아닌 멋진 미혼 남자를 매주 만날 수 있는 곳이 바로 이곳이다. 게다가 섹스는 언제나 '훌륭하다.' 바로 내가 원하는 세상이다.

첫 회 방송에서는 진실이면서도 동시에 성차별주의적 편견으로 가득한 몇 가지 전제를 설정했다. 캐리는 여행을 다니고 세금을 내며 마놀로 블라닉 구두에 400달러를 소비할 수 있으나 아직 혼자인, 뉴욕에 사는 수많은 멋진 미혼 여성에 대해 이야기한다.

"왜 멋진 미혼 여성은 많은데 멋진 미혼 남성은 없는 거지?"

캐리는 묻는다. 이는 화성-금성의 영역이기도 하다. 여성은 사랑과 결혼을 원하는 반면, 매력적인 남성은 일부일처제의 세계로 들어가기보다는 여러 여성과 관계를 맺고 싶어한다. 초기 방영분에서는 캐리와 보통 사람들이 카메라를 향해 직접 이야기하는데, 미혼 남성들이 여성은 결혼 생각을 말아야 한다고 말하는가 하면, 어떤 남자들은 뉴욕의 여자들이 미혼인 사실에 대해 불평하면서도 너무 뚱뚱하거나 키가 작거나 너무 착한 남자에게는 기회도 주지 않는다고 지적한다.

하지만 미혼 여성이 남성을 얻기 위해 필사적이라는 결론에 다다르거나, 남성과 여성은 근본적으로 다르기 때문에 공통점이 존재하지 않는다고 생각하면, 여성이 사랑을 포기하고 단순히 남성과 마찬가지로 섹스를 해야 하는가에 대해 논쟁을 펼치는 여성들만 남게 된다. 서맨사를 표현하는 가장 궁극적인 말이 바로 필사적이라는 단어다.

"여자가 남자만큼 많은 돈과 권력을 가지게 된 건 맨해튼 역사상 최초야."

그녀는 말한다. 따라서 여성 역시 남성을 '성적 대상'으로 취급하는 사치를 누릴 수 있다. 그들은 자주 그렇게 한다. 서맨사는 아이는 둘째치고 결혼에도 추호의 관심도 없다. 캐리는 옛 애인과 데이트를 하고 섹스를 하면서 이렇게 생각한다. '난 남자처럼 섹스를 한 거야. 이 도시를 다 가진 것처럼 힘 있고 강한 사람이 된 것 같았어.' 또 다른 회에서 서맨사는 남자에게 구강성교를 할 때 여성이 우위에 있는 것이라는 의견에 힘을 보탰다.

"비록 무릎은 꿇고 있어도 고환은 내 차지인 거잖아."

시즌 2의 '섹스 파트너' 편에서 샬럿은 다른 세 명의 친구 모두 아무런 애정이나 감정 없이 오로지 섹스만을 위해 연락할 수 있는 남자가 있다는 사실에 충격을 받는다. 드라마 내내 여성들은 성적인 측면에서 적극적 주체였고, 본인을 실망시키거나 마음 아프게 하는 남자를 만날지언정 '남자처럼' 섹스를 했다는 이유로 지탄을 받거나 대가를 치르지는 않았다.

화성-금성의 전제와 직접적으로 모순되는 것은 바로 감수성이 풍부하고 자상하며 사랑에 빠져 오로지 한 여자에게만 충실하려다가 거부당하는 남자다. 현실에도 이러한 남자가 존재한다. 미란다는 스키퍼가 너무 착하다는 이유로 그를 차버리고(그가 만난 모든 여자가 그러했다), 샬럿은 발기가 안 된다는 이유로 남편 트레이를 떠나야 했다. 그리고 캐리는 클럽에 가지 않으며 그녀가 긴장하고 속을 끓일 만한 행동을 하지 않는다는 이유로 착하고 귀여운 남자친구 에이단을 떠나버린다.

여성들의 대화는 페미니즘적인 감성에도 충실하다. 그들은 '불가능한 미의 기준을 널리 강요하는' 문화를 맹렬히 비판한다. 이 문화에서는 심지어 아름다운 샬럿조차 자기 허벅지를 혐오한

많은 여성은 이중 잣대가 존재하지 않고 매력적인 남성들이 넘쳐나며 여자들 간의 우정이 변치 않는 꿈속의 맨해튼으로 도피하길 좋아했다. 동시에 「섹스 앤드 더 시티」의 여성들에게 가장 중요한 것은 남자와 쇼핑이었다.(홍보용 사진, 저자 소장)

다.(그리고 보너스로, 서맨사는 자기 외모에 만족한다고 선언한다.) 그들은 임신 축하 파티에 참석하는데, 이는 교외에 사는 전업주부의 고립과 육아와 가사에만 매달리는 삶이 꽤 치명적이라는 사실을 보여준다. 한 엄마는 카메라에 대고 현재 인터넷으로 만나는 남자가 있다고 고백하고, 또 한 엄마는 "때때로 나무 위에 있는, 아이들이 노는 집으로 올라가 마리화나를 피우며 피터 프램프턴의 음악을 들어요"라고 털어놓는다. 토요일마다 모이는 브런치 자리에서 대화는 캐리의 옛 연인 빅 이야기, 샬럿의 현 남자친구가 계속 고환을 만진다는 얘기, 서맨사의 현 남자친구의 성기가 식초에 절인 오이만큼 작고 보잘것없다는 얘기 위주로 돌아간다. 그러자 미란다가 발끈한다.

"도대체 똑똑한 여자 네 명이 왜 남자 얘기밖에 못 하는 거야?"

그러면서 덧붙인다.

"7학년짜리 어린애가 통장을 갖고 있다고 자랑하는 것 같군. 우리 이야기는 어떻게 된 거야? 우리는 뭘 생각하고 뭘 느끼고 뭘 알고 있지? 참나! 왜 언제나 남자 이야기뿐이야?"

한편, 미란다가 아파트를 사기 위해 대출 담당자를 만나는 장면에서 그녀는 미묘한 성차별을 경험한다. 미란다가 잘나가는 변호사임에도 대출 담당자는 그녀의 아버지가 착수금을 지불할 것이냐고 묻는다. 대출 서류 역시 그녀가 미혼 여성이라는 사실을 강조하고 있다. 이후 혼자 죽을 수도 있다는 두려움이 몰려오자 미란다는 캐리에게 전화를 건다. 캐리는 그녀에게 친구들이 곁에 항상 있을 것이라고 안심시켜준다.

극에서는 여자 주인공들의 자매애, 여자들 간의 우정이 무엇보다 중요하다는 점이 지속적으로 강조되고, 절대로 해서는 안 되는 실수는 현재의 남자친구를 여자친구들 앞에 내세우는 일이다. 또한 대인관계에 지나치게 몰두하거나 남자의 야심이나 목표를 위해 자신의 목표를 포기하는 것 역시 해서는 안 될 큰 실수다. 시리즈의 끝부분에서 미란다는 캐리가 일을 그만두고 알렉산드르 페트롭스키를 따라 파리로 가서 자신의 삶 대신 그의 삶을 살겠다고 하는 말을 듣고서 이성을 잃고 만다. 캐리가 칼럼 집필을 그만둘 것이라는 사실을 믿지 못하는 미란다는 "그 일 자체가 바로 너야"라고 주장한다. 그러자 캐리는 "그건 내가 아니라 내가 하는 일"이라고 대꾸하는데, 결국 후에 캐리가 틀렸고 미란다가 옳았음이 증명된다.

하지만 「섹스 앤드 더 시티」처럼 부드러운 드라마에도 곤란한 면은 있다. 화성-금성의 측면에서 남자, 특히 빅은 불가해한 인물이고, 여자들은 남자의 의도를 해석하고 남자의 행동에 대해 '그게 뭘 의미하는 것 같아?'라는 질문을 수도 없이 해대는 데 숱한 시간 동안 정신적인 에너지를 쏟아붓는다. 따라서 이 드라마의 '일반 상식'은 여성들이 삶에서 구두를 제외하고 다른 어떤 것보다도 남자와 인간관계에 집착한다는 것이다. 실제로 극 중 여성들처럼 남자와 그들의 행동을 분석하는 데 그만큼의 시간과 에너지를 쏟는다면 그 외 나머지 것에 신경을 쓸 겨를이나 있을까? 남자에 대한 비난은 웃음을 유발하기에는 좋지만, 남자와 여자 사이에 로키산맥만큼이나 거대한 간극이 있다는 생각을 더욱 강화했다. 시즌 1에서 미란다는 악명 높은 '래빗'과 같은 새로운 최첨단 바이브레이터의 등장으로 여자들이 섹스를 하거나 아이를 낳기 위해 더 이상 남자를 필요로 하지 않게 되면서 남자는 곧 쓸모가 없어질 것이라고 말한다. 서맨사는 "남자란 그렇게 복잡한 부류가 아니야. 일종의 식물 같은 존재지"라고 하면서 남자와 대화가 가능하다는 생각을 포기했음을 인정한다.

실제 여성들과 달리, 이 네 여성은 직업, 사무실 내 정치, 책, 영화, 현 정세, 국가 정치, 또는 가족에 대해 이야기하지 않는다. 캐리가 뉴욕 정치인과 데이트할 때 그녀는 투표를 한 번도 한 적이 없다고 고백한다. 뉴욕 시민들에게는 잊을 수 없는 참혹한 사건이었던 9·11조차 캐리의 세계에서는 등장하지 않는다. 그 한 가지 이유는 드라마를 널리 보급해야 하는 제작자의 입장으로서는 드라마 속에서 클린턴, 부시, 또는 테러리즘이 언급되기를 원치 않고, 시청자들의 정치적·미학적 감성 역시 건드리기를 원치 않기 때문이다. 하지만 이 드라마는 이러한 상업적 이해관계로 인해 여성의 이미지를 실제보다 훨씬 더 표면적이고 피상적인 존재로 강화하는 또 다른 예라 할 수 있다. 그럼에도 수백만의 여성이 쇼핑과 여자들 간의 유대로 가득한 영원한 세계로 도피하기를 원한다는 사실이 2008년 5월 영화판 「섹스 앤드 더 시티」의 개봉 첫 주에 증명되었다. 호의적이지 않은 기대와 그저 그런 평가 속에서 「섹스 앤드 더 시티」는 「인디애나 존스: 크리스털 해골의 왕국」을 꺾었다. 이제 소녀들의 힘이 얼마간 생긴 것이다.

「섹스 앤드 더 시티」는 두 편의 또 다른 히트작인 「위기의 주부들」과 「그레이 아나토미」가 성공을 거두는 발판을 마련했다. 전자는 2004년에 첫 방영되었고, 후자는 그 이듬해에 첫 방영되었다. 드라마, 미스터리, 코미디, 통속극이 한데 버무려진 「위기의 주부들」은 여주인공들의 성생활보다는 그들의 관계에 초점을 맞추었다. 하지만 개브리엘은 드라마 첫 회에서 "남자들은 그게 서면 완전히 이성을 잃나 봐"라고 말하고, 리넷은 "흐물거리면서도 그렇더라" 하고 받아쳤다.

개브리엘은 아직 고등학생인 10대 정원사와 부적절한 관계를 맺었다.(이 대목에서는 김이 모락모락 피어오르는 거품 목욕과 야한 속옷이 등장했다.) 이 장면에 온 나라가 분개했을까? 미국의 중산층은 그러지 않았다. 한편, 「그레이 아나토미」는 표면적으로는 경쟁과 스트레스가 심한 외과 인턴들의 실생활을 그렸지만, 역시나 누가 누구와 잤는지, 특히 누가 어떤 직장 상사와 잤는지가 주된 내용을 이루었다. 핵심 시청자층인 18~49세의 여성들은 직장 생활, 여성의 성취, 섹스가 조합된 드라마를 좋아했다. 이제 이것들은 한데 어우러진다. 이는 사실일까?

시청자들은 성모 마리아가 국영 방송에서 더럽혀졌다고 생각할 것이다. 미국의 가장 신성한 행사인 슈퍼볼(만약 당신이 2004년 2월 1일에 이 세상에 있었다면 말이다)에서는 '의상 불량'이라는 새로운 표현이 생겨났다. 우선 디디와 넬리가 사타구니를 붙잡은 채 하프타임 무대를 휩쓸었고, 키드록은 미국 국기에 구멍을 뚫어 소매처럼 그 안에 팔을 집어넣어 국기를 입은 채로 선정적 가사의 노래를 부르며 무대를 빛냈다.[51] 그다음에는 저스틴 팀버레이크와 재닛 잭슨이 각자의 대표곡을 연달아 부르면서, 가터벨트와 빨간색 팬티를 입고 발정 난 듯 골반을 튕기며 춤을 추는 백댄서들을 뒤로한 채 성행위를 연상시키는 동작들을 선보였다.(『워싱턴포스트』는 팀버레이크를 두고 "마치 암캐를 쫓아다니는 발정 난 늙은 사냥개처럼 무대 위에서 잭슨의 뒤를 쫓아다녔다"라고 비유했다.)[52] 가족이 함께 듣기 딱 좋은 가사인 "이 노래가 끝나면 네 옷을 벗길 거야"에 다다랐을 때 팀버레이크가 잭슨의 검은색 가죽 흉갑을 벗겼고, 결국 그녀의 한쪽 가슴이 그대로 드러났다. 물론 태양 모양의 유두 가리개가 있었지만.

이에 온 나라가 뜨거운 반응을 보였다. 당시 슈퍼볼 중계는 사상 최대의 시청률을 기록하여 약 9000만 명이 시청한 것으로 추산되었는데, 결국 2~11세의 아동 다섯 명 중 한 명꼴로 이 막장 맨살 공연에 노출되었던 셈이다.[53] CBS의 전화통에는 불이 났다.[54] 학부모 TV 위원회는 쇼가 외설적이라는 이유로 즉시 격렬하게 항의했고, 미 연방통신위원회는 감자 칩을 먹으며 미식축구를 관람하려던 아이들이 재닛 잭슨의 가슴을 보게 되리라고는 상상도 하지 못했던 사람들로부터 50만 건 이상의 민원을 받은 것으로 알려졌다. 미 연방통신위원회는 즉시 조사를 실시했고, 결국 CBS 측에 외설법을 위반했다는 이유로 55만 달러의 벌금을 책정했다. 한편, 상원에서는 조지아 주의 젤 밀러가 "도대체 어떤 책임감 있는 성인이 이런 쓰레기 같은 랩 음악을 듣는가?"라며 맹렬히 비판했고, 슈퍼볼 행사를 스컹크에 비유했다.

"이 행사의 지독한 악취는 오래갈 것이다."[55]

뿐만 아니라 오래전부터 슈퍼볼 행사를 지원해온 가장 거대한 광고주 중 하나인 펩시콜라는 이러한 사고가 또다시 벌어진다면 슈퍼볼 행사에서 광고를 철회할 것이라고 협박했다.(사람들이 펩시 광고보다 의상 불량에 더 많은 관심을 쏟았으니 그럴 만도 하다.) 한편, 하프타임 쇼를 제작했던 MTV는 다시는 쇼를 제작하지 못하도록 금지 조치를 받았다.

이러한 분노의 이면에 자리 잡은 위선은 누군가에게는 이해를 얻지 못했다. 당시 대통령 후보였던 하워드 딘은 "요즘 텔레비전에 나오는 장면들을 생각할 때, 나는 미 연방통신위원회가 이 사건을 조사한 사례가 다소 황당하다고 생각한다"라고 반응했다.[56] 과감하게 노출한 여성의 신체, 특히 훤히 드러낸 가슴을 내세워 거의 모든 상품(물론 치실이나 에어컨은 제외다)을 파는 일이 일반 상식처럼 되어버린 이 사회가 여성의 가슴이 한순간 드러난 사건에 분개하다니 황당하지 않을 수 없다. 하지만 그 점이 핵심이었다. 누군가는 이 사건을 두고 앨범 발매를 앞둔 재닛 잭슨이 이목을 집중시키기 위해 의도적으로 벌인 어리석고 조잡한 일로 치부하면서 마돈나와 브리트니 스피어스가 MTV 시상식(역시나 수백만의 청소년이 시청한)에서 키스한 사건보다는 덜 충격적이라고 생각했던 반면, 다른 이들은 하프타임 쇼 전체가, 여성의 신체를 더없이 노골적으로 노출시키는 대중매체에서의 섹스가 갈 데까지 갔음을 보여주는 증거라고 생각했다. 『USA 투데이』는 제1면 기사에서 "수백만의 가정이 매년 애정을 갖고 지켜보는 국가적인 행사에서 벌어진 이 노출 사건은 폭발 직전에 있던 문화적 충돌이 절정에 달한 지점이 되었다"라고 보도했다.

하지만 사람들을 분개하게 만든 진짜 위선은 아프리카계 미국인 여성의 과도한 노출이 아니라 '온 국민이 사랑하는' 스포츠 행사에서의 위반 행위였다. 결국 재닛 잭슨은 랩 뮤직비디오에서 흑인 여성들이 할 것으로 통상 예상되는 행위를 그대로 한 것이 아닌가? 엉덩이를 흔들고 가능한 한 많이 노출하는 일 말이다. 우리는 비키니를 입고 수영장 근처에서 춤을 추면서 오로지 남자를 즐겁게 해주는 데만 열중하고 말은 결코 하지 않는 섹스 전문가를 원하는 것이 아닌가?

힙합학자와 언론인들은 위와 같은 시점이 전환점이라는 데 동의하지 않으며, 섹스와 폭력은 항상 팝이나 록 음악의 한 측면이었다고 강조한다.(머틀리 크루의 「Girls Girls Girls」에 나오는 백인 스트리퍼와 봉춤 댄서, 아니면 샘 키니슨의 「Wild Thing」의 집단 강간 장면에 등장한 수박만 한 가슴을 지닌 여자를 기억하는지?) 1990년대 초반에서 중반까지 섹스와 폭력은 특히 갱스터 랩 뮤직비디오에서 어김없이 함께 등장했고, 흑인 여성에 대한 공격이 끊임없이 감행되었다. 이는 진화된 성차별이 아니라, 단순한 여성혐오였다. N.W.A의 1991년 노래 「She Swallowed It」의 경우, 쉽게 상상이 가는 가사에 더해 '그년은 네가 자기를 강간하도록 내버려둘 거야' 내지는 '그들은 긴 빗자루를 엉덩이에 꽂아 넣을지도 모르지'라는 가사가 나온다. 뿐만 아니라 투 라이브 크루의 악명 높은 CD인 「As Nasty as They Wanna Be」에서는 흑인 여성을 '비열한 년, 쌍년, 창녀' 등으로 지칭하며, '성기를 목구멍에 쑤셔 넣고' '얼굴에 뿌려진 정액' 등의 가사가 등장한다.[57] 이러한 가사들을 게토 보이스, 아이스 큐브, 스눕 독의 가사와 비교할 수 있을까? 그리고 이 많은 노래에서 흑인 여성은 성적 폭력의 대상이 아닐 경우 오로지 돈을 위해 남자를 이용하는 매우 속물적인 여성으로 그려진다.

랩을 동경하고, 래퍼들에 대한 주류의 비판이 어떻게 흑인 남성들에 대한 백인 인종 차별주의자들의 공격에 반영되는지를 잘 이해하는 많은 사람은 새롭고도 복잡한 전쟁터에 들어서게 되었다. 넬슨 조지와 S. 크레이그 왓킨스 같은 흑인 비평가들은 여성을 혐오·비하하는 힙합의 성향을 비판했다.[58] 그리고 백인 문화에서처럼, 포르노그래피의 주류화에 대한 경계선이 종종 세대 간의 경계를 따라 헐거워진 결과, 나이 든 사람들은 이러한 묘사에 대해 분개하고, 모두는 아니겠지만 젊은 사람들은 이를 당연한 것으로 여기게 되었다. 그럼에도, 왓킨스가 전했듯이 많은 젊은 아프리카계 미국인 여성들은 이렇게 말한다.

"우리는 힙합을 사랑한다. 하지만 힙합도 우리를 사랑할까?"**59**

랩 뮤직비디오의 굳어진 관례에 따르면, 배경을 장식하는 용도의 한 무리의 여자들은 밝은색 피부에 몸매에 굴곡이 있고 아름다워야 하고, 말 그대로 남자 래퍼들의 비위를 맞춰야 한다.**60** 랩 뮤직비디오의 공식이 얼마나 굳어 있냐고? 이제 오십 줄을 넘은 백인 여성인 나도 한 편 제작할 수 있을 정도다. 자, 음악이 흘러나온다. 한 남자 래퍼가 거들먹거리며 모습을 드러내고, 또 다른 남자 래퍼가 게스트로 합류한다. 이들은 랩 뮤직비디오에 어김없이 등장하는 볼링장 레인만큼 기다란 리무진에 탑승한다. 그 안에는 피부색이 라테 빛깔(에스프레소가 아닌)인 멋진 젊은 여자들이 한 무리 앉아 있다. 이들의 유일한 바람은 남자를 즐겁게 하는 것이다. 사나운 고양이 같은 흑인 여성답게 표범 무늬가 있는 손바닥만 한 짧은 치마에 거의 배꼽까지 파여 가슴골이 훤히 드러난 상의를 입은 여자들은 번쩍거리는 장신구를 걸친 채 이따금 한 번에 두세 명씩 매우 흡족한 표정으로 앉아 있는 남자들 쪽으로 다가가거나, 그들에게 입맞춤, 애무를 하거나 무릎을 꿇는가 하면, 도발적인 춤을 춘다.(그들은 정말로 흥분하는 데 한 명 이상의 여자가 필요한 걸까?) 이후 어김없이 등장하는 수영장 장면에서 또다시 몸을 흔들며 춤을 추게 될 이 여자들은 절대로 말을 하거나 목소리를 내서는 안 되며, 오직 바라보는 대상이어야만 한다. 이와 달리, 남자들은 강하고 남자다움을 과시하며 접근하기 어려운 존재다. 여러 명의 여자는 반드시 자신의 몸과 섹슈얼리티를 이용하여 그들을 차지하기 위해 경쟁해야 한다. 혹은 필요하다면 그들을 공유해야 한다. 이에 더해, 여자가 침대에 엎드려 있고, 카메라가 그녀의 몸을 훑으면서 가장 중요한 부위들을 더 자세히 보여주고, 그녀가 눈을 감은 채 우리의 관음증적인 시선을 즐기면서 애인을 상상하며 기쁨에 몸을 꼬는 장면이 있으면 더할 나위 없을 듯하다.(이 장면에는 '그녀가 내 거기를 문지른다'라는 가사가 첨가되면 더 좋을 것이다.) 이 장면을 끝으로 노래가 끝난다. 그야말로 남성 우월주의적인 비디오다.

그럼에도 섹스 전문가의 모습을 장점으로 활용하여 여성의 성적 주체성의 합당성을 주장하고 맞서려는 여성들이 있었다. 여러 여성 래퍼들이 '나쁜 년bitch'이라는 단어의 뜻을 '남성의 권위에 도전하는 적극적인 여성'으로 재정의하려고 노력했다.[61] 거칠고 반항적이며 위협적인 거리의 여성 갱들은 후기 산업사회의 도시에서 생존하기 위해 수단과 방법(매춘, 약물 거래, 절도)을 가리지 않았던 또 다른 상징이었다.[62] 남자가 입을 만한 큼지막한 옷을 입고 머리를 멋지게 땋아 내린 다 브랫은 소울 가득한 노래를 만들었다. 그녀의 부드러운 음악성은 '나랑 어울려다닐 수 있는 년은 몇 없어'라는 거친 말투와 대조되었고, 「That's What I'm Looking For」라는 노래에서는 복근이 있는 여러 명의 남자를 성적 대상으로 삼았다.

음악계와 관객들의 반응을 목격한 다른 여자들, 특히 유명한 인물로 릴 킴과 폭시 브라운은 검은색 가죽 뷔스티에와 스팽글 장식을 한 유두 가리개를 하고 돈벌이에 나섰다. 흑인 여성의 몸을 이용하여 음악을 판다면, 다른 남성이 그걸로 돈을 벌도록 놔두는 대신, 자기 몸으로 직접 이윤을 얻으면 될 것 아닌가? 사람들의 입에 자주 오르내렸던 사진 중 하나로, 릴 킴은 1999년 잡지 『인터뷰』 표지에서 루이뷔통 가죽 모자 외에 아무것도 걸치지 않고 온몸에 루이뷔통 문양을 찍은 채 모습을 드러냈다. 우리가 명품과 섹스에 집착한다고? 여기 더 노골적인 예가 있다. 릴 킴이 자기 자랑을 해댄 「Queen Bitch」라는 노래에서 그녀는 다양한 수위로 몸을 노출한 상태로 가벼운 포르노 슬라이드 쇼를 보여주었다. 한 장면에서 그녀는 흰색 글씨로 '한번 해줘?'라고 쓰인 검은색 티셔츠를 입고 자신의 부유함과, 만화를 보는 동안 남자들에게서 애무를 받는 것에 대해 자랑스럽게 노래했다. 여러 분명한 이유로, 릴 킴은 아프리카계 미국인 여성들 사이에서 대대적으로 논란의 대상이 되었다.

힙합학자 앤지 비티가 언급한 대로, 많은 여성 팬은 "변명하지 않는 '나쁜 년'이 된 이 아티스트들의 대담함을 칭송했고, 그들처럼 되고 싶어했다." 물론 성차별에 대항한 이러한 노력에 위험이 없었던 것은 아니었다. '나쁜 년bitch'이라는 말의 뜻을 재정의하려는 노력은 별다른 결실을 거두지 못해 지금까지도 경멸적인 뜻으로 사용되고 있다. 여성 래퍼들에 대해 비티가 행한 연구에서는, 여성 래퍼들이 앨범의 가사를 직접 쓰고 프로듀싱에 더욱 적극적으로 참여할수록 폄하적인 언어를 쓰는 경우가 적고, 남성 작사가와 프로듀서들이 더 적극적으로 참여할수록 '나쁜 년' '창녀' 같은 경멸적인 단어와 여성들끼리 서로 헐뜯는 가사가 많이 쓰인다는 사실이 밝혀졌다.**63**

얼마나 섹시한가에 따라 흑인 여성의 힘이 결정된다는 점을 주장한 것 외에, 여성 갱들은 여성의 폭력, 범죄, 여성에 대한 여성의 혐오, 경쟁의식, 심지어 물리적 공격까지 과시했다. 물론 그저 파티를 위한 음악이니 그러려니 하고 지나칠 수 있다. 하지만 이러한 뮤직비디오를 과도하게 시청할 경우, 아프리카계 미국인 여학생들의 성적 건강이 위험해질 수 있다는 사실이 증명되었다.**64** 최근 연구에 따르면, 갱스터 랩 뮤직비디오를 자주 보는 아프리카계 미국인 여학생들은 그러한 비디오를 덜 보는 여학생들보다 교사를 폭행할 가능성이 더 높고, 체포될 가능성이 두 배 높으며, 여러 명의 섹스 상대자가 있을 가능성도 두 배가량 높을 뿐만 아니라, 성병에 걸릴 가능성도 더 높다고 한다. 물론 여기서 직접적인 상관관계를 주장할 수는 없다. 그럼에도 이러한 비디오는 어떤 행동을 본받아야 하는지, 어떤 행동을 해야 남자로부터 감탄을 살 수 있는지, 혹은 다른 여성들로부터 두려움이나 부러움을 살 수 있는지를 어린 여학생들에게 계속해서 알려준다.**65** 또 다른 연구에서는, 백인 남성 및 여성들이 흑인 여성들이 성적으로 자극적인 노래를 부르는 뮤직비디오를 본 후 흑인 여성에 대해 명백하게 부정적인 평가를 내렸다는 결론이 도출되었다.**66** 그렇다면 아프리카계 미국인 사춘기 청소년들이 일반적인 랩 뮤직비디오를 봤다면 어떤 반응을 보였을까? 그들은 비디오에서 반복적으로 비친, 더욱 하얗고 유럽적인 미의 기준을 선호했다.[67]

흑인들의 랩 세계의 내외부에서, 다른 여성들은 그들에게 부과된 구속적인 상업적 칙령에 저항하려고 노력했다. 로린 힐, 에리카 바두, 미시 엘리엇, TLC, 미셸 엔데게오첼로는 그들이 강하고 독립적임을 선포하는 음악과 뮤직비디오를 만들었고, TLC의 대표곡 「Unpretty」와 같은 노래는 남성과 패션잡지에 의해 빼앗긴 자존심을 다시 찾을 것을 여성들에게 촉구했다. 이 노래의 뮤직비디오에서 젊은 여자의 남자친구는 컴퓨터 시뮬레이션을 통해 그녀가 가슴 확대 수술을 했으면 좋겠다고 말한다. 그녀는 결국 수술을 하러 가지만, 또 다른 겁에 질린 여자가 보형물을 제거하는 모습을 보고는 병원을 나온다. 소리를 지르며 그곳에서 뛰쳐나온 그녀는 남자친구에게 가서 격렬하게 항의한다. 한편, 미시 엘리엇은 마돈나를 본받아 힘, 거침, 주체성을 섹시한 이미지와 결합하려 했다. 하지만 그녀가 대표곡 「Work It」에서 푸시업 브라와 끈 팬티를 벗어버리는 일 없이 성적 욕구를 긍정적으로 주장했을 때, 이것이 어떻게 해석되었을까? 흑인 여성이 지나치게 성적이라는 편견이 강화되었을까, 아니면 본인의 섹슈얼리티를 통제한다는 평가를 얻었을까?[68] 아니면 둘 다일까? 어느 쪽이든 결과는 마찬가지다.

2007년 12월 『뉴욕타임스』 제1면에 대대적인 특종 기사가 실렸다. 브리트니 스피어스의 16살 난 여동생이자 「조이 101」의 스타인 제이미 린 스피어스가 19살의 남자친구에 의해 임신했다는 사실이 밝혀졌다. 이 소식에 모두가 충격에 휩싸였다. 이 사건으로 스피어스의 어머니를 향한 질타가 상당수 이어졌는데, 그녀는 섹스가 오로지 밤 11시 이후에만 가능한 것처럼, 딸이 한 번도 '통금 시간을 어긴 적이 없어서' 임신 사실에 놀랐다고 했다. 제이미린은 "임신이라는 사실에 완전히 충격에 빠졌다"라고 말해 섹스를 한 뒤의 가장 큰 결과가 무엇인지 잘 모르고 있었다는 사실을 여실히 보여주었다. 그리고 여섯 달 후, 도덕적으로 전혀 나무랄 데 없는 또 다른 10대 스타이자 흥행 드라마 「해나 몬태나Hannah Montana」의 주인공인 15살의 마일리 사이러스가 『배너티 페어』라는 잡지에서 헝클어진 머리칼에 등을 훤히 드러낸 채 롤리타와 같은 도발적인 자세를 취한 사진이 실려 앞 사건과 비슷한 반향을 일으켰다.(사실 옷을 다 갖춰 입고 아버지인 빌리 레이 사이러스와 연인 같은 분위기를 풍기며 찍은 사진이 훨씬 더 거북하다.) 잡지 기사의 첫 줄은 무엇이었을까? 사이러스가 가장 좋아하는 드라마는 「섹스 앤드 더 시티」라는 내용이었다. 이 두 유명한 10대의 사례는 표면적인 정숙함과 포르노그래피의 서로 상반되는 흐름 사이를 헤쳐 나가는 일이 어떠한지를 보여준다.

그렇다면 페미니스트는 무엇을 해야 할까? 오늘날 젊은 여성들은 섹스와 '섹시함'의 중요성을 지나치게 과장하는 대중매체 환경을 일상적으로 경험한다. 이는 그들의 세계다. 그들의 어머니, 고모, 할머니 등 각기 다른 세대에서 살아온 많은 나이 든 여성들은 젊은 여성들에 대한 대중매체의 이러한 공세를 우려의 시선으로 지켜보았다. 러시 림보와 같은 사람들에게는 충격이겠지만, 우리는 젊은 여성들이 섹스를 즐겨선 안 된다고 생각하는 건 아니다.(세상에, '림보'와 '섹스'라는 말을 한 문장 안에서 쓰는 것만으로도 헛구역질이 나온다.) 우리 중 많은 수는 이중 잣대의 얼굴에 보드카 마티니를 부어버리고 질책받지 않고 섹스를 즐길 여성의 권리를 기리는, 섹스에 대해 긍정적인 대중매체의 환경을 환영한다.

하지만 「섹스 앤드 더 시티」가 그렇게 대대적인 현상이었다면, 내 학교는 물론 다른 여러 학교에서도 볼 수 있는, 밖에서 남자와 밤을 보낸 뒤 이른 아침에 기숙사 방이나 아파트로 돌아오는 여학생들에게 왜 '워크 오브 셰임walk of shame'이라는 표현을 쓸까? 그리고 여성 신체의 대상화가 「걸스 곤 와일드」를 통해 '여권의 신장'으로서 판매될 때, 나는 성적 해방에 대한 우리의 개념이 어떻게 뒤집혔는지를 보면서 혀를 내두른다. 광고에서 상품을 판매하기 위해 여성이 성적으로 대상화될 확률은 남성보다 세 배나 높다. 대중매체가 만들어낸 섹스 전문가라는 존재는 「섹스 앤드 더 시티」에서는 별다른 문제의 소지가 없을지 모른다. 하지만 한 페이지에서는 성적 쾌락이 여성의 권리였다가, 또 다른 많은 페이지에서는 여성의 주요 의무가 남성을 흥분시키는 일이며, 남성이 여성에 의해 화나거나 분노하거나 불안해하거나 위협당하지 않아야 한다는 내용을 담은 『코즈모폴리턴』에서는 더욱 복잡한 문제가 된다. 그리고 안타깝게도, 여자가 남자에게 구강성교를 해주고서 아무런 대가를 받지 못한다는 것이 성차별적이다.

모두로부터 조소를 자아내는 진화된 성차별의 주장이 하나 있다. 소년, 남성, 미국 전체를 계속해서, 지나치게, 편중될 정도로 이롭게 하는 것이 소녀와 여성들을 진정으로 해방시키며, 이는 단순히 남자들의 '악의 없는 재미'라는 것이다. 점점 더 어린 소녀들에게 섹스 전문가의 이미지를 파는 일 역시 그러하다. 소녀들은 일곱 살이라도 혹은 「토들러스 앤드 티아라스」에서처럼 세 살이라도, 그저 예쁘고 귀엽기보다는 '섹시'하고 관능미를 풍겨야 한다.**69**

황금시간대 방송에 성행위와 성적 암시가 가득한 점도 소녀들에게는 특히 영향을 미친다. 아동 옹호 단체인 걸스 Inc.의 2006년 보고에 따르면, 많은 소녀가 섹스 전문가의 이미지가 강요되는 것에 상당한 스트레스를 느낀다고 한다. 한 10학년 여학생은 이렇게 말했다.

"무조건 섹시하고 매력적으로 보이길 강요하면서, 실제로 섹시함을 나타내면 그에 대해 비난해요."

그리고 이 중 많은 소녀는 "학교에서 남자애들은 여자 몸매에 대해 공개적으로 왈가왈부하는 것을 권리라고 생각한다"며 불쾌감을 드러냈다.**70**

이는 어떻게 하든 나쁜 결과만 초래되는 형국이다. 고급 창녀처럼 옷을 입지 않으면 촌뜨기 취급을 받고, 그렇게 옷을 차려입으면 헤픈 여자 취급을 받는다. 제인 브라운과 노스캐롤라이나대학의 연구에 따르면, 12~14세 사이에 가장 수위 높은 섹스가 포함된 대중매체에 노출된 청소년의 경우, 가장 수위가 낮은 섹스가 포함된 대중매체에 노출된 청소년보다 14~16세 사이에 성관계를 맺을 가능성이 2.2배 높다고 한다. 대중매체는 소녀들, 특히 사춘기가 일찍 찾아온 소녀들에게는 성과 관련하여 영향력이 큰 동료

같은 존재로 작용한다. 연구에 따르면, 대중매체의 성인 콘텐츠에 노출될 경우, 백인 사춘기 청소년의 성행위 시기가 앞당겨지고, 조기에 성관계를 맺을 위험이 높아진다고 한다. 이와 대조적으로, 흑인 10대들은 대중매체보다는 부모의 기대와 또래 친구들의 성적 행동의 영향을 더 많이 받는다고 한다.[71]

이는 10대의 연령에 따라, 그리고 미국이 성교육에 대해 온전한 개념을 갖고 있다면, 그리고 동일한 TV 프로그램이라 하더라도 안전한 섹스, 성과 관련된 위험, 혹은 책임에 관한 언급이 포함된다면 그리 심각한 문제가 되지 않는다. 그러나 실상은 그렇지 않다. 성적 콘텐츠가 포함된 전체 프로그램 중 단 14퍼센트만이 그로 인한 위험이나 책임에 관해 언급했고, 성적 콘텐츠가 포함된 10대들이 가장 자주 보는 프로그램들 중 단 10퍼센트만이 그로 인한 위험이나 책임에 관해 언급했다.[72] 2002년 구트마허연구소Guttmacher Institute는 10대 중 3분의 1은 정식으로 피임 교육을 받은 적이 한 번도 없고, 흑인 10대의 경우 그 비율은 더욱 낮았다고 보고했다. 여학생의 경우, 1995년 이래 정식 피임 교육을 받은 학생의 숫자가 실제로 줄어들었다고 한다. 게다가 10대 중 8~9퍼센트만이 피임에 관한 가르침이 없는 오로지 금욕 중심의 성교육을 받았다고 한다. 2002년에는 성교육에 대한 부시 행정부와 종교적 우파의 접근법 덕분에 해당 수치가 여학생의 경우 21퍼센트, 남학생의 경우 24퍼센트로 증가했다.[73] 그러나 여러 연구를 살펴보면, 금욕만을 강조하는 성교육은 실패로 드러났음을 알 수 있다. 따라서 대중매체의 성적 콘텐츠의 양이 증가했음에도, 철저하고 신뢰할 만한 성교육에 대한 노출은 줄어들었다고 할 수 있다.

그렇다면 그 결과는 무엇일까? 10대가 조기에 성관계를 맺었다면 피임을 하지 않았을 가능성이 높다. 여학생들 중 34퍼센트는 20세가 되기 전에 적어도 한 번 임신했으며, 미국의 10대 임신율은 기타 여러 선진국과 비교하여 3배에서 10배가량 높다. 이는 기타 국가의 10대들이 미국과 동일한 연령에서 동일한 비율로 성관계를 맺었을 경우에도 해당하는 이야기다. 또한 조기에 성관계를 맺으면 성병 전염의 위험도 높아지는데, 이는 특히 아프리카계 미국인 소녀들에게 치명적이다. 실제로 2009년 여름 미국 연방질병통제예방센터의 보고에 따르면, 10대의 임신율과 매독 발병률이 수년 동안 감소 추세를 보이다가 부시 행정부 들어 급격히 증가했으며, 금욕을 가장 강조했으나 임신 및 매독 발병률이 가장 높았던 지역은 남부였다고 한다.[74]

포르노 영역에 노출된 여학생과 젊은 여성들의 삶 역시 매우 혼란스러울 수 있다. 2007년 미국심리학회가 발행한 보고서에 의하면, 소녀들을 무차별적으로 성적 대상화함에 따라 소녀들의 자존감이 훼손되고, 이들의 신체적·정신적 건강이 위험에 처한다고 한다. 그 이유는 소녀들이 매우 어린 나이부터 자신의 가치가 주로 성적 매력과 성적 행동에서 비롯된다고 배우게 되기 때문이다. 『코즈모폴리턴』『맥심』, 기타 수많은 매체는 소녀들의 욕구, 건강, 성취보다는 소녀들이 남자에게 성적으로 어떻게 보이는가가 더 중요하다고 단호하게 주장한다.[75] 그러니 소녀들의 성적 대상화가 우울증, 불안, 섭식장애로 이어진다는 사실은 당연하다. 하지만 또 다른 실험의 결과를 살펴보면, 관리직 일자리에 지원할 때 더 섹시하게 보인 여성 지원자들이 그보다 보수적인 옷차림을 한 여성 지원자들에 비해 능력과 지성 측면에서 더 낮은 점수를 받았다.[76] 여기에 그 가늘고 불분명한 경계선이 또다시 존재하는 것이다. 그리고 많은 연구에 따르면, 성적 내용이 포함된 매체에 정기적으로 노출된 소년과 남성들의 경우, 대개 더 성차별주의적인 태도를 지니며, 성희롱, 개인 간 폭력, 그리고 여성이 강간을 초래한다는 믿음을 더 거리낌 없이 받아들이는 것으로 나타났다.[77]

얼마 전 대학교 기숙사에 있는 딸을 데리러 가기 위해 학교로 차를 몰고 간 적이 있었다. 딸이 나오기를 기다리는 동안, 한 남학생이 다음과 같은 글귀가 써진 티셔츠를 입고 지나갔다.

해야 할 일:

네 여동생

네 엄마

분명 이 멍청한 녀석은 그 티셔츠를 로드킬 티셔츠 웹 사이트에서 구매했을 것이다. 이 사이트 광고에는 폭죽 그림에 '날 터뜨려 줘'라는 문구가 적힌 티셔츠를 입은 여자, 그리고 남자가 여자에게 구강성교를 해주고 있는 모습을 원과 직선만으로 간단하게 그린 그림에 '오만 첫 번째 여자를 먹고 있는 중'이라는 문구가 적힌 티셔츠를 입은 여자가 등장한다. 하버드대학이 생긴 후 1998년까지, 캠퍼스 내에서 '해야 할 일' 티셔츠를 입은 남자는 쫓겨나거나 다른 남자들에게 구타를 당하거나 한 무리의 여학생들이 그의 두 콧구멍에 탐폰을 쑤셔 넣고 입을 테이프로 붙인 뒤 전학을 가겠다는 의사를 받아낼 때까지 묶여 있어야 했다. 하지만 요즘엔 그렇지 않다.(내가 차에서 곧장 뛰어내려 그 남학생을 끌고 오지 않은 걸 보면, 내 딸이 나 때문에 당혹스러운 일이 생기지 않도록 날 얼마나 잘 훈련시켰는지 알 수 있다.)

「미스 리틀 선샤인Little Miss Sunshine」이라는 영화가 있다. 2006년 최고의 영화로 선정된 영화다. 영화에서는 한 콩가루 가족이 딸 올리브를 미스 리틀 선샤인이라는 어린이 미인대회에 출전시키기 위해 시동도 제대로 걸리지 않는 고물 버스를 가까스로 타고서 캘리포니아 주로 간다. 크게 부풀린 머리에 두껍게 화장을 하고 봉춤 추는 댄서의 옷을 입은 존베넷 같은 어린이 참가자들이 수두룩한 가운데, 관객들은 가난하고 다소 통통한 올리브가 대회에서 수상할 가망이 전혀 없다는 것을 잘 안다. 하지만 올리브는 재능부문에 출전하여 얼마 전 돌아가신 할아버지로부터 배운 스트립쇼 노래에 맞춰 춤을 춘다. 다름 아닌 릭 제임스의 「Super Freak」라는 노래다. "그녀는 무척 변태적이야. 내가 엄마한테 데려가지 못할 정도야"라는 제임스의 노래 가사가 흐르는 동안, 올리브는 입었던 턱시도의 여러 부분을 찢어 공중에서 빙글빙글 돌리다가 관객들에게 던진다. 그 순간 정말 절묘한 것은 올리브가 다른 어린이 참가자들과 달리, 성적 대상화가 전혀 되지 않은 소녀라는 것이다. 올리브는 심지어 추고 있는 춤이 섹스와 관련이 있는지조차 이해하지 못한다. 성인을 흉내 낸 올리브의 춤, 그리고 화장기

없는 둥글고 순수한 올리브의 아이 같은 얼굴과 몸매의 극명한 대조는 어린이 미인대회 자체가 얼마나 역겨운지, 그리고 어린아이들이 그러한 대회에 참가하는 것이 얼마나 이상한 일인지를 극적으로 보여준다. 스트립쇼를 흉내 낸 올리브의 공연을 보고 심사위원과 관객들이 분개한 반면, 그들이 다른 어린이 참가자들의 더욱 소아성애적이고 가벼운 포르노 같은(그래서 더 음흉한) 무대는 말 그대로 편안하게 관람한 점은 어처구니가 없기까지 하다.

이렇듯 「미스 리틀 선샤인」은 초등학교에서부터 시작되는 섹스 전문가의 양성을 문화를 통해 잠시나마 조명한 순간이었다. 하지만 이는 미국 소녀들의 매춘부화라는 문제에 대한 단 한 번의 경고 신호, 몇 안 되는 과속방지턱 중 하나에 불과하다. 실제로 TLC 케이블 채널의 사장인 하워드 리는 「미스 리틀 선샤인」에서 영감을 받아 「토들러스 앤드 티아라스」를 제작했다고 말했다. 아마 아무렇지도 않은 얼굴로 그렇게 말했을 것이다. 그런데 TLC는 학습 채널The Learning Channel의 준말이다. WE 채널 역시 어린이 미인대회 참가자들을 보여주는 「미스 리틀 퍼펙트Little Miss Perfect」라는 프로그램으로 선례를 따르고 있다. 아마도 소녀들의 성적 대상화가 무해하거나 재미있거나 둘 다라는 이유에서일 것이다. 이것이야말로 진화된 성차별의 가장 오싹한 승리 중 하나가 아닐까?

따라서 우리 문화의 성적 대상화가 여성에게 좋은지 나쁜지는 올바른 질문이 아닐 수 있다. 더 중요한 것은 여성들이 어떻게 성적 대상화가 되었는지, 이것이 남성들의 성적 대상화와 어떻게 다른지, 그리고 그 결과는 무엇인지다. 매체 내에서 섹스에 대해 더욱 솔직해진 현상을 『호밀밭의 파수꾼』이나 『채털리 부인의 사랑』과 같은 작품이 검열되던 시대로부터 이루어진 자유롭고 심지어 진보적인 발전으로 간주할 수도 있으나, 이러한 매체의 콘텐츠, 즉 매체에 의해 여성들이 비치는 방식은 그 어느 시대보다도 성차별적이다.[78] 무척 신선하고 새로워 보이며 때로는 논란거리가 되기도 하는, 매체 내의 새로운 쾌락주의와 여성들을 향한, 그리고 여성들 간의 섹스에 관한 긍정적 대화는 남녀가 근본적으로 다르며, 따라서 동등하지 않을 수 있다는 화성과 금성의 개념을 숨기는 데 도움이 되는 반짝이는 셀로판지와 같다. 더욱이 그로 인해 우리는 다음과 같은 근본적인 메시지를 숙고하지 못했다.

"여성은 적절한 신랑감 없이는 아무것도 아닌 존재이기 때문에 그를 차지하기 위해 무슨 일이든 해야 한다."

이것이 과연 성의 해방일까?

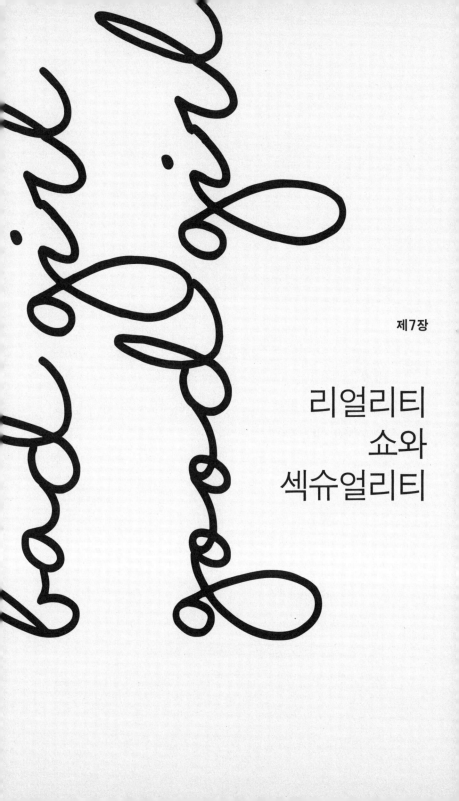

제7장

리얼리티
쇼와
섹슈얼리티

2000년 봄과 여름, 후에 현대 역사상 가장 큰 파급력을 미쳤던 대통령 선거운동을 제외하고 별다른 사건·사고가 없었던 미국은 새로운 쇼 「서바이버」에 시선을 고정시켰다. 이 프로그램에서 여덟 명의 남성과 여덟 명의 여성은 야자수, 크기가 새끼 공룡만 한 독사, 쥐, 우글거리는 개미 떼가 가득한 열대 섬에서 알카에다의 군사 훈련을 연상시키는 일련의 경쟁, 모험, 장애물 경기에 임했다. 그리고 1960년대의 모든 티키 인형들이 죽어나간 듯 보이는 촬영장에서 사흘에 한번씩 '부족 회의'를 열어 투표를 거쳐 섬에서 퇴출할 한 명을 결정했다. 그렇게 하여 마지막으로 남는 한 사람이 '생존자'가 되어 100만 달러를 손에 거머쥐는 것이었다. 「서바이버」가 5월에 첫 방영될 당시 1550만 명이 이를 시청했고, 시즌의 마지막 회인 8월 23일, 리처드 해치, 일명 '벌거벗은 뚱뚱한 남자'가 최종적으로 승리했을 때는 5170만 명이 시청했는데, 이는 아카데

미 시상식 시청률보다 높고, 미국에서 최고의 인기를 누렸던 드라마 「ER」에서 최대 시청률을 기록했던 방영분보다 1230만 명이 더 많은 수치였다.[1] 게다가 이 쇼 덕분에 CBS 황금시간대의 시청자 평균 연령층이 53세에서 48세로 내려갔다.[2](참고: 이 글을 쓰는 현재, 리처드 해치는 상금 탈세 혐의로 웨스트버지니아의 연방 교도소에서 4년 3개월의 징역형을 살고 있다. 판사는 해치가 증인석에서 반복적으로 거짓말을 했다고 말했다.)[3]

이로써 '리얼리티 TV 쇼'의 전성시대가 시작되었다. 얼마 지나지 않아 다음과 같은 프로그램들이 우후죽순으로 생겨났다. 「빅 브라더Big Brother」(2001년 여름), 「어메이징 레이스The Amazing Race」(2002년 봄), 「배철러」(2002년 3월), 「오즈번 패밀리The Osbournes」(2002년 봄), 「몰The Mole」(2002년 여름), 「백만장자 조」(2003년 1월), 「도전! 슈퍼모델」(2003년 5월), 「신혼일기」(2003년 8월), 「어프렌티스」(2004년 1월), 「스완」(2004년 4월), 「러구나 비치」(2004년 9월), 「마이 슈퍼 스위트 식스틴」(2005년 1월), 「힐스」(2006년 5월), 「존 앤드 케이트 플러스 에이트Jon & Kate Plus Eight」(2007년 1월). 잘 살펴보면 리얼리티 쇼들이 본격적으로 쏟아지기 시작한 것은 대중매체가 미국 외의 세계에 대해 극히 적은 정보만을 제공한다고 사람들이 생각하게 되었던 9·11 테러 직후였다. 하지만 우리가 대신 얻은 것은 관음증, 노출증, 가학증, 그리고 뇌세포의 대규모 진정 상태였다. 그리고 물론 쇼들이 사실상 얼마나 '실제'인지에 대한 토론과 폭로도 있었다.

하지만 널리 지탄을 받았던 2000년 2월 폭스사의 「백만장자와 결혼하기ᵧWho Wants to Marry a Multi-Millionaire」를 제외하고(언론은 이 방송을 '노예 시장' '대규모 창녀 사회'라고 비난했다), 리얼리티 TV에서 여성이 어떻게 묘사되었는가에 대해서는 별다른 말이 없었다. 「백만장자와 결혼하기」에서는 50명의 여자들이 얼굴도 모르는, 심지어 한 번도 만나보지 못한 백만장자에게 선택되어 그 자리에서 그와 결혼하기 위해 수영복을 입고 행진했다.

하지만 리얼리티 TV를 자세히 들여다보면, 진화된 성차별의 온상임을 알 수 있다. 나는 여기서 음모를 모의하려는 것은 아니다. 그러나 여성이 이제는 남성과 완전히 동등해져서 어깨를 나란히 한 채 유충 먹기 대회나 회사 내 높은 직책을 얻기 위해 사람들과 대립하는 경쟁에 참여할 수 있게 되었다는 가정하에 새로운 장르의 TV 쇼를 만들어, 결국 여성이 그에 필요한 자질을 제대로 갖추지 못했다는 사실을 적나라하게 보여주고자 한 것, 그것이 바로 리얼리티 TV 쇼일 것이다. 많은 리얼리티 TV 쇼의 억지로 꾸민 가짜 평등주의에는 여성이 남성과 동일한 능력과 힘을 갖고 있다는 사실이, 직접 언급되지는 않았으나 은연중에 강조된다. 즉, 페미니즘의 성과가 상당히 고려된 것이다. 그리고 페미니즘의 일부 주요한 법칙, 특히 모든 여성의 성 평등을 이루는 데 중요한 여성들의 결속력을 극적으로 축소시켜, 여성들의 자매애란 그리 끈끈하지 않으며 사실상 불가능하다는 점을 확실히 한다. 달리 말하면, 여성의 자유, 독립, 평등이 완전히 인정되는 리얼리티 쇼야말로 페미니즘의 부인에 특히 기여하는 것처럼 보인다.⁴ 그렇다면 '실제'를 가장하여, 여성들의 시대 역행적인 이미지가 어떻게 미국의 TV

화면을 장식하는지 살펴보자.

우선 여성에 대한 '묘사'라는 개념이 문제가 된다. 리얼리티 TV 가 정말로 실제라면 TV 속 여성들이 정형화된 역할이나 고정관념에 억지로 끼워 맞춰져서는 안 된다. 그들은 그들 '그 자체'다. 특히 독립 내지는 신체적·정신적 역경이 주어졌을 때, 카메라가 우연히 그들을 비추었을 때의 그 모습이 그 여성들의 실제 모습이다. 남의 흉을 보거나 스스로를 혐오하거나 악의적인 말을 하거나 음해하는가 하면, 품행이 단정치 못하거나 자기도취에 빠져 있거나 어리석은 모습은 그저 그들 자체의 모습이다. 리얼리티 TV 는 포스트네트워크 시대의 또 다른 잡종으로, 장르에 따라서 게임 쇼, 미인 선발대회, 모험, 스포츠, 통속극의 요소들을 혼합한다. 그럼에도 대부분의 리얼리티 TV 쇼는 임의로 꾸민 회의실이나 가짜 신석기 시대의 횃불과 모닥불이 활활 타오르는 부족 회의가 등장한다 하더라도, 뉴스 및 다큐멘터리의 일반적인 형식에 크게 의존한다. 따라서 휴대용 카메라, 야간 적외선 촬영, 현 장소로부터의 장면 전환cut away, 카메라 인터뷰, 내레이션이나 행위의 목소리 해설로 사용되는 인터뷰 자료, 전문가(『어프렌티스』의 도널드나 성형외과 전문의 같은)의 인용이나 평가가 사용된다. 참가자들은 실제 속보 뉴스에 등장하는 목격자처럼 이야기하고, 실제 사건에 대해 직접 언급한다. 그들은 시청자들을 향해 무엇을 느끼고 무엇을 보는지 직접 이야기한다.

그러므로 리얼리티 TV를 시청할 때의 재미가 그것이 얼마나 실제인가(혹은 실제가 아닌가) 의문을 제기하는 것임에도 불구하고,

이들 쇼가 촬영되는 방식은 '이것이 진짜 실제다'라고 주장한다.[5] 뉴스나 다큐멘터리의 영상 형식은 TV 속에서 표현되는 많은 여성의 모습이 실제이며, 자연스럽고 진정성 있는 것이라고 우리에게 확신을 주려는 의도가 있다. 리얼리티 쇼의 할아버지 격인 「리얼 월드」의 도입부는 이렇게 시작한다.

"이것은 일곱 사람의 실제 이야기다."

편집자들이 매주 30분짜리 방영분 한 편을 만들기 위해 70시간의 비디오테이프 중 69시간 30분 분량을 제거한다는 것은 두말할 필요도 없다.[6] 시청자들은 믿기 힘들 정도로 선택적이고 의도적인 섭외, 때로는 순서가 마구 뒤바뀌는 편집, 편집실 바닥에 내버려지는 나머지 촬영분, 화면 속 여성들의 카메라 밖에서의 삶, 쇼의 오디션에서 지렁이 배설물을 먹지 못한 여성들 혹은 결국 먹은 여성들(그리고 지렁이 배설물을 먹게 한 주최 측)에 대해서는 잊도록 강요된다.

전 연령의 여성들이 합심하여 「스완」 「배철러」 「리얼 월드」의 촬영장에 불을 지르지 않는 또 다른 이유는 우리가 이 쇼들을 완전히 진지하게 받아들여서는 안 되기 때문이다. 심지어 우리는 좋은 프로그램과 나쁜 프로그램을 구분하지 못하는 어리석은 사람으로 비치지 않도록, 대부분의 리얼리티 쇼를 시청한다고 인정조차 해서는 안 된다.(리얼리티 TV에 관한 온라인 포럼과 채팅방을 보면, 많은 사람이 리얼리티 TV에 푹 빠져 있다고 인정한 뒤, 주로 웃기 위해 쇼를 시청한다고 강조한다. 「아메리칸 아이돌」이나 「프로젝트 런웨이」 같은 재능 경쟁 프로그램은 예외다.) 리얼리티 TV가 대개 선정적인 쓰레기이며 단지 '생각 없는 오락거리'이자 종종 일부러 저속함을 추구하는 프로그램이라고 한다면, 이러한 쇼의 여파는 미미하다고 결론내리기 쉽다.[7] 실제로 많은 쇼는 천박함과 성차별주의를 명예로운 훈장처럼 달고 있다.(로렌초 라마스가 레이저 포인터를 사용하여 여자의 외모 결함을 지적하는 「아 유 핫?」을 생각해보라.) 이 쇼들이 스스로 "우리는 대중매체 산업의 가장 천박한 산물이다"라고 요란하게 떠벌린다면, 시청자들은 대중문화에 의해 자기도 모르게 속기 쉬운 어리석은 사람이 될 수 없다. 시청자들은 이미 거만하고 우월감에 젖은 태도로 이 쇼들을 보도록 유도되었기 때문이다. 이 쇼들은 일부러 화면 속 여성들을 시대 역행적이거나 과장되거나 미국 여성의 97.3퍼센트를 대변하지 않는 방식으로 묘사하고 있음을 시청자들이 알고 있다는 사실을 역시나 알고 있다고 암시한다. 이 쇼들은 시청자들이 쇼의 천박함이나 성차별주의에서 격리된 채 우월감, 판단력, 경멸감을 갖고서 쇼를 시청하는 모순적인 태도를 취하도록 유도한다. 따라서 특히 모순적인 성차별주의가 만개하는 곳이 바로 리얼리티 쇼다.

「서바이버」와 「어프렌티스」와 같은 경쟁 쇼는 '공정한 경쟁의 장'이라는 개념에 의존한다. 호주의 오지나 맨해튼의 콘크리트 숲 같은 곳에서는 지성과 계략이 신체적 힘만큼 중요하므로 여성들이 남성들만큼 승리할 가능성이 높다. 게다가 두 쇼 모두 첫 시즌에서는 남성이 승리를 거두었으나, 「서바이버」 시즌 2와 「어프렌티스」 시즌 3에서는 여성이 우승을 거두었다. 리얼리티 TV 쇼에서도 분명 여성들이 비상한 수완과 민첩하고 강한 면모를 보여준 순간들

첫 번째 「서바이버」의 승자 리처드 해치(맨 왼쪽)가 최종 후보인 루디 보슈, 수전 호크, 켈리 위글즈워스와 즐거운 한때를 보내고 있다. 5900만 명이 시청한 마지막 회에서 호크는 위글즈워스가 두 얼굴을 가졌으며 교활하다고 폭로하면서 그녀가 섬을 떠나야 한다고 투표함으로써, 여자들이란 언제나 서로에게 쉽사리 화를 내고 험담을 한다는 것을 또 한 번 보여주었다.(Associated Press/Kevork Djansezian)

섹시한 여자들이 남자를 두고 다툼을 벌이는 MTV의 「리얼 월드」와 같은 리얼리티 TV 쇼는 진화된 성차별주의의 온상이 되었다. 위 사진은 「리얼 월드」 시드니 편의 출연진이다.(© Steven Marcus/Reuters/Corbis)

이 있었을 것이다. 그리고 여학생과 여성들이 이들 쇼를 진짜라고 철석같이 믿는다는 증거도 별로 없다. 실제로 여성들은 백만장자조가 얼마나 멍청한 인간인지 비아냥거리곤 하며, 인터넷을 보면 「러구나 비치」와 「스완」에 대한 조롱과 비방이 가득하다. 그렇다면 무엇이 문제일까?

몇 주 동안 의자에 꼼짝하지 않고 앉아 리얼리티 TV를 보고 있자니 여기서 여성이란 종족이 어떻게 그려지고 있는지 결론이 나왔다.[8] 그리고 우리 대부분은 이러한 쇼가 의도한 갈등, 드라마, 긴장을 유발하도록 매우 치밀하게 계산되었다는 점을 잘 알기 때문에, 여성들이 '얼마나 실제의 모습인가'는 차치하고, 여성의 묘사가 우연적이거나 순수하다고 생각하기는 불가능하다. 실제로 2009년 여름 『뉴욕타임스』 보도에 따르면, 「배철러」의 프로듀서들이 여성들 사이에서 의도적으로 극적인 장면을 유도하기 위해 수면 부족과 '무한대의 와인'을 이용했다고 한다. 상황이 매우 지루해지자 그들은 보조 진행자를 시켜 술을 갖고 오게 했다. 한 참가자는 "잠이 부족한 데다 아무것도 못 먹고 술만 계속 마시면 감정이 매우 격해져서 사람들이 미친 것처럼 행동하게 돼요"라고 말했다. 또 다른 참가자는 이렇게 말했다.

"프로듀서들은 참가자들이 술을 마시면 감정이 북받쳐서 TV에서 원하는 반응을 보인다는 점을 잘 알고 있어요."

여기에 교묘한 편집이 더해지면 완벽히 꾸며낸 격한 상황이 연출된다.[9]

21세기 초에 리얼리티 TV가 진화하여 자리를 잡은 결과, '헤픈 여자' 내지는 '악녀' 같은 정형화된 인물을 사용하고, 여성이란 남성과의 관계와 남성의 평가에 의해 규정된다는 대표적인 공식이 탄생했다. 한 리얼리티 쇼에서 '전담 심리학자'로 활동했던 한 여성은 "쇼의 해설에 성별에 대한 일반적인 고정관념이 매우 뿌리 깊게 박혀 있으며, 편집실에서 '성차별주의의 무의식적인 이데올로기'가 지배적으로 영향을 미치고 있다는 사실에 상당히 놀랐다"고 전했다.[10] 1990년대 후반의 여성용 영화와 여성 잡지의 새롭고 경쾌한 소녀다움이 더욱 반동적인 무언가로 변모하기 시작한 곳이 바로 리얼리티 TV였다.

하지만 리얼리티 TV 쇼의 태반이 싸구려로 널리 인식되고 「서바이버」와 같이 처음에는 흥미진진했던 쇼들조차 시즌 1 이후에 점점 시들해지고 있는데도, 왜 여전히 많은 사람이 이러한 쇼를 시청하는 것일까? 방송사와 케이블 채널들이 리얼리티 TV를 사랑하는 이유는 리얼리티 TV의 경우 최소한의 원고만이 필요하고 출연료가 비싼 스타들을 기용할 필요가 없으므로 대본을 갖춰 만드는 쇼보다 제작비가 훨씬 더 저렴하기 때문이다. 그리고 그들은 리얼리티 TV를 통해 시청자들을 치켜세운다. 즉, 시청자들을 리얼리티 TV 쇼에 출연하는 제구실을 하지 못하거나 얄팍한 참가자들(「와이프 스와프Wife Swap」「마이 슈퍼 스위트 식스틴」「슈퍼내니Super-Nanny」의 모든 부모)보다 우월한 존재 내지는 어떤 참가자가 찬사를 받을 만하고 어떤 참가자가 탈락해야 하는지를 평가하는 전문적인 심사위원만큼 능력을 갖춘 판단자로 대우한다(「도전! 슈퍼모델」

「아메리칸 아이돌」 「댄싱 위드 더 스타」). 「신혼일기」에서 아름답고 부유하며 유명한 제시카 심슨이 세탁을 할 줄 모르고 간단한 요리조차 하지 못하며 가격표를 제대로 읽지 못하거나 캠핑 여행에서 고생하는 모습을 보고 어떤 여성이 우월감을 느끼지 않을 수 있겠는가? 사실상 이러한 사람들은 스스로 자세를 낮추어 리얼리티 쇼에 출연한 것이고, 시청자들은 유명세를 얻는 대가로 사생활을 포기할 만큼 대중매체에 굴복하는, 절실한 처지에 있지 않은 셈이다. 동시에 일반인이 텔레비전에 모습을 드러낸다는 사실은 어느 누구나, 심지어 추레한 목욕가운을 입고 소파에 앉아 있는 우리조차 유명해지거나 유명인사 급이 될 수 있음을 암시한다. 그리고 많은 리얼리티 TV 쇼는 복수와 굴욕을 강조한다. 일부 프로그램은 우리의 내면까지 치고 들어와, 우리가 직장 동료, 과거의 친구나 연인에게 앙갚음하고 싶었으나 좌절된 욕구를 끄집어내려 한다.[11]

시청자로서 우리는 리얼리티 쇼의 예측 불가능성을 즐긴다. 다음 주에 무슨 일이 벌어질지, 누가 해고당할지, 누가 떠나도록 요청을 받을지, 누가 짝을 만나게 될지 예측하는 데 저마다 신빙성 있는 견해를 갖고 있다. 반면, 「CSI」나 「로 앤드 오더」를 보며 시청자들은 사건이 어떻게 해결될지 대체로 예상하고, 허레이쇼와 잭 매코이가 극에서 절대 사라지지 않을 것이라는 점을 잘 안다. 자기 직업에 철두철미하고 냉철하고 권위 있는 이 두 인물을 시청자들이 무슨 힘으로 평가한단 말인가? 하지만 리얼리티 TV는 축제에서 손님을 끄는 호객꾼과 같다. 우리 모두에게 적극적인 참여자가 되어, 심사위원 내지는 '일반인'들로 구성된 배심원단이 되어 앞으로 무슨 일이 벌어지고 벌어지지 말아야 할지, 그리고 누가 승리할지 각자의 사회적·도덕적·성별적 잣대를 통해 판단해달라고 부탁한다. 「아메리칸 아이돌」에서 우리는 가장 좋아하는 목소리와 가수를 선택하고, 심사위원 사이면의 의견에 동의하거나 동의하지 않으며, 우리가 내린 결정이 최종적으로 승자를 가리는 국민투표의 결과와 일치하는지 일치하지 않는지를 보려고 기다린다.

사람들은 쇼가 얼마나 실제인지 실제가 아닌지 아리송한 상황 역시 즐긴다. 이 역시 상당한 생각할 거리와 토론의 여지를 제공한다. 우리는 경계심을 풀고 편안하게 즐기는 자세로 리얼리티 TV를 시청할 수도, 촉각을 곤두세우고 회의적인 생각으로 가득 차 리얼리티 TV를 시청할 수도 있다. 우리는 소비자이면서도 생산자다. 이를테면 편집, 촬영장, 혹은 조작의 기타 징후에 대해 추궁하고 매우 특정한 기준들을 강화한다. 쉽게 말해, 쇼를 위해 특별히 제작된 도널드 트럼프의 회의실이 얼마나 가짜 같은지와 같은 의문을 제기한다. 카메라들과 경건함이 물씬 배어 나오는 음악은 마치 회의실이 아니라 샤르트르 대성당에 들어온 것 같은 느낌을 연출한다. 황금빛 문손잡이, 조명이 의도적으로 비추는 검은색과 황금색의 의자, 그리고 마치 하늘에서 내려온 듯한 태양의 신 도널드가 클로즈업된다. 하지만 곧바로 방에서 잡담을 나누거나 뉴욕 거리 한복판에서 길을 잃고 서 있는, 제2의 도널드가 되고 싶어하는 자들이 나타나는 장면으로 전환되며 다큐멘터리의 형식이 시작된다. 이들 쇼는 치밀하게 짜인 것(부족 회의, 「배철러」의 장미꽃

건네기 등)과 우발적으로 보이는 것을 절묘하게 혼합함으로써 스스로를 모순적인 존재로 만들고, 시청자들로 하여금 무엇이 진짜인지 가려내도록 한다.[12]

참가자들에게 직접 카메라를 향해 이야기하게 함으로써, 리얼리티 쇼는 적당한 친밀감을 적극적으로 형성한다. 따라서 시청자들은 실제로 한 번도 만나보지 못한 텔레비전 속 참가자를 잘 알고 있는 듯한 느낌을 받으며, 그중 일부를 동일시하거나 심지어 싫어하기도 한다.[13] 우리는 「어프렌티스」에서 끔찍한 오마로사가 모습을 드러낼 때마다 텔레비전을 향해 도리토스를 던지고, 육아 프로그램에서 개념 없는 부모가 나올 때마다 혀를 끌끌 차며, 저마다 좋아하는 아메리칸 아이돌이 나오면 환호성을 질러야 한다. 여러 온라인 채팅방에서는 「배철러」에서 가장 최근에 뽑힌 여성 또는 탈락한 여성을 비방하거나 「리얼 월드」의 최근 구성원들에 대해 악의적인 말을 내뱉기도 하는데, 이는 이 많은 쇼가 얼마나 효과적으로 시청자들의 감정과 충성심을 끌어당기고 있는지 보여준다.

이 모든 사실의 결과는 우리가 심사위원이 되어 여성들을 심사대에 올려놓을 때 강력하고 성차별적이며 성별에 따른 관례를 적용하도록 장려된다는 점이다. 심지어 특정 상황이나 갈등이 과장되었거나 꾸며졌다고 비판할 때도 우리는 여전히 그러한 상황을 이용하여 여성의 적절한 역할과 행동에 관한 얼마간의 '진실'을 추측한다. 일주일 내내 하루 24시간 카메라가 사람들을 둘러싸고 있는 이들 쇼는 삶이란 남에게 보여주는 공연이며, 늘 끊임없이 관찰과 시선의 대상이 되는 자아의 표현이라고 주장한다. 그렇다면 이 쇼들은 사람들과의 관계에서, 우정 안에서, 직장에서 여성들이 어떻게 행동해야 한다고 말할까? 그리고 실제로 여성들은 어떻게 행동할까? 이 관례의 법칙은 무엇일까?

더 진행하기에 앞서 내가 그동안 리얼리티 TV를 시청하면서 목격한 여성에 관한 인용을 적어보고자 한다.

"난 가슴을 제일 먼저 봐요. 가슴 큰 여자가 좋아요."
"이곳은 여자들의 감정이 뒤섞여 있는 닭장 같아요."
(「리얼 월드」 시드니 편)

"그녀는 감정적이에요."
"교묘하게 음모를 꾸미길 좋아하는 여자예요."
(「어프렌티스」)

"당신은 두 얼굴을 가진 데다 조작을 일삼기까지 하지."
(「서바이버」 보르네오 편)

"난 늘 문제를 일으켜요. 전에 한 남자를 두고 룸메이트와 싸운 적도 있어요."
"그녀는 섹시해요. 그녀 가슴이 머릿속에서 떠나질 않아요."
"넌 창녀 같은 잡년이야."

(「리얼 월드」라스베이거스 편)

"LC와 크리스틴이 널 두고 싸우는 걸 상상할 수 있어?"

"우린 일이 잘 안 풀릴 때 여자들이 해야 할 일을 할 거예요. 바로 쇼핑이죠!"

(「러구나 비치」)

"내 다리와 가슴이 맘에 안 들어요. 내 몸 자체를 아예 보여주고 싶지 않아요."

"그녀의 여성성을 끄집어내려면 많은 작업이 필요할 겁니다."

"그녀는 매우 감정적이에요."

(「스완」)

"그녀는 실제로 44사이즈가 아니에요."

"그녀보다 차가 더 나아 보여요."

(「도전! 슈퍼모델」)

"그녀의 얼굴은 범죄 현장이나 마찬가지예요."

(「익스트림 메이크오버Extreme Makeover」)

그 외에도 많지만, 이쯤 해도 충분할 듯하다. 대부분의 이 장르에서는 남성의 특권이 당연한 사실이다. 남성의 경우 여성과 달리, 지나치게 감정적이라거나 서로 잘 어울리지 못한다는 의견이 반복적으로 지적되지 않고, 남성의 섹슈얼리티에 대해서 비방이 이루어지지 않으며(남자를 선수라고 부르는 것은 여자를 창녀나 헤픈 여자라고 부르는 것과 느낌이 다르다), 이를테면 남성의 성기 크기(물론 흑인 남성일 때는 예외) 혹은 외모 전반이 과도하게 강조되지 않는다.

이 책을 읽는 남성들에게, 「리얼 월드」와 기타 리얼리티 쇼가 남성에 대한 다양한 고정관념을 강화한다는 점은 그리 놀라울 일도 아니다. 특히 대부분의 남자란 섹스에 미쳐 있고 무책임하며 어리석어서 본능이 따르는 대로 행동하다가 결국 파국을 맞이하게 된다는 고정관념이 강화된다. 그들이 할 일은 오직 앞서 말한 '큰 가슴'을 보는 것이고, 그로써 모든 이유, 판단력, 분별력이 사라진다. 첫 번째 「서바이버」에는 게으르고 카드 게임에 빠졌으며, 혼외 자식을 낳은 흑인 남자가 등장했다. 또 「슈퍼내니」와 「와이프 스와프」에서 아빠들은 아이들을 돌보는 과정에서 전혀 갈피를 잡지 못하는 모습을 자주 보여주었다. 그러나 이들 쇼에서 여성들을 전형적으로 분류하는 유형은 더욱 다양하고 협소하며 반복적이다. 이때 여성의 전형은 종종 과거의 고정관념에 기반을 두지만, 현재를 위해 새로운 고정관념과 연관되기도 한다. 그리고 세대 간의 격차가 존재한다. 젊은 층을 겨냥한 MTV의 리얼리티 쇼는 대개 여성들의 가장 아둔한 모습을 강조한다.

한편, 쇼에서는 권력 이양이 종종 일어난다. 시즌이 거듭되면서 몸매에 굴곡이 있고 가슴이 풍만하며 더 악하고 희화화된 소녀와 여성들이 모습을 드러냈다. 신인 여배우 같은 여성들이 대거 출연하게 된 한 가지 이유는 배우를 꿈꾸는 이들이 리얼리티 출연을 계기로 유명세를 얻길 원했기 때문이다. 그리고 제작자들은 여자들끼리의 싸움이 시청률을 오르게 한다는 사실을 잘 알았다. 「리얼 월드」가 좋은 예다. 1992년 첫 방영되었을 때 쇼의 배경은 뉴욕이었고, 10대 후반 및 20대 초반의 각자 포부나 직업을 가진 일곱 명의 남녀를 모아 카메라가 항시 돌아가는 한 아파트에 함께 살게 하면서 어떤 일이 벌어지는지를 관찰했다. 1992년에 합숙자들은 인종 차별주의에 대해 토론하고, 정치 집회에 나가 시위를 했으며, 합숙자 중 한 명인 줄리는 노숙인의 상황을 더 잘 이해하기 위해 한 여성 노숙인과 하룻밤을 거리에서 보내기도 했다. 실제로 합숙자들 간의 술자리나 섹스는 전혀 없었으며, 여성의 가슴에 관한 언급도 없었고, 한 남자를 두고 여러 여자가 다투는 상황도 벌어지지 않았다. 게다가 앨라배마에서 온 백인 소녀 줄리와 아프리카계 미국인 래퍼인 헤더는 프로그램 내내 친한 친구로 지냈다.

자, 이제 테이프를 빨리 돌려 「리얼 월드」 라스베이거스 편이나 1998년 이후의 시즌을 한번 살펴보자. 여기에는 굳어진 공식이 있다. 예를 들면, 남성 셋, 여성 넷, 이렇게 일곱 명의 20대(합법적으로 음주가 가능한 나이)를 불러 모은다. 이들은 백인, 흑인, 혼혈인이어도 상관없으나 몇 가지 조건은 만족시켜야 한다. 남자는 근육질의 몸매여야 하고, 여자 역시 『플레이보이』에 나올 정도의 몸매여야 한다. 모든 여자는 가슴골이 깊게 패여야 하고, 적어도 한 명은 가슴 치수가 반드시 36D여야 한다.(실제로 「리얼 월드」의 여러 여성 출연자가 『플레이보이』에서 모델로 포즈를 취했다.) 한편, 남자는 다음 중 하나의 범주에 속해야 한다. '선수(필수), 인종 차별주의자, 동성애 혐오자, 남부 지방에서 온 촌놈, 몰지각하고 막돼먹은 남자, 참한 신붓감을 기다리는 순수한 남자, 나쁜 남자, 게이.' 그리고 여자들은 반드시 다음 중 한 가지 역할을 해야 한다. '놀기를 좋아하고 이를 자랑스럽게 여기며 이기적인 못된 여자(금발이면 더 좋다), 감정이 과도하게 풍부한 여자, 품행이 단정치 않은 여자, 머리는 나쁜데 얼굴만 예쁜 여자(금발이면 더 좋다), 착한 여자, 후에 노는 여자가 되는 순수한 여자, 다른 여자의 남자를 빼앗는 능력 좋은 나쁜 여자.' 모든 여자 출연자는 시청자들에게 소개되고 나면 다음과 같은 발언을 해야 한다.

"난 술만 마시면 용감해져. 저 남자가 맘에 들어. 오늘 밤까지 저 남자를 차지할 거야."

"다른 여자들이 나보다 많은 관심을 받는 게 익숙하지 않아. 관심을 못 받으면 난 일을 벌일 거야."

그리고 이들을 카메라를 곳곳에 설치한 사우디 궁전 같은 아파트에 다섯 달 동안 두고서 '사람들이 예의를 버리고 본래 성격을 보일 때까지' 관찰한다.

시청자들이 실제로 봐야 하는 것이 어떤 여자가 난잡한 여자가 될지, 어떤 여자들이 서로 싸울지, 어떤 여자가 나쁜 여자가 될지, 어떤 남자가 선수인지, 어떤 남자가 제일 형편없는 녀석일지라는 점은 잠시 접어두자. 참가자들은 TV를 보거나(누가 다른 사람이 TV 보는 광경을 TV로 보려고 하겠는가?) 음악을 듣는 것(음향에 방해되므로)이 허용되지 않는다. 아주 가끔 책이나 신문, 잡지가 집 안에서 보이는데, 그 제목은 『바보들을 위한 라스베이거스Las Vegas For Dummies』 내지는 『여성들이 진짜 원하는 것, 어떻게 얻을 수 있을까?What Women Really Want (…) And How They Can Get It』 등이다. 이는 분명 국회의원 출마와 관련된 것이 아니다. 정치 집회와 노숙은 금지된 사항이다. 오히려 매일 밤 바와 클럽에 가야 한다. 시청자들은 남성이나 여성 출연자들의 꿈이나 포부에 대해 들어본 적이 없다. 웹 사이트 Pajiba.com에서 대니얼 칼슨은 이렇게 말했다.

"그곳에는 오직 카메라에 자기 얼굴을 비추는 것이 유일한 목적인 사람들이 있다. 그런 부류의 프로그램은 마치 인기는 많지만 멍청한 고등학생들을 거대한 유리관 속에 집어넣고 즐거운 시간을 보내라고 한 뒤 그 모습을 지켜보는 것과 같다."

이제 다시 우리의 임무로 돌아와보자. 리얼리티 TV가 아무리 계속해서 한쪽 무릎을 꿇고 반달 같은 눈썹과 어리벙벙한 미소로 우리에게 TV를 시청해달라고 간청한다 한들, 그리고 우리가 아무리 의무적으로 TV를 시청한다 한들, 그럼에도 이 장르는 진지한 문화적 작업을 진행하는 중이다. 그리고 한 작가가 말했듯이, 리얼리티 TV는 '사람들이 상상할 수 있는 성별에 관한 사상 주입 중 가장 최악의 상투적 내용'을 제공한다.[14] 아래는 내가 정리해본, '리얼리티'를 묘사한다는 구실하에 현재 자행되고 있는 진화된 성차별의 열 가지 목록이다.

1. 여성은 무엇보다도 외모로 판단되어야 한다.

나도 안다. 무엇이 또 새롭겠는가? 하지만 리얼리티 TV 쇼에서 여성들이 얼굴, 몸매, 옷, 특정 신체 부위로 전락한 현상은 1950년대 당시보다 더 심하다. 미스 아메리카 선발대회가 이제는 방송에서 설 자리를 잃었을지 모르나, 「스완」「배철러」「도전! 슈퍼모델」「백만장자 중매인Millionaire Matchmaker」「아 유 핫?」 같은 프로그램들이 있는데, 미스 아메리카 선발대회가 더 이상 무슨 필요가 있겠는가? 이러한 현상을 강화하는 것은 남자는 어떤 행위를 하는 반면, 여자는 단순히 보여야 한다는 메시지다. 「어프렌티스」에서 남성과 여성 출연자는 모두 어떤 행위를 함으로써 경쟁을 해야 한다. 그러나 휴식 시간을 비춰주는 장면을 살펴보면, 체육관에서 운동을 하는 것은 남자들이고, 떠들거나 서로 싸우거나 립스틱을 바르는 것은 여자들이다. 「리얼 월드」 라스베이거스 편에서도 마찬가지다. 남자들은 운동을 하지만, 운동하는 여자는 한 번도 비치지 않는다. 대신 여자들은 외모를 가꾸거나 화장을 한다. 「러구나 비치」에서는 모두가 해변에 가거나 BMW를 운전하는 일 외에 다른 어떤 일도 하지 않는다. 하지만 적어도 남자들은 골프를 치거나 여자들이 지겹다고 불평하는 자선 행사를 준비한다. 반면, 여자들은 손톱 손질을 받는다. 만약 미용 산업계에서 각종 미용 제품이 없다면 더 이상 아름다워질 수 없다는 점을 선전하기 위한 또 다른 수단을 필요로 한다면, 그건 바로 리얼리티 TV가 될 것이다.

「리얼 월드」의 모든 젊은 여성은 그들만의 은어를 빌리자면 반드시 '핫'해야 한다. 남자들이 여자를 보고 처음으로 하는 말은 성격이나 인품이나 지성이 아닌, '핫'함에 관한 것이다. 물론 여자들이 아파트에서의 첫날 밤부터 미국산 가슴이 다 담기지도 않는 비키니를 입고 모든 남자와 대형 욕조에 뛰어들어 핫함을 과시해야 하는 건 아니다. 여자 합숙자들은 다른 여자가 자신보다 더 핫할지도 모른다는 불안을 반드시 나타내야 하고, 남자 합숙자들은 카메라를 향해 모든 여자가 핫하다는 사실을 반드시 이야기해야 한다.(때로는 예쁘다거나 멋지다거나 섹시하다는 말을 쓰기도 한다.) 남자들은 종종 여자들이 무척 핫하기에 빨리 함께 있고 싶다거나 20분 전 만난 한 여자에게 끌린다는 말을 카메라를 향해 할 것이다. 악명 높은 시드니 편에서 금발의 트리샤는 친구들이 모두 자기 못지않게 핫하다고 떠벌린다. 후에 코허타는 할아버지와 전화통화를 하는데, 여자들은 핫하냐고 묻는 할아버지의 질문에 그렇다고 할아버지를 안심시킨다. 그때 그의 바로 앞에 핫한 여자가 바닥에 누워 있었다.

MTV의 또 다른 대표적인 리얼리티 프로그램인 「러구나 비치」와 「힐스」는 전형적으로 핫한 여성들의 온상지인 남부 캘리포니아를 배경으로 한다. 여기서는 금발과 큰 가슴 외에는 강조되는 것이 없다. 미래에 대한 상상이라고 해봤자 '너와 스티븐이 아기를 가지면 얼마나 예쁠까?' 정도이며, '비쩍 마르면 매력이 없지만, 그냥 마른 몸매와 볼품없게 마른 몸매 사이에는 미묘한 차이가 있다'라는 발언이 등장한다.

한편, 「어프렌티스」가 처음 방영되었을 때 일부 남성 참가자들은 랠프 로런 광고의 남자들과는 상당히 거리가 있어 보였다.(실제로는 직장에서 마주치는 남자 정도 내지는 그보다 더 별로였다.) 하지만 여성 참가자는 모두 날씬하고, 매력적이었다. 「서바이버」 역시 방영을 거듭하면서 더욱 근육질의 남자, 더욱 어리고 아름다운 여자들이 출연하게 되었다.(문신, 피어싱을 한 여자나 나이가 너무 많은 여자는 부족 회의에서 일찌감치 탈락했다.)

　최초의 로맨틱 경쟁 리얼리티 쇼였던 「배철러」에서 모든 여성은 21~35세에 날씬한 전형적인 미인으로, 비키니가 정말로 잘 어울려야 했다. 「백만장자 조」도 마찬가지였다. 하지만 여성의 자아 존중감보다 아름다움이 더 중요하다고 강조하고, 여성의 얼굴과 몸매를 더욱더 지속적이고 혹독한 감시하에 놓이게 한 것은 외모 변신makeover 프로그램이었다.

　내가 가르치는 여학생들이 좋아하는 「도전! 슈퍼모델」은 14명의 야심 찬 모델, 쇼의 스타이자 전문가인 타이라 뱅크스가 출연하여 최고의 디자이너들과 함께 TV 광고와 패션쇼를 진행하는 프로그램이다. 매주 누군가가 탈락하고 최종적으로 한 명이 최고의 모델로 선정되어 포드 모델 에이전시와 계약하게 된다.(「배철러」에서 최종 선택된 여성이 남성과 실제로 결혼하지는 않는 것처럼, 여기서의 승자도 실제 슈퍼모델이 되지는 않는다.) 출연 여성들은 화장과 머리 관리 전에는 넋 나갈 정도로 멋진 모습은 아니며, 몇 명은 걱정을 하기도 하고 불안하거나 의구심에 가득 찬 모습을 보이기도 한다. 그런가 하면 누군가는 자신만만하고 당돌한 모습을 보인다. 쇼는 시청자들이 다양한 출연자에게 공감하도록 이끌며, 그들을 평가

하고 응원하게 만든다. 시즌 막바지가 되면 시청자들은 감정적으로 소모된 상태가 된다. 쇼가 이렇게 의도적으로 구성되었기 때문에, 시청자들은 두 명의 최종 후보가 타이라로부터 진심 어린 훌륭한 조언을 들었으리라 믿게 되고, 또 두 명 모두 응원하기 때문에 어느 한 사람이 탈락하길 원치 않기도 한다. 시청자들은 서로 승리를 차지하려는 여성들의 감정적인 드라마와 투쟁에 매우 몰입하기 때문에, 이 쇼가 결국엔 여성들의 외모, 카메라를 향해 자세를 취하는 능력, 그리고 여성들의 성격에 토대하여 여성들을 서로 겨루게 하는 것이 주요 목적이라는 사실을 쉽게 잊는다.(그리고 용서한다.)

여성들은 모두에게서 평가를 받는다. 자기 자신, 경쟁자, 패션 디자이너, 사진가, 타이라, 그리고 시청자들이 이들을 평가한다. 첫인상이 매우 중요하다는 사실이 그들과 시청자들에게 주입된다. 한 회에서는 디자이너가 모두가 있는 앞에서 참가자의 엉덩이와 허벅지 치수를 줄자로 재서 창피를 주었다. 각 회의 끝부분에서는 사진작가, 패션 에디터와 스타일리스트, 남성 모델, 초빙 심사위원, 그리고 초기 시즌에는 전직 모델인 재니스 디킨슨으로 구성된 심사위원단이 여성들의 걷는 방식, 자세 취하는 모습, 옷을 입은 자태, 지시를 얼마나 잘 따르는지 등을 평가한다. 이러한 심사로 인해 모든 참가자는 자신의 외모가 등 뒤에서 낱낱이 파헤쳐지는 것을 두려워한다. 심사위원의 의견을 예로 들면 다음과 같다.

"노렐의 워킹은 마치 서커스 같아요."

"에바는 키가 너무 작아요."

"그녀는 결코 미국의 최고 모델이 될 수 없어요."

"살집이 너무 많아요."

"에바의 손은 야구 글러브 같아요."

「도전! 슈퍼모델」이 특히 기민하고 약삭빠른 점은 때때로 모델업계와 미용업계를 비판함으로써, 마른 몸매와 갈수록 아름다워져야 하는 외모에 대한 집착, 오직 유명인만이 누군가를 평가할 수 있다는 사실을 끊임없이 강화하면서도 깨어 있는 듯한 모습을 보인다는 것이다. 2004년에 방영된 사이클 3에서 참가자 토카라는 최초의 '플러스 사이즈' 모델이 되고자 했다. 그러나 디자이너들은 그녀에게 맞는 옷을 갖고 있지 않았고, 그녀가 만나는 많은 사람은 그녀가 몸매에 대해 창피를 느끼게끔 만들었다. 타이라는 심사 과정에서 토카라가 치수와 관련하여 차별을 받았다는 사실을 인정했다. 그럼에도 토카라는 경쟁에서 탈락했다.(다른 시즌에서도 야심 찬 '플러스 사이즈' 모델들이 참가했으나, 모두 최종 경쟁 이전에 탈락했다.) 타이라는 모델이란 끊임없이 비판에 직면하며, 진정한 모델이 되고 싶다면 그 모두를 받아들여야 한다는 충고를 거듭했다. 그녀는 대부분의 모델이 어떻게 사이즈 제로에 맞는 몸매를 만드는지 모두가 아는 상황에서도, 참가자들에게 섭식장애를 피하거나 극복해야 한다는 위선적인 조언을 했다. 그리고 여성들 간의 겨루기를 목적으로 하는 쇼임에도 자매애를 중시해야 한다고 조언했다. 앞으로 늘 여자들에게 둘러싸이게 될 것이며, 그들을 신뢰할 필요가 있다는 이유에서였다.

이러한 쇼들이 널리 전하는 환상은 외모가 아름다워야 성공한다, 즉 아름다우면 나머지가 따라온다는 점이다. 그러나 동시에, 아름다워지는 데는 끝이 없다는 점을 보여주기도 한다. 누군가가 아무리 아름다워도 다른 더 아름다운 여성이 「배철러」에서 남성의 선택을 받고 「러구나 비치」에서 멋진 남성의 구애를 독차지하게 된다. 두말할 필요도 없이, 이들 쇼는 우리가 오일 오브 올레이나 덱사트림￭을 사용하면 외모가 지금보다 한층 나아질 것이라고 생각하게 만드는, 수십억 달러 규모의 체중 감량 및 미용업계를 위한 훌륭한 판매 환경을 제공한다.

2. 여성들은 남성을 두고 경쟁해야 한다.

여러 남성 중 한 명 내지는 유일한 한 남성의 선택을 받기 위해 만만치 않은 경쟁 속에서 때로는 절박하게 겨뤄야 하는 것이 「배철러」 「백만장자 조」 「백만장자 중매인」, 또는 기타 비슷한 형식의 프로그램의 전제다. 2002년에 첫 방영된 「배철러」의 경우, 대개 이름이 알렉스, 에런, 앤드루인, 신중하게 심사를 거친 한 미혼 남성이 등장하고, 역시나 신중하게 심사를 거친, 늘씬하고 젊은 전형적인 미인 25명이 등장하는데, 대개는 백인에 금발이다.(2006년 가을에는 이탈리아의 '왕자'가 미혼 남성으로 출연했다.) 미혼 남성은 대형 욕조나 긴 리무진과 같은 일상적인 장소에서 여성들의 아름다움을 확인한 뒤, 최종적으로 한 사람이 남을 때까지 여성들을 한

￭ 체중 감량 보조 제품

명씩 계속해서 탈락시킨다. 그리고 남은 한 여성과 결혼하는 설정이다.(물론 실제로 결혼을 하지는 않는다.)

여성들이 멋진 리조트에 가고 줄에 묶인 채 억지로 끌려가지 않으며 몸무게가 좀 덜 나간다는 점만 제외하면, 이들 쇼는 어린 암소를 사려는 경매와 다를 바가 없다. 미스 아메리카 선발대회의 성차별주의에 대해 항의했던 우리는 「배철러」에서 일어나는 일들을, 그리고 심지어 이 쇼가 그토록 성공을 거두었다는 사실을 믿을 수가 없다. 이 쇼는 흥미롭고 강력한 여성 인물들이 등장하는, 에미상을 받은 NBC의 드라마 「웨스트 윙The West Wing」과의 경쟁에서 생존할지에 대해 우려를 일으킨 바 있었다.

하지만 매음굴 형식이 아닌 프로그램에서도 여성들은 남성을 두고 의례히 경쟁하거나 심지어 싸운다. 이러한 장면은 「러구나 비치」와 「리얼 월드」에서 볼 수 있으며, 심지어는 「어프렌티스」에서도 도널드의 관심과 인정을 받기 위해 서로 경쟁하는 모습을 볼 수 있다. 「리얼 월드」가 진행되는 동안, 한 남자를 두고 여러 여자가 앞다투어 추파를 던지는가 하면, 특히 못된 여자들은 누군가가 반한 상대 내지는 데이트 상대를 그녀의 눈앞에서 유혹해 빼앗으려 했다. 따라서 다음과 같은 공식이 성립한다.

3. 여성들은 잘 어울리지 못하며, 서로의 뒤에서 험담한다.

약 5900만 명이 시청했던 첫 번째 「서바이버」의 마지막 30분을 본 사람이라면, 입이 험한 트럭 운전사 수전 호크가 두 명의 최종 후보 중 하나였던 켈리 위글즈워스를 향해 앙심을 품고 독설했던 장면을 쉽사리 잊을 수 없을 것이다. 처음에 수와 켈리는 친구가 되었고, 같은 여성으로서 결속을 다졌으며, 초기에는 몇몇 사람에 맞서 동맹을 맺기도 했다. 그리고 어느 순간에는 모든 남성에 대항해 서로 협조하여 누가 되더라도 여성이 승리하도록 하자고 맹세까지 했다. 하지만 켈리가 '부족'의 양편 모두와 손을 잡기 시작하자 수는 배신감을 느꼈고, 켈리는 결국 야비한 리처드 대신 수가 섬에서 떠나야 한다고 투표했다. 마지막 투표 직전에 수는 끓어오르는 분노를 삼키면서 켈리와 더불어 방송을 보고 있는 온 나라의 시청자들을 향해 켈리는 두 얼굴을 가졌으며 교활하다고 폭로했다. 그리고 분개한 마음에 한발 더 나아가, 자신의 한 표로 리처드가 승리했으면 좋겠다고(실제로 그러했다) 켈리에게 말했고, 만약 목말라 죽어가고 있는 켈리를 보더라도 물 한 방울 주지 않을 것이며, 독수리들의 먹이가 되도록 내버려둘 것이라고 악담했다. 널리 미움을 샀던 리처드 해치가 켈리보다 훨씬 더 교활했으나, 수는 협력자였던 켈리에게서 등을 돌리고 그녀에게서 1등 자리를 빼앗았다.(데이비드 레터맨은 '벌거벗은 뚱뚱한 남자' 리처드 해치가 승리한다면 거리에서 폭동과 절도가 일어나리라고 예상했었다.)**15**
이렇게 두 여성은 페미니즘의 주요 원칙인 여성들의 결속, 즉 자매애를 실천하려고 노력했으나, 이 법칙이 실제로는 얼마나 허황되고 실현 불가능한지를 보여주었다. 「서바이버」 시즌 6에서는 '성별 전쟁'이 일어나 남성 부족 전원과 여성 부족 전원 사이에 갈등이 벌어졌다. 당시에도 남성들은 서로 결속을 단단히 하여 오두막집을 지었으나, 여성들은 서로에게 쉽사리 화를 내고 험담을 하는

바람에 팀이 제 기능을 다하지 못했다.**16**

장르가 진화하면서, 자매애의 비현실성, 조화롭게 협조하지 못하는 여성들의 습성, 여성들의 깨지기 쉬운 우정, 여성들 간의 불가피한 다툼이 리얼리티 TV의 공식처럼 되었다. 「배철러」의 여성 참가자들의 숙소인 레이디스 빌라에서 긴장감이 감도는 가운데 "그는 내 거야" "아니야. 내 거야"라는 식의 사소한 싸움이 벌어지는 광경은 그리 놀랍지 않다. 한 여성 참가자는 "그런 상황이 매우 스트레스이고, 파벌이 생기는 상황 역시 짜증이 난다"라고 전했다. 하지만 이는 여성들이 남성들에 맞서 협력을 해야 할 때도 벌어지는 상황이다.

「어프렌티스」의 첫 시즌에서 도널드는 처음에 팀을 성별로 나누었다. 전원이 여성으로 구성된 팀이 첫 네 차례의 경합에서 모두 승리를 거두자 도널드는 이렇게 말했다.

"앞으로는 남성을 아예 고용하지 말아야 할지 생각해봐야겠는데요."

하지만 그럼에도 시즌 1에서는 전원이 여성인 팀이 제 기능을 하지 못한다는 견해가 주를 이루었다. 남성 팀은 내부에 한 명의 두드러지는 사람이 있고 서로의 접근법이나 도덕성에 대해 비판을 할지라도, 여성들처럼 서로를 헐뜯는 장면은 나오지 않았다.

각 팀은 우선 '회사'의 이름을 정해야 했다. 악한 여성 인물이었던 오마로사가 카메라를 향해 말했듯이 이 과제는 쉬웠으나, "여자 여덟 명이 모이니 세 시간이나 걸리는 힘든 일이 되었다." 여성 팀이 맨해튼에서 레모네이드를 파는 첫 번째 과제를 수행했을 때,

크리스티는 팀 내에 말이 너무 많고 '고집스러운 태도'가 강하다고 지적했다. 시청자들의 눈에도 서로 자기 할 말만 하느라 남의 말을 듣지 않고 불협화음을 내는 모습이 보였다. 그러다 카메라가 남성 팀을 비추었는데, 프로젝트의 통솔자인 트로이는 '모든 사람의 긍정적인 반응'을 지속적으로 얻어냈다. 여성들은 방으로 돌아오자마자 서로 싸우기 시작한 반면, 남성들은 그러한 모습을 보이지 않았다. 바로 다음 회에서 여성들은 또 다투기 시작했는데, 이번에는 차기 프로젝트 관리자를 선정하는 일 때문이었다. 광고 제작 과제 수행에서 승리한 기념으로 개인용 제트기를 타고 보스턴에 있는 멋진 식당에 가서 식사한 후 제트기로 돌아오는 리무진 안에서도 또다시 싸움이 시작되었다. 에리카가 오마로사에게 "나쁜 년"이라고 욕했고, 오마로사는 에리카에게 "어린애 같고 감정적으로 불안하다"라고 공격했다. 여성 참가자 중 한 명은 공식적인 자리에서 여자들이 이렇게 소리를 지르며 싸우는 모습을 한 번도 본 적이 없다고 이야기했다.

　네 명의 남성이 해고당한 뒤, 트럼프는 양 팀의 인원수가 같도록 팀을 다시 짜야 했다. 여성들 중 두 명은 혼성팀이 구성된 것에 대해 안도감을 표시했다. 여성들만으로 구성된 팀에 으레 존재하는 긴장감이 없으리라는 것이다. 참가자들이 하나둘 줄어들면서 여성들의 서로에 대한 증오가 회의실에서 폭발했다. 이와 대조적으로, 두 남성인 트로이와 콰미는 서로 겨루는 상황까지 갔으나, 트로이가 해고된 후 둘은 서로의 우정을 맹세하면서 껴안았다.

MTV는 「리얼 월드」「러구나 비치」「힐스」와 같은 쇼에서 여성들의 싸움을 전문으로 다룬다. 「힐스」는 절친한 친구였던 하이디와 로렌이 불화로 서로 등 돌린 것으로 유명하다. 「리얼 월드」 시드니 편에서는 트리샤와 파리사의 끊임없는 다툼을 볼 수 있으며, 트리샤가 파리사를 밀치자 파리사가 "또 한 번 나를 건드리면 네 머리를 벽에 박아버릴 거야"라고 위협한 장면에서 갈등이 극에 달했다.(채팅방에서는 즉각 파리사 팀 대 트리샤 팀으로 공방전이 펼쳐지기도 했다.) 「진짜 주부들The Real Housewives」 뉴저지 편에서는 "쟤 정말 짜증 나. 날 모욕하려고 하잖아"라며 한 여성이 다른 여성을 험담했다. 그리고 「도전! 슈퍼모델」에서는 타이라가 아무리 친한 친구라도 서로의 등 뒤에서는 욕을 하기도 한다고 참가자들에게 경고했다. 참가자들은 카메라를 향해, 금세 분위기가 중고등학교처럼 변하기 때문에 여자들과 함께 생활하기가 버겁다고 털어놓은 바 있다. 그 이유는 차분하고 이성적이며 합리적인 남성들과 달리……

4. 여성은 지나치게 감정적이며 관계에 집착한다.

"여자란 동물은 선천적으로 정신병 환자다"라고 「리얼 월드」 시드니 편의 참가자이자 심리학의 권위자인 아이작이 한마디로 정리했다. 이 프로그램에서 여성들은 매우 변덕스럽고 불안하고 예민하여 심지어 구운 치즈 샌드위치를 만들 때조차 다퉜다. 「어프렌티스」에서 도널드 역시 여성들의 감정을 큰 문제로 꼽았다. 참가자 중 한 명인 하이디가 어머니가 암 진단을 받아 급히 수술에 들어가야 한다는 갑작스러운 소식을 듣고 울음을 터뜨리자, 한 남성 참가자는 마치 남자라면 그러한 소식을 듣고도 평정을 유지할 수 있다는 듯이 "그녀는 감정적이에요"라고 카메라를 향해 말했다. 또 다른 여성 참가자인 에리카는 '감정을 조절하지 못하는 불안한 여자'라는 이유로 트럼프의 회사에 어울리지 않는다는 비판을 받은 반면, 감정을 정말로 주체하지 못하고 히스테리를 부려 일찌감치 탈락한 남성 참가자 샘은 그러한 비판을 받지 않았다. 또 「스완」에서는 남성 성형외과 의사들이 여성은 '지나치게 감정적이기 때문에' 열네 차례의 수술(아마 전성기 때의 무하마드 알리와 14라운드의 시합을 벌인 후의 모습일 것이다)을 견딜 수 있을지 의문이라는 우려를 자주 나타냈다. 「도전! 슈퍼모델」에서도 '지나치게 감정적'이라는 점이 참가자를 탈락시킨 주된 이유였다. 심지어 독거미를 얼굴에 올려놓고 포즈를 취할 때도 말이다.

이들 쇼에서 여성들은 어디서나 울음을 터뜨리는 반면, 남성들은 좀처럼 그러지 않는다. 남성은 이성적이고 여성은 신경질적이다. 프로이트가 무척 좋아할 것 같다. 격렬한 감정으로 인해 여성은 말 그대로 관계에 집착한다. 누가 착하고 누가 나쁜지, 누가 나쁜 년이고 누가 누구의 뒤에서 험담을 하는지 등에 집착한다. 이 세계에서는 여성들이 침실, 주방, 또는 긴 리무진이라는 테두리를 벗어나 무언가에 관심을 가질 수 있는 성숙한 인간이라고는 여겨지지 않는다.

현실에서 남자가 사무실 벽에 주먹을 날리거나 회의 도중에 씩씩거리며 자리를 박차고 나가거나 갑자기 성질을 부리거나 직장 동료에게 소리를 지르는 것, 혹은 여자 동료와 갑작스럽게 격정적인 사랑에 빠지고 말 그대로 상황이 나빠지자 태도가 180도 변하는 광경을 본 적이 있는 사람이라면(나는 이 모든 광경을 다 보았다), '지나치게 감정적'이라는 성향이 반드시 여성이라는 종족에게만 해당되는 건 아니라는 사실을 잘 알 것이다.

5. 여성은 섹시해야 하지만 도를 넘어서는 안 된다.

여기에 서로 엇갈리는 메시지가 존재한다. 「서바이버」 「리얼 월드」 「배철러」 「스완」 「마이 슈퍼 스위트 식스틴」 등과 같은 리얼리티 TV에는 비키니, 짧은 치마, 목이 깊게 파인 상의 등 성적 표현과 성적 매력이 도처에 존재한다. 여성들은 매우 '핫'해야 하지만, 그렇다고 해서 지나치게 천박하거나 헤퍼서는 안 된다. 이러한 엇갈린 메시지는 화면 어디에나 존재한다. 「배철러」에서 여성들은 허락 없이 남성의 무릎에 앉거나 남성과 애정행각을 벌였는데, 다른 참가자들로부터 '지나치게 적극적'이라는 비난을 받았다. 하지만 때로는 그러한 전략이 효과를 발휘한다. 「어프렌티스」 시즌 1에서는 첫 네 차례의 과제에서 여성 팀이 남성 팀을 연달아 이겼는데, 승리하는 과정에서 성적 매력을 활용하는 장면이 포착되었다. 화면 속에서 여성들은 남성 고객들에게 입맞춤을 하고 전화번호를 주기도 하면서 레모네이드를 팔았다. 또 성적인 내용을 암시하는 남근 모양의 디자인을 사용하여 개인용 제트기 회사를 홍보했다. 그런가 하면 후터스의 여직원처럼 등이 훤히 드러난 상의를 입고 징이 박힌 검은색 부츠를 신고서 레스토랑 홍보 활동을 했다. 각

과제에서 여성의 성적 매력은 승리에 도움이 되었다. 그러나 도널드는 이 여성들에게 '도를 넘을' 위험이 있으며 성적 매력을 이용하는 일이 '불필요했다고' 경고해야 했다. 그렇다면 무엇을 믿어야 할까? 여성 팀의 승리를 믿어야 할까, 도널드의 말을 믿어야 할까? 실제로 경계선은 어디에 존재하는 것일까?

6. 여성이 될 수 있는 최악의 존재는 악녀다. 강한 여자도 악녀, 부유한 여자도 악녀다.

악녀, 즉 적극적이고 교만하며 자신만이 중요하다고 생각하고 이기적일 뿐만 아니라, 대립을 일삼고 직설적으로 말하며 혹평을 하는 여자는 남자에게는 위협이고, 다른 여자에게는 위험이다. 게다가 여자가 부유하면 더욱 그렇다. 하지만 악녀는 리얼리티 TV에서 꼭 필요하고 중요한 인물 유형이 되었다. 여성은 착하고 사려 깊으며 협조적이고 남을 잘 배려해야 한다. 또 남을 북돋울 줄 알아야 하고 평온해야 하며 말을 부드럽고 상냥하게 해야 한다. 여성은 결코 이기적이거나 화를 잘 내거나 무뚝뚝하거나 섣불리 판단해서는 안 되고, 남을 불쾌하게 하거나 정서적으로 메마르지 않아야 한다. 또 게으르거나 불안정하거나 자만해서도 안 된다. 여성은 반드시 전문가로부터 비판을 받아들이고 곧바로 변화할 수 있어야 한다. 또 승리하기 위해 전략을 꾀하는 모습이 겉으로 드러나서는 안 된다. 속임수는 남성에게는 효과가 있지만 여성에게는 효과가 없다. 강인하고 능력이 있지만 충분히 웃지 않거나, 일반적인 기준으로 볼 때 사교적이지 못하고 포용력이 부족한 여성은 악녀로 간주된다. 경쟁에서 이기기 위해 남보다 한 수 앞서거나 남을 능가하려고 노력하나 충분히 착하지 않은 여성은 '교활하고 기만적'이거나 '두 얼굴을 가진 사람'으로 묘사된다. 「서바이버」에서 이긴 첫 두 여성은 타인을 배려하고 요리를 좋아하는 '착한 여성'이었다.[17]

위 법칙에 어긋나는 여성은 누구든지 악녀다. 첫 번째 「서바이버」에서 남자들보다 작살로 물고기를 더 잘 잡았고 일부 남자에 대해 불평했던 수, 「어프렌티스」의 오마로사, 「도전! 슈퍼모델」의 악담을 잘하는 심사위원 재니스가 대표적인 악녀다. 하지만 악녀는 어디에나 있고, 악녀라는 말도 쉽게 사용된다. 「리얼 월드」 시드니 편 첫 회에서 처음 모습을 드러낸 트리샤는 자신과 잘 어울리지 못할 '악녀'가 있을지를 가장 먼저 염려했다.(분명 있었다.) 그리고 부유한 여성은 악녀일 수밖에 없다. 그녀들은 자기중심적이고 자기 하고 싶은 대로 하면서 자랐기 때문이다. 오렌지카운티 편에서 뉴저지 편까지, 모든 「진짜 주부들」 시리즈에서는 시간이 남아도는 나머지 카메라 앞에서 남의 험담을 해대며 사소한 일을 눈덩이처럼 부풀리는 여자들이 대거 등장한다.

7. 아프리카계 미국인 여성은 게으르고 위협적이며 쉽게 화를 내거나 결혼할 만한 여자가 못 된다.(타이라 뱅크스는 예외.)

「어프렌티스」의 첫 번째 아프리카계 미국인 여성이었던 오마로사는 악녀로 섭외되어 적극적으로 악녀의 역할을 했으며, 2005년 여름 『TV 가이드』의 투표에서 리얼리티 TV 출연자 중 가장 많이 매도당한 출연자로 선정되었다. 오마로사는 한 백인 여성에게 "넌 흑인 여자에게 지레 겁을 먹지?"라고 물은 바 있다. 첫 번째 「서바이버」에 출연했던 러모나는 초반부에 몸 상태가 좋지 않았는데, 게으르고 맡은 바 임무를 다하지 않는 것으로 묘사되었다. 그녀는 결국 섬에서 퇴출당한 세 번째 여성이 되었다. 「서바이버」 시즌 2에서는 또 다른 아프리카계 미국인 여성인 얼리샤가 힘이 너무 세서 다른 참가자들에게 위협이 된다는 이유로 악녀로 매도되어 섬에서 퇴출당했다.[18] 「배철러」는 초기에 아프리카계 미국인 여성을 포함하여 기타 유색인종 여성을 출연진에 포함함으로써 진보적인 모습을 보였으나, 이들은 대개 둘째 주에서 넷째 주 사이에 탈락했다.[19] 「도전! 슈퍼모델」의 한 심사위원은 한 참가자의 모습이 '지나치게 아프리카적'이라고 비판했다. 또 「리얼 월드」 라스베이거스 편의 프랭크는 혼혈인 룸메이트에게 "그게 네 역할이야. 나쁜 흑인 여자"라고 말한 바 있다. 반면, 「러구나 비치」나 「힐스」에는 그러한 고정관념이 없었다. 왜냐하면 아프리카계 미국인 여성은 아마도 부유한 여성의 욕실을 청소할 때를 제외하고는 그 영역에 들어가지도 못했기 때문이다.

8. 여성(특히 금발)은 얄팍하고 물질주의적이며 쇼핑에 목숨을 건다.

「러구나 비치」에서 금발 여성들의 주된 활동은 파티 계획, 공연 관람, 일광욕, 어떤 금발 여자가 완전히 제멋대로인지 찾아내기 등이다. 브라보 TV의 「백만장자 중매인」은 대부분의 여성이 개념이 제대로 박힌 남자나 착한 남자보다는 부유한 남자를 선호한다는 전제를 깔고 있다. 우리가 뉴욕이나 뉴저지는 말할 것도 없고, 「진짜 주부들」 오렌지카운티 편에 나오는 외부인 출입 제한 주택단지까지 직접 가야 할 필요가 있을까? TV를 보면 옷장이 터질 듯 옷이 가득하고 올림픽 수영장만 한 주방이 있는 대저택에서 여성들의 삶이 파티, 댄스 교습, 누가 누구에게 모욕을 주었는지에 관한 지극히 시시콜콜한 사교 드라마를 중심으로 돌아간다. 물론 리얼리티 TV에서 여성들이 책, 종교, 보건 관리의 위기, 정치, 빈곤, 정의, 법, 영성, 또는 열악한 육아 서비스에 관해 이야기한다면 내용이 정말로 지루해질 것이다.(이들 주제는 「로 앤드 오더」나 「보스턴 리걸」 같은 드라마에서 다루어진 바 있다.) 하지만 하나의 TV 장르에서 얼마나 많은 아둔하고 얄팍하며 물질주의적이고 가슴만 큰 금발 여자들이 등장해야 하는 것일까? 「리얼 월드」 시드니 편에서 누가 전화기를 사용했는지를 두고 흑갈색 머리의 백인 여성 파리사를 바닥에 밀친 것은 '핫'한 금발의 악녀 트리샤였다.(이 사건으로 그녀는 쇼에서 하차했다.) 게다가 「신혼일기」 「애나 니콜 쇼The Anna Nicole Show」 「심플 라이프The Simple Life」에서도 금발 여자의 아둔한 모습이 끊임없이 비쳤다. 「신혼일기」에서 제시카 심슨이 거북이보다 멍청한 모습으로 비친 것은 과장이라고 할 수 있다.(참치가 '바다의 닭고기'라 하자, 그녀가 지금 참치를 먹고 있는 건지 닭고기를 먹고 있는 건지 남편에게 물은 일화는 유명하다.) 하지만 그녀가 요리를 못하고 옷을 개기 귀찮아서 빨래를 싫어하며 쇼핑 중에 가격표를 제대로 확인하지 못해 영수증을 보고 충격을 받거나 바닥에 물을 쏟고는 남편을 향해 실수했다고 탄식하는 모습을 왜 계속해서 봐야 하는 것일까? 그러니 매력적인 금발 여성이 의과대학 입학시험을 통과할 수 있다고 어느 누가 생각이나 할 수 있을까?

9. 가사 노동과 육아는 여성의 영역이다.

「와이프 스와프」「배우자 맞바꾸기Trading Spouses」「슈퍼내니」「내니 911Nanny 911」은 비키니를 입은 여자, 대형 욕조, 나이트클럽이 나오지 않는, 가정과 관련된 리얼리티 프로그램이다. 신중하게 계산된 「와이프 스와프」라는 프로그램에서는 서로 완전히 다른 두 가정, 이를테면 아이오와의 시골에서 돼지 농장을 운영하며 근본주의를 따르는 가정과 맨해튼에서 증권 중개업에 종사하며 무신론을 따르는 가정의 두 아내가 2주 동안 가족을 완전히 바꾸어 생활한다. 그리고 시청자들은 아내의 시선으로 남편과 아이들의 모습을 본다. 한 가정의 아이들은 버릇없고 막무가내이며, 또 한 가정의 아이들은 새벽 5시에 돼지 배설물을 치우러 억지로 나가야 하고, 옷을 직접 만들어 입으며, 15킬로미터를 넘게 걸어 등교해야 한다. 한편, 한 가정의 남편은 아이들이 무엇을 필요로 하는지 전혀 갈피를 못 잡고, 또 한 가정의 남편은 아이들을 학대하는 형편없는 아버지다. 프로그램 막바지에는 만만치 않은 식구들과 함께 생활한 두 아내가 각자의 가족과 재회하고, 그동안 생활했던 가정에서 무엇을 개선하고 고쳐야 할지에 대해 이야기한다.

여기서 여성은 권위자이고, 페미니즘에 개의치 않거나 가사를 전혀 돕지 않거나 육아에 참여하지 않는 미개한 남편은 질타를 받게 된다. 여기서 메시지는 남성이 '도와야' 한다는 것이다. 왜냐하면 남편과 아내가 가사와 육아를 50 대 50으로 분담하라는 요구는 지나치기 때문이다.

그러나 아내들은 상대편 남편 및 아이들과 대립하지 않고 상대편 아내와 대립하게 되며, 반드시 평가를 내려야 한다. 이를테면, 어머니가 아이에게 너무 관대하다든가 너무 엄격하다든가 아이에게 지나치게 많은 시간을 쏟는다든가 아이와 충분한 시간을 보내지 않는다는 등의 평가를 내려야 한다. RealityTV-World.com과 같은 웹 사이트의 게시판을 보면, 시청자들이 서로 극명하게 대조를 이루는 두 가정을 보고 놀라기를 얼마나 재미있어하는지, 그리고 그들과 자신의 가족을 비교하기를 얼마나 즐기는지 알 수 있다. 그러나 프로그램 전반에 깔려 있는 언급되지 않은 전제는 남편이 얼마나 많이 도와주든지 간에, 가사는 그야말로 여성의 영역이라는 점이다. 아이들이 엄마를 물거나 공격하거나 엄마가 꽃을 가꾸는 정원에서만 오줌을 누는 유모 출동 프로그램에서 부모들은 아무런 대책 없이 아이를 키우는 자신에 대해 죄책감을 느낀다. 하지만 또다시, 아무런 대책 없는 아빠보다 아무런 대책 없는 엄마가 더욱 나쁜 존재가 된다.

10. 레즈비언은 어디에?

인용할 내용이 많이 없으므로 길게 언급하지 않겠다. 리처드 해치가 첫 번째 「서바이버」에서 승리를 거두고, 게이임을 공개한 다른 게이들이 다양한 리얼리티 쇼에 출연했지만, 레즈비언들은 보이지 않았다.[20] 그 이유는 레즈비언들이 페미니즘의 무시무시한 망령을 떠올리게 해서일까, 아니면 서로 행복하게 사랑하고 다른 여성과 잘 어울리는 여성들의 무시무시한 망령을 떠올리게 해서일까?

그렇다면 미래로 돌아가보자

지금까지 말한 모든 내용이 1958년경의 여성성에 관한 기본 원칙처럼 들렸다면 맞다. 하지만 모순적인 셀로판지에 싸인 모습이다. 당신이 유머라곤 전혀 없는 페미니스트라고 하자. 제작자의 의도는 여성들을 정말로 구석기 시대로 데려가려는 것이 아니라, 가부장제가 의미하는 바를 과장하고 조롱하여 시청자들로 하여금 웃게 하려는 것이다. 어느 누구도 「배철러」에서 진정한 결혼 생활의 행복을 찾지 않으며, 대부분의 젊은이는 「리얼 월드」에서처럼 보드카 칵테일과 스리섬에 사로잡혀 있지 않다.

여성들이 늘 사소한 싸움을 일으키고 서로 잘 어울리지 못하며 젊은 남자가 나오는 드라마에 집착하고 자기 외모에 도취된 모습을 보인다고 할 경우, 일부 성차별은 정당화될 수 있지 않을까? 리얼리티 TV는 다양한 성차별적 편견과 그에 대한 지지를 부활시킨다. 연구에 따르면, 젊은 남성이 그러한 편견에 노출될 경우, 여성을 성적 대상으로 보거나 그와 유사한 성차별적인 방식으로 여성에게 접근할 가능성이 높아진다고 한다.[21] 머리가 빈 여자 내지는 악녀에게 익숙해진 나머지, 「리얼 월드」의 한 여성 시청자는 이렇게 말했다.

"그런 여자들을 하도 많이 봐서 나중에는 무감각해져요. 심지어 눈치조차 채지 못하게 되죠."**22**

하지만 여기에 학자들이 발견한 사실이 한 가지 있다. 여성들이 리얼리티 TV에서 자주 볼 수 있는 유형의 편견에 노출되면, 특정한 과제를 수행하라는 요청을 받았을 때 통솔자의 역할을 맡기보다는 부차적이고 덜 중요한 역할을 맡으려는 경향이 강해진다는 것이다.**23**

동시에 「배철러」 「슈퍼내니」 「힐스」 「와이프 스와프」와 같은 프로그램에 여성들이 이끌리는 현상은 진화된 성차별 시대에서의 여성들의 경험에 관해 무언가를 말해준다. 우리는 스스로가 외모, 친절함, 가사를 돌보는 능력, 특히 육아 기술에 기초하여 지속적으로 평가받는다는 사실을 안다. 여성 시청자들은 리얼리티 TV에서 다양한 인물을 보면서 어떤 인물에게는 공감하고 어떤 인물은 거부하기도 하면서, 어떤 유형의 여성이 성공할 수 있고 성공할 가치가 있는지 가늠한다. 「배철러」는 여러 시즌 동안 대부분의 여성이 속할 만한 매우 규범적인 각종 여성 '유형'을 제공했고, 시청자들이 특정 행동에 대해서는 비판하고, 또 다른 특정 행동에 대해서는 박수를 보내게끔 했다. 한 예로, 시즌 2에서 미혼 남성 에런이 최종 선택했던 헐린은 젊은 여성들 사이에서 인기가 매우 높았다. 그 이유는 그녀가 '똑똑한 여자'로 비쳤기 때문이다. 그녀는 당돌한 유머 감각이 있었고, 몇몇 참가자와 달리 남자에게 지나치게 잘 보이려 하지도 않았다. 젊은 여성들은 너무 나약하거나 많은 도움을 필요로 하거나 머리가 비었거나 과도하게 계략을 꾸미거나 신뢰할 수 없거나 뒤에서 남의 험담을 자주 하는 참가자들을 싫어했다. 따라서 「배철러」 같은 프로그램들은 소녀들이 스스로를 여성성의 포스트페미니즘적인 잣대에 올려놓음으로써, 정체성 및 존엄성을 잃지 않고 남자를 즐겁게 해주기 위해 어느 정도까지 가야 하는지 결정하도록 촉구한다. 그 과정에서 젊은 여성들은 어떤 유형의 여성성이 남성이 지배하는 세계에서 가장 성공할 가능성이 높은지를 평가하게 된다.

하지만 리얼리티 TV는 이제 가부장제 같은 것이 더 이상 존재하지 않는다고도 주장한다. 어떤 여성도 '생존자survivor'가 될 수 있고 '견습생apprentice'이 될 수 있다. 「와이프 스와프」에서 설거지하기를 거부하며 언어적으로 학대하는 남편은 과거로의 역행이다. 「퀴어 아이Queer Eye」에서는 이성애자 남성이 멋진 여성을 만나기위해 옷을 쇼핑하는 법, 요리하는 법, 집을 청소하는 법, 등을 면도하는 법을 배워야 한다. 그리고 「배철러」에서 딱한 미혼 남성은 자신에게 구애를 펼치는 24명의 여자를 거절하며 상처를 주는 일이 얼마나 힘들고 고통스러운지를 카메라 앞에서 보여줘야 한다. 이에 더해, 감수성이 풍부한 뉴에이지 남성의 역할을 수행함으로써 여느 남자와 다름없는 실체를 감추는 일이 필수다.

마지막으로, 리얼리티 TV는 우리가 내부로 향하여 현실에서 도피하고 몸매와 관계에 집착하게 만들며, 개인주의라는 이데올로기를 부추긴다. 이러한 내부로의 방향 전환은 어느 누구에게도 좋지 않지만(특히 여러 방송사와 CNN에서 국제 뉴스가 대거 사라진 점을 생각하면 더욱 그렇다), 특히 여성에게 좋지 않다. 어느 누구도 리얼리티 TV가 BBC 월드 서비스와 경쟁할 것이라 생각하지 않는다. 하지만 전쟁 중 시민의 자유에 가해지는 제한, 열악한 건강 보험 서비스, 히잡을 착용한 이슬람 여성에 대한 토론 등에 관해 숙고하게 만드는 것은 「로 앤드 오더」나 「ER」과 같은 드라마다. 이와 달리, 리얼리티 TV는 근본적으로 현실을 무시하고 부정하게 만든다.

우리 스스로를 미리 선택된, 대개는 자아도취에 빠져 있고 그다지 지적이지 않은 젊은 백인 여성들로 구성된 대인관계 속에 집어넣도록 촉구함으로써, 리얼리티 TV는 여성들이란 주방이나 침실 밖의 일은 걱정할 필요가 없다는 시대 역행적인 개념을 강화한다. 이때 우리는 특히 페미니즘으로부터 등을 돌려야 한다. 왜냐하면 리얼리티 TV에서 '진정으로 공평한 경쟁의 장'이 만들어졌으므로 페미니즘이 더 이상 필요하지 않기 때문이다. 게다가, 누가 페미니즘을 필요로 하겠는가? 결속을 필요로 하는 상황에 제작자들이 의도적으로 여성들을 집어넣었을 때 어떤 일이 벌어지는가? 소동, 경쟁, 갈등, 불화, 말다툼, 언쟁만이 일어날 뿐이다. 리얼리티 TV에서 여성의 동맹은 불가능하다. 이는 당신에게 상처를 입히고, 마음을 상하게 하는 연대일 뿐이다. 그러니 여성들은 진정으로 누구를 신뢰하고 누구와 결속을 맺으며 누구로부터 지지를 얻고 누구와 운명을 같이할 수 있겠는가? 아, 단 한 가지 선택이 있다. 바로 남성이다.

제8장

더 날씬하게, 더 악랄하게

여기 가설이 하나 있다. 21세기 초에 44사이즈는 젊은 여성들이 38D라는 어마어마하게 큰 브라 치수와 더불어 입기를 갈망하는 옷 치수였다. 이와 같은 시기에 미국 고등학교에는(또는 인터넷에는) 약한 여자애들을 찾아 그 애들의 목에 송곳니를 꽂기 위해 복도를 활보하고 다니는 '여왕벌' 내지는 '못된 여자애' 부류가 유행처럼 확산되었다. 먹을 걸 제대로 먹지 못하면 사람은 짜증을 내고 성질을 부리기 마련이다. 따라서 44사이즈에 맞는 몸매를 만드는 일이란 여간 힘들지 않다. 하지만 진화된 성차별은 우리에게 이러한 미의 기준이 여성들에게 힘을 준다고 말한다. 왜냐하면 그로 인해 남성들이 여성을 보고 침을 질질 흘리고 쩔쩔매는 꿀벌이 되기 때문이다. 따라서 여성들이 굶기를 자처하고 물 풍선을 가슴에 넣는 수술을 함으로써 여성이 여성을 괴롭히는 현상이 발생하게 되었다. 자, 이 가설에 대해 어떻게 생각하는가?

물론 인과관계가 다소 과장되었다는 걸 잘 안다. 하지만 마른 여자들의 횡포, 가슴 확대 수술 및 기타 성형 수술의 주류화를 비롯한 가슴에 대한 새로운 집착, 이른바 못된 여자 현상에 대해 우리는 설명을 해야만 한다. 왜 가슴 확대 수술을 받은 사람들의 숫자가 1992년에는 3만2000명에 불과했으나 2004년에는 24만7000명으로 치솟았을까?[1] 부유하게 특권을 누리며 사는 섹시한 악녀가 왜 새로운 문화적 아이콘으로 급부상했을까? 불과 5년 전쯤만 해도, 메리 파이퍼의 1994년 저서 『내 딸이 여자가 될 때』로 인해 자존감이 전혀 없고 자기 의견과 포부를 표현하기보다는 침묵하곤 하는 10대 소녀들에 대해 널리 우려의 목소리가 있었다. 그런데 지금 와서 10대 소녀들이 왜 갑자기(걸 파워 때문에?) 거드름을 피우며 넘치는 자신감을 주체하지 못하고 교묘한 사이버 괴롭힘을 자행하는 것일까? '못된 여자애'라는 현상이 얼마나 집단적인 것일까? 과장되긴 하지만, 이 현상이 일종의 독립을 얻는 대가로 비키니를 입은 제니퍼 애니스턴보다 더 나아 보여야 한다는 거래를 해야 하는 젊은 여성들에게 얼마나 말 못 할 좌절과 분노를 주었을까?

이는 21세기 들어 나타난, 걸 파워의 새롭고도 변화된 놀랍도록 모순적인 이미지였다. 진정한 힘은 마르고 젊고 핫한 몸매에서 비롯되지만, 그 힘을 얻기 위해서는 전혀 힘이 없는 존재, 달리 말하면 마른 몸을 가누지 못해 들것에 실려 있는 존재가 되어야 한다는 것이다. 이는 여성을 위한 새로운 힘의 기술로 판매되었다. 그리고 소녀들은 너무 많은 힘을 갖게 되어 맹수 내지는 육식동물 같은 존재가 되었다. 자, 이제 마른 몸매와 심술궂음의 관계에 대해 알아보자. 그리고 마르면 왜 성질이 나빠지는지에 대해서도 생각해보자.

내 딸이 나를 억지로 끌고 가거나 내가 끝내 들어가길 거부하는 상점이 두 곳 있다. 바로 애버크롬비 앤드 피치와 빅토리아 시크릿이다. 나는 빅토리아 시크릿 매장을 정말로 싫어한다. 검은색 정장을 입고 도도한 태도로 즉시 나에게 다가와 말을 거는 점원이 싫고, 매킨리 산만 한 가슴이 아이펙스 브라로부터 터져 나오려는 듯한 실물보다 큰 흑백 사진이 걸려 있어 거기에 압도당하는 느낌이 싫다. 하지만 내가 빅토리아 시크릿을 정말로 싫어하는 이유는 어디서나 볼 수 있는 광고와 미국 전역의 모든 쇼핑몰에 들어선 매장을 통해, 그리고 주기적으로 방영되는 TV 특집 방송을 통해 '섹시함이란 무엇인가?'라는 질문을 반복해서 던지면서 단하나의 답이 있다고 말하기 때문이다. 그 답은 바로 2007년 세계에서 몸값이 가장 높았던 슈퍼모델 지젤 번천이다. 물론 빅토리아 시크릿의 광고에는 클라우디아 시퍼, 하이디 클룸과 같은 다른 모델들도 있다. 하지만 그들의 몸매는 항상 동일했다. 바로 바비 인형의 몸매다. 이는 진화된 성차별의 이상적인 여성의 몸매다. 여기서 주어진 환상은 진정한 걸 파워란 드림 에인절 푸시업 브라에서 비롯된다는 것이다. 그리고 메시지는 확실하다. 당신의 몸매는 여성으로서의 가치를 매길 수 있는 핵심적이고 중요한 자원이라는 것이다. 하지만 몸매가 지젤과 같지 않다고 해서 가치가 없는 인간일까? 아니면 적어도 결점이 있는 인간인 걸까? 광고는 거듭 강조한다. "적어도 지젤처럼 보이기 위해 노력한다면 '자유'와 '독립'을 얻을 수 있다"고. 가장 중요한 여성들만의 스포츠, 섹시 올림픽에 온 걸 환영한다.

가슴에 대한 집착 현상이 부활하지 않았다고 생각하는 사람은 클리어 채널의 '브레스트 크리스마스 에버The Breast Christmas Ever' 행사를 기억해보라. 거대 라디오 방송국인 클리어 채널은 노래 「Hit Me with Your Best Shot」과 레이지 어겐스트 더 머신의 모든 곡을 비롯하여 수백 곡을 9·11 테러 이후에 금지했다. 게다가 조지 W. 부시 대통령에 대해 천박한 비판을 했다는 이유로 딕시칙스의 모든 곡 역시 금지했다. 그러나 '브레스트 크리스마스 에버'에 대해서는 아무런 검열이 없었다. 2004년부터 세인트루이스, 새크라멘토, 디트로이트 등지에서는 여학생과 젊은 여성들이 자기 가슴이 얼마나 빈약하고 왜 더 커져야 하는지에 대한 사연을 방송국에 제출하여 통과될 경우, 크리스마스 선물로 가슴 확대 수술을 받을 수 있었다.[2] 이제 우리는 여성의 가치가 가슴 크기에 비례한다는 주장에 좀 더 느긋한 태도를 보여야 하는 것일까? 내지는 더 나아가, 이러한 행태를 축하하고 모순적인 태도로 바라봐야 하는 것일까? 가슴에 집착하는 것은 그저 일종의 유흥이 아닐까? 이제 여성은 모든 걸 다 가졌고 모든 걸 할 수 있으며 원하는 어떤 존재든 될 수 있는 시대이니 말이다. 그러니 가슴 집착 현상은 그저 가볍고 우스운 농담거리에 불과하지 않은가? 바로 이런 생각으로 애버크롬비 앤드 피치는 여성용 티셔츠에 다음과 같은 문구를 적었나 보다.

"이게 있는데 왜 두뇌가 필요하지?"

여기서 진짜 아이러니는 가슴에 대한 집착이 사라지고 더욱 중성적인 형태가 각광을 받는 현상이 1920년대 법적 평등을 위한 여성운동 그리고 1960년대 중후반에서 1970년대 초반까지의 사회적 평등을 위한 여성운동과 동반되었다는 점이다. 이와 대조적으로, 가슴에 대한 집착은 모든 여성이 풍만하고 동그란 가슴을 가졌을 것이라는 여성을 둘러싼 '신비화'의 추세와 동반되었다. 여성운동 시기에 우리는 여성의 가슴에 대한 대중매체의 어리석은 집착이 사라지지는 않더라도 약화되기를 기대했다. 그리고 실제로 1960년대에는 재클린 케네디와 오드리 헵번과 같은 패션주자들, 그리고 진 슈림프턴과 트위기 같은 모델들 덕분에 1950년대의 가슴에 대한 집착이 여성의 호리호리한 자태에 자리를 내주게 되었다. 가슴이 빈약해도 아무런 문제가 없었고, 오히려 더 세련돼 보였다.(어떤 이들에게는 가장 환영할 만한 일이었다.) 물론 극히 일부 여성은 트위기처럼 말랐고 그렇게 마른 몸매를 원했어도, 대부분의 여성은 그렇게 마른 몸매에 제인 맨스필드의 풍만한 가슴까지 갖출 수 있다고는 생각하지 못했다.

그렇다면 상황이 어떻게 바뀌었을까? 오늘날 젊은 여성들은 지나치게 풍만한 매릴린 먼로의 몸매나 가슴이 너무 빈약한 오드리 헵번의 몸매를 선호하지 않는다. 그보다는 이 둘을 조합한 불가능한 몸매, 즉 팔다리가 가늘고 여린 12살짜리 소년의 몸에 패멀라 앤더슨의 풍만한 가슴이 붙은 몸매를 선호한다. 상상의 카메라가 아래에서 위로 훑으면, 우리의 몸은 가슴에 이르기 전까지는 체질적으로 마른 사람의 완벽한 몸매다. 그리고 이제 브라 컵이 넘칠 정도의 가슴으로 포토샵을 할 차례다. 실제로 이러한 몸매는 자연적으로는 거의 찾아볼 수 없다. 여성의 자기 가치와 성적 매력에서 이렇듯 가슴골의 중요성을 새로이 부각한 것은 원더브라나 빅토리아 시크릿만이 아니었다. 그렇다면 『코즈모폴리턴』 『맥심』 『스포츠 일러스트레이티드』의 수영복 화보, 「걸스 곤 와일드」, 기타 가슴을 노출하는 잡지나 프로그램 등을 살펴보자. 「러구나 비치」에서는 여자들이 비키니 상의 사이로 가슴을 폭발시키듯 드러내며, 실제로 '후터스'라는 레스토랑 체인도 있다. 심지어는 「하우스」의 닥터 커디와 「CSI」의 여성 법의학자들도 가슴골을 드러낸다.

이러한 환경 속에서 오늘날 젊은 여성들이 과거 세대보다 자기 몸에 만족하지 못하는 것은 당연하다. 다양한 연령의 여성을 대상으로 실시한 한 조사에 따르면, 1970년대에서 1980년대 사이에 태어난 일부 여성들 사이에서 몸매에 대한 집착이 병적인 수준에 도달했다고 한다.[3] 우리는 최근 들어 거식증이나 폭식증이 극적으로 증가한 사실을 알고 있다. 몸이 매우 말라야 하고 옷을 제대로 갖춰 입어야 한다는 강박은 2000년 이래 심해졌다. 2006년의 한 조사에서 소녀들은 "성공하려면 말라야 한다"라고 대답했다. 그리고 한 7학년 학생은 "대중매체가 마른 몸매에 가슴이 커야 하고 금발이어야 한다는 압박을 심하게 가한다. 몸매가 마치 슈퍼모델과 같아야 한다"라고 말했다. 그리고 3학년에서 5학년 사이의 여학생들 중 절반 이상이 외모에 대해 걱정한다고 응답했다.[4] 자신이 뚱뚱하다고 응답한 여학생의 비율은 1995년 이래 세 배나 증가한 것으로 보고되었다.⁵ 또 다른 조사에서는, 11세에서 17세 여학생들의 가장 큰 소원이 살을 빼는 것으로 드러났다.⁶ 그리고 젊은 여성들이 가장 만족하지 못하는 신체 부위는 어디였을까? 바로 가슴 크기였다.

하지만 보다 강렬하고 강압적인 어떤 현상이 1990년대 후반부터 빅토리아 시크릿과 그와 비슷한 부류에 의해 나타났다. 그건 바로 진정한 여성성의 마케팅이었다. 이는 걸 파워의 무시무시한 분출에 대한 반응처럼 보였다. 이제 소녀와 여성들은 일터, 학교, 매체 화면 속에서 집단적으로는 더 큰 자리를 차지하게 되었고, 개별적으로는 더 좁은 자리를 차지하도록 강요되었다. 바로 44사이즈라는 자리다.⁷ 스틸레토 힐, 미니스커트, 가슴이 푹 파인 홀터 톱의 부활, TV 외모 변신 쇼의 유행, 모든 연령의 소녀를 대상으로 한 성형수술의 뻔뻔한 홍보, 쓰레기 같은 연예 잡지에 쉴 새 없이 등장하는 '해변에서의 최고의 몸매와 최악의 몸매' 같은 기사의 틈바구니에서, 매체의 다양한 부문은 미용업계의 로보캅이 되어 우리를 바비의 세계에 가두었다.

따라서 마른 몸매, 두려운 셀룰라이트, 혐오스러운 주름 외에 그들이 감시하는 것은 우리가 진정으로 여성스러운지의 여부다. 그것이 거래다. 자유와 독립을 얻는 대신 치러야 할 대가다. 우리는 여전히 소녀이며 전혀 위협적이지 않고 페미니즘 따위에 현혹되지 않는다는 점을 모두에게 반드시 인식시켜야 한다. 왜냐하면 페미니즘이 또다시 메두사 같은 머리를 가진 괴물을 길러내서는 안 되기 때문이다.⁸ 페미니즘이란 전투용 부츠, 면도하지 않은 다리, 화장하지 않은 민얼굴과 같다는 점을 대중매체가 우리에게 수년간 주입했다면, 이제는 푹 파인 목선, 아찔한 펌프스, 짙은 마스카라가 우리가 더 이상 그러한 신빙성 없는 반항을 하지 않을 것임을 널리 선언한다. 따라서 우리는 뻣뻣한 머리칼, 뱃살, 여드름과 같은 흔한 결점뿐만 아니라, 이 강압적이고 엄격한 여성성의 기준에 충분히 부합하지 못하는 징후들이 우리에게 있는지 아주 꼼꼼히 살펴야 한다. 심지어 9·11 테러가 발생하여 매체의 관심이 다른 곳으로 쏠린 후에도, 그리고 여성운동이 일어난 지 40년이 다 되어가는 지금에도, TV 외모 변신 쇼는 우리가 어떤 신체 부위를 절단해야 하는지, 깎아내야 하는지, 대체해야 하는지, 강화해야 하는지, 약화해야 하는지에 관심을 돌리도록 하고 있다. 이러한 경향이 여성들에게 의미하는 바는 무엇일까? 이는 우리의 얼굴 및 몸매에 대해 기묘한 3인칭적인 관점, 다시 말해 우리 스스로를 타인이 바라보는 것처럼 바라보는 태도를 심어준다. 연구에 따르면, 이러한 자기 감독은 정신적으로나 정서적으로 매우 힘든 부담이어서, 다른 여러 일에 쏟아부어야 할 힘과 자신감마저 앗아간다고 한다.[9]

상황을 더 악화하는 것은 우리가 현재 이용해야 하는, 그리고 고마움을 표시해야 하는 신체와 관련된 모든 기술이다. 마르키드 사드가 이 모든 기술을 보았다면 군침을 질질 흘렸을 것이다. 얼굴 박피술, 피부 찰상술, 레이저, 지방 흡입술, 물론 메스도 있다. 「프랑켄슈타인의 신부」에서나 볼 법한 것들이다. 이 모든 시술이 우리 외모를 영원히 28살로 보일 수 있게 한다고 하지만, 실제로는 우리가 그만큼 노력을 기울여야 한다.[10] 더욱이 이미 충분히 아름다운 모델과 배우들마저 더 완벽해 보이게 하는 컴퓨터 보정 기술이 있어 나머지 우리를 더 괴롭게 만든다.

영국의 페미니즘 학자 앤절라 맥로비는 현재 소녀와 여성들이 여권 신장을 실현했다는 이유로 그들에게 강요된 여성성의 이면에는 이른바 '읽어내기 힘든 분노'가 존재한다고 설명한다. 조사에 따르면, 케이트 모스처럼 말라야 한다는 강박 때문에 일부 여성은 하루에 작은 사탕 하나와 다이어트 콜라로 버티거나, 정상인처럼 식사를 한 다음 먹은 것을 모두 게워낸다고 한다. 더 일반적인 현상으로는, 여성들이 식단과 체중에 항상 집착하여, 본인의 시간, 에너지, 자존감을 낭비한다. 그러나 페미니즘은 이에 대해 아무런 방패막도 제공하지 않는다. 우리 모두는 패션 잡지에 나오는 깡마른 모델처럼 되기 위해 노력하다 보면 건강을 잃을 수 있다는 사실을 잘 안다. 거식증과 같은 병에 걸리는 경우는 흔하다. 사실 우리는 이 문제에서 결속하고, 여성이라는 이유로 갖게 되는 고민을 공유하며, 신체적 완벽함에 대한 기준이 만든 함정에 빠진 우리의·실정을 함께 고민한다.[11] 적어도 이는 허용 가능한 형태의 여성들의 결속이다. 그럼에도 여성들은 마른 몸매를 선호하는 미의 기준에 반항하고 매력적이지 않거나·여성스럽지 않거나 페미니스트로 간주되기 보다는 섭식장애에 걸리거나 음식에 대해 이상한 생각을 갖게 되거나 자기 몸매를 혐오하는 편이 낫다고 생각한다.

잡지 『글래머』에 나오는 누군가처럼 되기 위해 노력하고, 그러는 도중 맞닥뜨리는 실패로 인해 여성들 사이에서는 일종의 소화

불량이 발생한다. 이것이 바로 맥로비가 앞서 말한 '읽어내기 힘든 분노'다. 과거에 페미니스트들은 대중매체에 비친 여성의 이미지를 조롱하고, 특히 그해의 가장 어리석고 성차별적인 광고에 상을 줌으로써 특별한 즐거움을 누렸다.(뉴욕의 지하철 안을 걷다가 '이 광고는 여성을 모욕합니다'라는 스티커가 붙은 광고를 보는 일이 얼마나 신났는지 모른다.) 하지만 이제 우리는 '모든 것을 이뤘고' 페미니즘은 죽었으며 불필요해졌기 때문에, 그와 비슷한 비판을 하면 세련되지 못할 뿐만 아니라 배은망덕한 행동으로 간주될 수 있다. 그러나 바로 그 동일한 광고와 잡지 속에서 굶주린 듯 깡마른 모델들이 "우리 모두는 자유, 독립, 제어권, 힘을 갖고 있다"라고 계속해서 호소한다.[12] 피부 크림을 통해 자유의 '가짜 페미니즘'을 팔고 팬티스타킹을 통해 제어권의 '가짜 페미니즘'을 파는 그들은, 우리에게 진짜 페미니즘 대신 소비자 페미니즘을 추구하도록 촉구한다.[13] 이것도 여전히 페미니즘이다. 그렇지 않은가?

하지만 맥로비는 여성, 특히 젊은 여성들이 이미지와 현실 사이의 간극과 그 간극을 메울 수 없다는 사실을 한탄하는 상황에서 어떤 현상이 진행되고 있다고 말한다. 스스로 알든 모르든 그들은 페미니즘을 그리워하고 있다. 비록 억눌린 형태이긴 하지만, 여성성에 대한 새로운 기준이 얼마나 가혹한지에 대해 분노가 존재하며, 비록 좌절되긴 했지만 맞서 싸우고자 하는 본능이 존재한다. 1~2킬로그램의 체중을 더 빼기보다는, 남성이 지배하는 세상에서 그럼에도 어떻게 살아갈지 모색하고자 하는 여성들의 결속에 대한 욕구가 존재한다.

여성들은 물론 랑콤, 다이어트 콜라, 수영복 산업계의 충분한 도움으로, 이러한 상실감과 분노를 스스로에게 돌리는 법을 배우게 되었다. 하지만 못된 소녀들이 출연하는 드라마의 등장과 급격한 증가로, 대중매체는 뭔가 다른 일을 벌였다. 소녀들이 스스로의 좌절과 분노를 실제로 어디로 돌려야 하는지에 대해 신선하고 새로운 대본을 제공한 것이다. 즉, 그러한 좌절과 분노를 서로에게 돌릴 것을 제시했다. 달리 말하면, 대중매체는 어느 누구보다도 의식적으로 소녀들의 분노, 그리고 그들에게 강요된, 섹시한 여자를 선발하는 올림픽에서 경쟁해야 한다는 의무감을 인식했다. 하지만 1990년대 후반부터 이는 여왕벌을 선발하는 올림픽과 더불어 소녀가 소녀에게 가하는 자극적인 공격으로 변질되었다. 다시 말해, 대중매체는 이 '읽어내기 힘든 분노'의 방향을 바꾸어, 이를 가학적이고 가슴이 풍만한 백인 여자들 무리가 섹시함의 기준에 미달하는 울보를 찾아 사냥을 하는 광경으로 가시화했다. 수박만 한 크기의 가슴과 44사이즈가 여성의 해방과 권력 신장의 징표로 판매된다면, 우리는 이러한 현상을 실제로 집행하는 장본인이 못된 소녀들이며, 이들의 실질적인 출처, 다시 말해 진화된 성차별은 처벌을 모면한 채 여전히 그림자에 가려져 있는 것을 본다.

못된 성향을 살펴보기에 앞서 마른 몸매에 대해 살펴보자. 날씬하고 마른 몸매는 수십 년 전부터 이상적인 몸매였다. 하지만 깡마르고 가슴이 풍만한 이 새로운 몸매에 더해, 여성용 잡지들은 뭔가를 덧붙였다. '빅토리아 시크릿 몸매'가 새로운 표준이 된 후에도 여성들은 있는 그대로의 자신의 몸매를 사랑하도록 촉구받았다. 한 예로, 잡지 『글래머』는 끊임없는 다이어트, 운동, 패션 기사에 다음과 같은 기사들을 끼워 넣었다. 마른 몸매를 이상적으로 생각하면 심리 건강에 좋지 않다는 내용의 「마름의 새로운 의미」, 젊은 여성들에게 연간 350억 달러에서 500억 달러에 육박하는 다이어트 산업을 불매운동할 것을 촉구하고 다이어트를 페미니즘 사안으로 만들자는 「머릿속의 다이어트를 지워라」, 그리고 「거울을 보고 평화로울 수 있는 열 가지 징후」 「몸매에 관한 특별한 확신: 당신의 몸을 사랑할 수 있는 지침」 「있는 그대로의 몸을 사랑하는 방법」. 이렇게 독자들은 있는 그대로의 몸을 사랑하도록 독려되었지만, 그건 오직 본인의 몸매가 금요일까지 20킬로그램을 뺄 수 있는 운동을 시연하는 모델의 몸매일 때의 이야기다.

여성용 잡지는 종종 독자들의 목소리를 담기도 한다. 특히 편집자 난에 독자들이 보내는 편지를 통해서인데, 대개는 모델들이 죽은 유령처럼 깡말랐다는 불평들이다. 하지만 편집장들은 그러한 불만 제기를 무시하거나 그들의 생각이 틀렸다고 하기 일쑤다. 한 예로, 2002년 『보그』 4월 호를 보면, 잡지에서는 모든 다양한 형태의 여성의 몸을 찬양한다. 여기에는 키 큰 몸, 키 작은 몸, 통통한 몸, 임신한 몸, 마른 몸까지 여러 형태의 몸이 있다. 단, 모든 몸은 44사이즈에 가슴이 풍만했다. 심지어 19살의 한 모델은 임신한 상태인데도 나보다 덜 나온 배에 역시나 44사이즈였다. 독자들의 편지를 담당하는 편집자는 "우리는 모델들의 몸매에 대해 불평하는 편지를 수도 없이 받았다. 모델들이 너무 말랐다는 것이 대개의 불만이었다"라고 인정했다. 하지만 그녀는 씩씩대며 '명쾌한 진실'을 말했다. "마르고 날씬한 것이 과체중에 보기 흉한 것보다 더 건강하다"고. 물론 맞는 말이다. 여성으로서 우리는 미의 기준에 부합하느라 거식증에 걸리느냐 아니면 미의 기준에 맞서 구닥다리 보수주의자가 되느냐 하는 선택에 놓여 있다. 실제로 선택의 폭은 더 협소하다. 그저 보형물을 넣은 케이트 모스의 몸매가 되어야 한다.

여성에게 가장 중요한 임무란 자기 몸을 살피는 일이라고 상기시키는 것이 『보그』와 기타 무수한 여성용 잡지의 역할이다. 한 조사에서는 여성들이 가장 많이 읽는 각종 잡지의 표지 중 78퍼센트가 몸매에 관해 언급했고, 표제 중 60퍼센트 이상이 다이어트, 운동, 또는 성형수술을 언급했다는 사실이 드러났다.[14] 그리고 이러한 자기 관리는 상당한 시간, 정신적 에너지, 관심을 필요로 한다는 사실이 우리에게 상기된다. 『보그』의 중요한 전략은 잡지들이 실현 불가능한, 실제로 건강하지 못한 몸매를 홍보한다는 여성들의 정당한 비판을 인정한 다음, 그러한 비판이 잘못되었음을 지적하면서, 여성들의 진정으로 진보적인 태도는 매우 마른 몸매를 이상으로 받아들이는 것이라 주장하는 것이다.(왜냐하면 날씬한 것이 건강에 더 좋으므로. 그렇지 않은가?) 이렇게 진화된 성차별은 또다시 힘을 발휘한다. 이는 반페미니즘을 페미니즘으로 둔갑시킨다.

이러한 패션 잡지는 오래전부터 존재했다. 그러나 21세기 초 들어 강력한 여성성을 위한 매우 효과적인 또 하나의 무기가 등장했다. 그것은 바로 외모 변신 쇼다. 이는 성형수술을 치과에 가는 것보다 조금 더 이례적이고 고통스러운 일 정도로 만들었다. 아주 오래전부터 존재했던 여성용 잡지의 진부한 비포 앤드 애프터 사진에서 착안한 이 외모 변신 쇼는 4쪽 분량의 기사가 될 만한 내용을 한 시간에 걸친 몸에 대한 면밀한 조사와 해부로 바꾸었다. 「익스트림 메이크오버」라는 프로그램은 2002년 첫 방송을 시작했고, 첫 회에는 자기 외모가 마음에 들지 않아 성형수술을 원하는 한 쌍의 남녀가 출연했다. 그리고 단 네 차례의 방송 후에는 남녀 대신 두 명의 여성이 출연하는 경우가 더 잦아졌다. 두 명의 남성이 출연한 경우는 한 번도 없었다. 방송에서는 우선 이타적이고 사심 없는 성형외과 의사, 피부과 의사, 미용 치과 의사들이 소개되었으며, 이들의 유일한 임무는 '기적'을 일으켜 사람들의 삶을 바꾸는 일이었다. 그런 다음, 후보자들이 출연하여 자기 외모에 대해 가차 없이 혹평했다. 남성들은 주로 빠진 치아를 복원하거나 덧씌우길 원했고, 코 수술이나 복부 지방 흡입 또는 운동을 요구했다. 반면, 여성들은 하나같이 온갖 종류의 성형수술에 가슴 확대 수술까지 원했다.

이러한 방송에 출연하는 자들을 응원하지 않으려면 꽤나 매정한 사람이어야 할 것이다. 왜냐하면 출연자들이 대부분 사회적 약자인 데다가 자기 외모에 대해 매우 안 좋은 감정을 가지고 있고, 또 방송 출연을 결심한 계기가 연인이나 배우자를 위해서인 경우가 많기 때문이다. 그리고 이러한 외모 변신 쇼에서야말로 계층의 중심적 역할, 즉 전문적이고 교육 수준이 높으며 성공을 거둔 사람들이 자기보다 아래에 있는 사람들에게 사회에서 한 계단 상승하려면 적절한 외모가 중요한 역할을 한다는 사실을 가르치는 장면을 목격하게 된다. 뿐만 아니라 또 다른 공식이 명백해진다. 즉, 성형수술이란 정서적으로 유익하고 자신감을 높이며 새롭고 더 나은 사람이 되게 할 뿐만 아니라 삶 전체를 좋은 방향으로 바꾼다는 것이다. 방송에서는 수술에 대한 위험이나 후회 내지는 여러 차례의 추가 수술이 필요하다는 사실조차 언급되지 않는다. 겉모습이 바뀌면 내면 역시 항상, 그리고 즉시 좋은 쪽으로 바뀐다는 것이다.

방송 사상 가장 독특한 경합이라 할 수 있는 「스완」은 폭스사가 2004년 첫 방송을 시작한 프로그램이다. 여기서는 자기 외모와 몸매를 혐오하며 종종 외모 때문에 놀림을 받은 경험이 있는 '일반 여성'들이 '성형외과 의사들의 도움으로 삶을 완전히 바꾸기 위해' 지원하여 '3개월간의 혹독한 변신 과정'을 거치게 된다. 이는 메스가 등장하는 「퀸 포 어 데이Queen for a Day」인 셈이다. 이 프로그램은 비평가들로부터 많은 질타를 받았다. 로버트 비앙코는 『USA 투데이』에서 "불쾌감과 혐오감을 주고 외설적"이라고 혹평했고, TV 닷컴에서는 여러 편의 방송에 대해 '끔찍하다' 내지는 '최악이다'라는 평가가 나왔다. 하지만 이전 시간대의 방송이자 폭스사의 간판급 프로그램이라 할 수 있는 「아메리칸 아이돌」 덕분에 「스완」은 전자의 시청자의 76퍼센트를 확보하여 시청자가 약 1500만 명에 달했다.[15]

물론 끔찍하긴 하지만 이 쇼는 단순히 진부하고 어리석으며 조잡하다는 이유로 매도되어서는 안 된다. 이 쇼의 천박함은 『보그』나 『코스모폴리턴』의 영광스러운 '애프터' 사진들과 달리, 여성들이 준수해야 하는 협소한 신체의 기준을 노골적이리만치 명백하게 제시하며, 여성들이 그러한 기준을 어느 정도까지 내적으로 흡수해야 하는지, 그러기까지 얼마만큼의 시간이 걸리는지, 그리고 우리 대부분은 얼굴과 몸에 칼을 대는 일 없이는 그러한 기준을 절대로 만족시킬 수 없다는 사실을 너무도 명백하게 제시한다는 데 있다. 필요한 것은 그저 새로운 아이섀도와 다른 색상의 피부 크림, 또는 새로운 신발이라고 말하는 『글래머』와 달리, 이 쇼는 여성성의 가장무도회를 위해 얼마나 많은 것이 필요한지를 여실하게 보여준다. 「스완」이 불쾌한 이유는 여성이 매력적으로 보이기 위해 해야 할 모든 숨겨진 작업을 다 동원하고, 그러기까지는 엄청난 시간과 고통과 외로움과 비용이 들며, 이 모든 것이 결국에는 어리석은 일이라는 사실을 드러내기 때문이다.

따라서 우리가 이 쇼에 관심을 가져야 하는 이유는 여성이 무엇보다도 감상의 대상이라는 사실을 세밀하고 극적으로 나타내기 때문이다. 매주 두 명의 여성이 로스앤젤레스로 가 성형수술을 받고 체육관에서 운동을 하고 정신과 의사와 상담을 하고 제니 크레이그 식이요법▪을 실천하고 넬리 갈란에게서 전반적인 지도를 받은 다음, 대저택 같은 스튜디오에서 변신한 모습을 선보인다. 그

▪ 미국의 유명한 체중 감량 프로그램

리고 가장 극적인 변신을 한, 즉 과거 모습을 전혀 알아볼 수 없을 정도로 완전히 변신한 한 명이 이 프로그램의 최종 미인 선발 단계로 진출하고, 나머지 한 명은 탈락하여 집으로 향하게 된다.

각 회의 초반부에서는 대개 로스앤젤레스의 성형외과 및 미용 성형술 의사들로 구성된 전문가 팀이 애처로운 '일반 여성'의 영상을 본다. 지원자 여성은 모습이 흉측한 경우는 거의 없고, 우리가 일상에서 평상시 보는 여성들과 크게 다를 게 없다. 여성들은 너무 큰 코, 임신 때문에 살이 튼 자국, 부자연스러운 미소, 그리고 어김없이 등장하는 축 처진 혹은 너무 작은 가슴 등 마음에 들지 않는 신체 부위를 말한다. 이들은 때로는 카메라를 향해 울음을 터뜨리기도 하면서 전형적인 미 없이는 행복도, 성공도, 사랑도 이룰 수가 없다고 거듭 이야기한다. 거기에 어김없이 보태지는 장면은 남편이나 남자친구가 인터뷰에 응하여 본인은 지원자 여성을 사랑하고 또 외모에도 큰 문제가 없다고 생각하나 여성 스스로 자존감이 없기 때문에 관계나 특히 성생활에 문제가 있다고 토로하는 것이다. 그러므로 이 '혹독한 3개월간의 외모 변신 쇼는 결코 가부장적인 미의 기준에 부합하려는 것이 아니라, 여성이 원하는 어떤 모습으로든 변할 수 있도록 힘을 부여하는 것이다. 벌써 너무 걱정하지는 말길. 더 심한 건 이제부터다.

지원자가 스스로 채찍질하는 영상을 시청하고 나면, 각 전문가는 여성을 미인으로 재탄생시키기 위해 해야 할 일을 계획한다.

"가슴 확대 수술을 해야겠군요" "지원자 분은 더 여성스러워져야 해요" "코 수술이 필요합니다" "지나치게 남성적으로 보이는 치아를 바꿀 거예요" "여성스러운 미소를 짓게 만들 겁니다" 등. 그리고 미 국방부에서 폭탄 공격을 감시할 때나 사용할 법한 가상의 화면을 통해, 회전하는 여성 신체 모형 옆에 회색의 헤인즈 팬티와 낡고 오래된 스포츠 브라만을 입은 지원자 여성의 몸이 나타나고, 문제가 되는 신체 부위, 수술할 신체 부위에 표시를 하게 된다. 그렇게 불만족스러운 신체 부위에 모두 표시하고 나면, 진행자 어맨다 바이램이 앞으로 여성에게 실시할 각종 수술을 차례로 읊는다. 여러 차례의 지방 흡입, 치아 성형, 가슴 확대 수술, 눈썹 수술, 입술로의 지방 이식, 복부 수술 등. 쇼의 참가자 16명 중 가슴 확대 수술을 받지 않은 사람은 단 세 명에 불과했다.

매회의 극적인 결말은 의사와 코치들이 박수갈채를 보내고 바이램이 찬사를 마구 쏟아내는 가운데, 각 여성 출연자가 몰라보게 변신한 모습으로 등장하는 것이다. 3개월의 혹독한 시련을 겪는 동안 여성 출연자는 거울 보는 것이 금지된다. 즉, 그녀를 제외한 다른 모든 사람이 그녀를 보고 평가할 수 있지만, 그녀는 본인의 얼굴을 볼 수 없다. 모든 시선의 대상이 된다는 것은 어떤 일일까? 여성 출연자가 커튼 뒤에 가려져 있는 커다란 거울 앞으로 걸어간 뒤 마음의 준비가 되면 드디어 커튼이 젖혀지고, 출연자는 자신의 새로운 모습을 보게 된다. 물론 방청석에서 비명과 환호가 터져 나오고, 출연자의 입에서는 '내가 예뻐졌어!'라는 감탄도 튀어나온다. 하지만 정말로 오싹한 대목은 출연자가 거울에 비친 자신의 모습을 보면서 "이게 나예요?" 혹은 "나조차도 나를 몰라보겠어요"라고 말할 때다. 이 순간이야말로 여성으로서 힘을 부여받고 변신한 순간이다. 그렇게 로데오 거리의 미적 기준에 부합하게 된 출연자로서는 그 기준에 부합하지 못하는 편보다는 이제 거울 속에서 자신의 원래 모습을 보지 못하게 된 편이 더 나은 것이다.

이에 질세라 이듬해 겨울에는 MTV에서 정말로 엽기적이라 할 수 있는 「유명인의 얼굴을 닮고 싶어요I Want a Famous Face」라는 프로그램이 방영되었다. 제목 그대로 브리트니 스피어스, 패멀라 앤더슨, 제니퍼 로페즈를 닮고 싶은 젊은 여성들이 가슴을 확대하거나 볼이나 입술에 보형물을 넣거나 눈썹 밑 주름을 제거하거나 지방을 흡입하는 등의 수술을 하는 프로그램이다.(이따금 브래드 피트나 엘비스 프레슬리를 닮고 싶다는 남성들이 출연했으나, 여성 출연자들이 압도적으로 많았다.) 하지만 메스를 들지 않는 쇼조차도 외모 변신을 강요했다. 가장 대표적인 예가 「아메리칸 아이돌」(남성 출연자들은 살을 빼라는 권고를 듣지는 않았으나 역시나 외모 변신을 했다) 그리고 「패션 불변의 법칙What Not to Wear」 「패션 폴리스Fashion Police」 「스타일 코트Style Court」 등이다.

2004년에는 미국성형외과학회조차 '성형외과 수술의 성과에 대한 사람들의 비현실적이고 바람직하지 않은 기대'에 다소 우려를 느낀 나머지 다음과 같은 경고를 발표했다.

"환자들은 누군가와 닮을 수 있게 성형수술을 해준다는 의사를 경계해야 한다.[16] 성형외과 의사들은 누군가를 브래드 피트나 앤젤리나 졸리처럼 수술하지 못하며, 한 번에 다섯 종류의 수술을 할 수도 없고, 어떤 성형수술도 누군가의 삶을 꿈처럼 바꾸지 못한다."[17]

의사들이 우려를 나타낸 데는 이유가 있었다. 2007년 미국성형외과학회가 실시한 한 조사에서는, 성형수술을 받은 환자 다섯 명 중 네 명이 "성형수술 리얼리티 쇼를 보고 영향을 받아 수술을 했다"라고 응답했다. 미국성형외과학회는 또다시 '비현실적인 기대'에 대해 경고하면서 특히 젊은 여성들에 대해 우려를 나타냈다.[18] 잡지 『셀프Self』의 2003년 조사에서는 30대 여성의 56퍼센트, 20대 여성의 51퍼센트가 성형수술을 고려하고 있다고 응답했으며, 이 수치는 50대 연령층에서는 27퍼센트에 불과했다.[19]

2006년 미국인들은 성형수술에 122억 달러가량을 지출했다. 1997년에서 2006년에 걸쳐 성형수술 건수는 446퍼센트 증가했다.[20](경제 불황으로 2008년에는 성형수술 총 지출액이 20억 달러 감소했다.)[21] 사람들에게는 아이펙스 브라의 광고가 별 효과가 없었나 보다. 1998년에서 1999년까지만 해도 가슴 확대 수술은 51퍼센트 증가했는데, 이는 1992년보다 약 500퍼센트 증가한 수치다. 2006년까지 가슴 확대 수술은 여성들이 가장 많이 받은 성형수술이었으며(해당 연도에 약 40만 건의 수술이 진행되었다), 더 많은 남성이 성형수술을 받게 되었지만, 성형수술을 받은 환자 중 92퍼센트는 여전히 여성이었다.[22]

1992년 FDA 국장인 데이비드 케슬러가 실리콘 젤 보형물이 안전하지 않다는 이유로 이를 금지했다는 사실을 사람들은 잊은 것일까? 보형물의 효과에 관한 연구가 많지는 않지만, 일부 수술은 부작용을 초래했다. 많은 여성의 경우, 보형물을 넣은 주변의 조직에 상처가 나고 경화가 일어났으며, 5퍼센트의 여성은 보형물

파열로 실리콘 젤이 신체 내로 유입되어 가슴이 무너졌다. 가장 큰 위험은 실리콘이 각종 자가면역질환을 일으킬 수 있다는 점이다. 소송이 잇따랐고, 성형수술에 관한 뉴스 보도가 줄을 이었다. 1970년대에 「ABC 뉴스」에서는 성형수술에 관한 보도가 단 두 건이었으나, 1990년대에는 60건으로 늘어났다. 다른 방송사도 마찬가지였다.[23] 1994년에 가슴 보형물 주요 제조업체들은 대규모 집단 소송에 대비해 42억5000만 달러의 예비금을 준비해놓았다.[24]

하지만 이러한 사실로 사람들이 가슴 확대 수술을 꺼리게 되리라는 예측은 틀렸다. 강요된 여성성의 막대한 힘에 휘둘리면 아무런 소용이 없다. 이후 식염수로 채워진 새로운 보형물이 등장했는데, 이는 터질 경우 실리콘 젤이 아닌 식염수가 흘러나오므로 실리콘보다 안전하다고 여겨졌다. 가슴 수술을 한 일부 여성, 특히 유방암 수술 후 유방 재건 수술을 받은 여성이나 가슴 크기가 32AAA였던 여성들은 수술 후 삶의 질이 개선되었다고 보고했다. 하지만 이는 일부의 이야기다.

여기 「스완」에 출연하는, 자기 만족감에 젖어 돈만 두둑이 챙기는 의사들이 잘 해주지 않은 이야기들이 있다. 보형물은 여전히 위험하다. 식염수 가슴 보형물은 파열되거나 모양이 변하거나 위치가 바뀔 수 있다.(그렇다면 한쪽 가슴은 위로, 한쪽 가슴은 아래로?) 뿐만 아니라 감염, 통증, 그리고 젖꼭지나 가슴 조직의 감각 상실을 초래할 수 있다. 보형물은 외래적인 물체이기 때문에 신체는 대개 그 주위에 반흔 조직을 형성한다. 이 반흔 조직이 팽팽해지고 당겨지는 현상을 구형구축이라고 하는데, 이 경우 유방 조직이 단단해지고 피부에 물결무늬가 형성되며 유방 형태가 변할 수 있다. 뿐만 아니라 때로는 심각한 통증을 유발하여 반흔 조직을 제거하거나 보형물 자체를 교체하는 수술을 해야 할 수 있다. 즉, 보형물을 넣으면 추가적인 수술이 필요할 수 있다는 이야기다. 그리고 보형물은 모유 수유나 유방암 진단에도 방해가 될 수 있다. 더욱이 가슴 보형물은 수명에 한계가 있어 수명이 60년이 될 수도 있고 6주가 될 수도 있다. 2006년 부시 행정부하의 FDA는 실리콘 보형물의 사용을 재승인했다.[25] 하지만 3500달러를 들여 수술을 하고 다시 병원으로 가고 싶지는 않을 것이다. 그럼에도 불구하고, 미국성형외과학회에 따르면, 2002~2003년에 가슴 확대 수술을 받은 18세 이하 여성의 수가 3872명에서 1만1326명으로 세 배 가까이 증가했다고 한다.

아마도 내가 오드리 헵번과 같은 배우들을 동경하며 자랐기 때문에, 혹은 다이앤 키튼, 샐리 필드, 메릴 스트리프, 글렌다 잭슨, 페이 더너웨이, 바브라 스트라이샌드, 시시 스페이섹, 메리 타일러 무어, 미아 패로 등 내 20대 시절에 유명세를 떨쳤던 배우들이 가슴 크기로 유명했던 이들이 아니었기 때문일 수도 있다. 그들의 가슴 크기와 유명세는 그야말로 아무런 상관이 없었다. 또 당시에는 가슴 확대 수술을 권유하는 TV 쇼나 잡지가 없었기 때문이기도 하고, 내 지인들 중 가슴이 풍만한 이들은 그 때문에 허리가 아프다는 고민을 갖고 있었기 때문이기도 하다. 몸 안에 보형물을 넣는다는 것은 1970년대에는 대부분의 여성이 고려하지 않았던 일이다. 따라서 이러한 수술이 폭발적으로 증가한 사실은 대중매체가 이러한 상품을 여성들에게 꽤 성공적으로 판매했다는 점을 보여준다.

하지만 여기 커다란 딜레마가 있다. 이제 우리 모두는 풍만해야 한다. 만약 그렇지 않으면 '핫'하지 못한 여성이다. 하지만 몸 안에 보형물을 넣는다면, 물구나무를 서도 가슴이 그대로 봉긋하게 서 있는, 미용 산업계의 속이기 쉬운 먹잇감이 되고 마는 것이 아닌가? 영화와 TV 쇼에는 가짜 가슴에 관한 농담이 넘쳐나고, 유명인의 소문을 다루는 싸구려 잡지에서는 특히 누가 가슴 수술을 했고 누가 안 했는지 밝혀내는 데서 즐거움을 찾는다. 그리고 적어도 1950년대부터 시작된 다음과 같은 오래된 몇몇 고정관념이 여전히 활개를 친다. 가슴이 큰 여자는 멍청하다. 가슴이 크고 금발인 여자는 정말로 멍청하다. 가슴이 큰 여자는 가슴이 작은 여자보다 섹시하다. 가슴이 작은 여자는 가슴이 큰 여자보다 똑똑하다. 가슴이 작고 짙은 색깔의 매끈한 머리칼을 가진 여자는 품격이 있다. 가슴이 큰 여자는 행실이 문란하다. 가슴이 작은 여자는 냉랭하다. 진화된 성차별은 여성이 가슴의 크기, 봉긋한 정도, 가슴골에 의해 평가받아야 한다는 법칙을 부활시키기 위해 몹시도 열심히 노력한다. 그리고 가슴의 크기와 형태가 어떠하든, 그것은 결코 옳지 않다.

이 모든 상황이 많은 여성을 질리게 하거나 분노케 하지 않았을까? '최악의 성형수술을 한 유명인 15인' '유명인들의 최악의 가슴 수술' '비튼 앤드 바운드: 할리우드의 어두운 면' 같은 각종 웹사이트의 흥미로운 코너에서는 수술 전과 후의 사진 순서를 바꾸어놓았다. 수술 후의 사진이 꽤나 끔찍하기 때문이다. 콜라겐 때문에 퉁퉁 부은 입술, 비대칭을 이루는 대포알만 한 가슴, 골프공이 들어간 듯한 뺨, 더 이상 움직이지 않는 얼어붙은 듯한 얼굴. 이 모든 사진에 '인조 지방을 넣은 입술이 퉁퉁하고 못생겨 보인다' 내지는 '한 대 맞아야 입술이 본래대로 돌아올 것 같다'와 같은 혹평이 어김없이 따른다. 이제 미국의 여성들은 미용업계에 의해 잘 길들여진 결과, 현재 체중이 얼마나 나가든 앞으로 2~3킬로그램은 거뜬히 뺄 수 있다고 생각하는 반면, 지나치게 마른 몸에 대한 반발도 생겨났다.

2006년 가을에는 일련의 사망 사건이 널리 알려졌는데, 그중 대표적인 것이 브라질의 패션모델 아나 카롤리나 헤스통의 죽음이다. 토마토와 과일로 연명하던 그녀는 사망 직전 172센티미터의 키에 체중이 고작 40킬로그램이었는데, 이 일로 패션업계에 일시적이나마 큰 변화가 일었다. 그해 가을, 마드리드 패션위크에서는 체중이 미달되는 모델을 무대에 서지 못하게 했으며, 밀라노에서도 같은 절차를 밟아 체질량 지수가 18.5 미만인 모델을 무대에 서지 못하게 했다. 하지만 뉴욕에서는 그와 비슷한 노력이 효과를 내지 못했다. 시민들이 교육보다도 체중 감량 제품에 더 많은 돈을 소비하는 도시이니 놀라울 일도 아니다.[26] 2007년 1월, 미국 패션디자이너협회에서는 모델들을 보호하고 섭식장애가 있는 모델에게 도움을 제공하기 위해 막연하지만 자발적인 지침을 발표했다. 그러나 지나치게 마른 몸매에 대해서는 구체적인 정의를 제시하지 않았다.[27] 따라서 업계에 대한 제재 기준이 불명확해지는 결과가 초래되었다.

그렇다면 마른 몸매를 유지하기 위해 무슨 수단이든 동원하는 것이 반드시 나쁜 일일까? 널리 알려진 케이트 모스 사건은 윤리적 차원에서 받아들이지 않는다면 반드시 나쁜 일은 아닐 것이다. 런던의 『데일리 미러Daily Mirror』가 2005년 9월 그녀가 코카인을 사용하는 것으로 보이는 사진을 보도한 후(코카인은 식욕을 떨어뜨리는 데 효과가 있다고 한다), 버버리, 샤넬, H&M과 같은 여러 회사가 앞으로 그녀를 모델로 기용하지 않겠다고 말했다.[28] 하지만 두 달 후, 버버리는 모스를 다시 '가족'으로 받아들였고, 그녀는 마스카라 광고를 하고 한 이탈리아 디자이너와 계약을 체결했다. 그리고 다섯 달 후, 캘빈클라인은 100만 달러에 그녀를 모델로 기용하는 계약에 서명했다.[29] 그렇다면 43킬로그램의 체중을 유지하기 위해 코카인을 흡입하는 것이 가치가 있는 일일까? 마치 그래 보인다. 동시에 미국 전역의 광고판과 잡지에는 2004년 9월부터 시작된 도브의 '진정한 아름다움을 위한 캠페인'이 실렸다. 여기에는 케이트 모스의 미의 기준에 맞서기 위해 모델이나 배우가 아닌 일반인들이 브라와 팬티만을 입고 마르지 않은 몸을 드러냈다.[30] 1년이 채 되지 않아 도브의 매출은 12.5퍼센트 증가했고, 2006년에는 또다시 10퍼센트가 증가했다.[31](물론 도브를 소유한 회사인 유니레버는 슬림-패스트 역시 소유하고 있었다.)

이러한 상황에서 우리는 진짜 문제가 무엇인지 알게 되었다. 그것은 바로 미국의 심각한 비만이다. 2007년 미국 성인의 25퍼센트가 비만인 것으로 집계되었다.[32] 이는 온갖 음식이 우리를 현혹하고 제니 크레이그의 광고 뒤에 온갖 식품 광고가 등장하는 이 땅에서 그리 놀라운 일도 아니다. 음식과의 지겨운 관계에 대해 이야기해보자. 페미니즘 활동가이자 저자인 진 킬본이 비디오 「슬림 호프스Slim Hopes」에서 지적한 바에 따르면, 광고주들은 고된 하루를 보냈거나 연인과 헤어진 뒤 나쁜 기분을 떨쳐내는 방법은 산더미 같은 아이스크림을 먹는 일이라고(물론 아무도 모르게) 여성들에게 말한다. 따라서 사람들은 마른 몸매에 대한 기준을 거의 만족시킬 수 없으며, 그에 대해 좋지 않은 감정을 갖고 있다. 모순의 폭은 크고, 메시지의 엇갈림은 해소되지 않는다. 44 사이즈가 되어야 한다! 안 된다. 그건 건강에 좋지 않다! 자신의 몸을 있는 그대로 사랑하라! 안 된다. 있는 그대로의 몸으로는 충분치 않다. 다시, 자신의 몸을 있는 그대로 사랑하라! 안 된다. 우리는 비만 상태다. 하지만 이 메시지들이 절대로 귀에 들리지 않는 한 계층이 있다. 그것은 바로 외모에 아무런 관심이 없는 늙은 여자들이다.

중년 여성인 내가 거울을 볼 때, 특히 『보그』를 읽고 나서 거울을 볼 때 상황은 그리 좋지 않다. 세상에, 내 얼굴에도 작업이 필요하다. 크기가 작은 만두만 한 내 눈가의 늘어진 살을 보면 어떤 성형외과 의사라도 울고 말 것이다. 아무도 내 얼굴을 보고 부러워하지 않을 것이다. 동정할 뿐. 나는 가슴 확대 수술 대상자는 아니더라도, 보톡스, 레이저 박피, 안면 주름 제거술 등 내 나이 또래에서 노화의 흔적을 제거할 수 있는 모든 수술을 받아야 한다. 난 수년 전부터 『보그』를 읽어왔기에 내 문제가 무엇인지 잘 안다. 내 얼굴은 일종의 부동산이고, 나는 내 땅의 주인이다. 심각한 문제는 내가 그동안 유지보수를 미뤄왔다는 점이다. 피부과 의사 퍼트리샤 웩슬러가 말한다.

"얼굴을 집이라고 생각해보세요. 콜라겐은 회반죽이고 지방은 기초예요. 그리고 소프트폼SoftForm은 틀이라고 생각하면 됩니다."

소프트폼은 유명한 '콜라겐 코퍼레이션'의 제품으로 '고무 튜브'와 같은 것인데, 입과 턱 사이 또는 얇고 납작한 입술에 삽입할 수 있다. 『보그』는 "남녀 할 것 없이 소프트폼 시술을 받기 위해 줄을 설 것이다"라고 예측하면서 친절하게도 회사 전화번호까지 실어주었다.[33]

만약 감염, 이탈, 돌출을 비롯한 여러 부작용 때문에 이 고무 튜브를 얼굴 속에 넣기가 불안하다면 어떻게 할까?[34] 그렇다면 지방이나 콜라겐을 얼굴에 이식하면 된다. 하지만 지방과 콜라겐은 신체 내부로 점차 흡수되므로 몇 달에 한 번씩 다시 시술을 받으러 병원을 찾아야 한다.[35](그렇다면 지방과 콜라겐은 도대체 어디로 가는 것일까? 엉덩이로? 그냥 내 추측이다.) 필러로는 소 콜라겐, 코즈모플라스트cosmoplast(포피 콜라겐), 사이메트라cymetra(사체 콜라겐)가 있다. 같은 호 『보그』에서는 최근 주름살 제거 수술을 받고 불만을 품은 환자에 의해 성형외과 의사가 총을 맞았다는 기사가 실렸다. 수술 부작용으로 '돌출'이 얼마나 심했을지 상상이 간다.[36]

이제는 60살이 되기까지 꾸물거리다가 앤디 루니처럼 될 수는 없다. 여러분은 30대, 어쩌면 20대부터 시작해야 할지 모른다.

"60세가 되면 할 수 있는 일이 별로 없다"라고 또 다른 피부과 의사인 폴 재러드 프랭크는 말한다. 『보그』는 "하지만 나이가 젊을수록 더 많은 예방책을 취할 수 있다"라고 전하며 치료법이 다양해졌다고 조언까지 한다.**37**

"21세까지 외모는 부모와 신에 의존한다. 그러나 그 이후에는 본인이 어떻게 하느냐에 달려 있다. 그러니까 현금이나 신용카드가 있어야 한다."**38**

콜라겐 주사는 한 번에 최소 400달러인데 "피부의 유지보수와 정정 작업을 시작하려는 30대에게는 매우 적당한 시술이다. 콜라겐이 사라지면 신속하게 한 방을 더 맞으면 된다. 그러면 또다시 몇 개월을 버틸 수 있다."**39**

『보그』에 지속적으로 연재하는 성형외과 의사들은 여성들은 되도록 조기에 성형수술을 받아야 하는데, 그 이유는 "나이가 젊을 경우 피부 탄력이 더 좋기 때문에 수술 결과가 더 좋고 오래 지속되며,**40** 노화는 아무도 모르게 서서히 진행되기 때문에 성형수술은 이르면 심지어 20대부터 필요하다"는 사실 때문이다. 실제로 잡지에서는 다음과 같이 주장한다.

"성형수술은 젊음을 유지하고 노화를 예방하는 상대적으로 간편하고 손쉬운 방법이며, 소득 수준이 어느 정도 된다면 필요하다."

또 『보그』는 '피부 구조'에 관한 피부과 의사들의 연구에 따르면 콜라겐은 피부의 '구성요소' 중 하나이며, 이제 성형수술은 '머리 염색'이나 '치아 클리닉'과 같이 보편화되었기 때문에 여성들은 반드시 정기적으로 피부 보수를 받아야 한다고 강조한다.[41] 이를 위해 발명된 기계들의 이름을 들어보면 마치 다스 베이더의 무기고에서 나온 것만 같다. 또 아테콜Artecoll이라는 것이 있는데, 이는 얼굴의 전반적인 구조에 약간의 아크릴 섬유가 필요할 경우 삽입하는, 플렉시 유리 입자가 들어간 콜라겐이라고 한다.

물론 성가신 얼굴 근육을 관리하는 데는 보톡스가 있다. 2005년 보톡스 제조회사인 앨러간(세계에서 가장 큰 규모의 가슴 보형물 회사다)은 35세에서 49세의 여성을 대상으로 보톡스를 맞아야 하는 세 가지 이유가 'Me, myself, I'라는 대대적인 광고를 펼쳤다.(2007년에는 보톡스 시술 건수가 무려 280만 건에 달했다.)[42] 하지만 보톡스는 본래 주사 부위에서 이탈하여 다른 근육으로 밀려나 '졸린 눈'을 만들 수 있다. 보톡스 주사를 맞은 후, 원치 않는 부위로의 이탈이 일어나지 않게 하기 위해서는 다음 날이 될 때까지 샤워를 하거나 몸을 구부리거나(여자들이여, 신발 쇼핑은 금물이다) 낮잠을 자서도 안 되고 아래를 내려다봐서도 안 된다고 퍼트리샤 웩슬러 박사는 말한다. 또 보톡스가 피부 아래로 녹아들지 않도록 헤어드라이어를 사용해서도 안 된다. 때로는 주변 근육이 굳은 근육을 대신해 과도하게 반응해 기형적인 아치 모양의 이마가 생겨날 수도 있다.[43]

여기 또 하나의 결정적인 선택권이 있다. 바로 주름살 제거 수술이다. 한 여성이 주름살 제거 수술을 한 다음 날의 경험을 옮겨보자면 이렇다.

"마치 침대에 누워 꼼짝 못 하는 불구자와 같았어요. 그리고

2주 후 생각했던 것보다 몸에서 분비물이 많이 발생했죠."

그 외의 끔찍한 경험들을 세부적으로 열거한 후 그녀는 "부기가 가라앉도록 언 야채가 든 주머니를 손에 들고 있다가 얼굴에 대라"라고 충고했다. 하지만 결국 모든 고생은 그만한 가치가 있었다고 한다.

"수술 덕분에 온 세상의 돈을 다 끌어모아도 살 수 없는 자신감이 생겼어요."[44]

나는 잘 모른다. 그저 진한 진토닉 한 잔이 내게는 좋은 대안이 될 수 있을 것 같다. 하지만 진토닉이 정말로 대안이 될 수는 없을 것이다. 수술을 받은 여성의 친구인 40대 중반의 한 여성은 "내가 나이가 더 많아도 예전에는 그녀보다 훨씬 더 어려 보였는데, 이제는 아주 조금 어려 보일 뿐이다. 그것만으로도 수술은 가치가 있다"라고 인정했다.[45]

이 모든 것으로 인해 여성은 주름살에 대해 자신만의 생각을 갖게 된다. 한편으로 여성이 여전히 외모로 판단되고 지나치게 나이 들어 보이는 외모로 인해 일자리까지 잃을 수 있는 문화 속에서 니콜 리치는 "왜 기술이 발달했는데도 우아하게 늙어가려고 하지 않는가?"라고 묻는다.[46] 그러나 달리 생각해보면, 왜 몸에 상처를 내는 수술로도 모자라 소나 사체의 콜라겐을 얼굴에 주입해 미국 성형외과 의사들의 지갑을 두둑하게 채워주고, 나이 든 남성은 고상해 보이고 나이 든 여성은 그렇지 않다는 성차별주의적인 이중 잣대를 강화하려고 하는가?

젊음과 아름다움으로 대개 일을 얻어야 하는 여배우들조차 이 문제에 대해 서로 의견이 갈린다. 케이트 윈즐렛은 결코 성형수술을 하거나 보톡스를 맞지 않을 것이라 했고, 다이앤 키튼 역시 비슷한 주장을 피력한 바 있다. 반면, 제니퍼 애니스턴은 "네, 난 주름살 제거 수술을 했어요. 무엇을 하든 본인의 기분이 좋아진다면 하세요"라고 말했다. 내 경우엔 주변에 보톡스 시술을 받은 사람이 없기 때문에(적어도 내가 아는 한) 캐머런 디아즈의 말이 인상적이다.

"보톡스를 맞으면 그 부분의 얼굴이 죽은 것처럼 보여요."[47]

게다가 2007년부터 진행된 연구들이 있는데, 가슴 확대 수술을 받은 여성들의 자살률이 일반 여성들의 자살률보다 두 배가 높았다고 한다.[48] 따라서 우울해하고 자기 몸에 불만족하는 것과 보형물 삽입 수술 사이에는 주목할 만한 상관관계가 있는데, 수술을 받은 여성들의 자살률이 높은 현상은 성형수술의 한 가지 이유인 '자신감 증가'와는 모순된다.

성형수술 열풍이 여성들을 억압하는 또 다른 방법이라는 우려에 반박하기 위해, 그리고 의사들의 두둑해져가는 지갑에 대해 변명하기 위해 '선택'과 '권력 신장'이라는 말을 사용하여 성형수술과 진정한 해방을 연관시키려는 시도가 있었다. 「사이드웨이 Sideways」의 스타이자 보톡스의 대변인인 버지니아 매드슨은 '주사를 맞는 일'을 운동 내지는 건강에 좋은 음식을 먹는 것처럼 건강한 생활습관의 선택에 비유했다.[49] 앨러간은 가슴 보형물을 '힘, 자유, 개성, 자신감'의 근원이라고 홍보했다.[50] 그러므로 성형수술은 여성이 자기 몸, 즉 운명에 대해 통제권을 발휘하는 페미니즘적인 방식으로 제시된다. 이러한 식으로 여성의 아름다움에 대한 가부장적인 기준에 부응하는 것이 여성 해방의 세련된 표현으로 대두되었다. 꽤 멋진 비틀기가 아닌가? 인정해야 한다. 이러한 상황에서 얼굴에 칼을 대지 않겠다는 선택은 또 하나의 '선택'이 아니라, 그만큼 자신을 충분히 관리하지 못하며 필요한 유지보수를 제때에 하지 못할 만큼 자기 존중감이 부족하다는 점을 인정하는 셈이다. 여기에는 건강보험이 적용되지 않는다. 대출을 받든지 마음껏 긁을 수 있는 신용카드가 있어야 한다.

많은 나이 든 여성들은 이 문제에 대해 의견이 크게 엇갈린다. 많은 여성은 성형수술을 억압이면서도 동시에 해방으로 생각한다.[51] 처진 무릎을 내려다보거나 목에 생긴 주름살을 보면서, 나 역시도 수백만의 베이비 붐 세대 여성들과 마찬가지로 젊어 보이고 싶고, 젊음 중심의 문화에서 경쟁하고 싶으며, 바닥에 질질 끌리는 긴 치마가 아니라 짧은 치마를 입고 싶기도 하다. 그리고 내가 가끔 TV에 나오는 모습을 보고 친구가 전화를 해서는 도대체 눈 수술 언제 할 거냐고 묻는 일이 이제는 없었으면 한다. 하지만 난 나이 든 여성에 대한 노인 차별적이고 성차별적인 비난이 터무니없다는 의사 역시 밝히고 싶으며, 더 이상 미용계에 의해 사기를 당하는 사람이고 싶지 않다. 그리고 나는 정말로 내 얼굴에 바늘과 칼을 대서 한 달 동안 우주 비행사가 중력 훈련을 받을 때와 같은 모습으로 어딘가에 묶여 있고 싶지 않다. 나이 듦을 정복한다는 것은 실제로 가장 큰 환상 중 하나이기 때문이다.

지금까지 마른 몸매에 대해 이야기했다면 이제는 못된 성향에 대해 이야기해보자. 마른 몸매와 못된 성향의 관계는 무엇일까. 2002년 로절린드 와이즈먼의 『여왕벌인 소녀, 여왕벌이 되고 싶은 소녀Queen Bees and Wannabes』와 레이철 시먼스의 『소녀들의 심리학 Odd Girl Out: The Hidden Culture of Aggression in Girls』이라는 두 책이 베스트셀러가 되었다. '소녀들 사이의 공격적인 관계'에 대해 이미 미국 전역의 학교를 돌며 강연을 진행했던 와이즈먼은 『뉴욕타임스 매거진New York Time's Magazine』의 표지 기사로 다뤄졌고, 「오프라 윈프리 쇼」에도 출연했다. 티나 페이는 와이즈먼의 책을 원작으로 하여 이를 2004년 흥행작 「퀸카로 살아남는 법Mean Girls」으로 영화화했다. 이 영화에는 린지 로언과 레이철 매캐덤스가 서로 앙숙인 친구로 출연한다. 앞서 이미 이야기했듯이, 당시에는 싸움 걸기를 좋아하고 속임수를 일삼는 여성 인물이 각종 매체에서 인기를 끌었다. 「리얼 월드」 「힐스」 「어프렌티스」 「도전! 슈퍼모델」 등 모든 프로에서 이러한 여성 인물이 어김없이 등장했다. 2007년에는 특히 「가십걸」 시즌 1에서 배신을 일삼는 못된 10대 여학생 캐릭터의 전형이 등장했다.

이는 소녀들이 온순하고 스스로에 대한 의구심이 심한 나머지 메리 파이퍼의 『내 딸이 여자가 될 때』와 같은 책이 베스트셀러가 되었던 1994년에서 1997년까지의 시기와는 완전히 상반된 상황이다. 얼마 안 있어 소녀 무리가 문자 메시지, 마이스페이스, 인스턴트 메시지, 혹은 낡은 수법으로는 이메일을 사용하여 먹잇감이 된 소녀를 괴롭히고 모욕을 주기도 하는 사이버 괴롭힘 현상이 널리 나타났다. 그리고 2007년에는 메건 마이어라는 13살 여학생이 온라인에서 남학생을 사칭한 한 여학생으로부터 그녀가 없어지면 세상이 더 나아질 것이라는 말을 듣고 목을 매 자살한 사건으로 언론이 떠들썩했었다.

와이즈먼과 시먼스가 특별한 현상을 지적한 건 아니다. 우리 모두는 심술궂고 못된 여학생들이 존재한다는 사실을 안다. 게다가 그들이 결코 새로운 존재가 아니라는 점도 잘 안다. 물론 나는 여학생들이 서로에게 가할 수 있는 잔인성을 과소평가하려는 의도는 아니다. 그리고 실제로 악의와 복수심에 가득 차 여학생이 또 다른 여학생에게 괴롭힘을 가한 비극적인 이야기들도 많다. 또 개인 정보의 즉각적인 공유를 허용하는 통신 기술 역시 괴롭힘에 익명성을 더해 이 행위가 더 신속하고 손쉽게 이루어지게 한다. 하지만 대중매체가 제시한 이러한 10대 소녀의 새로운 전형, 특히 부유하고 못된 10대 소녀라는 전형은 실제보다 부풀려져 있는 듯하다. 10대 내지는 그보다 어린 소녀들이 5년이라는 단시간 내에 신데렐라에서 끔찍한 악녀가 된 것일까?

『여왕벌인 소녀, 여왕벌이 되고 싶은 소녀』와 『소녀들의 심리학』 모두 꽤 광범위한 어법을 사용하고("모든 소녀는 패거리 내에서 각자 역할이 있다"라고 와이즈먼은 주장했다) 충분한 일화를 제시하여 못된 소녀라는 현상이 만연했음을 강조했다.[52] 저자들은 폭발적으로 증가한 이 새로운 행동을 뒷받침할 만한 과학적 근거는 제시하지 않았다. 이러한 재앙적인 현상이 지적되자, 미국 전역에서는 이를 해결하려는 컨설팅 업체들이 우후죽순으로 생겨났다. 그러나

'퓨 인터넷과 미국인의 삶 프로젝트'가 실시한 2007년 조사에서는 응답한 10대 소녀 중 단 7퍼센트만이 자신의 곤혹스러운 사진이 온라인에 게시되는 경험을 했다고 했으며, 16퍼센트만이 자신에 관한 소문이 온라인에 떠돌아다닌 경험이 있었다고 응답했다.[53] 대표 연구자는 MSNBC에 다음과 같이 말했다.

"대중매체에서 사이버 괴롭힘 문제를 대대적으로 보도하는 현 상황과 비교할 때, 조사 결과는 예상 밖으로 미미했다."

조사 결과에 따르면, 교내에서 학생의 20퍼센트가 괴롭힘을 당한 적이 있고, 80퍼센트는 그런 적이 없었다고 한다.

하지만 여기에 흥미로운 점이 한 가지 있다. 여학생은 남학생을 거의 괴롭히지 않는 반면, 교내에서 남학생에게 자주 괴롭힘을 당한다는 점이다. 실제로 여학생들이 겪는 괴롭힘의 상당 부분이 남학생에 의한 성적 희롱이었다. 이를테면, 외설적인 농담, 성적인 제안, 선정적인 몸짓, 부적절한 접촉, 그리고 여학생의 외모·신체 부위·성적인 면에 관한 폄하적인 발언 등이 있었다.[54] 물론 못된 소녀라는 현상으로 인해 희생양이 된 여학생이 자살했다는 충격적인 소식들이 보도되긴 하지만, 조사 결과 소녀들에게 그보다 더 부정적인 영향을 미치는 것은 성적 희롱이며, 그로 인해 여학생들이 성적 공격을 내부화하거나 우울증에 걸리거나 심리적으로 위축되고 불안해할 수 있다고 한다.[55] 하지만 이건 예전부터 들어온 이야기다. 우리는 이미 클래런스 토머스-애니타 힐 청문회 사건을 알고 있지 않은가? 이로부터 어떻게 여성용 코미디 영화를 만들 수 있었을까?

영화 「퀸카로 살아남는 법」은 2004년 5월 개봉 당시 박스오피스에서 1위를 차지했고, 첫 주에만 2500만 달러를 벌어들였다. 그 누구도 예상하지 못한 결과였다. 관객의 75퍼센트가 여성이었다.[56] 티나 페이가 집필한 각본은 '못된 소녀' 현상을 과대평가한 와이즈먼의 『여왕벌인 소녀, 여왕벌이 되고 싶은 소녀』의 내용을 충실히 따랐다. 여학생들의 괴롭힘이 절정에 달했을 때는, 교내 집회에 모인 모든 여학생이 저마다 희생자라고 주장했다.(남학생이 여학생을 괴롭히거나 성적으로 희롱하는 장면이나 그에 관한 질문은 전혀 없었다.) 하지만 유머를 통해 이 영화는 소녀들 간의 괴롭힘이라는 현상의 원인에 대해 중요한 몇 가지 진실을 포착한다. 영화에는 '플라스틱스'라는 모임이 등장하는데, 여기에서 여왕벌 격인 부유하고 아름다운 금발 소녀 리자이나(레이첼 매캐덤스)는 여신 대우를 받는 덕분에 두 명의 체격 좋은 남학생의 목마를 타고 체육 수업을 위해 체육관까지 이동한다. 반면, 아프리카에서 자랐으며 집에서 교육을 받은 케이디(린지 로언)는 이곳으로 전학을 와 '플라스틱스'라는 모임에 가입하게 되어 그들의 방식을 배운다. 리자이나는 여자애들이 레즈비언이라는 소문을 퍼뜨리거나 여자애의 부모에게 전화를 걸어 미국가족계획연맹의 관계자인 척하면서 딸의 임신 결과를 알리는 등 소녀들의 삶을 망가뜨린다.

하지만 '플라스틱스'라는 모임에도 그들만의 엄격한 규칙이 있다. 금요일 외에는 절대로 청바지를 입어서는 안 되고, 뒤로 묶는 머리 스타일은 일주일에 한 번만 허용되며, 탱크톱 역시 이틀 연속으로 입어서는 안 된다. 관객들은 후에 리자이나가 코 수술을 했다는 사실을 알게 된다. 리자이나의 침실에서 그녀와 날씬하고 아름다운 두 친구는 거울 앞에 서서 엉덩이며 종아리며 여드름이며 머리 라인 같은, 신체 중 맘에 들지 않는 부분들을 열거한다. 그러나 남들 앞에서 그녀들은 섹시함을 무기로 사용하여 다른 여자애로부터 남자친구를 빼앗거나 다른 여자애들이 본인을 질투하게 만든다.(특히 불편한 장면은 여덟 살쯤 된 리자이나의 여동생이 「걸스 곤 와일드」를 본 뒤 TV 화면 앞에서 셔츠를 걷어 올리는 장면이다.) '플라스틱스'는 여성의 결속을 비유적으로 보여준다. 소녀들이 뭉치면, 그들이 실제로 관심을 갖는 것은 사소하고 터무니없는 것들뿐이다.

　「퀸카로 살아남는 법」과 『여왕벌인 소녀, 여왕벌이 되고 싶은 소녀』는 여성성과 섹시함에 관한 협소하고 혹독한 잣대로 인해 소녀들이 스스로를 감시하고, 그 기준에 부합하지 못하거나 기준을 거부하는 소녀들은 처벌을 받게 된다는 점을 보여준다. 따라서 못된 소녀라는 현상은 소녀들이 빅토리아 시크릿이 제시하는 이상적 몸매에 의해 억압당한 뒤, 가부장제와 같은 더욱 광범위한 사회적 주체로 향했던 그들의 분노를 방향 전환하여 서로에게 향하게 한다는 점을 보여준다. 핫한 여자가 되기 위해서는 시간, 노력, 돈이 필요하다. 지나치게 사내애 같거나 운동선수 같거나 정치적이거나 지적인 여학생들은 이러한 함정에 빠지지 않으며 다른 소녀들이 부응하는 무언가에 부응하지 않기 때문에, 외면·배척당할 가능성이 있다. 소녀들은 '스스로를 억압하는 법'을 배웠으며, 서로를 헤픈 여자나 매춘부라고 부르면서 미용산업이 부추기는 것보

영화 「퀸카로 살아남는 법」에서 '플라스틱스'라는 모임은 가혹하리만치 자기 외모를 감시하고 남을 괴롭힘으로써 마른 몸매와 못된 성질 사이에 연관성이 있지 않을까 하는 점을 시사했다.(© Michael Gibson/Paramount Pictures/ Bureau L.A. Collection/Corbis)

다 더 터무니없는 규칙들을 스스로에게 적용하며, 옷, 머리 모양, 몸매, 사회적 지위를 적절히 갖추지 못한 소녀들에게 조소를 퍼붓는다.[57] 그리고 TV와 영화에서 T팬티를 입은 여전사가 인기를 끌었음에도, 물리적으로 공격성을 보이거나 심지어 분노를 표현하는 일조차 실제 여학생들에게는 여전히 허용되지 않는다. 따라서 케이디는 영화 속에서 이렇게 말한다.

"모든 싸움은 교묘해야 해."

못된 소녀 현상은 양성평등법, 여학생만을 위한 과학 수업, 연방정부의 걸 파워 프로그램을 통해 여학생들이 과도하게 많은 혜택을 누리는 현실에 대한 극에 달한 분노를 정당화한다.[58] 따라서 소년들이나 우파가 소녀들을 공격하는 게 아니라, 소녀들이 서로를 공격한다는 이야기를 만듦으로써 진화된 성차별을 지지하는 일이 중요하다. 운동 및 학업상의 성과를 위해 만든 이 모든 사회적 정책에도 불구하고 여학생들이 가장 잘할 수 있는 일이 서로에 대한 악성 소문을 퍼뜨리고 핑크색 옷을 입는 화요일을 정하는 것이라면, 무엇 때문에 그렇게까지 해야 하는가? 우리가 성차별주의를 시정한 결과 남성 우월주의자들이 주장하는 것보다 여학생들이 실제로 더 아둔하다는 사실이 증명된다면, 성차별주의자들이 줄곧 옳았다는 것 아닌가? 소녀들은 제자리로 돌아갈 필요가 있는 것 아닌가?

못된 소녀 현상은 에이미 피셔 사건을 떠올리게 한다. 적절히 통제되고 제압되지 않을 경우, 10대 소녀의 섹슈얼리티가 위협적이라는 사실을 상기시키는 것이다. 못된 소녀들은 기꺼이 섹스를 무기로 삼고, 짧은 치마나 플레이보이 바니걸 옷을 입고 섹시함을 과시하며, 도발적인 자세로 식당이나 파티장을 돌아다니고자 한다. 누가 그들을 마다하겠는가?

못된 소녀의 이미지는 점점 심해지는 국가의 불균형적인 부의 분배에 대한 계급의 분노를 위해서도 비난을 도맡아 받게 되었다. 왜 부시의 세금 감면에 정말로 짜증을 내야 하는가? 세법은 준수하기 어려우며, 이는 어쨌든 '계급투쟁'이 될 것이다. 왜 나머지 사람들보다 200배 내지는 400배 많은 돈을 벌면서 직원들을 해고하고 연금을 약탈하는 CEO들을 욕해야 하는가? 우리는 이 사람들을 알지 못한다. 그리고 우리가 대체 뭘 할 수 있을까? 그렇다면 정말로 부유하고 날씬한 공주, 부모가 모든 변덕을 다 들어주고 돈은 전혀 문제가 되지 않으며 심술궂고 옹졸하고 얄팍한 소녀, 역시나 부유하고 치졸한 다른 소녀들의 삶을 망가뜨리는 데 온 힘을 쏟는 소녀의 이미지를 떠올려보자. 이 소녀야말로 우리가 이를 드러내고 물어뜯을 수 있는 계급 반감의 상징이다. 난 이미 피가 끓는 걸 느낀다. 하지만 우리는 부유한 10대가 가진 어마어마한 힘에 대한 이러한 공포를 비웃을 수도 있다. 이제 「가십걸」 이야기를 해보자.

조시 슈워츠와 스테퍼니 새비지가 만든 「가십걸」에는 성적 모험, 계략과 음모, 종종 척 배스의 도움을 받기도 하는, 전쟁 중인 여왕벌들이 서로를 파괴하려는 행위가 등장한다. 본래 여왕벌이었던 세리나 반더 우드슨은 어떤 이유로 1년 동안 다른 기숙사 학교로 떠나는데, 이후 빈 여왕벌 자리를 그녀의 절친한 친구이자 정말로 사악한 블레어 월도프가 차지한다. 그리고 그녀의 자리는 건방진 금발 미녀 제니 험프리에 의해 위협받는다. 이 모든 일은 마치 국회 건물처럼 생긴 으리으리한 한 사립 고등학교에서 일어난다. 일반적인 대화는 이렇다. 블레어가 세리나에게 "넌 상위권 대학에 들어갈 수 없어"라고 말하는데, 그 이유는 "브라운대학이 헤픈 여자에게는 학위를 주지 않기" 때문이다. 서로의 평판, 사회적 지위, 개인적 관계를 헐뜯으려는 시도 속에서 주인공들은 술집 의자에 앉아 섹스를 한다든가 뉴욕의 고급 바에서 마티니를 마신다든가 마리화나를 피운다.(심지어 모두 고등학교 2학년 학생인데도.) 그리고 가장 중요한 것으로, 문자 메시지와 온라인을 사용하여 서로의 나쁜 소문을 퍼뜨리고 이를 공유한다. 드라마에서 가장 주목을 끈 것은 극 중에서 16살인 주인공들이 입고 나온 최고급 여성복과 손에 들린 휴대전화였다.

18세에서 34세를 겨냥한 기타 유사한 드라마와 달리, 「가십걸」은 첫 번째 시즌에서는 그리 큰 성공을 거두지 못했다. 각 회는 단 250만 명의 시청자만을 끌어냈을 뿐이다. 그러나 온라인에서는 큰 인기가 있었다. 한동안 팬들은 이 드라마를 CW의 웹 사이트에서 무료로 시청할 수 있었고, 이는 아이튠즈에서 가장 다운로드가 많이 된 드라마 중 하나가 되었다.[59] 2008년 8월 「가십걸」은 '베스트 TV 쇼 상'과 '베스트 브레이크아웃 쇼 상'을 비롯하여 여섯 개의 '틴 초이스 어워드'를 수상했다. 그리고 2008년 가을, CW는 월요일 밤 시청자 수가 41퍼센트나 증가했고, 18~34세의 여성 시청자 수는 무려 143퍼센트 증가했다.[60] 시청자들은 「가십걸」에 한번 빠지고 나면 헤어 나올 수가 없었다.

그렇다면 이 드라마가 본래 예상보다 더 호평을 받고 그 방영 시간대에 적절했던 이유는 무엇일까? 배우들이 입고 나오는 옷, 그리고 아무리 부자여도 우리만큼, 아니 우리보다 불행할 수 있다는 안도적인 메시지 외에 「가십걸」은 진화된 성차별의 다양한 요소를 믿기도 하고 거부하기도 한다. 그리고 전형적인 온라인 셀러브리티 저널리즘에서 차용한 냉소적인 어조와 기상천외할 정도로 믿기 어려운 줄거리는 극 전체를 모순적인 태도로 바라보게 하면서도 빠져들게 한다. 극은 험담을 퍼뜨리는 익명의 여성 '가십걸'의 목소리로 전해지는데, 이는 여배우 크리스틴 벨이 연기한다. 그녀의 목소리에는 빈정대는 어조가 배어 있고, 마치 올림퍼스 산(혹은 모나코의 왕궁)에서 인간들을 굽어 내려다보는 듯한 느낌을 준다. 가십걸의 목소리는 대개 다음과 같이 전해진다.

"안녕, 가십걸이야. 맨해튼 상류층 엘리트들의 추문 많은 삶을 전해주는 유일한 정보원이지. (…) 얽히고설키려면 두 명이 필요하고, 이런 여자들은 싸움 없이는 견디질 못해."

"계단 위에서 S와 B가 힘겨루기를 했대. S는 돌아오면 상황이 예전과 같을 줄 알았나? B는 S가 싸움 없이 물러서지 않을 거라 생각하는 걸까? 흥미진진한 싸움만큼 가십걸이 좋아하는 건 없지."

시즌 후반에는 교활하고 속임수를 일삼는 조지나가 등장하는데, 그녀는 블레어보다 더 사악하다.(가십걸은 그녀를 '사탄의 후예'라고 부른다.) 조지나는 세리나를 협박하고, 그녀로부터 남자친구를 빼앗으려 한다.

여기 피상적이고 악의에 가득 차 있으며 출세욕이 강할 뿐만 아니라, 과시적 소비에 집착하고 또래들과 잘 지내지 못하며 싸우기 일쑤인, 특히 남자를 두고 싸우기 일쑤인 여학생들이 있다. 이들은 소녀다운 소녀들로, 단체로 꺅 소리를 지르기도 하고, 엄청나게 큰 밝은 파스텔 핑크색의 에나멜가죽 핸드백을 들고 다니기도 하며, 머리를 뒤덮을 정도로 큰 리본 머리띠를 하고서 비틀거리기도 한다. 이들은 정말로 못된 여학생들이며, 16살이라고는 믿기 힘들 정도로 계산적이다. 이를테면, 화기애애한 가족의 저녁 식사나 대규모 자선 기부 행사와 같이 분위기 좋은 자리를 골라, 본인의 성적 취향을 숨겨왔던 10대 동성애자의 비밀을 폭로하거나 여자 경쟁 상대가 약물에 중독되었다는 추측성 소문을 퍼뜨리기도 한다. 이들은 하늘을 찌르는 자신감으로 콧대를 높이 세우고 다니며, 뭔가 추악한 말을 할 때면 눈을 동그랗게 뜬다. 한술 더 떠, 누군가의 휴대전화를 훔쳐서 그 전화로 나쁜 소문을 퍼뜨리기도 하고, 술집에서 한 남자의 휴대전화를 훔친 뒤 그의 여자친구에게 전화를 걸어 지금 그와 데이트하는 중이라고 거짓말하기도 한다. 정보를 찾거나 숙제를 하기 위해 컴퓨터를 쓴다고? 그건 이 세계에선 말도 안 되는 일이다. 지저분한 문자 메시지를 보느라 휴대전화에 코를 박고 있는 극 중 여자애들이 계단에서 한 번도 굴러떨어지지 않은 것은 그야말로 기적이다.

하지만 이것이 드라마의 핵심이다. 다시 말해, 극이 과장되어

「가십걸」은 세리나(블레이크 라이블리, 오른쪽)와 블레어(레이턴 미스터, 왼쪽)를 비롯한 여왕벌들이 인터넷과 문자 메시지를 통해 서로를 헐뜯는 모습을 보여준다.(Associated Press/Charles Sykes)

있기 때문에 시청자들이 극 자체를 모두 다 안다는 식으로 히죽 히죽 웃으며 볼 수 있다. 드라마 자체는 과장된 풍자이며, 실제로 는 소녀들, 심지어 매우 부유한 소녀들도 극에서 보는 것처럼 피상 적이거나 성적으로 공격적이지 않다. 극 중 가십걸은 소녀들의 싸 움을 보며 즐기고, 그들을 향해 은근히 약을 올리는 듯한 어조로 다음과 같이 말을 건넨다.

"여자들이여, 아직 게임이 끝나지 않았어."

"안녕, 부자 동네에 사는 애들아, 우린 지금 막 제3차 세계대전 이 일어났다고 들었는데."

가십걸은 또한 소녀가 소녀에게 가하는 폭력이 얼마나 과장되 었는지를 보여준다. 그리고 극의 핵심은 거의 20년 전 「베벌리힐스 아이들」에서와 동일하다. 정말로 중요한 것은 우정, 가족, 정직, 사랑하는 관계라는 것이다. 시즌 1의 마지막에서 블레어가 권모술 수를 부리려는 조지나를 공개적으로 급습한 이유는 블레어와 세 리나가 과거 일을 다 덮고 다시 절친한 친구가 되기로 했기 때문 이다. 이는 대다수의 시청자들이 원하던 바였다.

여기서 우리는 진화된 성차별의 승리, 그에 대한 반란의 승리, 그리고 양쪽에서 이 아이러니가 행하는 역할을 본다. 마른 몸과 가슴 확대 열풍, 전 연령의 여성을 대상으로 한 성형수술의 대대 적인 홍보 속에서, 중요한 메시지는 과거와 동일하게, 여성은 외모 가 전부라는 것이다. 심지어 이 메시지는 더욱 요란하게 제시되고 강요되고 있다. 그리고 걸 파워를 통해 새로이 힘을 부여받은 소 녀들은 괴물이 되었다. 걸 파워가 실제로 한 일이 소녀들의 주요한 특성, 즉 사소함, 심술궂음, 메마른 정서, 물질주의, 남자를 가지려는 필사적인 욕구를 확대시킨 것이기 때문이다. 섹시하고 나쁜 여자는 미쳐 날뛰는 여성의 힘에 대한 또 다른 경고였다. 그리고 여성이 섹시함 다음으로 중요한 기준, 즉 착한 존재가 되기를 중단할 때 어떤 일이 벌어질지에 대한 경고였다. 「가십걸」은 이러한 아이러니가 여성에 대한 성차별적이고 시대 역행적인 이미지를 보여줄 때뿐만 아니라 그러한 이미지를 희화할 때도 작용한다는 사실을 보여준다. 그리고 우리는 진화된 성차별의 새로운 고름 덩어리 종기와 같은 존재인 셀러브리티 문화를 접할 때도 이러한 모순을 만나게 된다.

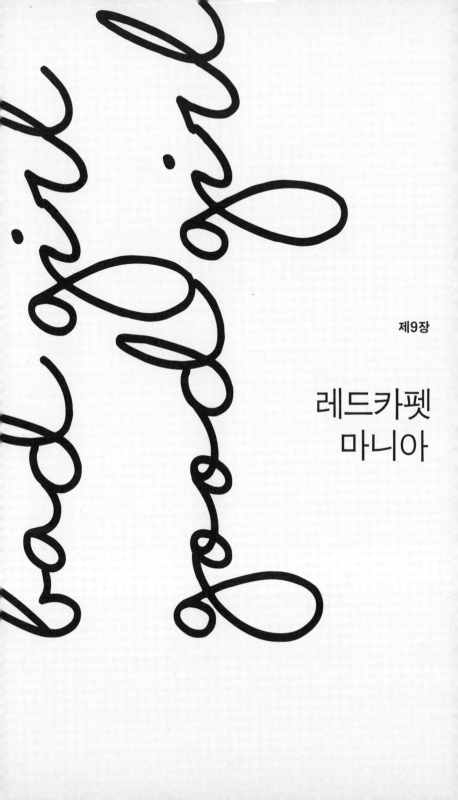

제9장

레드카펫
마니아

저녁거리를 사서 계산을 하기 위해 줄을 선다.(남부 해변식의 내 식단은 참치 캔 하나와 2.5리터짜리 커다란 소비뇽 블랑 와인 한 병이 전부다). 우리는 피할 수가 없다. 어디서나 튀는 분홍색 내지는 샛노란 글씨로 쓰인 표제 기사들이 다음과 같이 소리를 내지른다. 「그녀의 출산 예정일 5월 2일!」「그날 밤의 진실!」「끔찍한 섭식장애!」「오프라가 게일을 배신하다!」「최초로 포착한 그녀의 복부!」「탐이 케이티와 결혼을 안 하는 이유!」「헌신적인 브리트니! 그녀의 시련을 파헤치다!」「특집 기사! 유명인 66명의 아기들!」「리한나의 비극!」

사진, 느낌표, 손가락 모양의 화살표, 물음표는 우리가 그들을 쳐다보고 그들에 대해 궁금해하고 공감하거나 부러워하거나 증오하도록 요구한다. 그들은 바로 미국의 유명인들이다. 미국의 여성들은 그들과 비교하여 본인의 가치를 결정하고, 그들의 유행이나 패션을 좇는다. 우리는 그들의 얼굴과 몸매로 온통 도배한, 빽빽이 압축된 피할 수 없는 사진 전시장과 같은 잡지 가판대를 걸어 지나가야 한다. 그들 중 일부는 빛나고 아름답지만, 몇몇은 뭐라고 목소리를 높이는 중에 사진가에게 포착되어 얼굴이 일그러진 모습이거나 아예 제정신이 아닌 모습이다. 여성의 경우 가장 치욕스러운 것은 특히 『인콰이어러Enquirer』나 『스타The Star』의 '해변 최악의 몸매'에 선정되어 몸 어딘가에 있는 셀룰라이트를 들키는 일이다. 유명세는 천국과 같다. 유명세는 또 저주와 같다. 어쨌든 유명세는 불꽃이다. 그리고 우리는 부러움과 분노, 호기심에 파닥이는 나방과 같다.

셀러브리티 문화는 대중매체의 주변부에서 중심부로 옮겨 왔다. 쉴 새 없이 볼거리를 쏟아내는 셀러브리티 문화는 전형적인 사업 계획과 같으며, 특히 여학생과 젊은 여성들을 겨냥한다. 부러움의 대상 또는 혐오의 대상이 될 여성들이 셀러브리티 저널리즘의 먹잇감이다. 그들은 또한 주요 시장이다. 톰 크루즈는 아내를 라푼젤처럼 가둬놓는 맹목적인 사이언톨로지 신자일 수도 있고, 멜 깁슨은 무수한 데킬라 잔을 들이켜면서 『시온 장로 의정서』를 읽는 동안 랍비 인형에 바늘을 꽂았을 수도 있다. 하지만 잡지들이 날개 돋친 듯 팔려나가게 하는 건 여성들, 이를테면 제니퍼, 앤젤리나, 린지, 줄리아, 타이라, 니콜, 브리트니, 그리고 「힐스」와 「가십걸」의 주인공들이다.

부유하고 성공을 거둔 수많은 유명인 여성은 숱한 환상을 제공한다. 이들은 지칠 때까지 쇼핑을 하고, 무료 협찬과 기타 여러 혜택의 세례를 받는다. 또 말도 안 될 정도로 잘생긴 남자와 연애를 하거나 결혼을 하고, 남다른 재능을 가진 뛰어난 존재로서 선망의 대상이 된다. 뿐만 아니라 역시나 유명한 친구들이 있고, 레스토랑에서 제일 좋은 자리를 차지하며, 호화로운 파티에 초대된다. 또 세상에서 가장 귀여운 아기를 낳고, 출산한 지 이틀 만에 전과 같은 날씬한 몸매를 자랑하며, 곁에는 육아를 도와주는 남편이 있다. 게다가 작품에서 공로를 인정받아 수차례 상까지 받는다. 그러나 동시에 이 빛나는 멋진 스타들 역시 우리와 마찬가지로 누군가에게 차이거나 배신을 당하거나 사기를 당한다. 심지어 이들 역시 직업적으로 저조한 시기를 겪고 매우 안타까운 패션을 선택하거나 살이 많이 찐다든가 과음을 한다든가 약물에 중독되기도 한다. 이들은 우리가 갖고자 희망하는, 또는 결코 가질 수 없는 것을 손에 쥐었지만, 그리고 세상에서 가장 아름답고 선망받는 여성들이지만, 우리와 마찬가지로 남성이 지배하는 세상에서 살아야 한다는 우여곡절에 처해 있다. 그들은 피하려고 한다. 그러나 피할 수 없다. 셀러브리티 저널리즘은 이 여성들에게 조명을 비추고 우리가 가질 수 없는 목소리와 지위를 주지만, 그와 동시에 그들과 그들의 여성성을 지속적으로 감시한다. 따라서 하나의 환상은 여성이 모든 걸 다 가질 수 있는 세상이 있다는 것이다. 하지만 모순적이고 안도적인 또 다른 환상은 이 멋지고 부유한 유명인사들마저도 모든 걸 다 가질 수 없다는 것이다. 그들이 가질 수 없으니, 우리 역시 가질 수 없다.

그날 저녁 슈퍼마켓에서 손님들은 브래드 피트와 앤젤리나 졸리('브란젤리나'), 톰 크루즈와 케이티 홈스('톰캣'), 브리트니 스피어스의 사진이 게재된 잡지들을 보고 입을 떡 벌리고 있었다. 2005년 1월에서 9월 초까지 졸리, 피트, 제니퍼 애니스턴은 『인터치In Touch』의 표지를 33번이나 장식했다. 그리고 2007년 말에서 2008년 초까지는 어느 잡지에나 브리트니 스피어스가 등장했다. 『롤링 스톤Rolling Stone』의 보도에 따르면, 2007년 파파라치 보도의 20퍼센트를 스피어스가 차지했다고 한다.[1] 셀러브리티 가십이 수년 동안 선정주의에 의존했다면, 이제는 놓쳐서는 안 될 매일의 속보, 특종, 최신 소식과 같은 일반 뉴스에 점점 의존하고 있다.

나는 계산하려는 줄에 선 채 어서 빨리 내 손으로 와인 병을 따기를 고대하면서도, 또 한편으로는 브래드 피트가 앤젤리나 졸리의 어떤 면에 끌려서 사귀던 제니퍼 애니스턴을 버렸을까 궁금했다. 그리고 이 시대의 가장 아름답고 재능 있는 여배우인 니콜 키드먼을 어쨌든 차버린 톰 크루즈가 왜 오프라의 쇼에서 약 먹은 귀뚜라미처럼 소파 위에서 방방 뛰며 케이티 홈스에 대한 자신의 영원한 사랑에 대해 열변을 토했는지 궁금했다. 크루즈의 이같은 격정적인 태도는 마돈나와 관계를 이어가던 숀 펜이 「투나이트 쇼」에 출연하여 그녀가 어떤 '고래'보다도 더 중요하다는 의미의 발언을 했던 때만큼 당혹스러운 사건이었다.

그런가 하면 나는 니콜 리치는 말할 것도 없고, 린지 로언에 대해서도 아무런 관심이 없다. 게다가 『US 위클리US Weekly』에 나오는 사람들 중 절반은 아예 모른다. 하지만 중년 여성이자 더 최악으로 대학 교수인 나는 표적 시장이 아니다. 반면, 내 딸과 내 여제자들, 중고등학교 여학생들, 20대 후반에서 30대 초반의 여성들은 표적 시장이다.(남성들을 위한 셀러브리티 저널리즘도 물론 있다. 스포츠 신문에는 남성 스포츠 선수의 사적인 생활, 가정, 자동차에 관한 많은 기사가 있다. 하지만 『US 위클리』 및 그 경쟁사들은 주로 여성 독자를 대상으로 한다.) 실제로 미국에서 상위권 대학에 속하는, 내가 교수를 맡고 있는 학교의 내 제자들이 유명인들의 생활이나 데이트 이력, 선호하는 음식, 애완동물 소유 이력, 스케줄 등을 줄줄이 꿰는 것을 보면 놀랍기만 하다. 잠시 물러나 생각해보자. 말 그대로 우리와 아무런 연관 없는 먼 세상에 살고 있는 사람들과의 완전히 비대칭적인 관계가 존재하는 문화 속에 살고 있다는 것이 얼마나 이상한가? 우리는 그들에 대해 많은 것을 알고, 그들과 우리를 동일시하거나 공감하거나 모방하고자 한다. 그러나 그들은 우리 중 어느 누구도 알지 못한다.[2]

대중매체에서 셀러브리티 문화만큼 여성들의 세대를 갈라놓는 것도 없다. 딸들은 『라이프 앤드 스타일Life & Style』을 읽겠지만, 엄마들은 그 잡지들로 애완용 쥐의 집을 만들 것이다. 좋다. 나도 계산 줄에 서서 모든 관계의 대가 '필 박사'와 그의 아내가 파경에 이르렀다는 소식이나 리스 위더스푼이 제이크 질런홀과 새로운 사랑을 하게 되었다는 소식에 호기심을 품고 싶다. 하지만 이 모든 '레드카펫' 열광, 부주의한 실수를 하는 여성들에 대한 파파라치의 광적이고 극단적인 관심과 '해변 최악의 몸매' 같은 기사는 내가 생각하기엔 정상이 아니다. 이는 어린 여학생과 여성들의 뇌를 썩게 한다. 우리는 미국의 상원의원이 누구인지, 인도가 어디에 있는지, 혹은 왜 아동보호기금이 중요한지 대신, 대중매체가 주는 정신적인 불량식품에 관심을 갖는다.

그렇다면 젊은 여성들은 누가 어떤 옷을 더 멋지게 입으며, 누가 잘나가고 누가 누구와 데이트를 하며 아기를 갖는지에 왜 관심을 가질까?(특히 출산 지지 열풍은 핵폭탄급이다.) 물론 젊은 여성들은 그러한 소식이 재미있고 현실 도피적이기 때문에 거기에 관심을 쏟는다. 덧없고 무상하며 때로는 지극히 따분하고 여성성에 집착하긴 하지만, 셀러브리티 문화가 제시하는 백일몽을 생각해보라. 유명 연예인 여성들은 이 세상에서 절대적인 중심에 서 있다. 이들은 상징적으로나 경제적으로나 중요하다. 이들은 관심의 중심이다. 기업의 이윤이 이들에게 달려 있다. 교사, 보모, 비서와 달리, 이 여성들은 자신의 가치보다 한없이 낮은 보수를 받는 일이 없다. 오히려 보수를 높게, 때로는 매우 높게 받는다. 그리고 사업이나 정치 분야와 달리, 가족과 자녀가 최우선으로 중요하다. 이 분야의 여성들은 긴 시간 일을 하고 자신만의 직업 경력을 갖고 있다. 하지만 그러면서도 주변의 지원이나 여력이 있는 덕분에 가족을 갖는다. 배고프거나 결핍된 아이들은 없다. 심지어는 "싫어!"라고 소리를 지르거나 발끈하며 성질을 부리거나 토하는 아이들도 없다. 여기서 선망되는 남성들은 딕 체니와는 완전히 반대되는 사람들이다. 그들은 아이들을 데리고 공원에 가거나 아이스크림을 사러 가는 장면이 사진에 찍히는 등 가족과 가사에 헌신적인 벤 애플렉 같은 남자들이다. 언제나 따사로운 햇빛이 비춘다. 언제나 해변에 간다. 개인 트레이너도 있다. 전쟁도 없고, 건강보험 없는 사람도 없다. 나 역시 그런 세상을 마다하지 않을 것이다.(물론 그러려면 10여 킬로그램을 빼고 주름살 제거 수술을 해야겠지만.)

하지만 이 반짝거리는 셀로판지에 싸여 있는 것은 무엇이 성공적인 여성성이고 아닌지에 관한 지속적이고 엄격한 기본 지침 같은 것이다. 줄리아 로버츠는 성공적이고, 브리트니 스피어스는 그리 성공적이지 못하다. 그리고 이 잡지들이 여성들에게 강요하는 성별에 따른 규범에는 개탄할 것들이 충분히 많다. 셀러브리티 저널리즘은 성별에 따른 규범이 여성에게 강요하는 곡예줄이 거미줄처럼 가늘고 불안정하며 위태롭다는 메시지를 제공한다. 그리고 여성들에게 그 곡예줄을 어떻게 타야 하는지를 가르친다. 셀러브리티 잡지와 웹 사이트들은 북한의 핵무기가 연속 사격을 가하듯 우후죽순으로 생겨났다.

과거에는 『글래머』와 『보그』, 그리고 믿기지 않겠지만 『뉴스위크』와 『타임』까지 계산대 근처에 있었다. 하지만 이제 그 자리에는 서로 경쟁하는 셀러브리티 및 가십 잡지들이 자리를 잡았다. 노병과 같은 존재인 『피플』은 이제 『US 위클리』 『인 터치』 『인사이드 TV』 『TV 가이드』, 영국의 『OK!』 『스타』 『인콰이어러』 『글로브』 같은 잡지들에게 과거 영광의 자리를 내주었다. 이 잡지들은 예진에는 흑백의 타블로이드 신문이었고 주로 UFO나 이종 간 자손 등을 특집 기사로 다루었으나, 이제는 부유한 유명인사들의 상습적인 중독 치료나 체중 변동 등을 다루게 된 지 오래다. 또 고급 잡지로 탈바꿈했는데, 덕분에 손금쟁이와 '기적의' 사우나복으로 이틀 만에 18킬로그램을 뺄 수 있다는 회사 외에 여러 광고주를 끌어들이게 되었다. 실제로 『피플』을 제외한 셀러브리티 잡지들은 2003년에 광고로 1억5000만 달러를 벌어들였다. 그리고 2006년에는 5억6000만 달러를 벌어들였다.[3] 이러한 잡지들이 앞다투어 생겨난 나머지, 광고 신문 『애드버타이징 에이지Advertising Age』는 'celeb-azines'라는 신조어까지 만들었다.[4] 물론 확신할 수는 없으나, 계산대 앞에 줄을 선 우리 대부분은 이 계산된 상업적인 술수에 휘둘리는 듯한 느낌을 받을 것이다. 하지만 그것들이 팔리지 않는다면 그 자리에 있지도 않을 것이다.

실제로 그것들은 팔린다. 혹은 팔렸다. 2005년 초반만 해도 『US 위클리』의 유료 판매 부수는 전년도 대비 24퍼센트 증가하여 170만 부를 기록했으며, 『스타』는 21퍼센트 증가하여 140만 부를 기록했다. 반면, 『피플』은 그중 가장 상위를 기록하여 370만 부를 기록했다.[5](그해에는 제니퍼와 브란젤리나가 모든 수익의 창출자였다.) 2005년에 연예 또는 셀러브리티 뉴스는 잡지 내에서 다른 어떤 뉴스보다도 많은 지면을 차지했다.[6] 2006년에서 2007년 사이에 『OK!』의 발행 부수는 54퍼센트 증가했고, 『US 위클리』와 『인터치』 역시 5~10퍼센트 증가했다.[7] 많은 팬은 이 잡지들 중 하나만을 사지 않고, 한 번에 두세 가지의 잡지를 산다. 2006년 이 주간 잡지들을 모두 합친 총 발행 부수는 850만 부가 넘었다.[8] PerezHilton.com, TMZ.com, Gawker.com, X17online.com, Pink is the New Blog 같은 악명 높은 셀러브리티 웹 사이트가 2005년 이래 마구잡이로 생겨나 중고등학생들이 눈여겨볼 만한 기사들을 제공했다.[9] 하지만 미국의 대불황이라는 악재가 있었다. 2009년에는 '셀러브리티 잡지들이 판매 하락세를 겪고 있다'라는 기사들이 쏟아졌다. 실제로 2003년에서 2007년에 걸쳐 엄청난 상승세를 보였던 셀러브리티 잡지들 중 일부는 2008년 후반부에 두 자릿수의 판매 하락세를 보였다. 『인 터치』의 발행 부수는 29퍼센트 하락했고, 『라이프 앤드 스타일』은 30.7퍼센트, 『스타』는 10퍼센트, 『인콰이어러』는 11.2퍼센트 하락했다.[10]

그럼에도 유명인에 관한 소문, 유명인에 대한 집착, 유명인의 숭배는 대중매체에서 전염병처럼 퍼져, 뉴스와 같이 과거에는 연예인들이 침범하지 않았던 영역까지 번져나갔다. 2007년 2월 브리트니 스피어스가 머리를 밀었을 때, 그 소식은 '가장 신뢰할 만한 뉴스의 대명사'인 CNN에서 이틀 동안 주요 소식으로 보도되었다. 셀러브리티 문화는 매체의 한 현상이며, 이윤이 남는 매체를 만들어낸다. 각종 매체가 다수 생겨나면서, 실제의 유명인은 물론 만들어진 유명인 역시 마구잡이로 생겨났다. 유명 셰프, 유명 CEO, 유명인이 된 리얼리티 TV 출연자 등 우리 주변에는 온통 유명인들이다. 나머지 우리는 그러한 성취와 포상을 갈구하는 굶주린 희생자들이다.[11]

셀러브리티 저널리즘은 사랑, 증오, 슬픔, 절망, 분노, 기쁨 등 각종 감정을 주요 영역으로 삼는다. 여기서는 가족 및 친밀한 관계의 수사법이 사용된다. 이곳은 무엇보다도 정서적 연대가 지배하는 세상이다.[12] 셀러브리티 저널리즘은 우리의 가족 의식을 확장시킨다. 유명인들이 우리의 가정 영역으로 들어오고, 우리가 그들의 가정 영역으로 들어가기 때문이다. 이는 예를 들면 워싱턴의 정치인들에 의해서는 좀처럼 펼쳐질 수 없는 환상이다. 사랑, 충실, 양육 행위를 중시하고 배반을 경멸하는, 서로 비슷한 생각을 가진 사람들이 모인 도덕적 집단이 펼치는 환상이다.[13]

우리는 또한 『피플』을 빠르게 넘겨보면서 다양한 감정을 느낄 수 있기 때문에 셀러브리티 저널리즘에 현혹된다. 즉, 내 여제자들 사이에서 무척 인기가 많은 제니퍼 애니스턴의 충실하고 진정한 팬이 되었다가 니콜 리치에 대해서는 회의적인 태도로 조소를 퍼부을 수 있는 것이다.[14](여러분이 치과에서만 『피플』을 읽는다는 걸 나도 안다.) 그리고 우리는 어떤 유명인의 모습을 시도해볼 수 있다. 무언가 공통점이 있다는 이유로, 즉 외모 중 어딘가가 조금 닮았다든가(아마도 안 좋은 쪽으로) 동일한 성격이나 내적 갈등을 갖고 있다는 이유로도 유명인과 자신을 동일시할 수 있다. 이러한 유사성은 그 아무리 사소하다 해도, 우리 역시 중요한 존재일 수 있음을 시사한다. 잠시나마 이렇게 유명인과 우리 자신을 동일시하면 우리의 상상된 잠재적 자아가 지닌 새로운 가능성을 시험해볼 수 있다. 우리는 그녀의 정체성을 입고, 우리 자신의 정체성은 잠시 잊어버릴 수 있다.[15] 그렇게 우리가 멋지고 더 나은 누군가로 변신했다고 상상하는 기쁨을 누릴 수 있다. 『피플』이나 『US 위클리』의 페이지를 넘기며 이 유사성과 차이점 사이를 오가는 동안 만족감을 느끼는 것이다.[16]

게다가 독자를 향한 친근하고 직접적인 어법 역시 우리가 셀러브리티 저널리즘에 잘 현혹되는 이유 중 하나다. 잡지는 최신 정보를 알려주는 가장 친한 친구 같은 존재다. 우리 역시 제니퍼 애니스턴의 측근 중 하나가 될 수 있다. 「엘리엇 스피처*가 뭘 생각하고 있었을까? 그의 비밀 대공개」 같은 기사 제목을 절대로 쓰지 않는 『뉴욕타임스』와 달리, 셀러브리티 잡지의 제목은 독자를 끌어들이며, 독자를 정보를 수동적으로 받는 주체에서 관련된 도덕적 문제에 대해 적극적으로 판단을 내리는 재판관으로 변모시킨다. 날마다 숱한 유명인들을 좇는 무수한 잡지와 연예 뉴스 프로그램과 웹 사이트들은 그들의 이름이나 별명을 부르고, 개인적인 친근한 어법으로 그들의 소식을 전하며, 심지어는 그들을 놀리기까지 한다. 여기서 전략은 우리가 이 스타들과 현재 진행 중인 관계에 있으며 그들의 삶 속에 있기 때문에, 우리가 평소 지인들에게 관여하는 것과 마찬가지로 그들에게도 관여해야 한다는 인식을 심는 것이다. 잡지, 특히 연예인의 행동에 대해 즉시 의견을 올릴 수 있는 웹 사이트의 참여적 특징은 우리 역시 이야기의 일부가 될 수 있게 한다.(PerezHilton.com에 올라온 비키니 차림의 켈리 리파의 사진에는 다음과 같은 의견이 달렸다. "세상에, 뭘 먹은 거야?" "배꼽이 무시무시하군." "으아아아악, 80살 먹은 노인네의 몸이군.") 우리 역시 이에 참여하여 스타를 옹호하거나 비난할 수 있다.[17] 그리고 우리가 그들과 더 관여되었다고 생각하면, 당연히 우리는 더 많은 것을 원하게 된다.

스캔들, 배신, 적절치 못한 행동, 그리고 감탄을 자아내거나 경악할 만한 육아 기술(브리트니는 무릎에 아이를 앉히고 운전한다)은

■ 미국의 앵커, 정치인

우리를 특정한 도덕적 세계에 동참하게 한다. 이 세계에서 우리는 권위를 가진 재판관이 되어 부유하고 유명한 사람들의 행동을 심판할 수 있다.[18] 그리고 각 질문, 배신, 승리, 위기마다 판단이 필요하다. 우리는 그러한 문제에 대해 권위자가 되어 각자의 사회적 지식과 도덕적 잣대를 동원하여 해당 주제에 대해 판단을 내린다. 빗질을 하지 않은 헝클어진 머리에 허름한 목욕용 가운을 입은 우리는 이 모든 부유한 유명인들을 심판하고, 그들의 미래에 관해 숙고할 수 있는 권리를 가진 자로 추앙된다. 그렇다. 우리는 그들을 부러워하면서도 그들을 비난한다. 이 여성들이 무엇을 잘했고, 무엇을 잘못했는가? 그 원인이 되는 문제는 무엇인가? 아이들의 미래는 어떡할 것인가? X가 Y 커플을 와해시킬 것인가? 누구와 누가 결혼할 것인가? X가 임신했다는 소문이 사실인가? X는 아이에 대한 욕심을 숨기지 않았다는데, 그것이 사실인가? 이들 잡지는 비밀스런 내부자 정보를 우리에게 건네준다. 「수리와 도망치려는 케이티의 은밀한 계획!」 또는 「크리스티나 아길레라의 고백: 내게는 비밀이 있어요!」

그렇다면 셀러브리티 저널리즘이 왜 조지 W. 부시 대통령의 시대에 중요했나? 왜 9·11 이후 셀러브리티 가십이 그렇게 만연했나? 얼핏 보면 부시 행정부의 운영 방식과 셀러브리티 문화의 급부상 사이에 아무런 연관성도 발견하지 못할 수 있다. 하지만 9·11의 영향과 그에 대한 행정부 및 대중매체의 대처는 셀러브리티 문화가 꽃피울 수 있는 완벽한 온상을 제공했다. 이는 대부분의 사람, 특히 젊은이들이 1990년대에는 국가 정세에 열렬하게 관심을 쏟다가 세기가 바뀌면서 돌연 관심을 끊었다는 얘기는 아니다. 어쨌든 셀러브리티 저널리즘은 선정주의와 마찬가지로 1990년대에 등장했고, 부시 대통령이 '빈 라덴이 미국 내부에 공격을 감행할 것이다'라는 메모를 받았던 2001년 여름에는 상어의 공격, 그리고 살해당한 연방 인턴 여대생 찬드라 레비에 관한 말들로 시끄러웠다.¹⁹ 9·11 직후 셀러브리티 저널리즘은 곤두박질치듯 급락했다. 독자들은 아마도 대중매체의 관심이 더 넓은 세상으로 쏠렸으리라 짐작할 것이다. 하지만 그 대신, 주로 대중매체의 도움으로, 우리는 커다란 이불을 머리까지 뒤집어쓰고 오즈번가와 애나 니콜 스미스에게로 다시 관심을 돌리게 되었다. 9·11이 발발한 지 1년 후, 셀러브리티 저널리즘은 전과 같은 수준으로 돌아왔고, 오히려 더 활기를 띠기 시작했다.

부시, 딕 체니, 도널드 럼즈펠드는 9·11에 대처하는 방법이 쇼핑이라고 말했다. 그리고 그들은 국내외의 여론을 무시하고 원하는 바를 추진할 것임을 확실히 했다. 그들은 이라크를 공격하고, 지구온난화 문제를 무시하며, 화려한 대저택에 사는 사람들에게 세금 감면 혜택을 줄 참이었다. 또 빈곤층 아동을 위한 의료 서비스를 거부하고, 양성평등법을 철폐하며, 여성의 재생산권을 위협할 참이었다. 그들은 여론에 조금의 관심도 주지 않았다. 우리, 특히 소녀와 여성들은 그야말로 아무런 상관이 없었다. 보수적이고 완고하며 열렬한 전도사 같은 무리와 대기업 재벌들과 달리, 우리는 정부가 하는 일에 대해 판단하거나 영향을 미치거나 심지어 비판할 권리도 없었다. 게다가 부시가 공군 전투기 조종사복을 입고 이라크전 종전을 알리며 "임무 완수"라고 외쳤던 순간부터 러시모어 산에서 부시의 얼굴이 역대 대통령들의 얼굴과 나란히 비칠 수 있도록 사진을 찍은 순간까지, 모든 상황이 가짜로 연출된 것이며 남성적이었다. 그러니 정치나 국내외 정세에 왜 관심을 갖겠는가? 이 부분에 대해서 여자들은 아무런 결정권을 갖지 못했다. 우리는 운명론자일 수밖에 없었다.

그럼에도 우리는 국가의 일부였다. 그리고 우리가 강력한 의견을 가질 수 있는 이야기들은 '미국'이라는 이 상상의 땅에서 우리를 한데 결속시키는 연대의 일부였다. 셀러브리티 가십은 더욱 대량생산되어 팔려나갔고, 그것은 알카에다에 관한 이야기보다는 덜 무섭고 덜 혼란스러웠다. 사람들은 정치적 싸움을 하지 않고 누구와도 유명인에 관해 이야기할 수 있었고, 유명인을 통해 옳고 그름에 관한 본인의 의견을 확인할 수 있었다. 때때로 사람들의 의견은 스타의 성공이나 실패에도 영향을 미쳤다. 한 예로, 톰 크루즈는 사이언톨로지에 대해 끊임없이 말을 해댔다는 이유로, 브룩 실즈는 산후 우울증 치료를 받았다는 이유로 대중의 비난을 받았고 주가가 떨어졌다. 모든 걸 깔끔하게 쓸어버리며 '덤벼보라고 해'라는 수사법을 내세운 부시의 방식은 매우 남성적이었다. 실제 여성은 말할 것도 없고, '여성스러운 남성'을 위한 여지도 없었다. 이와 대조적으로, 셀러브리티 저널리즘에서는 여성들의 의견, 취향, 판단이 매우 중요하다.

얼마 안 있어 수많은 셀러브리티 쇼가 등장했다. 그렇다면 셀러브리티 가십에 왜 그렇게 많은 관심이 집중될까? 스타에게 정말로 헌신적이고 그의 모든 세세한 사항을 알고 있는 추종자는 본인의 삶이 없는 가련한 사람 내지는 유명인을 만들어내는 할리우드 공장에 쉽게 좌지우지되는 도구와 같은 존재로 종종 비친다.[20] '팬fan'이란 결국 '광적인 사람fanatic'이라는 단어에서 비롯되었으며, 엘비스가 여전히 살아 있다고 착각하거나 "브리트니 좀 내버려둬"라고 말하며 울면서 유튜브에 접속하는 집착적인 사람을 의미한다. 어쩌다 이런 상황까지 오게 되었을까? 과거에 언제나 그랬던 건 아니었다. 정말이다.

할리우드의 탄생 이래 팬 잡지와 셀러브리티 저널리즘은 언제나 있었다. 언론의 공정성 그 자체라 할 수 있는 에드워드 R. 머로 역시 1953년에 「퍼슨 투 퍼슨Person to Person」이라는 TV 쇼를 시작했는데, 이 쇼에서 그는 자자 가보와 말런 브랜도 같은 유명인들을 그들의 자택에서 인터뷰했다. 베이비 붐 세대는 『포토플레이Photoplay』를 비롯한 기타 팬 잡지들과 함께 성장했는데, 이러한 잡지의 주요 수입원은 수년 동안 엘리자베스 테일러였다. 하지만 오늘날은 상황이 완전히 바뀌었다. 한 가지 중요한 전환점은 『피플』이라는 잡지가 창간된 1974년과 바버라 월터스가 「스페셜스Specials」라는 유명인 인터뷰 쇼를 시작한 1976년 사이에 일어났다. 「스페셜스」는 그녀가 유명인에게 본인이 무슨 나무라고 생각하는지 질문을 던지는 것으로 유명했다.

1981년 3월, 영화배우 최초로 대통령이 된 로널드 레이건은 존 힝클리 주니어라는 자에 의해 총상을 입었다. 그는 또 다른 유명인사인 조디 포스터에게 자신의 존재를 알리기 위해 이러한 범행을 저질렀다고 했다. 그리고 새로운 신디케이티드 TV 쇼인 「엔터테인먼트 투나이트Entertainment Tonight」가 처음 방영되었을 때, 미국인들은 유명인들이 자국 문화 속에서 생각보다 훨씬 더 큰 역할을 하고 있다고 느끼기 시작했다. 레이건 정부는 엘리트주의, 부, 적당한 탐욕을 중시했는데, 이는 유명인 문화가 팽창하는 데 더욱 불을 지폈다. 1984년에는 「부유한 유명인들의 삶 엿보기Lifestyles of the Rich and Famous」라는 프로그램이 생겨나 진행자 로빈 리치가 부유한 사람들의 입이 떡 벌어지는 호화로운 대저택과 별장을 소개했다. 1980년대 후반 앵커 댄 래더가 「CBS 이브닝 뉴스」에서 로빈 기븐스와 마이크 타이슨의 결혼 문제에 관해 언급할 때, 시청자들은 상황이 월터 크롱카이트의 시절로부터 한참 멀리 왔음을 느꼈다.

셀러브리티 문화의 촉수들이 뻗은 반경은 1980년대부터 시작된 대중매체 업계의 합병에 의해 더욱 커졌다. 당시 대기업들은 출판사, 신문사, 극장, 놀이공원, 음반회사, 방송국, 케이블 방송국 등을 대거 사들여 그로부터 시너지 효과와 최대의 수익을 끌어내고자 했다. 게다가 24시간 내내 가동되는 케이블 방송국에서는 경쟁으로 인해 프로그램의 소재가 끊임없이 필요했다. 유명인들이 바로 방송 소재였다. 그리고 거대한 대중매체 조직체들 사이에서 불경스러운 동맹이 맺어졌다. 즉, 온갖 종류의 상호 판촉이 동시적으로 자연스럽게 이루어졌다. 따라서 CBS의 「서바이버」의 승자가 CBS의 「데이비드 레터맨 쇼」에 즉각 출연하고, NBC의 「어프렌티

스」에서 도널드에 의해 해고된 출연자가 「투데이 쇼」에 출연하게
되었다. 또 타임 워너스Time Warners의 『피플』의 뉴스 기사가 타임
워너스의 CNN에서 또다시 방송되었다. 거대한 각 대중매체 조직
체는 각자의 유명인들을 홍보하기 위한 다양한 방법과 시급한 필
요성을 갖고 있었다. 가장 중요한 것은 시청률, 판매율, 열기, 이
윤이었다. 선망의 대상이든 비난의 대상이든, 승자든 혹은 스캔들
의 구렁텅이에 빠진 패자든, 유명인들이 이 모든 것을 제공한다.

1992년 MTV에서 「리얼 월드」가 처음 방영되면서 보통 사람이
스타가 되기 시작했다. 「샐리 제시 래피엘Sally Jessy Raphael」 「몬텔
Montel」 그리고 가장 악명 높은 「제리 스프링어 쇼The Jerry Springer
Show」와 같은 토크쇼는 평생 TV 화면에 얼굴 비출 일이 없는 일
반 사람들을 초청하여 약간의 유명세를 맛보게 해주는 대가로 그
들의 개인적 문제를(실제와 같든, 과장되었든, 인위적으로 조작한 것이
든) 온 국민 앞에 공개하게 했다. 2000년에 「서바이버」가 어마어마
한 성공을 거두자 리얼리티 TV의 출연자들이 『피플』 같은 잡지나
「투데이 쇼」 같은 방송에 얼굴을 비추게 되었다. 과거에는 일반인
이었으나 리얼리티 프로그램 「힐스」에 출연했던 하이디 몬태그와
스펜서 프랫은 이후 결혼하여 '스페이디Speidi'로 알려진 유명인 부
부가 되었다.

셀러브리티 문화가 하나의 산업으로서 팽창하자 사람들의 실제
삶에서도 일상이 되었다. 우리 중 일부는 아직까지도 『US 위클리』
와 같은 잡지를 식료품 계산대 위에 놓기가 당혹스럽지만, 『인스
타일InStyle』과 같은 고급 잡지, 세련된 『스타』, 그리고 유명인 스파

이, 댄서, 견습생이 출연하는 TV 쇼와 만연하는 셀러브리티 문화는 유명인들에 대해 알고 그들에 대해 알고자 하는 것을 정상적인 일로 만들었다. 2007년 애나 니콜 스미스의 사건을 세세하게 아는 것은 더 이상 굴욕적이거나 부끄러운 일이 아니었다. 그 사건은 사람들의 일상 대화의 일부였다. 관련 보도는 CNN에서 쇄도했고, 그 사건에 대해 전혀 아무것도 모르기란 힘든 일이었다. 약삭빠르게도, 셀러브리티 저널리즘은 독자를 잘 속아 넘어가는 사람이나 냉소적인 사람이 아닌, 빈칸을 채워 넣고 무엇이 '실제'이고 무엇이 꾸며낸 말도 안 되는 이야기이며 무엇이 파파라치의 진실인지를 알아내는 데서 즐거움을 찾는, '호기심을 가진' 사람으로 만들었다.

1997년 다이애나 왕세자비의 죽음 이후 무차별적인 사진가들을 향해 격렬한 항의가 빗발쳤음에도, 파파라치의 입지는 그로부터 상승했다. 이러한 변화가 생긴 부분적인 이유는 『코즈모폴리턴』의 전 편집장이었던 보니 풀러가 2002년에 『US 위클리』의 편집장을 맡아 잠자고 있던 이 잡지를 재탄생시켰기 때문이다. '스타, 그들도 우리와 같다!' '핫한 사진들!'과 같은 코너는 그녀가 처음 고안한 것으로, 스타들이 개를 산책시키거나 슈퍼마켓에 가는 모습을 보여준다.[21] 다른 이들 역시 그녀의 성공을 모방하면서, 유명인을 다루는 싸구려 잡지들이 앞다투어 생겨났다. 풀러는 후에 아메리칸 미디어American Media로 자리를 옮겨 『스타』와 『인콰이어러』에서도 파파라치 스타일의 사진들을 게재했다. 따라서 2002년부터 스타들의 자연스러운 사진을 위한 시장이 더욱 커지고 경쟁 역시 더욱 심해졌으며, 온라인 셀러브리티 사이트들이 등장함에 따라 이 시장은 더욱 팽창했다.

덕분에 파파라치 회사가 큰 사업이 되었고, 전직 피자 배달부에서 대리 주차인까지 모든 이가 밤에는 사진가가 되었다. 2007년 어느 날 저녁, 30~45명가량 되는 파파라치들이 브리트니 스피어스를 쫓고 있었다. 할리우드에서 가장 큰 연예 매체인 X17은 브리트니 관련 사진으로만 300만 달러를 벌어들였다고 한다.[22] 이는 1년 365일 우리에게 브리트니를 보여주는, 자기 충족적인 산업 순환인 셈이다. 그리고 여기서 만들어지는 가장 중요한 것은 새로이 등장한 뻔뻔하고 열렬한 관객, 바로 우리다.

셀러브리티 저널리즘이 성공한 또 한 가지 이유는 밀레니엄 이후 미국 10대의 숫자가 크게 늘어났기 때문이다. 10대와 젊은 성인은 자신만의 정체성을 시도하고 형성하면서 스타의 열렬한 팬이 되거나 유명인의 소식을 열심히 찾아보는 경향이 있다.[23] 우리 모두는 우리가 누구인지, 무엇에 관심이 있는지, 우리가 무엇을 의미하고 삶에서 무엇을 하고 싶은지, 어떤 존재가 되고 싶지 않은지에 관한 이야기를 만들어야 한다. 무수한 유명인들의 이력, 성공, 불행은 우리가 각자의 정체성을 형성하는 과정에서 한번 시도해보고 직접 입어보고 벗어버릴 수 있는 원재료, 자원을 제공한다.[24] 이는 특히 이 시대에서 슈퍼 걸이 되라고 강요받는 젊은 여성들에게 해당되는 이야기다. 어떻게 하면 섹시하면서도 헤퍼 보이지 않을 수 있을까? 어떻게 하면 직업과 가족을 둘 다 가질 수 있을까? 어떻게 하면 성공과 남자의 인정을 둘 다 얻을 수 있을까? 데이트 및 연애에 관한 규칙이 무너진 이 시대에 어떻게 남자를 만나 오래 관계를 유지할 수 있을까? 이 모두는 여성성과 성공을 결합하는 일에 관한 질문들로, 셀러브리티 잡지들이 매일 극적으로 보여주는 내용이다. 암호를 푼 것처럼 보이는 여성 스타들 외에 그 누가 정답을 제공하겠는가?

그렇다면 소녀와 여성을 위한 셀러브리티 문화 지침서의 규칙은 무엇일까? 성공적인 여성성은 행운과 진정한 의지의 조합에 의존한다. 발견되고 성공할 운명을 지닌, 그리하여 결국 성공을 거두는 이야기는 우리가 그저 이름 없는 한 무리나 대중의 일부가 아니며, 결국에는 각자 남다르고 특별한 존재임을 인정받으리라는 희망을 활용한다. 차량국에서 잔뜩 약이 오른 채로 줄을 서 있거나, 혼자만의 공간에 갇혀 실제 사람과는 전혀 대화를 나누지 않거나, 모두 똑같은 칸막이로만 이뤄진 딜버트의 세계에 사로잡혀 있거나, 규칙에 얽매인 고등학교라는 울타리 안에 갇힌 사람들에게, 이 모든 장애물을 뛰어넘는 백일몽은 셀러브리티 문화를 우리가 있고 싶은 곳으로 만든다. 누가 감히 줄을 선 유명인 앞에서 새치기하겠는가? 누가 감히 유명인을 방해하겠는가? 누가 유명인에게 조퇴증을 끊으라 하겠는가? 실제로 일상의 삶이 더욱 관료화될수록 우리는 더욱 존중을 원하고, 각자의 개별적인 자질을 인정받기를 원하며, 유명인일 때 누릴 수 있는 특별한 대우를 받길 원한다. 따라서 어떤 특별한 기운을 가진 소녀가 되는 것이 중요하다.

하지만 이 세계에서 여성에게는 자기 규제만큼 중요한 것이 없다. 운명을 실현하려면 몸매, 얼굴, 머리, 옷, 행동, 관능미, 육아 기술까지, 스스로를 철저하고 진지하게 감독해야 한다. 또 연인이나 남편, 친구의 성격에 대한 좋은 판단력 역시 성공과 행복에 필수적이다. 만약 선택을 잘못하면 유모와도 염문설을 뿌린 주드 로나 아내의 삶을 송두리째 감시하는 톰 크루즈 같은 남자를 만날수 있다. 뿐만 아니라 반드시 완벽한 소비자가 되어야 한다. 언제어떤 옷을 입어야 하는지 정확히 알고, 어떤 식당을 이용해야 하는지, 어떤 아기 옷을 사고 어떤 차를 몰아야 하는지 완벽히 알아야 한다. 게다가 직업도 잘 관리해야 한다. 여기서 이상적인 여성은 독립적이다. 자신만의 직업, 돈, 성공 비결을 가져야 한다. 하지만 그러면서도 남자의 사랑과 인정에 완전히 의존해야 한다. 그들이 이렇게 인정을 받아야 하는 이유는 그들의 경제적 독립이 고도의 여성성에 의해 결정되기 때문이다. 그리고 마지막으로, 격식이나 예의와 관련하여 반드시 올바른 중산층의 가치를 받아들여야 한다. 패리스 힐턴? 고된 노력과 성취의 중요성을 알기에는 지나치게 부유하고 제멋대로다. 브리트니 스피어스? 머리를 밀고 자신이 새로 얻게 된 지위에 못 미치는 남자와 결혼한 걸 보면 통제가 불가능하고 불안정해 보인다. 리스 위더스푼? 정답이다.

올바르기 위해 여성 유명인은 무엇보다도 외모에 시간, 에너지, 집중력을 투자해야 한다. 44보다 큰 사이즈를 입어서는 안 된다. 우리 모두 알다시피 과체중은 조롱거리가 되며, 각종 잡지는 신병 훈련소의 조교와 같은 역할을 한다. 예를 들어, 『스타』에서는 여배우 비비카 폭스가 수영복을 입고 물을 마시고 있는 사진 옆에 "다이어트 물이길. 뱃살 좀 빼야겠군"이라는 글이 달렸다. 케이트 모스는 '몸통을 살찌우라는' 권고를 받았고, 제니퍼 러브 휴잇은 '뱃살'을 들켰다. 『내셔널 인콰이어러National Enquirer』는 "로재나 아켓의 배에는 물놀이용 공이 들어 있는 것 같다"라는 조롱 섞인 글을 실었고, 퀸 라티파의 지방 섞인 살을 지적하면서 "그녀는 자제할 줄을 모른다"라고 혹평했다. 딱한 리스 위더스푼은 아이들과 해변에 있는 사진이 찍혔는데, 『스타』는 그녀의 배 부분에 노란 원을 그려 넣고, 분홍색 글씨로 "애기 주머니다!"라는 글을 써 넣었다. 『스타』는 "리스 위더스푼의 배에 무슨 일이 생겼을까?"라는 질문을 하고 밑에 직접 답변을 내놓았다.

"그녀는 임신 중이 아니다. 그건 똥배다! 운동을 좀 해야 하지 않을까?"

너무 마른 몸도 좋지 않다. 이는 조롱거리보다는 실망과 경악의 대상이 된다. "충격적인 추세: 스타들이 막대기처럼 마른 몸매를 과시한다"라고 2005년 『인 터치』 12월 호가 보도했다. '잔가지 같은 어깨' '뼈가 드러난 등' '돌출된 갈비뼈'와 같이 스타들의 보기 흉한 신체 부위에 노란색 원을 그려 넣었다. "가슴골을 과시하던 스타들, 이제는 쇄골을 과시한다."[25]

"스키니 SOS!" 2006년 『스타』 7월 호가 요란하게 떠들어댔다. "스타에게 생긴 무서운 새로운 병: 음식 공포증. 게다가 전염성까지!" "드러난 뼈!" 잡지는 한 달 후 니콜 리치의 쇄골이 더 드러났다고 흰색 화살표까지 그려가며 강조했다. 그것도 모자라 "그녀의

셀러브리티 문화의 큰 특징 중 하나는 여성들의 몸을 수시로 감시하여 누가 뚱뚱한지, 누가 말랐는지, 누구 몸이 축 늘어졌는지, 누구 몸에 셀룰라이트가 있는지 지적하는 것이다.(American Media, 저자 소장)

여성의 몸, 얼굴, 머리 모양, 옷을 지속적으로 관찰하는 것만으로는 모자라다는 듯, 셀러브리티 문화는 '복부를 감시하는' 관행을 도입했다. 이는 여성의 자궁 안까지 들여다보려는 스토킹이자 CIA 수준의 무시무시한 감시다.(American Media, 저자 소장)

뱃가죽이 늘어졌으며, 세 달 전보다 팔에 살이 더 없다"라며 호들갑을 떨었다.26 『인 터치』는 흰색 화살표를 사용하여 린지 로언의 '철도같이 얇은 팔'과 '돌출된 팔꿈치와 손목뼈'를 강조하면서 "10킬로그램은 더 쪄야겠다" 내지는 "불임, 골다공증, 심장 문제, 심지어 사망의 위험이 있다"라고 경고했다.27 게다가 공정하게도, 잡지들은 이제 남자의 몸매까지 공격했다. '여자 같은 가슴'을 가진 남자 스타나 똥배가 나온 남자 스타를 조롱했다. 이러한 해변의 몸매 사진은 모두에게 겉모습이 중요함과 더불어, 이러한 감시가 완전히 평등한 것이라는 점을 시사한다. 그러나 가장 핵심적인 감시 대상이 되는 것은 여전히 여성의 몸이다.

이들 잡지에 따르면, 이 환상의 세계의 여성들은 그 외에 또 무엇을 해야 할까? 그들은 쇼핑을 하고 항상 옷을 바꿔 입으며 데이트와 파티를 하고 200만 달러 규모의 결혼식을 올리며, 아기를 갖기를 간절히 소망하고 임신을 하며 이혼을 하고 이 모두를 통해 서로 맹렬히 경쟁한다. 실제로 리얼리티 TV에서와 마찬가지로 특히 주목할 것은 여성들 간의 지속적인 겨루기, 즉 끊임없는 갈등이다. 이는 그들이 잡지 내의 여성들이 지배하는 세상에서 존재하는 것에 대해 지불해야 하는 대가다. 이는 단순히 현재 아내와 과거 아내 또는 과거 절친들 사이의 단순한 불화나 반목이 아니다. 이는 외모와 행동을 비롯한 모든 세세한 사항에 대한 경쟁이며, 실수를 할 여지는 절대로 있어서는 안 된다. 그들은 서로 경쟁하도록 만들어졌고, 우리는 그들과 경쟁해야 한다.

모든 셀러브리티 잡지는 주로 레드카펫 사진에 기초하여 시각적인 면을 보여주는데, 같거나 비슷한 옷을 입은 스타들을 보여주고 대개 아주 세부적인 항목까지 관찰하여 누가 가장 나은지를 평가한다. 『인 터치』에서는 「누가 더 잘 입었나?」라는 제목으로 같은 드레스나 옷을 입은 두 스타를 나란히 보여준 후, 둘 중 한 명에게 원 표시를 하여 더 잘 입었다는 평가를 해주고 나머지 한 명에게는 '너무 무거운(즉, 어울리지 않는) 신발을 신었다' '가슴이 드레스 밖으로 튀어나왔다' 등의 이유를 달아 비난했다.[28] 『라이프 앤드 스타일』에서는 「누가 제대로 입었나?」라는 제목으로 이를테면 어떤 스타가 물방울무늬 옷을 잘 입었는지를 평가했다. 그리고 '레드카펫 준비되었나?'라는 코너에서는 동일한 스타가 각기 다른 행사에 각기 다른 옷을 입고 등장한 사진들을 보여준 후, 한 사진은 '준비되었음' 다른 한 사진은 '준비되지 않았음'이라고 평가했다. '준비되지 않았음'이라는 평가를 내린 이유로는 스타의 '상체가 너무 커 보인다' '가슴 선이 너무 납작해 보인다' 등을 내세웠다.[29] 『인 터치』에서는 「핫한가, 핫하지 않은가?」라는 제목으로 페레스 힐턴이 여성들의 현재와 과거의 머리 모양을 비교했다. 현재의 머리 모양이 과거보다 낫다는 평가도 있고, 그 반대인 경우도 있었다.[30] 여성 외모의 어떤 측면도 평가하기에 하찮거나 사소하지 않다. 『인 터치』는 또한 유명인들의 '태닝 실수'를 모은 사진들을 게시했다.(눈에 보이는 태닝 자국, 고르지 않은 태닝 등.) 『인콰이어러』는 매주 '패션 히트 앤드 미스'라는 코너를 만들어 최악의 패션 실수를 한 스타에게 스타일리스트를 해고하라는 권고를 하기도 했다. 『스타』는 '한 주 중 최악의 패션! 스타의 패션 위반!' 그리고 '스타의 스타일과 실수'라는 코너를 운영했다.

하지만 그들이 어떤 실수를 하든, 우리는 그들을 닮을 수 없다. 그 차이를 좁히기 위해 잡지들은 어떻게 하면 스타를 닮을 수 있을지 충고한다. 소비주의는 여기서 종교이며, 입는 옷에서 점심을 먹는 장소까지 모든 것이 신중하고 결연하며 쉴 새 없는 쇼핑을 필요로 한다. 소비는 진정한 자아실현을 위한 주된 방법으로 제시되며, 작품 속 제품 광고PPL는 어디에나 존재한다.31 『스타』는 '혼자서 할 수 있는 올림머리'를, 『OK!』는 '그녀의 화장법 따라잡기'와 출근복 차림에서 파티복 차림으로 변신할 수 있는 '간단한 눈속임 방법'을 알려준다. 44사이즈가 아니라고? 그렇다면 헤더 로클리어처럼 필라테스를 하고 유기농 채소로 구성된 점심을 먹고 일주일에 3회씩 개인 트레이너와 함께 운동을 해야 한다. 게다가 우리가 가져야 할 '핫한' 물건들이 수도 없이 많다. 이번 주에는 핫한 빨간색 핸드백, 다음 주에는 핫한 부츠, 핫한 숄, 핫한 액세서리, 이라크 전쟁에 관한 핫한 책(나는 이 마지막 것을 선택하겠다). 또 『OK!』는 유명인들의 집을 소개하면서(자기 집 거실에서 편안한 자세랍시고 앉아 있는 스타들의 모습은 마치 마담 튀소의 밀랍인형처럼 경직되어 있다) 마지막에는 '비슷한 램프, 꽃병, 카펫 등을 구매하여 특정 유명인의 집안 분위기를 비슷하게 연출할 수 있는 방법'을 제공했다. 물질주의에 대한 사회적 우려는 전혀 생각지 않는다고? 2009년 『라이프 앤드 스타일』은 「진짜 주부들」 뉴욕 편의 출연자 한 명이 선보인 '친환경적인 집 꾸미기'를 소개하여, '자연에서 얻은 소의 뿔'로 만든 액자 틀과 '식물 재료'(아마도 나무?)로 만든 의자를 어디

서 구할 수 있는지 알려주었다.[32]

임신과 출산(그리고 약혼식과 결혼식)은 제품 광고를 위한 좋은 기회가 되며, 제니퍼 로페즈가 소유한 유아용 침대나 유모차를 어떻게 구할 수 있는지 충고를 줄 수 있는 절호의 기회다. 따라서 모성애는 그저 운명이 아니라 유행을 좇는 재미있는 경험이기도 하다. 왜냐하면 맘에 드는 살 것이 무척 많기 때문이다. 스타는 아기를 꾸며주고, 아기는 스타를 꾸며준다. 최신 아기띠, 유명 디자이너의 유아복, 임신 축하 파티에 관한 이야기들은 '세상에 단 하나밖에 없는 수제 유아용 단화(195달러)' 또는 '백금 및 다이아몬드 베젤 세트로 구성된 유아용 팔찌(1320달러)'와 같은 제품을 홍보한다. 과도한 소비는 여기서 짜릿한 일로 여겨진다. 큰 소득 격차는 당연한 것이다. 쇼핑은 삶 자체다.

이 세계에서 성공한 여성들은 서로 잘 어울리지 못한다. 그들은 서로 충돌하고 갈등하며 싸운다. 특히 희소한 자원을 두고 치고받는다. 그것은 바로 관심과 멋진 남자다. 유명인 여성들 간의 실제적인 또는 소문에 의한 불화는 우리로 하여금 한쪽 편을 들게 하고, 대개 애인을 다른 여자에게 빼앗긴 여자가 동정의 대상이 된다. 이는 기껏 해봐야 고등학교 여학생들의 감성이다. 여기서 여성을 나타내는 지표는 연기적으로 큰 역할을 맡거나 훌륭한 작품을 만나거나 최고의 흥행 기록을 내는 것이 아니다. 그보다는 경쟁 상대에게 굴욕을 주는 것으로 대표된다. 2005년부터 끊임없이 계속된 제니퍼 애니스턴과 브란젤리나의 이야기에서 애니스턴은 대개 희생자이고 졸리는 악인으로 여겨졌다. 『인 터치』의 아무호나 펼쳐보면 이 이야기가 워터게이트 사건 급으로 실려 있고, 앤젤리나가 '새로운 가족을 과시했음'을 알 수 있다. 그녀가 제니퍼에게 메시지를 보내기 위해 고의로 그런 것일까? 내부자의 폭로에 따르면, 졸리는 '무슨 일이든 할 수 있었다고' 한다.

여기 소문에 의한 음모가 있다. 애니스턴은 「브레이크 업: 이별후애The Break-Up」라는 영화를 찍었는데, 개봉일은 2006년 5월 29일이었다. 그보다 9개월 전 졸리는 「브레이크 업」의 실제 개봉일자를 어떤 경로를 통하여 미리 알고서, 즉시 고의적으로 임신을 했다. 즉, 「브레이크 업」 개봉일 이틀 전에 자신과 브래드 피트 사이에서 아이를 출산한 것이다. 이는 애니스턴의 대대적인 영화 개봉을 망치고 그녀에게 쏟아지는 관심에 찬물을 끼얹으려는 의도였다고 한다.**33** 양심을 품은 가족계획이라니! 여성들은 모든 것을 두고 싸운다. 더 사소한 것일수록 좋다. "줄리아 로버츠와 셰릴 크로는 보모를 두고 끝장날 때까지 싸웠다"라고 2007년 7월 『인콰이어러』가 전했다. 보도에 따르면, 크로는 로버츠가 전에 고용했던 전문 보모를 고용했는데, 그 사실을 알게 된 로버츠는 보모에게 큰돈을 주고 다시 돌아올 것을 요청했다. 셰릴은 줄리아의 치사한 계략에 격노했다. 인간관계의 권위자 패리스 힐턴은 2006년 『OK!』 9월 호에서 다음과 같이 말했다.

"동성 친구들은 믿을 수 없어요. 너무 많은 시기와 악의가 있으니까요."

하지만 남자들 간의 관계는 이처럼 치사하게 비치지는 않는다. 그들은 여자를 배신하긴 하나 서로를 배신하진 않는다. 하지만 여성들 사이에서 자매애는 그리 강하지 않다. 자매애란 불가능하다.

이 세계에서 가장 큰 희망 두 가지는 사랑하는 사람(이상적으로는 영혼의 반쪽)을 찾고 아이를 갖는 것이다. 그들은 유명인이기 때문에 성공은 이미 주어졌다. 따라서 그들과 관련해 가장 일반적으로 주고받을 수 있는 이야기는 그들의 관계가 시작되고 꽃을 피우고 시들어가는 과정에 관한 것이다. 어떤 여성도 남성 없이는 완벽할 수 없으므로, 거의 강제적인 이성애가 페이지마다 목소리를 높인다. 여성은 반드시 낭만적인 관계를 맺어야 하고, 이는 불행한 결별이 일어나기 전까지 항상 '행복하고 완벽하다.' 크리스티나 아길레라는 "결혼하기 전까지 나는 내가 기댈 수 있고 나를 보살펴줄 수 있는 남자를 만나본 적이 없었다"라고 『US 위클리』에서 말했다.[34]

남자를 잃는 건 비극이지만, 아기를 못 갖는 건 더 큰 재앙이다. 마치 팸퍼스, 거버, 레고 같은 회사들이 이 모든 잡지를 소유한 것만 같다. 아기는 언제나 '기쁨'이며 '삶에 새로운 의미를 가져다준다.' 그리고 아기로 인해 남자는 과거에 사랑했던 것보다 아내를 더 사랑하게 된다. 아기는 언제나 부부를 '더 가깝게 만든다.' 이들 가정에는 확실히 아기의 구토, 수면 부족, 좌절된 어른들의 대화, 또는 누가 애를 데리고 놀이터에 갈 차례인지에 대한 다툼 따위는 존재하지 않는다. 만약 쌍둥이가 생기면 기쁨은 '배가 된다.' "쌍둥이는 손이 두 배로 가긴 하지만, 그만큼 재미도 두 배다"라고 『인 터치』는 말한다. 파티광이자 '할리우드 마담'으로 알려진 포주 하이디 플라이스의 고객이었던 찰리 신은 이렇게 말했다.

"쌍둥이 덕분에 내가 더 나은 남자가 되었다."**35**

'아기 소식' '할리우드 베이비 붐'과 같이 큰 글씨로 인쇄된 표제들은 계속해서 등장한다. 『인 터치』의 또 다른 호를 살펴보자. 이번에는 2006년 7월 호다. 제니퍼 애니스턴은 "아기를 갖고 싶다는 뜻을 내비쳤다. 그녀가 이미 임신했다는 소문마저 돌고 있다(사실무근)."**36** 애니스턴은 수년 동안 아기를 갖는 일에 대해 숱한 질문공세를 받아왔다. 『스타』 2009년 봄 호는 표지에 「결국 엄마가 되다」라고 주황색 글씨로 커다란 제목을 붙여 애니스턴이 브래드 피트의 충고로 남자아이를 입양하고, 벽화를 그려 넣은 25만 달러 규모의 육아방을 만들고, 1200달러 상당의 기저귀 교환대뿐만 아니라 NASA에서 제작·설치하는 유아 모니터링 시스템을 구비할 것이라고 전했다.**37** 한편, 「그들의 결별 이유가 적지 않은 나이 차이 때문인가?」라는 기사에서 캐머런 디아즈는 화해를 원했지만 그녀보다 어린 남자친구 저스틴 팀버레이크는 이를 원치 않았다고 한다. 왜? '친한 측근'에 따르면, "캐머런의 생물학적 시계가 째깍거리기 시작했기" 때문이다.**38** 4페이지 뒤에는 크리스티나 아길레라가 이미 차기 프로젝트를 준비하고 있다는 기사가 실려 있었다. 그 프로젝트란 바로 '가족을 꾸리는 일'이었다.

여기서 우리는 셀러브리티 저널리즘의 출산 지지 열풍과 그로 인해 생겨난 가장 침범적 행위인 '배 감시'를 목격하게 된다. 만삭이 된 몸으로 누드 사진을 찍은 데미 무어의 모습이 1991년 『베니티 페어』의 표지를 장식하면서 배를 내보이는 것은 당혹스럽다기보다는 영광스러운 일이 되었다. 많은 사람에게 이는 필수 코스가 되었다. 내가 임신했을 때만 해도 다이애나 왕세자비가 아닌 한 아무도 비키니를 입을 엄두를 내지 않았다. 그러나 이제는 불룩해진 배를 과시하는 시대가 되었다. 『스타』에서는 「임산부의 옷 입는 법」이라는 제목으로 멋지고 세련되게 임부복을 입는 법과 바람직하지 않은 임산부 패션(대부분은 브리트니 스피어스)을 소개했다.[39]

스스로 몸집 큰 고래 같다고 느끼지 않아도 되고, 군대용 텐트 같은 임부복을 입지 않아도 된다는 건 다행스러운 일이다. 그러나 임신은 이제 여성 스타에게는 의무사항이 되었다. 엄마가 되어야 한다는 모든 여성의 타고난 꿈을 이루기 위해 여성 스타들은 반드시 아기를 가져야 한다. 만약 아기를 갖지 못했다면, 사람들은 그녀가 후에 아기를 필사적으로 원할 것이라 생각할 것이다. 그리고 만약 아기를 가졌다면, 둘째는 또 언제 태어날 것인가? 그리고 둘째가 태어나면 또 셋째는? 줄리아 로버츠는 쌍둥이가 태어날 때까지 아기에 대한 질문을 수도 없이 받았다. 반면, 조지 클루니는 언제 자식을 가질 것인지에 대해 질문을 받지 않았다. 제니퍼 애니스턴은 브래드 피트와 결별한 후, 전 연인인 빈스 본에게 그랬던 것처럼 브래드 피트에게도 아기를 갖지 않겠다고 한 점에 대해 비난을 받았다. 우리는 다시 1950년대로 돌아왔다. 아기를 갖지 않으면 진정한 여성이 아니다.

"아이요? 전 아이 생각은 없어요. 제 직업에 방해가 되니까요. 게다가 육아는 또 얼마나 힘들겠어요."

이렇게 말하는 여성 스타를 상상해보라.

상황이 이렇다 보니 셀러브리티 잡지에 새로운 특종이 생겼다.

그건 바로 임신으로 인해 불룩해진 여성 스타의 배를 최초로 포착하는 일이었다. 망원 렌즈를 당겨 여성 스타의 복부를 집중적으로 찍은 뒤 그녀가 임신 중인지, 아니면 그저 점심을 너무 많이 먹은 것인지 추측했다.(한 예로 『인콰이어러』는 다른 매체들보다 몇 주 앞서 "제니퍼 로페즈와 그녀의 남편 마크 앤서니가 출산을 앞두고 있다"라고 보도했음을 자랑스럽게 떠벌렸다.)**40** 이렇게 '여성의 배를 관찰하는 일'이 등골을 오싹하게 하는 스토킹과 정부 감시 사이의 중간쯤 된다고 생각하는 건 나쁜가? 국경을 감시하고 교도소를 감시한다. 그렇다면 여성의 자궁까지? 『스타』에서는 「그녀의 부른 배를 최초로 포착하다!」라는 제목으로 니콜 키드먼의 복부에 형광 노란색 원 표시를 해놓고 '그녀의 임신한 배가 드러나다!'라고 써넣었다. 이제 그들은 여성의 자궁 안까지 들여다볼 권리와 의무가 있다고 생각하는 것인가? '임신한 배'로 여겨지는 여성의 복부에 그려진 원과 화살표는 여성이란 결국 생식기관에 의해 지배되고 그러한 존재로 전락한다는 점을 시각적으로 강조한다. 더 심각한 사실은 여성의 배 안에서 벌어지는 일이 스타의 사적인 문제가 아니라 우리 모두의 공적인 문제라고 잡지들이 떠들어댄다는 점이다. 달리 말하면, 임신과 관련하여 사생활에 대한 권리는 없다는 이야기다. 그렇다면 그로 인해 어떤 상황이 벌어질까?

주기적으로 출산하지 않는 것보다 더 나쁜 일은 나쁜 엄마가 되는 것이다. 또다시 브리트니 스피어스가 대표적인 예가 된다. 그녀는 아기용 차량 좌석을 설치하지 않았고, 예정된 양육권 재판에 참석하지 않았다. 그러나 아기에게 햇빛 가리개용 모자를 씌워

준 사진에서는 좋은 엄마라는 칭찬이 덧붙었다. 그런가 하면 「니콜 리치: 또다시 술독에 빠지다」라는 기사에서는 그녀가 로스앤젤레스의 한 호텔에서 화이트 와인을 마시는 장면이 목격되어 곧 태어날 아기의 건강에 해를 가했다는 내용이 전해졌다. 내 경험으로 보건대, 화이트 와인을 마셨다고 해서 아기가 잘못되는 건 아니다. 하지만 엄격하고 혹독한 감시가 이루어지는 할리우드에서는 말도 안 되는 이야기다.

우리는 유명인의 특권을 부러워하는 동시에 이들이 우리가 갖지 못한 것을 가졌다는 사실에 대해 분개하기도 한다. 따라서 환상적인 삶 속에 사는 여성 유명인을 부러워하는 이면에는 남의 불행을 보고 악의적으로 느끼는 쾌감이 존재한다. 이 역시 셀러브리티 문화의 부수적이고 중요한 즐거움이 되었다. 보통의 소녀와 여성들은 자신에게 끊임없이 가해지는 감시와, 그러한 감시의 기준에 부합하지 못한다는 사실에 매우 예민하게 반응한다. 따라서 부유한 금발 여배우에게서 우월감을 느낄 수 있을 경우, 치유적인 효과가 있다. 우리 대부분은 아침 9시부터 오후 5시까지 일을 해야 한다. 그리고 지출에 신경을 써야 한다. 뿐만 아니라 3년에 한 번씩 새롭고 아름다운 사람과 결혼과 이혼을 할 수 없고, '대하기 어려운 사람'이나 '꾸준히 가꾸는 사람'이 될 수 없다. 반면, 유명인들은 이러한 규칙에 얽매여 살지 않아도 된다. 그들은 다양한 욕구를 자제하지 않아도 된다.(단, 여성의 경우, 식욕, 성욕, 음주 욕구는 자제해야 한다.) 그들은 적어도 어느 정도는 이러한 규칙의 울타리에서 벗어날 수 있다. 그래서 우리는 그들을 부러워하면서도 그들이 마냥 규칙의 울타리를 모면하기를 원치 않는다. 우리는 그들 중 일부가 모욕을 당하고 제재를 당하는 장면을 목격하기를 원한다.[41] 그래서 자신의 완벽한 결혼, 완벽한 가족, 완벽한 기독교적 가치관에 대해 수년 동안 자랑스러워했던 캐시 리 기퍼드가 1996년에 노동력을 착취하는 의류 브랜드의 고용주라는 사실이 폭로되었을 때 사람들은 통쾌해했다. 게다가 그녀가 자신의 TV 쇼에서 '섹스 머신'이라고 칭찬했던 남편 프랭크가 한 호텔에서 스튜어디스와 있는 장면이 목격되었을 때 사람들은 더더욱 통쾌해했다.

널리 확산되어 새로운 적법성을 얻게 된 셀러브리티 저널리즘의 한 가지 중요한 요소는 특히 온라인 또는 「TMZ」와 같은 TV 쇼에서 유명인들을 보도하는 모순적인 방식이었다. 빈정댐, 재치 있지만 때로는 유치한 말장난, 그리고 모든 것을 다 안다는 듯한 태도와 조롱은 우리가 유명인들을 간파하고 있고, 그들보다 위에 있으며, 대부분은 그들을 보고 웃거나 연민을 느끼기 때문에 그들을 심지어 집착적으로 쫓아다녀도 괜찮다고 암시한다. 이러한 모순적 태도는 우리의 문화적 우월성, 유명인과 우리 사이의 먼 거리, 그러한 '낮은 문화'와 우리와의 괴리를 확인시킨다.[42] 『애틀랜틱 먼슬리Atlantic Monthly』에서 데이비드 새뮤얼스가 말했듯이, 각종 웹 사이트의 사명은 '스튜디오의 홍보 담당자와 뉴욕 잡지의 편집자들이 쌓아올린 휴지장 같은 명성을 갈기갈기 찢는 것'이다.[43] '브리트니와 하이디의 듀엣, 세상의 종말이 다가오다' '술에 취한 와인하우스, 지구를 살리다'와 같은 TMZ.com의 기사 제목은 우리가 셀러브리티 저널리즘에 몰입하게끔 하는 오만하고 조롱적이며 매우 재치 있는 어조의 대표적인 예다. 또 PerezHilton.com은 유명인의 사진 위에 매직 마커로 글을 휘갈겨 쓰는 예를 최초로 선보였다. TMZ.com은 상반신을 드러낸 채 저녁 식사를 하러 간 여성들의 비디오를 찍어 다음과 같은 기사를 썼다.

"누구인지 모르겠으나, 할리우드의 스시 식당에서 생일파티를 한 뒤 이 세련된 여성들은 가슴을 흔들었고, 한 명은 흔들리는 가슴을 과시하기 위해 리무진의 비상 해치에서 튀어나왔다."

가장 큰 스캔들은 과음하는 여성, 파티에 빠져 있는 여성, 몸가짐을 제대로 하지 않는 여성과 관련된 것이다. 파파라치 앞에서 적절한 여성의 몸가짐의 기준을 밀쳐내려고 노력하는 과정을 거치고 있는 듯한 브리트니 스피어스는 차에서 내릴 때 속옷을 입지 않았음이 드러났다. 이는 격렬한 반향을 일으켰다. 특히 TMZ.com과 PerezHilton.com과 같은 웹 사이트는 유명인을 조롱하고 경멸한다. 심지어 이들은 부적절하게 행동하는 여성 유명인의 사진과 영상을 올리며 그들을 비난한다.

여성의 명성이나 부가 부당하고 과분하다는 생각은 공평성과 공정성에 대해 강한 분노를 일으킨다. 사람들은 유명인사이자 파티광인 패리스 힐턴을 비난하길 좋아했으며(예를 들어, 온라인에서는 그녀를 향해 '패리스는 쓰레기야' '돈만 많고 제멋대로인 나쁜 년' '술에 전 못생긴 걸레' '코카인과 술에 찌든 헤픈 여자'라는 혹평이 쏟아졌다), 2007년 그녀에게 징역형이 내려졌을 때는 뛸 듯이 기뻐했다. '린지 로언 나만 싫어?' 내지는 '왜 나의 앤젤리나를 다들 싫어하지?'

와 같은 제목을 가진 채팅방에는 해당 유명인에 대한 온갖 적대감이 가득하다. 앤젤리나에 관한 채팅에서는 'Overheard'라는 닉네임의 사용자가 앤젤리나를 '팬들로 하여금 자신을 테레사 수녀로 생각하게 하는 유명한 창녀'라고 비난했다. 이는 힐턴과 같은 누군가가 우연히 상속을 받아 밤새 파티를 열고 모든 걸 누리는 반면, 수백만의 나머지 여성들은 한 달 내내 월급을 아껴 써야 하는 미국 사회의 사회적 불평등과 부당함에 대한 사람들의 당연한 분노를 대신하는 한 가지 방법으로 간주할 수 있다.[44]

하루 종일 웹 페이지에 계속해서 새로운 소식을 올려야 하기 때문에, 웹 사이트에 사진을 공급하는 파파라치들은 남녀 스타를 모두 따라다닌다. 하지만 보통은 압도적으로 많은 수의 남성 사진가들이 브리트니 스피어스, 패리스 힐턴, 린지 로언과 같은 여자 스타들을 쫓아다닌다. 그리고 그들이 반기는 대상은 그들의 말을 빌리면, 기꺼이 '포기하는' 여성이다. 즉, 그들에게 협조하여 최상의 사진을 만들어내는 여성이다. 그런가 하면 파파라치들은 자신을 무시하거나 용케 잘 빠져나가거나 모욕을 주는 '무례한 남자 스타'들을 싫어한다. 그러나 남자 배우가 사진가를 향해 한 대 칠 듯이 달려든다고 해서 그 배우의 명성이나 남성성에 피해가 가지는 않는다. 그러나 여성들은 다른 잣대로 평가된다. 그들은 반드시 상냥하고 친절해야 한다. 만약 화를 내거나 공격성을 보인다면 여성성에 큰 피해가 갈 것이다. 스피어스가 어떤 정신적 장애나 불안정한 상태를 겪고 있었든지 간에, 그녀는 이렇듯 받는 여성성에 성실하게 대항하는 자로 한동안 급부상했다.

셀러브리티 문화의 명백한 운명으로서, 여성의 성공과 행복에 대한 주요 잣대는 경제적 달성과 안정성을 단순히 주어진 것으로 간주한다. 가수나 배우가 얼마나 공부하고 훈련하는지, 노래나 배역을 어떻게 선택하는지, 매니저와 함께 어떤 전략을 구상하는지, 또 제작에 더 적극적으로 참여하려고 얼마나 노력하는지, 혹은 현재 위치에 오르기까지 실제로 얼마나 고심했지에 대해서는 별다른 관심이 주어지지 않는다. 여기에는 나머지 우리를 위한 별다른 교훈이 없다. 하지만 신체에 대한 자기 감독과 행동에 대한 자기 규제와 관련해서는 충분한 교훈이 있다. 그 이유는 좋은 대우를 받고 타인의 사랑과 인정을 받는 사람은 언제나, 그리고 유일하게 가장 매력적이고 가장 완벽하게 날씬하며(너무 마르면 안 됨) 가장 상냥하고 가장 배려심이 깊을 뿐만 아니라 육아 기술이 뛰어나고 옷을 잘 입는 여성이기 때문이다.

셀러브리티 잡지는 아름다움과 여성으로서의 몸가짐의 기준을 어떻게 준수해야 하는지를 보여주는 엄격한 설명서와 같다. 여성들은 그들이 직업적으로 무엇을 할 수 있는지가 아닌, 겉으로 드러나는 모습에 의해 선망의 대상이 된다. 불확실한 지정학적 환경에서는 소녀와 여성들이 세상을 이해하거나 세상에 영향을 줄 수 없다. 그러나 적어도 셀러브리티의 세계에서는 여성들이 자기 자신과 신체를 유지하고 통제하기 위해 노력할 수 있다. 따라서 여기서는 그들이 자신의 삶을 통제할 수 있다는 환상이 지속된다.

여기 셀러브리티 문화가 우리에게 권하는 악마와의 거래가 있다. 우리는 여성이 상징적·경제적으로 중요성을 띠는 여성 중심의 환상의 세계로 들어간다. 여기서 좋은 남자는 아내와 아이를 사랑하고, 아내를 자신의 통제하에 두는 남자는 비난을 받는다. 우리는 정서적이고 관계적인 모든 문제에 관한 우리의 판단이 중요하고 이러한 분야에 대한 여성의 전문 지식이 주어져 있는 상상의 집단의 일부가 된다. 우리는 본래 금지되어 있는 내부자의 정보를 얻는 기쁨을 누리고, 무엇이 진실이고 아닌지, 누가 비열하고 착한지 알아냄으로써, 유명인을 둘러싼 아리송한 소문을 해결하는 인지적 기쁨을 누린다.[45] 우리는 반짝이며 빛나는 L.A.의 한 구역으로 들어가고, 시기와 복수의 환상에 빠져들며, 어리석거나 비도덕적인 행위에 대해 분노를 표시하고, 재활 치료를 받거나 인종 차별적 발언을 하다가 들통 나거나 정말로 변변찮은 연인 곁에 머무르는 스타를 보면서 우월감을 느낀다. 우리는 즉시 우리의 미래가 밝다고 느끼며, 우리가 가진 것에 대해 꽤 행운이라고 느낀다. 하지만 진화된 성차별은 대가를 요구한다. 그 대가는 작지 않다.

셀러브리티 저널리즘, 특히 웹 사이트의 건방진 어조와 모순적인 거리감은 우리가 원하는 튼튼한 방패막을 제공한다. 나는 그저 지켜본다. 나는 브리트니나 린지보다는 훨씬 더 흔들림이 없고 정상적이기 때문에 그녀가 얼마나 추락하는지 보면서 동정한다. 하지만 이 모든 상황 속에서 셀러브리티 문화는 여성들에게 그들이 결코 체제를 무너뜨릴 수 없음을 확실한 어조로 이야기한다. 우리가 보는 여성들은 부유하고 성공을 거두었을 수 있다. 그리고 그들 중 일부는 자기 직업을 완전히 통제하진 못해도 상당한 자율을 누릴 수 있다. 그들은 사업을 하는 여성일 수도 있고, 직접 제작사를 세워 운영할 수도 있으며, 중요한 재정적 결정을 내릴 수도 있다. 따라서 그들은 권력 신장의 역할 모델일 수 있다. 하지만 우리가 그들에게서 배우게 되는 것은 이것이 아니다. 그보다 그들은 얼굴, 신체, 머리, 의복, 행동, 관계, 육아 기술의 측면에서 궁극적으로 평가를 받으며, 이러한 측면들과 관련하여 철저하고 혹독한 감독하에 놓인다. 그들은 성공적인 여성성의 기준에 부합하지 않는다면 대가를 치르게 될 것이다. 그리고 그들이 감시를 받으면, 우리 역시 감시를 받는 것이다.

셀러브리티 문화는 우리를 여성의 특권이 존재하는 환상의 세계로 데려다준다. 얼핏 보기에 이 세계에서 여성들은 호화로운 저택, 섹시한 근육질의 연인 또는 남편, 명품 옷, 끊임없는 파티, 오스카 상, 골든 글로브 상, 에미 상, 스트레스 없는 육아를 누리나, 현실은 그와는 다소 다르다. 실제로『인 터치』『스타』『피플』의 페이지 너머에서 할리우드는 여전히 남성들에 의해 지배되고 있다. 한 예로, 주요 영화감독의 단 9퍼센트만이 여성이다. 그리고 2008년 상위 250개의 국내영화 중에서 감독, 책임 프로듀서, 프로듀서, 작가, 촬영 감독, 편집자 중 여성은 단 16퍼센트에 불과했다. 2008년에 개봉된 영화의 22퍼센트는 여성 감독, 책임 프로듀서, 프로듀서, 작가, 촬영 감독, 편집자를 단 한 명도 쓰지 않았다. 그리고 2008년 앞서 열거한 직책에 남성이 고용되지 않은 영화는 단 한 편도 없었다.[46] 이것을 가부장제라는 체제로 부르지 않는다면 달리 무엇이라 부를지 나는 모르겠다.(하나 있다. 국회.)

이 산업계는 우리에게 무엇을 말할까? 이 산업계와 셀러브리티 잡지는 우리가 부러워하고 선망하며 모방하길 원하는 여성들, 어떤 힘을 지니고 있다고 생각하고픈 여성들을 통해 우리를 유혹함으로써 다음과 같은 강압적인 목소리를 낸다. 최고의 자리에 오를 자격이 있는 여성은 젊고 아름다우며 피부가 깨끗하고 날씬할 뿐만 아니라, 주름이 없고 가슴이 풍만하며 대개 백인이고 부유하며 세련되고 상냥해야 한다. 또 이성애자여야 하며 육아 실력이 좋아야 한다. 이들은 남성 없이는 아무런 존재도 아니다. 아이가 없으면 정말로 아무런 존재도 아니다. 1957년에 그러했듯이 말이다.

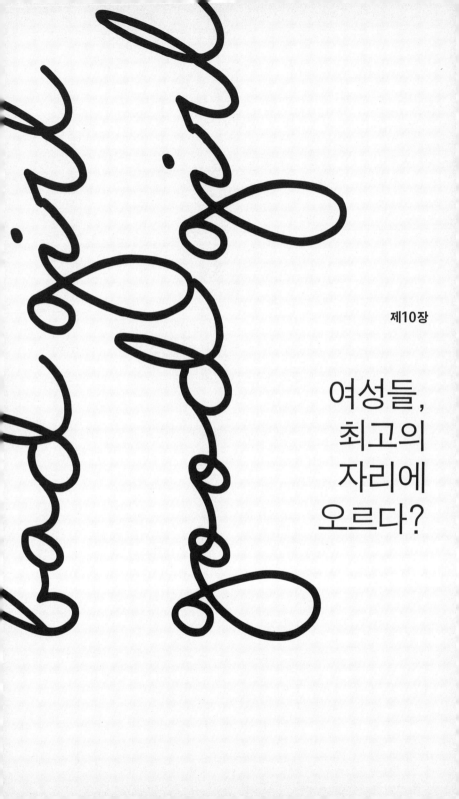

제10장

여성들,
최고의
자리에
오르다?

여성과 뉴스매체에 관한 퀴즈를 하나 내겠다. 최근 국가 무대에 진출하여 과거에 어떤 여성도 엄두를 내지 않았던 역할을 맡으려고 시도했던 여성이 있었다. 그녀는 물론 매력적이고, 겉보기에 그 역할에 걸맞은 능력을 갖추고 있었다. 실제로 국민들 중에서 특히 여성들이 그녀에게 지지의 뜻을 보냈다. 하지만 일부 미국인들, 특히 남성 권위자들은 야심 있는 여성에 대해 여전히 매우 불편한 기색을 감추지 않았다. 여성은 야심을 가지면 안 된다. 그것은 여성스럽지 못한 일이기 때문이다. 또 권력을 가져서도 안 된다. 그것은 일종의 두려운 일이기 때문이다. 그리고 여성이 지휘권을 갖는 일은 여전히 다소 가당찮은 일이다. 얼마 후, 이 여성이 실은 비협조적이고 까다롭다는 소문이 무성하게 나돌기 시작했다. 그녀는 결국 원하는 역할을 맡을 수 없었다. 사람들은 그녀를 좋아하지 않았다. 그녀는 무모했고, 여러 사람과의 협력을 중시하지 않았다. 그런 탓에 성공할 자격이 없었다. 실제로 그녀가 실패하자 의기양양한 만족감이 여기저기서 터져 나왔다. 이 여성은 누구일까? (a) 힐러리 클린턴, (b) 케이티 커릭, (c) 마사 스튜어트, (d) 세라 페일린. 그렇다면 정답은? 이들 모두다.

나는 다음과 같은 외교 정책에 관한 논고가 미국의 부통령 후보가 내놓을 만한 지적이고 신빙성 있는 발언이라고 생각하지 않는다.

"푸틴이 고개를 들어 미국의 영공을 바라본다면, 그의 시선은 어디로 향할까? 그곳은 바로 알래스카다. 국경 바로 너머이기 때문이다."

게다가 정기적으로 읽는 신문이나 시사 잡지의 이름을 하나도 대지 못했다는 점도 후보로서는 자격이 없어 보인다. 하지만 여기서 중요한 사실은 나머지 세 여성도 세라 페일린과 동일 선상에서 비난받았다는 점이다. 이들 세 여성은 차례로 매우 훌륭한 변호사 겸 미국 상원의원, 방송사 뉴스 프로그램의 여성 최초이자 유일의 앵커(그리고 페일린이 얼마나 무식한지를 대중에 폭로한 언론인), 큰 성공을 거둔 대중매체계의 거물이다. 그런데 이들은 무능하고 성질이 못된 여자, 성공할 자격이 없는 여자라는 비난을 받았다. 또 너무 여성적이거나 충분히 여성적이지 못하다는 평가를 받거나, 최고의 자리에 오를 가치가 없다는 평가를 받았다. 이 여성들은 함께 출마한 남성 후보들보다 훨씬 더 악의적인 반응을 얻었다.

진화된 성차별이 쉬쉬하며 주장하는 바대로 남녀의 온전한 평등이 실현되었다면, 힐러리 클린턴이 후보로 출마했을 때 미국의 남성 권위자들이 그처럼 초조해하지 않았어야 한다. 얼마 지나지 않아 그들은 마치 『프랑켄슈타인』에서 프랑켄슈타인을 죽이기 위해 횃불을 치켜든 마을 주민들처럼 굴었다. 그들이 그런 반응을 보인 이유는 힐러리 클린턴이 단지 여성이어서가 아니었다. 페일린 역시 여성이었으나, 힐러리 클린턴의 경우와 같이 남성들에게서 불안·초조한 반응을 일으키지 않았다. 그 이유는 클린턴이 여성일 뿐만 아니라, 페미니스트였기 때문이다. 뭉크의 「절규」를 떠올려보라. 사실상 클린턴은 진화된 성차별이라는 교리하에서 결코 일어나서는 안 될 일을 전형적으로 보여주는 셈이었다. 그 일은 바로 페미니즘의 재등장과 급부상이었다. 아무리 무의식적이고 억압되어 있다고 할지라도, 남성들로 하여금 식은땀을 흘리며 단단히 방어 태세를 갖추게 한 것은 바로 페미니즘이 부활하게 해서는 안 된다는 결연한 의지였다. 힐러리 클린턴의 지지자로서 말하는 것이 아니다. 나는 그녀를 지지하지 않는다. 그 주된 이유는 그녀가 애초부터, 그리고 아주 오랫동안 이라크 전쟁을 지지했기 때문이고, 모순적이게도 그녀가 외교 문제에서는 남성들만큼이나 거칠고 호전적인 태도를 보인 결과, 오히려 페미니즘과 동떨어져 보였기 때문이다.[1]

힐러리에게 무슨 일이 일어났는지 한번 되돌아보자. 그렇다. 그녀의 정책 내용은 대대적으로 보도되었고, 여성은 물론이고 수백만의 남성이 그녀에게 지지의 뜻을 보였다.[2] 그러나 동시에 언론인과 전문가들이 그녀의 낄낄거리는 웃음소리에 집착하기 시작했고, 그녀의 가슴골에 대해 이야기하기 시작했다. 뿐만 아니라 그녀가 착용한 파란색 바지정장의 심오한 상징주의(편안함?)에 대해 숙고했고, 그녀를 악녀 내지는 악마 같은 여자라고 칭하면서 그녀가 현재 자리에 오르게 된 것은 MSNBC의 크리스 매슈스▪가 주장한 것처럼, 그녀의 남편이 바람을 피운 덕분에 사람들이 그녀에게 동정표를 주었기 때문이라고 떠들어댔다. 매슈스는 또한 클린턴을 「뻐꾸기 둥지 위로 날아간 새One Flew over the Cuckoo's Nest」의 수간호사 래치드와 에바 페론에 비유하면서 클린턴과 그녀의 "충실한 부하들이 (⋯) 반대파의 눈을 할퀼 준비가 되어 있다"라고 말했다.3(낸시 펠로시가 여성 최초로 하원 의장이 되었을 때, 매슈스는 펠로시가 하원 다수당 대표 "스테니 호이어를 거세시키지 않을까" 하는 질문을 했다.)4 또 조 스카버러는 클린턴이 "매우 날카롭다"면서 그녀의 '살림 실력'에 대해 물었다.5(그러는 조 당신은?) 게다가 여기저기서 그녀를 「위험한 정사」에 등장하는 치명적인 살해범에 비유했는데, 이에 대해서는 스티브 코언(테네시 출신 민주당 의원) 단 한 사람만이 사과했다.6 이 모든 언급은 실질적인 비판이 아니라, 그녀의 외모 내지는 겉모습만을 판단하거나 그녀를 유명한 여성 악인으로 전락시키는 형편없는 비난에 불과하다.

이 지성적이고 매력적인 금발 여성은 남성들, 적어도 터커 칼슨▪▪만큼은 거세 불안으로 두 다리를 저절로 오므리게 만들었다.7 앞으로 다가올 토론에서 클린턴이 내세울 전략에 관해 언급

▪ 미국의 정치 평론가 및 뉴스 진행자
▪▪ 미국의 정치 분야 전문 언론인으로, '힐러리만 보면 거세 불안으로 다리를 오므리게 된다'라는 발언을 한 바 있다.

하면서 매슈스는 이렇게 물었다.

"자, 클린턴이 어디를 후려칠지 모두가 궁금해하고 있습니다. 허리띠 위가 될까요, 허리띠 아래가 될까요?"[8]

그런가 하면 마이크 바니클▪은 「모닝 조Morning Joe」에서 남성들과 농담을 하면서, 힐러리 클린턴을 '유언 검증 법원 밖에 서 있는, 모든 이의 첫 번째 아내'라고 비유했다.(바니클이 1998년 표절 혐의로 『보스턴글로브』에서 사직해야 했기 때문에 그가 어디서 그런 농담을 들었는지는 확실치 않다.) 클린턴은 매우 진지하게 다뤄지면서도 여성, 특히 나이 든 여성, 성취를 이룬 여성, 페미니스트라는 이유로 과소평가되거나 심지어 악인 취급을 받았다. 팀 러서트▪▪는 '페미니스트임을 공언한' 클린턴이 뉴햄프셔 예비선거에서 마치 모든 페미니스트의 눈물샘이 터진 듯 '얼마간의 감정'을 보인 점에 대해 당혹스럽다는 반응을 보였다. 페미니스트라면 가라데 동작을 연마하는 편이 더 어울리니 말이다. 특히 남성 평론가들은 그녀가 눈물을 보인 순간을 표를 얻기 위한 어설픈 계략이라고 비난했다.[9] 그들의 태도는 페미니스트에게도 인간적인 면모가 있을지도 모른다는 생각을 퍼뜨리면 안 된다는 것처럼 보였다.

순전히 이러한 비판 때문에 힐러리 클린턴이 임명되지 못한 것은 아니었다. 다른 요인들도 있었다. 하지만 터커 칼슨은 남성들이 여성 대통령을 상상할 때마다 고환을 보호해야 한다는 걱정에 시달린다고 말했다. 이러한 상황에서 여성은 매우 모순적인 잣대에

▪ 미국의 언론인 겸 사회·정치 평론가
▪▪ 미국 시사 프로그램의 진행자 겸 변호사

의해 평가된다. 여성인 클린턴이 정말로 국가 원수가 될 수 있을까? 그녀는 국가 원수가 되기에는 지나치게 거칠고 여성스럽지 못한 것일까?

그렇다면 세라 페일린은 왜 똑같은 대우를 받지 않았을까? 이유인즉슨, 그녀가 「아메리칸 아이돌」의 참가자처럼 국가 무대의 한복판에 내던져졌을 때는 힐러리에 대한 성차별적인 대우에 관한 보도가 대대적으로 이루어졌고, 일부 남성은 그와 관련하여 잘못을 깨달았기 때문이다. 그리고 공화당원들은 줏대 없고 나약한 민주당원들보다 자기 당원을 보호하는 데 훨씬 더 적극적이었다. 하지만 페일린은 페미니스트가 아니기도 했다. 그녀는 국가 공직에 출마하도록 허용된다는 점을 제외하고는 페미니스트들이 상징하는 모든 것을 혐오했다. 게다가 구석기시대적인 견해(예를 들면, 6000년 전에 인간과 공룡이 공존했다는 주장을 펼쳐 전 세계의 고생물학자들을 아연실색케 했다)와 놀라울 정도의 정치적 무지로 인해 그녀는 매우 어리석은 존재로 간주되었고, 거의 논의 금지 대상이나 다름없었다. 그런 탓에 선거가 끝나기도 전에 남성들로부터 성차별적인 비판을 연달아 받기도 했다. 그녀를 부통령 후보로 점찍은 존 매케인의 전 측근들은 그녀가 아프리카를 대륙이 아닌 국가로 알 정도로 무지하며, 성질이나 짜증을 부리기도 하고, 까다롭고 비협조적일 뿐만 아니라, 15만 달러의 의상비를 요구한 것도 그녀의 측근이 아니라 그녀 본인이었다는 사실을 사정없이 털어놓았다. 이러한 폭로가 어디까지 사실인지는 확실히 알 수 없으나, 그녀가 여성이기 때문에 그것도 야심 있는 여성이기 때문에 그러했다고 믿기 쉽다.

세라 페일린을 끌어내려야 할 장본인은 바로 '여성들'이었다. 그녀는 페미니스트가 아님에도 불구하고, 페미니즘이 그녀를 위해 가능하게 만들어준 기회들을 이용하려 했기 때문이다. 존 매케인이 그녀를 부통령 후보로 지목했을 때, 그의 계산은 단순해 보였다. 힐러리 클린턴이 선거에서 당선되지 못했을 때, 민주당을 지지하는 수백만의 여성이 깊이 실망했으며, 많은 이가 성차별주의가 그녀의 패배에 한몫했다고 생각했다. 따라서 매케인은 이 여성들 중 대다수가 민주당을 지지하는 자들임을 간과하고, 자신이 여성을 부통령 후보로 지목하면 클린턴을 지지했던 표를 버락 오바마로부터 빼앗아 올 수 있다고 판단했다. 게다가 페일린은 또 다른 역할도 할 수 있었다. 그녀는 강간이나 근친상간의 경우에도 낙태를 반대하며 환경 보호 정책에 반대하고 총기 소유와 야생동물의 항공 포획을 지지할 정도로 매우 보수적이기에, 매케인은 그녀의 그러한 성향이 도움이 되리라 생각했다.

여기서 매케인이 여성들에게 가한 첫 번째 모욕은, 자궁만 있다면 아무리 경험이 없더라도 누구나가 여성 유권자들의 비위를 맞추기 위한 선물 같은 존재가 될 수 있다는 생각이다. 여성들이 그만큼 어리석고 쉽게 매수당할 존재라는 듯이 말이다. 더욱이 또 한 번 짜증 나는 것은 페미니즘 반대주의자라고 스스로 공인한 자와 반페미니즘 성향을 띤 정당이 갑자기 페미니즘을 방패와 곤봉으로 사용하게 된 점이다. 세라 페일린은 핍토peep-toe 슈즈를 신고 매우 공격적인 '하키 맘'■과 섹시한 여자 사이의 경계선을 걸

으려고 노력했다. 따라서 그녀는 자신만의 '공격적인' 페미니즘을 보여주었다. 즉, 슈퍼우먼, 최고의 경영자, 다섯 아이의 엄마라는 페미니즘의 겉모습을 하고서 페미니즘이 상징하고 투쟁하는 모든 것을 거부했다. 공격적이고 무자비한 페미니즘의 위선은 그야말로 놀랄 만했다. 과거에는 일하는 엄마의 잘잘못을 엄격하게 따지고 10대 미혼모를 징계하는 데 가장 앞장섰던 우파의 권위자와 정치인들이 신생아의 어머니로서 부통령직을 수행할 수 있겠느냐는 질문을 하는 모든 사람을 성차별주의자로 몰아세웠고, 페일린의 딸 브리스톨의 임신은 사적인 문제라고 주장했다. 이와 달리, 오랫동안 우파였으며 10대 임신을 격렬하게 비판했던 사회 비평가 찰스 머리는 다음과 같이 공언했다.

"나는 육아 준비가 되지 않았을 때 아이를 갖는 행위를 다시 한 번 극단적으로 비판하고자 한다."[10]

그리고 사람들이 브리스톨 페일린의 임신을 하나의 이슈로서 다루어서는 안 된다고 주장한 무리 중 하나였던 빌 오라일리는 최근 제이미 린 스피어스의 부모를 향해 16살 난 딸의 임신을 막지 못한 점에 대해 '어리석다는' 발언을 했다. 동시에 공화당원들은 새로 발견한 내부의 페미니즘을 받아들였고, 대표단들은 '가장 핫한 부통령' '핫한 여성'과 같은 표어들을 유세에서 사용했다.

따라서 낙태와 성교육, 주간 육아 서비스에 반대하는 세라 페일린이라는 여성은 여성운동의 성과를 이용하여 출마하고 자신의

■ 자녀교육에 열정적인 어머니를 비유하는 말

남성 권위자 팀 러서트는 페미니스트임을 공언한 클린턴이 뉴햄프셔 예비선거에서 마치 모든 페미니스트의 눈물샘이 터진 듯 '얼마간의 감정'을 보인 점에 대해 당혹스럽다는 반응을 보였다.(Associated Press/Elise Amendola)

인터뷰나 토론 때 카메라를 향해 윙크를 해대는 부통령 후보 세라 페일린은 자신만의 공격적인 페미니즘을 보여주었다. 그녀는 여성운동이 그동안 이룩한 각종 혜택을 이용하려 했다.(Associated Press/J. Scott Applewhite)

자질에 대해 의문을 제기하는 사람들을 침묵시켰다. 공격적인 페미니즘은 여성운동이 지난 40년간 이루어온 활동, 법적 소송, 법적 변화, 의식 제고를 이용하고, 페일린이 당선된다면 이 모두를 무효로 되돌리려 했다. 페일린은 현지 도서관 사서와 자신의 시아주버니를 해고하려 하는 등 인사 문제를 일으켰다. 그리고 공화당 전당대회의 수락연설에서 그녀가 보인 거만하고 조소 섞인 태도는 미국 전역의 일터를 더욱 인간적인 곳으로 만들고자 노력한 수많은 여성에게 반감을 주었다. 페일린은 또한 선거 유세에서 자질이 없는 사람임을 몇 번이고 되풀이해서 증명했다. 그녀는 오바마에 대해 '테러범들과 친하게 지내며' '전직 국내 테러범과 협조한다'고 비난했는데, 이때 청중 사이에서는 '테러범!' '그를 죽이자!'라는 외침이 터져 나왔다. 전해지는 바에 의하면, 매케인의 측근은 특히 해당 집회 이후 오바마를 살해하겠다는 위협이 증가했다며 그녀에게 진정할 것을 부탁했다고 한다.

여성이 남성 동료들만큼 능력을 인정받기 위해서는 종종 그들의 몇 배를 더 노력해야 한다는 점을 아는 여성들을 생각한다면, 무지하고 경험 없으며 앙심만 품은 한 여성이 표를 얻기 위해 인터뷰나 토론 때 카메라를 향해 윙크를 해대는 광경은 앞서 말한 여성들이 투쟁해서 얻은 모든 것을 엎어버리는 일이다. 이로 인해 페미니즘이 완전히 뒤집혀버렸다. 바로 그 때문에 케이티 커릭과 티나 페이라는, 남성이 지배하는 세상에서 지성적인 두 여성이 페일린이 사기꾼이라는 점을 세상에 폭로했다. 「ABC 뉴스」의 찰스 깁슨은 페일린과의 인터뷰에서 표면적인 부분만을 다루는 데 그

쳤으나, 커릭과 페이는 문제가 되는 부분, 즉 그녀의 역량에 대해 단도직입적으로 논했다. 그들이 그렇게 한 이유는 페일린이 그들이 이룬 모든 것을 조롱했기 때문이다. 그리고 페일린이 직접 언론 앞에 나서서 의견을 개진하지 못하게 한 매케인 측을 우려하고 훌륭한 말솜씨로 비판한 것은 CNN의 캠벨 브라운이었다. 그녀는 그들이 페일린을 '남성우월주의적 사슬'에 묶어놓고 '어느 순간에든 다칠 수 있는 연약한 꽃'처럼 취급했다고 비판했다.[11]

여성과 힘에 대해 여전히 남아 있는 초조함과 우려를 증명한 것은 전도유망하고 성공적인 여성들을 다룬 뉴스매체와 그 보도 내용이다. 이 뉴스에는 '여성'과 '힘' 사이의 모순과 그에 대한 깊은 불편함이 여전히 남아 있다. 여성운동이 시작된 지 40년이 지난 지금도 '여성'은 여전히 착하고 남을 지지하며 배려 깊고 모든 것을 수용하며 가정적이어야 한다. 리더십과 관련된 그 어떤 것과도 양립할 수 없다. '힘'은 지배, 우월성, 거친 면모, 심지어 무모함과 동등하게 간주된다. 여성과 힘이라는 두 범주는 공존할 수 없다. 어떤 여성이 이 양극을 혼합하려 한다면, 우리의 문화적 자석이 통제 불가능한 상태로 돌기 시작하여, 그 여성을 향해 '어울리지 않는다' '부적절하다'라고 외칠 것이다. 그렇다면 또 다른 악명 높은 예를 살펴보자. 바로 마사 스튜어트다.

난 그녀의 팬은 아니다. 우리 집을 보면 알 수 있다. 집에 있는 식물 키우는 공간을 청소하거나(혹은 그러한 공간을 갖거나) 청자색 알을 낳는 닭을 키우거나 집 앞의 진입 차도를 스텐실로 장식하는 일에 내가 관심을 갖거나 그럴 시간이 있으리라고는 한 번도 생각해보지 못했다. 게다가 장식, 살림, 여가생활과 관련하여 미국 전체가 마사 스튜어트화되었다고 생각한다. 이는 요리사, 가정부, 포터리 반▪ 영업 사원들로 구성된 전문 팀이 없이는 불가능하다. 그리고 평화롭고 고요한 마사 스튜어트의 달력(화요일: 뿌리 덮개 덮어주기, 독서. 수요일: 피튜니아 심기, 새 수영장 청소부 고용하기) 이면에는 직원들을 공포에 떨게 하면서 이 모든 것을 가능하게 하는, 무자비한 횡포를 부리는 그녀가 있을 것 같다는 생각도 든다. 그래서 나는 큼지막한 먼지 덩어리가 나뒹굴고 탁자에 커피 자국이나 있으며 한쪽 모퉁이에 놔둔 식물이 시들어가는 우리 집에서 그녀의 법적 문제에 관한 기사를 읽으며 그렇게 통쾌해했는지도 모른다.

그럼에도 스튜어트는 사업으로 큰 성공을 거둔 전문직 여성이고, 고질적인 게으름뱅이인 나는 그녀의 목표 시장이 아니다. 그녀는 실로 큰 성공을 거두었다. 수백만의 여성이 그녀의 조언과 미학을 사랑하며, 살림 영역에서의 그녀의 업적은 귀중할 뿐만 아니라 심지어 예술로도 간주된다. 하지만 2002년 스튜어트가 기소되어 2004년에 내부 부당 거래에 대해 허위 증언을 한 행위에 대해 유죄를 판결받고 긴 칼이 발견된 사건이 있었다. 2001년에 터진 엔론 사태의 보도에서는 수천 명의 엔론 직원과 투자자들이 노후를 위해 일생 동안 모은 돈을 사취한 케네스 레이, 제프리 스킬링, 앤드루 패스토 외 여러 사람의 대대적인 사기 행각이 다루어졌는

▪ 미국의 가정용품 브랜드

데, 당시 보도의 수위는 스튜어트의 불행을 보고 기뻐하는 요란법석, 적대감과 조롱, 조소와는 사뭇 달랐다. 그렇다. 그들은 유명인사가 아니었다. 하지만 그들은 여성 또한 아니었다.

'살림의 여왕' '장식의 달인' '스타일 프린세스'[12]라는 수식어를 향한 냉소적인 농담은 '살림'이라는 개념 및 영역이 '영향력 강한 CEO'라는 개념 및 영역과 합쳐졌다는 사실에 대한 극단적인 불편함에서 비롯되었다. 이 차가운 세상에서 가정을 편안하고 아늑한 안식처로 만드는 방법을 다른 여성들에게 가르치는 여성은, 성별에 대한 고정관념에 따르면, 친절하고 숭고하며 부드러워야 한다. 마치 신데렐라에 나오는 요정 할머니처럼. 그러나 그 대신 '살림의 여왕'은 거친 업계의 거물로 변했다.[13] 그녀는 투지가 넘쳤고, 재판에서는 오래전부터 인식되었던 그녀의 단점들, 즉 심술궂고 오만하며 횡포를 부린다는 점이 지적되었다.[14] 보고에 따르면 그녀는 중개인의 조수에게 소리를 지르면서 전화를 끊었다고 한다.[15] 한 셰익스피어 학자는 『USA 투데이』에서 리어왕과 마찬가지로 "자만심이 그녀의 단점"이라고 지적했다.[16] 법정 보고서는 법정에 섰던 그녀의 머리와 복장을 언급했는데, 특히 그녀의 지독한 성미, 그리고 가정을 사랑하고 평안해 보이는 공적인 이미지와 무모하고 악랄한 사적인 이미지 간의 격차를 강조했다.

스튜어트가 자질 문제가 있으며 급한 성미를 가진 변덕쟁이라고 의심하지 못할 이유는 없다. 그러나 이러한 말들이 그와 비슷한 남성 지도자들에 대한 비난보다 더 통쾌하게 여겨지는 이유는 무엇일까? 미 국무부 관리 존 볼턴은 모스크바의 한 호텔 복도에서 여성 대외 원조 담당 근로자를 뒤쫓으며 마치 미친 사람처럼 소리를 질렀음에도 부시 행정부의 UN 대사가 되었다. 사람들은 엔론의 제프리 스킬링의 성격적 결함을 무엇이라고 생각할까? 오만하고, 아마도 경영 기술이 형편없다 생각할 것이다. 그렇다면 기만적인 거짓말쟁이에 자질상의 문제를 지니고 있으며 여러 척의 요트와 함께 애스펀에 수 채의 집을 갖고 있고 20만 달러가 넘는 돈을 들여 생일 파티를 연 케네스 레이의 성격적 결함은 무엇이라고 생각할까? 그렇다. 엔론의 남성들에게도 비난의 화살이 쏟아졌다. 그러나 클린턴과 스튜어트를 험담하는 보도는 이 여성들이 건방지며 그들이 속해서는 안 될 자리까지 갔기 때문에 하루빨리 제자리로 돌아와야 한다는 인식을 강화했다.

「투데이 쇼」의 케이티 커릭조차도 여성 최초로 저녁 뉴스의 단독 앵커가 될 것이라는 발표가 나왔을 때 앞서와 비슷한 상황을 모면치 못했고, 그녀가 뉴스계의 거물이자 전직 앵커 월터 크롱카이트의 공백을 메운다는 표현이 반복적으로 사용되었다. 그녀가 앵커를 맡기 몇 달 전부터 그녀의 실패가 예상되었고, 그러한 예측을 즐기는 분위기도 있었다. 스티븐 윈젠버그는 그녀의 앵커직 전환 발표 후 『USA 투데이』에서 "저녁 뉴스의 앵커로 성공을 거둔 여성은 거의 없다"라고 이야기했다. 그리고 "게다가 커릭은 그러한 추세를 바꾸는 데 필요한 기술과 자질이 부족한 것으로 보인다. 앵커는 저녁 뉴스 팀에서 공격을 지휘하는 선수와 같다. 그리고 어떤 성별이 그 역할을 주로 맡는지를 생각해보면, 여성은 그 역할을 맡지 못한다"고 덧붙였다.[17]

『데일리뉴스』에서는 "아침 TV의 생기 넘치는 공주가 야간 근무로 돌아설 예정이다"라는 기사 첫 줄을 내놓았다. 이 기사에서는 다음과 같은 한 남성 관광객의 말을 인용했다.

"커릭은 미끈한 다리로 유명하죠. 그녀가 CBS로 가더라도 계속 볼 것 같아요. 그녀는 섹시하니까요."**18**

이 기사의 부제는 "그녀가 NBC를 떠나면서 남성들을 크게 제쳤다"였다. 이는 그녀가 새로 받게 될 연봉이 다른 남성 앵커들을 상징적으로 거세함을 의미했다. 『필라델피아 인콰이어러』는 "커릭이 아침 TV에서 저녁 뉴스 앵커로 전향하기에 충분한 자질을 갖추었는지에 대해 몇 가지 의문이 제기되었다"라고 보도했다. 뉴스 대중매체 분석가 앤드루 틴들은 다음과 같이 지적했다.

"반대론자들의 우려는 커릭이 요리를 소개하고 건강 코너를 담당하는 등 아침 방송에 오랫동안 몸담았기 때문에 아무도 그녀를 진지하게 받아들이지 않을 것이라는 점이다."**19**(걱정은 붙들어 매길. 톰 브로코와 찰스 깁슨이 아침 프로그램에 몸담다가 앵커로 전향한 사실을 생각해보라.)

비판과 예측이 난무했고, 대부분은 재앙적인 내용이었다. AP 통신과 『TV 가이드』가 실시한 간단한 조사에서는 커릭이 「투데이 쇼」에 남는 게 나을지, 아니면 CBS의 앵커를 맡는 게 나을지를 묻는 설문조사를 실시했고, 그 결과, 응답자의 49퍼센트가 「투데이 쇼」에 남는 편을 선호했고, 단 29퍼센트만이 앵커를 맡는 편을 선호했다. 『상트페테르부르크타임스St. Petersburg Times』에 따르면, 일부 비평가들이 커릭을 고용한 CBS의 행동을 필사적인 움직임이라 지적했다고 한다.[20] 그리고 CBS의 시사 프로그램을 담당한 앤디 루니는 다음과 같이 언론에 말했다.

"내 생각엔 CBS 뉴스의 사람들이 그녀가 오는 것을 흔쾌히 환영하지 않는 듯하다. 그녀는 월터 크롱카이트 같은 간판급 앵커가 쌓아온 CBS의 이미지에 어울리지 않는다."[21]

『워싱턴포스트』에서 샐리 퀸이 지적했듯이, 톰 브로코와 찰스 깁슨이 앵커를 맡았을 때는 그들이 아침 프로그램 출신이라고 해서 '진지함'이 부족하다는 의견 및 부정적인 반응이 커릭의 경우만큼 심하지 않았다.[22] 그리고 CNN의 루 돕스와 같은 남성 히스테리 환자가 이민 및 중국문제를 '되살아난 황색 공포'라고 칭하면서 광분할 때는 어느 누구도 그가 남성이기 때문에 잔뜩 긴장한 것이라고 여기지 않았다.

2006년 9월 5일 커릭이 「CBS 이브닝 뉴스」에 처음 모습을 보였을 때, 뉴스 시청률이 급격히 상승해 1360만 명이 뉴스를 시청했는데, 이는 CBS에서 8년 만에 가장 높은 시청률이었다. 이는 물론 열띤 홍보와 호기심의 결과이기도 했다. 흰색 재킷에 검은색 셔츠와 스커트를 입은 그녀의 옷차림이 큰 관심의 대상이 되었는데, 이를 두고 『워싱턴포스트』는 그녀가 옷 때문에 통통해 보였다고 혹평했고, 『상트페테르부르크타임스』는 그녀가 우아했다고 반박했다.[23] 『뉴욕타임스』의 칼럼니스트 토머스 프리드먼과 인터뷰할 때 그녀는 관례처럼 그를 마주 보고 의자에 앉아 인터뷰를 했는데, 덕분에 시청자들이 '그녀의 전설적인 다리'를 볼 수 있었다.[24] 안타깝게도, 그녀와 CBS는 그녀가 여성이며 아침 방송 출신이라는 점이 뉴스에 어떤 영향을 미칠지에 대해 착각하고 있었던 것 같다. 그 결과, 딱딱한 뉴스와 더불어 모건 스펄록과 러시 림보 등 아무도 원하지 않는 사람들이 출연하는 '프리 스피치' 코너, 그리고 사람들이 정말로 싫어하는 톰 크루즈와 케이티 홈스의 딸 수리의 최초 사진이 방송되는 등 오묘한 뉴스의 조합이 구성되었다. 시청자들은 빠르게 떨어져나갔는데, 부분적으로 그 이유는 초기부터 뉴스 프로그램의 형식이 적절치 않았기 때문이었다. 몇 주 지나지 않아 커릭의 방송은 시청률 3위로 하락했다. 따라서 케이티 커릭이 2년 후 세라 페일린과의 역사적인 인터뷰를 통해 서양 문명을 구하는 데 한몫했다는 점은 아이러니하다고 할 수 있다.

하지만 정말로 무서운 이야기를 듣고 싶은가? 힘 있는 흑인 남성과 결혼한 힘 있는 흑인 여성은 어떨까? 2008년 선거운동 내내 대중매체는 프린스턴대학과 하버드대학을 졸업한 품격 있고 지적인 여성 미셸 오바마를 어떻게 다루어야 할지 아무런 생각이 없었다. 하지만 '성난 흑인 여성'이라는 정형화된 이미지가 만연해 있었기 때문에, 폭스 뉴스, 『내셔널리뷰National Review』 그리고 인터넷의 소문에서는 그녀를 부정적으로 비추는 데 거리낌이 없었다. 그녀는 조국이 자랑스럽다고 했는데, 느닷없이 '성난 흑인 여성'이라니? 또한 웃음을 유발할 의도로 미셸 오바마를 권총을 들고 주먹을 날리는 테러범의 모습으로 내세운 『뉴요커』의 악명 높은 표지가 있었으나, 그리 재미있지는 않았다. 그녀의 남편이 예비선거에서 당선될 당시 그녀의 지지율은 43퍼센트 정도였는데, 이는 미래의 영부인으로서는 그리 좋은 성적은 아니었다. 심지어 버락 오바마가 대통령으로 당선되고 나서도, 정치 평론가 후안 윌리엄스는 미셸의 '전투적인 분노'를 언급하면서 그녀를 '드레스를 입은 스토클리 카마이클'(1960년대의 급진적인 흑인 운동가)로 묘사했다. 이들은 흑인 여자 주인공이 자기 털끝 하나라도 건드린다면 누구든, 특히 남자에게 신체적으로나 언어적으로나 공격을 일삼는 영화, 이를테면 「빅마마 하우스」 내지는 「마디아」 시리즈 영화를 너무도 많이 본 것임에 틀림없다. 달리 말해, 현실에서 조금이라도 거칠고 대담한 여성은 감시·제지당해야 한다는 이야기다.

미셸 오바마는 시카고대학병원 부원장이었고 여섯 자리의 봉급을 받았으며 여섯 개의 이사회에 참여했을 뿐만 아니라, 미래의 남편이 일을 시작했던 시카고 법률회사의 자문관이었다.[25] 하지만 영부인으로서 그녀의 전임자이자 안도감을 주는 원만한 성향의 로라 부시는 힐러리 클린턴 이후, 영부인의 직책을 듀이 십진분류법으로 청소용품을 정리하는 전업주부의 이미지로 새롭게 재정립했다.

따라서 이미지 쇄신이 시작되었다. 미셸 오바마는 강하고 거친 여성일지도 모른다는 인식을 제거해야 했다. 그녀는 「뷰The View」에 출연하고 학교 아이들에게 책을 읽어주었으며 유명한 백악관 정원 손질을 단행하고, 아이들을 돌보고 제이크루에서 쇼핑을 했다. 그녀는 '엄마 대장'이 되었다. 2009년 4월 그녀가 남편의 최초 유럽 순방을 따라나섰을 때, 언론은 그녀의 방문을 '정복'이라고 묘사하면서 많은 지면과 시간을 할애하여 그녀의 옷차림에 대해 언급했다. 또 프랑스 영부인과의 의상 대결이 있을지에 대해서 주목하면서, 만약 있다면 누가 승리할지를 예측했다.**26** 2009년 5월, 그녀의 지지율은 76퍼센트까지 치솟아 심지어 남편의 지지율을 넘어섰다.**27**

하지만 너무도 많은 국민의 시간이 남아돈다는 증거가 나타났다. 미셸 오바마가 민소매 원피스를 즐겨 입는 점에 대해 논란이 제기된 것이다. 첫 공식 사진에서 그녀는 검은색 민소매 드레스를 입고 있었는데(그런데 멋졌다), 일각에서는 옷차림이 너무 공식적이지 못하며, 아직 겨울인데 민소매 드레스를 입는 것은 철에 맞지 않는다는 의견을 내놓았다.**28** 『뉴욕 타임스』 블로그에는 「미셸 오바마, 또 민소매를 입다」라는 제목으로 그녀가 의회를 대상으로 한 남편의 첫 연설에서 입은 의상에 대한 기사가 올라왔다. 그런데 여기서는 또 그녀의 팔이 너무 길고 근육질이라는 문제가 제기되었다. 그러면서 수년간의 노력으로 다져진 팔이라는 평가를 내놓았다. 이 기사에 대한 일반적인 온라인의 반응은 이러했다.

"왜 이런 내용이 정치 블로그에 있을까? 패션 블로그에 있어야 할 내용 아닌가? 연설 내용은 중요하지 않고 미셸 오바마의 팔만 중요한가?"

"이런 내용이 왜 '뉴스'여야 하는가? 난 그녀의 역량과 개성을 존경하지, 그녀가 무엇을 입는가에는 관심이 없다. 왜 그녀의 한쪽 면만 부각하려 하는지 모르겠다. (…) 행운이 있길."**29**

미국의 제정신인 사람들에게 감사의 뜻을 보낸다.

2010년 봄. 밤 9시 혹은 10시. 리모컨을 눌러 TV를 켠다. 그러면 뉴스와는 전혀 다른 세상에 들어선다. 한 채널에서는 여성 외과의들이 사람들의 생명을 구하는 바쁜 와중에도 사랑을 꽃피운다. 그런가 하면 또 다른 채널에서는 미국에서 가장 상황 판단이 빠르고 지략에 능하며 성공한 변호사 중 한 명인 50대의 금발 여성이 등장한다. 그 외 여러 채널에서도 여성 수사 경찰, 경찰서장, 병원 고위급 간부, FBI 요원, 컴퓨터 전문가, 변호사, 법률 파트너, 기업 간부, 심지어 여성 대통령까지 등장한다. 이 모든 여성은 기존에 남성들이 장악했던 법 집행 분야, 의학 분야, 백악관 고위직에 집중되어 있다. 그렇다면 여성들은 모든 걸 이룬 것일까?

하지만 중요한 것은 그들이 하는 일, 또는 그들이 통솔하는 대상이 아니다. 중요한 것은 그들이 말하려는 내용이다. 그들은 돈 리클스▪에게서 말로 남을 깔아뭉개는 기술을 배운 것으로 보이는, 하늘을 찌를 듯한 확신감에 찬 철기병들이다. 당신이 직장에 있다고 상상하고, 남성 부하 직원이 규정에 위반되는 사항을 제안했다고 하자. 당신은 이렇게 말할 수 있다.

"당신이 제시한 사항은 불가능해요. 우리가 법적 속성이 불확실한 대안이라도 추구하게 된다면, 혹은 태양이 폭발한다면, 그 제안을 다시 고려해보죠."

혹은 또 다른 남성 부하 직원이 성적 의미가 담긴 대화를 시도할 경우, 당신은 이렇게 말할 수 있다.

▪ 미국의 코미디언, 영화배우

"난 상사니까 당신의 성적 농담을 받아줄 수 없어요. 하지만 분명히 하는 말인데, 내가 누군가를 찾고 있다면, 그는 키가 더 클 거예요. 외모도 더 나을 거고요. 그는 고등학교 2학년생보다는 더 성숙한 사람일 거예요."

여성 상사들이 남성들의 기를 죽이며 호되게 질책하는 세상에 온 걸 환영한다.

2007년 여성이 실제로 대통령에 출마할 자격이 되었을 때, 미국인들은 이미 극적인 TV 드라마, 몇 편의 영화, 뉴스에서 점점 많은 여성이 권력을 갖게 되는 현상을 목격했다. 예를 들면, 「로 앤드 오더」의 부서장 애니타 밴뷰런, 「커맨더 인 치프」의 매켄지 앨런 대통령, 「24」의 앨리슨 테일러 대통령, 「클로저」의 특수 강력반 부국장 브렌다 리 존슨, 「웨스트 윙」의 백악관 언론 담당 비서 C. J. 크렉, 「하우스」의 상사 리사 커디, 또는 그 외 많은 TV 드라마의 여성 고위직 간부 등 권력을 지닌 여성에 대한 이미지와 생각은 적어도 오락 프로그램에서만큼은 실제로 자연스러운 것이 되었다. 매들린 올브라이트, 샌드라 데이 오코너, 콘돌리자 라이스, 낸시 펠로시와 같은 뉴스거리가 되는 사람과 정부 관리들은 이러한 새로운 인식을 더욱 강화했다. 그리고 진화된 성차별이 파괴하고 무너뜨리려 하는 것이야말로 이러한 기존의 페미니즘이었다.

그러나 화면에서 볼 수 있는 환상의 세계와 달리, 실제 삶에서 사회는 그리 평등하지 않다. '야심과 포부에 가득 찬' 프로그램과 등장인물을 제시하려는 대중매체의 열의가 가득한 가운데, 대부분의 '실제 여성'과 그들이 '실생활'에서 하는 일은 힘, 성취,

「로 앤드 오더」의 애니타 밴뷰런(S. 에 파사 머커슨)은 남성이 지배한 직업 세 계에서 존중을 받으며 진지하게 간주 된다. 그녀는 함께 일하는 거친 남자 형사들에게 거리낌 없이 명령을 내리 고, 그들에게서 반감을 살 수 있다는 두려움 없이 그들에게 말을 한다.(홍 보용 사진, 저자 소장)

「그레이 아나토미」는 여성이 직업 세계에서 최고의 자리 에 오르고 생명을 구하며 남 성들과 경쟁할 뿐만 아니라 남성 상사에게 당차게 응수 할 수 있으며, 그럼에도 훌 륭한 섹스를 할 수 있는 유 토피아적인 다인종의 세계를 보여준다.(홍보용 사진, 저자 소장)

통제의 환상에 가려 보이지 않게 되었다. 낸시 펠로시를 제외하고 2009년 의회의 단 17퍼센트가 여성이었다. 그리고 전체 경찰관 중 14퍼센트만이 여성이며, 경찰서장 중 1퍼센트만이 여성이다.[30] 잡지 『포춘Fortune』이 발표한 상위 500대 기업 CEO 중 여성은 몇 명이나 될까? 고작 15명이다.[31] 로스쿨에서는 그 어느 때보다도 많은 여성이 졸업했을지 모르나(남성과 거의 같은 수가 졸업함), 2005년 미국 주요 법률회사의 경우, 파트너의 단 17퍼센트만이 여성이었다.[32] 그리고 의과대학 학생 중 여성이 절반을 차지하나, 2007년의 경우, 새로운 외과의의 단 20퍼센트만이 여성이었다.[33] 이것이 의미하는 바는 비서나 육아 근로자 대신 여성 의사나 변호사를 보여줌으로써 TV가 여성의 성취를 지나치게 과대평가하고, 여성의 전문직 진출을 과장한다는 것이다.

또 다른 현상 역시 일어나고 있다. 많은 사람의 경우, 여성 상사나 권력을 가진 여성을 보게 되는 주요 경로가 대중매체, 특히 TV다. 그렇다면 이러한 대중매체 이미지는 권력을 가진 여성에 대해 무엇을 이야기할까? 여성 상사들을 다양하게, 때로는 모순되게 표현한 대중매체의 이미지로부터 시청자들은 어떤 교훈을 얻었을까? 진지하게 받아들여지기 위해서 이 여성들은 무엇을 해야 했을까?

돌처럼 차갑고 냉담한 편이 도움이 될 것이다. 비판이나 모욕에 쉽게 동요하지 않고 정곡을 찌르는 말에 능하다면 더욱 좋다. 1981년의 인기 경찰 드라마 「힐 스트리트 블루스Hill Street Blues」

가 그 시작이었다. 당시에는 권력을 가진 전문직 여성이 등장하는 TV 드라마가 거의 없었는데, 이 드라마에서는 얼음처럼 차갑고 강철처럼 강인하며 아름다운 국선 변호사 조이스 대븐포트가 등장한다. 그녀는 공개적인 자리에서는 절대로 웃지 않고, 남성에게는 절대로 공손하지 않으며, 여러 경찰관과 이야기할 때는 직설적인 발언을 서슴지 않았다. 그러나 얼마 지나지 않아 그녀가 관할 구역의 책임자인 프랭크 푸릴로와 낭만적인 사랑에 빠졌다는 사실이 드러났다. 또한 그녀가 일부러 남들 앞에서 강인한 모습을 보임으로써 자신이 대해야 하는 경찰관들의 상사인 그와 사랑에 빠졌다는 이유로 인해 그들 사이에서 자기 위신이 흔들리는 일이 없도록 했음이 드러났다. 강인한 변호사 대븐포트는 푸릴로의 전 아내 페이와는 대조되는 모습을 보였다. 페이는 목소리가 높고 변덕이 심하며 때로는 감정적으로 몹시 불안해하는 엄마로서, 언제나 푸릴로에게 더 많은 이혼 수당을 달라고 요구했다. 여기서 법칙은 대븐포트와 같은 권력을 가진 여성은 언어적으로 때로는 남성보다 더 거칠어야 하며, 직장에서 감정을 허용해서도, 타협할 의사를 절대로 내비쳐서도 안 된다는 것이다.

대븐포트라는 인물은 일을 할 때 여성성을 전혀 보이지 않는데, 이는 「로 앤드 오더」의 애니타 밴뷰런에 의해 계승되었다. 밴뷰런은 여러 거친 남자 형사들의 상사였다. 이러한 형사들을 방해하는 것은 불가능하지만, 밴뷰런을 방해하는 것은 더더욱 불가능했다. 여기서 꿈같은 일은 그녀가 임무를 수행하는 데 그녀가 여성이라는 사실이 전혀 지장이 되지 않는다는 점이다. 그녀는 거칠게 말하며 단호하게 지휘권을 발휘했고, 어느 누구의 허튼소리도 용납하지 않았다. 어딘지 모르게 꿀과 자갈을 섞은 듯한 멋진 목소리로 그녀는 다음과 같이 직접 명령을 내렸다.

"용의자들을 정렬하세요."

"바로 착수하세요."

"찾을 수 있는 건 다 찾으세요."

그녀는 '해주실 수 있겠어요?' '혹시……' '괜찮으시다면……' 등 여성들이 사회화를 통해 배우는 어법 대신, 단도직입적으로 말했다.[34] 그녀는 다음과 같이 형사들에게 강압적으로 재촉하기도 했다.

"오늘 밤 용의자에게 왜 수갑을 채우려 하지 않는지 그 이유를 다시 말해보세요."

그리고 목격자들이 같은 회의실에 모여 있다는 형사들의 말에 그녀는 이렇게 비꼬았다.

"거기서 할 말들을 비교하나요?"

냉소는 그녀가 자주 쓰는 무기였으며, 좋은 효과를 냈다.

한편, 용의자들은 더 험한 대우를 받았다. 한 남자가 심문실로 끌려와 "내가 왜 여기 있는지 모르겠어요"라고 결백을 주장하자 밴뷰런은 입술을 깨물며 다음과 같이 말했다.

"차가 쌩쌩 달리는 웨스트사이드 고속도로에서 범퍼카를 운전해봐야 정신을 차리겠나? 들어본 적 있나?"

그런 다음 그녀는 심문실 탁자에서 의자를 꺼내 앉으라고 명령하고, 그는 단숨에 앉는다. 또 다른 회에서는 한 의사가 그녀의 권위에 도전하며 살인 사건의 용의자인 자신의 환자를 보겠다고 요구했다. 큰 실수다. 그녀는 "당신 옷깃에 나보다 별을 더 많이 달 때까지는 안 돼요, 의사 양반. 당신은 그런 빌어먹을 일을 나한테 요구할 수 없어" 하고 쏘아붙였다. D학점을 받은 학생이 대단하신 자기 삼촌이 우리 학교 총장을 안다면서 내게 A학점을 요구한다면 내가 "네가 박사 학위를 따기 전까지는 그런 빌어먹을 일을 나한테 요구할 수 없다"고 말할 수 있을까?

내 주변에는 실제로 여성 경찰 수사관 같은 인물이 없지만, 권력을 가진 지위에 있는 내가 아는 여성들은 이렇게 말하지 않는다. 게다가 같은 지위에 있는 남성들도 이렇게 말하지 않는다. 물론 나는 형사 사법계가 아닌 학계에 있다. 하지만 두 분야는 가끔 놀라울 만큼 비슷하기도 하다. 밴뷰런 및 그녀와 같은 여성들은 겉모습이 아니라 말하는 방식과 관련하여 놀라운 환상을 제공했다. 그들은 단도직입적으로 딱 부러지게 말했으며, 남자를 기쁘게 하거나 비위를 맞추려는 기미가 전혀 없었고, 강하고 거칠게, 심지어 공격적으로 행동할 경우 남에게 호감을 사지 못한다는 두려움마저 없었다. 그런데도 아무도 그들을 악녀라고 부르지 않았다. 이 드라마의 가장 큰 매력 중 하나는 남녀가 동등하게 협력자로서 일하고, 때로는 남성이 때로는 여성이 상위에 있으며, 일터를 배경으로 하는 많은 드라마에서 볼 수 있는 남녀 간의 성적이고 낭만적인 관계가 대개 등장하지 않는다는 점이다. 밴뷰런에게는 대부분의 여성이 사회화를 통해 지니게 되는 부드럽고 포용적인 측면이 없었다. 그리고 이 드라마는 그러한 상태가 이상적이라 간주했다. 시즌 11에서는 그녀만큼이나 강인한 변호사 노라 르윈이 등장했다. 드라마의 제작자 딕 울프는 그녀를 '벨벳 장갑을 낀 강철 주먹'이라 표현했다. 이 여성들은 마치 비단 속옷처럼 편안하게 권력을 몸에 걸쳤다.

반면, 별로 호감이 가지 않는 닥터 케리 위버라는 인물도 있다. 그녀는 드라마 「ER」에서 응급 부서의 책임자로 등장했다. 위버는 처음부터 끝까지 최악의 여성 상사로 역할을 다했다. 그녀는 사람보다는 관료적인 규율을 더 중시하는 아주 엄격한 사람으로, 자주 성급한 결정을 내려 잘못된 결과를 초래하기도 하고, 공적인 자리에서 아랫사람을 깎아내리는 말도 서슴지 않았다. 그녀는 찔러도 피 한 방울 나오지 않는 냉혈한처럼 보인다. 그러다 보니 그녀의 아랫사람들은 그녀를 향해 분개하고 그녀에게 반항하거나 그녀의 권위에 도전하려 했다. 그녀는 부당하게 악행을 저질렀기 때문에 그녀의 아랫사람들이 그렇게 무례한 행동을 해도 공감이 갈 수밖에 없었다. 그녀는 힘을 가진 여성이 어떻게 행동하면 안되는지를 매주 보여주는 교본이었다.

한 회에서 그녀는 주차된 구급차의 뒷문을 열었다가 닥터 말루치와 여성 응급 구조사가 섹스를 하고 있는 장면을 목격한다. 그녀는 곧바로 그에게 해고를 통보한 뒤 문을 닫는다. 그러나 말루치는 이를 받아들이지 않는다. 그는 묻는다.

"제게서 뭘 원하세요? 정식 사과요?"

이는 물론 좋은 시작이 될 수 있었다. 그녀는 환자와 의사의 이름을 적어놓는 게시판에서 그의 이름을 지운다. 그러자 그는 다시 가서 자신의 이름을 써넣는다. 말루치는 위버보다 아랫사람인 닥터 그린에게 가서 이렇게 말한다.

"그녀는 절 해고했다고 생각해요."

그린은 위버에게 가서 그녀의 화를 누그러뜨리고 설득하기 위해 노력한다.

"두 사람이 잘 지내지 못한다고 해서 당신이 그를 해고할 수는 없어요. 만약 그렇다면 당신은 우리 모두를 해고해야 할 거예요."

그린이 이러한 충고를 상사에게 하고 난 후, 말루치는 위버 몰래 환자들을 돌보며 업무를 재개한다. 결국 그를 발견한 위버는 그가 해고된 상태임을 주장한다. 그의 반응은 어땠을까? 그는 이렇게 목소리를 높인다.

"당신은 불행하고 차가운 가슴을 가진 나쁜 여자예요. 그거 아시나요? 당신은 나를 싫어할 수도 있지만, 여기 있는 어느 누구도 당신을 좋아하지 않아요. ER이 본인에게 왜 그렇게 중요한지 알아요? 그건 바로 당신 삶에 그것밖에 없기 때문이에요. 이 나치 같은 인간."

실제 상황에서 의사가 업무 중에 여성 응급 구조사와 섹스를 했는데도 상사가 아무런 조치를 취하지 않는다면, 그건 「60분」방송에나 나올 이야기다. 하지만 이 드라마의 맥락에서 본다면, 그녀를 향한 이러한 모욕은 올바로 겨냥된 듯 보이며, 따라서 완벽히 정당화된다.

드라마에 따르면, 위버의 문제는 여성인 그녀가 권위를 지나치게 중시하고, 권력 자체를 매우 사랑한다는 점이다. 밴뷰런과 달리, 위버는 유머 감각도 없고 자신의 요구를 원활하게 관철시키기 위해 냉소적인 농담을 사용할 줄도 모른다. 그녀는 또한 본인의 결정과 진단이 언제나 옳다고 주장하고, 본인이 틀렸음을 결코 인정하려 들지 않는다. 결국 그녀는 콘크리트 덩어리 같은 존재로 비치고 만다. 그녀는 업무에 영향을 줄 수도 있는 부하 직원들의 개인적인 삶에 대해서는 아는 바가 거의 없고, 관심도 없다. 특히 그녀가 대가를 치르는 회에서, 그녀는 폭풍우가 치는 날씨에 아랫사람 중 한 명에게 자기 아들이 생일 파티에 가져갈 생일 선물을 사오라고 명령하는데, 마지못해 선물을 사러 간 그는 결국 벼락을 맞는 사고를 당하게 된다.(여성의 권력이 도를 넘을 경우 벌어지는 참사를 그 얼마나 극적으로 나타낸 각본인가?) 심지어 집에서 소파에 앉아 TV를 보는 시청자들마저도 그녀의 횡포가 초래한 참담한 결과를 알아채는데, 냉담하고 몰지각한 그녀는 상황 파악을 하지 못한다. 결국 무슨 일이 벌어졌는지 알기 전까지 그녀는 그를 향해 이렇게 소리치기까지 한다.

"대체 사 오라는 곰 인형은 어떻게 된 거야?"

단 한마디의 사과도 없이, 그녀는 그의 몸에 심장 모니터기를 걸라는 지시만을 내린다.

위버는 「ER」에서 바람직하지 않은 여성 상사를 대표하는 인물로, 그녀의 인격적 특성은 어떤 일이 있더라도 버려야 할 것들이다. 시청자들은 여성이 독재적이고 요구가 많으며 무감각한 인물이라는 평가를 받을 경우 치러야 할 대가를 반복적으로 목격했다. 어느 누구든 그녀를 싫어하고, 그녀의 권위에 도전하려 들 것이다. 이 드라마는 특히 이 여성에게 잔인하며, 결국 그녀가 레즈비언임이 드러나면서 상황이 최악으로 치닫는다. 그녀와 연인과의 관계, 그리고 아들과의 관계는 그녀를 인간적 측면에서 그려낼 의도로 보이지만, 케리 위버는 여전히 거칠고 권력에 굶주렸으며, 출세가도를 달리는 데만 관심이 있는 인물이다. 게다가 아랫사람들로부터 존경이나 존중을 받는 일보다는, 거액의 기금을 제공하는 기관이나 보험회사에 잘 보이는 데만 관심이 있다.

그렇다면 완전히 반대의 입장에서 지나치게 감정을 이입하는 인물이 있다면 어떨까? 이는 특히 「로 앤드 오더: 성범죄 전담반」의 형사 올리비아 벤슨의 치명적 약점이기도 하다. 형사 엘리엇 스테이블러와 한 팀을 이루어 두 사람은 잔인한 성범죄를 수사하는데, 그러기 위해서는 벤슨에게 상당히 강인한 면모가 필요했다. 스테이블러와 달리, 벤슨은 자주 본능에 의존했다. 부분적으로 그 이유는 그녀가 범죄의 희생양이 된 아이 및 젊은 여성들에게 깊은 유대감을 느꼈기 때문이다. 학대나 범죄가 이루어졌음을 증명하는 확실한 증거가 없을 때도 그녀는 여전히 감을 믿고 염탐을 했는데, 그러다 사무실 업무를 맡는 처벌을 받거나 법을 어길 지경에 이르기도 했다. 벤슨은 또한 말을 거칠게 하기로도 유명했다.

"이건 내 사건이야. 내가 사건을 지휘하는 형사라고."

그녀는 변호사들과의 언쟁에서 '헛소리 마!'라는 말을 내뱉기도 했다. 게다가 나쁜 자들을 향해 총을 쏘는 데도 거리낌이 없었고, 한 회에서는 스토커가 그녀의 집에 침입하여 그녀를 찌르자 책으로 그 괴한을 두들겨 패 쓰러뜨렸다. 그럼에도, 명시되지 않은 드라마의 전제는 여성이 본질적으로 남성보다 공감적이며, 그래야 한다는 점이다. 그리고 소녀와 여성들이 소년과 남성들보다 성범죄의 희생양이 되는 경우가 훨씬 더 많기 때문에, 벤슨은 사건의 희생자들에게 더욱 특별한 연대감을 느꼈다. 그녀는 희생자들이 대화하고 싶어하는 유일한 사람이었고, 피해를 입은 그들 곁에 무릎을 꿇고 앉아 쓰다듬어줄 수 있는 유일한 사람이었다. 그녀의 직감, 감성 지능은 일부 사건 또는 희생자들과 관련하여 중심적인 역할을 했다. 트랜스젠더가 유죄인지의 여부를 형사들과 토론하는 과정에서 그녀는 이렇게 말한다.

"내가 그녀와 이야기해봤어요. 나는 그녀가 폭력적인 사람이라고 생각하지 않아요."

그리고 어린 소녀가 그녀에게 전화를 걸어 학대당하고 있다고 말했을 때, 다른 형사들은 거짓말이라고 생각했으나 벤슨은 그렇지 않았다. 그리고 그녀의 직감이 옳았다. '여성의 직감'이 거짓이고 비논리적이며 허구라고 비하되는 동시에 여성이 전략 공군 사령부보다 더 뛰어난 감정의 레이더 시스템을 갖고 있다고 신비화되는 상황을 목격한 우리로서는, 예민한 감수성과 변태 성범죄자를 곧바로 땅바닥에 때려눕힐 수 있는 능력이 조합될 수 있다는 환상에 이끌리지 않을 수 없다.

이제 「클로저」를 살펴보자. 이 드라마에는 특수 강력반 부국장 브렌다 리 존슨이 등장한다. 강력 살인 사건을 해결하기 위해 애틀랜타에서 로스앤젤레스로 스카우트되어 온 그녀는 길고 구불거리는 머리 모양과 남부 특유의 억양이 특징이다. CIA에서 훈련

받은 심문관인 존슨은 L.A. 경찰서장이자 옛 연인인 윌 포프에 의해 L.A. 경찰청으로 오게 되는데, 그녀는 새로운 '특수 강력반'을 맡게 된다. 여성이 남성들의 세계인 강력반을 맡게 되자, 경찰서 내 남성들은 즉각 못마땅하다는 반응을 보인다. 첫 회에서 존슨은 살인 사건 현장으로 성큼성큼 들어온 뒤, 부패해가는 시신에서 다른 어떤 남자 형사보다도 더 긴밀하고 신속하게 여러 실마리를 발견한다. 그러던 중 현장의 경찰들이 수색 영장을 발급받지 않고 필요한 절차를 따르지 않았음을 금세 알아챈다. 누군가가 다가와 그녀에게 이렇게 말한다.

"이런 걸로 깐깐한 년처럼 굴지 말자고."

그러자 그녀는 이렇게 대꾸한다.

"미안하지만, 그딴 소릴 즐거이 들어 넘겼으면 내가 이혼을 안 했겠지."

존슨을 선택한 이유에 대해 포프는 이렇게 설명한다.

"그녀는 미인대회 참가자가 아닙니다. 사건 종결자(클로저)죠."

그러나 이 말은 집단으로 전근 신청을 했던 부서 사람들의 마음을 조금도 누그러뜨리지 못한다.

여기서 관건은 밴뷰런이 처리해야 했던 거칠고 험한 경찰 업무와 여성 단체의 수장이 보일 법한 그녀의 개인적 스타일, 이를테면 말투, 머리 모양, 화려한 옷의 결합이다. 심문실에서 살인자들을 다루고 동료들과 경쟁해야 하는 자가 이러한 전형적인 여성성을 보일 수 있을까? 「클로저」의 한 가지 환상은 그 두 가지가 공존할 수 있다는 점이다. 또 다른 환상은 거친 면모를 벌충하기 위해서는 구불거리는 여성스러운 머리 모양과 남부 지방의 말투가 필요하다는 점이다. 특히 시즌 1에서 각 드라마는 여성이 살인 사건과 관련하여 자신의 권위를 계속해서 주장할 필요가 있다는 내용이었다. 이 드라마의 전제는 남부에서 온 이 미모의 여인이 남자의 기를 죽이는 위협적인 여자가 되어야 하며, 노골적인 성차별주의, 그녀의 권위에 대한 분노와 멸시, 참혹한 살해 현장과 그보다 더 참담한 시체, 적대감을 보이는 용의자 및 그들의 변호사들과 대면해야 한다는 점이었다. 존슨은 자신을 향한 분노가 없는 것처럼 행동하고, 간혹 모욕적이긴 하지만 결국엔 성과가 있는 지시를 내림으로써 모든 남성에 대해 권력을 행사하고, 나머지 사람들보다 열 배는 더 나은 사람이 됨으로써 그러한 전제에 맞섰다.

자기 회의적인 생각이 든다고? 그건 아니다. 존슨은 범죄를 해결하는 데 어느 누구보다도 앞서 나갔으며, 그녀의 심문 기술은 언제나 좋은 결과를 가져다주었다. 심지어 비디오 화면을 통해 남자 형사들이 그녀의 심문을 지켜보면서 그녀가 실수를 했다고 확신할 때도 실은 의도된 실수였으며, 심문 결과는 늘 성공적이었다. 여기서 거듭 제시되는 교훈은 지식이 힘이라는 점이다. 더 많이 연구하고 자료를 수집하고 분석할수록 그녀의 남자 부하들이 종종 간과하곤 하는 더 많은 규칙을 알고 따르게 되며, 남성들을 이길 수 있다는 점이다.

이는 「뉴욕경찰 24시」의 앤디 시포위츠가 선호하는 호된 유형의 심문 기술은 아니다. 브렌다 리 존슨은 여성성을 가장하여 교묘한 책략을 사용하고, 예의 바른 모습과 공감, 미소, 남부 사람

특유의 느린 말투를 보여주며, 겉으로는 배려가 깊고 순진해 보인다. 그녀는 용의자로부터 신뢰를 얻은 다음, 용의자와 사건에 대한 모든 정보를 사용하여 그를 궁지로 몰아 결국에는 자백하게 만든다. 그 광경에 성차별주의를 고수하는 늙은 경위 앤디 플린, 경위 프로벤자, 경감 테일러 같은 자들이 놀라워하곤 한다.

미소를 띠며 '부탁합니다' '감사합니다' 같은 말을 자주 하는 남부 특유의 방식은 그녀가 지속적으로 사용하는 무기로, 용의자들이 방심하도록 유도하거나 그녀의 지시를 따르길 원치 않는 남성 동료들의 짜증을 진정시키는 데 교묘하게 사용된다. 존슨은 누구에 의해서도 위협받지 않는다. 상사에 의해서도, FBI에 의해서도, 수사 대상인 범죄자들에 의해서도 아무런 위협을 받지 않는다. 남자 부하들을 다스리는 방식을 볼 때, 존슨은 『초우량 기업의 조건In Search of Excellence』이나 『경영직 여성The Managerial Woman』보다 『10대를 무사히 기르는 방법How to Raise Teenagers Without Killing Them』 또는 『강아지 조련사The Dog Whisperer』에 더 착안하는 듯하다. 내 추측인데, 직장에서 직원들을 감독하는 업무를 맡은 많은 여성 시청자가 존슨을 보고 도움을 받았으리라 생각한다.

시즌 1에서는 경위 플린, 프로벤자, 경감 테일러가 존슨의 권위를 무너뜨리기 위해 그녀를 자주 속인다. 그들의 시도는 별다른 성과가 없었으나, 단순히 남성들이 지배하는 세상이 아닌, 구석기 시대적인 사고를 가진 사람들로 가득한 이 세상에서 그녀가 봉착한 현실을 보여주었다. 이 드라마는 특히 용의자들을 '나쁜 년'이나 '레즈비언'으로 부르는 흰머리의 형사 프로벤자에 의해 나타나는 성차별주의가 시대에 뒤떨어지며 불쾌할 뿐만 아니라, 당사자를 더 어리석은 사람으로 만듦으로써 임무 수행에 방해가 된다는 점을 명확히 했다. 존슨이 부서 사람들에게 사건 보고를 하고 법적인 무언가를 제안하거나 자신이 앞으로 어떻게 할지 모르겠다는 의사를 밝힐 때 이 남성들 중 누군가가 끼어들면, 그녀는 의견을 제시해준 점에 대해 감사를 표시하고는 그의 제안을 무시하고 진행을 계속해나갔다.

인물을 부드럽게 하려는 의도에서, 존슨은 단것을 매우 좋아하고 FBI에 남자친구가 있으며 범죄의 여성 희생자들에게 깊은 공감을 느끼도록 설정되었다. 그녀는 여성성과 지휘를 행하는 통솔력이 어떻게 조화를 이루는지를 보여주는 전형적인 '철의 목련steel magnolia'(미국 남부의 전형적인 여성)이었다. 이 점을 확실히 보여주기 위해 의도된 듯한 장면에서, 존슨은 갓 태어난 새끼 고양이들을 사무실에 임시로 두고 있었다. 사무실에서 그녀는 경쟁 관계에 있는 살인강도 부서의 총괄 책임자이자 그 회의 초반부에 그녀로부터 권한을 빼앗아 무관한 용의자로부터 거짓 자백을 받아낸 자와 마지막 설전을 벌이는 중이었다. 그는 그녀에게 사과를 할 수밖에 없었다. 그녀는 새끼 고양이들을 들어 올려 어루만지면서 이렇게 말했다.

"당신에게서 사과 따위 받을 생각 없어요. 난 내 지위를 인정받고 싶을 뿐이에요. 지휘 체계에서 당신은 나보다 아래에 있다는 점을 명심했으면 좋겠네요. 그리고 정식으로 경고하는데, 내 수사를 방해하려는 수작을 했다가는 포프 서장이 당신에게 내부 조사를 실시할 겁니다. 이는 내규를 따르지 않는 경관을 조사하는 공식 절차예요."

여성이 진주와 놋쇠 너클을 조화시킬 수 있어야 하고, 그렇게 할 필요가 있다는 점은 「보스턴 리걸」에서도 확인된다. '크레인, 폴 & 슈밋'은 완전히 자아도취적이고 정신적으로 불안한 데니 크레인과 그의 절친한 친구이자 미혼의 바람둥이인 앨런 쇼어가 장악한, 남성 호르몬이 넘쳐흐르는 법률회사다. 시즌 1의 중반부에서는 저조한 실적을 내는 회사를 되살리기 위해 셜리 슈밋이 등장한다. 처음 모습을 드러낸 장면에서 셜리는 앨런이 소변을 보고 있는 남자 화장실에 불쑥 들어간다.

"당신 대체 누구야?"

그녀가 묻는다. 앨런이 셜리에게 추파를 던지려 하고, 그녀가 그에게 여러 방면으로 모욕을 준 끝에, 그녀는 그의 성기가 작다고 말하며 화장실을 나간다. 셜리는 자신이 회사를 장악했고, 받은 만큼 되돌려줄 것이며, 어느 누구의 허튼소리도 용납하지 않겠다는 점을 확실히 했다. 그럼에도 드라마에는 유쾌한 요소도 많았는데, 오래전에 셜리와 연인 관계였던 데니는 여전히 매력적인 그녀의 모습에 이끌려 셜리를 닮은 공기주입식 성인용 인형으로 그녀에 대한 환상을 충족시켰다. 당시 셜리 역할의 배우 캔디스 버건이 59세 가까이 되었을 뿐만 아니라 드라마가 의도적으로 유별났기 때문에, 「보스턴 리걸」이 중년 여성도 여전히 매력적일 수 있다는 점을 확신시키려는 의도인지, 아니면 그러한 생각을 조롱하려는 의도인지 시청자들은 잘 헤아릴 수 없었다. 하지만 중요한 사실은 셜리 슈밋이 처음부터 성적으로 대상화되었으며, 그녀의 영향력의 일부는 회사 내 남자들에 대한 그녀의 성적인 힘에서 비롯되었다는 점이다.

셜리는 「클로저」의 '부탁합니다'와 '감사합니다'라는 어법에 의존하지 않는다. 그녀는 단도직입적이고, 때로는 퉁명스럽다. 한 여성 변호사를 해고할 때 그녀는 단 한마디 "당신은 해고야"라고 말한다. 여성 변호사가 항의하자 그녀는 이렇게 되받아친다.

"그럼 어쩔 건데? 나를 고소하려고?"

그리고 직장에 어울리지 않는 옷을 입은 또 다른 여성 변호사 곁을 지나면서 그녀는 그 변호사의 이름을 물으며 "매우 멋진 옷이군요, 샐리. 유혹할 사람이라도 있나요? 적절한 옷을 입도록 하세요. 변호사 티라도 내봐요"라고 비아냥거린다.

그다음 회에서 셜리는 성희롱과 관련하여 앨런에게 다음과 같이 경고한다.

"그런 행동은 크레인, 폴 & 슈밋에서는 용납되지 않아요."

앨런은 성희롱이 구체적으로 어떤 행동인지를 물은 다음, 그럼 부하 직원이 아닌 상사에게는 해도 되는지 묻는다. 그러자 그녀가 그에게 지시한다.

"『내셔널 지오그래픽』을 구독하세요. 그리고 당신이 앞으로 가 보지 못할 모든 장소의 목록을 적으세요. 거기에 슈밋도 추가하세요."

종종 공격적이고 모욕적인, 그리고 재치 있는 응수로 받아치고, 그보다 더 직설적으로 명령을 내리면서, 셜리는 정장과 스카프를 착용하듯이 아무런 힘도 들이지 않고 권위를 몸에 걸친다.

여성 대통령이 등장했으나 그리 오래 방영되지 못했던 「커맨더 인 치프」에서 거친 면모와 여성성의 조화는 완벽했다. 매켄지 앨 런은 현직 부통령이었고, 병을 얻어 생명이 위독해진 대통령은 그 녀에게 부통령직에서 물러날 것을 요청하면서, 그 빈자리를 더욱 적절한 인물, 즉 공화당 하원의장인 네이선 템플턴이 채우도록 지 시했다. 그러나 앨런은 결국 그 요청을 거절하고 미국 최초의 여 성 대통령이 되었다. 「커맨더 인 치프」는 2005년 가을 화요일 밤 시간대에 시청률 1위를 기록했으나, 이러한 상승세는 2006년 1월 부터 동 시간대에 「아메리칸 아이돌」이 방송되면서 하락하기 시작 했다. ABC는 드라마의 프로듀서를 교체하고 드라마를 잠시 중단 했다가 목요일 밤 10시로 방송 시간을 옮겼다. 이는 시청률이 잘 안 나오는 시간대로, 「커맨더 인 치프」의 시청률은 결국 곤두박질 쳤다. 하지만 드라마가 방송되는 동안, 수많은 미국인은 여성이 미국을 통치하면 어떨까 하는 환상을 즐겼다.

앨런 대통령은 엄격한 지휘 방식(보좌관에게 다음과 같이 명령을 내린다. "전화가 오게 만드세요." "이걸 당장 하세요." "그는 내게서 직접 말을 들어야 해요." "10분 전 상황을 알아야겠어요")과 본능("나는 감으 로 알 수 있어")을 결합했다. 한 예로, 그녀는 코카나무를 생산하는 라틴 아메리카의 작은 나라에서 연설을 하던 도중, 원고를 읽지 않고 국민들의 봉기를 촉구했다. 그녀는 테러, 막 시작된 전쟁과 같은 각종 사건에 대처하는 동시에, 어떻게 해서든 자신을 음해하 려는 템플턴의 노력을 막아내야 했다. 「커맨더 인 치프」는 여성도 나라를 다스릴 수 있다는, 과히 잘 다스릴 수 있다는 점을 확실히 보여주었다. 다양한 위기에 대한 앨런 대통령의 해결책은 자문관들로부터 최대한 많은 정보와 의견을 듣고 직감을 결합하는 것이었고, 그녀가 내놓은 해결책은 거의 언제나 적중했다. 남성 대통령에게도 그러한 능력은 완전히 비현실적인 환상이었다.

한 가지는 확실했다. 이들 드라마에서 성취를 이룬 여성은 겉모습이 재닛 리노와 같을 수는 없다는 점이다. 「하우스」의 닥터 커디나 각종 「CSI」 시리즈의 여성 법의학관들이 책상(또는 시체) 너머로 몸을 기울일 때 자랑스럽게 드러내는 가슴골을 뚫어지게 바라보면서 우리는 이러한 묘사에서 여성성의 과시가 얼마나 필요한지를 목격한다. 이 여성성의 과시는 그들의 역할에 내재된 페미니즘을 약화하기 위한 것이다. 대중매체의 영역에서 여성들은 페미니즘의 기준과 여성성의 기준에 의해 동시에 평가되며, 반드시 둘 다 만족시켜야 한다. 하지만 여전히 여성성의 기준이 좀 더 중요하다.

우리는 두 가지를 다 얻었다. 하나는 여성이라는 성별이 전혀 문제시되지 않는, 혹은 결국에는 문제시되지 않는, 권력을 지닌 여성이 제시한 유토피아적인 비전이다. 그리고 나머지 하나는 정서적으로 발달이 저해되었으며 비정상적인, 혹은 감정과 본능에 지나치게 얽매여 있는, 권력을 지닌 여성이 보여주는 징후다. 이상적인 것은 철의 목련이다. 다만, 목련과 철 어느 것의 비중이 더 커야 할지에 관한 모순적인 메시지가 존재한다. 하지만 셜리 슈밋과 브렌다 리 존슨과 같이 섹시하거나 여성스럽다고 간주되는 여성들도 언어적으로 호전적이고 남을 깔아뭉개는 데 능하다. 심지어 그들은 대개 더욱 친화적인 여성 상사들을 꽤 위협적인 존재로 만들었다.

그렇다면 현실에서도 여성 경영자나 권력을 가진 여성이 이와 같을까? 다양한 조사 결과를 보면, 동료들에게 말로 상처를 남기거나 닥터 위버와 같은 독재적인 방식을 고수하는 대신, 대부분의 여성 상사들은 팀의 조화를 중요시하고 남성보다 더 개방적이고 다가가기 쉬우며, 다양한 방식과 성격에 인내심을 갖고 잘 대처할 뿐만 아니라 조언을 제공할 가능성도 더 높다고 한다. 이는 TV 화면 속의 입이 거친 여성 상사들과는 대조적인 모습으로, 현실 속의 여성 상사들은 동료를 칭찬하고 그들에게 조언자가 되어주고 격려를 해주는 경우가 많다. 물론 「악마는 프라다를 입는다」와 같은 경우도 있지만, 동료들을 벌할 가능성이 더 많은 쪽은 오히려 남성 경영자들이다.[35] 그렇다고 해서 여성 경영자가 반드시 남성 경영자보다 낫다는 이야기는 아니다. 하지만 많은 여성 경영자는 남성들과 사회화된 방식이 다르기 때문에 남성 경영자들과 다를 수밖에 없다. 따라서 현실의 여성 경영자들은 TV 화면에서 주로 볼 수 있는 냉소적이고 입이 험한 여성 법 집행관 내지는 그와 비슷한 직업을 가진 여성들과 다소 대조된다.

하지만 여성 권력자들이 강인한 면모를 갖추고 있고 남성 권력자보다 더 위협적이거나 동정심이 없거나 가혹하다고 생각한다면, 그러한 편견이 어떻게 강화된 것인지 쉽게 알 수 있다. 동시에, 확신에 가득 찼으며 언어적으로 거친 이 모든 여성은 적절한 자격을 갖추었든 아니든, 여성들이 눈에 보이지 않는 장벽을 부수었다는 가정을 몸소 보여준다. 이렇게 큰 성공을 거둔 불굴의 여성들이 최고의 자리를 차지하고 있는데, 그 누가 페미니즘 정치의 부활이 필요하다고 생각하겠는가?

한번 생각해보자. 미국의 여성들은 세상의 아름다운 배우와 모델들을 갈망하는 눈빛으로 계속해서 바라볼 수는 있다. 그들의 얼굴, 몸매, 옷에 감탄하고 부러움을 나타낼 수는 있다. 그러나 그들을 탐해서는 안 된다.[36] 새로이 게이들이 정체성을 드러내고 레즈비언이 세련된 것으로 간주되는 추세이긴 하지만, 미국의 화면(이성애자 남성을 위한 포르노는 제외)에서는 남성들 간의 사랑보다 여성들 간의 사랑이 여전히 더 금지되고 있다. 이제는 「퀴어 아이」 「윌 앤드 그레이스Will and Grace」 「식스 피트 언더Six Feet Under」 「브라더스 & 시스터즈Brothers & Sisters」 「소프라노스The Sopranos」에서 게이 남성이나 게이 연인을 쉽게 볼 수 있다. 그러나 레즈비언은? 그리 많지 않다. 물론 쇼타임의 「L 워드L Word」라는 드라마가 있다. 이 드라마의 출연진이 무척 아름답기 때문에 저명한 동성애 이론학자 이브 세지윅은 이렇게 썼다.

"체모와 피하 지방이 있고 치아가 반짝거리지 않으며 턱보다 짧은 길이의 헤어스타일을 한 인물이 좀 나왔으면 싶다. 그리고 정치적 측면도 얼마간 요청하고 싶다."[37]

「로잔느 아줌마」 「섹스 앤드 더 시티」 「앨리 맥빌」 「프렌즈」에서도 레즈비언을 조금씩 다루었으나, 일반 방송에서 볼 수 있는 게이 남성들의 장기적인 관계처럼 레즈비언들의 관계를 깊이 다루지는 않았다.

케이티 페리는 「I Kissed a Girl」이라는 노래를 발표했고, 마돈나는 2003년 MTV 어워즈에서 브리트니 스피어스와 크리스티나 아길레라와 키스를 해서 큰 이목을 끌었다. 이러한 여성들끼리의 키스(또는 그보다 더한 행위)는 식상한 섹슈얼리티에 첨가하는 '유행 같은 양념'이 되었다.**38** 「앨리 맥빌」에서 앨리와 링이 키스한 것과 같은, 그와 비슷한 TV 속 유명한 장면들은 해당 여성들이 스스로 이성애자임을 확실히 깨닫게 했다.**39** 「프렌즈」에서는 시청률 조사 주간에 시청률을 올리기 위해 제니퍼 애니스턴과 위노나 라이더의 키스 장면을 방송했다.**40** 엘런 드제너러스는 1997년에 레즈비언임을 밝히고 나서 어떤 일을 겪었을까? 당시 굉장한 반향이 일어나 그녀의 쇼는 취소되었고, 그녀의 여자친구인 앤 헤이시는 결국 그녀와의 관계를 끝내고 남성과 결혼했다. 이후 TV나 영화의 주요 등장인물은 고사하고 현실에서도 본인이 레즈비언임을 밝히는 여성들은 별로 없었다.

루실 볼 다음으로 가장 재능 있는 코미디언 중 하나인 엘런 드제너러스는 결국 자신의 이름을 내건 토크쇼를 진행하게 되었다. 그러나 쇼에서 그녀의 섹슈얼리티는 여전히 베일에 가려져 있었다. MSNBC 토크쇼의 진행자인 레이철 매도도 마찬가지였다. 「브라더스 & 시스터즈」의 스코티와 케빈 커플의 여성 버전을 우리가 볼 수 있을 정도로 기존의 페미니즘이 발달하지는 못했으며, 진화된 성차별의 영역에서 동성애는 정치적·페미니즘적 측면이 반드시 제거되어야 하고, 가장 남성 친화적인 형태로 모습을 드러내야 한다. 예를 들면, 정말로 섹시한 여자들이 남자들 앞에서 키스를 하는 등의 모습으로.[41] 따라서 우리는 동시에 두 영역에 속해 있다고 할 수 있다. 만약 성적 정체성을 드러낸 레즈비언이 정치 토크쇼를 비롯하여 자기 이름을 내건 토크쇼를 진행할 수 있고, 이에 대해 아무도 신경을 쓰지 않고 실제로 남성을 비롯한 팬층이 생겨난다면, 이것이야말로 여성들을 가로막는 모든 장벽을 페미니즘이 진정으로 허물었다는 명백한 증거가 아니겠는가? 반면, 레즈비언 또는 레즈비언 연인들이 반드시 여성스러운 모습을 드러내야 하거나 미국의 TV 화면 속에서 자주 등장할 수 없다면, 이것이야말로 진화된 성차별의 지속적인 정복을 증명하는 증거가 아니겠는가?

실제로 레즈비언을 왜 그렇게 무서워할까? 정신적으로 또는 육체적으로 남성을 필요로 하지 않는다는 점 외에, 그들은 페미니즘적 정치관을 갖고 있는 경우가 많고, 패션 잡지가 제시하는 여성의 아름다움의 기준을 거부한다. 크레이트 앤드 배럴에서 샤퍼 이미지와 아베다까지 모든 상표를 훤히 꿰고 있는 쇼핑의 달인 「퀴어 아이」의 남자들과 달리, 메이블린, 맥 립스틱 42호, 혹은 밸리 토털 피트니스의 평생 회원권이 없어도 문제없이 살 수 있다고 생각하는 레즈비언들은 현재 우리를 지배하고 있는 종교인 소비주의에 실로 커다란 위협이 된다. 남자가 필요 없고 쇼핑이 필요 없다고? 실로 끔찍하다.

이제 복습을 해보자. TV 드라마에서 볼 수 있는 남성 경찰관,

독심술사, 변호사, 심리학자, 의사, 사설탐정의 수가 압도적으로 많다 해도, 우리가 TV에서 보는 고위직 여성들의 모습은 남성이 장악한 전문직 세계를 여성이 정복한 정도를 과장되게 그려내며, 여성들이 직업 세계에서 실제보다 훨씬 더 잘하고 있음을 암시한다. 이러한 현실 도피적인 이미지들은 또한 연봉이 새 포드 트럭 한 대 값밖에 되지 않는 현실 속의 무수한 여성들의 처지를 가려버린다. 나는 닥터 베일리와 그녀의 동료들을 사랑하며, 부유하고 아둔한 '진짜 주부들' 대신에 이 여성들을 내 거실에 등장시켜준 페미니즘에 감사함을 느낀다. 하지만 분노를 유발하는, 실제 고위직 여성들을 다루는 보도 방식, 대형 욕조에 몸을 담근 MTV의 섹시한 여자들, 현실 속 여성들이 매일 견뎌야 하는 현 상황을 생각해볼 때, 결국 '여성 문제' 내지는 '페미니즘 정치'가 국가의 칠판에서 지워졌음을 알 수 있다.

케이블 방송을 비롯하여 저녁 뉴스에서 조사 보도 및 국제 보도가 줄어들고, 산책의 효과나 남성의 탈모 치료와 같은 건강 및 생활습관에 관한 보도가 점차 늘어나며, 미셸이 옷을 잘 입었나 아니면 카를라가 더 잘 입었나 등이 집중적으로 다루어짐에 따라, 일반 미국인들, 특히 여성들에 관한 보도가 점차 줄어들었다. 심지어 경제 대침체 때도 언론의 관심은 압류와 일자리 손실에만 집중되었고, 여성에게 실제로 무슨 일이 일어났는지는 관심 밖이었다. 상원의원 테드 케네디의 사무실에서 2008년에 실시한 조사에 따르면, 여성의 실업률이 증가하기 시작했다고 한다. 그들의 실질적인 평균 임금은 2007년에만 3퍼센트 하락했고, 여성들의 경우 비우량 주택담보 대출을 갖고 있을 가능성이 남성보다 32퍼센트나 높았다. 또한 여성들, 특히 유색인종 여성들은 포식자와 같은 대출 관행의 표적이 되는 비율이 훨씬 더 높았다. 또 미혼모의 실업률은 국가 평균보다 높았고, 2009년 3월의 경우 그 수치는 10.8퍼센트였다.**42**

동시에 2008년 후반과 2009년 들어 대침체가 악화되면서 일자리 네 개 중 세 개가 사라졌는데, 특히 주로 남성들이 종사하는 건설 및 제조 분야에서 더욱 심했다. 이는 많은 가정에서 최초로 여성의 수입에 의존하게 되었음을 의미했는데, 여성의 수입은 대체로 낮았으며 매우 낮은 경우도 꽤 있었다. 두 배우자가 모두 일하는 평균적인 가정의 경우, 아내의 소득은 해당 가정 소득의 단 35.6퍼센트에 해당한다.**43** 또 여성들은 시간제 일자리인 경우가 많기 때문에 건강보험이나 실업급여의 혜택이 없다.**44** 여성들이 점차 가정의 실질적인 소득원이 되어가는 과정은 미국 사회에서 큰 변화라 할 수 있는데, 그들의 소득은 여전히 남성들보다 낮다.

그렇다면 이 많은 여성이 그 외에 또 어떤 일을 할지 생각해보자. 아마도 엄마 역할을 하거나 나이 든 부모를 부양할 것이다. 여기서 우리는 기존의 페미니즘과 진화된 성차별 간의 더욱 중요한 또 하나의 충돌, 즉 모성을 둘러싼 충돌에 직면하게 된다. 만약 우리가 믿어야 하는 것처럼 완전한 평등이 실현되었다면, 여성들은 왜 다니던 직장을 그만두고 전업주부가 되는 편이 낫다는 말을 듣는 것일까? 그리고 앤 크리텐던이 저서 『모성의 대가The Price of Motherhood』에서 지적한 것처럼, 여성은 왜 모성을 선택할 때 소득과 승진의 측면에서 큰 희생을 겪어야 하는 것일까? 남성은 부성을 선택하더라도 아무런 희생을 겪지 않는데 말이다.

한쪽 편에는 '새로운 마미즘momism'이 있다. 이는 결코 실현하기 불가능한 완벽한 어머니가 되기 위한, 매우 낭만적으로 묘사되었으나 상당히 엄격한 일련의 기준이다.[45] 새로운 마미즘은 어머니가 모든 신체적·정서적·심리적 에너지와 더불어 일본의 GDP에 해당하는 금액을 완벽한 아이를 키우는 데 쏟아붓게 한다. 아이는 자궁 속에서부터 모차르트를 배우고, 다섯 살에 프랑스어를 말하며, 고등학교 2학년이 되면 저 멀리 열대 지방에 있는 마을들을 심각한 한센병으로부터 구한다. 그렇다면 어머니가 어떻게 이 모든 일을 할까? 2003년 10월 『뉴욕타임스 매거진』의 악명 높은 기사가 그 답을 제시했다. 바로 '직장을 그만두는 것'이다. 기사의 표제는 이렇게 물었다.

"Q: 왜 더 많은 여성이 상위로 올라가지 않는가? A: 그들이 그러지 않기로 선택했기 때문이다."

하위 표제는 다음과 같았다.

"출세하기를 포기하고 집으로 향하다."

기사에는 내용을 설명하기 위해 천사와 같이 하얀 성모 마리아가 앤 테일러 옷을 입고 한 손가락에는 호프 다이아몬드 반지를, 손목에는 몇 개의 티파니 팔찌를 낀 채 무릎에 어린아이를 앉힌 사진이 게재되었다. 이는 '집으로 향한' 미국의 모든 어머니를 상징하기 위한 사진이었다. 들리는 바에 의하면, 이 기사로 인해 분노한 어머니들의 항의 메일이 무수히 쇄도했다고 한다.

'마미 트랙mommy track'▪이 생겨나고 난 뒤부터, 미국의 여성들은 빛을 보고 난 뒤 아이를 위해 모든 것을 포기한다는 이야기를 듣게 되었다. 그 내용은 거의 항상 같다. 예일대학, 하버드 경영대학원 등에 진학한 다섯 명의 여성이 월마트의 운영 예산에 해당하는 급여를 받는 남성과 결혼한 다음, 아이를 갖기로 결심하고 다니던 직장을 그만둔다는 것이다. 당시에는 여성들이 직장뿐만 아니라 페미니즘 역시 포기하는 국가적인 '움직임'이 있었다. 이러한 내용을 리사 벨킨이라는 여성이 기사로 작성했는데, 그녀 역시 전직 『타임스』 기자였다가 직장을 그만두고 프리랜서로 활동하기로 결심한, 앞서 말한 현상의 전형적인 본보기였다. 이 기사에 실린 '직장 그만두기' 혁명에 동참한, 특권을 누리는 백인 엄마들은 벨킨과 같이 프린스턴대학 졸업생이거나 기타 유명 대학 졸업생으로 법률회사나 언론사에서 일하던 사람들이었다.

진화된 성차별의 이 마지막 북소리는 필요에 의해, 또는 원하기 때문에, 혹은 둘 다의 이유로 생계를 위해 일하는 여성들에게 타격이었다. 이는 또한 잘못 이해된, 부적절하고 시대에 뒤떨어진 페미니즘에 대한 또 다른 공격이었다. 한 엄마는 벨킨에게 이렇게 말했다.

"난 여성으로서의 모든 역할을 짊어지고 내 진짜 자매가 아닌 어떤 자매들을 위해 싸우고 싶지는 않아요. 난 그들을 모르니까요."

▪ 여성들이 출산과 육아를 위해 고위직을 향한 경쟁에서 물러나거나 승진 기회에서 탈락하는 것

이런 유의 이야기가 지닌 가장 큰 문제는 '선택'을 강조한다는 점이었다. 즉, 분별력 있고 헌신적인 어머니는 진정으로 자식을 돌보려는 마음에서 '직장을 그만두기로' 선택한다는 것이다. 하지만 기사 제목과는 달리, 기사 안에서 알 수 있는 점은 각각 변호사와 텔레비전 리포터인 두 여성이 주당 55~75시간에 해당하는 산더미 같은 직장 일과 육아를 병행해야 했다는 것이었다. 두 여성 모두 더 짧고 유연한 근무 시간을 요구했으나 거절당했다고 한다. 그들의 '선택'은 힘겨운 일정을 소화하거나 직장을 그만두는 것이었다. 미안한 이야기지만, 이것은 선택이 아니다. 둘 중 한 여성은 다음과 같이 인정했다.

"내가 원하는 대로 좋은 부모가 되면서도 법조계에서 내 경력을 계속 쌓아가고 싶어요."

게다가 통계 자료의 선택적 사용의 문제도 존재한다. 엄마들이 '직장을 그만둔다'는 경험적 증거가 전혀 존재하지 않는다.[46] 위 기사는 고위 경영진 여성의 26퍼센트가 승진을 원하지 않는다고 응답했다는 최근의 조사 결과를 강조했다. 그렇다면 나머지 약 4분의 3에 해당하는 여성들은 승진을 원한다는 이야기다. 이를 어떻게 남성의 경우와 비교할 수 있는가? 남성들 중 상당수도 많은 스트레스가 가중되는 직업을 역시나 원치 않는다. 『포춘』의 보도에 따르면, 고위직 여성 108명을 대상으로 조사를 실시한 결과, '최소 20명'만이 직장을 그만두기로 선택했다고 한다. 내가 수학에 약할지 모르나, 이는 5분의 4에 해당하는 여성들은 직장을 그만두지 않겠다는 이야기 아닌가? 여성학자 카샤 폴릿과 그 외 여러 사람은 실제로 육아로 인해 직장을 그만두는 여성의 수를 부풀린 벨킨의 교묘한 통계적 속임수를 비난했다. 사실 이 기사에서 빠뜨린 가장 흥미로운 진짜 이야기는 일을 그만두기로 '선택'한 엄마들에 관한 것이 아니다. 그보다는, 남성과 여성 모두에게 적대적인 일중독 문화가 만연한 많은 직장의 비인간적인 행태다. 미국인들은 지역에 관계없이 대부분의 유럽인보다 1년에 6주 내지는 9주까지 일을 더 한다. 기업 변호사와 같은 많은 '전문 직종'은 남성과 여성 모두에게 치명적으로 권태로우며, 많은 스트레스를 가한다.

마지막으로 '생물학적 측면이 운명을 결정짓는다는' 문제가 있다. 여성을 제자리에 위치시켜야 할 경우, 동물의 왕국에서 예를 드는 것이 언제나 좋다.(여기서는 개코원숭이를 예로 든다.) 생물학을 오용하는 일에 대해서는 사람들이 대개 부인하지만, 그럼에도 엄마들은 아이를 보호해야 할 의무를 지니고(아빠들은 아니고?), 남성의 세계에서 권력이나 영향력을 추구하는 일은 아이의 복지와는 아무런 상관이 없는 것으로 간주된다. 따라서 높은 수준의 봉급을 받는 일 역시 아이를 돌보는 일과는 아무런 관련이 없다.

이에 질세라 『타임』도 역시나 분노를 일으키게 하는 표지 기사를 2004년 3월에 게재했다. 기사 제목은 「전업주부 선택하기: 젊은 엄마들이 직장을 그만두는 이유」였다. 표지에는 흰옷을 입은 천사 같은 금발의 소년이 역시나 하얀 바지를 입은 엄마의 다리에 매달려 엄마를 아쉬운 듯 쳐다보고 있는 그림이 실렸다. 엄마는 상반신이 잘려 있다. 그녀의 얼굴을 볼 필요는 없기 때문이다. 이

기사에서도 직장을 그만두는 여성들에 관한 통계 자료가 제시되었으나, 진짜 이야기, 즉 근로 환경이 열악하고 육아 서비스의 비용이 너무 비싸거나 아예 서비스가 존재하지 않기 때문에 일하는 엄마와 아빠들이 매우 고생하고 있다는 내용이 암시되었다.

드라마 「위기의 주부들」을 만든 마크 체리는 이 기사들을 몰두해 읽었을 것이다. 아니 더 정확히 말하면, 기사들이 제기한 분노에 착안했을 것이다. 이듬해 가을에 그의 드라마가 첫 방영되어 교외 지역에 사는 전업주부 여성들의 행복이라는 신화에서 허울을 벗겨냈을 때, 사람들, 특히 여성들은 열광할 수밖에 없었다. 이 드라마에는 마사 스튜어트의 복제인간이자 모든 가사 노동에 완벽을 추구하기 때문에 식구들이 마치 터키 감옥에 온 것 같다고 불평하는 브리, 자신보다 더 분별력 있는 아이를 키우는 불운한 엄마 수전, 고등학생 정원사와 불륜 관계를 이어가느라 아이를 갖는 데는 도통 관심이 없는 개비, 그리고 네 아이 때문에 직장을 그만두며 과잉행동장애ADD 약을 입에 털어 넣지 않고서는 아이들을 결코 돌볼 수 없는 기업 간부 리넷이 등장한다.

몇 달 동안이나 엄마들 입에 오르내렸던, 2004년 추수감사절 주 일요일에 방송된 한 회에서 리넷은 가정에서의 일상을 견뎌내려 노력한다. 그러나 그녀의 아들들은 가구를 향해 냄비와 프라이팬을 던지고 오디오를 귀청이 떨어져나가도록 크게 튼다. 그녀의 반응은 어떨까? 그녀는 아이들을 향해 소리치고, 그릇을 부엌 바닥에 내동댕이치며, 땅콩버터가 든 단지를 부엌 창밖으로 던진다. 그녀는 끝내 폭발해 아이들을 수전에게 떠넘기면서 이렇게 말

교외 지역에 사는 전업주부 여성들의 행복이라는 신화에서 허울을 벗겨낸 『위기의 주부들』은 특히 완벽한 모성의 기준을 무너뜨리고 남성과 여성에게 의무로서 부과된 성 역할의 제약을 폭로한다.(홍보용 사진, 저자 소장)

하고는 차를 몰고 가버린다.

"난 정말 못 하겠어! 너무 감당이 안 돼."

수전과 브리는 아이들을 돌봐줄 보모를 구하고, 결국 축구장 바닥에 주저앉아 울고 있는 리넷을 발견한다. 리넷은 각성제에 의존하고 있음을 털어놓으면서 이렇게 말한다.

"난 아이들을 무척 사랑해. 내가 엄마인 게 아이들한테 미안할 뿐이야."

브리는 그녀가 좋은 엄마라고 안심시킨다. 하지만 리넷은 말한다.

"아냐, 난 아니야. 난 실패자라고 느끼는 게 이제 너무 지겨워."

브리가 너는 아이들을 키우는 데 단지 도움이 조금 필요할 뿐이라고 말하자, 리넷은 새로운 마미즘에 의해 고통받고 있는 모든 엄마를 대변해 이렇게 말한다.

"다른 엄마들은 도움을 필요로 하지 않아. 다들 무척 쉬워 보인다고."

수전과 브리는 자신들도 어린아이들을 키울 때 얼마나 힘들었는지 그녀에게 이야기해준다. 리넷은 울음을 터뜨린다.

"왜 한 번도 그런 얘길 하지 않았어?"

브리는 인정한다.

"누구도 스스로가 압박을 못 견디는 걸 인정하고 싶어하지 않아."

"우리는 이 문제에 대해 서로 이야기해야 해."

리넷이 울먹이며 말한다. 아마 나라 전역의 모든 엄마가 소파에 앉아 울었을 것이다.

당시 새로운 마미즘에 대한 반발이 끓어오르고 있었다. 이에 따라 각자의 경험을 유쾌하게 고백하는 각종 웹 사이트는 물론이고, 『스리 마티니 플레이데이트The Three-Martini Playdate』『유아용 컵은 와인용이 아니다Sippy Cups Are Not for Chardonnay』『게으른 엄마의 고백Confessions of a Slacker Mom』『모범주부도 주스 팩을 잃어버릴 때가 있다Even June Cleaver Would Forget the Juice Box』 같은 책들이 출간되었다. 이 책들은 어떤 선진국보다도 열악한 공공 가족 정책하에서 살아가야 하는 미국의 엄마들에게 부과된 기대에 대한 반발이다. 모성이 얼마나 힘겹게 지탱되는지, 모성이 부모 중 여성에게서 얼마만큼의 대가를 앗아가는지, 그리고 모성이 정말로 좋은 엄마로 하여금 얼마나 죄책감을 느끼게 하는지는 여성운동의 영원히 끝나지 않을 숙제다. 오늘날의 젊은 여성들은 어떤 직업을 가져야 할지를 결정할 때 일과 육아를 병행할 수 있는지의 여부를 중요하게 생각한다.

그러니 여성들이 진정으로 최고의 자리에 있다고 할 수 있을까? 아니다. 정책 입안자들이 현실에 눈을 뜨고, 「배철러」 같은 프로그램이 영구 중단되고, 후터스가 문을 닫고, 뉴스 매체가 여전히 미해결인 여성 불평등 문제를 폭로하며, 『포춘』 선정 500대 기업들이 백인 남성 다섯 명에게 3600억 달러의 보너스를 주는 대신 주간 육아 서비스와 유급 출산 휴가를 제공하지 않는다면, 여성들은 진정으로 최고의 자리에 오르지 못할 것이다. 하지만 대부분의 여성은 최고의 자리에 오르고 싶어하지 않는다. 그저 나란히 걷고 싶을 뿐이다. 자매들과 친구들과 딸들과 나란히 걷고 싶을 뿐이다. 그리고 믿을지 안 믿을지는 모르겠지만, 남성들과 나란히 걷고 싶을 뿐이다.

마무리하며_ 지금, 페미니즘이 필요하다

각본 | 첫 번째

봄. 미래의 어느 날. 토요일 아침. 이제는 할머니가 된 페미니스트 엄마는 여전히 부스스한 몰골로 싸구려 건강 보조제의 부작용을 안고 있다. 그녀는 오늘 아기를 돌볼 예정이다.

똑똑하고 꿈을 이루었으며 열심히 일하는 그녀의 딸은 어떻게 하면 좋아하는 직장을 계속 다니면서 애지중지하는 아이를 잘 돌볼 수 있을지 고민 중이다. 직장에서는 단 6주간의 무급 출산 휴가를 주었고, 탄력근무제나 시간제 근무를 허용하지 않으며, 사내 보육 시설이 없다. 육아 서비스는 종류마다 천차만별이다. 집에 상주하는 보모(감당도 안 되고 원치도 않는)는 자격증도 없는 데다 사람마다 제시하는 조건이 매우 다르고, 연봉이 2만8000달러이며 아동발달 박사학위를 소지한 직원들이 근무하는 최첨단 아동 센터는 대기하는 데만 7년이 걸리고 매달 드는 비용도 자동차 할부 값 4개월 치에 이른다. 아기가 태어나기 전 일주일에 적어도 50시간을 일했던 딸은 근무 시간을 40시간으로 줄일 수 없다는 말을 들었다. 즉, 한 주에 50시간 이상을 일하거나 직장을 그만두어야 한다는 이야기다. 그녀는 직장을 그만두고 싶지 않다. 아니 그만둘 여력이 되지 않는다. 딸 부부는 매달 월급과 건강보험 혜택이 필요하다. 하지만 딸은 2개월 된 아기와 더 많은 시간을 보내고 싶은데, 시설 좋고 가격이 적당하며 이용 가능한 보육 시설을 찾을 수가 없다. 오늘 아침 페미니스트 엄마가 손녀를 대신 돌봐주기로 해 딸은 남편과 함께 밖으로 나가 앞으로 어떻게 할 건지에 대해 상의할 예정이다. 21세기 초 어린 시절부터 '걸 파워'와 '뭐든지 할 수 있다'라는 소비주의 페미니즘을 경험하며 자란 딸은 매체를 통해 그녀에게 판매되는 상품들의 목록에 '페미니즘 대용품'이라는 명칭을 붙이게 되었다.

아기를 보러 가기 전에 할머니는 손녀를 위한 몇 가지 물건을 사려고 상점에 들렀다. 그녀는 딸이 어렸을 때는 상황이 더 안 좋았다고 생각했다. 당시 장난감 상점에는 온통 분홍색 천지인 바비 인형들이 진열된 여아들을 위한 코너가 있었고, 온통 회색 천지인 무기 장난감들이 진열된 남아들을 위한 코너가 있었다. 이제는 '아빠의 작은 귀염둥이'라는 문구가 온통 도배된 제시카 심슨의 '여아용 기저귀' 같은 제품들이 진열되어 있고, 그 옆에는 배변 훈련용 팬티가 놓여 있다. 또 '아기용 간단 화장 세트'가 소녀들을 위한 봉춤 게임 옆에 진열되어 있는데, 권장 연령은 3세 이상이다. K마트는 유치원생용 트레이닝 브라까지 갖추고 있다.

언론계나 정치계의 풍토는 그리 많이 개선되지 않았다. DJ 돈 아이머스가 초대 손님의 다섯 살 난 딸을 상대로 인종 차별적이고 여성 비하적인 망언을 해 임시 해고를 당하긴 했지만, 요즘 뮤직비디오에서는 1학년 소녀들이 비키니 차림으로 수영장에서 성행위를 연상케 하는 춤을 추는 모습을 자주 볼 수 있다. 또 다가오는 시즌에는 「붑스Boobs」라는 시트콤, 「셀러브리티 부인과 의사Celebrity Gynecologist」라는 새로운 리얼리티 프로그램 그리고 전직 하버드대학 총장 래리 서머스가 진행하는 「여자는 왜 남자보다 멍청한가?Why Women Are Dumber Than Men?」라는 다큐멘터리가 방송될 예정이다. 게다가 일곱 살 소년들을 대상으로 한 『맥심 주니어Maxim Jr.』도 발간될 예정이다.

2009년과 마찬가지로 미국은 국가 입법기관에 종사하는 여성의 수에서 전 세계 69위를 차지했다.(미국 하원 의석의 단 17퍼센트를 여성이 차지한 반면, 르완다의 경우 그 수치는 56퍼센트다).[1] 또 미국은 영아 사망률이 여전히 세계 29위인데, 1960년보다는 17계단 하락하여 쿠바, 체코 공화국, 헝가리보다는 상황이 나아졌지만, 슬로바키아 및 폴란드와 비슷한 수준이다.[2] 게다가 전 세계 163개국에 유급 출산 휴가가 있고 45개국이 남편들에게 유급 출산 휴가를 제공하는 반면, 미국은 그렇지 못하다. 미국에서는 기껏해야 받을 수 있는 것이 무급 휴가다.[3] 한편 2005년과 마찬가지로, 남성 고등학교 졸업자가 평균적으로 여성 준학사학위 소지자보다 소득이 더 높다.[4] 실제로 미국에서 빈곤층의 대다수는 여전히 여성이며, 남녀 간의 빈곤율의 격차는 서양권 국가 중 미국이 가장 높다.[5] 2007년과 마찬가지로 여성들은 여전히 임금 수준이 낮은 직종에 분리되어 있으며, 2007년 당시 전체 여성의 거의 절반에 해당하는 43퍼센트만이 평균 소득 수준이 연간 2만7000달러를 넘는 단 20개 직종에 종사하고 있었다. 또한 2009년과 마찬가지로 여성들은 여전히 육아 및 부모 부양과 관련하여 시간과 금전의 측면에서 큰 희생을 할 것으로 기대되며, 무급으로 나이 든 성인을 돌보는 사람들의 약 70퍼센트가 여성이다.[6]

하지만 이 모든 문제와 상황은 국가의 뉴스매체에서는 보도되지 않는다. 2006년과 마찬가지로, 황금시간대의 케이블 뉴스 프로그램의 진행자 또는 공동 진행자 35명 중 29명이 백인 남성이다. 일요일 오전 토크쇼의 경우, 4 대 1의 비율로 남성의 수가 여성의 수보다 많다. 그리고 2006년과 마찬가지로 방송사 저녁 뉴스의 단 28퍼센트만이 여성에 의해 보도되고 있다.[7]

여전히 학자이자 괴짜인 페미니스트 할머니는 지금까지의 모든 상황을 지켜봐왔다. 소녀들은 섹시하면서도 거절할 줄 알아야 하고 반드시 거절해야 하며, 학문과 스포츠에 능해야 한다는 지속적인 압박에 시달린 결과, 엄청난 스트레스를 호소하고 있다.[8] 소녀들은 계속해서 대학에 진학하고 있지만, 특정 직업을 자동적으로 배제하는 법을 배웠다. 그 이유는 해당 직업에 종사하면서 동시에 가정을 꾸리기가 불가능하다는 사실을 알기 때문이다. 하지만 남성들의 경우는 다르다. 게다가 대부분의 여성은 가족은 고사하고 본인조차 지탱하기에 충분치 않은 임금을 제공하는 저소득 '핑크 칼라' 직종에 계속해서 종사하고 있다. TV에서 볼 수 있는, 사소한 일로 다투고 결혼식과 아기에 집착하는 아둔하고 자아도취에 빠진 금발의 '전업주부들'은 이러한 불평등한 현실을 가려버리고 정당화한다. 공격적인 라디오 토크쇼와 케이블 TV 뉴스가 권력을 가진 여성에게 가하는 기습 공격도 마찬가지다.

실제로 학자들은 고질적으로 존재해온, 양가적 성차별주의에 대해 연구해왔다. 이는 여성에 대한 적대감과 존중의 모순적인 결합이다. 일부 남성들은 여성들이 지나치게 멀리까지 왔다는 사실에 분개한다. 이는 적대적인 성차별주의다. 그런가 하면 또 다른 남성들은 여성들을 존중하며 받들어 모신다. 이는 자애로운 성차별주의다. 하지만 많은 남성은 여성에 대해 부정적인 태도와 긍정적인 태도를 모두 갖고 있으며, 이는 진화된 성차별을 지탱한다. 남성들은 특정 부류의 여성(배려심이 깊거나 순종적인 어머니나 여자친구)을 보호하고 싶다고 느끼며, 그러한 여성적 기준에 부응하지 못하고 남성과 동일한 기회와 책임을 갖고자 하는 여성에게는 적대감을 느낀다. 학자들이 지적했듯이, 자애로운 성차별주의는 악의가 없어 보이며, 심지어 숭고해 보이기까지 한다. 하지만 그 결과는 '참혹'하다. 왜냐하면 자애로운 성차별주의는 매우 서서히 퍼지기 때문이다. 한 예로, 한 나이 든 남성 상사는 페미니스트 엄마의 딸에게 이제 아기를 낳았으니 일할 능력이 없으므로 직장을 그만두는 게 낫겠다고 충고하지 않는다. 대신 그는 이렇게 말한다.

"여성들이 육아에는 훨씬 더 뛰어나니 이제 집에 머무는 게 더나을 것 같아요. 나는 이 세상에서 진정으로 헌신적인 어머니를 가장 존경해요. 그리고 아기는 항상 어머니의 보살핌을 필요로 하죠. 그렇지 않나요?"9

보라. 사회 질서는 유지되었고, 여성들은 다시 집으로 돌아갔으며, 남성들은 종전보다 더 많은 경제적·정치적 자유와 선택권과 힘을 갖게 되었다.

딸과 사위가 집으로 돌아온 후 할머니는 두 가지 선택을 전해 들었다. 사위는 밤에 일할 수 있는 기회가 있고, 대신 딸은 낮에 일하는 것이다. 그렇게 되면 둘은 육아를 각각 담당할 수 있게 된다. 다만 서로 볼 수 있는 시간은 일요일 정오밖에 없다. 그리고 두 번째 선택은 최근 은퇴하여 다른 계획을 갖고 있는 할머니가 온종일 육아를 담당하는 것이다. 그녀는 집으로 가 먹던 건강 보조제를 치워버리고 탱커레이를 얼마간 마셨다.

각본 | 두 번째

봄. 미래의 어느 날. 토요일 아침. 이제는 할머니가 된 페미니스트 엄마는 여전히 부스스한 몰골이다. 오래전 샤르도네 와인을 끊은 그녀는 이제는 소비뇽 블랑 와인의 숙취를 안고 있다. 그녀는 오늘 아기를 돌볼 예정은 아니다. 대신 딸과 함께 아기를 공원에 데려가기로 했다. 딸이 6개월간의 유급 출산 휴가를 받았기 때문이다. 휴가가 끝나면 딸은 연방 자금으로 운영되며 면허를 갖춘, 직장 내 보육 시설에 아기를 맡길 예정이다. 시설의 비용은 매달 차 할부 값 1회분에 해당한다. 이렇게 저렴한 이유는 각자의 여유에 따라 지불 등급이 있기 때문이다. 국가 전역에는 새로운 보육 시설이 많이 설립되어 널리 이용이 가능하다. 이 시설들은 정부 자금을 지원받는데, 부분적으로 이는 헤지펀드 매니저의 경우, 최고 소득자에게 부과되는 35퍼센트 대신 최대 15퍼센트만을 지불하도록 허용하는 세법의 허점을 제거함으로써 5년 만에 약 150억 달러의 조세 수입을 거두고 최고 부유층이 지불하는 세금을 늘림으로써 가능해졌다.[10] 2007년에는 미국이 전 세계 군비 지출의 45퍼센트를 차지했는데, 이 수치는 1998년에서 2007년 사이에 202퍼센트 증가한 것이다. 이는 앞서와 같이 가족 친화적인 재분배가 이루어져야 하는 또 다른 분야인 것으로 보인다.[11] 한편, '빈곤 가구에 대한 고문과 학대'라는 별명이 붙은 '빈곤 가구 한시 지원TANF: Temporary Assistance for Needy Families'이 빈곤 가구의 어머니와 아이들을 돕기 위해 실제로 개혁되었다.[12]

어떻게 이 모든 일이 가능했을까? 딸들이 고군분투하는 모습을 지켜본 베이비 붐 세대의 여성들은 1970년대 여성운동의 힘, 에너지, 성공을 기억했으며, 이제 자유로이 사용할 수 있는 시간이 많아진 덕분에 조직화된 움직임을 보이기 시작했다. 그들은 딸들의 세대와 손을 잡았다. 그 세대는 결코 적은 숫자가 아니었다. 그들은 21세기의 첫 10년이 시작되던 당시 10대와 20대를 보내던 이들이었다. 그러나 이제 그들은 성장했고, 자신들이 '모든 것을 가진 것'과는 괴리가 있다는 사실을 깨닫고 분개했다. 한때 파티, 재미있는 사진, 소문이 많은 공간을 차지했던 그들의 SNS는 임금 불평등, 성희롱, 양질의 육아 서비스의 부재, 후터스가 새로운 시트콤의 배경이 된 것이 얼마나 잘못된 일인가에 대한 의견들로 채워졌다. 블로그, 트위터, 유튜브에는 불만이 가득 찼다. 그들은 1976년의 영화 「네트워크Network」에서 좌우명을 가져왔다.

"우리는 완전히 미쳤고, 더 이상 참지 않을 것이다."

이 운동은 'F걸'로 알려졌다. 'F'는 물론 페미니스트를 뜻하지만, 욕설로도 바뀔 수 있다는 점이 중요하다. '나는 F걸이다'라는 말은 단호하고 적극적인 어조로 통하며, 세대를 아우른다. F걸은 '페미니즘'을 부활시켰으며, 이를 멋지고 세련되며 당당한 것으로 새롭게 재탄생시켰다. 웹 사이트 Feministing.com의 창시자 제시카 발렌티는 이렇게 말했다.

"내가 아는 가장 똑똑하고 세련된 사람들이 바로 페미니스트들이다."**13**

F걸 비디오가 유튜브를 통해 급속히 퍼져나갔고, 오프라는 F걸 활동가임을 자처했으며, 스파이스 걸스는 또 한 번 재결합하여 순회공연을 시작했다. 다양한 F걸 블로그가 생겨났고, 모든 연령의 여성이 생각지도 못한 일을 하기 시작했다. 즉, 서로 만나 경험을 공유하고 변화를 촉구했다. 이는 작게는 각자가 사는 지역에서, 크게는 국가적 차원에서 진행되었다.

또 과거의 『새시』를 모방한 F걸 잡지가 생겨났고, 웹 사이트, 블로그, 트위터, 정치적 행위를 촉구하는 위원회까지 생겨났다. 1971년에 『Ms.』가 그러했던 것처럼 잡지는 즉각 성공을 거두었다. 잡지는 대중매체, 가짜 메이크업, 성형수술, 쓸모없는 패션 트렌드를 조롱하고, 여성 문제에서 누가 적극적이며 누가 어리석은지에 대한 흥미로운 정치적 가십을 제공했으며, 가난한 여성들을 어둠 속에서 빛으로 이끌었다. 이 잡지의 인기 있는 코너 중 하나는 '비포 앤드 애프터'다. 예를 들면, 다음과 같다.

비포 당신은 혼자 『코즈모폴리턴』 『글래머』 또는 『보그』를 읽으며 앉아 있다. 한편으로는 당신을 지젤 번천처럼 아름답게 가꿔줄 90달러짜리 신상 크림을 살 생각에 들떠 있지만, 또 한편으로는 175센티미터의 키에 50킬로그램의 몸무게를 지닌 모델처럼 마를 수는 결코 없다는 생각에 실망한다. 결국 자포자기한 당신은 큼지막한 용기에 담긴 아이스크림을 먹고 만다.

애프터 당신은 친구들과의 마르가리타 칵테일 파티를 주최하는 중이다. 모든 참석자는 최근의 패션 잡지를 한 권씩 가져와야 한다. 당신은 가장 마른 모델들과 가장 시대 역행적인 충고가 담겨 있는, 가장 불쾌한 광고와 기사들을 찢어낸다. 그리고 펜을 들고 당당하고 옳은 말들로 찢어낸 페이지들을 장식한다.(잡지 표지는 여기서 종종 훌륭한 재료가 된다.) 그런 다음 그걸 들고 식당, 술집, 학교 건물, 여학생 기숙사에 있는 공중 화장실에 가서 문 뒤에 테이프로 붙여놓는다.(이 대담한 행동을 하려면 술기운을 빌리는 것이 도움이 된다.) 한 달에 한 번씩 계속한다.

F걸은 셀러브리티 저널리즘, 그리고 여성이라면 날씬한 몸매를 유지하면서도 아기를 가져야 한다고 거듭 주장하는 분위기를 비판하는 일 역시 좋아한다. 이들은 『US 위클리』와 『스타』의 모든 기사를 가져와 내용을 반대로 만들어놓는다. 그 결과물을 예로 들자면, '누가 더 잘 입나? 브래드 피트? 조지 클루니?' 같은 식이다. 이는 훌륭한 눈요깃거리를 제공함과 동시에, 어떻게 여성들이 서

로 겨루게 되는지를 재치 있게 비판한다. 그런가 하면 '누가 더 못 만들었나? 「신부들의 전쟁」의 프로듀서? 아니면 「진짜 주부들」 애틀랜타 편의 프로듀서?'라는 제목의 비교 기사도 있다. 또 임신한 여자 스타의 배를 감시하는 행태에서 착안하여, '음낭 감시'라는 코너도 만들어 톰 크루즈의 사타구니에 노란색 원 표시를 해놓고 이렇게 써놓는다.

"F걸의 독점 기사: 톰의 정자가 어린 수리를 위한 남동생을 만들려고 준비 중이다."

또 다른 인기 있는 기사는 「누가 더 대우받는가?」이다. 미국 엄마들의 사진과 프랑스와 덴마크 엄마들의 사진을 나란히 놓고, 우리의 형편없는 가족 정책과 그들의 가족 정책을 비교하는 것이다. 여기에는 이러한 문구가 적혀 있다.

"우리가 프랑스 또는 덴마크의 여성들보다 자격이 없는가? 혹은 일을 덜 열심히 하는가?"

또 가난하고 실업 상태에 있거나 최근 해고된 미국의 여성들과 이를테면 버니 메이도프▪의 아내를 비교하여, 1980년대부터 부가 점점 소수의 사람에게 집중된 현상을 조명하기도 한다. 게다가 국제적인 문제도 다룬다. 남부 수단의 소녀와 여성들이 왜 교육을 제대로 받지 못하며(이들 중 96.5퍼센트는 글을 읽거나 쓸 줄 모른다고 한다), 에이즈를 퇴치하기 위해 아프리카의 여성들이 콘돔을 쓰는 것에 대해 교황은 왜 반대하는지 등에 대해서도 조명한다.

▪ 미국의 금융인으로 투자사기의 대가

그리고 F걸 지부가 모든 대학교 내에 설치되어, 더욱 특권을 가진 젊은 여성들이 형편이 어려운 여학생들을 위해 장학금을 마련한다. 교육이야말로 여성이 빈곤으로부터 탈출할 수 있는 가장 좋은 길이기 때문이다. 이들은 또한 경구 피임약을 조제하기를 거부하는 약국들을 찾아 보험 판매원 행세를 하며 약국 입구 앞을 막고 서서 아무도 그 안에 들어가지 못하게 한다. 미국의 영부인은 2009년 여름의 일본의 선례를 따라, 형편이 어려운 여성들을 위해 해마다 무료 유방 촬영술과 자궁경부암 검사를 실시하기로 약속했다. 그리고 불쾌한 광고들을 소개하는 잡지 『Ms.』의 '노 코멘트No Comment' 코너에 착안하여 '모욕은 이제 그만Stop the Insults' 운동이 시작되고, 유튜브 형식의 웹 사이트가 개설되어 영화, TV, 잡지, 인터넷에서 볼 수 있는 가장 시대 역행적인 여성의 이미지들을 소개하고 그와 관련된 광고주와 제품에 관한 상세 설명도 제공한다. 뿐만 아니라 방송사와 케이블 채널에서 대규모 피켓 시위가 진행되어, 페미니즘적 감수성을 지닌 많은 여성은 물론 평론가와 기자들도 이에 합류하게 된다. 또 국가 지원을 받는 육아 서비스가 실시되어 더 많은 여성이 정계에 진출하게 된다. '100퍼센트 해결책'은 임금 평등을 요구하는 새로운 정책으로서, 여성이 평균적으로 남성과 균등하게 임금을 받고 고소득 직종에도 접근할 수 있도록 하는 것을 주 내용으로 한다.

공원에서 시간을 보낸 후 페미니스트 엄마와 딸은 아기를 집으로 데리고 온다. 이제 아빠가 아기를 돌봐줄 차례다. 이건 당연한 일이다. 배우자는 육아를 50 대 50으로 담당해야 하기 때문이다.

엄마와 딸은 페디큐어를 하고 술 한 잔을 하기로 했다.

　나는 독자들에 대해 모른다. 그러나 나는 두 번째 각본을 정말로 선호한다. 이는 지금으로서는 불가능한 꿈처럼 보일 수 있다. 특히 현재 연방 정부의 적자, 지구온난화, 건강보험, 테러와 같은 각종 문제, 여성은 물론이고 대부분의 미국인에게 가장 중요한 것이 무엇인지 잘 모르는 듯한 의회의 무능함 등으로 인해 당장으로서는 불가능한 꿈처럼 보일 수 있다. 하지만 1963년 여성들이 직면한 전반적인 차별을 보고한, 여성 지위에 관한 케네디 위원회의 보고서가 발표될 당시만 해도, 그로부터 10년 만에 불가능한 일들이 가능해지리라고 그 누가 상상했겠는가? 달리 말해, 여성들이 로스쿨과 의과대학에 진학하고, 본인 명의의 신용카드를 소지하며, 아이를 기르면서도 집 밖에서 일하는 엄마들의 수가 늘어날 뿐만 아니라, 낙태가 합법화되고, 방송사에서 여성 리포터를 기용하며, 이중 잣대가 사라지리라고 그 누가 상상했겠는가? 케네디 위원회는 유급 출산 휴가와 저렴한 비용의 육아 서비스를 권고했다. 이는 아직도 현실로 이루어지지 않은 부분이다.

　1960년대 후반과 1970년대 초반에는 소녀와 여성들에 대해 널리 퍼져 있던 일반 상식이 거부되었다. 그 일반 상식이란 소녀와 여성들의 역할, 능력, 운명에 대한 여성 혐오적이고 제한적인 인식이다. 여성운동의 가장 중요한 성과물 중 하나였던 의식 제고 집단은 여성들이 어떤 신화와 편견에 옥죄여 있는지 스스로 깨닫게 했다. 그리고 이 모든 현실에 눈뜨게 된 여성들은 정치적인 방향으로 향했다. 널리 알려진 활동가든지 아니면 최근 이혼하여 어린 아이를 기르며 처음으로 일자리 세계에 진출한 사람이든지 간에, 이 여성들은 빌어먹을 세상을 변화시켰다. 글렌 벡과 같은 원시인을 제외하고, 우리 중 누구도 그 이전으로 돌아가고 싶어하지 않았다.

이제 현재의 상식을 또 한 번 흔들 때가 왔다. 현재의 상식은 특정 페미니즘적인 감성을 접어놓았고, 다른 감성들은 이념적 시베리아로 망명을 보내버렸다. 그리고 대중매체는 페미니즘적인 열망과 포부를 포용하고 때로는 홍보하기까지 하는 동시에, 더욱 제한된 세계관을 구축하는 데 중요한 역할을 했다. 대중매체는 우리에게 유명인, 상표, 체중감량, 주름살 제거 수술에 정신적인 에너지를 쏟아붓고 정치적 참여로부터 멀어지도록 촉구했다. 대중매체는 또한 부유하게 모든 걸 누리며 제멋대로 자란 특권층 여성 내지는 유명하거나 지위를 가진 여성들을 우리 앞에 선보여 부러움과 모순적인 시기심을 자아냈고, 미국 대다수의 여성들이 아직까지도 겪고 있는 불평등 문제를 눈에 보이지 않게 만들었다. 더 핵심으로 들어가자면, 빈곤한 여성, 중하류층의 여성, 노동 계층의 여성, 대부분의 유색인종 여성, 과체중 여성, 65세가 넘은 여성들을 '우리', 즉 중산층과 중상류층으로 설정된 시청자들과는 아무런 공통점을 갖지 못한 패배자로 묘사했다. 라디오와 TV 토크쇼를 완전히 지배하다시피 한 사람들이 바로 백인 남성들이기 때문에, 그들이 초점을 맞춘 것(힐러리의 웃음)과 그들이 간과한 것('여성 문제'와 관련된 모든 것)으로 인해 무엇이 가능한가에 대한 일종의 운명론이 생성되었다. 동시에 페미니스트 활동가, 지도자, 작가들은 TV에 좀처럼 모습을 드러내지 않았다. 그들이야말로 미래를 위한 여러 방향과 아이디어를 가진 자들이다. 그리고 마지막으로, 대중매체에서 너무도 많은 사람이 페미니스트를 불평이 많고 남자를 증오하며 의도적으로 매력적이지 않고 유머가 없는, 투덜대는 사람으로 묘사했다.

우리가 F로 시작되는 말, 즉 페미니즘을 부활시키고 방금 언급한 편견을 조롱하기에는 이미 때가 한참 늦었다. 여성들을 제자리에 가둬놓고 1960년대 후반 및 1970년대 초반의 여성운동과 비슷한 그 어떤 움직임도 일어나지 않도록 온 힘을 다하는 것이 바로 이 페미니스트에 대한 희화화이기 때문이다. 이는 페미니스트를 못생기고 억울해하며 섹스와 남자를 싫어하고 유머 감각이 없는 자로 묘사한다. 거의 모든 내 남자친구들을 비롯하여 내 친구들은 모두 페미니스트다. 내 동성 친구들은 각자 정도는 다르지만 멋진 옷을 좋아하고 마스카라를 잘 알며 심지어 잘 사용하고, 뛰어난 유머 감각을 갖고 있다. 이들은 (내 눈에는) 아름다우며, 자신의 아이들은 물론 남의 아이들도 사랑한다. 그리고 이건 알아야 한다. 우리는 실제로 남자를 좋아한다. 종종 아주 많이 좋아한다. 그리고 우리 중 일부는 남자와 결혼까지 했다. 결혼하고 나서도 여전히 좋아한다. 실제로 우리와 가장 절친한 몇 명의 친구는 남성이다. 그렇다면 내 남자친구들은 왜 페미니스트일까? 그들은 아내를 존중하고 소중히 하는 남편들로, 아내들이 수년 동안 무엇을 견뎌내야 했는지를 목격해온 사람들이다. 그들의 여동생들에게도 마찬가지다. 게다가 그들은 딸들의 아빠다. 딸의 아빠가 되고, 딸이 남자애들만큼 좋은 환경에 놓이지 못하고 남자애들과 동일한 기회를 갖지 못한다는 말을 듣는 것보다 더 빠르게 페미니스트가 되는 길은 없다. 또 남성과 여성이 근본적으로 다르다는 화성과 금성의 구분법과 달리, 『슈라이버 보고서The Shriver Report』는 남성과 여성이 삶에서 동일한 것을 원하며, 연인으로부터 동일한 것을 원한다는 점을 지적했다. 이제는 정부와 기업들이 남녀 간의 동등한 봉급과 더욱 유연한 근로시간제와 더 나은 육아 서비스를 제공해야 한다는 데 대해 대부분의 남성이 여성들과 마찬가지로 동의하고 있다.[14]

우리는 두 번째 각본에서 제시된 모든 것, 아니 그 이상을 누릴 수 있으며, 그럴 자격이 있다. 진화된 성차별이 거듭 주장하는 바와 달리, 그러한 것들은 불가능한 것이 아니며, 불필요한 것도 아니다. 그러기 위해서는 시간, 노력, 인내가 필요하나, 그곳에 도달한다면 흐뭇하고 기쁠 것이다. 우리는 우리를 억압하고, 연령·계급·인종에 따라 우리를 구분하며, 아이디어, 사회적 변화, 정치보다는 얼굴, 옷, 몸매에 더 많은 정신적 에너지를 쏟아부어야 한다고 주장하는 대중매체의 이미지들을 비웃고 조롱해야 한다. 더불어 우리는 여성의 이익에 보탬이 되는 대중매체의 이미지와 개인들을 칭찬할 필요가 있다. 우리의 딸들, 조카들, 친구의 자녀들을 비롯한 모든 소녀는 나이가 어리더라도 대중매체에 반박하는 법을 배워야 하며, 소년들 역시 소녀들이 어떻게 정형화되는지 알아야 한다. 우리는 어린 소녀를 매춘부 같은 모습으로 전락시키려 하는 각종 제품과 활동을 불매하고, 성적으로 적극적인 여성은 난잡하고 헤프지만 성적으로 적극적인 남성은 멋지다는 이중 잣대를 또한 번 공격할 필요가 있다. 더 나은 세상을 위해 여성운동이 이룩하고 변화시킨 것은 많지만, 앞으로 해결해야 할 중요한 과제들이 남아 있다. 특히 육아, 임금 평등, 여성의 빈곤, 여성에 대한 폭력, 그리고 성차별주의의 용인 및 찬양과 같은 문제가 남아 있다. 이는 여성운동이 아직 끝내지 못한 숙제다.

대중매체에 반박하는 것은 대수롭지 않거나 헛된 일처럼 보일 수 있다. 실제로 변화를 일으키기에는 그 영향력이 미미하다. 하지만 1985년에는 상상도 하지 못했던, 지금 우리가 누리게 된 눈부신 성과를 보라. 그러나 그것이 핵심은 아니다. 핵심은 그 성과가 아니라, 우리 자신, 그리고 우리가 상상할 수 있는 것을 변화시키는 일이다. 그것이 매우 중요한 첫 번째 단계다. 우리 중 보다 많은 수가 우리가 관심을 갖는 사안에 관여하고 정치적 조직에 대해 배우며, 여성 및 아동의 삶을 개선하는 단체에 기부하거나 심지어 관직에 출마할 수 있다. 우리가 아프리카계 미국인을 미국의 대통령으로 선출할지 그 누가 알았겠는가?

1994년 『소녀들은 어디에 있나Where the Girls Are』를 마무리할 당시 내 딸은 네 살이었고, 나는 내 딸과 그 세대가 과거 베이비 붐 세대와 마찬가지로 대중매체의 이미지로 인해 고군분투하게 될 것임을 예상하는 글을 썼다. 그러면서도 그들이 곧 현실에 눈을 떠 '인내심을 던져버리고 현실에 맞서지는 않을까' 하는 생각도 했다. 그것은 내 소망이었다. 왜냐하면 이 모든 것에도 불구하고 여성은 무력한 희생자가 아니며 맞서 싸우는 자임을 내 딸이 눈으로 직접 목격하고 가슴으로 느끼게 될 것이며, 그리하여 내 딸 역시 투쟁하기를 원할 것이기 때문이었다. 내가 지나치게 낙관적이었을 수도 있다. 그러나 우리는 아직도 목마르지 않은가? 이제는 진화된 성차별이라는 거대한 짐승의 심장에 커다란 말뚝을 박아버릴 때가 되지 않았을까? 왜냐하면 우리는 마음 깊은 곳에서는 페미니즘을 그리워하기 때문이다. 그 열정, 그 대담함, 그 올곧은 정의를 그리워하기 때문이다. 그렇다면 어디 한번 시작하러 가볼까?

서문

1 Christina Hoff Sommers, *The War Against Boys: How Misguided Feminism Is Harming Our Young Men*(New York: Simon & Schuster, 2000).

2 American Association of University Women, "Behind the Pay Gap," 2007.

3 이 새로운 성차별주의에 대한 비판 및 분석은 다음 참조. Ariel Levy, *Female Chauvinist Pigs: Women and the Rise of Raunch Culture*(New York: Free Press, 2006).

4 다음 에세이 참조. Yvonne Tasker and Diane Negra, "Feminist Politics and Postfeminist Culture," *Interrogating Postfeminism*(Durham, N.C.: Duke University Press, 2007), 2.

5 Rosalind Gill은 *Gender and the Media*(Cambridge, U.K.: Polity Press, 2007), 40에서 대중매체의 포스트페미니즘을 잘 요약했다.

6 Sut Jhally와 Justin Lewis가 저서 *Enlightened Racism: The Cosby Show, Audiences, and the Myth of the American Dream*(Boulder, Westview Press, Colo.: 1992)에서 사용한 '진화된 인종 차별'이라는 용어에 착안하여 진화된 성차별이라는 용어를 만들었다.

7 진화된 성차별에 관한 모든 논의는 Angela McRobbie의 포스트페미니즘 연구를 참고했다. 다음 참조. "Notes on Postfeminism and Popular Culture: Bridget Jones and the New Gender Regime," in *All About the Girl*, ed. Anita Harris(New York: Routledge, 2004); 다음 참조. Gill, *Gender and the Media*.

8 포스트페미니즘 대중매체 연구의 권위자는 Angela McRobbie이다. 이 책은 그녀의 중요한 저서 *The Aftermath of Feminism*(London: Sage, 2009)에 바탕을 둔 것이다.

9 McRobbie, *The Aftermath of Feminism*, 11.

10 1980년대 반발 현상에 관한 논의는 Susan Faludi, *Backlash: The Undeclared*

War Against American Women(New York: Crown, 1991) 참조.

11 최근 젊은 페미니스트가 페미니스트에 대해 규정한 내용은 다음 참조. Jessica Valenti, *Full Frontal Feminism*(Emeryville, Calif.: Seal Press, 2007).

12 페미니즘을 고려하고 이를 거부해야 할 필요성은 McRobbie의 논의에서 핵심적이다.

13 Gill, *Gender and the Media*, 90.

14 다음에서 인용. Marcyliena Morgan, "Hip-Hop Women Shredding the Veil: Race and Class in Popular Feminist Identity," *South Atlantic Quarterly* 104(Summer 2005): 436.

15 Gill, *Gender and the Media*, 109.

16 Susan Faludi, *The Terror Dream: Fear and Fantasy in Post-9/11 America*(New York: Metropolitan Books, 2007), 21~45.

17 Ibid., 21에서 모두 인용.

18 McRobbie, "Notes on Postfeminism," 4.

19 Gill, *Gender and the Media*, 40.

20 Ibid., 267.

21 Gill은 ibid., 39, 266~267에서도 이 점을 강조한다.

22 Ibid., 40.

23 여학생에 대한 여학생의 폭력과 관련해서는 Robin Means Coleman에게 감사의 뜻을 전한다.

24 Gill, *Gender and the Media*, 81, 111.

25 "Consumer Entertainment Spending Hits Post-WWII High, Pointing to Saturation," Kagan Insights, www.marketingcharts.com/television/new-tech-driving-interest-in-entertainment-media-1942, November 10, 2005.

26 요술의 집 거울의 개념은 다음에서 비롯되었다. Todd Gitlin, *The Whole World Is Watching*(Berkeley: University of California Press, 1980).

27 Stuart Hall, "Encoding/Decoding," in *Culture, Media, Language*, ed. Stuart Hall(New York: Routledge, 1980). 요즈음에는 대중매체 텍스트의 교섭적 읽기가 선호되는 읽기 방식이라고 지적해준 내 딸 엘라에게 감사의 뜻을 전한다.

28 Patricia Tjaden and Nancy Thoennes, "Prevalence, Incidence and Consequences of Violence Against Women: Findings from the National Violence Against Women Survey," National Institute of Justice Centers for Disease Control and Prevention, 1998, http://www.ncjrs.gov/pdffiles/172837.pdf.

29 Sarah E. Needleman, "Pay Gap Between Men and Women Remains a Reality in Work Force," CareerJournal.com, April 24, 2007, http://208.144.115.170/salaryhiring/hotissues/20070424-needleman.html.

30 "Bush Administration Weakens Title IX," by the National Women's Law Center at http://www.nwlc.org/details.cfm?id=2198&section=newsroom, 2003.

31 The Rockefeller Foundation / Time Magazine poll in Nancy Gibbs, "What Women Want Now," *Time*, October 26, 2009, 31.

32 다음에서 여러 에세이 참조. Anita Harris, ed., *All About the Girl*(New York: Routledge, 2004).

제1장

1 Tom Shales, "Fox Forgets the Zip in Beverly Hills 90210," *Washington Post*, October 4, 1990, D12.

2 Matt Roush, "'Beverly': Not Totally Cool in high School," *USA Today*, October 4, 1990, 3D.

3 Jay Sharbutt, "New Fox Series Says Values Distorted in Beverly Hills," Associated Press, October 4, 1990.

4 "21 Injured as Teen Girls Rush 'Beverly Hills 90210' Actor," Associated Press, August, 10, 1991.

5 Deborah Hastings, "Beverly Hills 90210 Is, Like, Unbelievably Popular," Associated Press, December 29, 1991; Barry Layne, "FBC's Ratings Keen Among Teens," *Hollywood Reporter*, December 31, 1991.

6 E. Graham McKinley, Beverly Hills 90210: Television, Gender and Identity (Philadelphia: University of Pennsylvania Press, 1997), 16.

7 Ibid., 1.

8 Transcript of Hill's testimony. http://www.mith2.umd.edu/WomensStudies/GenderIssues/SexualHarassment/hill—thomas—testimony, October 11, 1991.

9 Chris Black, "Four Women, Including first Black, Elected to US Senate," *Boston_Globe*, November 4, 1992, 1.

10 "The Decade of Women, 1992~2002," women in Congress, http://womenincongress.house.gov/essays/essay4/decade—women.html.

11 Mary Celeste Kearny, "The Changing Face of Teen Television, or Why We All Love Buffy," in *Undead TV: Critical Writings on Buffy the Vampire Slayer*, ed. Elana Levine and Lisa Parks(Durham, N.C.: Duke University Press, 2006).

12 학자들은 이를 '준사회적 상호작용'이라 불렀다. 다음 참조. D. C. Giles, "Parasocial Interaction: A Review of the Literature and a Model for Future Research," *Media Psychology* 4(2002): 279~305.

13 시청자들을 대상으로 포커스 그룹 조사를 실시한 McKinley는 이 현상을 두고 '전문가 놀이'라 칭했다. McKinley, *Beverly Hills 90210*, 10.

14 Naomi R. Rockler, "From Magic Bullets to Shooting Blanks: Reality, Criticism and Beverly Hills 90210," *Western Journal of Communication* 63(Winter 1999): 72~95.

15 Ibid.

16 미국인 여성 여덟 명 중 한 명꼴로 적어도 한 번 강간을 당한 적이 있으며, 강간 미수의 경우 피해자 수는 더 많다는 미국여성학협회의 통계 결과에 대해, 로이페는 "상황이 정말로 이렇게 심각하다면, 내 동성 친구들 중 25퍼센트가 실제로 강간을 당했다면, 내가 왜 그 일에 관해 모르겠는가?"라고 반박했다. 다음 참조. Katha Pollitt, *Reasonable Creatures*(New York: Alfred A. Knopf, 1994), 164.

17 Darcy Haag Granello, "Using Beverly Hills 90210 to Explore Developmental Issues in Female Adolescents," *Youth and Society* 29(September 1997): 37.

18 1992년 폭스사는 「베벌리힐스 아이들」의 방영 시간을 목요일에서 수요일 밤 8시로 옮겨 「멜로즈 플레이스」 다음 순서에 방송되게 했다. 「멜로즈 플레이스」가 큰 성공을 거

두자 1994년에는 월요일 밤 8시로 방영 시간이 옮겨졌다. 이는 그다음 방영되는 「파티 오브 파이브」의 시청률을 다지려는 의도였다.

19 Lisa de Moraes, "Ratings: Melrose Place to Be," *Hollywood Reporter*, April 22, 1994; Lisa de Moraes, "Kiss or No Kiss, Melrose Lifts Fox to Top Spot," *Hollywood Reporter*, May 20, 1994.

20 다음에서 인용. Robert Miklitsch, "Gen-X TV: Political-Libidinal Structures of Feeling in Melrose Place," *Journal of Film and Television* 55(Spring 2003): 16.

21 "Interview: Heather Locklear," *Playboy*, October 1994, 136.

22 Robert Miklitsch, "Gen-X TV," 23.

23 다음에서 인용. Bonnie J. Dow, *Prime-Time Feminism: Television, Media Culture, and the Women's Movement Since 1970*(Philadelphia: University of Pennsylvania Press, 1996), 140. 나는 이 쇼에 대한 Dow의 날카로운 분석에 많이 의존했다.

24 Ibid., 143.

25 Claudia Collins, "Viewer Letters as Audience Research: The Case of Murphy Brown," *Journal of Broadcasting and Electronic Media* 41(1997): 117~118.

26 Ibid., 123.

27 Ibid., 152.

28 Jimmy Draper의 논문 참조. "How to Suppress Women Rioting: The News Media Coverage of the Riot Grrrl Movement"(발행되지 않음, Arts and Ideas Program, Residential College, University of Michigan, 2000), chap. 2, 2.

29 Kearney, "The Changing Face of Teen Television," 60~61.

30 Mary Celeste Kearney의 저서 *Girls Make Media*(New York: Routledge, 2006), 59.

31 Ibid., 60.

32 Draper, "How to Suppress Women Rioting," chap. 2.

33 Ibid.

34 Ibid.

35 Elizabeth Snead, "Feminist Riot Grrls Don't Just Wanna Have Fun," *USA Today*, August 7, 1992, 5D.

36 "Anti-Fashion Statements," *USA Today*, August 7, 1992, 5D.

37 Farai Chideya et al., "Revolution, Girl Style," *Newsweek*, November 23, 1992, 84~86.

38 Dan Auty, Justin Cawthorne, Chris Barrett, and Peter Dodd, *The 100 Best-Selling Albums of the '90s*(Phoenix, Ariz.: Amber Books, 2004).

39 Kara Jesella and Marisa Meltzer, *How Sassy Changed My Life: A Love Letter to the Greatest Teen Magazine of All Time*(New York: Farrar, Straus and Giroux, 2007).

40 Alex Ross, 다음에 대한 안내문에서 인용. Jesella and Meltzer, *How Sassy Changed My Life*.

41 Jesella and Meltzer, *How Sassy Changed My Life*, 4, 8.

42 Ibid., 8.

43 Ibid., 32, 95; "Petersen Snaps Up Sassy," *Folio*, November 15, 1994, 13; Farai Chideya, "Revolution, Girl Style," 84.

44 Jesella and Meltzer, *How Sassy Changed My Life*, 12.

45 Grace Kyung Won hong, "I Hate My body," *Sassy*, December 1990, 48~49.

46 Karen Catchpole, "Karen Tries to Get Thinner Thighs, Longer Hair, Bigger Breasts, Tanner Skin and a Boyfriend Through the Mail," *Sassy*, February 1991, 48~49.

47 Christina Kelly, "Why you Liked Yourself Better When You Were 11," *Sassy*, July 1991, 56.

48 Christina Kelly, "What Now?" *Sassy*, January 1994, 48~49.

49 Christina Kelly, "The Dirty, Scummy Truth About Spring Break(Or Where the Jerks Are)," *Sassy*, April 1989, 57, 83.

50 대부분의 집필진은 이름으로만 알려졌다. 여기서도 필자 이름을 적는 행에 이름만 적혔다. Margie and Mary Ann, "How to Make him Want You (…) Bad," *Sassy*, March 1993, 82.

51 Kim, "6 Reasons You Don't Want to Be Popular," *Sassy*, September 1991, 62~63.

52 Fashion layout, "Holiday Party Dresses," *Sassy*, December 1991, 57~59.

53 "Listen Up," *Sassy*, January 1989, 39.

54 Jesella and Meltzer, *How Sassy Changed My Life*, 59.

55 Karen, Margie, Mary Kaye, and Mike, "9 Things About America That Make Us Want to Scream and Throw Stuff," *Sassy*, August 1991, 92.

56 Jodie Hargus, "How to Fight Sexism," *Sassy*, December 1991, 60~61.

57 Christina Kelly, "I Am Woman, Hear Me Roar," *Sassy*, June 1992, 60~63.

58 Christina Kelly, "The Iraq Thing," *Sassy*, February 1991, 74~75.

59 Jesella and Meltzer, *How Sassy Changed My Life*, 69.

60 Christina Kelly, "Beverly Hills 90210 Indecently Exposed," *Sassy*, September 1991, 53~54.

61 "Annual Entertainment Poll," *Sassy*, January 1993, 53; January 1994, 68~69.

62 Jesella and Meltzer, *How Sassy Changed My Life*, 40~41.

63 Barbara Hudson이 제시한 중요한 관점이다. 다음에서 인용. Kearney, *Girls Make Media*, 5~6.

제2장

1 Marylou Tousignant and Carlos Sanchez, "Va. Woman Tells Police She Mutilated Husband After He Raped Her," *Washington Post*, June 24, 1993, D1.

2 Ibid.

3 Joe Treen, "Treachery in the Suburbs," *People Weekly*, June 29, 1992, 32.

4 Timothy Egan, "Police in Oregon Makes Arrests in Assault on Olympic Skater," *New York Times*, January 14, 1994, A1.

5 Timothy Egan, "A Hard Life Spent Searching for Money and a Gold Medal," *New York Times*, January 15, 1994, A1; Michael Janofsky, "Ex-Husband of Harding Arrested in Skating Attack," *New York Times*, January 20, 1994, A1.

6 ABC World News Tonight, February 11, 1993.

7 Andrew Sum et al., "The Growing Gender Gaps in College Enrollment and Degree Attainment in the U.S. and Their Potential Economic and Social Consequences," Center for Labor Market Studies, Northwestern University, 2003, http://www.emc.com/about/emc_philanthropy/roundtable/pdf/gendergaps_coll_enroll_plus.pdf.

8 Patricia Bliss, "Law School Enrollment and Employment for Women and People of Color," Minority Corporate Counsel Association, no date, http://www.mcca.com/index.cfm?fuseaction=page.viewPage&pageID=680.

9 Bill Hewitt, "Courting Trouble: A Defiant Joey Buttafuoco Is Indicted in the Statutory Rape of Amy Fisher," *People Weekly*, April 26, 1993, 122ff.

10 John T. McQuiston, "Girl, 17, Arraigned in Shooting of Woman," *New York Times*, May 24, 1992, M40.

11 Josh Barbanel, "17-Year-Old Is Charged in Shooting," *New York Times*, May 23, 1992, A28.

12 Rod Carveth, "Amy Fisher and the Ethics of 'Headline' Docudramas," *Journal of Popular Films and Television* 21(September 22, 1993): 121.

13 Bob Kappstatter, "Tale of Lust, Vengeance Worth Millions," *Gazette*(Montreal), October 1, 1992, B5.

14 John T. McQuiston, "Lawyer Seeks Release of Girl in Shooting," *New York Times*, May 31, 1992, A35.

15 Joe Treen, "Sex, Lies and Videotapes," *People Weekly*, October 12, 1992, 104ff.

16 Paula Span, "Lolita's Hard Sell from the Cell; Studios and Publishers Pant for an Amy Fisher Deal," *Washington Post*, June 12, 1992, C1; Josh Barbanel of the New York Times reported on Naiburg's vibrating bed sales days in "A Morality Tale in Court and Tabloid," September 27, 1992, A38.

17 Span, "Lolita's Hard Sell from the Cell."

18 John T. McQuiston, "Victim's Family Threatens Suit Against L.I. Girl," *New York Times*, June 11, 1992, B5.

19 Treen, "Sex, Lies and Videotapes."

20 Diana Jean Schemo, "Hidden and Haunted Behind the Headlines," *New York Times*, June 12, 1992, B1.

21 Treen, "Sex, Lies and Videotapes."

22 20세기 후반 섹스 스캔들의 이 두 범주의 조합에 대해서는 다음 참조. Joshua Gamson, "Jessica Hahn, Media Whore: Sex Scandals and Female Publicity," *Critical Studies in Media Communication* 18(June 2001): 157~173.

23 Bob Kappstatter, "Tale of Lust, Vengeance Worth Millions," *Gazette*(Montreal), October 1, 1992, B5.

24 Bill Carter, "Amy Fisher Story a Surprise Smash in 3 TV Movies," *New York Times*, January 5, 1993, C11.

25 Ibid.

26 선전문구가 Carveth의 기사 "Amy Fisher and the Ethics of 'Headline' Docudramas"에 인용되었다.

27 Jeff Simon, "Random Notes on Amy Fisher's TV Trilogy of Sleaze," *Buffalo News*, January 10, 1993.

28 Carter, "Amy Fisher Story a Surprise Smash in 3 TV Movies."

29 "Younger Americans and Women Less Informed: One in Four Americans Follow National News Closely," Times Mirror News Interest Index: 1989~1995; released: December 28, 1995.

30 Hewitt, "Courting Trouble."

31 "Joey Buttafuoco," absoluteastronomy.com, www.absoluteastronomy.com/topics/Joey_Buttafuoco#encyclopedia, no date.

32 스캔들에 관한 명쾌한 분석은 다음 참조. Lorraine Delia Kenny, "Amy Fisher, My Story: Learning to Love the Unlovable," *Socialist Review* 24(1994): 87.

33 Frank DeCaro, "Bobbitt Case Makes Half the Nation Extremely Jittery," *Washington Post*, November 17, 1993, D2.

34 Bill Hewitt, "Slice of Life," *People Weekly*, August 30, 1993, 57; Elizabeth Gleick, "Severance Pay: Amid Media Circus, the Bobbitts of Manassas Prepare for Her Day in Court," *People Weekly*, December 13, 1993, 92; Elizabeth Gleick, "Battle of the Bobbits," *People Weekly*, November 22, 1993, 57.

35 "Take These Jokes—Please," *People Weekly*, December 13, 1993, 95.

36 David A. Kaplan, "Bobbitt Fever," *Newsweek*, January 24, 1994, 52.

37 Andrea Sachs, "The Rise of the Penis," *Columbia Journalism Review*, March–April 1994, 7.

38 Kaplan, "Bobbitt Fever," 52.

39 Melissa Weininger, "The Trials of Lorena Bobbitt," no date, posted on http://www.digitas.harvard.edu/~perspy/old/issues/2000/retro/lorena_bobbitt.html.

40 Jerry Adler and Ellen Ladowsky, "Hanging by a Thread," *Newsweek*, November 22, 1993, 50.

41 다음에서 인용. Sachs, "The Rise of the Penis."

42 Sheila Cavanaugh, "Upsetting Desires in the Classroom: School Sex Scandals and the Pedagogy of the Femme Fatale," *Psychoanalysis, Culture and Society* 9(2004): 317.

43 Brian D. Johnson, "The Male Myth," *Maclean's*, January 31, 1994, 38ff.

44 "Clinton Taps Florida Prosecutor Reno to Head Justice," *All Things Considered*, NPR, February 11, 1993; "Search for Attorney General Finally Final," *Morning Edition*, NPR, February 12, 1993.

45 "Search for Attorney General Finally Final."

46 ABC World News Tonight, February 11, 1993.

47 "Clinton Taps Florida Prosecutor Reno to Head Justice."

48 David Kaplan with Bob Cohn and Spencer Reiss, "Janet Reno: 'Are You Ready to Go,'" *Newsweek*, February 22, 1993, 26.

49 Elizabeth Gleick, "'General Janny baby,'" *People Weekly*, March 29, 1993, 40~42.

50 Debra Gersh, "Reno Meets Press in Friendlier Confines; U.S. Attorney General

Addresses National Press Club Audience," *Editor and Publisher,* July 24, 1993, 17.

51 Joe Treen, "Zealot of God," *People Weekly,* March 15, 1993, 38ff.

52 Stephen Labaton, "Reno Sees Error in Move on Cult," *New York Times,* April 20, 1993, A21.

53 Sam Howe Verhovek, "Decibels, Not Bullets, Bombard Texas Sect," *New York Times,* March 25, 1993, A16.

54 Laura Blumenfeld, "Janet Reno, in the Fires of Justice," *Washington Post,* April 21, 1993, B1.

55 Judy Keen, "Reno Is Weathering the Storm," *USA Today,* April 21, 1993, 6A.

56 Stephen Labaton, "Reno Wins Praise at Senate Hearing," *New York Times,* April 23, 1993, A20.

57 Marilyn Frye, "Sexism," *The Politics of Reality: Essays in Feminist Theory*(Trumansburg, N.Y.: Crossing Press, 1983).

58 이 중요한 용어는 다음에서 인용했다. Frye, *The Politics of Reality.*

59 Frye, *The Politics of Reality.*

60 리노의 성적 대상화에 대해서는 다음 참조. Liza Mundy, "Why Janet Reno Fascinates, Confounds and Even Terrifies America?" *Washington Post,* January 25, 1998, W06. Mundy는 Frye의 에세이를 읽었을 것이다. Mundy 역시 여성성의 함정에 빠지지 않은 리노에 대해 주장을 펼친 바 있다.

61 Lyn Mikel Brown, *Raising Their Voices: The Politics of Girls' Anger*(Cambridge, Mass.: Harvard University Press, 1998), 124.

제3장

1 Jennifer Steinhauer, "Pow! Slam! Thank You, Ma'am," *New York Times,* Week in Review, November 5, 2000, 5; Shawna Malcom, "They've Got the Power," *TV Guide,* June 23~29, 2001, 17.

2 Susan Hopkins, *Girl Heroes: The New Force in Popular Culture*(Annandale, N.S.W., Australia: Pluto Press, 2002).

3 A. Susan Owen, "Vampires, Postmodernity, and Postfeminism: Buffy the Vampire Slayer," *Journal of Popular Film and Television* 27(Summer 1999): 24.

4 다음에서 인용. Dawn Heinecken, *The Warrior Women of Television*(New York: Pete Lang, 2003), 101.

5 Jennifer Pendleton, "A Place for the Spunky Gals," *Television Week,* November 10, 2003, 26.

6 이 점에 대해 상기시켜준 동료 Amanda Lotz에게 감사의 뜻을 전한다.

7 "Sexual Harassment Charges," http://www.eeoc.gov/stats/harass-a.html. FY 1992-FY 1996, last modified, January 31, 2007.

8 http://www.rainn.org/statistics/index.html.(1991년과 1992년의 강간 데이터는 웹 사이트에 존재하지 않는다.)

9 Heinecken, *The Warrior Women of Television,* 110.

10 Owen, "Vampires, Postmodernity, and Postfeminism."

11 Amanda Lotz는 다음 저서에서 이 점을 강조했다. *Redesigning Women: Television After the Network Era*(Urbana: University of Illinois Press, 2006).

12 Jennifer Weiner, "She's a Kick, in More Ways Than One," *Philadelphia Inquirer*, January 30, 1996, F01.

13 Jim Benson, "'Xena' Climbs Past 'Hercules,'" *Variety*, December 18~31, 1995, 35; Jim Benson, "'Xena's' Paradox: No. 1 Spot in Poor Syndie Week," *Daily Variety*, January 16, 1996, 20.

14 Jenny Hontz, "'Xena' Powers to Record Rating," *Daily Variety*, February 27, 1997, 5; and Jenny Hontz, "'Hercules,' 'Xena,' Tops in Top Markets," *Daily Variety*, February 4, 1997, 6.

15 Jenny Hontz, "'Xena' Hits a Season Zenith, Tops All Syndie Action Hours," *Daily Variety*, March 6, 1997, 7.

16 Elyce Rae Helford, "Feminism, Queer Studies, and the Sexual Politics of Xena: Warrior Princess," in *Fantasy Girls*, ed. E. R. Helford(Boston: Rowman & Littlefield, 2000), 136.

17 Ken Parish Perkins, "Fans from 6 to 60 Love Xena," *Fort Worth Star Telegram*, February 15, 1997, C4.

18 William Grimes, "A Woman Wielding Many Weapons, Among Them a Sneer and a Stare," *New York Times*, May 19, 1996, sec. 12, 4.

19 두 인용 모두 다음 참조. Helford, "Feminism, Queer Studies, and the Sexual Politics of Xena," 138.

20 Grimes, "A Woman Wielding Many Weapons."

21 Shirley Knott, "Trendy TV: The X(ena)—philes, Xena's Tough, She's Funny and She Kicks Butt. What's Not to Like?" *Globe and Mail*, August 23, 1997, 9.

22 Helford, "Feminism, Queer Studies, and the Sexual Politics of Xena," 141.

23 Elizabeth Kastor, "Woman of Steel: Television's Warrior Xena Is a Superheroine with Broad Appeal," *Washington Post*, September 21, 1996, C01.

24 Heinecken, *The Warrior Women of Television*, 91.

25 Beth Braun, "The X—Files and Buffy the Vampire Slayer: The Ambiguity of Evil in Supernatural Representations," *Journal of Popular Film and Television* 28(Summer 2000): 90.

26 Jessica Prata Miller, "'The I in Team': Buffy and Feminist Ethics," in *Buffy the Vampire Slayer and Philosophy*, ed. James B. South(Chicago: Open Court, 2003), 35.

27 Owen, "Vampires, Postmodernity, and Postfeminism," 28.

28 Elizabeth Hills, "From 'Figurative Males' to Action Heroines: Further Thoughts on Active Women in the Cinema," *Screen* 40(Spring 1999): 47~49.

29 Heinecken, *The Warrior Women of Television*, 108~110.

30 Ibid., 106.

31 Claudia Puig, "Box Office Soars on the Wings of 'Angels'; Divine Opening Gives Business a High Kick," *USA Today*, November 6, 2000, 1D.

32 Gina Arnold, "Girl Power," *Scotsman*, November 22, 2000, 10.

33 Carl Diorio, "No Kick for Slick Chicks," *Daily Variety*, June 30, 2003, 1.

34 David Hinckley, "Angelina's 'Lara' Raids Box Office," *Daily News*, June 18, 2001, 17.

35 다큐멘터리 Lara Croft: Lethal and Loaded, dir. Dev Varma, 2001에서 인용.

36 Owen, "Vampires, Postmodernity, and Postfeminism," 24.

37 이 이분법을 전복시키는 액션 영화에 관한 논의는 다음 참조. Hills, "From 'Figurative Males' to Action Heroines," 38~50.

제4장

1 Nicholas Fonseca, "'Clueless' Is More," *Entertainment Weekly*, July 26, 2002, 72; Bernard Weinraub, "A Surprise Film Hit About Rich Teen-Age Girls," *New York Times*, July 24, 1995, C10.

2 Susan Faludi, *Backlash*(New York: Crown, 1991), 99~100.

3 이 주장은 Laurie Ouellette가 "Victims No More: Postfeminism, Television and Ally McBeal," *Communication Review* 5(2002): 322에서 펼쳤다.

4 Ouellette, "Victims No More," 316, 321.

5 이를 학계의 용어로 본질주의essentialism라고 한다.

6 John Gray, *Men Are From Mars, Women Are From Venus*(New York: Harper-Collins, 1992), 16, 18~19, 33, 44.

7 Ellen Fein and Sherrie Schneider, *The Rules: Time-Tested Secrets for Capturing the Heart of Mr. Right*(New York: Warner Books, 1996), passim.

8 Amanda Lotz, "In Ms. McBeal's Defense: Assessing Ally McBeal as a Feminist Text," in *Searching the Soul of Ally McBeal*, ed. Elwood Watson(Jefferson, N.C.: McFarland & Co., 2006), 143.

9 Tom Bierbaum, "Post-Globes Zeal for Fox's 'McBeal,'" *Variety*, January 26~February 1, 1998, 36.

10 Michael Epstein, "Breaking the Celluloid Ceiling: Ally McBeal and the Women Attorneys Who Paved Her Way," *Television Quarterly* 30(1999): 28~39.

11 Lotz, "In Ms. McBeal's Defense," 139.

12 Jessica Lyn Van Slooten, "A Truth Universally (Un)acknowledged: Ally McBeal, Bridget Jones's Diary and the Conflict Between Romantic Love and Feminism," in *Searching the Soul of Ally McBeal*, 36~37.

13 Lotz, "In Ms. McBeal's Defense," 147~149.

14 더 자세한 사항은 다음 참조. Jennifer Harris, "Worshipping at the Altar of Barry White: Ally McBeal and Racial and Sexual Politics in Crisis," in *Searching the Soul of Ally McBeal*, 160~175.

15 Lotz와 Ouellette가 이 점을 주장했다. Lotz, "In Ms. McBeal's Defense," 150~151; Ouellette, "Victims No More," 329.

16 다음에 인용됨. Lotz, "In Ms. McBeal's Defense," 152.

17 Helen Fielding, *Bridget Jone's Diary*(New York: Penguin, 1998), 15, 24, 195.

18 Joel E. Siegel, "Dear Diary," *Washington City Paper*, April 19, 2001, 45.

19 Andi Zeisler, "Bridget Jones's Diary," *Bitch*, October 31, 1998, 54.

20 Fielding, *Bridget Jones's Diary*, 36.

21 Ibid., 18.

22 Angela McRobbie, "Notes on Postfeminism and Popular Culture: Bridget Jones and the New Gender Regime," in *All About the Girl*, ed. Anita Harris(Cambridge, U.K.: Polity Press, 2007), 12.

제5장

1 특히 이 장과 관련하여 의견을 제공해준 Robin Means Coleman과 Catherine Squires에게 감사의 뜻을 전한다.

2 흑인 영어Black Speak란 말은 다음 출처에서 인용했다. Antonio Brown, "Performing 'Truth': Black Speech Acts," *African American Review* 36(Summer 2002): 214.

3 Joan Morgan, *When Chickenheads Come Home to Roost*(New York: Simon & Schuster, 1999), 26.

4 Amy Caiazza et al., "The Status of Women in the States," Institute for Women's Policy Research, 2004, http://www.iwpr.org/pdf/R260.pdf.

5 "Health Status of African American Women," U.S. Department of Health & Human Services, 2005, http://www.omhrc.gove/templates/content.aspx?ID=3723.

6 "Women's Health USA 2005: Incarcerated Women," 2005, http://mchb.hrsa.gov/whusa_05/pages/0423iw.htm.

7 대중매체가 흑인 여성들을 미화하면서도 흑평하는 현실, 그리고 Robin Means Coleman이 말했듯이, '묘사와 관련된 인종 차별적 체제'를 재생산한 점을 연구한 아프리카계 미국인 학자들은 다음과 같다. Beretta E. Smith-Shomade, *Shaded Lives: African-American Women and Television*(New Brunswick, N.J.: Rutgers University Press, 2002), 6; Robin Means Coleman, *African American Viewers and the Black Situation Comedy: Situating Racial Humor*(New York: Garland, 2000), 107; 다음 역시 참조. Julianne Malveaux, *Sex, Lies and Stereotypes: Perspectives of a Mad Economist*(Los Angeles: Pines One, 1994); Bambi Haggins, *Laughing Mad: The Black Comic Persona in Post-Soul America*(New Brunswick, N.J.: Rutgers University Press); Morgan, *When Chickenheads Come Home to Roost*.

8 대중매체 내에서 '흑인다움'을 규정하기 위한 투쟁에 관한 논의는 다음 참조. Herman Gray, *Watching Race: Television and the Struggle for Blackness*(Minneapolis: University of Minnesota Press, 2004).

9 흑인 최하층 계급에 대한 부정적 묘사와 그러한 이미지의 성공을 둘러싼 역설적 상황에 대해서는 다음 참조. S. Craig Watkins, *Representing: Hip Hop and the Production of Black Cinema*(Chicago: University of Chicago Press, 1998).

10 Sut Jhally and Justin Lewis, *Enlightened Racism: The Cosby Show, Audiences, and the Myth of the American Dream*(Boulder, Colo.: Westview Press, 1992).

11 Layli Phillips et al., "Oppositional Consciousness Within an Oppositional Realm: The Case of Feminism and Womanism in Rap and Hip Hop, 1976~2004," *Journal of African American History* 90(Summer 2005): 254.

12 S. Craig Watkins, *Hip Hop Matters*(Boston: Beacon Press, 2005), 216.

13 Tricia Rose, *Black Noise: Rap Music and Black Culture in Contemporary America*(Middletown, Conn.: Wesleyan University Press, 1994), 103~104.

14 Camille Jackson, "Essence Takes on Rap Music," January 20, 2005, http://www.tolerance.org/news/article_tol.jsp?id+1141.

15 Rose, *Black Noise*, 146~148.

16 Phillips et al., "Oppositional Consciousness Within an Oppositional Realm," 255.

17 Phillips et al., "Oppositional Consciousness Within an Oppositional Realm," 265.

18 Rose, *Black Noise*, 168.

19 Angie Colette Beatty, "What Is This Gangstressism in Popular Culture? Reading Rap Music as Legitimate Hustle and Analyzing the Role of Female Agency in Intrafemale Aggression"(unpublished doctoral thesis, University of Michigan, 2005), 49.

20 Elizabeth Kolbert, "The Media Business: TV Viewing and Selling, by Race," *New York Times*, April 5, 1993, D7.

21 다음에 인용됨. Coleman, *African American Viewers and the Black Situation Comedy*, 111.

22 Anon., "How Blacks Differ from Whites in TV Show Choices," *Jet*, March 17, 1997, 54.

23 Alan Bash, "Competitive 'Living' Among 'Friends,'" *USA Today*, December 15, 1994, 3D.

24 Kristal Brent Zook, *Color by Fox: The Fox Network and the Revolution in Black Television*(New York: Oxford University Press, 1999), 102.

25 Bash, "Competitive 'Living' Among 'Friends,'" 3D.

26 Zook, *Color by Fox*, 67.

27 Lynn Elber, "TV Accused of Relegating Blacks to Low Comedy," Associated Press, May 20, 1994.

28 Smith—Shomade, *Shaded Lives*, 43.

29 Zook, *Color by Fox*, 68.

30 흑인들이 거주해야 하는 복잡하고 종잡을 수 없는 공간에 관한 논의는 다음 참조. Marcyliena Morgan, "Hip—Hop Women Shredding the Veil: Race and Class in Popular Feminist Identity," *South Atlantic Quarterly* 104(Summer 2005): 425~444.

31 Smith—Shomade, *Shaded Lives*, 53.

32 Coleman, *African American Viewers and the Black Situation Comedy*, 202, 207.

33 Zook, *Color by Fox*, 54.

34 Ibid.

35 Zook가 이 점을 특히 강조했다.

36 Coleman, *African American Viewers and the Black Situation Comedy*,

170~171.

37 Zook, *Color by Fox*, 57.

38 Ibid., 63.

39 Ibid., 59.

40 Smith-Shomade, *Shaded Lives*, 68.

41 Costas Panagopoulos, "Obama Supporter Oprah Takes a Big Dive," *Politico*, April 7, 2008, http://www.politico.com/news/stories/0408/9427_Page2.html.

42 P. David Marshall, *Celebrity and Power: Fame in Contemporary Culture*(Minneapolis: University of Minnesota Press, 1997), 132, 134~135.

43 이 견해는 내 제자였던 박사과정 학생 Antonio Brown에게서 착안했다. "Performing 'Truth': Black Speech Acts," *African American Review* 36(Summer 2002): 213.

44 Kathleen Dixon, "The Dialogic Genres of Oprah Winfrey's 'Crying Shame,'" *Journal of Popular Culture* 35(2001): 177.

45 Beretta E. Smith-Shomade 역시 *Shaded Lives*, 176에서 이 점을 주장했다.

46 Antonio Brown은 "Performing 'Truth,'" 221에서 이 일화를 인용했다.

47 Smith-Shomade, *Shaded Lives*, 150.

48 한 예로 2008년 5월 호 「O」의 표지 참조.

49 Kathryn Lofton, "Practicing Oprah; or, the Prescriptive Compulsion of a Spiritual Capitalism," *Journal of Popular Culture* 39(2006): 603.

50 Carroll J. Glynn et al., "When Oprah Intervenes: Political Correlates of Daytime Talk Show Viewing," *Journal of Broadcasting and Electronic Media* 51(June 2007): 240~241.

51 다음 참조. Jane Peck, *The Age of Oprah: Cultural Icon for the Neoliberal Era*(Boulder, Colo.: Paradigm, 2008), 9.

52 Lofton, "Practicing Oprah," 609~610.

53 Dana Cloud, "Hegemony or Concordance? The Rhetoric of Tokenism in 'Oprah' Winfrey's Rags-to-Riches Biography," *Critical Studies in Mass Communication* 13(June 1996): 117.

54 이 견해는 다음 출처에서 강력히 주장되었다. Jane Peck, *The Age of Oprah*, 38.

55 Elaine Lafferty, "Funny Starts Right Here," *Ms.*, Summer 2004, http://www.ms-magazine.com/summer2004/wandasykes.asp. 이 출처를 알려준 Robin Means Coleman에게 감사의 뜻을 전한다.

56 Benjamin Svetkey, Margeaux Watson, and Alynda Wheat, "Tyler Perry: The Controversy Over His Hit Movies," March 17, 2009, http://www.ew.com/ew/article/0,,20266223,00.html.

제6장

1 유튜브에서 볼 수 있다.

2 Helen A. S. Popkin, "Klein Gets the Message," *St. Petersburg Times*, August 30, 1995, 1D.

3 Brain McNair, *Striptease Culture: Sex, Media and the Democratisation of*

Desire(London: Routledge, 2002); Pamela Paul, *Pornified: How Pornography Is Damaging Our Lives, Our Relationships, and Our Families*(New York: Henry Holt, 2005); Diane E. Levine and Jean Kilbourne, *So Sexy So Soon: The New Sexualized Childhood and What Parents Can Do to Protect Their Kids*(New York: Ballantine Books, 2008); M. Gigi Durham, *The Lolita Effect: The Media Sexualization of Young Girls and What We Can Do About It*(New York: Overlook Press, 2008).

4 미국의 대중문화가 정숙함을 요구하면서도 포르노적이라는 견해는 다음 출처에서 비롯되었다. Theodor Adorno and Max Horkheimer, "The Culture Industry: Enlightment as Mass Deception" in Max Horkheimer and Theodor Adorno, *Dialectic of Enlightenment*, trans. John Cumming(New York: Continuum, 1993).

5 다음 참조. Rosalind Gill, *Gender and the Media*(Cambridge, U.K.: Polity Press, 2007), 90~91.

6 여성의 섹슈얼리티에 관한 이러한 모순적인 담화를 분석한 다음 출처 참조. Gill, *Gender and the Media*, 194, 242~244.

7 Dean Chang et al., "Horrific End to Fairy Tale Life; Little Girl's Glittery Life, Violent Death Leave Nation Bewildered," *Daily News*(New York), January 5, 1997, 6.

8 Jerry Adler et al., "The Strange World of JonBenet," *Newsweek*, January 20, 1997, 43.

9 Keith J. Kelly, "Year of Living Successfully; Fuller Has Cosmo Covered Editorially & Financially," *Daily News*(New York), February 27, 1998, 42.

10 1992년 *Cosmopolitan* 5·8·11월 호 표지.

11 1992년 *Cosmopolitan* 1·8·11월 호 표지.

12 1997년 *Cosmopolitan* 1·5·8·11월 호 표지와 목차.

13 2002년 *Cosmopolitan* 1·5·8·11월 호 표지.

14 "Get More Cosmo," *Cosmopolitan*, April 2008, 20.

15 Gill, *Gender and the Media*, 248.

16 "How to Be a Superhottie," *Cosmopolitan*, August 2006, 68.

17 세 기사 모두 다음 출처에서 비롯되었다. *Cosmopolitan* 2007년 7월 호 111, 116, 120.

18 4 Reasons He's Not Talking," *Cosmopolitan*, July 2007, 56.

19 "Love and Lust," *Cosmopolitan*, April 2008, 137.

20 Myatt Murphy, "50 Things Guys Wish You Knew," *Cosmopolitan*, April 2008, 142.

21 Zoe Ruderman, "Cosmo Weekend," *Cosmopolitan*, April 2008, 240.

22 Brian O'Leary, "His Point of View," *Cosmopolitan*, April 2008, 76.

23 Murphy, "50 Things Guys Wish You Knew," 142.

24 Ibid., 145.

25 Peter Carlson, "If It Only Had a Brain; Maxim: Mindless Entertainment for Men," *Washington Post*, December 8, 1998, C1.

26 Richard Turner with Ted Gideonse, "Finding the Inner Swine," *Newsweek*,

February 1, 1999, 52.

27 Alfred Lubrano, "On Fifth Anniversary, Maxim Still A Huge Hit with the Boys," *Philadelphia Inquirer*, April 2, 2002.

28 Turner with Gideonse, "Finding the Inner Swine," 52.

29 Peter Jackson et al., *Making Sense of Men's Magazines*(Cambridge, U.K.: Polity Press, 2001), 70~71.

30 Ibid., 69~70.

31 David Robbeson, "Saturday Night Special: Fun with Women," *Maxim*, April 2000, 136.

32 Ibid., 134; "Drive-Ins Live!" *Maxim*, June 2008, 82.

33 "30 Worst Albums of All Time!" *Maxim*, April 2000, 106~108.

34 "Fill Your Inner Emptiness with Material Goods," *Maxim*, June 2008, 52.

35 Lubrano, "On Fifth Anniversary, Maxim Still a Huge Hit with the Boys."

36 Gillian Telling, "Employee Benefits," *Maxim*, June 2008, 64.

37 Hayley Kaufman, "The Women of Maxim Behind the Racy Men's Magazine Is a Female Staff That Swears the Publication Makes Better Men," *Boston Globe*, April 11, 2002, C11.

38 Carol J. Pardun and Kathy Roberts Ford, "Sexual Content of Television Commercials Watched by Early Adolescents," in *Sex in Consumer Culture: The Erotic content of Media and Marketing*, ed. Jacqueline Lambaise and Tom Reichere(Philadelphia: Lawrence Erlbaum Associates, 2005), 125.

39 Jillian Bailey, "The Home Front: Dysfunctional Family Hour," *Hollywood Reporter*, November 8, 1995.

40 Pardun and Ford, "Sexual Content of Television Commercials Watched by Early Adolescents," 126.

41 Jennifer Stevens Aubrey, "Does Television Exposure Influence College-Aged Women's Sexual Self-Concept?" *Media Psychology* 10(June 2007): 160.

42 Dan Ronan, "TV's Family Hour Loaded with Sexual Content," CNN, December 12, 1996, citing a Kaiser Family Foundation study, http://www.cnn.com/US/9612/12/tv.sex.am/.

43 Ibid.

44 R. Ballie, "Study Shows a Significant Increase in Sexual Content on TV," Monitor on Psychology, May 2001, citing the research of Dale Kunkel, http://www.apa.org/monitor/may01/sexualtv.html.

45 Aubrey, "Does Television Exposure Influence College-Aged Women's Sexual Self-Concept" 159.

46 Dale Kunkel et al., "Sexual Messages on Television: Comparing Findings from Three Studies," *Journal of Sex Research* 36(August 1999): 235.

47 Monique Ward, "Talking About Sex: Common Themes About Sexuality in the Prime-Time Television Programs Children and Adolescents View Most," *Journal of Youth and Adolescence* 24(October 1995): 595ff.

48 Jennifer Stevens Aubrey, "Sex and Punishment: An Examination of Sexual

Consequences and the Sexual Double Standard in Teen Programming," *Sex Roles*, April 2004, 505ff.

49 Alex Kuczynski, "Noticed: In Offices, an Excuse to Mention S*x," *New York Times*, February 1, 1998, sec. 9, 1.

50 Kathleen Kenna, "From Prude to Lewd: America's New Obsession, Bill Clinton's Sex Life Has Become Talk of the U.S.," *Toronto Star*, January 31, 1998, A1.

51 Zell Miller, "A Deficit of Decency," Salon.com, February 13, 2004.

52 Lisa de Moraes, "CBS Gave 90 Million an Eyeful," *Washington Post*, February 3, 2004, C1.

53 Ibid.

54 Ann Oldenburg, "A Culture Clash (⋯) in a Nation a Flutter," *USA Today*, February, 3, 2004, 1A.

55 Miller, "A Deficit of Decency."

56 Oldenburg, "A Culture Clash (⋯) in a Nation a Flutter."

57 Kimberle Williams Crenshaw, "Beyond Racism and Misogyny: Black Feminism and 2 Live Crew," in *Feminist Social Thought: A Reader*, ed. Diana T. Meyers(New York: Routledge, 1997), 254~255.

58 S. Craig Watkins, *Hip Hop Matters*(Boston: Beacon Press, 2005), 211, 217.

59 Ibid., 207.

60 Beretta E. Smith—Shomade, *Shaded Lives: African—American Women and Television*(New Brunswick, N.J.: Rutgers University Press, 2002), 81.

61 C. L. Keyes, *Rap Music and Street Consciousness*(Urbana: University of Illinois Press, 2002), 200.

62 Angie Colette Beatty, "What Is This Gangstressism in Popular Culture? Reading Rap Music as Legitimate Hustle and Analyzing the Role of Female Agency in Intrafemale Aggression"(unpublished doctoral dissertation, University of Michigan, 2005), 12.

63 Ibid., 46; Smith—Shomade, *Shaded Lives*, 103.

64 Watkins, *Hip Hop Matters*, 219.

65 Gina M. Wingood et al., "A Prospective Study of Exposure to Rap Music Videos and African American Female Adolescents' Health," *American Journal of Public Health* 93(March 2003): 438.

66 Beatty, "What Is This Gangstressism in Popular Culture?" 12.

67 Dionne P. Stephens and April L. Few, "The Effects of Images of African American Women in Hip Hop on Early Adolescents' Attitudes Toward Physical Attractiveness and Interpersonal Relationships," *Sex Roles*, February 2007, 251~264.

68 Rana A. Emerson, "'Where My Girls At?' Negotiating Black Womanhood in Music Videos," *Gender and Society* 16(February 2002): 128.

69 M. Gigi Durham, *The Lolita Effect*(New York: Overlook Press, 2008), 69.

70 "The Supergirl Dilemma: Girls Grapple with the Mounting Pressure of Expectations," Girls Inc., 2006; http://www.girlsinc.org, 29, 17.

71 Jane D. Brown et al., "Sexy Media Matter: Exposure to Sexual Content in Music, Movies, Television, and Magazines Predicts Black and White Adolescents' Sexual Behavior," *Pediatrics* 117(April 2006): 1018~1019.

72 "Sex on TV 4," Kaiser Family Foundation, 2005, http://www.cnn.com/US/9612/12/tv.sex.am/.

73 Rebecca Wind, "One in Three Teens Get No Formal Education about Birth Control," November 28, 2006, www.guttmacher.org/media/nr/2006/11/28/index.html.

74 Chris McGreal, "Teen Pregnancy and Disease Rates Rose Sharply During Bush Years, Agency Finds," *Guardian*, July 20, 2009, http://www.guardian.co.uk/world/2009/jul/20/bush-teen-pregnancy-cdc-report.

75 Dr. Eileen L. Zurbriggen, chair, "Report of the APA Task Force on the Sexualization of Girls," American Psychological Association, 2007, 21.

76 Ibid., 30.

77 Ibid., 32.

78 Ward, "Talking About Sex."

제7장

1 Rick Kissell, "An Eye-land Paradise: CBS Sets Summer Record with Socko 'Survivor,'" *Daily Variety*, August 25, 2000, 1.

2 Wayne Friedman, "No Ad Immunity: Prices Triple for 'Survivor' Sequel; As Ratings Soar, CBS Hikes Rates to $14 Million for Series Sponsors," *Advertising Age*, August 28, 2000, 2.

3 "'Survivor' Winner Loses," *New York Times*, February 4, 2008, B2.

4 이 견해는 다음 출처에 확실하게 나와 있다. Angela McRobbie, *The Aftermath of Feminism: Gender, Culture and Social Change*(London: Sage, 2009), 55.

5 George Bagley, "A Mixed Bag: Negotiating Claims in MTV's The Real World," *Journal of Film and Video* 53(Summer 2001): 61~62, 69~73; Susan Murray and Laurie Ouellette, eds., "Introduction," in *Reality TV: Remaking Television Culture*(New York: New York University Press, 2004), 5.

6 다음에 인용됨. Bagley, "A Mixed Bag," 66.

7 Annette Hill, *Reality TV: Audiences and Popular Factual Television*(London: Routledge, 2005), 179.

8 여기서는 시청률이 가장 높았거나 가장 뜨거운 반응을 이끌어낸 프로그램과 여성의 외모 변신, 남자를 둘러싼 여자들 간의 경쟁 등에 초점을 둔 프로그램을 선택했다. 이 중 많은 프로그램의 경우, 시즌 1에서는 높은 시청률을 기록했다가 이후 시청률이 하락했기 때문에, 나는 해당 장르의 추이를 지켜보기 위해 시즌 1을 시청한 다음 이를 이후의 몇몇 시즌과 비교했다. 모든 프로그램의 각 시즌을 전부 봤다면 내 머릿속이 더 썩고 정신마저 무너졌을 것이다.

9 Edward Wyatt, "On Reality TV, Tired, Tipsy and Pushed to the Brink," *New York Times*, August 2, 2009, A1.

10 Laura S. Brown, "Outwit, Outlast, Out-Flirt? The Women of Reality TV," in *Featuring Females: Feminist Analyses of the Media*, ed. E. Cole and J. H. Daniel(Washington, D.C.: American Psychological Association, 2005), 72~73.

11 Steven Reiss and James Wiltz, "Why People Watch Reality TV," *Media Psychology* 6(2004), 374.

12 Bagley, "A Mixed Bag," 64.

13 대중매체 학자들은 이를 '준사회적 관계parasocial relationships'라고 한다. David C. Giles, "Parasocial Interaction: A Review of the Literature and a Model for Future Research," *Media Psychology* 4(2002): 279~305.

14 Jennifer Maher, "What Do Women Watch? Tuning In to the Compulsory Heterosexuality Channel," in Murray and Ouellette, "Introduction," *Reality TV: Remaking Television Culture*, 197.

15 Bill Carter, "'Survivor' Star: One Man Is an Island Villain," *New York Times*, August 16, 2000, E1.

16 Brown, "Outwit, Outlast, Out-Flirt?" 80.

17 Ibid., 77~78.

18 Ibid., 80.

19 Rachel E. Dubrofsky, "The Bachelor: Whiteness in the Harem," *Critical Studies in Media Communication* 23(March 2006): 42.

20 Brown, "Outwit, Outlast, Out-Flirt?" 76.

21 Laurie A. Rudman and Eugene Borgida, "The Afterglow of Construct Accessibility: The Behavioral Consequences of Priming Men to View Women as Sexual Objects," *Journal of Experimental Social Psychology* 31(1995): 513~514.

22 Danielle M. Stern, "MTV, Reality Television and the Commodification of Female Sexuality in The Real World," *Media Report to Women*, Spring 2005, 19.

23 Paul Davies et al., "Consuming Images: How Television Commercials That Elicit Stereotype Threat Can Restrain Women Academically and Professionally," *Personality and Social Psychology Bulletin*, December 2002, 1626.

제8장

1 Jennifer Cognard-Black, "Extreme Makeover: Feminist Edition," *Ms.* 17(Summer 2007): 48.

2 Anna Ayala, "10 Follies," *Advertising Age*, December 19, 2005, 4.

3 이 연구의 표본은 다소 작으나, 다양한 여성 세대를 비교했다. 세대 간의 격차는 기타 연구들에 의해 확증된 바 있다. 다음 참조. Marcene Goodman, "Culture, Cohort, and Cosmetic Surgery," *Journal of Women and Aging* 8(1996): 67.

4 "The Supergirl Dilemma: Girls Grapple with the Mounting Pressure of Expectations," Girls Inc., 2006, www.girlsinc.org, 3, 12, 34~35.

5 Courtney E. Martin, *Perfect Girls, Starving Daughters*(New York: Free Press, 2007), 1.

6 The National Center on Addiction and Substance Abuse, Columbia University, *Women Under the Influence*(Baltimore: The Johns Hopkins University Press, 2006),

36.

7 Susan Bordo, *Unbearable Weight*(Berkeley: University of California Press, 1993), 208~209.

8 Angela McRobbie, *The Aftermath of Feminism: Gender, Culture and Social Change*(London: Sage, 2009), 60, 1.

9 Barbara Friedrickson과 동료들이 특히 이 문제를 조명했다. 다음 참조. Barbara Friedrickson et al., "That Swimsuit Becomes You: Sex Differences in Self-Objectification, Restrained Eating and Math Performance," *Journal of Personality and Social Psychology* 75(1998): 269~284.

10 Yvonne Tasker and Diane Negra, "Introduction: Feminist Politics and Post-feminist Culture," in *Interrogating Postfeminism*, ed. Y. Tasker and D. Negra(Durham, N.C.: Duke University Press, 2007), 1~2.

11 다음 참조. Angela McRobbie, *The Aftermath of Feminism*, chap. 4, "Illegible Rage: Post-Feminist Disorders". 그녀의 분석은 본문보다 훨씬 더 복잡하고 정교하다.

12 McRobbie, *The Aftermath of Feminism*, 104.

13 Ibid., 1.

14 "Pleasure Reading: Associations Between Young Women's Sexual Attitudes and Their Reading of Contemporary Women's Magazines," Janna L. Kim, L. Monique Ward, *Psychology of Women Quarterly* 28(March 2004), 48.

15 Rick Kissell, "'Swan' on the Nose," *Daily Variety*, April 12, 2004, 6.

16 "Effects of Reality Television on Plastic Surgery," *Association of Operating Room Nurses Journal* 79(June 2004): 1215.

17 George W. Weston, "T.V.'s Cosmetic and Plastic Surgery Shows," 2009, http://www.cosmeticsurgery.com/articles/archive/an~157/.

18 "Surgery; ASPS Study Proves Plastic Surgery Reality TV Shows Directly Influence Patients to Have Surgery," *Surgery Litigation and Law Weekly*, August 10, 2007, 703.

19 "Women on 'Procedures,'" *Adweek*, February 2, 2004, 31.

20 "Surgical Technology; Study Shows Cosmetic Surgery on the Rise as Safety and Efficacy of Procedures Increase," *Medical Devices and Surgical Technology Week*, October 14, 2007, 77.

21 http://www.plasticsurgery.org/Media/stats/2008-surgeon-physician-fees-cosmetic-surgery-minimally-invasive-procedures.pdf, 2008.

22 "Quick Facts: Highlights of the ASAPS 2006 Statistics on Cosmetic Surgery," American Society for Aesthetic Plastic Surgery, 2006, www.surgery.org/download/2006.Facts.pdf.

23 Sooyoung Cho, "TV News Coverage of Plastic Surgery," *Journalism of Mass Communication Quarterly* 84(Spring 2007): 81.

24 가슴 확대 수술 논쟁에 관한 논의는 다음 참조. Marcia Angell, *Science on Trial: The Clash of Medical Evidence and the Law in the Breast Implant Case*(New York: W. W. Norton, 1997).

25 Jennifer Cognard-Black, "Extreme Makeover: Feminist Edition," *Ms.* 17(Summer 2007): 48.

26 Kelly Jane Torrance, "Weighing In on This; Wispy Models Seen Harmful to the Culture," *Washington Times*, April 21, 2008, A2.

27 Eric Wilson, "Doctors Fault Designers' Stance over Thin Models," *New York Times*, January 9, 2007, C1.

28 Eric Wilson, "Amid Drug Use Reports, 2 More Brands Drop Kate Moss," *New York Times*, September 22, 2005, C3.

29 Nicole Lampert, "Dumped? Not Our Kate, Says Fashion Chiefs," *Daily Mail*, November 11, 2005, 27; Robyn Riley, "A Model Not to Be Followed," *Sunday Herald Sun*, April 16, 2006, 19.

30 Michelle Jeffers, "Behind Dove's 'Real Beauty,'" *Adweek*, September 12, 2005.

31 Jack Neff, "Unilever: Don't Let Beauty Get Too Real," *Advertising Age*, April 16, 2007, 1.

32 "U.S. Obesity Trends, Trends By State, 1985~2008," 2009, Centers for Disease Control and Prevention, http://www.cdc.gov/obesity/data/trends.html.

33 Suzanne Gleason, "Sudden Implant," *Vogue*, May 1997, 250~251.

34 "Lip Enhancement, Frequently Asked Questions," http://www.dermanetwork.org.

35 Gleason, "Sudden Implant," 251.

36 Anne Weintraub, "Plastic Surgery's Wild Kingdom," *Vogue*, May 1997, 252.

37 Lynn Snowden, "Face Forward," *Vogue*, August 2002, 256.

38 Helen Bransford, "Welcome to Your Facelift," *Vogue*, May 1997, 324.

39 Gleason, "Sudden Implant," 250.

40 Bransford, "Welcome to Your Facelift," 324.

41 Snowden, "Face Forward."

42 Jenny Bailly, "Risky Business," *Vogue*, May 2008, 284.

43 Ibid.

44 Bransford, "Welcome to Your Facelift," 322~324.

45 Ibid., 354.

46 Karen S. Schneider et al., "Facing Off Over Plastic Surgery," *People*, October 18, 2004, 60ff.

47 Ibid.

48 David B. Sawyer et al., "Cosmetic Breast Augmentation and Suicide," *American Journal of Psychiatry*(July 2007): 1006~1014.

49 Cognard-Black, "Extreme Makeover: Feminist Edition," 47.

50 Plasticsurgery101.blogspot.com/2007/06/drive-thru-botox-andmarketing-of.html, dated 2007/06.

51 Laura Hurd Clarke et al., "Non-Surgical Cosmetic Procedures: Older Women's Perceptions and Experiences," *Journal of Women and Aging* 19(2007): 69~70.

52 못된 소녀들을 둘러싼 대중매체의 열기에 대한 비판은 다음 참조. Rachel Blustain, "The Mean Scene: Who Are These New Bad Girls?" *Lilith* 27(Fall 2002): 10.

53 "Cyberbullying and Online Teens," 2007, http://www.pewinternet.org.pdfs/
PIP%20Cyberbullying%20Memo.pdf.

54 Erika D. Felix and Susan D. McMahon, "Gender and Multiple Forms of Peer
Victimization: How Do They Influence Adolescent Psychosocial Adjustment?"
Violence and Victims 21(December 2006): 708~709.

55 Felix and McMahon, "Gender and Multiple Forms of Peer Victimization," 720.

56 "Comedy 'Mean Girls' Tops Box Office with $25 Million," *St. Petersburg Times*,
May 3, 2004, 2B.

57 Blustain, "The Mean Scene," 10ff.

58 Blustain, ibid.

59 Meg James, "'Gossip Girl' Fans Will Need Remote, Not Net," *Los Angeles
Times*, April 18, 2008.

60 Bill Carter, "For CW, A New Plot: Improved Ratings," *New York Times*, Octo-
ber 25, 2008, C1.

제9장

1 Jennifer Davies, "Gluttons for Gossip," *San Diego Union-Tribune*, September
4, 2005; Vanessa Grigoriadis, "The Tragedy of Britney Spears," *Rolling Stone*,
February 21, 2008.

2 다음 참조. John B. Thompson, *The Media and Modernity*(Stanford, Calif.: Stan-
ford University Press, 1995), 208.

3 Nat Ives, "Guess Who's Not Getting Any Fatter! Celeb Mags Max Out," *Adver-
tising Age*, April 9, 2007, 1.

4 Simon Dumenco, "The Media Guy: In the Celeb-azine Universe, Subtle
Shades of Stupidity," *Advertising Age*, September 5, 2005, 24.

5 2005년 이들 잡지의 발행 부수는 다음 출처에서 찾아볼 수 있다. Magazine Pub-
lishers of America 웹 사이트, "Average Circulation for Top 100 ABC Maga-
zines," 2005, http://www.magazine.org/CONSUMER_MARKETING/CIRC_
TRENDS/16117.aspx.

6 Ives, "Guess Who's Not Getting Any Fatter!" 1.

7 Richard Perez-Pena, "Celebrity Magazines Gain, but Not Industry Circula-
tion," *New York Times*, August 14, 2007, C7.

8 Jennifer O. Cuaycong, "In Pursuit of Fame & Fortune," *Business World*, June 2,
2006, S3.

9 David Samuels, "Shooting Britney," *Atlantic*, April 2008, 43.

10 Richard Perez-Pena, "Celebrity Magazines Post a Downturn in Sales," *New
York Times*, February 10, 2009, B5.

11 Chris Rojek이 Celebrity(London: Reaktion Books, 2001), 149에서 '성취 기근
achievement famine'이라는 말을 만들어냈다.

12 Joke Hermes, "Reading Gossip Magazines: The Imagined Communi-
ties of 'Gossip' and 'Camp,'" in *The Celebrity Culture Reader*, ed. P. David
Marshall(New York: Routledge, 2006), 298.

13 Ibid., 302.

14 여성이 스타와 자신을 동일시하는 현상에 대해서는 다음 참조. Jackie Stacey, "Feminine Fascinations: A Question of Identification?" in *The Celebrity Culture Reader*, 252~285. 이 논의의 상당 부분을 그녀의 연구에서 취했다.

15 Stacey, "Feminine Fascinations," 254.

16 Ibid., 253.

17 Samuels, "Shooting Britney," 44.

18 셀러브리티 잡지가 '도덕적 세계'를 구축한다는 개념에 대해서는 다음 참조. Hermes, "Reading Gossip Magazines," 293.

19 1990년대에 사소한 문제에 집착했던 대중매체의 행태에 대한 비판은 다음 참조. Frank Rich, *The Greatest Story Ever Sold*(New York: The Penguin Press, 2006).

20 Joli Jensen, "Fandom as Pathology," in *Adoring Audience: Fan Culture and Popular Media*, ed. Lisa A. Lewis(New York: Routledge, 1992), 9~11.

21 Samuels, "Shooting Britney," 38.

22 Ibid.

23 Lynn E. McCutcheon et al., *Celebrity Worshippers: Inside the Minds of Stargazers*(Baltimore: Publish America, 2004), 120, 136.

24 Thompson, *The Media and Modernity*, 223~224.

25 "Shocking Trend: Stars Flaunt Their Stick Figures," *In Touch*, December 19, 2005, 58~61.

26 "Bare Bones!" *Star*, August 12, 2006, 34~35.

27 "Stressed-Out Lindsay Is Down to 97 Pounds," *In Touch*, May 11, 2009.

28 "Who Wore It Better?" *In Touch*, December 19, 2005, 96~97.

29 "Red-Carpet Ready?" *In Touch*, July 10, 2006, 58~59.

30 "Hot or Not?" *In Touch*, July 10, 2006, 52~53.

31 P. David Marshall, "Intimately Intertwined in the Most Public Way," in *The Celebrity Culture Reader*, 317.

32 "Ecofriendly Makeover," *Life & Style*, May 11, 2009, 68~69.

33 "The Feud's Back On!" *In Touch*, July 10, 2006, 17.

34 "What I've Kept Secret," *US Weekly*, October 2, 2006, 76.

35 "The Twins Made Me a Better Man," *In Touch*, May 11, 2009, 39~43.

36 "The Feud's Back On!" 18.

37 "Mom at Last," *Star*, May 11, 2009, 49~50.

38 "Is Their Age Difference Tearing Them Apart," *In Touch*, July 10, 2006, 22.

39 다음 참조. *Star*, July 10, 2006, 24~25; August 28, 2006, 24~25.

40 "Only the Best Baby Presents for J. Lo," *National Enquirer*, February 18, 2008, 6.

41 비만인 사람에 대해 날씬한 사람이 갖는 태도에 관한 논의에 대해서는 다음 참조. Susan Bordo, *Unbearable Weight*(Berkeley: University of California Press, 1993), 203.

42 Hermes, "Reading Gossip Magazines," 304.

43 Samuels, "Shooting Britney," 40.

44 Hermes, "Reading Gossip Magazines," 299.

45 Ibid., 296, 305.

46 "Women on Film—Dr. Martha Lauzen's 2009 Celluloid Ceiling Report," http://awfj.org/2009/02/28/women-on-film-women-on-film-martha-lauzens-2009-celluloid-ceiling-report-jennifer-merin-reports/; www.alternet.org/movies/39478.

제10장

1 이 점에 대해 기사를 썼다가 약간의 문제에 휘말린 적이 있다. "Why Women Hate Hillary," *In These Times*, May 2007. http://www.inthesetimes.com/article/3129/why_women_hate_hillary.

2 이 남성들 대부분은 백인에 노동 계층이었다. 뉴스 매체에서는 이에 대한 구분이 항상 이루어지지는 않았다. 이 점을 지적해준 Robin Means Coleman에게 감사의 뜻을 전한다.

3 Howard Kurtz, "Hardbrawl; Candid Talker Chris Matthews Pulls No Punches," *Washington Post*, February 14, 2008, C1.

4 Howard Kurtz, "Chris Matthews Backs Off 'Nasty' Remark on Clinton," *Washington Post*, January 18, 2008, C1.

5 Jamison Foser, "Media Matters," February 8, 2008, http://mediamatters.org/columns/200802080011.

6 Tim Harper, "Women Supporters Blame Clinton's Imminent Defeat on Sexism," *Toronto Star*, May 23, 2008, AA1.

7 Katharine Q. Seelye and Julie Bosman, "Critics and News Executives Split Over Sexism in Clinton Coverage," *New York Times*, June 13, 2008, A1, A22.

8 NBC News Transcript, Today Show, December 13, 2007.

9 Harper, "Women Supporters Blame Clinton's Imminent Defeat on Sexism," AA1.

10 ABC World News Tonight, December 7, 1994.

11 Sam Stein, "Campbell Brown Rips McCain Camp's 'Sexist' Treatment of Palin," September 23, 2008, http://www.huffingtonpost.com/2008/09/23/campbell-brown-rips-mccai_n_128782.html.

12 Lynne Duke, "To Do: Slipcover Oven, Embroil Self in Scandal," *Washington Post*, February 22, 2004, D1.

13 Ibid.

14 Maria Puente, "Stewart's Image Is Tarnished, But for How Long?" *USA Today*, March 8, 2004, 5D.

15 Duke, "To Do: Slipcover Oven, Embroil Self in Scandal," D1.

16 Greg Farrell, "Lie May Cost Stewart Her Freedom," *USA Today*, March 8, 2004, 1B.

17 Stephen Winzenburg, "Is Couric Ready for Prime-Time TV News?" *USA Today*, April 10, 2006, 15A.

18 Veronika Belenkaya et al., "Katie's 'Eye' Do to 15M, Men Left in Dust as She Flees NBC," *Daily News*, April 6, 2006, 7.

19 Gail Shister, "Couric Takes TV Out of 'The Dark Ages,'" *Philadelphia Inquirer*, April 6, 2006, 1A.

20 Eric Deggans, "Can Katie Save Network News?" *St. Petersburg Times*, April 6, 2006, 1A.

21 Peter Johnson, "Couric Makes It Official; She'll Be Broadcast News' First Solo Female," *USA Today*, April 6, 2006, 1D.

22 Sally Quinn, "Anchor Job Has Chain Attached; Like Others Before Her, Katie Couric Is Tethered to a Double Standard," *Washington Post*, September 12, 2006, C1.

23 Tom Shales, "No News Not the Best News for Katie Couric's Debut," *Washington Post*, September 6, 2006, C1; Eric Deggans, "Couric Presents a Softer Vision," *St. Petersburg Times*, September 6, 2006, 1A.

24 Deggans, "Couric Presents a Softer Vision," 1A.

25 Rosalind Rossi, "The Woman Behind Obama," January 20, 2007, http://www.suntimes.com/news/politics/obama/221458,CST−NWS−mich21.article.

26 예를 들어 다음 참조. Christi Parsons, "Michelle Obama's Conquest of Europe," April 5, 2009, http://www.latimes.com/news/nationworld/world/la−fg−michelle−obama5−2009apr05,0,6697503.story.

27 Dave Cook, "Michelle Obama Now More Popular Than Barack," *The Christian Science Monitor*, April 23, 2009, http://features.csmonitor.com/politics/2009/04/23/michelle−obama−now−more−popular−than−barack/.

28 Imaeyen Ibanga, "Obama's Choice to Bare Arms Causes Uproar," March 2, 2009, http://abcnews.go.com/GMA/story?id=6986019.

29 Jodi Kantor, "Michelle Obama Goes Sleeveless Again," February 25, 2009, http://thecaucus.blogs.nytimes.com/2009/02/25/michelle−obama−goes−sleeveless−again/.

30 Jacqueline Mroz, "Female Police Chiefs, A Novelty No More," April 6, 2008, http://www.nytimes.com/2008/04/06/nyregion/nyregionspecial2/06Rpolice.html.

31 다음 참조. Catalyst, at Catalyst.org. "Women CEOs and Heads of the Financial Post 500," http://www.catalyst.org/publication/271/women−ceos−and−heads−of−the−financial−post−500.

32 Timothy L. O'Brien, "Why Do So Few Women Reach the Top of Big Law Firms?" March 19, 2006, http://www.nytimes.com/2006/03/19/business/yourmoney/19law.html?ei=5090&en=7cd938ca277b02bb&ex=1300424400&partner=rssuserland&emc=rss&pagewanted=all.

33 Jacob Goldstein, "For Female Surgeons, Barriers Persist," April 16, 2007, http://blogs.wsj.com/health/2007/04/16/for−women−in−surgery−barriers−persist/.

34 이 장에서 특히 도움을 준 내 연구 조교 Catherine Hammond에게 감사의 뜻을 전한다.

35 http://www.northwestern.edu/univ−relations/media_relations/releases/2003_08/leadership_text.html, citing a study by Alice Eagly et al. in *Psychological Bulletin* 129, no. 3(2003).

36 보다 심화된 논의는 다음 참조. Angela McRobbie, *The Aftermath of Feminism: Gender, Culture and Social Change*(London: Sage, 2009), chap. 4.

37 Eve Kosofsky Sedgwick, "The L Word: Novelty in Normalcy," *Chronicle of Higher Education*, January 16, 2004, B10.

38 Lisa Diamond, "'I'm Straight, but I kissed a Girl': The Trouble with American Media Representations of Female-Female Sexuality," *Feminism & Psychology* 15, no. 1(2005): 105.

39 Ibid., 106.

40 Kathy Belge, "A History of Lesbians on TV," http://lesbianlife.about.com/cs/subject1/a/lesbiansonTV.htm.

41 Yvonne Tasker and Diane Negra, eds., *Interrogating Postfeminism: Gender and the Politics of Popular Culture*(Durham, N.C.: Duke University Press, 2007), 21.

42 "Taking a Toll: The Effects of Recession on Women," April 18, 2008, http://kennedy.senate.gov/imo/media/doc/Taking%20a%20Toll-%20report%20on%20effects%20of%20recession%20on%20women1.pdf.

43 Heather Boushey, "Women Breadwinners, Men Unemployed," July 20, 2009, http://www.americanprogress.org/issues/2009/07/breadwin_women.html.

44 Catherine Rampell, "As Layoffs Surge, Women May Pass Men in Job Force," February 5, 2009, http://www.nytimes.com/2009/02/06/business/06women.html?pagewanted=1&_r=1.

45 다음 참조. Susan J. Douglas and Meredith W. Michaels, *The Mommy Myth: The Idealization of Motherhood and How It Has Undermined Women*(New York: Free Press, 2004).

46 더 자세한 통계 분석에 관해서는 다음 참조. Heather Boushey, "Opting Out? The Effect of Children on Women's Employment in the United States," *Feminist Economics* 14(January 2008): 1~36.

마무리하며

1 "Women in National Parliaments," Interparliamentary Union, July 31, 2009, http://www.ipu.org/wmn-e/classif.htm.

2 April 16, 2009, http://www.nytimes.com/2008/10/16/health/16infant.html.

3 Martha Burk, "Paid Family Leave—It's About Time," July 18, 2007, http://www.msmagazine.com/radar/2007-07-18-familyleave.asp.

4 Carol Hollenshead, "Women and Poverty," http://www.umich.edu/~cew/aboutcew/womenpov.html.

5 Alexandra Cawthorne, "The Straight Facts on Women and Poverty," Center for American Progress, October 8, 2008, http://www.americanprogress.org/issues/2008/10/women_poverty.html.

6 Ibid.

7 Media Report to Women, February 2009, http://www.mediareporttowomen.

com/statistics.htm.

8 "The Supergirl Dilemma: Girls Grapple with the Mounting Pressure of Expectations," Girls Inc., 2006.

9 '양가적 성차별주의'에 대한 연구는 Peter Glick과 Susan T. Fiske가 대표적이다. 다음 참조. Peter Glick and Susan T. Fiske, "The Ambivalent Sexism Inventory: Differentiating Hostile and Benevolent Sexism," *Journal of Personality and Social Psychology* 70(1996): 491~512. 양가적 성차별주의에 관한 요약은 다음 참조. http://www.understandingprejudice.org/asi/faq/htm.

10 Thomas B. Edsall, "Obama Seeks to Kill Hedge Fund Tax Break," *Huffington Post*, February 26, 2009. http://www.huffingtonpost.com/2009/02/26/will-the-taxman-cometh_n_170082.html.

11 Anup Shah, "World Military Spending," Global Issues, March 1, 2009. http://www.globalissues.org/article/75/world-military-spending.

12 Barbara Ehrenreich, "A Homespun Safety Net," *New York Times*, July 12, 2009, The Week in Review, 9.

13 Jessica Valenti, *Full Frontal Feminism: A Young Woman's Guide to Why Feminism Matters*(Emeryville, Calif.: Seal Press, 2007), 15.

14 Heather Boushey and Ann O'Leary, eds., *The Shriver Report: A Woman's Nation Changes Everything*(Washington, D.C.: Center for American Progress, 2009).

페미니즘 하면 일단 거부감부터 느끼는 이들이 있다. 페미니스트는 꽉 막힌 투사, 급진적이고 공격적인 사람, 까다롭고 예민하며 남성에게 적대적인 여성이라는 이미지가 존재한다. 누군가는 이미 양성에게 기회는 평등하고 사회적으로 성공한 여성들이 존재하며 심지어는 남성보다 많은 것을 누리고 있는데, 페미니즘이 왜 필요하냐고 물을지도 모른다. 페미니즘은 옛날에 그 소임을 다했고, 이제 여자들은 원하는 모든 것을 얻을 수 있다는 이러한 인식을 저자는 대중매체에 힘입어 확산된 '힘의 환상'이라고 불렀다. 실제로 새천년이 시작되었을 즈음 미국에서 실시된 한 조사에서는 여대생들 절반 이상이 페미니스트로 불리는 걸 싫어한다는 결과가 나왔다고 한다. 그만큼 페미니즘이 젊은 여성들에게서도 외면을 받고 있다는 얘기다. 그렇다면 정말로 성 평등이 실현된 것일까? 물론 예전에 비해 여성들의 입지는 상당히 굳건해졌다. 하지만 저자는 성차별이 진화된 형태로 본모습을 감추고서 우리 곁에 도사리고 있다고 지적한다. 그것도 우리가 늘 친숙하게 접하는 미디어의 세계 속에 말이다.

이 책에는 기본적으로 '진화된 성차별'이라는 개념이 전제되어 있다. 저자가 제시한 진화된 성차별이란 1970년대 이래 페미니즘의 성과에 따라 생겨난 새로운 성별 체제가 가하는 위협에 대한 일종의 반응이다. 진화된 성차별은 여성들이 페미니즘을 통해 충분히 많은 것을 성취하고 성 평등을 실현했으니 이제는 재미 삼아 여성에 대한 성적인 고정관념을 부활시켜도 무방하다고 주장한다. 저자는 이 개념을 뒷받침하기 위해 우리에게도 친숙한 유명 드라마, 각종 리얼리티 프로그램, 영화에서부터 잡지, 광고, 노래, 여자 연예인의 실수나 사생활을 노골적으로 보도하는 행태에 이르기까지, 1990년대 초부터 현재까지의 미국 대중문화를 낱낱이 파헤치면서 그로부터 온갖 시대 역행적인 이미지들을 끄집어낸다.

그 안에서 우리는 여성이 힘을 갖게 되었다는, 미디어가 만들어낸 환상은 물론, 이제는 성 평등이 이루어졌으니 여성은 과거에 성차별이라 간주되던 세태를 인심 좋게 포용해야 하고, 남성과 차별화되는 '능력'으로서 외모와 몸매를 가꾸고 남자의 눈을 즐겁게 하며, 섹시해지고 쇼핑을 하는 데 많은 시간과 노력을 들여야 한다는 미디어의 메시지를 발견하게 된다. 이렇게 여성들에게 주입되는 메시지는 성차별을 허용되는 것, 심지어 재미있는 것으로 만들며, 페미니즘을 더 이상 쓸모없고 해롭기까지 한 것으로 치부한다.

저자는 수십 년간 사회적 흐름을 만들어냈던 대중문화와 인물, 사건사고 등을 광범위하게 검토하는 한편 관련 학술 자료나 연구를 검토하고 분석의 심도를 높임으로써, '일상'이 되어버린 세계로부터 독자들이 문제의식을 느끼고 공감하며 따라갈 수 있도록 한다. 페미니즘이라는 학문을 바탕으로 '진화된 성차별'의 개념을 세밀하게 정립하면서도, 익히 아는 사건들을 사례로 들며 재치 있는 입담을 발휘하는 것은 이 책의 큰 강점이다. 더글러스가 여성들을 울분케 하는 행태에 대해 냉소적인 농담을 하거나 거침없이 일격을 가할 때면 독자들은 속이 후련해짐을 느낄 것이다.

저자는 책을 마무리하면서 본인이 원하는 이상적인 세상을 하나의 시나리오로 제시한다. 그 세상에는 여성이 육아와 가사의 부담을 덜고 꿈을 실현하고 사회 활동을 할 수 있는 제도적 장치가 마련되어 있고, 젊은 여성들은 그동안 봐왔던 여성의 힘의 환상과 현실의 괴리를 깨닫고 그 간극을 좁히기 위해 서로 결속한다. 물론 그러한 세상은 저자도 인정했듯이 지금으로서는 불가능한 꿈처럼 보일 수도 있다. 또 저자가 옛 시절의 페미니즘의 향수에 너무 젖어 있는 건 아닌가 생각하는 사람도 있을지 모른다. 하지만 적어도 이 책을 통해, 여성으로서 우리가 처한 현실을 한번쯤 되돌아보고 세상을 향한 비판적 시선을 벼려나갈 수 있었으면 한다. 물론 저자의 마지막 당부처럼, 우리 시대의 딸들이 현실에 맞서 세상을 다시 한 번 흔들 준비를 한다면 더더욱 좋을 것이다.

이은경

찾아보기

주제별

인명

ㄱ~ㄷ

ㄹ

배드 걸 굿 걸

초판 인쇄	2016년 5월 2일
초판 발행	2016년 5월 9일

지은이	수전 J. 더글러스
옮긴이	이은경
펴낸이	강성민
편집장	이은혜
편집	김진희 장보금 박세중 이두루 박은아 곽우정 차소영
편집보조	조은애 이수민
마케팅	정민호 이연실 정현민 김도윤 양서연
홍보	김희숙 김상만 이천희
독자모니터링	황치영

펴낸곳	(주)글항아리	출판등록 2009년 1월 19일 제406-2009-000002호
주소	10881 경기도 파주시 회동길 210
전자우편	bookpot@hanmail.net
전화번호	031-955-8891(마케팅) 031-955-1934(편집부)
팩스	031-955-2557

ISBN	978-89-6735-325-4 03300

글항아리는 (주)문학동네의 계열사입니다.

이 도서의 국립중앙도서관 출판시도서목록(CIP)은 서지정보유통지원시스템 홈페이지(http://seoji.nl.go.kr)와 국가자료공동목록시스템(http://www.nl.go.kr/kolisnet)에서 이용하실 수 있습니다. (CIP제어번호 : CIP2016010505)